CINCO
VOLTARAM

A marca FSC® é a garantia de que a madeira utilizada na fabricação do papel deste livro provém de florestas que foram gerenciadas de maneira ambientalmente correta, socialmente justa e economicamente viável, além de outras fontes de origem controlada.

BEST-SELLER DO *NEW YORK TIMES*

MARK HARRIS

UMA HISTÓRIA DE HOLLYWOOD NA SEGUNDA GUERRA MUNDIAL

CINCO VOLTARAM

Tradução
Leonardo Alves

OBJETIVA

Copyright © 2014 by Mark Harris
Todos os direitos reservados.

*Grafia atualizada segundo o Acordo Ortográfico da Língua Portuguesa
de 1990, que entrou em vigor no Brasil em 2009.*

Título original
Five Came Back

Capa
Retina_78

Preparação
Diogo Henriques

Revisão
Fernanda Villanova
André Marinho
Joana Milli

Dados Internacionais de Catalogação na Publicação (CIP)
(Câmara Brasileira do Livro, SP, Brasil)

Harris, Mark
    Cinco voltaram: uma história de Hollywood na Segunda
Guerra Mundial / Mark Harris ; tradução de Leonardo Alves. –
Rio de Janeiro : Objetiva, 2016.

    Título original: *Five Came Back: A Story of Hollywood and the
Second World War*
    Bibliografia.
    ISBN 978-85-470-0002-8

    1. Filmes cinematográficos – Estados Unidos – História
2. Guerra Mundial, 1939-1945 – Filmes cinematográficos e a guerra
3. Indústria cinematográfica – Los Angeles (Califórnia) – História
I. Título.

16-00319   CDD-791.4302

Índice para catálogo sistemático:

1. Hollywood : Los Angeles : Califórnia : Indústria cinematográfica e a
guerra : Cinema : Arte : História 791.4302

[2016]
Todos os direitos desta edição reservados à
EDITORA SCHWARCZ S.A.
Rua Cosme Velho, 103
22241-090 — Rio de Janeiro — RJ
Telefone: (21) 2199-7824
Fax: (21) 2199-7825
www.objetiva.com.br

Para meu irmão

SUMÁRIO

Prólogo: Pearl Harbor 11

PARTE UM

1. "Só assim eu poderia sobreviver" 27
   HOLLYWOOD, MARÇO DE 1938 A ABRIL DE 1939

2. "O que me diz o coração e o sangue" 50
   HOLLYWOOD E WASHINGTON, ABRIL DE 1939 A MAIO DE 1940

3. "Você provavelmente não percebeu que o mundo está em guerra" 73
   HOLLYWOOD, JUNHO A SETEMBRO DE 1940

4. "De que adianta mandar uma mensagem?" 85
   HOLLYWOOD, INÍCIO DE 1941

5. "A quinta-coluna mais perigosa de nosso país" 100
   HOLLYWOOD E WASHINGTON, JULHO A DEZEMBRO DE 1941

PARTE DOIS

6. "Eu tenho que esperar as ordens?" *119*
   HOLLYWOOD, WASHINGTON E HAVAÍ, DEZEMBRO DE 1941 A ABRIL DE 1942

7. "Só tenho um alemão" *136*
   HOLLYWOOD, DEZEMBRO DE 1941 A ABRIL DE 1942

8. "Vai ser um problema e uma batalha" *150*
   WASHINGTON, MARÇO A JUNHO DE 1942

9. "Só sei que não sou corajoso" *167*
   MIDWAY E WASHINGTON, JUNHO A AGOSTO DE 1942

10. "Tem lugar para mim?" *182*
    WASHINGTON E HOLLYWOOD, AGOSTO A SETEMBRO DE 1942

11. "Um bom parceiro para os momentos de crise" *195*
    INGLATERRA, NORTE DA ÁFRICA E HOLLYWOOD, SETEMBRO DE 1942 A JANEIRO DE 1943

12. "Tanto faz cair dentro ou cair fora" *210*
    ILHAS ALEUTAS, HOLLYWOOD, WASHINGTON E NORTE DA ÁFRICA, SETEMBRO DE 1942 A MAIO DE 1943

13. "Era o suficiente para fazer tudo parecer um pouco irreal" *224*
    INGLATERRA, HOLLYWOOD E WASHINGTON, JANEIRO A MAIO DE 1943

14. "Vindo com a gente só pelas fotos?" *239*
    WASHINGTON, INGLATERRA E NOVA YORK, MARÇO A JULHO DE 1943

PARTE TRÊS

15. "Como viver no Exército" *257*
    NORTE DA ÁFRICA, HOLLYWOOD, FLÓRIDA E WASHINGTON, VERÃO DE 1943

16. "Sou a pessoa errada para isso" *271*
    WASHINGTON, HOLLYWOOD E INGLATERRA, JUNHO A DEZEMBRO DE 1943

17. "Preciso fazer um bom trabalho" *285*
    INGLATERRA E ITÁLIA, OUTUBRO DE 1943 A JANEIRO DE 1944

18. "A gente não faz ideia do que acontece sob a superfície" *300*
    **WASHINGTON, TEATRO DA CHINA-BIRMÂNIA-ÍNDIA, ITÁLIA E NOVA YORK,
    SETEMBRO DE 1943 A MARÇO DE 1944**

19. "Se vocês acreditarem nisso, obrigado" *316*
    HOLLYWOOD E INGLATERRA, MARÇO A MAIO DE 1944

20. "Uma espécie de ataque esporádico no continente" *330*
    HOLLYWOOD, WASHINGTON E NOVA YORK, MARÇO A MAIO DE 1944

21. "Se você vir, dispare" *342*
    FRANÇA, JUNHO A JULHO DE 1944

22. "Se Hitler consegue resistir, eu também consigo" *357*
    HOLLYWOOD E WASHINGTON, JULHO A DEZEMBRO DE 1944

23. "Nós e o tempo seguimos em frente" *371*
    **FRANÇA, BÉLGICA, LUXEMBURGO, ALEMANHA E INGLATERRA,
    JULHO DE 1944 A JANEIRO DE 1945**

24. "Para quem você está trabalhando? Para si mesmo?" *386*
    HOLLYWOOD, FLÓRIDA, ITÁLIA E NOVA YORK, FEVEREIRO A MAIO DE 1945

25. "Onde eu aprendi sobre a vida" *401*
    ALEMANHA, MARÇO A AGOSTO DE 1945

26. "Esse filme é para quê?" *413*
    WASHINGTON E HOLLYWOOD, VERÃO DE 1945

27. "Um passado furioso misturado a um futuro tempestuoso" *427*
    HOLLYWOOD, NOVA YORK E ALEMANHA, 1945

28. "Uma expressão grave e uma mentalidade em doloroso processo
    de amadurecimento" *442*
    HOLLYWOOD, NOVA YORK E WASHINGTON, DEZEMBRO DE 1945 A MARÇO DE 1946

29. "Mais perto do que está acontecendo no mundo" *457*
    HOLLYWOOD, MAIO DE 1946 A FEVEREIRO DE 1947

Epílogo *479*
Nota sobre as fontes e agradecimentos *485*
Notas *489*
Bibliografia *531*
Créditos das imagens *539*
Índice remissivo *541*
Sobre o autor *559*

Prólogo
Pearl Harbor

John Ford foi o primeiro dos cinco a ir. No momento em que a Marinha Imperial japonesa atacou a base americana de Pearl Harbor, ele já estava a quase 5 mil quilômetros de Hollywood e de uniforme havia três meses. Quando chegaram as notícias sobre o bombardeio,[1] Ford, agora capitão de corveta da Marinha, e sua esposa, Mary, haviam sido convidados para um almoço de domingo na casa do contra-almirante Andrew Pickens em Alexandria, Virgínia. Uma criada entrou nervosa no cômodo com um telefone. "É o Departamento de Guerra, aberrante" disse ela, se atrapalhando com a patente do chefe. Os visitantes ficaram preocupados e se prepararam quando o almirante saiu da mesa para atender à ligação. Ao voltar, anunciou: "Senhores, Pearl Harbor acaba de ser atacada pelos japoneses. Estamos em guerra". Enquanto os convidados se dispersavam, a esposa do almirante tentava salvar a tarde: "Não adianta nos inquietarmos. Esta é a sétima guerra a ser anunciada nesta sala de jantar". Ela mostrou aos Ford o buraco feito pela bala de um mosquete durante a Guerra da Independência americana.[2] "Nunca permiti que o cobrissem", explicou.[3]

Mary Ford se lembraria, mais tarde, que, para "todo mundo à mesa, a vida mudou naquele instante".[4] Mas a vida de Ford já havia mudado, de forma drástica e inesperada. No final de 1941, a maior parte da indústria cinematográfica, como a maioria dos americanos, acreditava que a entrada dos Estados Unidos na Segunda Guerra Mundial era uma questão de tempo. Mas o que para muitos de seus colegas era uma sombra difusa se expandindo no horizonte longínquo, para Ford era uma certeza que demandaria — e recompensaria — preparação prévia. Durante meses antes de sair de Hollywood rumo a Washington, D.C., em setembro daquele ano, ele passara noites e fins de semana organizando a criação de um grupo que ele chamava de Unidade Fotográfica Naval de Voluntários, treinando operadores de câmera, técnicos de áudio e editores para trabalhar em condições de guerra e com pouco espaço; chegou até mesmo a usar plataformas suspensas para simular tentativas de revelação de filmes em meio ao balanço de um navio. Se a guerra era inevitável, ele acreditava que o esforço para registrá-la seria essencial, e o planejamento dessa iniciativa não podia ficar nas mãos de amadores ou dos burocratas incompetentes do Departamento de Guerra.

No entanto, Ford era um candidato improvável para liderar a marcha de Hollywood rumo à batalha. Tinha idade para ser o pai do recruta típico; aos 46 anos, faltava pouco para ganhar o primeiro neto. E embora tivesse cumprido seu papel em Hollywood ao longo dos anos em vários comitês do ramo — trabalhando arduamente junto a intervencionistas, antinazistas fervorosos, líderes de grupos formados para fornecer assistência durante a Guerra Civil Espanhola —, nos últimos tempos não combatera nas linhas de frente dessas batalhas. Desde 1939, Ford havia dedicado a maior parte de seu tempo e de sua energia a dirigir uma série de filmes — incluindo *No tempo das diligências*, *A mocidade de Lincoln* e *Vinhas da ira* — que fez dele um dos cineastas mais respeitados de Hollywood.

O que levou Ford, apenas três semanas após concluir a produção de *Como era verde o meu vale*,[5] o filme que lhe renderia o terceiro Oscar de Melhor Diretor em sete anos, a se afastar da carreira próspera e solicitar uma transferência da reserva da Marinha para a ativa? Foi a vergonha persistente de haver sido reprovado na prova de admissão à Academia Naval de Annapolis quando estava no ensino médio, 25 anos antes?[6] Foi o constrangimento por não ter acompanhado os Estados Unidos na Primeira Guerra Mundial em 1917, quando estava ocupado tentando abrir cami-

PRÓLOGO

nho no mundo do cinema trabalhando como dublê, ator e aspirante a diretor? A motivação de Ford era um mistério até para os mais chegados a ele — a esposa, os colegas com quem produzia os filmes e os camaradas com quem bebia em seu estabelecimento favorito, o Hollywood Athletic Club. "O diretor genial [...] se cansou do brilho de Hollywood?", indagava uma matéria de jornal. Ford parecia se divertir ao não revelar qualquer explicação, reforçando a imagem de homem taciturno e enigmático ao concordar em ser entrevistado sobre a decisão e então oferecer apenas um vago "acho que é o gesto apropriado para estes tempos".[7]

Talvez tenha sido algo simples assim — um senso de dever combinado ao medo de como ele se sentiria se o evitasse. Naquele setembro, Ford embarcou em um trem para Washington, prevendo infelicidade e remorso pelos homens sadios de Hollywood que continuavam a esperar, imaginando o que a guerra representaria e torcendo para serem poupados do alistamento obrigatório. "Eles não contam", escreveu. "O golpe acertará com força no ano que vem."[8] Hospedou-se no Carlton Hotel,[9] pendurou o uniforme no armário e se instalou no quarto modesto com uma única janela velha e manchada, empilhando alguns livros na escrivaninha junto com seus cachimbos e charutos e mantendo o restante das roupas em um baú aberto. Um repórter que o visitou escreveu que ele tinha o aspecto "de um homem que podia ir ao mar em uma hora".[10] Na realidade, era precisamente isso o que ele estava pensando, ou mesmo desejando; enquanto Ford esperava as ordens de seu mentor, o chefe da Inteligência "Wild" Bill Donovan, sua mente só se concentrava no que estava por vir. "As coisas estão andando rápido aqui", escreveu para Mary, alertando-a para evitar gastos desnecessários com ligações interurbanas tarde da noite sempre que se sentisse solitária, triste ou brava e descrevendo o "burburinho de preparação e entusiasmo" pelo qual a cidade estava passando. "Seriam precisos volumes inteiros para dizer o que acho da sua atitude corajosa e altruísta nesta emergência atual", acrescentou enquanto esperava a chegada dela à capital. "Faltam-me as palavras, literalmente. Tenho muito orgulho de você."[11]

Quando Mary enfim se juntou ao marido em Washington, Ford deu à esposa de 21 anos algo que ela sempre desejara: uma cerimônia de casamento católica legítima.[12] Era um gesto preparatório, um presente antes do que os dois sabiam que poderia ser uma longa separação. E quando a hora finalmente chegou, Ford e os homens que ele treinou, que no decorrer das últimas semanas haviam seguido para Washington, mal conseguiam conter o entusiasmo. Poucas horas após a notícia sobre Pearl Harbor se espalhar, seus recrutas da Unidade Fotográfica começaram a aparecer no Carlton, bater à porta dos Ford, perguntar qual seria o próximo passo. As bebidas começaram a circular, e, à medida que a noite caía em 7 de dezembro, Ford e seus homens brindavam enquanto os Estados Unidos entravam em guerra.[13]

Até aquele domingo de dezembro, a sensação de urgência que fizera Ford virar a própria vida do avesso não ocorria à maioria de seus colegas de Hollywood. William Wyler estava em casa em Bel Air na manhã de Pearl Harbor, jogando tênis com o amigo John Huston. Algumas semanas antes, Wyler havia começado a gravar *Rosa de esperança*, um drama sobre a bravura de uma família britânica de classe média e o espírito de união inspirador de seu vilarejo tradicional ante o que, até aquele dia, os americanos ainda se sentiam confortáveis em chamar de "a guerra na Europa". Huston, mais novo que Wyler e em muitos aspectos seu discípulo, desfrutava uma onda de elogios após sua estreia triunfal como diretor de *O falcão maltês*, que estava chegando aos cinemas do país inteiro. Durante a partida, os amigos conversaram sobre a ideia de comemorar com uma viagem estritamente masculina que eles desejavam fazer ainda naquele inverno, assim que Wyler terminasse *Rosa de esperança*. Naquela tarde, pretendiam encontrar outro amigo, o diretor Anatole Litvak, e conversar com um agente de viagens sobre uma visita ao Extremo Oriente. "Willy e eu queríamos passar um tempo longe de Hollywood. Sugeri que seria ótimo fazer um bom passeio pela China", disse Huston. "Queríamos ver um pouco do mundo exterior."[14]

Quando Talli, a esposa de Wyler, grávida da segunda filha do casal, recebeu um telefonema com a notícia de que o Havaí tinha sido atacado, saiu da casa e correu para a quadra de tênis, mandando o marido e Huston pararem de jogar. O mundo exterior estava agora à porta deles. Ainda naquele dia, os dois homens dirigiram até a casa de praia de Litvak em Malibu, já sem pensar no passeio pretendido, e começaram a fazer planos: em

PRÓLOGO

quanto tempo conseguiriam concluir todos os compromissos profissionais? Quando poderiam se afastar do trabalho de Hollywood, que agora lhes parecia uma brincadeira boba?

Wyler, então com 39 anos, estava dispensado do serviço militar devido à idade. Aos 35, Huston tinha um ano a menos que a idade limite e, portanto, estava sujeito ao alistamento obrigatório de acordo com a Lei de Alistamento Militar de 1940, mas as consequências de uma infância caracterizada por uma saúde delicada[15] provavelmente lhe renderiam uma dispensa médica sem dificuldades. Contudo, nenhum dos dois apresentou qualquer hesitação ou insegurança. Wyler era um imigrante judeu cujo primeiro contato com americanos havia sido com os soldados que libertaram sua cidade natal na Alsácia ao final da Primeira Guerra Mundial.[16] Havia parentes seus presos na Europa.[17] Onze dias após Pearl Harbor, ele esperava as primeiras ordens do Corpo de Sinaleiros, a unidade de comunicação do Exército. A postura de Huston estava mais para temerária; desde sua juventude passada na cama, havia tratado de recuperar o tempo perdido — participara da cavalaria mexicana na adolescência — e tinha certeza de que a guerra lhe ofereceria mais oportunidades para se reinventar como homem de ação. Menos de um mês após Wyler, ele ingressou para o Corpo de Sinaleiros — "uma perda significativa para os estúdios Warner", anunciou o *New York Times*, "onde foi a revelação do ano como diretor." Quando subira no cavalo no México, disse Huston, "eu era só uma criança [...] Estava mais interessado em cavalgar do que em aprender a lutar. Agora é diferente".[18]

Os homens estavam atrás de aventura, mas, acima disso, almejavam relevância em um mundo que se tornara mais bruto e assustador do que qualquer coisa que seus chefes nos estúdios os autorizariam a levar às telas. Os melhores cineastas de Hollywood compartilhavam a preocupação crescente de que estavam perdendo tempo com brincadeiras enquanto a Europa queimava, usando seus talentos para enfeitiçar o povo americano com diversões — um meio de escapar ao horror e à brutalidade das manchetes dos jornais — em vez de tentar apresentar uma imagem nítida do mundo. Hollywood nunca tivera interesse em prever as notícias ou orientar a opinião pública, mas nos últimos tempos sua habilidade de reagir às circunstâncias parecera dolorosamente lenta. Wyler pretendera que *Rosa de espe-*

rança, uma ode ao espírito nacional do Reino Unido, galvanizasse o apoio dos americanos a seu maior aliado; agora que os Estados Unidos estavam em guerra, ele temia que o que havia sido criado como uma mensagem ousada parecesse uma afirmação atrasada e constrangedora. E Huston passara grande parte daquele outono trabalhando com o amigo Howard Koch no roteiro de uma peça da Broadway chamada *In Time to Come* [Nos tempos por vir], sobre a visão de Woodrow Wilson para a Liga das Nações depois da Primeira Guerra Mundial. Quando a peça estreou três semanas após Pearl Harbor e, apesar das críticas favoráveis, saiu de cartaz em um mês, Huston não ficou surpreso. Ela "parecia datada", escreveu.[19]

De repente, os cineastas mais habilidosos de Hollywood se encontravam diante da possibilidade de que seus filmes atraíssem um interesse consideravelmente menor do público do que o cinejornal que os precedia. Na MGM, George Stevens estava ocupado fazendo *A mulher do dia*, a comédia que deu início ao que viria a ser uma das parcerias belicosas mais amadas das telas ao unir Katharine Hepburn e Spencer Tracy. Havia vários anos, Stevens demonstrava um talento extraordinário para criar filmes bem-humorados ambientados no momento presente; ele sabia usar o triturador econômico da Depressão e a agitação da vida urbana moderna como contexto para romances engenhosos que deliciavam os espectadores. Seu novo filme não seria exceção — a heroína, Tess Harding, era jornalista, uma intervencionista anti-Hitler obstinada cujos artigos de opinião tratavam de temas como "Democracias precisam se unir ou ruir" (um anúncio sobre a coluna dela bradava: "Hitler vai perder, diz Tess Harding"). O tom de *A mulher do dia* era perfeito para um país que acompanhava os acontecimentos mundiais mas ainda não fora capturado por eles. De acordo com o roteiro, o fervor profissional de Tess era apenas uma distração no caminho de seu destino verdadeiro; no fim das contas, seus encontros com Churchill e Roosevelt seriam vistos como uma atividade paralela para uma mulher que se esforçava para evitar um futuro mais significativo como esposa e mãe.

Mas o filme não estava funcionando. No fim de semana de Pearl Harbor, Stevens saía de uma exibição-teste decepcionante de *A mulher do dia*. Seu produtor na MGM, Joseph L. Mankiewicz, dissera que o público havia rejeitado a última cena do filme, em que Hepburn e Tracy se reconciliam enquanto cobrem uma luta de boxe. As pessoas queriam ver a der-

PRÓLOGO

rota de Hepburn, humilhada em resposta a seu carreirismo. Com relutância, ele estava se preparando para gravar um final novo, no qual Tess deveria ser criticada por sua inépcia na cozinha para montar um simples café da manhã. Stevens havia filmado alguns dos curtas humorísticos mais engraçados de Laurel e Hardy [o Gordo e o Magro] nos anos 1920, então sabia como executar o pastelão que a cena demandava, mas não como refutar a convicção explícita de Hepburn de que o novo final era "a pior merda que eu já li".[20] Os dois prosseguiram com a refilmagem, mas, quando *A mulher do dia* estreou dois meses depois, Stevens já pensava em voltar suas câmeras para a guerra. Naquele inverno, ele fora a uma sala de cinema de Los Angeles e assistira sozinho, horrorizado e hipnotizado, ao *Triunfo da vontade*, o documentário de Leni Riefenstahl em tributo à invencibilidade ariana. Depois disso, ele sabia que não podia produzir outro filme que viesse a afastar os olhos do público da guerra. Stevens muitas vezes disse ter decidido se alistar naquela noite, mas o que ele viu despertou mais do que seu desejo patriótico de derrotar os alemães. Anos depois, afirmou que, ao ver o documentário, percebeu que "todo filme", incluindo os dele, "é propaganda".[21]

O termo já não era um palavrão, embora até pouco tempo antes tivesse essa conotação. No outono, em reação a uma combinação enérgica de fervor antiguerra, retórica anti-Hollywood e uma dose considerável de antissemitismo, um grupo de senadores isolacionistas convocou os donos de estúdios a Washington para depor sobre a possibilidade de que, dentre as centenas de filmes produzidos a cada ano, um punhado não passava de propaganda maldissimulada, histórias concebidas para estimular a paranoia ou gerar no público um apetite pelo militarismo. Agora, a propaganda — documentários, dramas, comédias, longas, curtas, filmes para o público geral, filmes apenas para militares — era assunto de conversas tanto em Hollywood quanto em Washington como questão de necessidade estratégica. Às vezes os projetos recebiam o rótulo menos deselegante de "filmes para o moral", mas já não se discutia a retidão de seu propósito.

Para Frank Capra, a mudança da opinião pública ocasionada por Pearl Harbor confirmou a sabedoria da iniciativa que ele passara meses planejando. Capra, já vencedor de três estatuetas da Academia, era o diretor mais bem-sucedido de Hollywood, e o mais rico. Aos 44 anos, era milionário — caso praticamente único no ofício —, e devia isso a uma série de comédias — *O galante Mr. Deeds*, *Do mundo nada se leva* e o mais dramático *A mulher faz o homem* — capazes de incitar nos espectadores uma espécie genérica de entusiasmo populista sem entrar em grandes detalhes quanto às inclinações políticas dos filmes, que eram tão difíceis de identificar quanto as do próprio Capra.

No verão de 1941, o colunista Stewart Alsop escrevera um artigo para a *Atlantic Monthly* intitulado "Wanted: A Faith to Fight For" [Procura-se: uma fé pela qual lutar], que chamou a atenção do general George Marshall.[22] No artigo, Alsop alertava: "Para lutar na guerra à qual mais cedo ou mais tarde seremos chamados, precisamos de uma fé inabalável, como a que inspirou os soldados de 1917, para iniciar a guerra que permitirá a existência da democracia. Não a temos, e com certeza os homens que travarão os combates não a têm".[23] Marshall acreditava que o cinema podia ajudar a instilar essa fé inabalável tanto no público civil quanto nos recém-alistados. Tendo em vista o currículo de Capra, que incluía mandatos à frente da Academia de Artes e Ciências Cinematográficas [ou simplesmente Academia] e da Associação dos Diretores de Cinema (SDG em inglês) nos anos de formação dessas instituições, ele talvez fosse mais preparado do que qualquer outro diretor de Hollywood para fazer uso dos vários recursos de uma indústria que o general acreditava que seria indispensável ao iminente esforço de guerra. Como Ford, Capra perdera a chance de servir na Primeira Guerra Mundial, mas não por falta de tentativa. Depois que seu pai morreu em um acidente agrícola em 1917, Capra concluiu que a família não conseguiria arcar com o custo de sua faculdade, então entrou para o Centro de Preparação dos Oficiais da Reserva [ROTC, na sigla em inglês] com a intenção de ingressar no Exército. Pouco depois de se alistar, Capra pegou uma gripe; quando se recuperou, o armistício havia sido declarado. Diferentemente de Ford, filho de pais americanos descendentes de irlandeses que se estabeleceram no Maine, Capra era um imigrante, caçula de uma família siciliana da classe operária que se mudara para a Califórnia com quatro dos filhos quando ele tinha cinco anos. Só quando o Exército tentou efetivá-lo foi que Capra descobriu que não fora naturalizado,[24] e mais de vinte anos depois ele ainda não havia abandonado completamente o desejo de fazer sua parte pelo país que o

PRÓLOGO

adotara ("a inclinação política dele era esta: 'É bom estar aqui'", disse Hepburn depois que eles trabalharam juntos).[25]

Assim, à medida que a guerra se aproximava, Capra começou a planejar sua saída de Hollywood. Fez um acordo lucrativo com a Warner Bros. para dirigir Cary Grant em uma adaptação do sucesso da Broadway *Este mundo é um hospício*. "Pensei: 'Bem, se eu entrar para o Exército, gostaria de ter algo para sustentar a minha família enquanto eu estiver fora'", escreveu ele mais tarde. "Talvez dê para arranjar um filme que eu possa fazer rápido e receber um percentual dos lucros. Isso vai dar conta."[26] Faltava uma semana para terminar o filme quando a guerra estourou. Cinco dias depois, ele aceitou entrar para o Corpo de Sinaleiros como major.

Décadas depois, Capra escreveu a respeito de sua decisão de ingressar no Exército. "Patriotismo? Talvez. Mas o motivo mesmo foi que, no jogo do cinema, eu havia escalado a montanha, cravado minha bandeira e ouvido o mundo aplaudir. E então fiquei entediado."[27] Se a explicação tipicamente automitificante não soa muito verdadeira, a grandiosidade — e o espírito competitivo logo abaixo da superfície — era bastante real. Em questão de meses, a guerra transformaria Hollywood da cabeça aos pés, como transformou o restante dos Estados Unidos: um terço dos homens que compunham a mão de obra dos estúdios — mais de 7 mil pessoas — acabaria se apresentando como voluntário ou seria incluído no alistamento obrigatório.[28] Mas poucos iriam para a guerra como esses diretores, com a sensação de que, prestes a chegar à meia-idade, descobriam todo um mundo novo para conquistar, uma tarefa que colocaria à prova suas habilidades para ajudar a conquistar o coração e a mente do povo americano sob as circunstâncias mais severas possíveis, com o máximo possível a perder.

A decisão do Departamento de Guerra de recorrer à ajuda da indústria cinematográfica após Pearl Harbor não foi algo inevitável. O Corpo de Sinaleiros vinha usando filmes para treinar soldados desde 1929, quando os estúdios estavam realizando a transição do cinema mudo para o falado, e nos anos 1930 Roosevelt e sua equipe compreenderam o poder dos curtas-metragens e dos cinejornais para vender o New Deal. Mas, durante boa parte da década que antecedeu Pearl Harbor, Hollywood e Washington haviam permanecido, de certa forma, como principados concorrentes, cada um impressionado e desconfiado ante a influência do outro. Hollywood temia a ameaça quase constante de censura, investigação e regulamentação da capital; Washington observava o crescimento de um meio cuja capacidade de capturar a atenção do povo americano se tornara inigualável e, gradualmente, aprendera a reconhecer, às vezes a contragosto, o poder que aquela indústria detinha. Mas o começo da guerra marcou a primeira tentativa do governo de realizar um programa prolongado de filmes de propaganda, e o uso de cineastas de Hollywood para explicar seus objetivos, promover seus sucessos e apresentar a guerra como uma narrativa para civis e soldados constituía um experimento notável, ou mesmo radical.

Considerando a importância do cinema para a forma como a nação passou a perceber a Segunda Guerra Mundial, é impressionante o pouco tempo dedicado pelo Departamento de Guerra à reflexão e ao planejamento do uso de Hollywood. Tudo começou como uma proposta simples e direta, concebida por alguns oficiais do alto escalão — sobretudo Marshall — que acreditavam que os Estados Unidos, e as Forças Armadas, poderiam se beneficiar do emprego de pessoas que sabiam usar câmeras para contar histórias. O aproveitamento de homens como Ford e Capra deveu-se em parte ao fato de eles não só estarem dispostos a servir, como também desejarem inventar um programa inédito; eles contribuíram com experiência e iniciativa em um ramo que oficiais de carreira não tinham tempo nem interesse de aprender. Imediatamente após o ataque, não havia qualquer possibilidade de alguém parar e planejar com cuidado uma forma coesa de se realizar um registro filmado da guerra, ou de permitir que meia dúzia de agências e departamentos governamentais envolvidos na disseminação de informação definisse os limites de autoridade entre si.

Tampouco houve oportunidade de se discutir a complicada ética da questão. Em 6 de dezembro de 1941, ninguém imaginava que haveria necessidade desse tipo de debate; um dia depois, a oportunidade já havia sido perdida. Sem dúvida, uma discussão séria e extensa a respeito dos problemas que poderiam surgir quando o dever de um documentarista de relatar a guerra com precisão e objetividade entrasse em conflito com a missão do propagandista de vender a guerra aos americanos a qualquer custo, ou da adequação de cineastas de Hollywood para qualquer uma dessas funções, dividiria opiniões. Nunca houve nenhuma. Nas Forças Ar-

PRÓLOGO

madas, houve quem ficasse chocado, e ultrajado, com a ideia de que diretores que até pouco antes vinham conduzindo Fred Astaire e Ginger Rogers por uma pista de dança ou ensinando John Wayne a parecer heroico em cima de um cavalo agora seriam incumbidos de educar militares, inspirar civis e, empunhando armas e câmeras, permanecer lado a lado com soldados de verdade no campo de batalha. Afinal, os diretores de Hollywood podiam ser usados em Hollywood; de fato, muitos foram enviados para seu próprio território, estúdios e sets, onde até o final de 1943 realizariam mais de trezentos filmes com mensagens inspiradoras muitas vezes escolhidas a dedo de uma lista de sugestões aprovadas pelo governo e inseridas no roteiro no meio da produção.[29]

Alguns militares acreditavam que a perspectiva de que cineastas sem qualquer noção do "*the army way*" tivessem divisa de oficiais nos ombros era um convite ao caos. Os produtores dos cinejornais teriam sido uma escolha mais natural para filmar a guerra do que um grupo de criadores de ficção saído da Califórnia; tinham experiência comprovada com o processo de levar equipes a locais remotos e sabiam comunicar informações de forma sucinta, impactante e enérgica a um público que via seu trabalho nos cinemas toda semana. Mas essas pessoas eram jornalistas e, portanto, intocáveis; o único controle que o Departamento de Guerra podia exercer sobre elas era fornecendo filmagens que apresentassem o ponto de vista do Exército, e essas imagens precisariam ser irresistíveis.

Assim, a decisão foi delegada àqueles de Hollywood que queriam servir e que viam nisso uma oportunidade para mudar a reputação da indústria cinematográfica, e também àqueles de Washington que compreendiam o valor desses diretores. O Exército precisava de Hollywood — sua mão de obra, seu conhecimento, seu equipamento, seu comercialismo, sua experiência e as ideias de seus melhores diretores. Dezenas de milhões de americanos saíam de casa toda semana para ir ao cinema e reagiam com risadas, lágrimas, raiva e, cada vez mais, patriotismo. A vitória na guerra talvez não fosse conquistada por cineastas, mas Capra, Ford, Huston, Stevens e Wyler já haviam demonstrado que podiam conquistar o povo. Isso era motivo mais que suficiente para garantir aos cinco — os diretores americanos mais influentes e inovadores que serviram como voluntários — uma importância fundamental no esforço de guerra.

Os homens se apresentaram tanto com ingenuidade quanto com empolgação, quase como se fossem atores inexperientes recém-escalados para o papel do protagonista. Eles haviam se despedido de suas famílias, se libertado do conforto de suas carreiras e entraram nas Forças Armadas prontos para servir, mas não necessariamente para comandar. As primeiras perguntas eram quase infantis: *Quando eu devo vestir o uniforme? Onde eu vou trabalhar? Como é que se bate continência? Como eu consigo itens de necessidade? O que vocês querem que eu faça primeiro?* A guerra havia começado, mas, de alguma forma, as palavras que Ford usara em outubro para descrever o que estava acontecendo — "esta emergência atual" — pareciam mais adequadas nos primeiros dias após Pearl Harbor, antes que os Aliados tivessem preparado uma contraofensiva e os soldados começassem a ser enviados. Tudo dava a impressão de ser temporário, espontâneo, contingente.

Os diretores estavam prontos para ajudar, mas nenhum deles, no dia em que receberam com entusiasmo suas patentes, havia imaginado que deixariam suas vidas para trás não por algumas semanas ou meses, mas por anos. Tratava-se de homens profundamente habilidosos e, em muitos casos, com um ego à altura — oficiais recém-nomeados com a experiência de um soldado e, pelo menos na aparência, a confiança de um general. Por mais que o desejo de contribuir fosse genuíno, eram movidos também por questões mais pessoais: encaravam o período nas Forças Armadas como um novo capítulo da história de sucesso de suas vidas — uma oportunidade para se testar, pôr-se à prova. Huston imaginava que talvez a guerra enfim satisfizesse sua sede de perigo. Para Ford, servir à Marinha representava sua última chance de ter a vida naval que sempre desejara e uma oportunidade muito postergada de descobrir e avaliar sua própria coragem. Capra, o imigrante bem-sucedido que ainda se via como um forasteiro, viu no chamado do dever uma chance de se definir como o mais americano dos americanos e conquistar o respeito que sentia ainda não possuir. Wyler — o único judeu dos cinco, e o único cuja família corria perigo na Europa — queria a oportunidade que nunca havia tido quando criança de combater os alemães. E Stevens, um produtor habilidoso de poucas distrações, desejava trocar a fantasia pela verdade e, pela primeira vez, usar a câmera para registrar o mundo tal como ele era.

PRÓLOGO

Ao longo dos quatro anos seguintes, a guerra daria a cada um exatamente o que eles queriam, mas esses desejos seriam realizados a um custo maior do que haviam imaginado. Os cinco iriam para Londres e para a França, para o teatro do Pacífico e o front do Norte da África, para cidades italianas devastadas e campos de extermínio alemães; filmariam a guerra na terra, no mar e no ar de formas que determinariam a percepção dos Estados Unidos, naquele momento e para as gerações futuras, quanto à imagem e aos sons do combate pelo destino do mundo livre. Eles honrariam seu país, arriscariam a própria vida e criariam um novo vocabulário visual para filmes de guerra, fossem de ficção ou factuais; alguns borrariam a linha entre ficção e realidade, sacrificando-se de formas que passariam o resto da vida tentando compreender, justificar ou esquecer. Quando voltaram para casa, a velha ideia de que a guerra seria uma aventura já não passava de uma lembrança distante de sua ignorância inocente. Eles retornaram a Hollywood transformados para sempre como homens e cineastas.

Décadas depois, ao fim de suas vidas, foram laureados com honrarias e prêmios pelo conjunto da obra em reconhecimento às suas contribuições permanentes à arte e ao entretenimento. Mas, intimamente, ainda consideravam suas realizações mais significativas aquelas havia muito esquecidas, ou mesmo jamais vistas, pela maioria de seus admiradores. Enquanto eles vivessem, a guerra viveria neles.

PARTE UM

UM

"Só assim eu poderia sobreviver"

HOLLYWOOD, MARÇO DE 1938 A ABRIL DE 1939

Na primavera de 1938, Jack Warner convidou membros da indústria cinematográfica para um jantar em homenagem ao escritor exilado Thomas Mann,[1] vencedor do Prêmio Nobel que, por expressar sua oposição a Hitler e suas políticas, teve a cidadania alemã revogada. Mann era na ocasião a principal voz antinazista da Alemanha nos Estados Unidos. Sua presença em um evento de Hollywood era, se não um chamado às armas, ao menos um chamado às carteiras. Era também uma espécie de iniciação política para Warner e seu irmão mais velho, Harry, que, apenas três semanas após a anexação da Áustria por Hitler, já estavam prontos para se dedicar — e também, de forma mais notável, dedicar a empresa que ambos fundaram com os irmãos Albert e Sam em 1923 — à luta contra os nazistas. Na véspera do jantar, o estúdio fechara as portas de seus escritórios na Áustria. As relações com a Alemanha haviam parado de funcionar quatro anos antes.

O fato de a Warner Bros. ter sido na época o único estúdio a realizar tal gesto é um indicativo do extremo desconforto que caracterizava o comportamento dos homens, na maioria judeus, que administravam as principais empresas de Hollywood. Temerários e proativos de acordo com os limites da indústria que haviam ajudado a criar, eles se aproximaram da política a passos hesitantes e após um processo agonizante de deliberação. Embora certamente o raciocínio contemplasse imperativos essenciais, a indefinição emanava também da consciência de que eles ocupavam uma posição frágil na cultura americana; o ato de confrontar qualquer questão doméstica ou internacional que pudesse atrair os olhares para sua religião trazia consigo o risco de despertar animosidade ou até mesmo censura. A indústria cinematográfica existia havia apenas trinta anos; a maioria dos que a criaram eram americanos descendentes de pais ou avós estrangeiros, ainda vistos com desconfiança por grande parte da estrutura de poder político do país — sem falar no público e na imprensa —, e o cenário apresentava uma atmosfera tácita e às vezes explícita de antissemitismo. Os executivos do cinema sabiam que eram vistos como oportunistas e forasteiros cuja lealdade talvez estivesse dividida entre o país que os acolhera e enriquecera e as velhas raízes em sua terra natal.

À medida que Hitler consolidava seu poder na década de 1930, os donos dos estúdios tendiam a expressar sua identidade judaica em apelos pessoais e diretos ou em discretos cheques entregues a boas causas, não em discursos ou declarações formais, e certamente não nos filmes que produziam. Em geral, guardavam silêncio; a discrição aristocrática e decorosa de Louis B. Mayer, da MGM, era muito mais comum do que o comportamento recente dos Warner (nome verdadeiro: Wonskolaser), imigrantes judeus da Polônia que não tratavam de disfarçar o ódio pelo fascismo e por Hitler e estavam cada vez mais dispostos a abrir o jogo e fazer uso de sua posição para influenciar os outros. Os Warner eram partidários fervorosos de Roosevelt (ao contrário da maioria dos outros tsares do cinema, empresários republicanos antitrabalhistas), e recentemente Harry, o mais velho e na prática a voz do estúdio, havia incentivado todos os seus funcionários a se unir à Liga Antinazista de Hollywood em Defesa da Democracia Americana, a primeira e mais forte organização anti-Hitler da indústria cinematográfica.

Os rivais da Warner tratavam o assunto com tanta hesitação que o próprio apoio do estúdio ao ativismo antinazista era polêmico a ponto de virar notícia. Na época, nenhum estúdio endossava abertamente a Liga

"SÓ ASSIM EU PODERIA SOBREVIVER"

Antinazista, e tampouco Joseph I. Breen, o diretor do Código de Produção e um dos representantes católicos mais proeminentes da guarda moralista de Hollywood. A Liga Antinazista também enfrentava a desconfiança de muitos políticos de Washington, incluindo Martin Dies, o deputado texano que em 1938 criou a primeira versão do que viria a se tornar o Comitê de Atividades Antiamericanas (HUAC) com a intenção de investigar o comunismo em estúdios de Hollywood, sindicatos e organizações políticas. O jantar que Warner ofereceu para Thomas Mann foi uma ruptura tão surpreendente com a tradição que levou a *Variety*, publicação que cobre a indústria cinematográfica, a sugerir (com aprovação) que ele estava se colocando na dianteira de uma incipiente "campanha de militância anti-Hitler em Hollywood",[2] e o colunista Walter Winchell descreveu Harry como "o líder da luta para convencer as outras principais empresas a interromper suas atividades" com os nazistas.[3] Mas a "luta" acabou muito antes de os Warner confrontarem seus concorrentes dos outros estúdios; Harry e Jack não podiam fazer muito além de servir de exemplo e nutrir a esperança de que os rivais começassem a sentir a pressão em suas próprias fileiras.

Enquanto a maioria dos estúdios possuía um forte interesse financeiro no mercado alemão e continuava a trabalhar com Hitler e seus representantes, a questão de como evitar sua ascensão ao poder estava se tornando motivo de discussão e desconforto nas salas de reunião e nos quadros executivos. Mas, em 1938, todas as principais empresas da indústria em Hollywood — incluindo a Warner — tinham uma certeza: independentemente de suas opiniões sobre os nazistas, eles não permitiriam que seus sentimentos a respeito dos acontecimentos na Alemanha, ou os de mais ninguém, passassem para as telas. Raramente, argumentos velados ou alusões contra o fascismo ou a tirania apareciam em um filme, mas era inconcebível que os estúdios pudessem usar suas produções para influenciar a opinião pública a respeito de Hitler sem despertar imediatamente acusações de que estavam realizando propaganda para interesses estrangeiros — isto é, judeus. Grande parte da classe criativa de Hollywood — diretores, roteiristas, atores, produtores independentes — estava assumindo uma postura muito mais aberta quanto à revelação de suas inclinações políticas e à participação em manifestações e organizações de apoio, mas, na maioria dos casos, o barulho que essas pessoas faziam era silenciado quando elas cruzavam os portões e batiam ponto a cada manhã. Os estúdios não tinham nenhum grande interesse em saber quem dentre os "talentos" contratados era pró ou contra Roosevelt, comunista ou fascista, judeu ou gói, mas essa indiferença tolerante derivava de uma certeza inabalável de que nenhuma crença pessoal, qualquer que fosse, transpareceria na tela.

Devido ao olhar severo do Código de Produção e ao temor coletivo dos estúdios de causar alguma ofensa, qualquer material polêmico era extirpado dos roteiros antes de as câmeras ao menos começarem a rodar. Isso também significava que até mesmo os diretores mais prestigiados e bem-sucedidos eram tratados como funcionários de destaque, não como artistas com o direito de dar a forma que quisessem a suas visões criativas. Quando a obra de um cineasta sensibilizava o público, ele era premiado com orçamentos maiores, acesso aos melhores astros do estúdio e mais liberdade, ainda que não irrestrita, para escolher entre os materiais que os chefes queriam transformar em filmes. Mas havia limites, e a expressão de visões políticas pessoais era um deles; todo e qualquer filme com a bandeira do estúdio chegaria aos cinemas americanos apenas se os donos desse estúdio estivessem dispostos a defender cada quadro e diálogo da obra — e, de preferência, nenhum quadro ou diálogo precisaria ser defendido.

Mais cedo ou mais tarde, todos os diretores atuantes de Hollywood acabariam perdendo alguma discussão sobre o conteúdo de algum de seus filmes, enfrentando uma ladainha de restrições — muitas vezes impostas pelo próprio estúdio — quanto ao que não podia, não devia, não se permitia ser dito. Em 1938, nenhum diretor era poderoso o bastante para superar a cautela dos líderes da indústria cinematográfica — entre os quais, certamente, John Huston, que ainda estava tentando entrar no ramo, e George Stevens e William Wyler, que ainda estavam tratando de subir na carreira. Até mesmo Frank Capra e John Ford, que já se encontravam quase no topo da indústria, sabiam que os homens no poder eram intransigentes a respeito desse tópico. Ao longo de uma carreira na Fox que havia começado muito antes do começo da era do som, Ford conquistara a confiança e o respeito de seus chefes, incluindo mais recentemente Darryl

F. Zanuck, que acompanhara toda a produção do estúdio desde a fusão de 1935 com uma empresa rival chamada Twentieth Century Pictures. A identidade pública de Ford como diretor ainda não estava totalmente formada — a série notável de eventos que sedimentaria sua reputação não apenas em Hollywood, mas diante do povo americano, começaria no final de 1938 com a filmagem de *No tempo das diligências*. Até então, a reputação que ele viera construindo continuamente ao longo dos últimos quinze anos repousava sobretudo em um filme que a Fox e diversos outros estúdios de Hollywood haviam recusado devido à temática política. Em 1935, Ford fora à RKO para filmar *O delator*, um melodrama denso e de tom soturno incomum sobre um homem que entrega o amigo à polícia durante a rebelião irlandesa. O filme era caro a Ford — ele havia ido à Irlanda quando jovem em 1921 para visitar parentes e ajudar o IRA [Irish Republican Army, em português Exército Republicano Irlandês] — e, embora não tenha feito um grande sucesso, elevou o status de Ford ante os críticos, e a indústria e lhe rendeu seu primeiro Oscar de Melhor Diretor.

Mas se Ford imaginou que o prestígio obtido lhe garantiria, de alguma forma, mais influência ou liberdade criativa na Fox, em pouco tempo perderia as esperanças. Três anos após a estreia de *O delator*, ele viu *A grande ilusão*, de Jean Renoir, um dos primeiros filmes em francês a atrair uma grande parcela do público americano. Ford ficou impressionado com o impacto e a franqueza do drama de Renoir, que apresentava oficiais, inclusive um identificado explicitamente como judeu, capturados como prisioneiros na Primeira Guerra Mundial. Ford se comoveu com a exibição da magnanimidade dos indivíduos diante de um embate catastrófico entre nações. Foi "uma das melhores coisas que já vi", disse ele. Mas, no começo de 1938, quando ele tentou convencer Zanuck a produzir uma versão americana, foi rejeitado com tamanha severidade que decidiu não insistir no assunto.[4] Ele acreditava que a ideia de promover um cinema com maior engajamento social ou político era vã; nenhum filme com um sólido viés político conseguiria superar o medo dos estúdios de receberem a alcunha de intervencionistas, ou a repulsa que os censores e os "gênios das finanças" — nas palavras desdenhosas de Ford — nutriam por polêmicas. "Se você pretende fazer uma série genérica de filmes sociais, ou mesmo alguns simplesmente honestos", reclamou ele, "é quase impossível".[5]

Em 1938, Ford começou a fazer fora das telas o que não podia fazer em seus filmes: subiu ao palco do Shrine Auditorium, em Los Angeles, para se pronunciar pela primeira vez em uma manifestação da Liga Antinazista. Ele não estava se expondo sozinho. A liga existia havia apenas dois anos, mas já possuía em suas fileiras centenas, que em pouco tempo viriam a ser milhares, de atores, diretores, roteiristas e intelectuais, uma combinação abrangente de democratas, socialistas e comunistas. Mas Ford estava particularmente destemido ao se expressar. "Permitam-me manifestar meu mais sincero desejo de oferecer toda a [minha] competência em cooperação com a Liga Antinazista", disse ele naquele outono, quando a nova comissão de Dies começou a ofensiva. "Se isso é comunismo, contem comigo."[6]

Esse floreio de retórica estava associado mais ao antigo desgosto de Ford por opressores como Dies do que a suas inclinações políticas. Católico a vida inteira, Ford tinha pouco em comum com os esquerdistas da Frente Popular — muitos dos quais judeus, muitos dos quais comunistas —, que eram alguns dos líderes mais ativos do movimento antinazista de Hollywood. Em uma carta recente para o sobrinho, Ford havia descrito sua convicção de que "o comunismo, na minha cabeça, não é o remédio que este mundo enfermo procura". Embora não tenha declarado seu posicionamento político, na mesma carta ele se disse "definitivamente um democrata socialístico, sempre à esquerda",[7] e essa definição, na ocasião, estava correta.

Ford tinha uma personalidade profundamente dividida. No set, podia ser sádico, muitas vezes escolhendo um membro do elenco ou da equipe para insultar e humilhar. Mas, no âmbito público, com frequência se revoltava diante de uma luta injusta ou desequilibrada e tomava partido, sempre preferindo Davi a Golias. Em 1936, enfurecido pelas políticas antitrabalhistas dos estúdios e enraizado em sua crença (contaminada por alguns preconceitos inadequados sobre judeus e dinheiro) de que "o ramo do cinema é controlado por Wall Street",[8] ele instou seus colegas a se unirem aos sindicatos de Hollywood e se tornou um dos fundadores da Associação dos Diretores de Cinema. Um ano depois, integrou o primeiro comitê de negociação do órgão criado. E, conforme a Guerra Civil Espanhola perturbava a consciência de Hollywood, Ford ajudou a fundar organizações como o Comitê dos Artistas de Cinema em Apoio à Espanha, que

"SÓ ASSIM EU PODERIA SOBREVIVER"

com o tempo chegaria a ser composto por 15 mil membros;[9] ele serviu também como vice-presidente do Comitê Democrático da Indústria Cinematográfica, um grupo antifascista e pró-Roosevelt com grande atuação política no estado da Califórnia.[10]

No dia do pronunciamento de Ford no Shrine Auditorium, o assunto era Hitler, embora Dorothy Parker, que liderou o evento, tenha se recusado a usar o nome, referindo-se apenas "àquele tal homem". O tema do dia era duplo: o mal do fascismo no exterior e a possível ameaça de células nazistas dentro dos Estados Unidos. Pela transmissão de áudio ao vivo do Carnegie Hall, a plateia de 4 mil pessoas ouviu o convidado especial da Liga Antinazista, um ex-embaixador americano que havia servido na Alemanha, alertar que "os Estados Unidos não estão livres de [...] atividades nazistas",[11] o que na época era um bordão comum nos jornais e rádios do tipo "pode acontecer aqui". Havia muitos em Hollywood que viam o combate a Hitler como uma boa causa, mas ainda não uma crise. Para Ford, contudo, a mensagem do evento era forte, e a ameaça parecia iminente. Não estava cedo demais para imaginar um dia em que o país precisaria se defender.

Na última década, Hollywood não havia realizado muitos filmes de guerra, e mesmo os que exibiam a agitação de combates ou de manobras aéreas heroicas tendiam a enfatizar sobretudo o imenso custo humano dos conflitos militares. "A guerra propriamente dita é tão feia e tão terrível", disse o escritor francês André Maurois naquele ano, "que não acredito que seja possível ver uma representação desse tipo de vida sem jamais desejar nunca vivê-lo. A dificuldade está em não dar ao filme de guerra o aspecto de uma grande aventura — uma característica que a guerra moderna não possui."[12] O trauma daquilo que na época ainda se chamava de Grande Guerra continuava recente, e a perda de mais de 100 mil soldados americanos em apenas um ano causara no país uma profunda aversão à ideia de se envolver militarmente do outro lado do oceano. A Primeira Guerra Mundial fora tema de filmes desde a declaração do armistício, e Ford a usara em 1928 como pano de fundo para um de seus filmes mudos mais comoventes, *Quatro filhos*, sobre irmãos da Baviera que acabaram combatendo em lados opostos. Mas, como representação da Primeira Guerra Mundial para o público americano, nenhum filme superaria *Nada de novo no front*, de 1930, obra-prima de Lewis Milestone e adaptação do famoso romance de Erich Maria Remarque. O filme afirmava e reforçava a imagem do público de que a guerra era uma carnificina que privava de todas as nações que a combatiam uma geração inteira de homens jovens, tudo por uma paz tênue que poucos acreditavam ser duradoura. Quase dez anos depois, muitos da indústria cinematográfica o consideravam a melhor e definitiva referência sobre a questão.

George Stevens tinha treze anos quando os Estados Unidos entraram na guerra em 1917; quando criança, lera diariamente as notícias sobre a morte de garotos americanos apenas alguns anos mais velhos que ele. Duas décadas depois, estremecia diante da ideia de mais uma guerra custosa — e, como para muitos americanos, o conflito na Europa parecia distante. Stevens não tinha raízes estrangeiras em lugar algum; criado na Califórnia e filho de atores de teatro, ele se formara dirigindo curtas cômicos quando estava praticamente ainda na adolescência, e o mercado do entretenimento era a única vida que ele conhecia. Embora, aos 34 anos, Stevens fosse um homem lacônico e introvertido a quem às vezes as pessoas do set provocavam devido à expressão preocupada, impassível e insondável que costumava exibir como se fosse uma máscara, muitos dos vários filmes que ele dirigira para a RKO eram descontraídos, agitados e alegres. Contratado do estúdio, Stevens se destacara como uma das promessas mais competentes de Hollywood, um cineasta que possuía um toque delicado e confiante e um dom para extrair resultados excelentes de seus atores. Ele dirigira *A mulher que soube amar*, uma adaptação literária elogiada pela crítica, e *Ritmo louco*, um musical de sucesso, e era um diretor particularmente apreciado pelas atrizes, inclusive Katharine Hepburn, Barbara Stanwyck (com quem fizera *A bandoleira*) e a estrela mais importante da RKO, Ginger Rogers, que ele havia acabado de dirigir na divertida comédia *Que papai não saiba*.

Ao ver Ford e muitos outros diretores começarem a mergulhar em uma espécie de ativismo que talvez resultasse em uma intervenção americana na Europa, Stevens percebia um alarme crescente agitar a própria consciência. Como cineasta, ele pela primeira vez acreditava que tinha o dever de criar um filme que lidasse com as realidades mais perigosas do mundo e achava que os sucessos feitos para a RKO lhe haviam rendido o direito de realizar um projeto pessoal. Em 1938, ele estava considerando um: a adaptação do romance *Paths of Glory* [Caminhos da glória], de Humphrey Cobb, a história terrível e perturbadora de três soldados franceses da Primeira Guerra Mundial que se veem diante da corte marcial e da pena de morte por covardia após se recusarem a seguir a ordem de seus superiores de avançar em um ataque que eles sabiam ser uma missão suicida. Como *Nada de novo no front*, o romance de Cobb era uma crítica majoritariamente apolítica contra a brutalidade da guerra, retratada como um jogo pernicioso no qual velhos vaidosos com pouco a perder não pensam duas vezes antes de enviar jovens soldados para a morte.

Stevens diria mais tarde que ele próprio tinha uma opinião vaga e desinformada sobre a possibilidade de uma nova guerra. Como muitos americanos com idade suficiente para se lembrar dos soldados atacados com gás nas trincheiras, ele imaginava na época que uma ação contra a Alemanha revigorada de Hitler poderia resultar em perdas inconcebíveis e que seria melhor os Estados Unidos se afastarem do pesadelo que a Europa estava se tornando. Ele pensava que *Paths of Glory* poderia servir como um lembrete e, também, como um alerta. Mas sua proposta para fazer o filme foi rejeitada repetidamente pelo chefe de produção da RKO, Pandro Berman. "Ele [disse]: 'Você não pode fazer esse filme'", lembrou Stevens. "E eu falei: 'Por que não, droga?'." Quando Stevens insistiu, Berman primeiro afirmou que a resistência não era ideológica, mas financeira: os mercados estrangeiros eram extremamente importantes para os estúdios, e ele acreditava que a França não apenas se recusaria a exibir *Paths of Glory* como talvez boicotasse todas as produções da RKO em retaliação. "Bom, não exiba na França", respondeu Stevens. "Esse filme é para o resto do mundo." Mas outra equipe do estúdio buscou Stevens e disse categoricamente: "É um filme antiguerra".

"Sim, é verdade", respondeu Stevens. "É uma mensagem contra a guerra."

"Bom, agora não é o momento para fazermos um filme antiguerra", disseram eles. "A guerra está no ar."

"E perguntei: que momento seria melhor para um filme antiguerra?", lembraria Stevens décadas depois. "E eles disseram: 'E Hitler? E se ninguém enfrentar Hitler, o que vai acontecer?' [...] Passariam mais oito anos até eu [entender] aquilo. Só quando cheguei em Dachau percebi que devíamos ter enfrentado Hitler três anos antes do evento [...] que [nos] fez entrar."[13]

Porém, na época, Stevens não reconhecia o que depois veria como sua própria ingenuidade; sentia-se apenas censurado.* E, mais que isso, sentia-se agredido, especialmente depois que a RKO o conduziu ao que haviam decidido que seria o próximo filme dele: *Gunga Din*. Stevens recebeu um orçamento de quase 2 milhões de dólares — o maior que o estúdio jamais aprovara — para filmar a história inspiradora de Rudyard Kipling sobre a glória e a coragem do Império Britânico na Índia, e o filme acabou alcançando um sucesso extraordinário diante do público, que adorou ver Cary Grant de uniforme e Sam Jaffe no papel de indiano. A película, que estreou no começo de 1939, trouxe destaque considerável para o jovem diretor e foi bem recebida pela maior parte da crítica. Durante a produção, Stevens não pensou muito na mensagem pró-guerra subentendida. Contudo, décadas depois, seu veredicto sobre *Gunga Din* era semelhante ao do crítico do periódico *FilmIndia*, de Bombaim, que chamou a obra de "propaganda imperialista".[14] "O filme é deliciosamente maligno no sentido fascista", disse Stevens. "Ele celebra o rufar dos tambores e o tremular das bandeiras [...] Eu acabei aquele filme bem a tempo, logo antes que fosse tarde demais. Mais um ano [...] e eu estaria esperto demais para fazê-lo."[15]

Na mesma época em que a RKO afastava Stevens de *Paths of Glory*, outro diretor, muito mais poderoso, travava uma batalha com seus chefes por causa de um filme de guerra. Frank Capra não estava acostumado com a posição em que se encontrava. Em 1938, era o diretor mais importante da equipe da Columbia Pictures, e ninguém chegava nem perto. A Columbia não era uma gigante, não estava no grupo de estúdios que a indústria chamava de "as cinco grandes" (Warner Bros., 20th Century Fox, RKO, MGM e Paramount). Como a Universal, era considerada uma empresa de segunda linha, com recursos financeiros mais modestos e um elenco bem menos notável. Capra era a exceção; sua comédia *Aconteceu naquela noite*, de 1934, dominou o Oscar, *O galante Mr. Deeds* lhe rendeu sua segunda estatueta de Melhor Diretor dois anos depois, e no outono de 1938 sua adaptação do

---

* *Paths of Glory* foi adaptado para o cinema por Stanley Kubrick em 1957 [no Brasil, recebeu o título *Glória feita de sangue*].

"SÓ ASSIM EU PODERIA SOBREVIVER"

sucesso da Broadway *Do mundo nada se leva* conquistou o Oscar de Melhor Filme e seu terceiro Oscar de Melhor Diretor em cinco anos.

Para os olhos do público, Capra era o primeiro diretor de nome da era do som; seu filme mais recente havia chegado à capa da revista *Time* com a manchete "A joia da Columbia". A matéria elogiava seu estilo reservado no set, explicando que ele "trabalha sem maneirismos [e] conversa discretamente com os atores e os técnicos antes de cada tomada". Ela também destacava a autobiografia que Capra fazia questão de promover, mesmo no início da carreira, para contar de suas origens humildes como garoto imigrante da Sicília que vendia jornais nas esquinas da Califórnia, até chegar à renda anual de 350 mil dólares e a vida que levava com a esposa, Lucille, como "duas das celebridades mais deslumbrantes da comunidade [...] [Eles] Passaram a maior parte do ano em uma casa de férias na praia de Malibu e enviaram dois dos três filhos para o maternal da UCLA".

O presidente da Columbia, Harry Cohn, tinha tanta confiança em Capra que não hesitara em pagar 200 mil dólares pelos direitos de adaptação de *Do mundo nada se leva*.[16] Mas ele também sabia dizer não, e, meros dois meses após a matéria da *Time*, quando Capra lhe apresentou a ideia para um novo filme, contrariou seu funcionário mais importante sem rodeios. Fazia anos que Capra desejava adaptar para o cinema a peça *Valley Forge* [Vale Forge], de Maxwell Anderson, sobre as condições que os combatentes americanos da Guerra da Independência precisaram suportar durante o severo inverno de 1778. O *New York Times* considerara a peça uma oportunidade para "prestar louvores no altar de uma figura inspiradora"[17] — George Washington —, mas, na realidade, o texto de Anderson era perfeito para Capra: venerava não tanto George Washington, mas sim o soldado comum cujo espírito de luta convencia o general a não se render.

Cohn já havia rejeitado *Valley Forge* da primeira vez que Capra o propusera três anos antes, logo após o sucesso de *Aconteceu naquela noite*. Agora Capra, com renome consideravelmente maior e a intenção atraente de escalar Gary Cooper no papel de Washington, voltava com a ideia — e Cohn disse que a resposta ainda era não. O motivo foi algo que Capra não esperava: Cohn disse que não podia financiar um filme no qual a plateia seria incentivada a torcer contra soldados ingleses em um momento no qual o Reino Unido se encontrava diante de uma ameaça ainda maior vinda da Alemanha.[18] Capra não insistiu muito; entendeu o problema. Não havia sequer considerado o perigo que o aparente favorecimento do lado errado representaria em matéria de relações públicas.

Essa não era a primeira vez que Cohn salvava Capra de si mesmo. Em algumas ocasiões ao longo dos últimos anos, os instintos políticos ingênuos e inconsistentes do diretor quase o haviam levado ao desastre. Em 1935, após Capra visitar a Itália e expressar admiração por Benito Mussolini, Il Duce — grande apreciador de seus filmes — ofereceu à Columbia um milhão de dólares para que Capra dirigisse uma cinebiografia dele, com roteiro escrito pelo próprio Mussolini. Capra, que supostamente mantinha uma foto do ditador na parede do seu quarto, talvez estivesse interessado, mas Cohn, após pensar um pouco no assunto, recusou a ideia, dizendo: "Afinal, sou judeu. Ele está envolvido com Hitler, e não quero ter nada a ver com isso".[19] Cohn era direto, ríspido e grosseiro — a maioria dos cineastas o achava insuportável —, mas também era realista e sabia proteger com perspicácia seus recursos, especialmente Capra, e acreditava que, sendo estrangeiro, o diretor não podia se dar ao luxo de se meter com política global sem se submeter a questionamentos acerca de sua lealdade. Uma parte considerável dos Estados Unidos já via Hollywood como um antro de perversão e subversão, e a quantidade cada vez maior de cineastas, roteiristas e atores de origem estrangeira precisava trilhar um caminho particularmente estreito. Mesmo em 1938, a origem estrangeira de Capra fazia dele um alvo tão fácil para sentimentos corriqueiros de aversão que um artigo da revista *Collier's* podia chamá-lo de "pequeno carcamano" sem maiores consequências.[20]

O enamoramento de Capra por Mussolini logo arrefeceu, mas continuava insanamente difícil acompanhar suas inclinações, mesmo para aqueles que o conheciam. Ele defendeu Franco durante a Guerra Civil Espanhola enquanto a maioria de seus colegas em Hollywood levantava fundos para os legalistas. E quando se tratava de assuntos domésticos, seu posicionamento político foi descrito como "reacionário" por Edward Bernds, técnico de som que trabalhou com ele em várias ocasiões e em 1936 escreveu em seu diário que Capra tinha um "ódio amargo por Roosevelt" e não parava de reclamar do imposto de renda.[21]

A qualquer momento, as emoções de Capra podiam ser inflamadas pelo populismo ou por desconfiança em relação à classe operária, pelo desprezo contra os comunistas ou desdém pelos capitalistas, por autopreservação econômica ou generosidade inspirada no New Deal. Ao longo de toda a década de 1930, suas inclinações políticas haviam sido definidas mais por seu temperamento forte do que por qualquer consistência ideológica. Os impulsos contraditórios de Capra eram evidentes em *O galante Mr. Deeds*, uma comédia sobre um jovem e excêntrico poeta de New England que herda 20 milhões de dólares e descobre o que é ter o mundo inteiro tentando tirar dinheiro dele. O roteirista Robert Riskin, de inclinação esquerdista, inseriu um progressismo inequívoco no filme, especialmente em um episódio em que um fazendeiro enlouquece devido à incapacidade de prover alimento e roupas à sua família durante a Depressão; seu suplício inspira em Deeds uma determinação quase socialista de distribuir sua riqueza. Mas as ideias do filme, e seus ideais, são extremamente mutáveis. Em uma cena, *Deeds* pode parecer o brado do povo contra a ganância dos antigos barões das finanças; em outra, o filme se torna uma crítica semifascista contra a sofisticação urbana, e as duas posições são expressadas com uma espécie de fúria uniforme ("Vendedores, políticos, sanguessugas... todo mundo quer alguma coisa!", reclama Deeds).[22] Ainda assim, poucas pessoas no cinema teriam imaginado que o diretor do filme era partidário de Alf Landon e via praticamente qualquer organização de Hollywood como possível foco de comunismo. Enquanto Ford e muitos outros colegas trabalhavam para fundar a Associação dos Diretores de Cinema em 1936, Capra passou dezoito meses se recusando a ingressar. E quando entrou foi apenas porque seu interesse cada vez maior em lutar pelos direitos dos diretores finalmente superou seu profundo descaso por sindicatos.[23]

Em 1937, Capra viajou para a Rússia com Riskin; foi recebido como a realeza pelos *apparatchiks*, que estavam convencidos de que seus filmes eram anticapitalistas, e dizia-se que a hospitalidade foi retribuída com expressões de grande entusiasmo pelo stalinismo e de desprezo pelos "chefões do cinema" nos Estados Unidos. Mas Capra também deixou clara sua opinião contrária à guerra; quando o convidaram a assistir a um desfile militar na praça Vermelha, ele pediu para não comparecer, dizendo: "Não suporto ver tanta parafernália bélica [...] Imagine o que vai acontecer quando todos esses tanques, essas armas, esses fuzis começarem a atirar. Não, definitivamente não quero ver isso. Nós, americanos, somos uma nação pacífica. Não pretendemos lutar".[24]

Todas as suas visões contraditórias eram ainda mais nítidas em *Do mundo nada se leva*, que ele começou a rodar no início de 1938. A comédia de George S. Kaufman e Moss Hart sobre as excentricidades de uma família nova-iorquina caótica cujo patriarca passara anos recusando-se a pagar o imposto de renda permitia a Capra (com uma dose considerável de ajuda por parte de Riskin) combinar seus diversos tópicos econômicos e sociais favoritos para formar algo próximo de uma semifilosofia unificada. No filme, o avô se opõe ao sistema tributário movido em parte pela crença de que seu dinheiro provavelmente seria gasto em armamentos. Um dos vilões do filme é um milionário sovina que atua como porta-voz para o argumento, popular à época, de que as maquinações de magnatas obcecados por lucro acabariam levando os Estados Unidos a uma guerra: "Quando o mundo ficar maluco", diz ele, praticamente às gargalhadas, "o próximo grande passo será munições, e [nós] vamos faturar com isso! [...] Este país não vai ter nenhuma bala, nenhuma arma, nenhum canhão que não seja feito por nós". A peça de Kaufman e Hart também continha algumas alfinetadas à paranoia anticomunista, mas esses trechos talvez fossem uma questão muito delicada para Capra; o filme os suprimiu e pôs em seu lugar um monólogo praticamente indecifrável que começa com: "Comunismo, fascismo, voduísmo... hoje em dia todo mundo tem 'ismo'! [...] Quando as coisas ficam um pouco ruins [...] é só arranjar um 'ismo' e pronto!". O discurso passa então a louvar (mas sem definir) o "americanismo" e conclui: "Lincoln disse: 'Sem malícia contra ninguém, e com caridade para todos'. Agora, as pessoas dizem: 'Pense como eu, ou vou enchê-lo de bombas'".

A crítica e o público adoraram a pregação irreverente de *Do mundo nada se leva* — pelo menos nos Estados Unidos. Em outros países, houve rejeição considerável, e a maior parte expressava algo próximo das palavras de Graham Greene, que afirmou que Capra "emerge como um idealista confuso e sentimental que tem uma sensação vaga de que há algo de errado com o sistema social" mas não consegue pensar em solução melhor do que fazer magnatas de Wall Street "jogarem tudo para o alto e tocarem gaita".[25]

Conforme a data de estreia do filme se aproximava, Capra sofreu uma tragédia pessoal. Quando estava em Los Angeles, na primeira sessão exclusiva de *Do mundo nada se leva* para a imprensa, ele recebeu uma ligação chamando-o com urgência para o hospital, onde soube que John, seu filho de três anos com uma deficiência grave, havia morrido após o que devia ter sido uma simples amigdalectomia.[26] De luto com a esposa, mais uma vez ele voltou sua atenção ao exterior e se apressou a retornar ao trabalho. No final de 1938, depois que Cohn disse que ele não poderia fazer *Valley Forge*, Capra visitou Washington, com a intenção de filmar uma continuação de *O galante Mr. Deeds*. Um repórter escreveu que ele estava pensando em um filme "com temática política. Ele quer mostrar uma pessoa honesta — digamos um senador caubói na linha de Gary Cooper — contra o fundo artificial das duas instituições governamentais que conhecemos como as câmaras do Congresso".[27]

A ideia original de Capra para o novo filme, que na época ele estava chamando de *Mr. Deeds Goes to Washington* [Mr. Deeds vai a Washington, intitulado A *mulher faz o homem* no Brasil], obteve a aprovação de Cohn, o que significava que ele seria praticamente o único diretor de Hollywood com a chance de fazer um filme que tratasse diretamente da política americana contemporânea — mesmo que ele não conseguisse descobrir o que exatamente pretendia dizer. Em uma entrevista em 1938, Capra tentou pela primeira vez explicar sua opinião sobre várias questões, mas o resultado foi um rol desconjuntado de princípios enumerados por um homem que se via como um patriota conflituoso cercado por inimigos mesmo no próprio ramo em que atuava. "Capra gosta das instituições americanas", escreveu um repórter favorável, claramente parafraseando o diretor. "Ele não considera que os homens que formaram o país sejam um bando de idiotas. É contra qualquer ditadura. Acredita na liberdade da imprensa. Tudo isso faz dele um homem marcado em Hollywood, onde muitos dos intelectuais são ortodoxos e pregam um claro ódio por americanos."[28]

Capra era pacifista havia muito tempo, mas em uma viagem a Washington para fazer pesquisas para seu próximo filme esse sentimento começou a mudar. Ele sempre fora suscetível ao carisma de homens poderosos e, quando conheceu o presidente Roosevelt pessoalmente, ficou surpreso com o próprio deslumbramento; a "aura incrível" do presidente fez seu "coração fraquejar".[29] Capra, que em duas ocasiões votara contra Roosevelt, não se convenceu a apoiá-lo para um terceiro mandato, mas pouco depois de sua viagem à Costa Leste rompeu com diversos companheiros republicanos e assumiu publicamente uma postura intervencionista. Voltou a Los Angeles e, em 18 de novembro de 1938, compareceu ao comício da Liga Antinazista chamado "Hitler em Quarentena" no Philharmonic Auditorium. Diante de 3500 pessoas, Capra foi ao microfone e promoveu um boicote comercial, manifestando apoio a uma declaração de que "a capitulação diante de Hitler significa barbarismo e terror".[30] Capra nunca olhou para trás. Como Ford, estava prestes a se tornar um dos maiores defensores do envolvimento do país no que ele agora acreditava que estava cada vez mais perto de se tornar uma guerra mundial.

O comício "Hitler em Quarentena" foi realizado uma semana após as devastações do evento conhecido como Noite dos Cristais, quando a maioria dos estúdios se dera conta, desolados, de que provavelmente seus dias de distribuição de filmes na Alemanha estavam contados; depois de toda aquela destruição, muitas pessoas em Hollywood (mas certamente não todo mundo) também passaram a reconhecer que o silêncio complacente já não era uma opção moral. O espancamento de judeus e os incêndios e saques em milhares de sinagogas e estabelecimentos mantidos por judeus na Alemanha e na Áustria poderiam ter surtido um efeito mais rápido de unir a nação e impelir Washington a intervir se os americanos tivessem visto nas telas o desenrolar do caos e da crueldade. Mas as produtoras dos cinejornais dependiam de material recebido do exterior, e só havia algumas fotografias do resultado da violência para apresentar ao público. A incapacidade de mostrar aos americanos uma versão crua do que estava acontecendo na Europa era um problema sério o suficiente para motivar, no dia do comício, uma reunião incomum com as diretorias das cinco maiores produtoras de cinejornais (incluindo Fox, Paramount e Universal) para debater como poderiam unir recursos a fim de informar o público sobre as atrocidades dos nazistas.[31]

Para os muitos imigrantes judeus da classe criativa de Hollywood, a Noite dos Cristais marcou o momento em que a opressão que os fez fugir da Europa com suas famílias já não podia mais ser esquecida ou ignorada. A última vez em que William Wyler esteve em sua cidade natal, Mulhouse, na fronteira da França com a Alemanha, havia sido em 1930, em uma viagem de férias. Na ocasião, ele descrevera Berlim como "a cidade mais interessante e mais patética da Europa [...] dividida por grupos de radicais e reacionários, cada um lutando por um governo diferente. [...] As pessoas [...] parecem ter perdido a esperança em todo esse caos".[32] Nos dez anos seguintes, ele nunca mais voltara, e tampouco se esforçara para se associar publicamente com suas raízes judaicas ou europeias. Os cineastas judeus da década de 1930 eram presa fácil — para antissemitas, anticomunistas, xenófobos. Wyler, que falava um inglês impecável, mas claramente com sotaque, batalhara muito para se tornar um americano; à medida que a situação piorava na Alemanha, ele demonstrara pouco interesse em se envolver com ativismo. Quando Jack Warner tocava no assunto em carta, Wyler fazia um cheque de cem dólares para a Liga Antinazista;[33] quando o Comitê dos Artistas de Cinema — cuja frase de ordem era "Cuidado com a Ambulância de Hollywood para a Espanha" — o abordava, ele doava duzentos dólares para um fundo de assistência.[34] Porém, acima de tudo, Wyler desejava simplesmente poder fazer seus filmes em paz, de preferência sem a obrigação de infundi-los com qualquer tema ou mensagem política.

Em 1938, ele já havia sido assimilado de tal forma que quase se surpreendeu quando suas origens se tornaram objeto de discussão — o que aconteceu um mês antes da Noite dos Cristais, quando ele se casou. A futura Talli Wyler era uma texana alta e bonita de porte sereno e elegante que se formara na Southern Methodist University e viera para Hollywood a fim de perseguir uma carreira de atriz, que abandonaria pouco após o casamento. Ela conheceu Wyler em setembro daquele ano, e os dois se casaram um mês depois. Só em dezembro ele seria apresentado aos pais preocupados de Talli, que haviam vindo de Dallas para passar o Natal em Hollywood com a filha e o homem com quem ela se casara de repente. Na ocasião, Talli estava grávida (a menina viria a se chamar Cathy, em homenagem à heroína do filme que Wyler havia acabado de começar a dirigir, *O morro dos ventos uivantes*). Talli mencionara aos pais que Wyler era judeu, e depois ela lembraria que os dois chegaram a Hollywood angustiados com as perspectivas da nova vida da filha "por causa de todas as coisas terríveis que estavam acontecendo na Europa".[35] Wyler, recém-casado e futuro pai, nutria a mesma angústia. Como cidadão, imigrante e judeu, inquietava-se profundamente com as notícias que lia e estava determinado a fazer o possível para revidar. Mas, como artista, era reconfortante chegar para o trabalho todos os dias sem o fardo que precisava carregar nas outras partes de sua vida. No estúdio, ele podia ser um diretor; não precisar ser nada além disso durante aquelas horas era uma espécie de luxo.

Um dos poucos em Hollywood próximos o bastante de Wyler para entender o quanto ele se esforçara para criar uma nova identidade era John Huston. Quando Wyler resolveu se casar, ele e Talli decidiram que a cerimônia seria íntima; o diretor chamou Huston, que providenciou para que o casamento fosse realizado na casa de seu pai, o ator Walter Huston. Além do irmão, advogado e agente de Wyler, e de seus pais idosos (que ele ajudara a emigrar da Alsácia e a se mudar para uma casa perto da dele), os únicos convidados eram John e a esposa, Lesley, que contribuiu com o bolo.[36] A amizade de Wyler e Huston, uma das relações mais sólidas e duradouras entre dois diretores de Hollywood em toda a história do cinema, era em certos aspectos uma união de opostos. Huston era alto, expansivo, luxurioso e temerário; com 1,73 metro, Wyler era baixo, calado e tão meticuloso que já era conhecido pelo apelido que o acompanharia por toda a vida ("Wyler Quarenta Tomadas" ou "Wyler Cinquenta Tomadas", dependendo de quem estivesse reclamando) mesmo antes de dirigir seu primeiro grande sucesso. As aventuras românticas de Huston, que incluíam — mas não se limitavam a — cinco casamentos, eram agitadas, escandalosas, às vezes concomitantes, e quase sempre impulsivas. Wyler, após um primeiro casamento tempestuoso com Margaret Sullavan e uma relação séria com sua atriz principal mais famosa, Bette Davis, casou-se em 1938 com Margaret Tallichet, a mulher que ele chamava de Talli, e aos 36 anos se acomodou em uma vida de domesticidade satisfeita que perdurou até sua morte, mais de quarenta anos depois. Huston, com 32 anos quando ajudou a organizar o casamento do melhor amigo, estava começando a deixar para trás um período destrutivo e anárquico de adolescência que parecera se estender até seus vinte e poucos anos.

Mas os dois eram mais semelhantes do que parecia. Wyler, apesar da reticência conservadora que alguns anos depois faria um colunista chamá-lo de "um homem rígido e cinzento em um terno de flanela cinzento",[37] era, por dentro, afeito a fortes emoções e adorava esquiar e se aventurar na natureza; antes de se casar com Talli, era comum vê-lo sair em disparada pelos portões do estúdio após um dia de filmagem, acelerando sua Harley-Davidson, muitas vezes acompanhado de alguma atriz agarrada em desespero para não cair. E Huston, boêmio dedicado que gostava de se apresentar como um rebelde desalinhado (O *New York Times* costumava chamá-lo de "O grande

Bronco"),[38] era detalhista e concentrado no que dizia respeito ao trabalho, uma qualidade de Wyler que ele admirava intensamente e tentava imitar.

Os dois estavam entre os primeiros cineastas que podiam ser considerados de fato parte da segunda geração de Hollywood. Huston era filho do respeitado ator Walter Huston, e Wyler era um primo distante de Carl Laemmle, o executivo da Universal que a revista *Time* caracterizara como "o Renomado Nepotista Carl Laemmle"[39] e cuja propensão a contratar parentes levou Ogden Nash a debochar: "o tio Carl Laemmle tem uma família muito grande". Laemmle havia bancado a emigração de Wyler da Alsácia para os Estados Unidos e o contratara como aprendiz no departamento de logística do estúdio em 1920.[40]

Uma década depois, foi Wyler quem deu a Huston o primeiro trabalho no cinema, reescrevendo diálogos em *A House Divided* [Uma casa dividida], uma adaptação livre da peça *Desire under the Elms* [Desejo sob os olmos], de Eugene O'Neill, e um dos primeiros filmes falados de Wyler. Ele o contratou para agradar o pai de Huston e astro da produção, e nunca se arrependeu. "Com certeza, Willy era meu melhor amigo no ramo do cinema", disse Huston. "De cara parecíamos ter muito em comum. [...] Willy gostava das mesmas coisas que eu. Íamos para o México. Íamos para as montanhas. Apostávamos."[41] Wyler era o mentor/irmão mais velho provocador que debochava de Huston e o chamava de "afobado, feioso, beberrão, brutamontes, glutão, presbiteriano e desajeitado";[42] Huston era o diabo no ombro de Wyler, seu companheiro de bar e pupilo para o mundo do cinema.

Após a conclusão de *A House Divided*, os dois consolidaram a amizade saindo em uma inusitada viagem juntos, vestidos como mendigos e dormindo em vagões de trens de carga, tudo com a desculpa de estarem pesquisando para um filme que acabaram não fazendo.[43] A experiência pode ter sido uma aventura extravagante para Wyler, mas para Huston era apenas mais um sintoma de uma vida que estava fugindo do controle. Seu primeiro casamento, com uma alcoólatra, quando Huston tinha apenas vinte anos, estava arruinado. Em 1933, ele se envolveu em um acidente de carro motivado por embriaguez que deixou ferida uma jovem atriz. Pouco tempo depois, outra jovem atriz morreu ao passar na frente do carro que Huston dirigia na Sunset Boulevard. Ele insistiu que não havia bebido e foi absolvido pelo tribunal, mas o caso gerou manchetes severas em todo o país ("Por que assassinos atropeladores devem ficar livres?", perguntou um editorial do *Los Angeles Herald Examiner*), e ele foi tachado de desgraçado mimado e irresponsável.[44] "A experiência parecia o fundo do poço da minha existência miserável", disse Huston.[45] Quase falido, exilou-se na Europa. "O que quer que eu tentasse fazer, nada dava certo. Eu me erguia um pouco e acabava caindo de novo."[46]

Quando Huston voltou aos Estados Unidos em 1935, pouco havia sido feito para mudar a percepção de que, como escreveu James Agee, ele "jamais seria algo mais do que um camarada muito bacana com quem se embebedar". Segundo o produtor Henry Blanke, Huston era "irremediavelmente imaturo. Ele estava em todas as festas, com franja no cabelo e um macaco no ombro. Encantador. Muito talentoso, mas sem um grama de disciplina na cabeça".[47]

Foi Wyler quem resgatou Huston, dando-lhe um trabalho como roteirista e, principalmente, a chance de se reinventar. Via nele um espírito irmão — "éramos jovens, impetuosos e fazíamos muita coisa juntos, tudo, desde sair com garotas até esquiar, e Deus sabe o que mais", disse Wyler —, mas identificava também um talento por nascer. "Era um bom roteirista", disse ele. "Se não fosse, não teríamos durado juntos muito tempo."[48]

Durante o exílio de Huston, a reputação de Wyler havia alçado voo graças ao sucesso de suas adaptações das peças *The Children's Hour* [Hora das crianças], de Lillian Hellman, e *Dead End* [Beco sem saída], de Sidney Kingsley.* Ele também continuara próximo de Walter Huston, trabalhando com o pai de John em *Fogo de outono* e conquistando em 1937 sua primeira indicação ao Oscar de Melhor Diretor. Agora Wyler estava atrás das câmeras de novo, trabalhando com Bette Davis em *Jezebel*, um melodrama sobre a Guerra Civil produzido pela Warner Bros. para tentar se antecipar a ... *E o vento levou*, e ele não estava satisfeito com o roteiro. Na primeira semana, insistiu para que o estúdio contratasse Huston não só para reescrever partes do texto como também para, nas palavras de Blanke, "meio que representá-lo na preparação da segunda metade do roteiro". Blanke disse a Hal Wallis, chefe de produção da Warner, que Wyler "parece

---

* No Brasil, os filmes foram lançados com os títulos *Infâmia* e *Beco sem saída*, respectivamente. (N. T.)

"SÓ ASSIM EU PODERIA SOBREVIVER"

conhecer Huston pessoalmente, passa bastante tempo com ele e o encontra à noite, e ele garante que Huston sabe exatamente o que ele sente e pensa sobre o roteiro. [...] Aparentemente, Huston vai ser uma espécie de intermediário para atuar entre os roteiristas, e o senhor, e Wyler. [...] Falei para Wyler que tentaríamos".[49] A confiança de Wyler foi recompensada quando *Jezebel*, que estreou no começo de 1938, foi um sucesso e rendeu a Davis o segundo Oscar. Warner retribuiu contratando Huston como roteirista pleno, e ele trabalharia de projeto em projeto conforme a necessidade.

Com a experiência ainda recente da Europa, Huston mantinha um grande interesse na guerra iminente e suas raízes políticas, e pouco depois de *Jezebel* o estúdio lhe encomendou um trabalho que alimentaria esse entusiasmo e o consumiria por um ano: *Juarez*, um drama histórico oitocentista custoso e epopeico sobre o imperador Maximiliano, instituído como monarca do México pela França, Carlota, sua esposa louca, e Benito Juárez, o presidente do país. Huston trabalharia com outros dois roteiristas, Wolfgang Reinhardt e Aeneas MacKenzie, e os três partilhavam da visão de Reinhardt de que "o diálogo, de teor político e ideológico, deve consistir em expressões vistas nos jornais de hoje em dia; qualquer criança precisa ser capaz de identificar no intervencionismo de Napoleão no México nada menos que Mussolini e Hitler e sua aventura na Espanha".[50]

Huston foi consumido pelo processo extenso e pelo esforço de escrita a seis mãos, o que ele classificou como "dialético", devido ao conhecimento de Reinhardt sobre a história europeia, ao amor de MacKenzie pelo "sistema monárquico" e à condição do próprio Huston como "democrata jeffersoniano que mantém ideias semelhantes às de Benito Juárez".[51] E ele sabia que o filme tinha sorte de ser produzido pela Warner, o primeiro estúdio que parecia disposto a defender uma forte alegoria anti-Hitler. Ao longo de 1938, conforme a ameaça da Alemanha à Checoslováquia se agravava cada vez mais, os três roteiristas revisaram o texto para deixar os paralelos ainda mais explícitos. A certa altura, o roteiro chegava a 230 páginas, um mapa do que teria sido um filme de quatro horas. A cada novo rascunho, Huston tentava incrementar, acrescentando frases como "Nossa missão é lutar contra o tirano [...] lutar [...] lutar [...] para manter viva a causa da democracia".[52]

Não se sabe se a versão que Huston preferia para o roteiro jamais chegaria a ser viável, mas, quando *Juarez* enfim malogrou, os meses de trabalho foram perdidos não por insegurança corporativa, mas devido a ego de celebridade. A Warner Bros. dera o papel do título para Paul Muni, na época o ator mais prestigiado do estúdio. Nos últimos anos, Muni se especializara em interpretar personagens históricos icônicos em produções elaboradas, tendo feito Louis Pasteur e Émile Zola. Embora ainda fosse valorizado pela crítica, era um ator vaidoso e ranzinza que começava a entrar em pânico com o fato de seu nome estar perdendo força nas bilheterias e era capaz de qualquer coisa para fazer valer sua vontade. Quando leu o roteiro e viu que seu personagem tinha uma presença sucinta e minimalista, enquanto a Brian Aherne e Bette Davis, como Maximiliano e Carlota, cabiam todas as cenas mais impactantes, trouxe seu cunhado para a produção e o fez reescrever todo o roteiro de modo a ampliar seu papel, e o diretor, William Dieterle, amuou-se sem interferir. "A primeira exigência de Muni era mais diálogos. [...] Ele rasgou o roteiro ao meio e o arruinou", disse Huston.[53]

No final de 1938, poucos meses antes da estreia de *Juarez*, Wyler ajudou Huston a se recuperar da decepção e o contratou para dar uma última burilada no roteiro de Ben Hecht e Charles MacArthur para *O morro dos ventos uivantes*, que Wyler estava prestes a começar a fazer para seu chefe, o produtor independente Samuel Goldwyn. Grato, Huston aceitou o trabalho, mas se recusou a levar crédito, justificando que "Hecht e MacArthur haviam escrito um belo roteiro, mas o texto estava quase em forma de argumento, então eu adaptei para roteiro. [...] A invasão do meu nome seria um gesto baixo".[54]

O morro dos ventos uivantes e *Juarez* estrearam com dias de diferença em abril de 1939. O filme de Wyler foi recebido com muito entusiasmo, e, apesar do comentário infame de Goldwyn de que "*Eu fiz O morro dos ventos uivantes* — William Wyler apenas o dirigiu", o filme — uma produção primorosa, romântica e extravagante,[55] perfeita para um público que desejava escapar dos problemas do mundo moderno — deu um grande embalo à reputação cada vez mais sólida de Wyler. Naquele ano, que depois viria a ser visto como um período emblemático para o cinema americano, foi eleito o melhor filme pelo New York Film Critics Circle Awards, superando ... *E o vento levou*. *Juarez* acabou representando pouco mais do que uma nota de rodapé infeliz; a versão apresentada em uma exibição-

-teste foi tão malrecebida que imediatamente a Warner Bros. cortou 25 minutos do filme.[56] Os paralelos com Hitler e Mussolini que Huston tanto se esforçara para inserir permaneciam estrondosamente claros já desde a abertura, que faz menção a um "ditador" que está desenvolvendo uma "máquina de guerra", e as primeiras cenas, nas quais Napoleão III (Claude Rains) brada: "Que o mundo saiba que a conquista do México é apenas o início da realização de nossa missão sagrada". Em sua resenha para o *New York Times*, Frank S. Nugent observou que Hollywood finalmente parecia se livrar da neutralidade deliberada em relação à Europa; ele escreveu, em aprovação, que, "na disputa entre o ditador e o democrata, a Warner devotou sua lealdade completa a este. [...] Com oportunismo compreensível, eles escreveram nas entrelinhas [...] o texto do desprezo de um liberal contra o nazismo e o fascismo".[57] Mas outros críticos foram menos favoráveis; o filme, ainda longo e desajeitado, foi um grande fracasso de bilheteria, e com a experiência Huston decidiu jamais ver seu trabalho ser retalhado outra vez. "Eu sabia que, se tivesse sido o diretor em vez de William Dieterle, isso não teria acontecido", disse ele. "Então eu sabia que precisaria ser responsável por tudo que escrevesse", e para isso se tornaria um diretor. "Só assim eu poderia sobreviver."[58]

Parte do fracasso de *Juarez* se deveu ao fato de que a proposta de alegoria histórica indireta como propaganda parecia antiquada para uma plateia que estava acostumada a ver a marcha de soldados alemães toda semana nos cinejornais e se encontrava preparada para ataques mais firmes e explícitos de Hollywood a Hitler. Na semana de estreia, o filme de Huston foi ofuscado por um drama policial enérgico da Warner Bros. que marcava a primeira vez que um estúdio permitia a produção de um filme sobre a ameaça alemã percebida dentro do território americano. O desaforo da campanha de marketing do novo filme destacava não só a pusilanimidade egocêntrica dos outros estúdios, mas também a evolução dos interesses do público. Finalmente, anunciavam os Warner no slogan, o público teria a chance de ver algo que demorara demais para chegar às telas: "O filme que chama uma suástica de suástica!".[59]

DOIS

"O que me diz o coração e o sangue"

HOLLYWOOD E WASHINGTON, ABRIL DE 1939 A MAIO DE 1940

C *onfissões de um espião nazista* estreou na cidade de Nova York em 28 de abril de 1939, mesmo dia em que Hitler proferiu um discurso no Reichstag em que deixou claro que considerava a Polônia sua por direito. Só o título já era chocante: até então, a palavra "nazista" jamais aparecera no título de nenhum filme dos grandes estúdios, e essa questão havia sido objeto de polêmica desde o ano anterior, quando os Warner adquiriram os direitos para o cinema. *Confissões* foi dirigido por Anatole Litvak, grande amigo de Wyler e Huston, um judeu ucraniano que fugira da Alemanha quando os nazistas subiram ao poder no começo dos anos 1930. A história se baseava no relato de um ex-agente do FBI que se infiltrara em um grupo de nazistas da Federação Germano-Americana em Nova York. Outras empresas se opuseram publicamente à intenção da Warner de produzir o filme; o diretor do departamento de censura interna da Paramount avisou que, se *Confissões* fosse "desfavorável à Alemanha em qualquer sentido, como deve ser se a produção pretende ser sincera, os Warner terão em suas mãos o sangue de inúmeros judeus na Alemanha". Alguns membros do Código de Produção, que nunca demonstrara muito apreço pelos líderes judeus da indústria cinematográfica, afirmaram que o

"O QUE ME DIZ O CORAÇÃO E O SANGUE"

filme era um convite ao desastre por não exibir as "realizações políticas e sociais incontestes" de Hitler e seria "um dos erros mais lamentáveis jamais cometidos por Hollywood".[1] Outras pessoas temiam que a obra incitasse acusações antissemitas de que Hollywood estava conspirando para promover uma campanha judaica de intervencionismo. Conforme *Confissões* era encaminhado para produção, a Warner Bros. presumiu que o filme inevitavelmente seria banido de muitos países europeus (o que aconteceu) e que talvez enfrentasse forte oposição dos comitês estaduais e municipais de censura (o que não aconteceu). Mas o estúdio persistiu em sua convicção de que o país estava pronto para o filme e recebeu considerável apoio do astro, Edward G. Robinson (nome de nascimento: Emanuel Goldenberg), que insistiu muito para interpretar o agente Robinson do FBI, dizendo a Hal Wallis que queria "fazer isso para o meu povo",[2] e que se mostrou um porta-voz articulado e carismático para os temas abordados. "O mundo está sob a ameaça de gângsteres muito mais perigosos do que tudo o que já vimos", disse Robinson a um repórter. "E não há motivo para que os filmes não sejam usados para combatê-los."[3]

As opiniões divergiam, mas o filme veio no momento perfeito — uma ocasião em que a entrega do drama contundente prometido por toda a campanha publicitária parecia não só arguta, mas ousada e visionária. "O compromisso de não agressão de Hitler em relação às Américas chegou aos Warner tarde demais ontem", dizia uma resenha. "Eles haviam formalizado sua declaração de guerra aos nazistas às 8h15 com a primeira exibição de *Confissões de um espião nazista* no Strand. Hitler não vai gostar; Goebbels também não."[4] A *Variety* indagou sobre "o posicionamento quanto às relações entre a Alemanha e os Estados Unidos" e, preocupada, descreveu o filme como, "em tom e essência, uma propaganda em tempo de guerra".[5] E, algumas semanas após a estreia, a *Time* definiu o filme como uma obra "direta e bruta como um cinejornal, diplomática como um bombardeio de artilharia", e anunciou que outros estúdios, ao perceberem as longas filas diante dos cinemas, estavam tirando da gaveta "produções calculadas para agradar aos detratores de Hitler & Cia.". Um dos cineastas mencionados era Charlie Chaplin, que estava trabalhando em uma comédia sobre *der Führer* e um sósia, com o título provisório *The Dictator* [O ditador].[6]

Para Hollywood era um caminho sem volta, e assim, um ano após ter *Paths of Glory* rejeitado pela RKO, George Stevens pensou que era o momento de tentar mais uma vez, com um novo projeto. O sucesso de *Gunga Din* o tornara ainda mais valioso para o estúdio, e as últimas manchetes o demoveram de seu posicionamento contra a guerra. Agora, em vez de dirigir outra comédia ou musical, ele desejava tratar da ameaça nazista. Stevens era um leitor voraz que, quando não estava filmando, podia passar um dia inteiro sentado em uma poltrona devorando um livro atrás de outro, e no final de 1938 ele havia descoberto dois romances recentes que acreditava serem perfeitos para uma adaptação. Um deles, *Destinatário desconhecido*, contava a história de um livreiro judeu nos Estados Unidos e seu sócio, um gói teuto-americano que volta à Alemanha e fica fascinado pelo Terceiro Reich, que o destrói após tomá-lo por judeu. O outro, *Tempestades d'alma*, era todo ambientado na Alemanha da época e acompanhava a desintegração profissional e pessoal de um professor anti-Hitler e sua família conforme os nazistas subiam ao poder. Os dois livros eram tratados antifascistas brutais e explícitos com finais devidamente tristes.

O presidente da RKO, George Schaeffer, era um dos poucos líderes de estúdio não judeus. Era também talvez o mais avesso a riscos de todos os executivos. Quando Stevens instou Pandro Berman, segundo em comando de Schaeffer, a adquirir os direitos de adaptação dos romances, Berman o alertou que Schaeffer "com certeza estava com medo [de] se comprometer [...] com qualquer filme que fizesse propaganda contra qualquer coisa. [...] Ele está muito disposto a fazer um filme que trate de americanismo ou democracia, mas [se] opõe a quaisquer movimentos específicos contra outras forças". *Destinatário desconhecido* foi descartado imediatamente; em um telegrama, Berman disse a Stevens que "após muita consideração [eu] creio que, se [a RKO] estiver disposta a prosseguir com um filme passível de ser classificado como propaganda antinazista, o melhor seria considerar *Tempestades d'alma*".[7] Mas Stevens praticamente não teve tempo de alimentar esperanças. Mais tarde no mesmo dia, Berman enviou outro telegrama, encaminhando-o com delicadeza, mas de forma inequívoca, para um material mais benigno: a adaptação de um romance melodramático sobre os pecados e sacrifícios de um par de enfermeiras inglesas intitulado *The Sisters* [As irmãs], uma obra que o estú-

"O QUE ME DIZ O CORAÇÃO E O SANGUE"

dio acreditava que renderia um ótimo "filme para mulheres" e traria Stevens de volta para território conhecido.

Stevens ficou furioso. Em momentos de dificuldades ou reveses, ele tendia a se retrair, preferindo recuar a combater. Portanto, foi característica sua reação de, em vez de confrontar Berman ou Schaeffer, redigir uma extensa carta para si mesmo em que atacava a RKO, reclamando que trabalhara incansavelmente para o estúdio, tivera apenas quatro semanas de férias nos últimos quatro anos, nunca recebera gratidão por ter feito *Gunga Din*, e com a mão pesada da empresa estava ficando impossível para ele fazer "filmes de primeira linha" de "qualidade comparável aos realizados por diretores de primeira linha".[8] Stevens se encontrava no meio de um processo de renegociação de contrato com a RKO, e na primavera de 1939 renovou com o estúdio, com relutância, e aceitou filmar *The Sisters* (que teve o título alterado para *Vigil in the Night*, ou *Noites de vigília*) para o outono. Outros diretores fariam os filmes que ele havia proposto; quase imediatamente os direitos de *Tempestades d'alma* foram vendidos para a MGM e os de *Destinatário desconhecido*, para a Columbia, e antes de rodar ao menos meio metro de filme pelo novo contrato Stevens começou a ter certeza de que estava no estúdio errado.

Na primavera de 1939, Frank Capra vivia o ápice de seu poder na indústria cinematográfica. Ele havia acabado de testar sua autoridade em uma impressionante queda de braço política entre a Associação dos Diretores de Cinema, que estava requerendo licença junto à Comissão Nacional de Relações Trabalhistas para se estabelecer como sindicato, e a Academia, que no final da década de 1930 era o principal representante dos interesses dos estúdios e exercia oposição ferrenha à sindicalização. Capra, presidente da Academia desde 1935, superara havia pouco sua relutância em participar da Associação e se tornara seu presidente também. Com isso, tinha o poder de servir como uma espécie de cavalo de Troia, com a capacidade de enfraquecer qualquer uma das instituições por dentro — isto é, uma vez que escolhesse um lado. Capra podia ter tomado partido de qualquer uma das duas, mas no fim acabou decidindo por se alinhar com os diretores e, apesar de sua antipatia pessoal, com os sindicatos. Ele ameaçou renunciar à presidência da Academia — com a forte sugestão implícita de que a comunidade criativa de Hollywood, responsável por qualquer credibilidade que a organização possuía, logo o seguiria — se os produtores contrários à sindicalização não saíssem da Academia de vez. Não chegou a tanto, mas os produtores concordaram que a Academia deixaria de interferir em negociações trabalhistas. Com um gesto audacioso, Capra transformara em caráter permanente o papel da Academia em Hollywood e ajudara a fortalecer a SDG. E então, em um feito talvez ainda mais impressionante, ele conseguiu estabelecer um acordo de paz entre a Associação dos Diretores de Cinema e a Associação dos Produtores de Cinema. Em fevereiro, quando a Academia o surpreendeu com um terceiro Oscar de Melhor Diretor por *Do mundo nada se leva* e James Roosevelt, filho do presidente dos Estados Unidos e aspirante a produtor, apareceu no Biltmore Hotel de Los Angeles para conceder à obra a estatueta de Melhor Filme, muitos consideraram as honrarias um sinal de reconhecimento não apenas do talento artístico de Capra mas também de seus esforços a favor da indústria cinematográfica.[9]

Foi um momento surpreendente quando Capra decidiu rodar *A mulher faz o homem*. Hollywood estava afligida não apenas por agitações trabalhistas, como também por denúncias de formação de quadrilha, a mácula do crime organizado em seu maior sindicato, e acusações de forte presença de comunistas. Ademais, o Departamento de Justiça estava promovendo um severo caso antitruste; como um colunista viria a escrever pouco depois, "a indústria cinematográfica provavelmente nunca enfrentou dias mais sombrios".[10] Os estúdios estavam tentando conquistar a simpatia da capital do país, não aliená-la, e portanto o momento era espetacularmente ruim para um roteiro que pintasse a classe política como um antro de pilantras e comparsas. Ainda por cima, o roteirista do filme, Sidney Buchman, de fato *era* comunista (como muitas pessoas em Hollywood naquela época, ele considerava atraente a oposição firme do partido ao fascismo).

Buchman, que duas décadas depois seria vítima da lista negra ao se recusar a citar nomes ao HUAC, disse que Capra estava "terrivelmente desconfiado" da possibilidade de que seu roteiro para *A mulher faz o homem* contivesse uma "mensagem oculta" que ele só perceberia quando fosse tarde demais.[11] Mas o que parece mais admirável em relação aos diálogos e à trama do filme concluído é que, embora fosse repleto da raiva semipopulista que Capra representara antes em *O galante Mr. Deeds*, o contexto político era totalmente genérico. A ideia de produzir o filme como uma continuação de *O galante Mr. Deeds* foi abandonada quando Sam Goldwyn se recusou a emprestar Gary Cooper para a Columbia. Mas Jefferson Smith (Jimmy Stewart) é praticamente um primo do personagem ingênuo e cabeça-quente interpretado por Cooper; é uma grande criança, líder de uma associação de escoteiros e editor de um jornal infantil, e é convocado para assumir como suplente no Senado. Ele tem conhecimento reduzido, nenhuma experiência e muito poucas ideias concretas; sua maior virtude, de acordo com o par romântico Jean Arthur, reside em sua "retidão simples, decente, cotidiana e comum. E isso pode fazer bem para este país. Sim. E para todo este mundo bagunçado". A noção de Capra de "mundo bagunçado" — uma expressão de estimação que ele usaria tanto em cartas pessoais quanto em filmes posteriores — era abrangente o bastante para comportar todo o Senado dos Estados Unidos, engolfado por corrupção e manobras eleitoreiras, bem como a maioria dos repórteres, muitos dos quais apanham de Smith após publicarem matérias em que observam, corretamente, que ele é um trouxa que não compreende como está sendo usado. Ninguém em *A mulher faz o homem* pertence a um partido específico nem defende qualquer causa reconhecível — a única grande ideia de Smith é um "clube do bolinha nacional", e a postura mais parecida com uma ideologia é quando ele opina que "as causas perdidas são as únicas por que vale a pena lutar" e quando faz o apelo comovente para que as pessoas "amem o próximo".

As contradições — um sentimento de reverência pelo mais fraco, mas uma profunda desconfiança quando um punhado de homens mais fracos se agrupa até formar uma turba; um desprezo acentuado pela elite intelectual entrelaçado com uma conjunção hiperpatriota de monumentos a grandes pensadores políticos — eram Capra em sua essência. "Ele era um homem muito simplista", disse Buchman. "Sua visão de mundo era como um conto de fadas. [...] Para ele, políticos ou capitalistas eram tudo [sic] marionetes representando o bem ou o mal. [...] Eu realmente acredito que ele nunca soube o que o sr. Smith estava falando de fato."[12]

Até mesmo aqueles mais próximos de Capra ficavam desconcertados pelo abismo entre o homem e seu filme. A certa altura durante as gravações de *A mulher faz o homem*, Buchman tentou fazer Capra expressar algumas das ideias que ele considerava mais relevantes no filme, em especial a importância de se manter a vigilância em uma democracia. "Vá se foder com o seu *tema*!", bradou Capra, dizendo que sua única obrigação era entreter o público. "Você é comunista?"

"Você é fascista?",[13] retrucou Buchman. Ele não era o único com essa dúvida. Em julho de 1939, conforme Capra se aproximava do fim da produção em Los Angeles, Edward Bernds o viu explodir quando não conseguiu atrair a atenção de um grupo numeroso de figurantes. "*Essas* são as pessoas, os camaradas para quem você quer fazer as coisas!", debochou Capra, provocando o colega pró-sindicato. O escarcéu fez Bernds especular em seu diário que a verdadeira crença de Capra era de que "a turba era tão preguiçosa, tão idiota, tão desorientada, que a única coisa prática é a liderança rígida de homens competentes e enérgicos (fascismo). Com certeza F.C. acredita em algo assim".[14]

Se Capra pensava na guerra, há poucos indícios em *A mulher faz o homem*. Quando Smith faz um apelo emocionado para "tirar os meninos das cidades superpopulosas" — um alvo habitual do sarcasmo de Capra — "e de porões abafados durante alguns meses do ano" para que possam "desenvolver o corpo e a mente para um trabalho de homem", não se tratava do trabalho que muitos especulavam ser iminente; Smith logo explica que "esses meninos vão ocupar estas escrivaninhas" em breve. Durante a produção, Capra quase se obrigou a ignorar as páginas dos jornais; apesar de toda a retórica, *A mulher faz o homem* não menciona praticamente nenhum acontecimento internacional. Capra estava trancado em uma sala de edição em uma sexta-feira de setembro, trabalhando em um segmento que ele pretendia testar algumas semanas depois em Nova York, quando soube que a Alemanha havia invadido a Polônia. Quando voltou ao trabalho na segunda, a *Time* dera um nome para o que havia começado. A revista, cunhando seu próprio termo, chamava aquilo de "Segunda Guerra Mundial".

Capra ainda precisava promover um filme e não tinha a menor intenção de permitir que o sr. Smith chegasse discretamente a público. Em 16 de outubro de 1939, ofereceu uma pré-estreia particular no espaço

"O QUE ME DIZ O CORAÇÃO E O SANGUE"

para 4 mil lugares do Constitution Hall, e a lista de convidados incluía 250 deputados e cerca de metade dos 96 senadores que o filme fazia tanta questão de criticar como ladrões, imbecis e múmias incompetentes. Em sua autobiografia, Capra, apreciando cada oportunidade de incrementar a história, relata que a noite se revelou um inexorável e gigantesco fiasco de proporções tragicômicas, com brados de "Insulto!" e "Absurdo!" pelo salão, à medida que a saída de um punhado de espectadores se tornava uma debandada que resultaria em mais de mil assentos vazios. Capra alegou que os membros da imprensa, que assistiram à sessão lado a lado com ministros, juízes da Suprema Corte e autoridades eleitas, atacaram o filme porque jornalistas "invejavam e temiam o cinema como um formador de opinião concorrente" e se ofenderam por serem representados como vagabundos alcoólatras. Eles "me aviltaram, escarneceram, vilipendiaram, destroçaram" após o fim do filme, escreveu Capra. Seu desprezo, disse ele, era comparável apenas ao dos senadores, que ficaram ultrajados pela sugestão da obra de que "a face horrenda da corrupção possa invadir a augusta câmara do Senado".[15]

A realidade era menos dramática — as reportagens da época mencionaram apenas um índice mínimo de desistências, nenhuma vaia, e uma recepção civilizada, mas não calorosa, que incluía uma salva de aplausos no final. Mas não havia dúvidas de que *A mulher faz o homem* conquistara para Capra alguns inimigos poderosos naquela noite. O senador Alben Barkley, do Kentucky, líder da maioria democrata e muito semelhante ao presidente do Senado que no filme foi interpretado pelo ator veterano Harry Carey, foi particularmente explícito, criticando no *New York Times* a obra de Capra como "boba e idiota" e reclamando que ela "faz o Senado parecer um bando de pilantras".[16] O senador republicano Henry Cabot Lodge Jr. minimizou o filme, tachando-o de "ridículo — algo típico de Hollywood", e o senador George Norris, político sem partido de Nebraska, observou: "Estou no Congresso há 36 anos, mas nunca vi um representante tão burro como aquele garoto". "Nem todos os senadores são babacas", reclamou outro.[17]

Conforme alguns parlamentares contra-atacavam, sugerindo à imprensa que talvez fosse o momento perfeito para promover projetos de lei contra a prática de venda casada na distribuição de filmes[18] — uma série de leis concebidas para enfraquecer as amarras que os estúdios impunham aos cinemas —, a hostilidade de Washington em relação à indústria cinematográfica ameaçava atingir mais um dos então frequentes pontos críticos. Joseph P. Kennedy, na ocasião em uma breve missão como embaixador americano no Reino Unido, também contribuiu para o debate, dizendo a Will Hays, diretor da Associação Americana de Produtores e Distribuidores de Cinema, que considerava o cinema "uma das maiores desgraças que já vi fazerem à nossa nação",[19] e avisando Harry Cohn, da Columbia, que "exibir esse filme em outros países causará um dano inestimável ao prestígio americano em todo o mundo".[20]

Capra não perdeu tempo para lançar seu contra-ataque. Dias após a pré-estreia em Washington, disse a repórteres: "Com tanta coisa que eles têm para fazer por aqui, o projeto de neutralidade, as leis sociais, a guerra estourando na Europa [...] toda a majestade do Senado dos Estados Unidos precisa se mobilizar contra um filme. É fantástico!".[21] Assim que estreou, *A mulher faz o homem* encontrou todos os defensores de que precisava; o *New York Times* falava pela maioria dos críticos quando sua resenha comentou que o filme estava protegido por "aquela cláusula implícita da Declaração de Direitos que permitia a todo membro do eleitorado pelo menos uma investida contra o Senado. A do sr. Capra vem de baixo e apresenta o melhor do humor; se não for capaz de abalar aquele corpo augusto — tanto pelas gargalhadas quanto pelo ego ferido —, não será culpa dele, mas do Senado, e aí devemos nos preocupar seriamente com a Câmara superior".[22] Mesmo aqueles que menosprezaram a trama do filme como "besteira", como o arguto e ferino Otis Ferguson na *New Republic*, argumentaram que "o Senado e os mecanismos pelos quais ele pode ser usado para se obter vantagens nunca foram tão bem-apresentados".[23]

Embora *A mulher faz o homem* tenha alcançado apenas um sucesso mediano de bilheteria na época do lançamento, a recepção favorável da crítica reforçou o status de Capra como, nas palavras da *New Yorker*, "o diretor mais garantido de Hollywood" e "profissionalmente, pelo menos, um defensor constante das pessoas de menor renda". Em entrevistas, Capra ficava cada vez mais inclinado a incorrer em autoengrandecimento soberbo, e no começo de 1940, enquanto o filme estreava por todo o país, decidiu anunciar que "na verdade o valor subjacente de meus filmes é o Sermão da Montanha" e revelar seu desejo de fazer um filme em que "Mussolini [...] ou o Príncipe de Gales [...] vai até um bordel, e aí uma meretriz como Maria Madalena fala para ele [...] jogue suas armas fora, jogue todos os seus canhões malditos no mar, abra suas fronteiras".[24]

Mas, na vida particular, Capra geralmente era mais modesto e moderado. Mesmo enquanto começava a preparar seu próximo filme, estava extremamente preocupado com os relatos de primeira mão que chegavam da guerra na Europa. Fazia anos que se correspondia com Lionel Robinson, um livreiro londrino que o ajudara a decorar sua casa em Brentwood com exemplares de primeira edição e obras raras e antigas estimadas em um total de mais de 100 mil dólares. "Meu caro Frank", escreveu Robinson poucas semanas após a Inglaterra declarar guerra à Alemanha. "Acredito que você gostaria de saber o que está acontecendo conosco em Londres agora que essa guerra pavorosa nos foi imposta. Até o momento, a expectativa não se realizou, e em vez de sofrer bombardeios constantes por aeronaves inimigas vivemos sujeitos apenas a uma espera angustiante pelos ataques. [...] Permaneceremos em Pall Mall até quando for possível, é claro, mas se, e quando, a posição ficar realmente perigosa providenciamos acomodações temporárias em Oxford [...] se Deus quiser [...] haja o que houver o mundo dos livros seguirá em frente." Em um mês, Robinson foi obrigado a fugir da cidade com a família.[25] "Fico feliz que pelo menos sua esposa e seus filhos estejam longe do centro das coisas", respondeu Capra. "De alguma forma, aqui sentimos que essa situação terrível vai terminar sem muita destruição. Talvez seja só [...] esperança."[26]

Apesar de suas palavras de estímulo, Capra estava começando a acreditar que a guerra não seria breve. E ele foi um dos primeiros em Hollywood a perceber que os filmes e os cineastas teriam um papel fundamental. "Nunca deixo de me emocionar quando vejo plateias assistindo a um filme", disse ele em fevereiro de 1940. "Elas são suas por duas horas. Hitler não consegue segurá-las por tanto tempo. Com o tempo, dá para alcançar ainda mais pessoas do que Roosevelt consegue pelo rádio."[27] Após quatro anos como presidente, Capra decidira recentemente passar o comando da Academia ao expressivo produtor liberal Walter Wanger, mas pretendia continuar ativo na organização, e na primavera ele e o Conselho de Pesquisa da Academia se reuniram com James Roosevelt e começaram a formalizar os planos para acompanhar a produção de uma série de novos filmes de treinamento para o Corpo de Sinaleiros.[28] A reunião, e a presença de Roosevelt, ajudou a aplacar parte das invectivas da capital contra os estúdios e marcaria a primeira aliança oficial entre Hollywood e Washington na guerra.

Pouco depois da estreia de *A mulher faz o homem*, Capra tomou uma decisão que se mostraria determinante para sua carreira: saiu da Columbia Pictures, o estúdio que ele ajudara a desenvolver ao longo da última década, para se tornar um diretor-produtor independente. A princípio, pensou em levar sua nova empresa, a Frank Capra Productions, à United Artists, que na época atuava como o que hoje seria considerado um distribuidor independente, contratando produtores de peso como David O. Selznick, Samuel Goldwyn e Alexander Korda, dividindo com eles os custos e lucros e dando-lhes liberdade criativa quase absoluta em relação a seus filmes. Mas, quando o acordo com a UA malogrou, Capra decidiu permanecer itinerante. Ele imaginava, corretamente, que os estúdios da cidade fariam fila para adquirir seu próximo filme, e não tardou para que a Warner Bros. aceitasse cofinanciar o filme que ele queria fazer, *Meu adorável vagabundo*.

A saída de Capra deixou um imenso vazio na Columbia e criou uma oportunidade para George Stevens. Quando a guerra irrompeu na Europa, faltavam apenas dez dias para Stevens começar a produção de *Noites de vigília*, o melodrama que a RKO insistira que ele dirigisse no lugar de *Tempestades d'alma*. *Noites de vigília* era baseado em um romance de A. J. Cronin, médico escocês que virou escritor e cujo best-seller *A cidadela* formara a base para um filme extremamente popular da MGM dois anos antes. A nova história, sobre uma jovem enfermeira inglesa que deixa a irmã levar a culpa pela morte de uma criança provocada por sua própria negligência, era artificial e melosa. Três roteiristas trabalharam no texto, mas ninguém foi capaz de fazer muito para consertar a cena em que uma mexeriqueira idosa que ameaça denunciar a jovem convenientemente cai por um precipício dentro de um ônibus ou o ato final absurdo em que a irmã culpada é punida quando a epidemia de gripe de 1918 assola Londres.

Stevens nunca se sentira cativado pelo material, mas o começo da guerra lhe proporcionou uma oportunidade para torná-lo relevante. De re-

"O QUE ME DIZ O CORAÇÃO E O SANGUE"

pente, histórias sobre a determinação britânica e a coragem sob fogo possuíam um apelo que a RKO não previra seis meses antes; ao longo de 1940 e 1941, relatos de patriotismo inglês viriam a ser a base do cinema pró-intervencionismo de Hollywood. Quase sem tempo de reescrever o roteiro, Stevens fez o possível para atualizá-lo antes de as câmeras começarem a rodar. Ele já havia trocado a ambientação na Primeira Guerra Mundial pela Londres da época. Agora, fazia questão de estampar todas as cenas externas com cartazes de recrutamento do Exército pelas ruas.[29] Figurantes apareciam ao fundo trajando uniformes militares. Ele até deu um jeito de inserir no roteiro algumas falas sobre realidades da época — "Você entende que nunca estivemos tão perto da guerra?", diz um administrador de hospital ao exigir parcimônia com os recursos. E na última cena de *Noites de vigília*, ele pretendia deixar explícita a presença da guerra: durante o clímax, os personagens principais ouviriam o discurso que o primeiro-ministro Neville Chamberlain dera algumas semanas antes, em 3 de setembro de 1939, quando anunciara pelo rádio o alerta do governo britânico à Alemanha de que, "a menos que até as onze horas recebêssemos notícias de que eles estavam preparados para retirar suas tropas da Polônia imediatamente, haveria um estado de guerra entre nós. Preciso lhes dizer que não obtivemos qualquer compromisso semelhante, e assim, consequentemente, este país está em guerra com a Alemanha. Vocês imaginam quão amargo este golpe é para mim, o fato de que toda a minha longa luta para conquistar a paz fracassou".

Ao longo dos anos subsequentes, diretores, roteiristas e produtores se acostumariam a revisar seus filmes de guerra no meio das filmagens, às vezes acrescentando ou reescrevendo cenas desesperadamente semanas antes do fim da produção ou até mesmo agendando refilmagens de última hora para que suas obras refletissem ao máximo as notícias mais recentes. Visto que os filmes de Hollywood podiam chegar aos cinemas apenas seis semanas após o fim das gravações, o tempo logo adquiriria um valor dramático (e financeiro) fundamental, especialmente para as centenas de filmes que viriam a ser feitos sobre a guerra que estava acontecendo. Em meados de 1940, Walter Wanger e Alfred Hitchcock não pensaram duas vezes ao cortar o desfecho de um filme já finalizado, *Correspondente estrangeiro*, e gravar uma nova última cena que fazia menção ao bombardeio da Grã-Bretanha com um apelo fervoroso para que os Estados Unidos permanecessem envolvidos e alertas ("a sensação é de que as luzes se apagaram pelo mundo inteiro, exceto nos Estados Unidos [...] É uma história importante, e você faz parte dela [...] Olá, América! Preservem suas luzes! Elas são as únicas que restam no planeta!", grita pelo rádio o repórter interpretado por Joel McCrea). Com o acréscimo feito às pressas ao final de *Noites de vigília*, Stevens talvez tenha sido o primeiro diretor americano após a guerra a tentar trazer para uma obra de Hollywood parte do senso de urgência dos cinejornais.

Mas o público nunca teve a chance de ver o final de Stevens. O presidente da RKO, George Schaeffer, voou de Nova York para Los Angeles a fim de mandar o diretor cortar a cena em que os personagens ouviam o discurso de Chamberlain. "No filme", disse Stevens, "a imensa irritação da guerra supera a irritação inferior das atividades cotidianas deles, e era essa a minha intenção. [...] Eles queriam cortar [a cena] com base no fato de que levantávamos a questão da guerra, e os Estados Unidos não [estavam] em guerra, e as pessoas ficariam tão perturbadas pelo filme que não iriam vê-lo. [...] Isso arruinou o filme".[30]

Stevens depois disse que queria que *Noites de vigília*, ignorado pelo público e rejeitado pela crítica ("pesado e maçante" foi um dos veredictos mais gentis),[31] jamais tivesse sido lançado. Na campanha promocional, a RKO não fez qualquer menção à guerra, vendendo o filme, que estreou em fevereiro de 1940, como uma novela, com o slogan "O médico mais famoso do mundo revela a vida secreta daquelas mulheres amarguradas que conhecem muito bem os homens!".[32] É possível que Stevens tenha se sentido ainda mais maltratado porque, no dia da primeira sessão de *Noites de vigília* reservada para a imprensa, o filme que ele de fato queria fazer, *Tempestades d'alma*, começou a ser produzido pela MGM, com direção de Frank Borzage.* Dessa vez, ele não guardou segredo sobre suas opiniões. Em mar-

---

* Embora a MGM tenha atenuado consideravelmente o tom de *Tempestades d'alma*, insistindo para que o roteiro nem sequer identificasse que o filme era ambientado na Alemanha, ainda assim o governo alemão ficou furioso ao saber da mera existência da produção e, de acordo com Scott Eyman em *Lion of Hollywood*, enviou um representante ao consulado suíço de Los Angeles para alertar Borzage e seu elenco que a perfídia deles não seria esquecida após a guerra. Em meados de 1940, a Alemanha proibiria a exibição de todos os filmes de Hollywood em seu território.

"O QUE ME DIZ O CORAÇÃO E O SANGUE"

ço, o *New York Times* anunciou que, "após várias semanas de atritos que começaram quando George Stevens recebeu da RKO o megafone para *Noites de vigília*, o diretor e o estúdio se separaram hoje".[33] No espaço de um mês, Stevens assinaria um contrato para realizar dois filmes para a Columbia, que estava tão ansiosa para reabastecer seu rol de talentos após a saída de Capra que aceitou uma condição incomum: Stevens, receoso de sofrer mais interferências dos líderes dos estúdios, determinou que Harry Cohn, o presidente da empresa e notório enxerido, não teria permissão de visitar os sets dele durante a produção. Para surpresa geral, Cohn anuiu, prometendo: "Faça um filme aqui, e nunca falarei com você".[34] Porém, com os olhos no futuro, ele também insistiu em seu próprio aditamento ao contrato, um que, com algumas variações, logo viria a se tornar padrão na indústria cinematográfica: se uma guerra ou emergência nacional resultasse no fechamento de cinemas americanos durante mais de uma semana, todos os contratos com a equipe de talentos seriam anulados.[35]

William e Talli Wyler estavam em Tijuana, tirando umas pequenas férias com dois de seus amigos mais próximos — Paul Kohner, agente de Wyler, e sua esposa, Lupita —, quando ouviram que a guerra havia começado. Para os Wyler, a escapada durante o feriado do Labor Day era uma tentativa de rápido descanso após um verão conturbado. O pai de Wyler havia falecido em julho de 1939, pouco após o nascimento da filha do casal. Carl Laemmle, o antigo mentor relutante que ajudara Wyler a ir para os Estados Unidos e então o vira se transformar no maior caso de sucesso da família, estava acometido de problemas cardíacos severos e lhe restavam semanas de vida. Wyler vinha trabalhando sem parar — ele e Talli nem sequer tiveram tempo de sair em uma lua de mel de verdade no primeiro ano do casamento, e, assim que voltassem a Los Angeles, Talli precisaria começar os preparativos para a mudança à nova residência em Bel Air enquanto Wyler iniciava a pré-produção de *A última fronteira*, a tentativa de Goldwyn de capitalizar em cima do sucesso surpreendente de *No tempo das diligências*, de John Ford. Foi pura coincidência que os Wyler estivessem fora do país quando a notícia se espalhou — eles estavam hospedados em San Diego e haviam acabado de descer para o México por um dia a fim de assistir a uma tourada —, mas para o diretor aquilo era um lembrete de que a fronteira representava para muitos não apenas uma formalidade, mas uma barreira terrivelmente relevante. Em Tijuana, eles encontraram Franz Planer, respeitável cineasta europeu que escapara da Áustria e agora, como inúmeros refugiados, via as semanas se transformarem em meses enquanto permanecia preso à terra de ninguém que era um hotel mexicano, aguardando a permissão de entrar legalmente nos Estados Unidos e nutrindo a esperança de que conseguiria achar emprego na indústria cinematográfica americana.[36]

Ao voltar para Hollywood, Wyler sentiu que a guerra o alcançava, mas só comunicou seus pensamentos aos colegas quando a pressão se tornou insuportável. Após recusar repetidas vezes contribuir para a causa defendida por Harry Warner, o Fundo Comunitário de Hollywood, Warner o repreendeu em particular. "Não sei de nada mais capaz de gerar mais descontentamento [...] mais ressentimento dos desafortunados que precisam de ajuda, do que saber que pessoas com rendas abençoadas se recusam a oferecer amparo", disse Warner a Wyler. "É disso que nasce o comunismo. E, irmão, com certeza nenhum de nós quer isso nos Estados Unidos. É uma carta muito rígida esta que preciso escrever, especialmente na condição de alguém que está pedindo para a caridade, mas prefiro resolver isto aqui entre nós do que deixar que o público descubra que o pessoal 'extraordinariamente rico' do cinema é egocêntrico e egoísta demais para pensar nos vizinhos menos afortunados."[37] As entrelinhas, de um "irmão" americano naturalizado para outro, teriam sido compreendidas com facilidade por Wyler: os judeus bem-sucedidos de Hollywood tinham uma obrigação especial de praticar atos ecumênicos de simpatia filantrópica como forma de se inocularem contra a acusação cada vez mais ruidosa de que o cinema estava, conforme um senador antissemita pouco depois declararia, "infestado de refugiados" que só "se interessavam por causas estrangeiras".[38]

Warner estava falando sério quanto a tornar o fato público caso Wyler não colaborasse; ele já havia vazado para Jimmie Fidler, jornalista das colunas de fofocas de Hollywood, a informação de que removeria anúncios de jornal que citassem o nome de qualquer figurão da indústria do entretenimento que não tivesse oferecido uma doação.[39] Wyler enviou a Warner um cheque de cem dólares, reconhecendo que não se tratava da "contribuição realmente generosa" que ele pedira, mas explicou, praticamente de joelhos, que precisava aplicar seu dinheiro em propósitos "mais vitais". "Devido ao fato de minha terra natal e todos os segmentos de minha família ficarem no exterior, bem como à situação política atual, tenho que distribuir minhas doações de acordo com o que me diz o coração e o sangue, e peço que o senhor acredite quando digo que minha cota foi mais do que proporcional à minha renda." Wyler acrescentou ao presidente do estúdio que ele gastara tanto dinheiro que fora obrigado a recuar em um compromisso com o Fundo Judaico Unificado para o Bem-Estar Social.[40] Warner diminuiu o tom e não levou a cabo sua ameaça, mas a resposta foi firme: "Compreendo que seu coração tenha sido abalado pelo que vem acontecendo neste mundo turbulento", escreveu ele, "mas persiste o fato de que há aqui em nossa comunidade centenas de milhares de pessoas, e que todos precisamos nos desdobrar para ajudá-las".[41]

Como diretor, Wyler recebeu uma boa compensação — alguns meses depois de terminar *A última fronteira*, Warner o pegou emprestado de Goldwyn para dirigir Bette Davis em uma adaptação de *A carta*, uma peça dramática de W. Somerset Maugham, pelo salário semanal de 6250 dólares.[42] Mas ele não exagerara o grave apuro financeiro a que estava submetido. Desde 1936, Wyler vinha se correspondendo com o Departamento de Estado no esforço de apadrinhar uns vinte parentes distantes e amigos da família, incluindo o antigo médico particular de seus pais, todos interessados em sair de Mulhouse para os Estados Unidos. Para cada caso que Wyler apelava ao governo, ele precisava pagar as taxas de requerimento e assinar como fiador não apenas para os gastos da viagem como também para a segurança financeira dos imigrantes, caso fossem admitidos no país. Conforme a situação dos judeus na Europa se agravava, o tom das cartas que Wyler recebia ficava cada vez mais desesperado. "*Mein Lieber* Willy, ficaremos eternamente gratos a você por isso do fundo do coração", dizia uma. "Por favor, não deixe que eu e meu filho sucumbamos", dizia outra. "Dê-me a chance de nos salvarmos."[43]

Naqueles meses, parecia que o único desejo de Wyler era escapar, fosse entregando-se ao trabalho ou deixando o país. Mas havia poucos lugares onde se refugiar. No começo de 1940, ele e Talli decidiram organizar a tão postergada lua de mel, realizando uma viagem de carro de Lake Placid até Montreal e então uma visita a uma estação de esqui em Quebec. Quando tentaram fazer a reserva, foram rejeitados por um recepcionista, que lhes disse: "Sinto muitíssimo. Não aceitamos judeus". Os Wyler poderiam esquiar e jantar, mas não dormir lá. "Ficamos estarrecidos", disse Talli. "Nunca havíamos passado por nada como aquilo. [...] Foi tão seco que chegou a ser chocante."[44] Após alguns dias em uma hospedaria menor, os Wyler decidiram desistir do passeio e fazer um cruzeiro para Cuba. O navio em que embarcaram fora pintado com as cores da bandeira holandesa — um sinal de neutralidade para o caso de haver submarinos de Hitler por perto. Depois de algumas semanas, o casal interrompeu também essa viagem e voltou para casa.[45]

Ao final de fevereiro, Wyler compareceu ao banquete da cerimônia do Oscar no Coconut Grove, em Los Angeles. Ele havia sido indicado na categoria de Melhor Diretor — pela segunda vez — por *O morro dos ventos uivantes*, que também concorria a Melhor Filme. A lista de indicados incluía Capra, que estava na disputa por *A mulher faz o homem*, e Ford, por *No tempo das diligências*. Ninguém ficou surpreso quando o vencedor foi Victor Fleming, cujo... *E o vento levou* dominou a premiação. Mas, sob certos aspectos, a noite também era de Ford, cuja temporada ao longo dos últimos doze meses fora inédita e culminara com três filmes seus indicados ao Oscar e um quarto estreando pouco depois do prazo limite para a votação daquele ano e rendendo-lhe o maior prestígio de sua carreira.

No ano anterior, *No tempo das diligências*, de Ford, saíra nos cinemas e recebera críticas não apenas positivas, mas visivelmente surpresas. Havia muito o faroeste constituía parte essencial da produção de Hollywood; dos títulos lançados a cada ano, até 20% eram histórias de caubói, mas a maioria era composta de filmes "B" de orçamento mínimo, geralmente com menos de uma hora de duração e usados para completar as sessões duplas dos cinemas nas regiões rurais.[46] *No tempo das diligências*, que Ford dirigiu para Walter Wanger na United Artists, era diferente: um filme "A" com elenco de primeira, um roteiro sólido de Dudley Nichols (que ganhara um Oscar pelo texto de *O delator*, de Ford) e uma história corajosamente adulta que testava os limites do Código de Produção ao incluir uma aparente apologia a assassinatos por vingança e a representação positiva de uma prostituta e um alcoólatra.[47] Ford conquistou considerável admiração dos críticos ao transformar um gênero inferior em algo respeitável e até mesmo desafiador, e também pelo trabalho realizado com o até então inexpressivo

"O QUE ME DIZ O CORAÇÃO E O SANGUE"

John Wayne. Ford conhecera Wayne anos antes de chamá-lo para o papel do herói no filme, Ringo Kid; ele achava o ator competente, mas preguiçoso, e o repreendia impiedosamente no set ("Por que você está mexendo tanto a boca? É com os olhos que se interpreta!"),[48] mas *No tempo das diligências* ajudou a transformar Wayne em astro, e Ford em um diretor de primeira linha.

Wanger, progressista e intervencionista dedicado com percepção apurada para oportunidades publicitárias, usou a estreia do filme para promover um ataque contra o Código de Produção em particular e o acanhamento da indústria em geral, proclamando em uma coletiva de imprensa que Hollywood era a melhor opção dos Estados Unidos contra o totalitarismo europeu e que "a democracia depende da disseminação fácil e imediata de ideias e opiniões", que não devem ser "tolhidas ou refreadas" pela censura.[49] Wanger teria adorado trazer o diretor para sua causa, e Ford de fato usou *No tempo das diligências* para defender suas próprias opiniões políticas, apresentando um dos vilões como um banqueiro ganancioso, uma mistura de Hoover e Coolidge afeito a máximas como "A América é para os americanos!" e "O governo não pode interferir com os negócios das empresas [...] o que este país precisa é de um homem de negócios na presidência".

Mas Ford não estava muito interessado em entrar para a guerra verbal de Wanger. Quando *No tempo das diligências* estreou, em março, ele já estava de volta à 20th Century Fox, dirigindo *A mocidade de Lincoln*, com Henry Fonda. O filme, que foi produzido em pouco tempo e estreou em junho do mesmo ano, não causou uma impressão muito forte no público, mas a forma delicada e elegíaca com que representou Lincoln foi uma confirmação junto a diversos críticos de que ele era, conforme escreveu Graham Greene, "um dos melhores diretores da atualidade".[50] Ford passou o verão de 1939 produzindo *Ao rufar dos tambores*, um drama sobre a Guerra da Independência americana que marcou sua primeira incursão no terreno do Technicolor. Embora fosse um trabalho menos elegante e nuançado do que *A mocidade de Lincoln*, o filme vistoso e concebido para agradar ao público oferecia ainda história sem política, e também uma americanicidade animada sem ensaiar qualquer alegoria à realidade contemporânea.

Ford se preparava para fazer o quarto filme do ano quando a guerra começou; dessa vez, o tema da política seria tão explícito que seria impossível evitar as controvérsias. Quando Darryl Zanuck, da Fox, adquiriu os direitos de adaptação do romance recém-publicado de John Steinbeck, *As vinhas da ira*, Ford lhe disse que "fazia questão" de filmá-lo,[51] mas alguns em Hollywood acreditavam que o estúdio havia comprado um material inviável. Mesmo descontando uma cena do clímax em que uma jovem que perdera o filho oferece seu leite materno a um homem faminto, a história da família Joad e da agonia de seu desalojamento eram um retrato persistente do suplício enfrentado pelos migrantes trabalhadores no período de pobreza durante a seca dos anos 1930 que simbolizava justamente o tipo de sofrimento que os filmes de Hollywood deviam ajudar as pessoas a esquecer. Zanuck e Ford pretendiam fazer o filme em preto e branco, árido, com muitas locações em áreas externas e uma produção acelerada — apenas seis semanas, entre outubro e novembro. Receando vazamentos à imprensa, mantiveram o roteiro de Nunnally Johnson guardado a sete chaves.

Zanuck temia que houvesse ataques da Câmara do Comércio da Califórnia e da Associação de Fazendeiros da Califórnia, que na história tratavam os trabalhadores migrantes como se fossem animais, e manteve a identidade desses grupos indefinida no filme, mas não havia dúvidas de que *Vinhas da ira* era uma peça de propaganda política doméstica de proporções que Hollywood praticamente nunca se atrevia a fazer.

Na afirmação política mais direta do filme, Tom Joad (Henry Fonda) está em um campo de trabalho quando alguém lê uma manchete sobre justiceiros que expulsaram "agitadores vermelhos" do distrito. "Ei, o que é que são esses 'vermelhos', afinal?", pergunta Tom. "Pra todo lado que você olha, sempre tem alguém chamando outro alguém de vermelho." Nas mãos de Ford, o momento delicado e quase descomprometido nada tem de pró--comunista; é antes uma expressão de desprezo pela imbecilidade das massas que Ford acreditava estar sendo estimulada pela paranoia anticomunista. Mas, somado à sugestão implícita no filme de que uma espécie benevolente e sustentável de socialismo surgia naturalmente nos campos de trabalho, aquilo era o suficiente para que alguns partidários da direita chamassem Ford de simpatizante do comunismo (provavelmente não ajudou o fato de Woody Guthrie ter anunciado no *Daily Worker* que Ford fizera "o melhor raio de filme que eu já vi").[52] O jornal de viés católico *Motion Picture Daily* bufou: "Se as condições que o filme tende a apresentar como tí-

"O QUE ME DIZ O CORAÇÃO E O SANGUE"

picas são proporcionalmente reais, então a Revolução foi postergada por tempo demais. Por outro lado, se a obra retrata uma situação extraordinária, isolada e incomum [...] então foi cometida uma calúnia nada pequena contra o bom nome da República".[53] E a revista *Time*, cujas páginas de opinião se encontravam sob o firme controle do anticomunista fanático Henry Luce, debochou: "Os esquerdistas que nem se abalaram quando o governo soviético exterminou 3 milhões de camponeses por causa da fome vão se debulhar em lágrimas pelas agruras dos migrantes rurais".[54]

Quando *Vinhas da ira* estreou em janeiro de 1940, as rejeições foram logo abafadas. No *New York Times*, o crítico Frank Nugent — que depois da Segunda Guerra Mundial mudaria de profissão e se tornaria o roteirista mais prolífico de Ford — elogiou a "forma determinada de abordar um tema perigoso. [...] Se fosse um pouco melhor, não acreditaríamos em nossos próprios olhos".[55] A *Variety*, cujas resenhas sucintas e concebidas para agradar aos leitores raramente se davam ao trabalho de comentar a pertinência dos temas, chamava o filme de "visualização impressionante de um cenário que exige generosa dose de atenção humanitária. [...] Foi preciso coragem, uma montanha de dinheiro e John Ford"[56] para contar essa história. A *New Republic* mostrou-se impressionada: "Não há qualquer outro país no mundo onde um filme verdadeiro como esse pudesse ser feito nos dias de hoje [...] e o público *irá* ao cinema ver este".[57] E até a *Time* reconheceu, a contragosto, que "é possível que *Vinhas da ira* seja o melhor filme jamais realizado a partir de um livro mais ou menos".[58] Ford não deu muitas entrevistas para promover o filme, revelando apenas que ficara comovido pela semelhança entre aquela história e a Grande Fome na Irlanda, "quando as pessoas foram expulsas das terras e deixadas para morrer de fome nas estradas. Isso talvez tenha sido uma influência [...] parte de minha tradição irlandesa".[59]

De repente, Ford ameaçava substituir Capra como consciência populista da indústria cinematográfica, uma função que não tinha o menor interesse em exercer. Enquanto *Vinhas da ira* seguia estreando em cinemas por todo o país na primavera de 1940, os pensamentos do diretor estavam longe de Hollywood. Em 1934, em uma tentativa de reavivar seu sonho de vinte anos de entrar para a Marinha, Ford comprara um barco de 106 pés e o batizara como *Araner*, em homenagem às origens de sua mãe, irlandesa das ilhas de Aran.[60] O veleiro encaixava-se perfeitamente na ideia romântica que Ford fazia de si mesmo como marinheiro errante sempre pronto para zarpar; combinava muito bem com a criação do que ele batizou, a princípio, de "Young Men's Purity, Total Abstinence and Snooker Pool Club" [Clube Masculino de Sinuca, Pureza e Abstinência Total para Jovens] e depois "Emerald Bay Yacht Club" [Iate Clube de Emerald Bay], um grupo exclusivo para sócios pagantes formado por amigos poderosos de Hollywood que se reuniam para beber, conversar, frequentar saunas e às vezes velejar, e cuja missão era, nas palavras de Ford, "promover a causa do alcoolismo". Sua jocosidade não estava muito longe da verdade: Ford era um beberrão contumaz, e seus porres longos, brutais e destrutivos, que em geral aconteciam após o fim de uma produção e antes do começo da seguinte, podiam se estender por dias ou semanas e às vezes terminavam com ele sendo resgatado por amigos em meio a lençóis sujos em algum hotel. A essa altura, ele costumava estar macilento, subnutrido e, em algumas ocasiões, debilitado a ponto de precisar ser hospitalizado. "A bebida", disse John Wayne, "era um jeito de Jack relaxar de verdade e esvaziar a cabeça."[61] Mas o *Araner* era outra válvula de escape, e a patente que Ford conseguira na Marinha em 1934 era muito importante para ele.

Após o término da produção de *Vinhas da ira*, Ford e alguns amigos, incluindo John Wayne, embarcaram no *Araner* e navegaram de San Pedro até o cais de Guaymas, um porto mexicano protegido do mar aberto por Baja e pelo golfo da Califórnia. Durante sua estadia, Ford realizou algumas missões semioficiais de reconhecimento para a Marinha, procurando barcos pesqueiros japoneses perto da costa e, com empolgação quase juvenil, encaminhando um relatório ao chefe de Inteligência da Marinha em San Diego. "A frota japonesa de camaroneiros estava fundeada", escreveu Ford. "O aspecto mais notável na esquadra é a tripulação. Fiquei completamente perplexo. Os tripulantes desembarcaram para a licença trajando ternos bem ajustados de flanela, *worsted* e tweed. Todos apresentam porte militar. [...] Na falta de palavra melhor, eu os descreveria como a casta samurai ou militar. [...] Em três viagens ao Japão, analisei o tipo muito atentamente. Tenho certeza de que são homens da Marinha. [...] Representam uma ameaça legítima. Ainda que eu não possua treinamento como oficial de inteligência, minha profissão é observar e fazer distinções. [...] Aposto minha reputação profissional que esses jovens não são pescadores profissionais."[62] A carta *pro forma* de reconhecimento pelo serviço prestado que ele recebeu da Marinha parecia mais valiosa do que qualquer filme. Em março de 1940, quando soube que Merian C. Cooper, um camarada do Emerald Bay Yacht Club, deixaria seu cargo de executivo na RKO para ajudar a formar o Flying Tigers, um grupo de pilotos americanos que trabalharia com a Força Aérea chinesa para defender a China de ataques japoneses, ele ficou, conforme descreveu seu neto Dan Ford, "cheio de inveja".[63]

Em abril daquele ano, Ford decidiu dedicar uma parte maior de sua vida à Marinha. Ele se comovera ao receber cartas de amigos na Inglaterra que previam "um banho de sangue terrível se os [alemães] começassem a fazer ataques aéreos" e atestavam o "grande espírito de união" na Inglaterra e na França.[64] Durante o início da produção de seu drama marítimo *A longa volta para casa*, Ford trabalhou com Merian Cooper e Frank "Spig" Wead, piloto da Marinha que servira na Primeira Guerra Mundial e depois se tornara um roteirista de sucesso, a fim de esboçar uma proposta oficial para uma nova "Organização Fotográfica Naval". Ford não se iludia com a possibilidade de realizar mais missões de espionagem ou com o glamour de ser transferido para o exterior; sabia que a maioria dos homens que integrariam o que depois veio a ser conhecido como Fotografia de Campanha se constituiria, nas palavras objetivas de sua esposa, Mary, de "pessoas velhas e ricas que jamais seriam convocadas".[65] Na realidade, a proposta destacava o valor em potencial de profissionais de Hollywood para criar propagandas que mostrassem "o peso, a capacidade, o poderio, o moral elevado e a força assombrosa da Marinha". Ford ficara impressionado com o sucesso da propaganda alemã e queria "mostrar que uma democracia pode e deve criar uma máquina de guerra superior [...] à de um poder ditatorial".[66]

As Forças Armadas ainda não possuíam nenhum plano coeso para formar uma unidade organizada de cineastas que pudesse ser empregada regularmente em uma futura guerra; na época, ninguém da Marinha imaginava que um grupo de cineastas civis de meia-idade sequer chegaria perto de uma linha de frente. A proposta de Ford simplesmente parecia uma boa maneira de reforçar a imagem da Marinha mediante relações públicas, e, com um volume surpreendentemente pequeno de dificuldades burocráticas, ele logo foi aprovado pelo comando do 11º Distrito Naval de San Diego para supervisionar uma equipe de fotografia da Reserva da Marinha e recebeu a incumbência de recrutar até duzentos voluntários,[67] além do diretor de fotografia Gregg Toland e do técnico de som Edmund Hansen, que trabalharam em *Vinhas da ira*, e ambos deviam trazer especialistas de suas respectivas áreas. Eles avaliaram listas de funcionários de estúdios e de laboratórios fotográficos à procura de eletricistas, reveladores, fotógrafos publicitários, assistentes de câmera, técnicos de laboratório e editores e entraram em contato com qualquer pessoa que tivesse experiência valiosa, e com muitos que podiam contribuir com um pouco mais do que entusiasmo.[68] O grupo se reunia nas noites de terça no estúdio da Fox e muitas vezes treinavam com objetos cênicos e uniformes de figurino.[69] Era, descreveu Dan Ford, "um pequeno bando desengonçado que mais parecia um iate clube, não a Marinha. [...] Desde o início, John sempre adorou o lado cerimonioso das Forças Armadas [...] e, pelo menos, todo mundo na [unidade] aprendeu todos os exercícios". Um dos primeiros recrutas lembrou a decisão de Ford de que "todos os oficiais iam carregar uma espada. [...] Sempre tive medo de que ele matasse alguém de tanto balançar aquela espada dele" (com frequência, Ford, que sofria de artrose no polegar, precisava de ajuda para embainhar a espada).[70]

A paixão de Ford pela Marinha era séria, mas a princípio a Fotografia de Campanha era uma recreação secundária — pouco mais do que uma extensão do amor do diretor pelo cerimonialismo, seu apreço pelos uniformes e seu desejo de passar o máximo de tempo possível na companhia de homens com ideias semelhantes em uma espécie de fraternidade em que ele pudesse satisfazer sua fantasia de almirante frustrado. Isso mudou em 10 de maio de 1940, poucas semanas após a aprovação da Fotografia de Campanha, quando a Alemanha invadiu a França. A unidade deixaria de ser o hobby não remunerado de um homem rico. Ford agora estava no comando de uma parte da Reserva da Marinha que dali a apenas dezoito meses seria convocada para o serviço ativo.

TRÊS

"Você provavelmente não percebeu que o mundo está em guerra"

HOLLYWOOD, JUNHO A SETEMBRO DE 1940

Em 1940, 60 milhões de americanos — mais da metade da população adulta dos Estados Unidos — ia ao cinema a cada semana. Em geral, ao custo de 25 centavos por ingresso, eles assistiam a uma sessão dupla, um ou dois desenhos animados, um curta histórico ou musical e dez a vinte minutos de cinejornal — reportagens semanais com narração produzidas por Fox, Hearst, Pathé ou The March of Time que constituíam um dos principais meios pelos quais os americanos acompanhavam as notícias antes e durante a guerra. Era mais comum que os cinemas da década de 1940 anunciassem a hora em que abriam as portas — e, uma informação ainda mais crucial, se tinham ar-condicionado — do que a hora em que o filme principal de fato começava. As multidões entravam, se acomodavam nos assentos no meio de um filme e encaravam a tela até que se completasse um ciclo. Muitas vezes, a programação era contínua, sem grandes intervalos ou divisões abruptas entre informação e entretenimento, documentários, encenação e ficção. Para alguns, os cinemas serviam de abrigo contra os problemas do mundo, mas eram também o lugar onde a maioria dos americanos teve o primeiro contato com as imagens vívidas desses mesmos problemas, trazidos por registros mais imediatos e impactantes do que qualquer jornal ou transmissão de rádio.

74 CINCO VOLTARAM

A queda da França em junho de 1940 foi um choque recebido coletivamente por milhões de americanos nas salas de exibição, onde as imagens dos soldados nazistas em marcha e os parisienses às lágrimas nas ruas fizeram a guerra parecer mais próxima e assustadora. Para muitos espectadores, a Polônia e a Checoslováquia eram países estranhos com culturas estranhas, pontos bem distantes em um mapa. A França estava mais perto, mais real: era o país de Charles Boyer e Jean Gabin, do romance, da comédia erótica e da sofisticação. Apenas um ano antes, os americanos haviam visto Paris aquecer a superfície gélida de Greta Garbo em *Ninotchka* e transformar Claudette Colbert de garota comum em falsa baronesa em *Meia-noite*. Agora, ao longo de meras seis semanas, espectadores do país inteiro viram Winston Churchill substituir Neville Chamberlain como primeiro-ministro, lotaram os cinemas diante dos cinejornais, que disputavam entre si para exibir as melhores imagens da evacuação bem-sucedida de Dunquerque, ouviram o tonitruante discurso de Churchill — "Lutaremos nas praias [...] jamais nos renderemos" — na Câmara dos Comuns e presenciaram a ocupação de Paris pela Wehrmacht.

A chamada guerra de mentira havia acabado, e Hollywood reagiu com uma mistura de apreensão econômica — agora estava evidente que grande parte do lucrativo mercado europeu para seus filmes desapareceria em questão de meses — e ativismo ferrenho. O grupo intervencionista Comitê para a Defesa dos Estados Unidos pelo Auxílio aos Aliados, que se opunha à manutenção da Lei da Neutralidade aprovada pelo Congresso no outono anterior, fora formado em maio, estabelecendo um posto avançado significativo em Hollywood financiado por Zanuck, Wanger, Goldwyn e os Warner, entre outros. Semanas depois, o roteirista Philip Dunne, um dos primeiros e mais importantes organizadores da Associação dos Roteiristas de Cinema, ajudou a fundar o Comitê dos Profissionais do Cinema para a Cooperação pela Defesa, o primeiro grupo oficial de Hollywood dedicado a fazer filmes com potencial para contribuir com qualquer esforço de guerra no futuro. Naquele verão, o comitê, formado pelos presidentes de todos os oito estúdios e com a aprovação tácita de Roosevelt e seus assessores mais próximos, trabalhou discretamente, na esperança de não despertar mais acusações de antitruste ou denúncias inflamadas de isolacionistas. Seus membros evitavam cuidadosamente o

"VOCÊ PROVAVELMENTE NÃO PERCEBEU QUE O MUNDO..."

uso da palavra "propaganda". Mas o grupo permanecia pronto para produzir filmes se o governo algum dia fizesse uma solicitação oficial; entre os participantes do comitê de produção estava Capra, que representava a Associação dos Diretores e se dispusera a filmar um curta-metragem pessoalmente se necessário.[1]

Naquele verão, os Warner voltaram a elevar sua voz acima da multidão. No dia seguinte ao discurso de Churchill, Harry Warner convocou mais de 3 mil funcionários (e diversos membros da imprensa de Hollywood) para um set fechado no estúdio e deu um discurso em que condenou, sem distinção, o nazismo e o comunismo, todos os governos totalitários, o racismo e o antissemitismo nos Estados Unidos, os isolacionistas e os apaziguadores. Às vezes sua fala parecia mais inflamada que coerente, mas atraiu atenção e cobertura da imprensa nacional em proporções consideráveis. Caso outros estúdios — muitos dos quais, ao contrário da Warner Bros., continuavam tentando preservar seus negócios em países invadidos pela Alemanha — não tivessem compreendido sua mensagem, Warner logo imprimiu seu discurso em panfletos intitulados "Unidos, Sobreviveremos. Divididos, Cairemos!"[2] e fez questão de enviá-los não só para seus colegas e rivais, como também para colunistas, assessores e Roosevelt.[3]

Em junho, a Warner Bros. reintegrara William Wyler, convencendo Goldwyn a emprestar o diretor para que ele pudesse trabalhar mais uma vez com a estrela de *Jezebel*, Bette Davis, que estava se tornando tão importante para a fortuna do estúdio que algumas pessoas brincavam, chamando-a de "o quinto irmão Warner" (no sistema normalmente complexo e personalizado de intercâmbio de talentos comum à época, um ano depois Jack Warner emprestaria Davis a Goldwyn para que Wyler pudesse dirigi-la mais uma vez em *Pérfida*; em troca, Goldwyn emprestaria Gary Cooper à Warner e perdoaria parte de uma dívida de aposta de 425 mil dólares de Jack).[4]

Tem-se que o caso de Wyler com Davis acabou quando ele se casou com Talli, mas os dois estavam ansiosos para voltar a trabalhar juntos. *A carta*, a história de uma mulher casada em um seringal na Malásia acusada de matar o amante, viria a ser a melhor das três colaborações da dupla; é considerado um dos melodramas de maior intensidade psicológica daquela era, com desempenho sólido e meticuloso tanto do diretor quanto da atriz.

Mas, desde o começo, a produção foi muito difícil. Davis descobriu que estava grávida na primeira semana das filmagens; sem saber quem era o pai, ela guardou segredo e fez um aborto, o terceiro de sua vida, na semana seguinte;[5] mais tarde, diria a alguns amigos que "devia ter me casado com Willy".[6] Davis e Wyler brigaram várias vezes sobre a interpretação do papel dela, e a certa altura a atriz foi embora do set. No fim, disse ela, "fiz do jeito dele. [...] Sim, perdi a batalha, mas perdi para um gênio. [...] Muitos diretores são tão frouxos que acabo precisando assumir as rédeas. Sem criatividade, autoconfiança, coragem para resistir, eles não me transmitiam nada da segurança que aquele tirano tinha".[7] Davis amava a intensidade de Wyler, a forma como ele se preparava para a guerra no set, a postura "Quem é que você odeia hoje?" que ela dizia ter em comum com o diretor. E Davis tampouco se incomodava com as numerosas tomadas refeitas a cada cena; ela sentia que combinava com seu próprio perfeccionismo.

Contudo, Jack Warner não era tão compreensivo. Seu estúdio era uma fábrica; era aceitável fazer uma segunda ou terceira tomada se tivesse havido algum problema com a primeira, mas ele não tinha muita paciência para mais que isso. Ao receber um relatório diário da produção de *A carta* que registrava 62 tomadas para completar nove cenas, ficou furioso. "Você é um diretor muito bom e ninguém pode dizer que você não é capaz de gravar uma cena em 2 a 4 tomadas, no máximo, e fechar com a que você sabe que é a ideal. [...] Não vou deixar ninguém arruinar o meu negócio", escreveu ele. "Você provavelmente não percebeu que o mundo está em guerra e a indústria do cinema está em uma situação muito ruim. [...] Não aceito essa prática, e você precisa interrompê-la imediatamente."[8]

O comentário de Warner sobre a guerra deve ter sido particularmente doloroso para Wyler, cujos esforços para ajudar a tirar seus parentes da França mediante promessas de patronato estavam dando lugar a gestos mais diretos, e provavelmente inúteis; ele começara a enviar remessas de dinheiro para o exterior com a intenção de que ele fosse usado para subornar autoridades de Vichy para que ajudassem sua família.[9] Só depois de algumas tentativas fracassadas ele conseguiu compor uma resposta educada e temperada. "Por favor, saiba que não tenho qualquer intenção de arruinar seu negócio", disse ele. "Muito pelo contrário. Se julguei necessário fazer catorze tomadas para uma cena, deve ter sido por um motivo muito

"VOCÊ PROVAVELMENTE NÃO PERCEBEU QUE O MUNDO..."

bom. [...] Fiz um esforço especial no que diz respeito ao tempo e à economia na produção deste filme (mesmo ao custo de uma ocasional perda de qualidade). [...] Eu tomaria como um favor se o senhor pudesse [...] ao menos me conceder o benefício da dúvida."[10] Wyler manteve a calma e conseguiu o que queria; Warner não voltou a interferir, e o custo final de *A carta* ficou em 665 mil dólares, 35 mil abaixo do orçamento. Wyler nunca soube se o dinheiro que ele enviara à França chegara aos destinatários corretos, nem se servira de alguma ajuda.

A equiparação entre comunismo e nazismo feita por Harry Warner pode ter sido concebida como uma forma de acalmar os políticos que aproveitavam cada oportunidade para acusar a indústria cinematográfica de ser o epicentro da "ameaça vermelha", mas não funcionou. Nos últimos dois anos, Martin Dies raramente perdera a chance de atacar o que em sua visão era a política potencialmente traidora de Hollywood e dos homens que a administravam. Dies era um parlamentar democrata conservador petulante e não muito inteligente de um distrito do Texas. Em 1938, comandara a primeira versão do HUAC, às vezes presidindo audiências junto a colegas com ideias afins, mas em geral atuando como uma comissão de um homem só. Naquele ano, ele se tornara motivo de piada em todo o país, inclusive entre membros do governo Roosevelt, ao publicar uma declaração sobre determinada lista de atores de Hollywood que supostamente nutriam simpatia pelo comunismo; a lista incluía Shirley Temple, na época com onze anos de idade.[11] Dies se apressara a recuar rumo a território mais seguro, restringindo sua atuação a investigar grupos nazistas ou integrantes da Ku Klux Klan. Mas em julho de 1940, um mês após o discurso de Warner, ele fez nova investida, desta vez com uma testemunha — um bajulador que agira uma vez em nome do Partido Comunista e tinha o nome (maravilhoso) John Leech [John Sanguessuga] —, que, em uma audiência individual a portas fechadas com Dies, dera o nome de 42 luminares de Hollywood que ele alegava se reunirem com regularidade em Malibu na casa de B. P. Schulberg, chefe de produção da Paramount, para "ler as doutrinas de Karl Marx". Leech afirmava que o Partido Comunista estava usando o medo do pessoal do cinema em relação ao nazismo e a antissemitas para arrebanhar lealdade. Entre os principais nomes da lista estavam Philip Dunne, Fredric March, James Cagney e Humphrey Bogart.[12]

Conforme os nomes eram vazados para a imprensa e divulgados por todo o país, Dies anunciou que pretendia convocar audiências, foi para Los Angeles, instalou-se no Biltmore Hotel e convocou a primeira testemunha. Quando Bogart chegou, acompanhado de seu advogado, ficou surpreso ao constatar que a única outra pessoa na mesa de reunião era o próprio Dies. Não havia comissão alguma, e tampouco qualquer sinal de Leech, que o acusara. Bogart disse a Dies que não era comunista e que não conhecia nenhum. Ao pedido de que informasse nomes, respondeu que só chamaria alguém de comunista se visse uma carteira de membro do partido. Dies insistiu; Bogart permaneceu neutro e calmo e não lhe deu nada. O depoimento acabou em pouco tempo, e, à medida que a imprensa começava a criticar o parlamentar, qualificando suas táticas como "repugnantes", Dies logo anunciou que não encontrara indícios que corroborassem qualquer das acusações de sua testemunha. Alguns dias depois, declarou encerradas suas audiências e escapou de Los Angeles.[13]

O episódio, cuja intenção original era assustar os intervencionistas de Hollywood, de tanta inépcia acabou encorajando-os ainda mais. John Ford não parecia nem um pouco abalado. As acusações de que sua adaptação de *Vinhas da ira* era um manifesto pró-comunismo velado não vingaram; o filme continuou a atrair cada vez mais espectadores, e Ford abriu uma produtora que lhe permitiria, pela primeira vez, algum nível de independência em seus filmes. Seu projeto mais recente combinaria duas de suas paixões do momento: o amor pelo mar e o ódio pelos nazistas. *A longa volta para casa*, uma adaptação de quatro peças curtas de Eugene O'Neill ambientadas em um navio da Marinha Mercante, marcou o reencontro de Ford com vários de seus colaboradores recentes mais próximos: de *No tempo das diligências*, o produtor Walter Wanger e os astros John Wayne e Thomas Mitchell; de *O delator*, o roteirista Dudley Nichols; e, talvez o mais importante, Gregg Toland, que filmara *Vinhas da ira*. Em *A longa volta para casa*, Ford deu tanta importância às composições expressionistas de Toland que os créditos de direção e fotografia entraram juntos.

O'Neill e Ford tinham cinco anos de diferença — O'Neill nascera em 1888 e Ford, em 1893 — e muito em comum: eram filhos de pais irlandeses imigrantes que se tornaram membros respeitáveis da classe média americana, foram criados em New England, e Ford, que na verdade se chamava

Sean Aloysius O'Feeney[14] e cujo pai administrara um saloon, partilhava com O'Neill um apreço por bares e histórias de marinheiros regadas a uísque que pareciam uma presença constante em sua infância e adolescência. Entre 1914 e 1918, O'Neill escrevera o quarteto de peças de um ato conhecido como "peças Glencairn", e elas faziam referência apenas tangencial à Grande Guerra. Mas Ford e Nichols, que em 1939 dissera a um repórter que eles haviam passado "anos" em busca de um projeto que lhes permitisse transmitir uma mensagem contra o fascismo,[15] logo decidiram, com o apoio enérgico de Wanger, trazer a história para o momento presente.

Nichols uniu as peças para compor uma trama que apresentasse, com um romantismo melancólico muito caro a Ford, a honrada tripulação de alcoólatras, sonhadores e vagabundos de um vapor a frete que transporta uma carga de dinamite para a Inglaterra. A vida a bordo do navio parece atemporal; o filme começa com uma cartela que anuncia "Com seus ódios e desejos, os homens estão mudando a face da Terra — mas não podem mudar o Mar", e ao longo da obra Ford se atém ao conceito da embarcação como santuário fraterno e íntimo de compaixão e camaradagem, mesmo enquanto o mapa do mundo se transforma. Em meio à estática, o rádio do navio logo traz a notícia de que "outro navio explodiu sob fogo de canhões antitanque dos alemães". Um marinheiro, Driscoll (Mitchell), se envolve em uma briga com alguns policiais quando um deles o chama de "neutro"; ele exclama, furioso: "Nunca fui neutro na vida!". Depois, quando o *Glencairn* aporta na Inglaterra, Driscoll e seus companheiros caminham sob a noite escura e enevoada e são atraídos pelo calor e pela música de um bar de soldados, mas recebem o aviso: "Sinto muito, vocês, civis, não podem entrar ali — aquele é só para o pessoal que está indo para a guerra [...] Sigam em frente [...] Arrumem um abrigo. É o melhor a fazer durante um blecaute". Em uma imagem de uma rua em Londres, vemos o letreiro de um vendedor de jornais anunciando a invasão da Noruega pela Alemanha — notícia que chegara apenas oito dias antes do início da produção do filme.

Nichols e Ford tinham um orgulho imenso de *A longa volta para casa* ("Você é um sujeito difícil", disse Nichols a ele, "mas um sujeito difícil grandioso, o O'Neill dos cineastas").[16] O filme não estava carregado do patriotismo enérgico que em breve passaria a caracterizar a maioria dos filmes de guerra de Hollywood, mas a mensagem evidente de que o mundo agora estava travado em um conflito entre o bem e o mal era um claro distanciamento da sensibilidade das peças originais de O'Neill a respeito da Grande Guerra, representadas sobretudo como um horror abstrato. O tom do filme era de lamentação e luto, não beligerância; o tema aparece completamente no apelo de Driscoll: "Por toda parte, as pessoas estão tropeçando pela escuridão. Não haverá mais luz no mundo?".* Ainda assim, a franqueza emocionada sobre a ameaça nazista assustou muitas pessoas que não esperavam que filmes hollywoodianos confrontassem questões contemporâneas de forma tão direta após anos de pouco mais do que o pacifismo generalizado consagrado por *Nada de novo no front*. Se um dos principais diretores do país demonstrara tamanha ousadia e indiferença a qualquer possível reação negativa, certamente outros seguiriam o exemplo. "Com o mercado internacional já perdido", escreveu um crítico, "os filmes começam a ficar bastante temerários. Eles falam em 'nazista', 'fascista' e 'Ribbentrop' como se fossem nomes de coquetéis."[17] Outro crítico comentou a montagem de Ford para o clímax do filme, quando a tripulação do *Glencairn* sofre ataque de metralhadoras e aviões de bombardeio Stuka das forças alemãs. Ford, disse ele, alcançara "o ponto máximo de realismo".[18]

Frank Capra também estava ansioso para realizar um "filme-mensagem"; só não sabia que mensagem passar. Em muitos sentidos, *Meu adorável vagabundo*, filmado durante o verão e o outono de 1940, seria a conclusão de uma trilogia temática começada com *O galante Mr. Deeds* e seguida em *A mulher faz o homem*. O filme reunia Capra e Gary Cooper, o astro que interpretou Deeds (e foi a primeira opção do diretor para fazer Jefferson Smith), bem como o roteirista de *Mr. Deeds*, Robert Riskin, com quem ele vinha trabalhando em diversos projetos na última década. O mais novo deles, com o título inicial *The Life and Death of John Doe* [Vida e morte de John Doe], era mais uma história sobre o sujeito pequeno cercado pela sabedoria intuitiva do povo comum que contrapõe aos ideais sinceros do protagonista os interesses cínicos do poder estabelecido. O filme seria o

---

* Há uma fala muito semelhante — "É como se as luzes tivessem se apagado por toda parte" — em *Correspondente estrangeiro*, produção de Wanger que estava sendo filmada na mesma época.

primeiro produzido pela nova empresa de Capra, e, para financiá-lo em conjunto com a Warner Bros., ele obteve um empréstimo de 750 mil dólares — do qual um terço seria para cobrir seu próprio salário — junto ao Bank of America,[19] com o qual mantinha uma relação amistosa (durante anos o banco agira como principal financiador do antigo lar de Capra, a Columbia Pictures).

Décadas depois, vendo em retrospecto a produção de *Meu adorável vagabundo*, Capra admitiria que, pela primeira vez em sua carreira, sentira que tinha algo a provar. Mesmo após três Oscars, incomodava-o sua posição em relação aos críticos que haviam tratado seus filmes como entretenimento agradável, mas não imaginavam que ele fosse capaz de oferecer o tipo de comentário social determinado que recentemente passara a caracterizar a obra de Ford. "Um ego como o meu necessitava — não, exigia — o elogio da crítica sofisticada", escreveu Capra. "As farpas sobre o otimismo meloso da minha obra haviam atravessado [minha] carapaça externa. Portanto, *Meu adorável vagabundo* [...] foi *concebido* para conquistar elogios da crítica."[20] Com esse objetivo em mente, Capra e Riskin compuseram uma história tão convoluta, determinada a abordar desde o poder da imprensa e a corrupção nas esferas municipais e estaduais do governo até a possível ascensão de um movimento fascista nos Estados Unidos e a manipulação da presidência, que ninguém, à exceção dos dois, jamais descobriu quem exatamente eles pretendiam confrontar, nem que mensagem desejavam promover.

Meu adorável vagabundo começa com uma cena em que o slogan de um jornal venerável — "Uma imprensa livre para um povo livre" — é raspado da pedra angular de um edifício, conforme um novo proprietário assume a empresa e dá início a demissões em massa. A imagem logo estabelece o tema central, ainda que vago, do filme, a ideia de que os padrões estão caindo, as liberdades do povo americano correm perigo e até mesmo princípios fundamentais são (literalmente, na abertura) pulverizados. Entre os repórteres demitidos está uma colunista interpretada por Barbara Stanwyck que, em um esforço desesperado para manter o emprego, forja uma carta em que um sujeito comum revoltado reclama que "o mundo inteiro vai para o buraco" por causa de uma "política asquerosa" e ameaça pular do telhado da prefeitura se as coisas não mudarem. Stanwyck transforma a mensagem em uma série de artigos, "Protesto, por John Doe", em que Doe denuncia em termos raivosos, embora genéricos, "todos os males do mundo! A falta de humanidade do homem para com o homem!". Ela só precisa de um testa de ferro — "um americano típico capaz de ficar de boca fechada" — que possa ser treinado para ser o rosto da coluna. Entra Cooper, um ex-jogador de beisebol desafortunado chamado Willoughby — "um destroço humano [...] desprovido de ideais", disse Capra — que precisa de um emprego e aceita fazer o papel de Doe.

No imbróglio complexo subsequente, Capra dispara contra vários alvos com uma espécie de estridência relaxada — os partidos Democrata e Republicano (representados como cúmplices), corporações, que mandam as pessoas para a rua, e a mídia jornalística, exibida de forma legitimamente capriana ora como um bando de céticos experientes, ora como uma turba influenciável, dependendo das necessidades da narrativa ao longo do filme. À medida que a trama se aprofunda (cada vez mais), milhares de Clubes John Doe são criados, inspirados pela ideologia de Cooper ("Seja um Vizinho Melhor" — "a única coisa capaz de salvar este mundo confuso", diz ele, repetindo uma fala de *A mulher faz o homem*). Em pouco tempo, forma-se o Partido John Doe, e um terceiro candidato à presidência ameaça enfraquecer o *status quo*.

Se isso é bom ou ruim é uma questão que *Meu adorável vagabundo* evita responder. "O sucesso de Hitler pela força contra a democracia estava contagiando", escreveu Capra. "Havia pequenos Führer aparecendo pelos Estados Unidos [...] a 'nova onda' era Poder Sangrento! Riskin e eu queríamos usar realidades contemporâneas para surpreender os críticos: a face horrenda do ódio; o poder da intolerância de uniforme, trajando vermelho, branco e azul; a agonia da desilusão; e as emoções sombrias e descontroladas das massas." Mas Capra jamais deixara de nutrir certa admiração por Mussolini, e no filme ele e Riskin se afastam da exaltação teórica do homem comum e expressam consternação ante a facilidade com que um aspirante a ditador — no caso, um magnata da imprensa — consegue hipnotizá-lo; de forma acidental, o filme acaba por sugerir que uma população volúvel como aquela provavelmente não é digna de confiança. E o próprio "Doe" assume o aspecto do que o crítico Andrew Sarris, nos anos 1960, descreveu como "um fascista pobretão que desconfia de qualquer ideal ou doutrina, mas acredita no conformismo inato do sujeito comum".[21]

"VOCÊ PROVAVELMENTE NÃO PERCEBEU QUE O MUNDO..."   83

Menos que uma narrativa, *Meu adorável vagabundo* é um retrato dos impulsos políticos acalorados e erráticos do próprio Capra na época da produção do filme. Com um tom relativamente agourento, ele mesclou os americanos comuns crédulos da trama com o público em potencial que a veria nos cinemas, chamando-os de "meus John Does". Mas ele não precisava do veredicto do público; mesmo antes de a produção começar, sabia que teria problemas. "Os dois primeiros atos eram ótimos; o terceiro era inútil", escreveu. "O problema da nossa história era nossa culpa: para convencer os críticos importantes de que nem todo filme de Capra era escrito pela Pollyanna, Riskin e eu nos pusemos em uma sinuca." Ou, para ser mais específico, em um telhado: Capra e Riskin sabiam que o fim do filme precisava ser "John Doe" pronto para cumprir sua promessa de pular de um prédio, mas nenhum dos dois fazia ideia de como salvá-lo. A certa altura, Capra chamou Jules Furthman, um roteirista experiente cujos trabalhos se estendem até 1915, e lhe pediu para considerar se ele faria uma revisão do texto. Furthman recusou. "Vocês não conseguem arranjar um final para a sua história", disse ele ao diretor, "porque vocês não têm uma história."

A incerteza de Capra quanto a sua capacidade de contar histórias não poderia ter acontecido em momento pior. Enquanto ele filmava *Meu adorável vagabundo* ao longo do verão e do outono, os cinemas americanos estavam cheios de filmes que sabiam exatamente o que queriam dizer e como dizê-lo. *O grande ditador*, de Charlie Chaplin, foi o primeiro filme hollywoodiano de peso a ironizar Hitler na tela. *Tempestades d'alma* enfim estreou, e, apesar da reticência da MGM quanto a identificar explicitamente a Alemanha e Hitler no roteiro, a *Variety* o descreveu como "a denúncia mais eficaz em forma de filme até o momento sobre o totalitarismo [...] uma combinação de entretenimento e pregação democrática",[22] e a *New Yorker* o identificou como o primeiro filme "que pode ser considerado relevante" para tratar de Hitler.[23] A United Artists importou um drama britânico intransigente intitulado *O mártir*, sobre um pastor pacifista que é posto em um campo de concentração após resistir às tropas alemãs que tomaram seu povoado; os cinemas o exibiram com uma introdução filmada de Eleanor Roosevelt. E no dia em que os Estados Unidos iniciaram o alistamento em tempo de paz de homens com idades entre 21 e 31, a

Paramount lançou *Levanta-te, meu amor* — um drama romântico sobre uma correspondente de guerra europeia (Claudette Colbert) e um mercenário (Ray Milland); o roteiro de Billy Wilder identificava abertamente como crime moral a apatia dos Estados Unidos ante a ascensão de Hitler. Cautelosa, a Paramount insistira em gravar "tomadas de proteção" a fim de atenuar os diálogos anti-Hitler extensos e explícitos antes de lançar o filme no exterior,[24] mas, agora que o estúdio não mantinha mais negócios na Europa, Hollywood não tinha nada a perder. A versão mais agressiva do filme foi lançada em grande circuito, e os espectadores ouviam Milland falar de Hitler e da Alemanha: "Vamos ter outra chance de pegar aqueles grandalhões. A guerra está próxima, dá para sentir o cheiro". A última fala do filme era um apelo direto para que os americanos fossem "fortes, para que vocês possam ficar de cabeça erguida e dizer a qualquer um sob o céu divino: 'Certo. Qual vai ser o estilo de vida, o seu ou o nosso?'".

Conforme o *New York Times* observou, "temas antes tratados de forma tangencial e ansiosa, ou simplesmente ignorados, vêm sendo promovidos nas telas com fervor e franqueza excepcionais. [...] Os filmes estão assumindo rapidamente o papel a que foram destinados em um tempo de crise".[25] Na semana em que Capra terminou a filmagem de *Meu adorável vagabundo*, começou o bombardeio de Londres. Ele ainda não sabia o final do filme.

QUATRO

"De que adianta mandar uma mensagem?"

HOLLYWOOD, INÍCIO DE 1941

Em um jantar formal lotado no Biltmore Hotel, William Wyler subiu ao palco e aguardou pacientemente sua humilhação. Era 27 de fevereiro de 1941, a noite da 13ª cerimônia de entrega do Oscar, e, pela terceira vez em cinco anos, ele estava entre os indicados. Seu filme *A carta* estreara em novembro e conquistara muitos elogios, especialmente para Wyler e Bette Davis, também indicada ao prêmio. Mas enquanto ele e Talli se encaminhavam para o evento, estavam tranquilos em relação ao fato de que aquela provavelmente não seria a noite dele. O que nenhum dos dois imaginava, pelo menos até Frank Capra subir ao palco e começar a falar, era que lhes havia sido reservado um constrangimento público inesperado e particularmente doloroso. Capra estava muito concentrado no trabalho de edição de *Meu adorável vagabundo* e talvez tenha se distraído demais para se dar conta da deselegância do que estava a ponto de fazer. Quando chegou a hora de anunciar o vencedor do Oscar de Melhor Diretor, ele decidiu romper com o protocolo e, em vez de ler a lista de indicados, chamou todos ao palco e lhes pediu para apertar as mãos uns dos outros diante da plateia.

Wyler saiu do lado da esposa e se afastou da mesa pesaroso para se unir aos concorrentes — Alfred Hitchcock, com sua primeira indicação, por

Rebecca, a mulher inesquecível; o veterano Sam Wood, que dirigira Ginger Rogers em *Kitty Foyle*; e George Cukor, em disputa por *Núpcias de escândalo*. Enquanto os quatro se distribuíam pelo palco e murmuravam gentilezas, Capra abriu o envelope e revelou que o vencedor era o único indicado que anunciara antecipadamente que não pretendia comparecer: John Ford, por *Vinhas da ira*. Ford, que já havia terminado seu próximo filme para a 20th Century Fox, *Caminho áspero* — uma adaptação da peça da Broadway *Tobacco Road* —, dissera para todo mundo que, ganhasse ou não, estaria velejando no México com outro indicado daquele ano, Henry Fonda, o astro de *Vinhas da ira*, "pelo tempo que os peixes estiverem beliscando",[1] e cumpriu com a palavra. Enquanto Darryl Zanuck subia ao palco para receber a estatueta em seu nome, Wyler e os outros perdedores, constrangidos, desceram os degraus e, conforme lembrou Talli, "precisaram todos se arrastar até suas mesas".[2]

Quando Ford recebeu de um colega um telegrama parabenizando-o pelo segundo Oscar, deu uma resposta séria: "Prêmios são algo trivial demais para um momento destes".[3] Grande parte disso era pose; na prática, Ford era quase tão voraz quanto Capra no que dizia respeito a reconhecimento e honras, e talvez ainda mais dedicado na administração da própria reputação (mais ou menos na época da cerimônia, ele aprovou um release da Fox, redigido sob a forma de reportagem apurada, com o título "Filmes de John Ford rendem elogios e ingressos"; muitos jornais de baixa circulação publicaram o texto como se fosse uma matéria de fato, o que na época era praxe).[4] Sua decisão de não comparecer naquele ano provavelmente se devia tanto à especulação difundida (e, como depois se constatou, correta) nos círculos cinematográficos de que *Rebecca, a mulher inesquecível* superaria *Vinhas da ira* na corrida pelo Oscar de Melhor Filme quanto a uma possível preocupação em se envolver em um ritual de autocelebração enquanto a Europa era devastada. É possível também que ele estivesse contente por estar fora do país, visto que *Caminho áspero* havia acabado de estrear, e a crítica fora cáustica. O próprio Ford não tinha grandes amores pelo filme,[5] uma história grotesca de seareiros sulistas que parecia desconhecer completamente as lutas de famílias pobres em regiões desfavorecidas, tema que *Vinhas da ira* explorara com perspicácia, e não se sabe ao certo por que afinal ele teria aceitado o projeto ou feito um trabalho tão descuidado.

O problema pode ter sido motivado em parte por distração. Mesmo durante as filmagens, ele se dedicava mais do que nunca aos preparativos para a guerra. E para isso contava com a colaboração disposta de Zanuck, chefe de longa data que agora preferia ser chamado de "coronel". Em janeiro daquele ano, Zanuck entrara para o Corpo de Sinaleiros como tenente-coronel da Reserva e, como presidente do Conselho de Pesquisa da Academia, aceitara recentemente acompanhar a produção de quatro filmes de treinamento. Zanuck tinha apenas 1,56 metro de altura, o que conferia a seus ocasionais acessos intensos de inquietação um aspecto cômico; às vezes Ford se referia a ele como "Darryl F. Panic" [Darryl F. Pânico].[6] Zanuck, por sua vez, debochava do hábito inconsciente do diretor de morder um lenço esfarrapado e encharcado enquanto trabalhava. Mas os dois partilhavam da crença de que o momento de intervenção dos Estados Unidos na guerra viria mais cedo e em escala maior do que a maioria de seus colegas imaginava, e Ford não hesitou quando Zanuck o convidou para orientar a produção de um curta-metragem de instrução para o Corpo de Sinaleiros.

Seria impossível escolher tema mais improvável que esse para Ford. O Filme Oficial de Treinamento 8-154, uma produção conjunta do Corpo de Sinaleiros, da Academia e do Departamento da Saúde americano, tinha o título *Sex Hygiene* [Higiene sexual]; era um documentário explícito exclusivo para os recém-alistados sobre o que os jovens militares deveriam fazer se tivessem contato com alguém com sífilis ou gonorreia; a obra continha uma abundância de nudez e closes desesperadores de cancroides penianos. Nesse quesito, Ford era um homem pudico, quase casto: fora casado com a mesma mulher por vinte anos, e, apesar de uma ou outra queda por alguma atriz principal, era notório que sua fraqueza residia no álcool, não em mulheres. Mas, se havia algum grau de repulsa pelo tema, ele a superou ou a transformou em uma linguagem masculina bronca: *Sex Hygiene* continha muitas falas, carregadas com a rigidez da educação católica de Ford, a respeito dos perigos associados ao contato com uma "mulher contaminada", da importância dos preservativos (e de como testá-los para detectar furos) e das consequências a que os homens estariam sujeitos em troca "da saciação de seus impulsos sexuais", incluindo uma afirmação notável de que qualquer mulher que se mostrasse sexualmente disponível para um soldado "provavelmente" teria alguma doença.*

---

* *Sex Hygiene* continuou sendo usado até a Guerra do Vietnã.

Embora os 26 minutos do documentário transmitam sua mensagem com uma franqueza objetiva, é possível identificar o toque de Ford em sua estrutura relativamente sofisticada — a obra é apresentada como a história de um grupo de soldados que assiste a um filme sobre higiene sexual, e Ford transita sutilmente entre a narrativa principal e o filme dentro do filme. Ele dirige a câmera para os soldados que compõem o público, exibindo em sequência uma dúzia de rostos diferentes em close conforme cada jovem observa a realidade brutal que lhe é descrita a respeito de seu próprio corpo, algo "sobre o qual a maioria dos homens sabe menos [...] do que sobre seus automóveis", de acordo com o palestrante sério. E Ford parece ter infundido seus sentimentos ao alerta grave do final do filme, quando um médico diz aos rapazes que nada é mais perigoso para a saúde de um soldado do que uma decisão infeliz tomada em um momento de embriaguez. "Zanuck [...] falou: 'Esses garotos precisam aprender essas coisas [...] você poderia fazer isso?'", Ford disse a Peter Bogdanovich. "Aquilo era fácil de fazer. Levamos dois ou três dias para terminar. Era muito horrível e não se destinava ao público geral. Podíamos fazer qualquer coisa — tínhamos homens lá com DSTs e tudo o mais. Acho que passou o recado e ajudou um monte de rapazes. Eu olhei para aquilo e vomitei."[7]

Ford também vinha assumindo com mais seriedade suas responsabilidades como líder da Fotografia de Campanha, reunindo equipamentos de câmera e som dos estúdios, distribuindo por nove unidades discretas os fotógrafos, editores e técnicos de som que ele recrutara ao longo de vários meses e providenciando sessões de treinamento para os homens no Arsenal da Reserva da Marinha em Los Angeles. Em janeiro, montou uma proposta de orçamento para a Fotografia de Campanha com a recomendação de que a Marinha alocasse 5 milhões de dólares no primeiro ano, 3 milhões no segundo e 2 milhões no terceiro, pois ele acreditava que seria um conflito duradouro. Ademais, insistia que era preciso reservar recursos para o desenvolvimento de novas câmeras capazes de resistir aos castigos inevitáveis do uso constante em combates marítimos.[8] Ford também conseguiu que seus superiores relativamente deslumbrados na base naval de San Diego autorizassem mais uma missão de semiespionagem para o *Araner* ao longo da costa de Mazatlán,[9] uma missão de três semanas que não parecia

"DE QUE ADIANTA MANDAR UMA MENSAGEM?"

urgente para a segurança nacional mas coincidia muito bem com o desejo dele de pescar durante a cerimônia do Oscar.

Quanto a Wyler, a derrota para Ford pela estatueta da Academia representou um triste anticlímax para o outono e o inverno que ele investira em projetos que não tinham dado em nada. Seu contrato com Goldwyn agora estava no sexto ano. Ao final dos primeiros doze meses trabalhando para o produtor turrão e volátil, Wyler lhe escrevera uma carta em que implorava para que o contrato fosse rescindido, visto que ambos estavam muito infelizes.[10] Desde então, ainda que o relacionamento tenso e turbulento dos dois não chegasse a ser carinhoso, desenvolvera-se uma espécie de respeito e compreensão mútuos quanto ao valor que cada um representava para o outro. Goldwyn tinha o dinheiro e a disposição de adquirir excelentes obras dramáticas para seu melhor diretor e não o obrigava a fazer três filmes por ano como um burro de carga, e Wyler tinha grande influência com ele visto que era, nas palavras de sua amiga Lillian Hellman, uma das "únicas [...] pessoas no hospício de Goldwyn que [não era] completamente doida".[11]

Em 1940, Wyler estava ansioso para começar uma adaptação da peça da Broadway *The Little Foxes* [As raposas pequeninas], de Hellman, para a qual Goldwyn dera um jeito de arrancar Bette Davis do controle da Warner Bros. Contudo, em setembro, a adaptação do roteiro de Hellman ainda não estava pronta, e, enquanto ficou livre, Wyler se viu no meio de uma complicada série de acordos que Goldwyn estava arquitetando com outros dois estúdios. A fim de conseguir Davis, o produtor aceitara emprestar Wyler e Gary Cooper para a Warner Bros. e seu *Sargento York*, a história de um pacifista que se torna um dos maiores heróis da Primeira Guerra Mundial. O filme tinha tudo para ser uma cinebiografia que Harry e Jack Warner acreditavam representar um lembrete intervencionista estimulante sobre as glórias de se lutar pelo próprio país. Cooper era perfeito para o papel de York; Wyler, que já havia demonstrado pouca aptidão para filmes de ação e não apreciava o tipo belicoso de patriotismo, não era. Assim que recebeu a incumbência e percebeu que o roteiro ainda levaria meses para se tornar aproveitável — seu amigo John Huston estava prestes a ser chamado para revisá-lo —, ele pediu para sair. Em menos de uma semana Goldwyn voltaria a cedê-lo, dessa vez para a 20th Century Fox, onde Zanuck oferecera a Wyler 85 mil dólares para dirigir *Como era verde o meu vale*.[12]

Agora, Wyler estava entusiasmado: o romance recém-publicado de Richard Llewellyn sobre o dia a dia de um vilarejo galês de mineradores de carvão e as ambições de Zanuck para a obra eram algo com que Wyler se identificava muito mais do que *Sargento York*. O sucesso avassalador que David O. Selznick obtivera com ... *E o vento levou*, que passados nove meses após a estreia ainda era o filme mais visto nos cinemas do país, incentivara todos os donos de estúdio a se arriscar em uma escala maior, e a princípio Wyler e Zanuck pareciam compartilhar o ideal de realizar uma adaptação de grande orçamento, com quatro horas de duração em Technicolor, que fosse capaz de competir com qualquer coisa que Selznick produzisse. Contudo, mesmo antes da chegada de Wyler, Zanuck já vinha enfrentando dificuldades com o filme proposto: estava determinado a resistir a qualquer tentativa de transformar o romance em um manifesto pelos direitos dos trabalhadores, embora o segmento mais interessante e dramático das quinhentas páginas do best-seller fragmentado e agradável de Llewellyn girasse em torno de uma greve dos mineradores contra a falta de segurança na mina. No verão a Fox recusara uma versão do texto escrita por um roteirista chamado Ernest Pascal, que destacara o descontentamento dos trabalhadores do vilarejo. Zanuck talvez tenha ficado receoso com a ideia de pintar os proprietários ingleses da mina como vilões em um momento de grande solidariedade do povo americano para com os britânicos, mas também reclamou que o roteiro de Pascal transformara o romance "em uma história sobre o trabalho e sobre problemas sociológicos, em vez de uma grande história comovente, humana. [...] O filme não tem nada a ver com uma cruzada".[13]

A decisão bizarra de Zanuck para efetivar essas mudanças foi substituir Pascal por Philip Dunne, um dos fundadores da Associação dos Roteiristas, integrante ativo da esquerda progressista de Hollywood e talvez o defensor mais ardoroso da regulamentação trabalhista do ramo. Nos últimos três meses de 1940, Dunne e Wyler batalharam juntos diariamente para transformar em roteiro aproveitável uma história que se estendia por mais de sessenta anos. Enquanto Dunne escrevia e reescrevia, Wyler destrinchou um exemplar completo do romance, página por página, registrando diálogos, objetos cenográficos, gestos e até mesmo cores que queria incluir na versão final do filme.[14] Como a produção estava prevista para começar no início de 1941, ele também estava concentrado no elenco. Para cada papel, analisava uma longa lista de possibilidades, considerando desde Laurence Olivier e Henry Fonda até Merle Oberon, Geraldine Fitzgerald e Ida Lupino. O único ator que ele definiu prontamente foi o que interpretaria Huw, o menino no centro da história. Lew Schreiber, da Fox, escreveu para Wyler dizendo que o "garoto [de doze anos] chamado Roddy McDowall" havia fugido da Inglaterra recentemente e fizera um teste de câmera. Wyler viu a filmagem e, abaixo do nome "Huw" em suas anotações para o elenco, escreveu apenas "O refugiadozinho inglês".[15]

A escolha de McDowall para o elenco acabaria se mostrando um dos elementos essenciais para o sucesso de *Como era verde o meu vale*, mas quanto aos outros aspectos Zanuck se opunha a Dunne e Wyler a cada oportunidade. Em função da austeridade econômica que a guerra impusera ao mercado cinematográfico mundial, Zanuck agora queria reconsiderar seus planos originais de criar um épico extenso e ficou horrorizado quando Dunne entregou o primeiro esboço do roteiro, com 260 páginas.[16] E Zanuck e Wyler discutiam constantemente, fato inevitável uma vez que Wyler sempre sofrera por causa de sua falta de experiência como roteirista ("Willy não era capaz de escrever uma fala sequer, mas sabia o que *você* podia fazer", disse Dunne),[17] enquanto Zanuck se vangloriava de ser um gênio da estrutura narrativa. O produtor passara semanas fustigando Wyler com objeção atrás de objeção: ele e Dunne não estavam delimitando e direcionando a história direito; a questão da insatisfação trabalhista ainda estava muito forte no texto; a visão deles para o filme era inviável pelos custos e pela extensão; as qualidades delicadas e modestas do livro estavam sendo ignoradas.

Mesmo cortando partes do roteiro de Dunne para conferir uma forma mais adequada, Wyler se sentia sob ataque. "Diminuir o tamanho desse roteiro até chegar a uma extensão apropriada vai ser um trabalho muito simples", disse Zanuck, "e acredito que meu discernimento neste momento está muito mais próximo do discernimento do público do que o seu."[18] Ao mesmo tempo, o assistente de Wyler reclamou ao diretor que os aparos de Zanuck estavam resultando em uma narrativa "lisa — neutra — e sem graça. [...] As pessoas que restaram na história são [...] personagens pouco atraentes e cativantes".[19] Dunne voltou a revisar o texto, e a resposta foi um bilhete dizendo: "Ainda se sente uma falta de suspense. Cada sequência é interessante em si mesma, mas [...] a história nunca chega a um clímax".[20]

Em dezembro, Zanuck puxou o freio e disse a Dunne e Wyler que eles "até agora não [haviam] conseguido realizar o objetivo que estabeleceram tantas semanas atrás [...] vocês nunca o realizarão sem alguma forma de ajuda. [...] Tiveram todas as chances possíveis, e precisam admitir que o resultado tem sido insatisfatório. [...] Acredito que já está mais do que na hora de deixar minha função de observador não beligerante e assumir um papel ativamente criativo [...] É só assim que eu sei produzir".[21]

Essa foi a gota d'água para Wyler, que respondeu: "Devo pedir que, em matéria de gosto, o senhor limite sua interferência. Temo seu ataque a este roteiro, visto que evidentemente a última palavra é sua [...] mas o senhor e eu temos estilos completamente distintos como contadores de histórias e, para ser sincero, creio que neste caso o meu é melhor. Antes de o trabalho começar, senti enorme entusiasmo por sua disposição aparente de levar para o filme tudo o que eu pudesse oferecer. [Mas] não sou um bom diretor no sentido de dirigir cenas tal como orientado".[22]

Wyler nunca recebeu a notícia de que havia sido demitido; certo dia, quando estava no estúdio, topou com um executivo que o informou de que o filme havia sido cancelado.[23] Ele ficou perplexo, pois acreditava que o roteiro finalmente estava em boas condições, mas voltou a Goldwyn e retomou os trabalhos em *Pérfida*. Pouco após a cerimônia do Oscar, ouviu dizer que Zanuck afinal decidira prosseguir com *Como era verde o meu vale*; John Ford seria o diretor. Philip Dunne foi convocado para uma reunião em que Ford, "mordendo seu lenço", disse que o roteiro era terrível.[24] Ford realizou o filme sem praticamente mais nenhuma alteração no texto.

A guerra foi um assunto constante naquela noite do Oscar no Biltmore, e pela primeira vez Hollywood estava pronta para o debate. Os premiados representavam um compromisso de envolvimento, não uma fuga. O evento começara com um pronunciamento radiofônico do presidente Roosevelt à Academia, elogiando a indústria cinematográfica pelo senso de responsabilidade social e por liderar iniciativas para levantar fundos para a defesa — uma confirmação oportuna para um ramo que havia sofrido uma série de ataques recentes —, e então instando todos a apoiar o Lend-Lease Act [Lei do Empréstimo-Arrendamento]. Quando o polêmico *Levanta-te, meu amor*, com seu apelo estrondoso para que o país prestasse atenção e se envolvesse, recebeu a estatueta de Melhor Roteiro Original, Benjamin

"DE QUE ADIANTA MANDAR UMA MENSAGEM?"

Glazer, um dos dois premiados, anunciou do palco que o corroteirista John Toldy não havia podido comparecer porque trabalhara no filme sob pseudônimo; na verdade, era um judeu austro-húngaro chamado Hans Szekely, que, no momento, estava se escondendo dos nazistas. Um Oscar especial foi entregue ao técnico de som Nathan Levinson por seus esforços para reunir os recursos de Hollywood a fim de auxiliar na produção de filmes de treinamento para o Exército.[25] E houve expressões de solidariedade anglo--americana por todas as partes — na indicação de *London Can Take It* [Londres aguenta], sobre o cerco ao Reino Unido, ao prêmio de Melhor Curta; no prêmio de Melhor Filme para *Rebecca, a mulher inesquecível*; e nos três Oscars (o maior número obtido por um filme naquele ano) para *O ladrão de Bagdá*, do produtor Alexander Korda. A produção da aventura fantástica de visuais espetaculares em Technicolor havia começado na Inglaterra, mas precisou ser transferida para Hollywood após o início da Blitz. O jovem astro, John Justin, havia acabado de ingressar na RAF como instrutor de voo.[26]

Quando Frank Capra convocou os indicados ao palco para apresentar o prêmio de Melhor Diretor, já começava a recear que *Meu adorável vagabundo*, ainda inacabado e um filme que ele esperava que se tornasse o próximo *Vinhas da ira*, na verdade acabaria sendo, em suas palavras, "a grande decepção americana".[27] Ele e Riskin haviam concluído a produção fazia mais de quatro meses, mas nunca conseguiram resolver o final. Riskin afirmara que o protagonista interpretado por Gary Cooper devia cumprir sua ameaça de se suicidar, uma cena que Capra recusou de cara por ser deprimente demais, acrescentando: "Não dá para matar Gary Cooper".[28] Em vez disso, eles tentaram fazer um fim que parasse logo antes disso, com uma cena em que o microfone de Cooper era desligado enquanto ele tentava dar um discurso final comovedor e a multidão se voltava contra ele. Nessa versão, *Meu adorável vagabundo* termina com uma frase sardônica do editor compassivo de um jornal: "Bom, rapazes, podem pôr mais um na conta de Pôncio Pilatos". O público das exibições-teste odiou.

Havia mais em jogo para Capra do que sua autoestima. Ele havia oferecido sua casa nova em garantia para o empréstimo bancário obtido para financiar o filme inaugural de sua empresa e reclamava, não pela primeira vez, que estava quase falido, porque o governo havia tomado, como imposto de renda, 80% dos 300 mil dólares que ele havia recebido no ano anterior.[29] Capra não podia bancar o fracasso de *Meu adorável vagabundo*, então em janeiro de 1941 chamou todo o elenco de volta ao set e filmou um novo final em que o vilão principal da história, o editor autoritário e intolerante que almejava a Casa Branca, se dá conta de sua conduta equivocada e se retrata. Era o retorno de Capra a um velho truque — uma releitura bastante próxima do colapso do senador corrupto interpretado por Claude Rains no final de *A mulher faz o homem*. Era também exatamente o tipo de inversão sentimental de última hora que Capra acreditava conceder a seus críticos permissão para não o levarem a sério. Na noite do Oscar, faltavam poucos dias para aquela versão do filme ser exibida em sua primeira sessão exclusiva para a imprensa.

A vida inteira Capra insistiu publicamente que, no fim das contas, *Meu adorável vagabundo* lhe rendera o respeito que ele sempre buscara. Não foi o que aconteceu. O filme teve o azar fenomenal de ser exibido a críticos que haviam acabado de ver *Cidadão Kane*, de Orson Welles. Era inevitável que a imagem de um magnata da imprensa desalmado apresentada por Capra parecesse fraca em comparação. Mas, tirando o momento inoportuno, o estilo cinematográfico e a mentalidade de Capra apanharam até mesmo daqueles que gostaram de elementos do filme. Pela primeira vez, a *Variety* escreveu que "o diretor está mais para o fanatismo que para o entretenimento [...] o aspecto artificial da trama é o ponto fraco fundamental da produção".[30] A *New Republic* o menosprezou, qualificando-o como "pura besteira" que "fala muito sem nenhum motivo" e marca um retorno infeliz ao "tipo americano familiar preferido de Capra, o jovem simpático e destrambelhado [...], um inocente carismático, mas não pisem no pé dele".[31] O *New York Times* aprovou a mensagem antifascista do filme, mas chamou o roteiro de "forçado".[32] A *Time* considerou que o filme ameaçava "tombar, em termos artísticos, simplesmente pela desproporção pomposa".[33] E os críticos odiaram o final novo de forma quase tão unânime quanto o público das exibições-teste havia odiado o antigo.

Capra ainda achava que o filme podia ser salvo e tomou uma medida extraordinária: nove dias após a estreia em dois cinemas da cidade de Nova York, filmou mais um final diferente. Dessa vez, Doe seria revigorado pelas palavras gentis de um rapaz em um Clube John Doe, que pede desculpas

"DE QUE ADIANTA MANDAR UMA MENSAGEM?"

porque ele e os outros garotos "se comportaram como uma turba". A nova fala final, de um bom humor genérico, seria "Aí está... O povo! Tentem superar isso!", um plágio descarado do discurso em *Vinhas da ira* em que Ma Joad diz: "Eles não podem nos superar, porque nós somos o povo!". Capra inseriu o final novo em todas as cópias de *Meu adorável vagabundo* antes da estreia nacional e foi alvo de uma boa dose de escárnio público; um colunista publicou um artigo com o deboche: "Sabe por que o dia hoje está tão revigorante? [...] Hoje é o dia em que Capra não está filmando um final novo para Doe".[34] Mas o último ajuste não ajudou a esclarecer os argumentos embolados do filme. *Meu adorável vagabundo* foi um fracasso de público, e a primeira tentativa de Capra de estabelecer uma produtora independente logo foi a pique.

Em 23 de março de 1941, um dia após filmar a cena nova, Capra apareceu no programa de rádio *I'm an American!* [Eu sou um americano!], que a cada semana trazia um imigrante diferente para expressar seu patriotismo. O Departamento de Justiça, responsável pela série, pedira que Capra "defendesse Hollywood e suas pessoas, mostrando o forte senso de nacionalismo e lealdade em relação aos ideais da democracia",[35] e ele aceitou. Apesar da riqueza e do sucesso, Capra sabia que seu status de imigrante fazia dele um cidadão de segunda categoria aos olhos de milhões de americanos. Naquela mesma semana, a *Ladies' Home Journal* publicara um perfil dele em que o autor apontava que Capra parecia "um daqueles italianos jovens e simpáticos que sempre sorriem para você na barraca de frutas".[36] Tendo em vista a prevalência desse tipo de estereótipo, não admira que Capra pressentisse no convite para falar no rádio um pedido ligeiramente velado para jurar lealdade perante o público. Em um roteiro cuidadosamente preparado, ele falou em termos vagos sobre a guerra, chamando-a de "repugnante" mas alertando que talvez fosse inevitável, e se recusou a defender filmes com mensagens, dizendo: "Pessoalmente, eu me nego a acreditar que o público americano precise ser educado quanto à democracia".[37]

Até pouco tempo antes, Capra havia considerado realizar uma continuação para *Meu adorável vagabundo*. Agora, precisava abandonar esses planos; a produção e a resposta ao filme haviam sido tão desanimadoras que, apenas um ano após sua declaração à *New Yorker* de que os filmes podiam ficar mais poderosos do que Hitler e Roosevelt, ele parecia pronto a desistir de usar o meio para dizer qualquer coisa. Em uma entrevista em abril daquele ano, Capra afirmou para um jornalista que pouco tempo antes decidira não dirigir um drama sobre um mafioso que recebia a missão de assassinar Hitler. "Dá para manter um milhão de pessoas sentadas enquanto você martela uma opinião para cima delas com o cinema?", disse ele. "Com o mundo na situação atual, de que adianta mandar uma mensagem?"[38]

Em 19 de maio, alguns meses após o Oscar, Capra cedeu a presidência da Associação dos Diretores após vários mandatos, durante os quais aumentara o poder de barganha da associação de tal modo que, se quisesse, poderia permanecer no cargo por tempo indeterminado. Mas ele preferiu aceitar o prêmio de afiliação vitalícia honorária — uma proposta de Wyler — e passou o bastão para George Stevens. Foi um gesto hábil, visto que, no ano anterior, Stevens essencialmente assumira a posição de Capra na Columbia, e sua ascensão à liderança da SDG foi, de certa forma, um reconhecimento oficial de sua importância como cineasta.

A semana em que Stevens começou seu mandato de um ano na presidência da SDG coincidiu com a estreia de seu novo filme, o primeiro que ele havia feito desde que fora trabalhar com Harry Cohn. Stevens não se adaptou muito bem à vida na Columbia, onde ao chegar descobrira que seus novos chefes tinham tanto interesse em que ele fizesse um filme político quanto a RKO.

Capra depois assumiu o crédito por levar Stevens para a Columbia, afirmando que, "como meu jeito tinha resultado em cinco sucessos consecutivos, outros diretores avessos a comissões foram atraídos pelo estúdio".[39] Mas, na realidade, a Columbia interferiu com Stevens praticamente desde o instante em que ele começou lá, primeiro pedindo que ele fizesse uma comédia romântica intitulada *Isto é amor* e depois tirando-o de repente do projeto para passá-lo a outro maior. O estúdio adquirira os direitos de um conto de ficção da revista *McCall* com o título "The Story of a Happy Marriage" [A história de um casamento feliz], que eles viam como uma oportunidade para reunir dois astros de peso, Cary Grant e Irene Dunne, que já haviam demonstrado ser um par romântico irresistível para o público na comédia *Cupido é moleque teimoso* (1937) e no sucesso então recente *Minha esposa favorita*. O novo filme de Stevens, cujo título ele mudou para *Serenata prateada*, seria uma novidade para os dois atores — um drama-

"DE QUE ADIANTA MANDAR UMA MENSAGEM?"

lhão descaradamente manipulador em que Grant e Dunne interpretariam marido e mulher que descobrem que não podem mais ter filhos após ela sofrer um aborto durante um terremoto. O casal então adota uma menininha, que acaba morrendo também.

A história forçava os limites da credibilidade, e o recurso condutor — cada lembrança do casamento vinha à tona com o toque de uma música diferente — ameaçava tornar o filme ainda mais artificial. O próprio Stevens depois admitiu que sua atração por *Serenata prateada* talvez se devesse a uma reação exagerada à "comédia leve e rala" que havia sido sua especialidade. "Acho que eu estava melancólico na época, e aí aqueles [atores] coitados se envolveram no meu capricho", disse ele. "Mas eles entraram de corpo e alma."[40] E Stevens também; conforme as filmagens avançavam pelo outono e no começo do inverno de 1940, Cohn ficou alarmado diante da quantidade de película que o diretor estava consumindo. Mas Stevens o manteve afastado, obrigando-o a cumprir a promessa de ficar longe do set enquanto ele tentava acertar o tom que, de alguma forma, evitasse que o filme ficasse sentimentaloide demais.

Era notória a dificuldade de interpretar Stevens nos sets, "taciturno, sempre com um olhar sério, mesmo quando estava contando piadas", diria mais tarde seu amigo Irwin Shaw.[41] Quando estava tentando resolver um problema de narrativa ou dar um jeito em uma cena, ele andava de um lado para outro sem parar nem olhar para ninguém. Gostava de dizer que tinha sangue de índio, e "parecia muito um cacique", segundo Joseph L. Mankiewicz. "Estoico. Ele não conseguia falar. Do nada, ele *parava* de falar. Como era distante! Ele ficava lá sentado e atento, com aquele olhar, e era de enlouquecer."[42] Os amigos chamavam isso de "o gelo". Em *Noites de vigília*, a estrela Carole Lombard, frustrada, enfim ligou para seu agente no meio da noite e disse: "Acabei de [descobrir] o que aquela andança e aquela cara pensativa de Stevens querem dizer — absolutamente nada".[43] Mas Stevens também era capaz de efetuar uma comunicação íntima e precisa com seus atores, e em *Serenata prateada* incentivou seus dois astros a irem mais fundo do que nunca. "Muitas vezes reprimi atores, criando histórias que extraíssem deles uma espécie de humildade, em vez de deixá-los aparecer na tela com aquela aura já estabelecida", disse ele.[44] Era esse seu objetivo agora, especialmente para Grant; o ator havia implorado para ser dispensado do papel, que tinha certeza de que seria sério demais, mas Stevens o dirigira em *Gunga Din* e o acreditava capaz de algo mais do que o encanto romântico afável que se tornara sua marca registrada. E o diretor sentia também que o público ficaria ainda mais comovido ao ver um astro que sempre aparecia sorridente passar por momentos de raiva, tristeza e luto.

A filmagem de *Serenata prateada* levou quatro meses — um intervalo longo para qualquer estúdio, e ainda mais para a Columbia, acelerada e econômica. Em janeiro de 1941, faltavam alguns dias para Stevens encerrar a produção quando aconteceu uma tragédia. Grant estava trabalhando em um set fechado no estúdio quando recebeu a notícia de que a Luftwaffe bombardeara Bristol, a cidade natal de onde o ator saíra vinte anos antes. Cinco parentes dele haviam morrido: seus tios, a filha e o genro deles e o neto. Grant ainda era cidadão do Reino Unido; quando a Inglaterra declarara guerra, pensara em voltar para casa e se alistar, mas sua popularidade em Hollywood estava crescendo, então decidiu ficar nos Estados Unidos e doar metade do cachê em alguns filmes para o Programa Britânico de Assistência para a Guerra. Quando soube das mortes, ele ficou arrasado, mas se recusou a permitir que o estúdio cancelasse um dia de filmagem.[45]

Stevens terminou *Serenata prateada* na primavera, submeteu-o a exibições-teste, reduziu os 165 minutos originais para pouco menos de duas horas e conquistou alguns dos melhores comentários de sua carreira. Seu trabalho com Grant rendeu ao ator sua primeira indicação ao Oscar, e também elogios ao diretor por conferir austeridade a uma história que, nas palavras de um crítico, "emprega não uma, mas seis ou sete táticas típicas de dramalhões [...] leve um mata-borrão e uma esponja [...] pode até levar uma banheira".[46]

Stevens seguiu em frente sem demora, aceitando prolongar seu acordo com a Columbia de dois para três filmes se o estúdio concordasse em emprestá-lo para a MGM, onde pretendia se reunir com Katharine Hepburn, a estrela de *A mulher que soube amar*, para fazer *A mulher do dia*. Seu desejo de fazer filmes sobre a guerra havia sido negado tantas vezes que finalmente parecia ter desaparecido; o filme com Hepburn representaria o retorno do diretor ao terreno mais seguro da comédia romântica, gênero no qual se destacara com mais frequência. Naquela primavera, o restante da indústria parecia também estar em retirada. No dia em que Stevens assumiu a presidência da Associação dos Diretores, o *New York Times* publicou uma matéria muito debatida que, na prática, reiterava a recente declaração de Frank Capra contra filmes carregados de mensagens, defendendo que obras de propaganda "[haviam demonstrado] ser um erro custoso. [...] Nenhum dos vários filmes feitos para incitar os Estados Unidos a enfrentar a Alemanha foi mais do que um pequeno sucesso". Ao citar as bilheterias modestas de filmes como *Confissões de um espião nazista* e *Tempestades d'alma*, que no começo haviam parecido grandes sucessos mas depois minguaram rapidamente, o *Times* concluía que "o público estava convencido da depravação dos nazistas e ficou entediado pela repetição constante nas telas [...] os finais necessariamente desesperançados [são] deprimentes e [...] a pregação não rende".[47]

Esse veredicto, reforçado por inúmeros produtores ansiosos e executivos pragmáticos, se tornara na primavera de 1941 o mais novo dogma para uma indústria cujo breve cortejo à ousadia parecia estar chegando ao fim. Por mais que muitos dos líderes de Hollywood defendessem o intervencionismo em suas vidas pessoais ou mediante esforços filantrópicos, eles estavam convencidos de que as plateias certamente fugiriam se eles permitissem que a política se transportasse para a tela. No entanto, algumas semanas depois, a Warner Bros. lançou um filme de John Huston e Howard Hawks que revirou completamente esse senso comum. O confronto resultante mudaria até o fim da guerra o equilíbrio de poder entre Hollywood e Washington.

CINCO

"A quinta-coluna mais perigosa de nosso país"

HOLLYWOOD E WASHINGTON, JULHO A DEZEMBRO DE 1941

lvin C. York era, pelo menos em teoria, ideal para o cinema. Durante vinte anos, os americanos o conheceram como modelo de bravura durante a Primeira Guerra Mundial, um homem simples, religioso e pé-rapado das montanhas do Tennessee que lia a Bíblia, amava seu país e rogava a Deus pela paz no mundo. York entrara na guerra porque sua condição de opositor consciencioso não o eximia do serviço militar. E então, para defender a si mesmo e a seus companheiros, ele matou mais de vinte soldados alemães e capturou outros 132; os jornais americanos o reverenciavam com o apelido "exército de um homem só".[1] Quando voltou aos Estados Unidos, York se recusou a lucrar com o heroísmo no campo de batalha. Decidiu viajar pelo país e dar palestras nas quais defendia a busca de soluções não militares para os problemas mundiais, e depois voltou para o Tennessee e usou seu renome para promover a construção e o financiamento de uma escola agrícola. Mesmo quando foi à falência e precisou hipotecar sua fazenda, York rejeitou as propostas de vender a história de sua vida para o cinema.

Quando o produtor Jesse Lasky voou até Nashville para tentar fazer York mudar de ideia, sabia que tentaria comprar não a narrativa da vida de

"A QUINTA-COLUNA MAIS PERIGOSA DE NOSSO PAÍS"

York, mas sim o consentimento para usá-lo a serviço de uma defesa da guerra e, de preferência, sua discrição quanto ao assunto. Em 1940, York estava com 53 anos e era uma figura um tanto problemática. Pesando 125 quilos, já não era a imagem do guerreiro americano esbelto e robusto, e, embora tivesse se tornado um orador habilidoso após anos se apresentando por todo o país, em casa rapidamente recaía em um racismo inveterado (York gostava de dizer que os negros nunca duravam muito no distrito onde sua fazenda ficava porque o trabalho nos campos era pesado demais para eles). Lasky, um dos fundadores da Paramount, era um veterano de Hollywood persistente e astuto, que não se deixava abalar com facilidade. Ele nem piscou quando York, que em pouco tempo começou a chamá-lo de "judeuzinho gordo",[2] disse que a linguagem na minuta do contrato estava muito empolada, insistiu na condição de que seu papel fosse interpretado por Gary Cooper e, para encerrar a negociação, anunciou: "Não gosto de filmes de guerra". E, 50 mil dólares depois, o acordo estava fechado.[3]

Também foi preciso persuadir Cooper. Hal Wallis, da Warner, decidira formar a parceria com Lasky depois que um dos executivos do estúdio o convenceu de que a história do sargento York poderia ser adaptada para uma variação de um dos maiores sucessos do autor. No estúdio, as pessoas já se referiam ao filme como "Mr. Deeds Goes to War" [Mr. Deeds vai à guerra]. Mas, aos quarenta anos de idade, Cooper acreditava ser velho demais para se passar por um jovem York nas cenas do passado rural do sargento; ademais, o astro disse: "não acho que consigo lhe fazer justiça. Ele é grande demais para mim [...] cobre um território muito amplo".[4] Em certo sentido, Cooper tinha razão. Pretendia-se que o personagem de York e sua história cumprissem duas funções — o filme, que seria dirigido por Howard Hawks, foi concebido não apenas como um conto inspirador sobre a importância do código pessoal de um homem antes, durante e após o combate, mas também como um chamado ao recrutamento para a guerra seguinte. *Sargento York* era um filme com um propósito ideológico explícito: a intenção era convencer as dezenas de milhões de americanos que detestavam a guerra, e que mantinham a opinião ainda majoritária nos Estados Unidos de que o país jamais deveria ter entrado na Primeira Guerra Mundial, de que apoiar uma intervenção contra Hitler não significava abandonar suas convicções.

E, ao difundir a mensagem de que pacifismo não precisa ser o mesmo que isolacionismo, os Warner encontraram no próprio York um aliado surpreendente. O sargento atuara como orador em muitas ocasiões para a Campanha de Emergência para a Paz, e no verão de 1939, em um discurso na Feira Mundial em Nova York, afirmara que os Estados Unidos deviam se concentrar em seus problemas domésticos, não nos do exterior. Mas a eclosão da guerra na Europa o fizera mudar de ideia, e no começo de 1941, conforme se aproximava o início da produção do filme, York já era um defensor vigoroso e público do intervencionismo, provocando manchetes com sua declaração de que "Hitler pode, será e precisa ser derrotado".[5]

Os dois primeiros roteiristas do projeto haviam dado ao argumento o título "The Amazing Story of Sergeant York" [A incrível história do sargento York]. Mas o que nascera como um drama puramente inspirador agora precisava de uma nova abordagem, mais categórica e dogmática. Para isso, a Warner recorreu a John Huston, que dois anos após o fiasco de *Juarez* era um dos roteiristas mais proficientes e bem-sucedidos do estúdio. O interesse de Huston por política mundial continuava intenso como em 1939, e seu domínio da política de Hollywood crescera de forma considerável desde os dias em que vira Paul Muni atropelar seu texto. Depois de *Juarez*, a Warner pusera Huston para trabalhar na revisão de um roteiro sobre o biólogo que descobrira o primeiro tratamento eficaz contra a sífilis. Huston achava que o roteiro original "era uma merda" e que o diretor designado para o filme, William Dieterle, seria tão incapaz de fazer valer sua opinião no estúdio quanto fora em *Juarez*. Mas, dessa vez, Huston conquistou o apoio do astro do filme, Edward G. Robinson; com habilidade, ele transformou o filme, antes romântico, em uma história de detetive científica e venceu uma disputa de arbitragem desagradável a fim de proteger seu crédito de roteirista.[6]

A vida do dr. Ehrlich teve uma recepção forte o suficiente para render a Huston um trabalho mais prestigioso — o roteiro de *Seu último refúgio*, melodrama de gângsteres de Raoul Walsh adaptado a partir do romance policial *High Sierra* [Alta Sierra], de W. R. Burnett, sobre o último golpe de um gângster que acabou de sair da cadeia. Huston adorou o livro e insistiu junto à Warner que ele devia realizar o filme, dizendo a Hal Wallis

"A QUINTA-COLUNA MAIS PERIGOSA DE NOSSO PAÍS"   103

que sabia exatamente como capturar o tom especial pré-noir da obra, que ele identificava como "a sensação estranha de inevitabilidade que resulta da nossa compreensão cada vez maior dos personagens e das forças que os movem".[7] O único problema era que a Warner havia oferecido o papel principal ao antigo nêmese de Huston: Muni. O ator, que tinha pouca consideração por roteiristas em geral e ainda menos por Huston, resistiu à contratação dele, exigiu que Burnett fosse convidado para atuar como corroteirista e forçou demais a barra ao rejeitar a versão inicial que Burnett e Huston lhe entregaram. A Warner, ciente do apelo reduzido do nome de Muni nas bilheterias e farta da petulância dele, demitiu-o do filme nesse dia. Após George Raft também descartar o roteiro por não considerá-lo digno de seu talento, o estúdio deu o papel principal para um ator da casa que nunca chegara a acertar um estilo. "Quero que se dê toda a atenção ao desenvolvimento de Humphrey Bogart", dizia um memorando interno do estúdio de 17 de julho de 1940, o dia em que o contrato de Muni com a Warner Bros. expirou. "Vamos ver se nos próximos dois ou três meses não conseguimos deixar o país inteiro cheio de ilustrações e artigos sobre Bogart [...] prevemos grande sucesso para ele como astro."[8]

Em dezembro, Huston estava prestes a ser indicado ao Oscar pela primeira vez, pelo roteiro de *A vida do dr. Ehrlich*, e *Seu último refúgio* tinha se saído tão bem que ele pôde convencer o estúdio a reuni-lo com Bogart e lhe dar a primeira chance como diretor. A Warner gostou da ideia de Huston — uma nova versão de uma obra que já havia sido adaptada duas vezes, *O falcão maltês* —, mas Wallis pediu que antes ele trabalhasse no roteiro de *Sargento York*. Huston estava cheio de confiança ao aceitar a tarefa; depois de dez anos de tropeços e crises pessoais, sua carreira enfim estava decolando. A princípio, a Warner o colocou para trabalhar junto com outro roteirista, Howard Koch, velho amigo dele. Mas "eu assumi aquele filme", disse Huston. "Trabalhei sozinho nele."[9] Depois de se reunir com Alvin York algumas vezes, Huston seguiu com a orientação do estúdio de fazer do filme "não uma história de sucesso, como praticamente toda cinebiografia tem sido", mas como "a história de um montanhês desvairado e consciencioso que se opõe mas vai à guerra mesmo assim e vira um herói".[10]

O trabalho de Huston em *Sargento York* não foi sutil. Ele acrescentou cenas de combates, minimizou a atuação de York após a guerra em busca de uma reforma educacional progressista, amplificou o heroísmo do protagonista a uma proporção tão absurda que a Warner precisou subornar mais de trinta antigos companheiros de pelotão dele para ninguém falar nada, e infundiu tanta comédia caipira nas cenas da vida rural de York que Abem Finkel, um dos roteiristas substituídos, enviou um memorando furioso a Wallis execrando as "idiotices atrapalhadas" do texto novo e prevendo que a Warner entraria numa "baita confusão" se o filme fosse adiante.[11]

Anos depois, Huston pareceria vagamente constrangido por seu trabalho em *Sargento York*. Em *Um livro aberto*, sua extensa autobiografia, ele dedica apenas três linhas ao filme, e ao crítico Todd McCarthy, biógrafo de Howard Hawks, disse: "Não acredito que o filme transmita uma mensagem muito profunda e relevante. [...] Não estávamos tentando fazer *Nada de novo no front*. Aquele filme tinha a intenção de mostrar todo o horror da Primeira Guerra Mundial, tudo para chocar o espectador de modo que ele não a repetisse".[12] Na realidade, Huston entendia muito bem a força ideológica do que lhe haviam pedido para fazer e se mostrou um instrumento disposto para a criação da peça de propaganda pró-intervencionismo mais audaciosa jamais produzida em um estúdio de Hollywood. Em *Sargento York*, ele e Hawks tentaram substituir, conscientemente, a versão da Primeira Guerra apresentada em *Nada de novo no front* por um novo mito no qual a Grande Guerra de fato foi grandiosa — não despropositada, mas nobre — e em que o sacrifício resultante não foi vazio, mas heroico.* "Eu num vô pra guerra. Guerra é matança! E o Livro é contra matança! Então a guerra é contra o Livro!", diz York no filme. Depois de entrar em combate e se tornar um herói, ele explica por que mudou de opinião: "Eu ainda sou contra a matança [...] mas aí pensei, aquelas armas tavam matando centenas, talvez milhares". "Então quer dizer que você foi para *salvar* vidas?", pergunta seu oficial superior, incrédulo. "Sim, senhor. Foi por isso."

---

* Em 1939, o próprio *Nada de novo no front* foi vítima de revisionismo. A Universal decidiu não só relançar o filme, mas reeditá-lo; cenas que ilustravam soldados alemães de forma positiva foram cortadas, e se acrescentou uma narração que interrompia a história várias vezes para descrever atrocidades da guerra e enfatizar o plano da Alemanha para a dominação mundial, mencionando especificamente Hitler. O *New York Times* descreveu a nova versão como um "vandalismo idiota" que anulava deliberadamente a mensagem antiguerra do filme original, mas, com a chamada maliciosa "A versão não censurada", ela foi exibida até meados de 1940.

"A QUINTA-COLUNA MAIS PERIGOSA DE NOSSO PAÍS"

A rispidez de grande parte dos diálogos de Huston era comparável à campanha publicitária que precedeu a estreia de *Sargento York*. Os anúncios proclamavam que o filme fora feito como "resultado da ameaça preocupante da Segunda Guerra Mundial à democracia",[13] e em 2 de julho de 1941 — apenas dez dias após a invasão da Rússia pela Alemanha e um dia após o início da segunda leva de alistamentos militares obrigatórios — a Warner Bros. organizou uma première no Astor Theater, na cidade de Nova York, um evento que mais parecia uma cerimônia militar formal do que a estreia de um filme de Hollywood. O estúdio convocou a maior quantidade possível de veteranos da Primeira Guerra, incluindo antigos companheiros de pelotão de York, e convidou também dezenas de oficiais da ativa de Washington. Entre as pessoas que compareceram estavam Eleanor Roosevelt e Wendell Willkie.[14] York, o convidado de honra, foi recebido pessoalmente pelo prefeito Fiorello La Guardia,[15] e a Warner providenciou para que Gary Cooper fosse homenageado com uma "Medalha de Distinção ao Cidadão" da associação Veteranos de Guerras no Exterior.[16]

Era quase impossível não perceber que *Sargento York* era um olhar ao mesmo tempo para o passado e o futuro, e, embora poucos críticos tenham aclamado o filme como uma obra-prima artística, a maioria o exaltou como uma forma excepcional e eficaz de se transmitir uma mensagem. "Logo se identifica a sugestão de propaganda deliberada aqui", escreveu o crítico Bosley Crowther para o *New York Times*, qualificando a obra como "um pouco ingênua", mas "bom drama americano".[17] A *New Republic* o chamou de "filme provocador [...] sobre o Exército e o armamento no momento em que as pessoas realmente *precisam* pensar sobre o Exército";[18] a *Time* o considerou "a primeira contribuição significativa de Hollywood para a defesa nacional";[19] e a *Variety* o exaltou como "um chamado que alcança o público na hora em que provavelmente mais precisamos de sua mensagem de estímulo e patriotismo. É tão oportuno quanto um bate-papo com a Casa Branca".[20] A Warner havia planejado um lançamento gradual para *Sargento York*, mas o filme se tornou um fenômeno nacional quase instantaneamente, chegando ao topo das bilheterias do país inteiro quando ainda era exibido em apenas algumas cidades e destruindo o axioma recente de Hollywood de que as plateias não estavam interessadas em filmes sobre guerra.

Mas o sucesso do filme foi também a gota d'água para um grupo de políticos isolacionistas. Ao longo do primeiro semestre de 1941, Burton K. Wheeler, senador democrata pelo estado de Montana, nutrira sua raiva contra o apoio do presidente Roosevelt a um maior envolvimento com a guerra, prevendo que Hitler "brotaria debaixo de um em cada quatro meninos americanos". Quando as produtoras de cinejornais recusaram sua solicitação de dispor de tempo igual para exibir seus discursos, ele levou para o lado pessoal e alertou Hollywood de que apresentaria projetos de lei para cobrar "uma atitude mais imparcial" se a indústria não abandonasse a disposição de realizar "propaganda para a guerra".[21]

Wheeler tinha um aliado ideológico poderoso, ainda que não oficial: Joseph Breen, um católico virulento e antissemita que até recentemente estivera à frente da administração do Código de Produção e, em círculos pessoais, se referira aos judeus como "insetos imundos". Na época, Breen considerava-se especialmente insultado pela Liga Antinazista de Hollywood, uma organização que ele afirmava ser "conduzida e financiada quase exclusivamente por judeus".[22] Conforme a ameaça da guerra ficava mais e mais iminente, a liderança judaica de Hollywood passara a temer cada vez menos ataques advindos de quem questionava sua lealdade. Em abril, Chaim Weizmann, um líder sionista idoso, ofereceu um jantar e enviou um convite urgente para "todos os membros importantes da indústria cinematográfica e afins que seguiam a fé judaica"; assinaram os donos ou altos executivos judeus de todos os oito estúdios, uma afirmação de identidade coletiva que teria sido considerada tabu apenas um ano antes (William Wyler estava entre os que compareceram).[23] A reação foi furiosa. Wheeler e demais isolacionistas decidiram se unir a antissemitas (os dois grupos já se harmonizavam em muitos pontos) e intensificaram a retórica para incluir ainda mais referências mordazes à etnia e à religião dos homens que administravam o mundo do cinema.

O confronto que durante muito tempo Hollywood pretendera evitar enfim foi deflagrado no dia 1º de agosto, quando Gerald P. Nye, senador republicano pelo estado de Dakota do Norte, apresentou um discurso ferino ao grupo isolacionista America First [América Primeiro], em que atacava diretamente os "estrangeiros" que mandavam em Hollywood, em especial aqueles com sobrenome "não nórdico". Ele acusou a indústria de

"A QUINTA-COLUNA MAIS PERIGOSA DE NOSSO PAÍS"

promover a guerra em "pelo menos vinte filmes [...] produzidos ao longo do último ano — todos concebidos para entorpecer a razão do povo americano, incendiar suas emoções, transformar seu ódio em chamas, enchê-los de medo de que Hitler virá capturá-los [e] provocar uma histeria de guerra". Entre os filmes citados estavam *O grande ditador*, de Charlie Chaplin, e *Sargento York*. Em seguida, tratou das motivações por trás dos filmes, oferecendo analogias com doenças e infecções, algo que se tornara perturbadoramente familiar. "Em cada uma dessas empresas há diversos diretores de produção, muitos dos quais vieram da Rússia, da Hungria, da Alemanha ou dos países bálticos [...] esses homens [...] podem alcançar 80 milhões de pessoas toda semana, usando de perspicácia e persistência para inoculá-las com o vírus da guerra. Por que eles fazem isso? Bom, eles estão interessados em causas estrangeiras. [...] Vão a Hollywood. Aquilo é um vulcão explodindo com fervor beligerante. O lugar está infestado de refugiados." Nye lembrou seus ouvintes, o público de uma rádio de alcance nacional, que fora necessário que "as grandes Igrejas cristãs" interviessem para expurgar Hollywood da indecência alguns anos antes, quando o Código de Produção fora instituído, e concluiu: "Os magnatas do cinema estão fazendo isso porque gostam, ou o governo dos Estados Unidos os obrigou a se transformar em [...] agências de propaganda? [...] Vocês estão preparados para enviar seus filhos para sangrar e morrer pela Europa para que o mundo seja seguro para Barney Balaban, Adolph Zukor, Joseph Schenck?".*[24]

A mensagem de Nye era incoerente — ao mesmo tempo acusava os judeus de promover uma conspiração propagandista e alegava que eles agiam por ordem do governo. Ele nem sequer tentou traduzir ou modular suas crenças em uma linguagem "aceitável", e seu tom obteve reações firmes tanto da indústria cinematográfica (um periódico especializado disse que ele falara "como um perfeito nazista")[25] quanto de editoriais de esquerda, que o chamaram de antissemita. Mas seu discurso refletia a realidade de uma população dividida; à medida que crescia a probabilidade de haver guerra, pesquisas indicavam que metade dos americanos acreditava que

---

* Balaban e Zukor eram o presidente e um cofundador da Paramount; Schenck, presidente do conselho da 20th Century Fox, fora condenado pouco tempo antes por sonegação do imposto de renda.

judeus detinham poder demais nos Estados Unidos. Talvez incentivado pela ascensão do America First, que inclusive tinha alguns poucos integrantes em Hollywood, Nye estava preparado para reforçar sua fala incendiária com atos. No dia em que fez seu discurso, ele e o senador Bennett Clark, do Missouri, apresentaram uma resolução para realizar audiências no Senado a fim de investigar a origem da "propaganda [que] atinge a cada semana os olhos e ouvidos de 100 milhões de pessoas e está nas mãos de grupos interessados em levar os Estados Unidos à guerra".[26] Para garantir, a resolução acrescentava uma acusação de monopólio, fundamentada no argumento de que os estúdios de Hollywood estavam em conluio não só com o governo Roosevelt, mas também uns com os outros. As audiências foram marcadas para começar no dia 9 de setembro. A indústria cinematográfica estava prestes a ir a julgamento.

Embora a acusação de que os estúdios eram propagandistas dominasse a cobertura da imprensa, a questão do monopólio era potencialmente mais grave por inúmeras razões, incluindo o fato de que diversos proprietários independentes de cinemas poderiam depor contra eles; a acusação refletia uma preocupação comprovável expressa pelo próprio Departamento de Justiça de Roosevelt. No entanto, a comissão estava claramente tratando o assunto como secundário, então os donos dos estúdios decidiram se arriscar e tentar ignorá-lo, concentrando-se em rechaçar o ataque aos filmes e suas motivações. Para reforçar sua defesa, recorreram ao apoio de um aliado improvável e proeminente: o grupo de lobby oficial da indústria, a Associação Americana de Produtores e Distribuidores de Cinema, contratou Wendell Willkie para representá-los nas audiências. Willkie, que recebeu 100 mil dólares pelo encargo,[27] fora o indicado do Partido Republicano para disputar a presidência no ano anterior, mas, após a derrota para Roosevelt, tornara-se uma espécie de pária no próprio partido em função de seu apoio ao Lend-Lease Act e às políticas do presidente sobre a guerra. Na primavera de 1941, após um debate público com Charles Lindbergh nas páginas da revista *Collier's*, ele passou a ser o político republicano mais notório do país a assumir uma posição decididamente intervencionista.[28]

Os estúdios não poderiam ter escolhido um defensor mais imune a qualquer acusação de subserviência a Hollywood ou ao governo. O próprio Roosevelt já estava bastante determinado a fortalecer os laços entre

"A QUINTA-COLUNA MAIS PERIGOSA DE NOSSO PAÍS"

Hollywood e Washington, algo que seria necessário para a guerra, e acompanhava cuidadosamente o envolvimento de Willkie com as audiências iminentes. Havia pouco indicara Lowell Mellett, ex-jornalista, para atuar como oficial de ligação entre a indústria cinematográfica e o Departamento de Guerra; duas semanas antes do início das audiências, Mellett escreveu para o presidente que, sob a tutela de Willkie, "os melhores homens da indústria estão prontos para entrar nessas audiências para brigar. Eles dizem que clamarão que fazem tudo o que sabem para abrir os olhos do país para o perigo nacional; que não pedirão desculpas — muito pelo contrário".[29]

Longe dos olhos do público, algumas pessoas em Hollywood acreditavam que seria mais sábio tentar aplacar a comissão. Conforme se aproximava a data de início das audiências, o Hays Office se apressou a reunir dados estatísticos que demonstrassem que apenas uma pequena quantidade de produções de 1940 tratara de guerra e tentou assegurar Washington de que "a função essencial dos cinemas é o entretenimento".[30] Mas Willkie, que adorava uma boa briga, rejeitou toda estratégia que soasse como um pedido de desculpas e exerceu um papel essencial ao convencer a indústria a partir para o ataque. Em uma série de reuniões tarde da noite com os executivos dos estúdios, ele os incentivou a falar abertamente sobre suas próprias vidas, seu patriotismo, até mesmo sua identidade como judeus.[31] Willkie contava com o apoio dos sindicatos de Hollywood — pouco antes das audiências, a Associação dos Roteiristas enviara um telegrama em que questionava a constitucionalidade da iniciativa[32] — e dos periódicos especializados, incluindo o *Hollywood Reporter*, que ridicularizavam e criticavam os senadores quase todos os dias. Algumas circunstâncias do acaso também ajudaram Willkie; o primeiro aniversário da Blitz, dois dias antes da primeira sessão e divulgado por inúmeros noticiários e cinejornais, deixou bem claro o perigo que Hitler representava para o mundo. Esse foi o mesmo dia em que a mãe do presidente faleceu, criando uma onda de empatia no público e anulando a possibilidade de que a "Comissão Nye", como ela ficou conhecida, conseguisse abrir os trabalhos já com uma saraivada de críticas ao governo Roosevelt.

Nye não estava entre os cinco nomes que compunham a comissão, quatro dos quais eram isolacionistas, mas teve a oportunidade de prestar o único depoimento do primeiro dia. Antes que Nye falasse, Willkie começou com firmeza, dizendo que poderia poupar muito tempo à comissão visto que estava disposto a admitir prontamente que os estúdios "não têm qualquer intenção de demonstrar simpatia pela Alemanha nazista nem pelos objetivos e metas dessa ditadura. Abominamos tudo o que Hitler representa". Dos 1100 filmes produzidos em Hollywood desde o início das hostilidades na Europa, ele alegou que apenas cinquenta tinham tramas relacionadas a guerras (na realidade, estava mais perto de 140).[33] Contudo, ele respaldou todas as obras e refutou a acusação de que Roosevelt estaria pressionando os estúdios a fazer filmes intervencionistas: "Francamente, seria uma vergonha se as ações atuais da indústria do cinema para essa causa patriota não fossem voluntárias".

Como Willkie já ameaçava dominar o inquérito, a comissão o calou dizendo que ele não teria permissão para interrogar a testemunha (o senador democrata Ernest McFarland — o único intervencionista da comissão — declarou com desgosto sua objeção à decisão). E então permitiram que Nye se pronunciasse pelo restante do dia. O senador começou rechaçando, em tom ofendido, as acusações já públicas de antissemitismo direcionadas a ele ("Tenho amigos judeus esplêndidos tanto dentro da indústria cinematográfica quanto fora dela") e então chamou os líderes dos estúdios de Hollywood de "a quinta-coluna mais perigosa e potente de nosso país". Ele lançou invectivas contra uma série de filmes recentes que haviam retratado o Reino Unido "como uma nação de pessoas sofridas e corajosas [...] diante do bombardeio violento de um inimigo monstruoso", explicando que "os povos da Alemanha e da Itália [...] também estão sofrendo [...] seu sangue também é vermelho". Nye citou um estudo de Wall Street que analisava os lucros de Hollywood no exterior e sugeriu que os estúdios estavam apoiando a Inglaterra apenas para proteger um mercado estrangeiro importante para seus produtos. E atacou o presidente da Fox, Darryl Zanuck, por insistir que seus funcionários comparecessem a um comício contra o nazismo.

Nesse momento Willkie viu a chance de falar. Nye listou uma dúzia de filmes que pretendia investigar, e, apesar do regulamento que o proibia de se dirigir à testemunha, Willkie prontamente perguntou se Nye havia visto algum deles — *Comboio, Asas nas trevas, Lady Hamilton, a divina dama, O homem que quis matar Hitler, O grande ditador, Sargento York.*

"A QUINTA-COLUNA MAIS PERIGOSA DE NOSSO PAÍS"

Nye tentou se esquivar, até por fim admitir que não vira "todos eles". Willkie se ofereceu para organizar sessões exclusivas para quando a comissão desejasse.

Quando Nye terminou de depor, alguns jornalistas presentes redigiram matérias irônicas sobre as audiências, caracterizando-as como um teatro concebido apenas para que os isolacionistas pudessem dar alguns golpes em Hollywood, não para revelar novas informações ou iniciar qualquer investigação séria. O segundo dia só confirmou essas suspeitas; a sessão foi dedicada exclusivamente ao depoimento do senador Bennett Clark. Ele reclamou que "a indústria do cinema é [...] controlada por meia dúzia de homens, e [...] a maioria deles [...] está determinada, a fim de lançar uma vingança contra Adolf Hitler, um monstro selvagem, a mergulhar esta nação na guerra a favor de outro monstro selvagem" (referindo-se a Stálin). Ele atacou a "20th Century Fox, cujo conselho era presidido pelo sr. Joseph Schenck até ele ser enviado à penitenciária, e agora é liderado pelo sr. Darryl Zanuck", e também arremeteu contra o produtor Alexander Korda e Charlie Chaplin, "que vive neste país há trinta anos e nunca teve consideração suficiente pelos Estados Unidos a ponto de se naturalizar". E, com gravidade, acrescentou que, "se a indústria não interromper essa propaganda de guerra e voltar à sua função normal de entretenimento, farei tudo o que estiver ao meu alcance para efetivar de uma vez por todas a destruição definitiva do controle monopolizador que esse punhado de indivíduos exerce sobre as telas".

Na noite seguinte, a maré começou a virar de forma inequívoca contra os isolacionistas. O motivo parcial foi um dia de depoimentos que decaiu, ou talvez se elevou, à condição de farsa. A principal testemunha do dia foi John C. Flynn, um jornalista que na época atuava como presidente do conselho do America First. A essa altura, o senador McFarland estava já tão cansado do inquérito que sugeriu simplesmente cancelar os depoimentos seguintes e exibir *Sargento York*. À menção do filme, o senador Charles Tobey, republicano de New Hampshire que permanecera três dias em silêncio quase absoluto, de repente demonstrou interesse. "Foi um filme bom!", exclamou ele.

Willkie pegou a deixa. "Que tal pararmos de bobagem e vermos os filmes? [...] Esse embuste velho sobre monopólios está sendo levantado de novo para distrair a atenção do propósito verdadeiro desta investigação: a sabotagem da política externa deste país."

Sem interrupções, Flynn passou o dia inteiro travando uma batalha árdua contra Jack Warner, sugerindo que havia uma motivação sinistra por trás do comentário de Warner em 1939 de que filmes podiam ser usados para promover o "americanismo". Flynn listou sua própria seleção de 49 filmes que ele considerava de propaganda; ao contrário das duas primeiras testemunhas, ele havia assistido a muitos deles e pôde citar diálogos que soavam como "um discurso de guerra típico de 1941". Flynn não estava errado a respeito da mensagem pró-guerra dos filmes, mas, assim como Nye e Clark, também fora fisgado definitivamente pela certeza de que os estúdios haviam seguido ordens de Roosevelt.

E então McFarland começou a interrogá-lo. Se Washington detinha tamanha autoridade sobre a produção de Hollywood, perguntou ele, como fora possível a realização de um filme tão negativo para representantes eleitos quanto *A mulher faz o homem*, de Frank Capra? "Afinal", disse McFarland, "o senhor não acha que as pessoas reconhecem propagandas quando as veem?"

"Absolutamente, senador", respondeu Flynn.

"O senhor se considera muito mais capaz de reconhecê-la do que o indivíduo comum?"

"Fui jornalista a vida inteira", disse Flynn, "e já observei a erupção da propaganda, e já li livros sobre propaganda. Senador, é melhor o senhor tomar cuidado, se acha que não é preciso se proteger contra ela. Tome cuidado. Algum dia, alguém vai lhe vender algo."

McFarland não hesitou. "Estou há horas ouvindo o senhor tentar me vender algo."

O salão irrompeu em gargalhadas.

Na manhã seguinte, muitos jornais publicaram o diálogo, mas as manchetes foram dominadas por algo muito mais estarrecedor. Enquanto a audiência do dia se realizava, Charles Lindbergh apresentara um discurso no comício do America First em Des Moines e acusara três grupos de "subversivos e belicosos" — "os ingleses, os judeus e o governo Roosevelt". Ele se mostrou particularmente revoltado em relação a um desses grupos e, no clímax incendiário de seu pronunciamento, alertou que os judeus america-

"A QUINTA-COLUNA MAIS PERIGOSA DE NOSSO PAÍS"

nos que defendiam uma intervenção militar "serão os primeiros a sentir as consequências". Citando o "perigo para o nosso país [...] como principais detentores e vozes de influência em nosso cinema, nossa imprensa, nosso rádio e nosso governo", ele concluía que os judeus, "por motivos nada americanos, desejam nos envolver na guerra. [...] Não podemos permitir que emoções e preconceitos naturais de outras pessoas conduzam nosso país à destruição".

Ao longo do ano anterior, Lindbergh ficara mais combativo e se tornara um herói do movimento isolacionista — nos comícios do America First, as multidões o exaltavam com brados de "Nosso próximo presidente!". Mas seu apoio à pureza racial, sua admiração declarada pela dimensão e força do exército de Hitler e a perturbadora falta de compaixão pelos judeus o haviam isolado de boa parte do país; em abril, ele pedira baixa da Força Aérea, irritado com um comentário público de Roosevelt, que o comparara a um *copperhead** da Guerra Civil.[34] Anne, a esposa de Lindbergh, depois de insistir para que ele usasse uma linguagem mais contida, ouviu o discurso no rádio e escreveu em seu diário que pressentia uma "sombra sinistra. [...] Quaisquer que sejam as intenções dele, a chama está acesa. Acho que seria melhor ver este país em guerra do que abalado por um antissemitismo violento".[35]

Essas foram algumas das palavras mais gentis incitadas pelo discurso. Até mesmo seus aliados naturais se voltaram contra ele: os jornais de Hearst, isolacionistas e opositores a Roosevelt, publicaram na primeira página um editorial que chamava Lindbergh de "antiamericano" e "antipatriota".[36] A rejeição foi tão unânime e devastadora que praticamente enterrou o movimento isolacionista no país da noite para o dia; o America First chegou a considerar a dissolução do grupo, após perceber que sua luz se tornara, nas palavras da esposa de Lindbergh, "o símbolo do antissemitismo neste país".[37]

Dois dias depois, Alvin York entrou na luta com um discurso próprio em que ele se tornou a primeira figura pública a colocar Lindbergh e Nye no mesmo saco. Os dois, disse ele, "deviam calar a boca e ser jogados direto

---

* O termo "copperhead", nome de uma espécie de cobra venenosa americana, era usado também de forma pejorativa para designar os democratas do Norte que se opunham à campanha de Lincoln (e por extensão algumas de suas causas sociais, como a abolição da escravatura) durante a Guerra de Secessão e defendiam a negociação de um acordo com o Sul. (N. T.)

na cadeia — hoje, não amanhã. [...] Ou eles acham que o mundo é cor-de-rosa ou são completamente pró-nazistas, e uma coisa é quase tão perigosa quanto a outra".

"Sou antinazista, com orgulho", continuou York. "E fico feliz de anunciar isso para a comissão do Senado que está investigando o que eles chamam de 'propaganda de guerra' em Hollywood."[38]

De repente, as audiências pareciam menos urgentes — inclusive para os senadores que as exigiram. Após diversos adiamentos, a Comissão Nye se reuniu no final de setembro para ouvir os depoimentos de defesa de alguns dos principais executivos da indústria cinematográfica. O dia começou com uma crítica elegante do senador democrata Sheridan Downey, da Califórnia, que disse aos colegas: "Se o conceito de propaganda for estendido, como muitas vezes ocorre, para definir a expressão firme das opiniões de uma pessoa, com a esperança de convencer os companheiros dessa pessoa, então todos aqui somos culpados disso dez vezes por dia". Downey então perguntou: "Devemos esperar que Hollywood dê as costas à realidade de nosso mundo e mergulhe em uma bruma uniforme de fantasia? O cinema deve ignorar o caos, os conflitos e as tragédias do mundo em que vivemos e se dedicar exclusivamente a comédias musicais, tramas românticas e faroestes? Deus sabe que essa tendência já é prevalente o bastante e não carece de incentivo do Senado dos Estados Unidos. [...] Francamente, senhores, tenho a impressão de que o inquérito desta comissão está olhando para o lado errado. O mundo está pegando fogo, e porque algumas sombras fracas da conflagração despontam por uns breves instantes na tela [...] os senhores desejam jogar água fria na Califórnia. Estão correndo atrás de uma ilusão. A chama está na Europa e na Ásia, não em meu estado; a propaganda que os senhores procuram é a própria história".

No decorrer da semana seguinte, Hollywood reescreveu sua reputação com as reportagens diárias a respeito do inquérito. Os homens que antes eram tachados de forasteiros, imigrantes e subversivos agora apareciam ante a comissão como patriotas; a lealdade e a integridade dos isolacionistas é que pareciam estar em questão. Harry Warner, que preparara cuidadosamente seu depoimento após se consultar com os advogados do estúdio, se sentia confiante a ponto de afirmar aos senadores que "estou pronto para me oferecer e contribuir com todos os meus recursos pessoais

"A QUINTA-COLUNA MAIS PERIGOSA DE NOSSO PAÍS"

para ajudar a derrotar a ameaça nazista contra o povo americano" e acrescentar: "sempre concordei com a política externa do presidente Roosevelt. [...] Sou decididamente a favor de fornecer à Inglaterra e seus aliados todos os suprimentos de que nosso país pode dispor. [...] Na realidade, o único pecado do qual a Warner Bros. é culpada é de registrar fielmente na tela o mundo como ele é, ou como tem sido". Uma a uma, ele refutou cada acusação da comissão, explicando que o estúdio realizava pesquisas minuciosas para seus filmes e "produzia filmes havia mais de vinte anos. [...] Nossa política atual não é diferente da época anterior à ameaça de Hitler". E, diante da alegação de que os filmes de propaganda estavam sendo produzidos em detrimento da indiferença do público, ele contra-argumentou citando *Sargento York*, "que acredito que vá trazer uma receita maior para nossa empresa do que qualquer filme recente nosso" (ele tinha razão; ao final do ciclo de exibição, dois anos depois, o filme se tornara o mais lucrativo da história do estúdio).

Os senadores não desistiram sem resistência, mas a cada momento pareciam mais e mais encurralados. Naquela tarde, Warner entrou em uma discussão acalorada com o senador isolacionista D. Worth Clark, de Idaho, que o acusou de desejar fazer filmes que "inflamassem a mente dos americanos para odiar a Alemanha".

"Digo que o filme não vai incitá-lo", respondeu Warner. "Ele apenas apresentará o que existe de fato. O senhor verá, por exemplo, o que o senhor meio que deixou passar, prezado senador."

"Estou fazendo perguntas", retrucou Clark. "Eu é que sei o que deixei passar. [...] Estou perguntando ao senhor se, quando uma família americana normal vai [ao cinema] à noite, a tendência seria de ela voltar [...] com ódio pelo povo alemão e disposta a entrar em guerra com eles."

"Não posso falar pelo resto do mundo", disse Warner. "Acredito que, nos Estados Unidos, cada um tem a sua própria cabeça e pode usá-la."

O aplauso que irrompeu poderia ter marcado o fim do inquérito, mas as sessões se estenderam por mais um dia, com o depoimento de Darryl F. Zanuck, que ajudou a reposicionar Hollywood, durante muitos anos condenada pelos vigilantes da moral como um antro de antiamericanismo subversivo, e transformá-la no bastião de valores patrióticos mais confiável do país. Ao se apresentar à comissão, com uma dose ardilosa e carismática de autodepreciação, como metodista, nativo do Meio-Oeste com raízes em Nebraska, e veterano da Primeira Guerra Mundial que sequer chegou à patente de cabo, Zanuck começou dizendo: "Quando li e me contaram sobre esta ideia de investigação ou inquérito, evidentemente fiquei muito ressentido. Depois de pensar um pouco, minha raiva diminuiu. Seria uma oportunidade de dizer o que direi agora. Tenho orgulho de fazer parte do ramo do cinema".

Em seguida, ele conduziu os senadores por uma rememoração nostálgica e agradável dos trinta anos da história do cinema, citando com argúcia os filmes que na época eram tidos em alta conta como clássicos — *O nascimento de uma nação*, *O grande desfile*, *O cantor de jazz*, *Disraeli* e seu próprio sucesso recente, *Vinhas da ira*, de Ford, cujo discurso "Nós somos o povo" ele aproveitou para recitar diante dos senadores. "Eu olho para trás e penso em cada filme, obras tão fortes e poderosas que venderam o estilo de vida americano não só para os americanos, mas para o mundo inteiro. Eles o venderam com tanta força que, quando a Itália e a Alemanha foram tomadas por ditadores, o que Hitler e seu lacaio, Mussolini, fizeram? A primeira coisa que eles fizeram foi banir nossos filmes, foi nos expulsar. Eles não queriam nada do estilo de vida americano."

Quando Zanuck terminou de falar, o senador McFarland disse que gostaria que seu depoimento pudesse "percorrer o mundo inteiro. [...] Acho que [...] é um dos melhores que já ouvi na vida". E até Worth Clark deu o braço a torcer. "O senhor não é apenas um artista criativo, sr. Zanuck", disse ele. "É um vendedor muito habilidoso. Talvez eu vá ver aqueles filmes!"

Mesmo os senadores sabiam que, como expressou McFarland, se alguma daquelas questões fosse apresentada a todo o Senado, eles "não receberiam 18 votos" (o tema do monopólio, uma possível catástrofe econômica para os estúdios, fora praticamente abandonado e só voltaria a ser abordado de forma conclusiva em 1948). Agora que McFarland ameaçava lançar sua própria investigação para descobrir quem era o responsável pela mentira de que o governo americano controlava o conteúdo dos filmes de Hollywood, a comissão logo encerrou as atividades do dia. A data da sessão seguinte foi estabelecida, e adiada, várias vezes. No final de outubro, anunciou-se uma nova programação para a retomada do inquérito: janeiro de 1942.

A comissão jamais se reuniu. Foi cancelada na segunda-feira do dia 8 de dezembro de 1941.

PARTE DOIS

SEIS

"Eu tenho que esperar as ordens?"

HOLLYWOOD, WASHINGTON E HAVAÍ, DEZEMBRO DE 1941 A ABRIL DE 1942

N a manhã de 7 de dezembro de 1941, igrejas católicas por todos os Estados Unidos bradaram em reprovação à comédia *Duas vezes meu*, com Greta Garbo. Graças a uma campanha organizada pela Legião Nacional pela Decência, o grupo censor vigilante da Igreja, todos os púlpitos ressoavam com condenações rígidas à depravação do filme. Mesmo para os padrões da época, o romance leve da MGM nada tinha de escandaloso — a parte mais ousada era a fala "Eu gosto de homens mais velhos; eles são tão gratos" —, mas os fiéis eram alertados para ficar longe do filme e orientar amigos e parentes a fazerem o mesmo.[1]

Essa foi a última ocorrência desse tipo de circunstância por bastante tempo. Embora o efeito inicial de Pearl Harbor em Hollywood não tenha sido nada uniforme ou mesmo unificador, a notícia do ataque teve ao menos uma consequência imediata: a guerra suspendeu temporariamente a cruzada cultural promovida pelos guardiões da moral, que desde longa data viam o cinema como um alvo fácil. A campanha malograda contra *Duas vezes meu* veio a representar um símbolo não de levante contra a baixaria nas telonas, mas de histeria equivocada; as pessoas que antes estampavam os jornais com vitupérios direcionados a um filme agora corriam o risco de parecerem ranhetas simplórios que, com sua reprovação irrelevante, pouco contribuíam para a seriedade do momento. Por enquanto, nenhum político, demagogo, colunista ou pároco ganharia qualquer coisa com sua oposição à suposta "indecência" da indústria cinematográfica. De uma hora para outra, a denigração de Hollywood como uma subcultura de imundície perdera todo valor. A indústria logo passaria a ser vista como principal expoente e fabricante do que Jack Warner chamara de americanismo, um produto de definição nebulosa que muitos em Hollywood e Washington acreditavam ser capaz de fornecer uma contribuição concreta para a vitória dos Aliados.

Em Hollywood, a reação a Pearl Harbor foi uma combinação incômoda de patriotismo ardente, solipsismo alienado e simples pragmatismo. Na manhã seguinte ao ataque, os chefes de estúdio se depararam com uma manchete no *Hollywood Reporter* que anunciava: "Guerra atropela bilheteria". Os cinemas do país inteiro já haviam remetido aos estúdios os relatórios de renda soturnos de domingo, e o público tinha apresentado queda entre 15% e 50%, sendo os piores resultados na Costa Oeste, onde a população estava à beira do pânico com a ideia de ataques aéreos.[2] Os repórteres que cobriam cinema alertavam para que os americanos permanecessem em casa, pregados ao que na época era o único concorrente significativo no ramo do entretenimento: o rádio. Foi com visível alívio que, três semanas depois, o jornal anunciou que as bilheterias haviam se recuperado no Natal. Apenas uma semana após a primeira ação prolongada dos Estados Unidos na guerra, a batalha brutal e fracassada contra o Japão pelo controle do atol da ilha Wake, no norte do Pacífico, o público parecia pronto para voltar aos cinemas a fim de "esquecer o nervosismo" e "ir atrás de alegria".[3]

"Hollywood! Acorde!", bradava um editorial na primeira página do *Reporter*. "Desperte de sua depressão. A produção de filmes é tão importante para o decorrer desta guerra quanto a fabricação de munição, aviões ou navios. [...] Nossa nação combatente deve ser entretida."[4] Mas qual deveria ser esse entretenimento, e quanto do "esforço de guerra" de Hollywood deveria estar refletido nos filmes realizados, ainda era uma questão em aberto. Algumas pessoas propunham uma atuação profissional que não demandaria esforços maiores do que o incentivo à compra de títu-

"EU TENHO QUE ESPERAR AS ORDENS?"

los da dívida pública nas salas de exibição, mas logo foram superadas pelos que defendiam uma nova ênfase em "filmes para o moral" — a mesmíssima propaganda que apenas alguns meses antes despertara suspeita sobre os estúdios.

Na esteira de Pearl Harbor, muitos em Hollywood passaram a acreditar que até mesmo comédias, fantasias e romances poderiam contribuir com alguma mensagem sobre democracia, liberdade, sacrifício mútuo ou "o estilo de vida americano". Mas, a princípio, os estúdios continuavam inseguros — naquelas primeiras semanas, cancelaram o lançamento de pantomimas militares já finalizadas movidos pela preocupação de que os filmes pudessem ser interpretados como uma sátira às Forças Armadas. Foi a escolha errada. Ao longo do último ano, uma série de comédias-pastelão de caserna alçara uma dupla de comediantes do rádio, Bud Abbott e Lou Costello, à condição de astros mais bem-pagos do cinema e transformara a Universal Pictures em uma força de bilheteria impressionante. Logo ficou evidente que o início da guerra apenas aumentara o apetite do público para ver homens de uniforme nas telas em todo e qualquer gênero. Essa plateia faminta incluía crianças; em uma pesquisa realizada em dezembro de 1941 com menores de idade que iam ao cinema, meninos e meninas revelaram que seu filme preferido naquele ano havia sido *Sargento York*.[5]

Em questão de semanas, toda e qualquer hesitação dos estúdios quanto a fazer filmes de guerra desapareceu. Em um discurso diante do Congresso, York dissera que "é dever do povo de Hollywood nos contar a verdade sobre o bando de Hitler na mesma medida em que é dever [dos] jornais".[6] Os estúdios concordavam com ele e mandaram seus revisores de roteiro em Nova York procurarem material apropriado — "histórias boas para o moral, biografias de heróis de guerra navais e americanos. Obras antinazistas, mas especialmente anti-italianas; e contos pró-China e antijapa". Mas o processo de traduzir esse entusiasmo em ação incorria em alguns obstáculos sérios. A campanha de recrutamento viria a causar uma severa escassez de mão de obra para os estúdios, e as jornadas de seus 30 mil funcionários seriam reduzidas. Agora era impossível fazer gravações à noite; o dia de trabalho passaria a terminar às cinco da tarde até segunda ordem, uma interrupção imposta pelos blecautes efetivados diariamente em toda a costa da Califórnia. A vida noturna efervescente de Los Angeles minguou, e o público que ia ao cinema à noite escasseou; na semana que se seguiu a Pearl Harbor, um colunista observou que "os únicos lugares com luz [...] são as casas noturnas na Strip que haviam preparado proteções contra o blecaute".[7]

Talvez devido à sensação de que a Comissão Nye ainda era muito recente, nenhum chefe de estúdio — nem mesmo Harry e Jack Warner — estava excepcionalmente ansioso para tomar iniciativa ou para sugerir ações de forma unilateral. O que a maioria dos executivos queria era um representante cooperativo do governo, alguém cuja presença formalizasse o fato de que, apesar dos atritos das últimas semanas, todo mundo estava do mesmo lado agora. Como escreveu em 11 de dezembro um repórter que cobria a indústria, "Hollywood quer saber a quem ou a que gabinete responder". Em duas semanas, um plano começou a se formar: o presidente Roosevelt viria pedir que Lowell Mellett, recém-nomeado oficial de ligação entre Washington e Hollywood, se transferisse para a Califórnia e estabelecesse uma agência para lidar com o conteúdo dos filmes sob a égide do Gabinete para Gestão de Emergências. Darryl Zanuck, então na ativa como tenente-coronel, na prática atuaria como duplo de Mellett, indo uma vez por mês a Washington para se reunir com o Departamento de Guerra e representantes da defesa nacional e servir como o primeiro lobista de fato para a indústria cinematográfica.[8]

Embora tecnicamente o campo de ação de Mellett se restringisse aos filmes de Hollywood produzidos sob encomenda para agências do governo, havia uma noção amplamente difundida, e correta, de que ele opinaria também sobre filmes de entretenimento. A indústria ficou mais tranquila quando, pouco antes do Natal, Roosevelt afirmou: "Não quero impor censura alguma ao cinema. Não quero qualquer restrição [...] que comprometa a utilidade dos filmes, nenhuma além das absolutamente imprescindíveis determinadas pela segurança".[9] Mas os estúdios não se sentiam completamente à vontade com a ideia de receber ordens de Mellett, um ex-editor de jornal de Washington que possuía apenas alguns meses de experiência na indústria cinematográfica. A *Variety* sugeriu que teria sido mais inteligente convocar alguém já respeitado por Hollywood e defendeu que Roosevelt devia ter nomeado John Ford.[10]

Mas Ford não tinha qualquer interesse em pilotar uma escrivaninha, mesmo a de um cargo de prestígio, tampouco possuía muito talento ou instinto para a intermediação diplomática. Embora encarasse a imagem da hierarquia militar com um respeito que beirava a reverência, não estava particularmente interessado em dever satisfações a alguém das Forças Armadas. Em 9 de setembro, "Wild" Bill Donovan, que logo viria a assumir o recém-criado Gabinete de Serviços Estratégicos, ou OSS, submetera uma solicitação formal a Frank Knox, secretário da Marinha, para que o diretor fosse encaminhado à ativa.[11] Dois dias depois, enquanto Lindbergh dava seu discurso polêmico, Ford se encontrava em um trem da Union Pacific, indo de Los Angeles para Washington, D.C., onde ele passaria por um exame físico, receberia uma dispensa pelos problemas de visão que havia anos o castigavam e ingressaria na Marinha ("Parabéns", disse Zanuck em um telegrama, "mas você ainda precisa prestar continência para mim, pois sou mais antigo").[12] De acordo com o biógrafo Joseph McBride, o relatório de avaliação inicial de Ford o classificava como acima da média em iniciativa, inteligência, liderança, atenção ao dever e aptidão para o sucesso. Suas notas foram menos notórias nos quesitos porte militar, tato e cooperação.[13]

Ford filmara *Como era verde o meu vale* durante o verão, usando o roteiro de Philip Dunne que William Wyler supervisionara e mantendo o ator escolhido por Wyler, Roddy McDowall, para o papel do protagonista. Antes da produção, a Fox continuava nervosa quanto ao filme, particularmente no que dizia respeito a qualquer possível teor antibritânico na representação da greve dos mineradores. "Inoportuno fazer esse filme agora",[14] escreveu um produtor para Zanuck antes do começo da produção. "Não devia jogar pedras contra a Inglaterra. Adie até o fim das hostilidades." Zanuck não deu ouvidos, e Ford, em uma das poucas revisões de conteúdo do roteiro, acrescentou ainda mais destaque à greve, parafraseando algumas das mensagens sindicalistas de Roosevelt nos diálogos dos mineradores. Aos cuidados de Ford, o clã galês no centro do filme se tornou, em espírito, algo mais próximo da família irlandesa dele — Ford disse depois que a atriz Sara Allgood, que interpretava a matriarca do filme, "parecia a minha mãe, e a fiz se comportar como a minha mãe".[15] Qualquer possível sentimento de preocupação de Ford logo desapareceu quando Zanuck viu que, mesmo em preto e branco e com um orçamento muito mais modesto do que o pretendido no início, Ford criara uma saga familiar incrivelmente emocional e comovedora. "O filme se saiu maravilhosamente. Todo mundo adorou", disse via telegrama para Ford conforme o diretor se aproximava de Washington.[16] "Se esta não é uma das melhores obras jamais feitas, eu juro que como uma lata de filme."[17] Os críticos foram quase tão elogiosos quanto Zanuck; embora muitos tenham observado que — como quase todo mundo envolvido com a produção já sabia — a natureza informal e verborrágica da narrativa do livro não fora bem adaptada, eles ficaram impressionados pela representação habilidosa. E as plateias acharam o filme irresistível também.

Ao longo do outono, Ford vivera em uma espécie de limbo, longe da esposa, Mary, do filho, Patrick, e da filha adolescente, Barbara, sozinho em um hotel de Washington a quatro quadras do Departamento de Guerra, pronto para servir em uma guerra que os Estados Unidos ainda não haviam declarado, mas sem saber o que faria até a hora chegar (no relatório de ingresso oficial, no campo "Experiência após sair da escola", ele escreveu: "Indústria cinematográfica, unicamente", e em "Trabalho para o qual é mais qualificado": "Qualquer coisa que tenha a ver com fotografia [...] filmes de propaganda [...] documentários, treinamento etc.").[18] Na capital, ele era tratado como uma espécie de dignitário em visita cuja profissão ainda tinha o poder de transformar políticos e oficiais da Marinha em fãs deslumbrados. No final de outubro, viajou a Nova York para a première de *Como era verde o meu vale*; na noite seguinte, estava de volta a Washington para jantar na Casa Branca a convite do presidente e sua família.[19] O alto escalão da Marinha via Ford como um homem de talento e importância. Mas, na ausência de guerra, ele não possuía nenhuma função de fato, e sua utilidade permanecia em questão. Embora ele tivesse conseguido preparar uma equipe de 150 homens para começar a trabalhar na nova Unidade de Fotografia de Campanha,[20] nem Ford nem esses homens tinham qualquer experiência naval ou de combate, e alguns ainda não sabiam ao certo se o desejo Ford persistiria depois que ele descobrisse a vida nada glamourosa de um oficial da Marinha em Washington. "Não consigo compreender", escreveu um capitão de fragata experiente — amigo de Ford — a outro, "como um sujeito que ganha mais de 250 mil dólares por ano esteja não só disposto, mas ansioso para jogar isso no mar a fim de entrar para a ativa e prestar serviço para a Marinha nesta emergência."[21]

Donovan, uma figura poderosa em quem Roosevelt confiava, gostava de Ford e estava inclinado a lhe oferecer uma dose considerável de liberdade irrestrita, mas isso só fez com que o papel do diretor ficasse ainda mais incerto: um homem alçado à condição de comandante sem ter servido nem sequer um dia poderia comandar? E ele queria? Quando foi entrevistado em novembro de 1941, Ford disse que seu maior desejo em Washington era visitar uma galeria de arte. A matéria o chamou de "estranho", observando que ele tinha pouco a falar sobre Hollywood e ainda menos sobre a Marinha; Ford preferia conversar sobre a Irlanda.[22] Isso não inspirava confiança.

Ford não era um diletante, mas sabia que as pessoas o achavam excêntrico e que seu próprio comportamento nem sempre ajudava. Era desleixado, ríspido e não se importava com o fato de que o uso de óculos escuros para proteger os olhos sensíveis passava a imagem de que era inacessível e intimidador. Durante uma filmagem, podia alternar entre afetuoso e cáustico de uma hora para outra. A combinação era atraente para alguns de seus recrutas — Robert Parrish, um editor de 25 anos que se tornou segundo-sargento e em pouco tempo passaria a ser um dos agentes mais confiáveis de Ford na Fotografia de Campanha, adorava o jeito escandaloso e autocrático do diretor e o tratava com o que Kathleen, a esposa de Parrish, chamou de "respeito, fascínio e um pouquinho de 'Aquele velho desgraçado...'".[23] Mas outras pessoas que haviam trabalhado com ele em Hollywood mantiveram distância. Ao ser convidado a ingressar na Unidade de Fotografia de Campanha, Philip Dunne recusou de forma inequívoca: "Não sei se [eu] gostaria muito de ser um segundo-tenente enquanto Ford é o comandante".[24] Anos depois, Ford se explicou dizendo que nos sets de filmagem "sou muito cortês para com meus iguais, mais do que cortês para com meus subordinados [...] e terrivelmente grosseiro para com meus superiores. Pretensos."[25] Ele estava brincando, mas também se exibindo.

Ford estava preparado para ao menos tentar se adequar à conduta militar, mas a Marinha ainda o via como uma figura um tanto imprevisível. As duas primeiras missões que ele recebeu nas semanas que se seguiram a Pearl Harbor foram de baixo risco, trabalhos de curto prazo que o deixavam longe da ação. Donovan o enviou a Reykjavik para filmar um relatório sobre a viabilidade da Islândia como futuro polo para desembarque de tropas e para navios-transporte dos Aliados,[26] e depois ao Panamá, onde Ford deveria preparar um estudo de um rolo (dez minutos) acerca da segurança do canal.[27] Os dois filmes eram para uso exclusivo das Forças Armadas, e nenhum exigiria o emprego de uma equipe completa da Fotografia de Campanha. O propósito era testar a capacidade de Ford de executar ordens com eficiência, e é quase certo que ele estava ciente disso.

Os resultados, incluindo os extensos relatórios escritos de Ford, causaram uma impressão forte o bastante em Donovan a ponto de renderem a Ford uma tarefa mais importante. No começo de 1942, ele recebeu a ordem de acompanhar a produção do primeiro filme de propaganda relevante do Departamento de Guerra. Poucas semanas após o ataque a Pearl Harbor, a Marinha decidiu fazer um documentário que tranquilizaria o povo americano quanto ao estado de prontidão da esquadra, com destaque para a reconstrução acelerada dos navios e das aeronaves que haviam sido alvo do Japão. Na realidade, o bombardeio fizera uma quantidade de danos desastrosa; embora tenha poupado os porta-aviões americanos, dois terços da frota aérea naval em solo foram destruídos ou danificados, e quatro de oito encouraçados foram afundados, emborcados ou explodidos. O filme que Ford deveria produzir para a Marinha, com o título provisório *The Story of Pearl Harbor: An Epic in American History* [A história de Pearl Harbor: Um épico na história americana],[28] não pretendia avaliar os danos ou apresentar uma análise honesta quanto ao grau de preparo da força para enfrentar um ataque, algo que já era tema de acalorado debate entre o público geral. O filme deveria simplesmente transmitir ao público americano a notícia de que em breve a esquadra recuperaria a força para lutar. E a Marinha queria que o filme ficasse pronto logo.

Gregg Toland, cuja ajuda fora essencial para organizar os cineastas da Fotografia de Campanha, estava ansioso para ter uma oportunidade como diretor, e Ford o incumbiu da tarefa, enviando-o a Honolulu no começo de janeiro com o tenente Samuel Engel, roteirista-produtor mediano cuja experiência em Hollywood consistia, sobretudo, em filmes como *Charlie Chan no Rio* e *Viva Cisco Kid*; Ford queria que ele ajudasse Toland a preparar um roteiro. Seis semanas depois, Ford ainda não havia recebido notícias de nenhum dos dois, nem um rolo sequer de material filmado, então Donovan o mandou para o Havaí a fim de descobrir que diabos estava acontecendo.[29]

De acordo com a história oral oficial de Ford, ele relatou que, ao chegar a Honolulu, viu o Exército e a Marinha "em bom estado, tudo nos conformes, patrulhas sendo enviadas regularmente, todo mundo motivado. [...] Todo mundo havia aprendido a lição com Pearl Harbor".[30] Mas até mesmo a ideia de que fora necessária uma lição era polêmica, e Ford descobriu, um pouco alarmado, que a liberdade dada a Toland e Engel ameaçava resultar em um filme que não era tanto um chamado otimista à nação, mas uma denúncia da apatia e desatenção do país antes do ataque. Deixado à própria sorte, Toland decidira transformar o projeto de Pearl Harbor em sua estreia não oficial como diretor de longas. Em vez de um documentário de vinte ou trinta minutos para ser exibido nos cinemas antes do filme principal, ele arquitetara um longa-metragem de drama que incluiria uma extensa reencenação do ataque a Pearl Harbor. A execução da ideia de Toland demandaria também uma longa sessão de filmagem na Fox, em Los Angeles, onde ele conseguira convencer Walter Huston a interpretar o "Tio Sam" (representado no roteiro como um velho negligente tirando uma longa soneca em um refúgio no topo de uma colina), Harry Davenport a fazer a encarnação da consciência culpada de Sam, e um novato chamado Dana Andrews para interpretar o fantasma de um soldado americano que fora morto no ataque.

Enquanto Toland descrevia as cenas do filme que imaginava, Ford disse pouco, mas ficou incomodado pela dimensão da visão do outro.[31] Não chegou a cancelar o filme, mas, pouco depois de aterrissar no Havaí, decidiu assumir pessoalmente uma parte da produção, filmando materiais jornalísticos básicos da reconstrução de navios e aviões, da reforma de paióis de munição, de massas de militares trabalhando juntos com ímpeto e energia. Ele não disse para Toland e Engel descartarem a ideia do filme, mas os alertou para que fossem discretos,[32] deixando claramente implícito que, quanto menos a Marinha soubesse sobre atores, efeitos especiais e encenações, melhor; aquele trabalho todo poderia ser feito em Hollywood, longe de olhos bisbilhoteiros. Mas Toland ainda acreditava que contava com a confiança de Ford e escreveu, em uma carta a Samuel Goldwyn, que ele e Engel estavam "fazendo um ótimo trabalho em nossa missão".[33]

Ford permaneceu no Havaí para acompanhar a produção do filme, que agora teria o título de *O ataque a Pearl Harbor*, até o começo de abril. Durante o dia, ele e sua equipe trabalhavam com uma celeridade determinada pela necessidade; em Honolulu, todos os carros deviam estar fora das ruas até as 19h30, e o toque de recolher era aplicado com tamanha rigidez que qualquer um que por acaso estivesse na casa de um amigo às nove da noite deveria dormir ali mesmo.[34] A medida parece ter ocasionado algumas noites de embriaguez, mas Ford manteve a atenção; escreveu para Mary que, embora sentisse muita saudade, havia anos não se sentia tão bem. Estava feliz por realizar um trabalho "incrivelmente vital" no Havaí e disse que, "é claro, não se pode escrever muito sobre o que está acontecendo aqui, mas de alguma forma agora gosto deste lugar mais do que nunca".[35] Debochou de alguns colegas que de repente passaram a ter vontade de participar da Fotografia de Campanha ("adorei aquele pedido por Frank Borzage: 'Ele não poderia ser convocado? Está bebendo sem parar!'. Querida, receio que ele vá precisar de um motivo melhor do que isso").[36] Brincou com seu desdém pelos atores Ward Bond e John Wayne, que ele imaginava estarem examinando os céus do sul da Califórnia em busca de um possível ataque aéreo enquanto ainda recebiam pagamentos dos estúdios ("bom, tamanha demonstração de heroísmo não passará despercebida", escreveu ele, "viverá nos anais da eternidade").[37] Passadas várias semanas, Ford enfim perdeu a paciência quando um almirante começou a sugerir cenas. "O senhor sempre dirige filmes completos", retrucou Ford, "ou só dá palpite quando não tem nada melhor para fazer?" E então se virou para o câmera, um jovem marinheiro chamado Jack Mackenzie, e esbravejou: "Ponha a câmera num tripé. Vamos parar de perder tempo. Temos muito trabalho para hoje".[38]

Na manhã seguinte, quando Ford recebeu ordens para sair de Honolulu imediatamente, Robert Parrish supôs que fosse uma punição por ter destratado um superior.[39] Na realidade, o trabalho de Ford no Havaí apenas servira para aumentar a confiança da Marinha nele; Ford agora seria posto a bordo do porta-aviões USS *Hornet* para filmar uma das primeiras missões secretas da guerra, o ataque de Doolittle de 18 de abril. Tratava-se do primeiro ataque aéreo dos Aliados ao Japão — e o objetivo não era realizar um grande avanço tático, mas aumentar a autoconfiança —, motivado em parte porque, nas palavras do general James Doolittle, "os americanos precisavam muito de um reforço no moral".[40] O filme que Ford fez não tinha muita ação — consistia sobretudo em cenas em que os dezesseis aviões de bombardeio B-25 usados no ataque decolavam do porta-aviões e depois voltavam.* Mas Ford, que fez um esforço excepcional para capturar imagens de camaradagem masculina ao longo de toda a guerra, alternou as tomadas aéreas com cenas de marinheiros afro-americanos no convés acenando e sorrindo para os pilotos, um lembrete de que eles faziam parte das Forças Armadas, ainda que as unidades fossem segregadas. A sequência curta de tomadas, que foi reeditada — às vezes excluindo os afro-americanos — e usada em cinejornais, era o mais perto que as câmeras americanas já haviam chegado da guerra até então.

Se Roosevelt tivesse tido a intenção de indicar um coordenador-chefe em Hollywood, o nome mais óbvio teria sido Capra, não Ford. Tendo atuado à frente da Academia e da Associação dos Diretores, ele sabia lidar com burocracias, tornara-se um excelente negociador e, à parte quaisquer ressentimentos da capital quanto a seu filme *A mulher faz o homem*, era respeitado tanto em Washington quanto em Hollywood. Capra já contava com o nível de confiança que Lowell Mellett jamais conseguiria conquistar e não partilhava do desprezo por autoridade que fazia com que Ford e tantos outros diretores fossem inadequados para a função. Mas ele era um estrangeiro, nascido em um país que agora estava em guerra com os Estados Unidos. Logo após Pearl Harbor, sua irmã mais velha, Ann, que nunca se naturalizara, foi brevemente incluída na lista de "estrangeiros inimigos".[41] A nomeação de Capra para uma posição de tamanho destaque acarretaria uma polêmica inoportuna.

No entanto, Capra estava pronto para servir. Ciente de que o ingresso no Exército representaria uma redução salarial considerável, ele passara o outono de 1941 filmando *Este mundo é um hospício* para a Warner Bros., uma espécie de apólice de seguro para sua família; os 125 mil dólares que ele recebeu manteriam sua esposa e os filhos por um tempo, e mais dinheiro viria quando o filme fosse lançado e seu percentual dos lucros começasse

---

* Em 1944, o diretor Mervyn LeRoy incorporou as cenas filmadas por Ford em *Trinta segundos sobre Tóquio*, um drama da MGM sobre o ataque.

a entrar na conta (em um acordo incomum que acabaria por colocar Capra em grande aperto financeiro, a Warner estipulara no contrato que só lançaria o filme depois que a peça na qual a obra se baseava saísse de cartaz na Broadway, sem imaginar que ela continuaria a ser apresentada até meados de 1944).[42] Enquanto filmava a comédia em outubro e novembro, Capra parecia estar planejando para dois futuros distintos ao mesmo tempo, manobrando a Warner Bros. e a 20th Century Fox em um esforço para obter um contrato novo que lhe renderia 250 mil dólares por filme, e ainda tomando providências que lhe permitiriam sair de Hollywood a qualquer momento. No Exército, sua renda anual chegaria, no máximo, a 4 mil dólares.[43]

Alguns dias após Pearl Harbor, Capra estava de volta à Warner para filmar as últimas cenas de *Este mundo é um hospício* quando recebeu a visita de Sy Bartlett e Richard Schlossberg, que tinham vindo a Hollywood em um esforço conjunto para tentar induzir alguns dos principais nomes da indústria cinematográfica a se alistar. Bartlett, um roteirista que agora era capitão do Exército, acreditava firmemente que homens habilidosos como Capra seriam benéficos para a força; ele sabia também como falar com diretores e produtores que queriam servir mas não estavam acostumados, no que dizia respeito à vida profissional, a ocupar um posto tão baixo na hierarquia. "Conheço muito bem o padrão de vida ao qual você está acostumado e a grande quantidade de espaço de que seus impulsos criativos precisam", disse ele a Capra, com a promessa de "uma atribuição [...] digna de seus talentos excelentes".[44] Schlossberg, tenente-coronel e superior de Bartlett, não tinha paciência para a arrogância e a falta de experiência do pessoal de cinema, mas compreendia sua utilidade potencial. Os dois haviam entrado em contato com Capra naquele outono, e a combinação das lisonjas e promessas de Bartlett com o pragmático chamado ao dever de Schlossberg alcançou toda a eficácia pretendida. Quando eles voltaram, Capra não precisou ser convencido. Ao final da conversa, preencheu um formulário de alistamento para o Exército.

Bartlett e Schlossberg regressaram a Washington com o plano de formular um papel especial para Capra. Levaram o formulário de alistamento para o general Frederick Osborn, um patrício nova-iorquino carismático oriundo de família rica e chefe da Divisão para o Moral, que na época era responsável por todos os filmes concebidos como propaganda para civis ou treinamento para novos recrutas.[45] Osborn, que viria a se tornar patrono de Capra e seu aliado mais poderoso no Departamento de Guerra, apoiou vigorosamente a ideia de se criar um cargo para Capra. "Como o general Osborn tem a reputação de ser um cara muito bacana", escreveu Bartlett para Capra, "acho que você ficaria feliz. [...] Eu gostaria de sugerir uma viagem o quanto antes a Washington. [...] O general Osborn está ansioso para saber quando você pode se apresentar para o serviço."[46] Um telegrama do próprio Osborn prometendo que "você sempre contará com livre acesso a mim e eu trabalharei muito com você" selou o acordo.[47] Capra formalizou seu alistamento no começo de janeiro, solicitando e recebendo um diferimento de trinta dias para que pudesse terminar a pós-produção de *Este mundo é um hospício* antes de se apresentar em Washington. Ao mesmo tempo que editava, realizava exibições-teste e reeditava o filme, ele passava pelo treinamento físico militar e se preparava para se apresentar ao serviço como major.

Mais tarde, Capra escreveu que "acho que meu ressentimento contra autoridades arbitrárias estava no sangue" e alegou que, em 11 de fevereiro de 1942, quando Lucille o levou à estação ferroviária, suas palavras de despedida para ele foram: "Querido, por favor! Não vá tentar dirigir o Exército! Promete?".[48] Mas, na realidade, ele estava ansioso para servir e extraordinariamente preocupado em atender as expectativas dos homens que o haviam recrutado. "Eu tenho que esperar as ordens ou posso ir sem elas?", perguntou a Schlossberg em um telegrama. "Devo ir com ou sem uniforme?"[49] Quando Osborn o conheceu, sua primeira impressão foi que Capra "tem uma motivação sincera e um caráter simples e leal que lhe permitiram obter a ajuda de inúmeras pessoas do governo, do Exército e de Hollywood; e ele possui irrefreáveis energia e fé na causa".

Contudo, Schlossberg permanecia cético e logo se tornaria o primeiro rival de Capra na hierarquia do Exército. Capra acreditava que o tenente-coronel "era simpático como um saco de cimento", e Schlossberg, que se ressentia com a mera presença de membros da indústria cinematográfica em seu território, pensava da mesma forma, dizendo a ele que "vocês, figurões de Hollywood, são todos iguais, um pé no saco. Se não conseguem o que querem, vocês choram. Um Darryl Zanuck aqui já basta". O rígido e burocrático Corpo de Sinaleiros, domínio de Schlossberg, havia sido responsável pela produção de filmes para o Exército desde 1929; ele disse a Capra que o diretor simplesmente "não combinaria com o jeito do Exército de produzir filmes" e o instruiu a aguardar novas ordens.[50]

Foi preciso o general George Marshall intervir para que Capra deixasse de ser subordinado a Schlossberg e entrasse para a Divisão para o Moral de Osborn. Entre os integrantes do alto escalão do governo Roosevelt, Marshall era o que nutria a visão mais nítida, ainda que militar, do papel essencial que o cinema poderia representar na guerra. Ele o encarava como um meio capaz de conquistar para o Exército a confiança fervorosa não só da população civil, mas também de seus próprios recrutas. Uma década antes, como um dos líderes do Corpo de Conservação Civil de Roosevelt, Marshall exibira filmes nas laterais de caminhões para os trabalhadores e sabia que essa era uma forma eficiente e econômica de motivar e inspirar as pessoas.[51] Ademais, ele estava disposto a delegar a cineastas profissionais, sobretudo Capra, o poder de tomar quase todas as decisões importantes relacionadas a um programa de propaganda para a guerra.

Em fevereiro, Marshall se reuniu com Capra e lhe deu a primeira tarefa — um trabalho que acabaria resultando em um conjunto de filmes conhecido como *Why We Fight* [Por que lutamos], o material de propaganda em película mais importante da guerra. No outono que antecedeu Pearl Harbor, o Exército havia iniciado um programa educacional voltado para novos recrutas e voluntários composto de uma série de quinze palestras que tratavam de história militar universal desde os primeiros anos após a Primeira Guerra Mundial até 1939. As sessões foram concebidas não apenas como um curso intensivo de história recente, mas como afirmação inspiradora dos princípios democráticos que estavam em jogo. Poucos meses após a abertura das palestras, já era evidente que a iniciativa era um fracasso completo. Os recrutas ficavam desenhando, conversando, e até cochilando. E com os filmes extremamente ultrapassados do Corpo de Sinaleiros que suplementavam as palestras era pior ainda; muitas vezes, eles eram recebidos com vaias e escárnio.[52]

No Corpo de Sinaleiros, havia uma intensa resistência a qualquer filme que apresentasse tramas, personagens, humor, técnicas de animação ou até mesmo música não militar para transmitir sua mensagem. Um te-

"EU TENHO QUE ESPERAR AS ORDENS?"

nente do corpo falava por muitos oficiais superiores ao reclamar que qualquer coisa que soasse como um programa noturno no cinema para ver um filme de Hollywood seria "uma ofensa grave ao princípio dos filmes de treinamento. [...] Um manual não tem obrigação nenhuma de ser divertido ou simpático".[53] Marshall rejeitou as reclamações. Ele queria eliminar as palestras e os filmes velhos e substituí-los por curtas enérgicos e empolgantes que fossem capazes de atrair e prender a atenção de rapazes. O general assistira aos filmes do Exército feitos por documentaristas e, segundo Capra, "não gostou. Ele achou que não eram profissionais o bastante. Não causavam o impacto que ele queria. [...] Então ele disse: 'Se eu fico doente, vou a um médico. Se quero fazer um filme, por que não ir aos caras que fazem filmes?'".[54]

Marshall disse a Capra que "queria uma série de filmes que mostrassem ao homem de uniforme o motivo pelo qual ele estava lutando, os objetivos e as intenções dos Estados Unidos ao irem à guerra, a natureza e categoria de nossos inimigos e, de modo geral, as razões e causas que originaram essa guerra e por que havia 11 milhões de homens de uniforme e por que eles precisam vencer custe o que custar".[55] E Marshall queria que esses filmes fossem feitos com profissionalismo hollywoodiano, em vez da eficiência rústica, mesmo que para isso fosse necessário trazer equipes de estúdio e roteiristas. Capra estava enlevado e pronto para arregaçar as mangas. Marshall e Osborn o encaminharam aos cuidados de Lyman T. Munson, um coronel jovem, dinâmico e agradável, e, quando Munson perguntou se o diretor queria tirar algumas semanas para se orientar, Capra respondeu que em algumas semanas ele esperava ter meia dúzia de roteiros escritos. Ele logo começou a enviar telegramas aos chefes de estúdio de Hollywood para avisá-los de que teriam que se preparar para emprestar alguns de seus melhores roteiristas por um mês.

Conforme Capra começava sua nova vida em Washington, seu entusiasmo durante as primeiras semanas era irrefreável; disparava propostas, orçamentos, memorandos com novas ideias e cartas com chamados para que seus colegas de Hollywood fossem se unir a ele. A Lowell Mellett, enviou uma proposta de que o presidente Roosevelt filmasse um discurso breve para que fosse exibido aos novos recrutas, e o próprio Capra redigiu um rascunho do texto. "Venho a vocês sem saudação de continência, sem passo de ganso, sem enrolação", diria Roosevelt no discurso. "Não, venho a vocês de homem para homem. [...] Assim como outros homens livres antes de vocês em tempos perigosos, vocês precisaram baixar suas ferramentas, seus arados e suas canetas e pegar em armas, porque nosso país e nosso povo está em perigo! [...] Qualquer que seja o motivo, chegou a hora do grande teste. As peças estão em jogo. Ou vencemos esta guerra, ou Hitler e os japas se reunirão na Casa Branca para decidir que tipo de escravidão será mais adequado para satisfazer seus impulsos sádicos." O texto concluía com: "Sigam em frente, homens! Mostrem a esses supostos super-homens que os homens livres são não apenas mais felizes e prósperos, mas também mais fortes".[56] Capra observou, modesto, que certamente o presidente ou seus redatores poderiam compor um discurso melhor, mas ele estava animado para começar o trabalho na guerra não só oferecendo uma mensagem bélica, mas, na prática, concebendo políticas que deviam ser postas nas mãos do presidente. Mellett gostou do trabalho dele a ponto de explicar a Roosevelt que Capra era "um dos nossos maiores diretores de cinema" e que ele acreditava que a ideia daria certo.[57] Roosevelt, cuja admiração por filmes e cineastas manteria o projeto de cinematografia de guerra em atividade durante todo o conflito, respondeu no dia seguinte que era "uma boa ideia" e pediu que Mellett editasse o discurso para ter quatro minutos e submetesse o conteúdo à aprovação de alguns oficiais mais jovens do Exército.[58]

Ao começar o trabalho, Capra começou a ver a si mesmo, e a descrever a si mesmo, como o protagonista de um de seus próprios filmes, um forasteiro determinado que estava pronto para enfrentar qualquer cínico do governo. Quando o colunista Drew Pearson o convidou para uma festa só para homens certa noite, Capra entrou em uma casa cheia de "generais, senadores, ministros, J. Edgar Hoover, embaixadores brasileiros e muito mais". A conversa foi pessimista e ansiosa; o sentimento predominante era de incerteza quanto à capacidade da esquadra do Pacífico de se recuperar a tempo de evitar um novo ataque ou perdas significativas. "Não dava mais para aguentar", escreveu ele para Lucille, "então fiz um discurso e falei que, como líderes, eles com certeza eram muito ruins, e já estava mais do que na hora de as pessoas assumirem, porque eles pareciam rendidos. [...] Falei que os Estados Unidos eram um país muito maior do que eles achavam.

[...] Bom, um major de uniforme dizendo isso para eles certamente foi uma surpresa. [...] Para falar a verdade, esqueci completamente o uniforme e fiquei só falando com um monte de velhos assustados. Quando saí, pensei que tinha ido longe demais. [...] Posso acabar detido ou expulso. [...] Mas [...] estou agitando as coisas."

Enquanto estabelecia suas instalações, ele disse a Lucille que procurava uma casa de quatro quartos nos bairros residenciais de Washington e que ela devia se preparar para se mudar para uma estada prolongada no leste: "Isto aqui está começando a parecer um trabalho sem hora para acabar, mas é novo e interessante. Não fale com ninguém sobre o que estou fazendo, já que a ideia é que tudo seja secreto agora.

"Já apresentei propostas suficientes para passar um ano fazendo filmes", disse ele. "Tem seis roteiristas vindo de Hollywood agora mesmo. Tenho um projeto para cada um deles. Estou todo cercado de professores, psicólogos e especialistas que querem dar opiniões, mas só quero saber de ação e mais nada. [...] Os japas não vão esperar enquanto debatemos. [...] Por favor dê um beijo nas crianças por mim, querida, e a próxima carta vai ser muito diferente. Vou falar só de nós."[59]

SETE

"Só tenho um alemão"

HOLLYWOOD, DEZEMBRO DE 1941 A ABRIL DE 1942

A cerimônia da Academia realizada em 26 de fevereiro de 1942 — o "Oscar da austeridade", como alguns definiram — foi o primeiro esforço coletivo de Hollywood para recriar sua imagem para o público a fim de se adequar a um país em guerra. Dois meses antes, alguns representantes do Conselho Administrativo da Academia haviam considerado seriamente a hipótese de cancelar o evento. Depois de Pearl Harbor, formara-se uma cisão encarniçada entre aqueles que tachavam de inadequada a organização de um banquete ostentoso enquanto bombas eram lançadas e soldados americanos arriscavam a vida e aqueles que acreditavam que o show devia continuar com o máximo possível de pompa e estardalhaço para demonstrar a resiliência nacional. Bette Davis, recém-eleita presidente da Academia, sugeriu uma concessão intrigante: propôs que a festa anual fosse transformada em evento beneficente para angariar fundos para o esforço de guerra e, pela primeira vez, liberasse a entrada do público geral mediante a venda de ingressos. A ideia recebeu oposição veemente de colunistas da indústria cinematográfica e de diversos membros antigos do conselho. Quando o plano de Davis foi enterrado, a atriz, que na época estava em seu momento de maior desgaste e volatilidade, disse à Academia

"SÓ TENHO UM ALEMÃO"

que não tinha intenção de servir como presidente-troféu e renunciou ao cargo poucas semanas após aceitá-lo. Os tradicionalistas haviam vencido a rodada: o Oscar permaneceria sendo o Oscar, mas não haveria baile, trajes formais deveriam ser evitados e era solicitado aos convidados que fizessem doações à Cruz Vermelha em vez de gastar com peças luxuosas.[1]

Naquela noite, a plateia no Biltmore participou de uma combinação curiosa de festividade e solenidade; o salão estava repleto ao mesmo tempo de entusiasmo e receio pela guerra. Uma semana antes, muitos dos presentes haviam comparecido à estreia de *Ser ou não ser*, a sátira mordaz de Ernst Lubitsch sobre uma trupe de atores teatrais poloneses que enganava os nazistas. O filme teve uma recepção contida; a protagonista, Carole Lombard, uma das atrizes mais queridas do país, havia morrido junto com quinze aviadores do Exército em janeiro, quando o avião em que eles voavam de Indiana para Los Angeles após um evento para a venda de títulos para o esforço de guerra caiu em uma montanha. Ao ver o último filme da atriz, a crítica e o público se viram tentando estabelecer novas regras para determinar o que era aceitável e o que constituía mau gosto. Lombard foi, de certa forma, a primeira baixa famosa da Segunda Guerra Mundial, e sua perda lançou uma sombra sobre a noite do Oscar. A cerimônia, assim como toda Hollywood, estava batalhando para acertar o tom; alternava-se, pouco à vontade, entre as piadas inconsequentes de Bob Hope e as declamações robustas de Wendell Willkie, o novo herói da indústria cinematográfica, que havia louvado o esforço dos líderes de estúdio ali reunidos de se colocarem na vanguarda das tentativas de expor "o caráter maligno das maquinações e violência nazistas" ao público.[2]

Os Wyler e os Huston haviam decidido ir juntos à cerimônia. *Pérfida*, adaptação de Wyler para a peça de Lillian Hellman com inspiração gótica sulista sobre uma família decadente que briga por uma fortuna dilapidada, foi indicado ao prêmio de Melhor Filme. Wyler também disputava a categoria de Melhor Diretor e, pela terceira vez, conduzira Davis a uma indicação para Melhor Atriz. Mas a realização do filme fora sofrida para ambos e representou a última ocasião em suas carreiras em que eles colaborariam juntos. Davis vira Tallulah Bankhead interpretar Regina Giddens na Broadway como um demônio sorridente que se deliciava em observar o marido cair e morrer diante dela; Wyler explorou todas as oportunidades para humanizar a personagem e deixá-la mais complexa. A harmonia que iniciara o relacionamento romântico e impulsionara a colaboração dos dois em *Jezebel* e *A carta* se desintegrou dias após o começo das filmagens, e a interação da dupla no set era tão cáustica que eles nem sequer se davam ao trabalho de disfarçar diante de jornalistas em visita ao estúdio. Wyler reclamava que Davis "fazia Regina sem nuances";[3] Davis, avançando rumo a um colapso nervoso, abandonou o set por três semanas enquanto o diretor filmava cenas com outros atores. Quando voltou ao trabalho, nada se acertara entre os dois. Um repórter do *New York Times* presenciou o reencontro tenso e escreveu que "a srta. Davis parecia determinada [...] a interpretar seu papel com animação e ousadia; Wyler queria uma repressão sutil. [...] A srta. Davis atendia os desejos dele com hostilidade glacial, e cada um se mostrava monstruosamente paciente em relação ao outro. Quando uma cena chegou à oitava ou nona tomada, o sr. Wyler disse à srta. Davis que ela estava atropelando as falas. A frieza da resposta dela teria sido capaz de transformar o set em um espetáculo de patinação de Sonja Henie. Davis disse que achava a afirmação de Wyler notável porque não era hábito dela desperdiçar filme. A educação cuidadosa dos dois nunca vacilava".[4]

Davis terminou *Pérfida* com a certeza de que aquele havia sido um de seus piores trabalhos[5] e, quando Wyler foi a público com sua crítica velada quanto ao estilo de atuação forçado dela em uma entrevista ao *New York World-Telegram* ("Você está pensando o que a personagem está pensando?", perguntou ele, em uma discussão imaginada sobre a abordagem da atriz, "ou você se pergunta: 'Será que dou um pouco do estilo antigo?' ou 'Será que balanço o braço um pouco?'"),[6] jurou que os dois jamais voltariam a trabalhar juntos. A afeição que ela sentia por ele havia acabado, mas não o respeito. Quando Wyler começou seu filme seguinte, *Rosa de esperança*, a protagonista Greer Garson, atriz britânica de 37 anos, ficou melindrada com o desejo característico do diretor de realizar diversas tomadas e insistiu em vão que ela parecia jovem demais para interpretar uma mulher de quarenta e poucos anos; com certeza seria preciso usar enchimentos e tingir o cabelo de branco para que a personagem principal do filme fosse crível. Quando consultou Davis sobre como fazer Wyler se curvar à sua vontade, a atriz foi advertida a parar de reclamar e a seguir as instruções do diretor ao pé da letra. "Você fará a grande atuação da sua carreira sob a direção de Wyler", disse Davis.[7]

Wyler começou a rodar *Rosa de esperança* em 11 de novembro de 1941. Ao contrário de Capra e Ford, ele ainda não havia considerado entrar para as Forças Armadas; isso mudaria imediatamente após Pearl Harbor. Mas ele encarava *Rosa de esperança* como uma chance oportuna para se afastar dos filmes de época e fazer uma história que parecesse contemporânea e relevante. O roteiro do filme se baseava em uma série de artigos de jornal britânicos — vislumbres curtos, descomprometidos e pessoais da vida de uma família inglesa típica durante a guerra. Em 1940, os artigos haviam sido reunidos em um livro e adquiridos pela MGM, que incumbiu meia dúzia de roteiristas de formular uma história a partir de uma série mais ou menos vaga de vinhetas. A cada rascunho, eles conseguiram transformar o roteiro em uma trama de sacrifício. A primeira metade de *Rosa de esperança* estabelece o conforto fundamental e complacente de uma família de classe média-alta que vive em segurança e tranquilidade em um vilarejo inglês representado como uma típica cidade pequena e próspera americana. Um texto de abertura anuncia ao público que eles estão prestes a conhecer "um povo feliz e despreocupado que trabalhava e brincava, criava seus filhos e cuidava de seus jardins naquela Inglaterra feliz e simpática que em tão pouco tempo teria que lutar desesperadamente para defender seu modo de vida". A segunda metade traz a guerra à casa deles, privando a família Miniver da paz de espírito, da segurança, de comida, de parentes e até mesmo do teto que a abriga. Em resposta, os Miniver e os demais habitantes do vilarejo crescem em matéria de caráter e coragem e, para enfrentar a ameaça nazista, esquecem suas próprias picuinhas e abandonam as distinções de classe que haviam definido seu mundo. A guerra os enobrece, e a união de uma família e de uma cidade ante perdas e grandes perigos se torna o símbolo da união de um país sitiado.

"Aproveitei a chance porque era totalmente um filme de propaganda e [no outono de 1941] ninguém podia fazer filmes de propaganda", disse Wyler. "Era uma oportunidade para oferecer uma pequena contribuição, por pequena que fosse, para o esforço de guerra."[8] *Rosa de esperança* era também perfeito para a MGM, sempre dos grandes estúdios o mais cauteloso e discreto. Louis B. Mayer mantivera grande distância das audiências da Comissão Nye aquele ano e se ressabiara quando os isolacionistas incluíram filmes da MGM como *Tempestades d'alma* e *Fuga* na lista de peças de propaganda que brandiram. Embora as sessões tivessem terminado com uma vitória estrondosa para os estúdios, Mayer ainda hesitava em fazer filmes que pudessem incitar acusações de tendenciosidade. Esse projeto específico era seguro, explicou, porque tratava do heroísmo inglês. "É muito favorável em relação a eles — mas não se dirige contra os alemães", disse a Wyler. "Não estamos em guerra com ninguém. Não odiamos ninguém." Com essa visão, Mayer orientou Wyler a atenuar uma cena em que a sra. Miniver é aprisionada na própria casa por um aviador alemão ferido, alertando o diretor a não apresentar o soldado como um propagador "prepotente e agressivo" dos slogans e das políticas de Hitler.

Wyler ficou incrédulo. "Sr. Mayer, se eu tivesse vários alemães no filme, não teria o menor problema em apresentar algum como um jovem decente. Mas só tenho um alemão. E, se eu fizer este filme, esse alemão vai ser um babaca nazista típico. Não vai ser um pilotinho simpático, e sim um dos monstros de Göring."

"Bom, vamos ver a cena quando estiver pronta", respondeu Mayer. "Só não esqueça o que eu falei." No dia seguinte a Pearl Harbor, ele chamou o diretor. "Tenho pensado naquela cena", disse Mayer. "Faça do jeito que você quiser."[9]

Wyler adorava aquela história, e tanto sua ousadia quanto a insegurança de Mayer aumentavam a cada vez que ela era narrada, mas era fato inquestionável que, de todas as produções interrompidas por Pearl Harbor, *Rosa de esperança* foi a que passou por transformações mais radicais em consequência do ataque. Wyler sempre desejara que o roteiro incorporasse elementos da guerra, e os eventos que os Miniver vivenciam ao longo do ano retratado no filme teriam sido referências reconhecíveis para qualquer americano. A família recebe a notícia do início da guerra em setembro de 1939, o sr. Miniver (interpretado por Walter Pidgeon) lidera um pequeno barco dentre as centenas que ajudaram 300 mil soldados ingleses e franceses a evacuarem Dunquerque no que ficou conhecido como "milagre dos pequenos navios" em maio de 1940, e os efeitos devastadores do bombardeio nazista sobre a Inglaterra durante o verão e o outono compõem o clímax do filme. Mas a entrada dos Estados Unidos na guerra transformou drasticamente a maneira como os Miniver seriam percebidos; já não eram meramente estrangeiros por quem sentir empatia, mas sim exemplos de resistência que os americanos poderiam seguir. Antes de Pearl Harbor, o público teria associado a melodia que toca ao longo do filme ao hino britânico "God Save the King"; agora, era mais provável que pensassem em "My Country 'Tis of Thee", uma canção patriótica americana. A janela diante daquele "povo feliz e despreocupado" agora mais parecia um espelho.

Conversas sobre a guerra eram uma constante no set de *Rosa de esperança* na MGM. Dame May Whitty, a atriz de 76 anos que interpretava a matriarca esnobe da cidade, passava o tempo entre as tomadas tricotando cachecóis para a Cruz Vermelha e contando histórias de seus dias como responsável pelo Corpo de Emergência de Mulheres da Inglaterra durante a guerra anterior. E, pouco após o dia 7 de dezembro, o ator Henry Wilcoxon disse a Wyler que pretendia entrar para a Marinha. Wilcoxon interpretava o vigário da cidade, e, na última cena do filme, quando os Miniver choram a perda da nora e de vários vizinhos, o personagem devia fazer um discurso fúnebre em uma igreja bombardeada — uma igreja "com teto danificado, mas através do qual o sol agora brilha como nunca pôde antes". No roteiro que Wyler aprovara para filmagem em outubro de 1941, o sermão terminaria com o salmo 91:[10]

Direi do Senhor: Ele é o meu Deus, o meu refúgio, a minha fortaleza, e
   nele confiarei.
Não temerás espanto noturno, nem seta que voe de dia,
Nem peste que ande na escuridão, nem mortandade que assole ao
   meio-dia,
Ele te cobrirá com as suas penas, e debaixo das suas asas estarás seguro.

Quando Wyler estava pronto para filmar essa cena, Wilcoxon já havia sido convocado para servir e precisou solicitar uma licença de dois dias para voltar à MGM e concluir sua participação.[11] Na noite anterior à filmagem, ele e Wyler reescreveram o sermão. Após o salmo, o vigário faria um discurso mais secular que emulava explicitamente Roosevelt e Churchill ao afirmar que "esta não é apenas uma guerra de soldados de uniforme, é uma guerra dos povos — todos os povos — e deve ser travada não só no campo de batalha, mas nas cidades e nos povoados, nas fábricas e nas fazendas, no lar e no coração de cada homem, mulher e criança que ama a liberdade! [...] Enterramos nossos mortos, mas não os esqueceremos. Eles nos inspirarão com a inquebrantável determinação de livrarmos a nós mesmos e aos que nos pedem refúgio da tirania e do terror que ameaça nos abater! Travem-na, então! Travem-na com tudo o que temos! E que Deus defenda os justos". A versão final de *Rosa de esperança* agora terminaria com o hino "Onward Christian Soldiers, Marching Us to War", enquanto Wyler virava o enquadramento de forma dramática para exibir o buraco no teto da igreja — por onde se veem trinta aviões dos Aliados avançarem contra os nazistas. Com uma chamada ao final pedindo que o público "Compre selos e títulos da dívida para a defesa todo dia de pagamento", Wyler finalmente fizera um filme de guerra — um mais imediato e impactante do que ele jamais imaginara que seria.

Conforme a produção de *Rosa de esperança* se aproximava do fim e a realidade da guerra se estabelecia, a MGM deu permissão a Wyler para interromper os trabalhos por três semanas entre fevereiro e março. Greer Garson aceitara embarcar em uma turnê para vender títulos da dívida, e Wyler, que enviara seu formulário de alistamento para o Corpo de Sinaleiros em 18 de dezembro, estava, nas palavras de sua esposa, "louco para se envolver [...] e ir à Europa. Ele se opunha violentamente a Hitler. Queria fazer parte da luta. E também, por sua própria natureza, não queria perder aquilo".[12] Como Capra, Wyler fora recrutado por Bartlett e Schlossberg, e continuava aguardando a convocação. No dia seguinte à interrupção da produção de *Rosa de esperança*, ele enviou um telegrama a Schlossberg para avisá-lo de que não pretendia esperar mais por suas ordens; iria a Washington logo após a cerimônia do Oscar para se informar "sobre meu status e que medidas foram tomadas".[13] Wyler tinha 39 anos e sua segunda filha estava prestes a nascer, mas, "se ele tinha receios, nunca os revelou", disse John Huston. "Duvido que tivesse. Willy era destemido."[14]

A noite do Oscar foi como uma espécie de despedida para os Wyler — a última ocasião especial que o diretor passaria com Talli por um bom tempo —, e eles estavam acompanhados de dois grandes amigos cujo casamento desmoronava a olhos vistos. John e Lesley Huston eram casados havia cinco anos, mas as infidelidades de Huston tinham começado quase imediatamente e eram agora indiscretas ao ponto do insulto. Durante a produção de *O falcão maltês* no verão de 1941, ele tivera um caso com a protagonista, Mary Astor; depois, passara a um filme novo, *Nascida para o mal*, uma nova protagonista, Olivia de Havilland, e um romance tão mal disfarçado que, sentado ao lado da esposa, Huston lançava beijos a De Havilland do outro lado da pista de dança e vice-versa de uma forma que Talli Wyler achou "óbvia e incômoda".[15]

O comportamento inconsequente de Huston sempre chegava ao ápice quando ele estava em alta, e seu trabalho em dois filmes diferentes fizera dele um dos jovens diretores mais aclamados da temporada, ao lado de Orson Welles. *O falcão maltês* fora indicado à estatueta de Melhor Filme, e Huston disputava Melhor Roteiro em duas frentes, tanto pelo texto de *O falcão maltês* quanto por seu trabalho em *Sargento York*. Como diretor novato, ele ainda recebia uma pequena fração do salário de seus colegas mais experientes — seu pagamento por *O falcão maltês* era de apenas 1250 dólares por semana e o contrato de cinco anos que ele assinara recentemente com a Warner Bros. acabaria lhe rendendo apenas cerca de um terço do que Wyler estava ganhando.[16] A expectativa da Warner Bros. em relação a *O falcão maltês* era muito modesta quando Huston começou a produção; o estúdio liberou para o filme um orçamento de menos de 370 mil dólares, e George Raft, que fora chamado para interpretar o detetive Sam Spade de Dashiell Hammett, abandonou o projeto irritado e escreveu para Jack Warner: "Como você sabe, acredito firmemente que *O falcão maltês* [...] não seja um filme importante". Assim como acontecera em *O último refúgio*, Humphrey Bogart, que ganhou o papel de Spade meros quatro dias antes de começarem as filmagens, beneficiou-se do narcisismo e do péssimo discernimento de Raft.

Huston tinha talento para imbuir em seus elencos um espírito de equipe do tipo "nós contra o mundo"; os cineastas que haviam produzido adaptações fracassadas de *O falcão maltês* para a Warner Bros. em 1931 e depois em 1936, dizia ele, eram "idiotas" e "cretinos", e agora eles fariam direito. "Tínhamos um imperativo territorial infantil estranho em relação ao set", disse Astor, "uma sensação persistente de que estávamos fazendo algo diferente e empolgante."[17] Eles eram os meninos maus — especialmente Bogart, o astro que nunca era a primeira opção do estúdio, e Huston, a quem Bogart deu um apelido afetuoso e apropriado. "O Monstro é estimulante", disse. "Uma mentalidade pouco convencional. Pouco equili-brada. Ele é genial e imprevisível. Nunca entediante." (Após uma visita ao set, um repórter da revista *Look* descreveu Huston como "uma Figura de Primeira Classe com nariz quebrado, silhueta cadavérica, ombros recurva-dos, jeito careteiro e cabelo revolto — e tudo isso se acumulava no apelido 'Duplo Feio'".)[18] A princípio, Hal Wallis, da Warner, acompanhou o tra-balho de Huston de perto, dizendo que o ritmo das cenas estava "lento e forçado demais, um pouco artificial". Huston, a quem Wyler ensinara a acalmar produtores nervosos, tranquilizou-o dizendo que estava "enco-lhendo todas as pausas e acelerando toda a ação", mas também falou que dava ritmo a cada cena "pensando no filme como um todo".[19] Wallis gos-tou dos resultados, mas a Warner Bros. manteve a expectativa baixa, lan-çando o filme com pouco estardalhaço em outubro de 1941.

A acolhida foi unânime. "Os Warner têm demonstrado uma timidez curiosa a respeito de seu novo filme de mistério [...] e do jovem, John Hus-ton, que estreia como diretor com esta obra", disse o *New York Times* em uma resenha extasiada. "Talvez [...] a intenção tenha sido fazer uma boa surpresa para todo mundo [...] pois *O falcão maltês* [...] acabou sendo o melhor thriller de mistério do ano, e o jovem sr. Huston promete se tornar um dos maiores diretores do ramo. [...] Ele desenvolveu seu próprio estilo, enérgico e supremamente cínico."[20] James Agee o considerou "um indício assustadoramente bom de que os ingleses (Alfred Hitchcock, Carol Reed etc.) não detêm o monopólio sobre a técnica de se fazer filmes de mistério. [...] Isto é carne nobre fresca saída direto dos pastos americanos",[21] e o *New York Herald Tribune* classificou o filme como "um clássico do gênero", acrescentando que "é difícil dizer se o responsável por esse triunfo é Hus-ton, o adaptador, ou Huston, o diretor novato".[22]

Como reação, a Warner Bros. deu a Huston o que ele achou que fosse uma promoção: a tarefa de adaptar um romance que acabara de ganhar o Pulitzer e escalar para o filme duas das atrizes mais importantes do estúdio, Davis e De Havilland. "Sinto um pouco de vergonha pelo modo como consegui *Nascida para o mal*", disse ele mais tarde. "A ambição tomou con-ta. [...] Pensei, caramba, cheguei. [...] Eu o fiz porque era bom para a mi-nha carreira."[23] Huston desdenhava do material, que era praticamente uma desculpa para escalar Davis para o papel já estereotipado como centro selvagem de uma família conturbada; durante a produção, a maior parte do tempo ele se dedicou a cortejar De Havilland. "Todo mundo percebia que [...] o amor estava no ar no set", disse Jack Warner. "Quando vi o copião, pensei comigo mesmo: 'Oh-oh, Bette tem as falas, mas Livvy está com os melhores enquadramentos.'"[24] Huston aplacou Bette permitindo que ela fizesse o que bem entendesse diante das câmeras. "Existe algo de elementar em Bette — um demônio interior que ameaça escapar e devorar todo mundo, a começar pelas orelhas", escreveu ele. "Eu deixo o demônio sair."[25] Davis, que preferia lutar por seus pontos de vista a ver um diretor render-se a ela, achou que o resultado foi "um dos piores filmes jamais feitos na história do mundo",[26] e a crítica não foi muito mais delicada, comparando-a negativamente com *Pérfida*. Huston não se importou muito; filmes caseiros da época mostram o diretor e De Havilland em cenas de brincadeiras românticas, quando ele empurra a atriz em uma piscina e depois pula também; ela envolve o pescoço de Huston com os braços e sobe em suas costas.[27]

Os Wyler tomavam o lado da esposa de Huston, e o flerte dele na cerimônia do Oscar (da qual os dois diretores saíram com as mãos abanando) fez com que uma noite difícil ficasse ainda mais desagradável. Àquela altura, Wyler, que já havia sido indicado quatro vezes, começara a brincar que levaria uma sacola vazia para a cerimônia para o caso de os votantes enfim resolverem colocar alguma coisa ali dentro, mas não era para ser. Pelo segundo ano consecutivo, ele perdia o prêmio de Melhor Diretor para Ford, que estava no Havaí trabalhando em *O ataque a Pearl Harbor* e não poderia receber a estatueta por *Como era verde o meu vale*. Darryl Zanuck a recebeu em seu nome enquanto Wyler via o filme que ele passara meses desenvolvendo levar também a estatueta de Melhor Filme ("Você já colocou seu novo Oscar em cima da larera [sic]?", Ford escreveu a Mary quando soube da premiação. "A Marinha está muito orgulhosa de mim. Causei uma excelente impressão. Almirantes, generais etc. me ligaram para me dar os parabéns. Que estranho!").[28]

Wyler logo superou a decepção. *Pérfida* já parecia uma lembrança remota; dias após a cerimônia, ele viajou para Washington, onde implorou para que Schlossberg formalizasse sua convocação e lhe desse um trabalho. Schlossberg não foi mais receptivo com ele do que fora com Capra, chamando Wyler de "pé no saco".[29] Como não lhe restava mais nada a não ser esperar, Wyler decidiu planejar um filme por conta própria. Na capital, encontrou-se com Lillian Hellman, com quem mantivera amizade depois de *Pérfida*, e os dois conceberam a ideia de produzir um documentário sobre a luta da União Soviética contra os nazistas. Hellman obteve aprovação junto à Embaixada soviética para que os dois viajassem à Rússia a fim de fazer o filme;[30] no entanto, embora fosse sabido que o projeto contava com a bênção do presidente Roosevelt, Wyler e Hellman ainda precisariam encontrar um produtor de Hollywood para financiá-lo. Eles foram a Nova York para se reunir com Sam Goldwyn, que aceitou com entusiasmo enviá-los a Moscou em uma missão de reconhecimento. Mas a conversa malogrou quando Wyler mencionou que queria que seu salário fosse enviado a Talli em parcelas mensais. Goldwyn empalideceu. "Vocês dizem que amam os Estados Unidos, são patriotas, falam para todo mundo. [...] E agora na verdade vocês querem *dinheiro* de mim?", bradou ele. "Sam", respondeu Hellman, "o problema é que você acha que é um país — e que todo mundo à sua volta devia arriscar a vida por você!"[31]

A ideia de um documentário acabou aí, embora Goldwyn tenha concordado em encomendar a Hellman um argumento ficcional sobre a luta dos soviéticos.* Como a convocação de Wyler continuava em suspenso, ele voltou a Los Angeles em março para filmar algumas últimas cenas de *Rosa de esperança* e para pensar se haveria algum jeito de contornar Schlossberg e vestir um uniforme.

Huston estava com um pouco menos de pressa para sair de Hollywood. Alguns meses antes, Bartlett e Schlossberg o haviam recrutado para o Corpo de Sinaleiros, e a possibilidade de viver uma aventura de guerra o empolgava, mas ele também estava animado com a carreira, subitamente vital. Depois de anos de labuta como roteirista para a Warner Bros., ele se tornara, em poucos meses, um dos diretores mais valorizados do estúdio. Hal Wallis tentava adquirir para ele os direitos de *The Treasure of the Sierra*

---

* O filme que Hellman escreveu, *A estrela do norte*, um drama sobre um vilarejo ucraniano destruído pela invasão dos nazistas no verão de 1941, foi dirigido por Lewis Milestone, de *Nada de novo no front*, e estreou em 1943; foi um dos poucos exemplos de propaganda pró--URSS a emergir de Hollywood durante a guerra.

"SÓ TENHO UM ALEMÃO"

Madre [O tesouro de Sierra Madre],[32] um romance de B. Traven que Huston queria roteirizar e dirigir o quanto antes, e o sucesso de *O falcão maltês* impressionara Jack Warner a tal ponto que no começo de 1942 ele exigiu uma continuação. Quando Warner descobriu, para sua decepção, que o escritor Dashiell Hammett mantivera os direitos para todos os seus personagens, simplesmente transferiu a ideia para outro filme e decidiu reunir Huston, Bogart, Astor e Sydney Greenstreet em um thriller leve intitulado *Garras amarelas*. O estúdio adquirira os direitos para uma série presciente do *Saturday Evening Post* chamada "Aloha Means Goodbye" [Aloha significa adeus], de Robert Carson, publicada no verão de 1941. A história tratava de um agente do governo infiltrado em um cargueiro que sabota o plano de espiões japoneses de explodir dois navios de guerra em Pearl Harbor. Depois que a guerra começou, muitos roteiros e argumentos sobre espionagem ou intriga internacional foram reescritos para ficarem mais atuais e relevantes; *Garras amarelas* foi um dos poucos que foi *distanciado* da guerra. Era cedo demais para usar Pearl Harbor como pano de fundo para uma peça de entretenimento fantasiosa e pouco séria, então Wallis mudou o alvo dos japoneses para o canal do Panamá. Apesar do título original do filme, *Across the Pacific* [Através do Pacífico], o cargueiro jamais navegou o oceano Pacífico, que dirá cruzá-lo.

Huston começou a rodar o filme em março daquele ano, em uma Hollywood que mudava rapidamente. Dezenas de filmes estavam ganhando vilões japoneses, muitas vezes estereótipos grotescos com dentes desalinhados em sorrisos falsos e gestos exagerados de educação fingida por trás de óculos fundo de garrafa. Mais de um roteiro se referiu a eles como uma raça de macacos ou cães. Eram poucos os atores nipo-americanos atuando em Hollywood, e, após uma ordem presidencial emitida em 19 de fevereiro, a maioria deles estava entre os 100 mil cidadãos americanos encaminhados para detenção prolongada em campos de internação. Para substituí-los, muitas vezes os estúdios usavam artistas sino-americanos ou atores brancos com maquiagens absurdas. Huston fora capaz de evitar estereótipos raciais em seus filmes anteriores (o único elogio que *Nascida para o mal* recebera havia sido por uma apresentação rara e excepcionalmente progressiva de um personagem negro). Mas ele parece não ter pensado duas vezes quanto a usar caricaturas antijaponesas; estava mais interessado em manter o tom bem-humorado e enérgico. O primeiro rascunho do roteiro, enviado em janeiro, terminara com um reconhecimento explícito e perturbador do dano sofrido por Pearl Harbor. Quando o personagem de Bogart fita no céu "uma imensa frota de aviões japoneses", ele diz "com tom sombrio": "É agora. Chegamos tarde demais. Todos chegamos tarde demais. [...] Os japas são como um anãozinho provocando um cara enorme. O anãozinho pega uma garrafa. Pode dar certo, mas, quando ele a jogar, é bom jogá-la direito. Se errar, o grandão enfim o levanta do chão e o joga pela janela".

Após uma "salva de explosões incrível", a heroína do filme responde: "Acho que o anãozinho não está errando".

Huston ainda não estava de uniforme, mas tratou *Garras amarelas* como seu primeiro trabalho de propaganda. Descartou essa última cena e a trocou por uma conclusão mais simples e otimista. Sua versão do filme termina em 6 de dezembro de 1941; os japoneses, ao menos nessa história em particular, sofrem uma derrota clara, enquanto o colaboracionista interpretado por Greenstreet tenta cometer haraquiri e Bogart diz ao inimigo: "Vocês estão querendo uma guerra, não é? [...] Vocês podem tê-la começado, mas nós vamos terminá-la".

Se grande parte de *Garras amarelas* parece feita às pressas e de qualquer jeito, talvez seja porque Huston já estava de saída durante as filmagens. O Exército lhe concedera um diferimento de sessenta dias para fazer o filme, mas, mesmo com um cronograma apertado, ele não teve tempo de terminar. Quando chegaram suas ordens para se apresentar, Huston jogara o envelope no lixo achando que fosse correspondência de mala direta, e só depois descobriu que devia estar em Washington para servir como tenente no dia 29 de abril.[33] Quando ficou claro que ele não poderia rodar a cena de ação do clímax do filme o estúdio convocou um de seus diretores secundários mais confiáveis, Vincent Sherman, para os últimos dez dias de filmagem. Huston gostava de dizer que havia deixado o personagem de Bogart amarrado a uma cadeira e cercado por agentes inimigos e dito a Sherman: "Você que se vire". Mas Sherman lembra que foi uma transição tranquila motivada por razões mais complicadas. "Não acredito que o Exército não vai permitir que ele termine o filme", disse a Jack Warner, que respondeu: "O coitado está com outros problemas. A mulher dele entra por uma porta enquanto Olivia de Havilland sai por outra, e às vezes ele não sabe o que está fazendo. [...] Assuma amanhã de manhã". Para Sherman, Huston sabia que as revisões apressadas feitas após 7 de dezembro haviam resultado em um roteiro inferior, e, "sob a pressão emocional da confusão romântica, usou o Exército como desculpa para fugir".[34] Quando o serviço na ativa começou, talvez desconfiando de que seu casamento estava prestes a acabar, Huston deu o nome do pai, não da esposa, como parente mais próximo.[35]

Ao se despedir do amigo, Wyler se sentiu mais afastado da ação do que nunca. Schlossberg continuava a lhe dizer que o Corpo de Sinaleiros não tinha lugar para ele. Cada vez mais colegas seus estavam agora de uniforme em Washington, e mesmo os que permaneceram em Hollywood contribuíam para o esforço de guerra trabalhando em um estilo novo pós--Pearl Harbor, que, de repente, podia tornar *Rosa de esperança* irrelevante antes mesmo da estreia. A Fox havia acabado de lançar *Defensores da bandeira*, um drama de recrutamento para os Fuzileiros Navais; a Paramount começara a produção de *Nossos mortos serão vingados*, o primeiro filme a exibir soldados americanos em combate contra os japoneses; e a Warner Bros. estava desenvolvendo *Águias americanas*, de Howard Hawks, um dos primeiros filmes a retratar um pelotão. Wyler já não conseguia esperar mais. Quando Frank Capra lhe apresentou uma ideia para um documentário, ele aceitou na hora. O trabalho lhe permitiria sair do controle de Schlossberg, e ele não precisaria esperar uma convocação para começar. Wyler se despediu de Talli e, quatro dias após o nascimento de sua segunda filha, fez as malas e partiu para Washington.

OITO

"Vai ser um problema
e uma batalha"

WASHINGTON, MARÇO A JUNHO DE 1942

Os sete homens que haviam sido solicitados a aguardar Frank Capra no gabinete improvisado do Archives Building de Washington, D.C., não sabiam exatamente o motivo da convocação. A mensagem do telegrama que Capra enviara a eles e seus estúdios era uma mistura de pedido e ordem: eles precisariam passar um mês na capital a fim de trabalhar. Os homens pararam o que estavam fazendo e partiram. Para Julius Epstein e o irmão, Philip, tratava-se de se afastar temporariamente do roteiro que eles estavam escrevendo para *Casablanca*, para grande contrariedade de Jack Warner. O estúdio "ficou bastante irritado conosco", disse Julius mais tarde. "Mas com certeza a gente sentia que precisava ir."[1] Os outros estavam envolvidos com trabalhos menos portentosos e ficaram felizes de abandoná-los — de que adiantava se esfalfar em *O homem do perigo* ou *Butch Minds the Baby* [Butch cuida do bebê] quando se podia estar, se não na linha de frente, pelo menos o mais perto possível para roteiristas de meia-idade? Ninguém rejeitou o chamado de Capra. Nem sequer reclamaram que tudo que receberiam pelas quatro semanas seguintes seria hospedagem gratuita e vinte dólares por dia.[2]

"Vocês todos já ouviram o que falam de mim em Hollywood", disse Capra aos homens, que jamais haviam trabalhado com ele até então. "'Ele não consegue dizer o que quer, mas vai saber assim que o vir.' Isso é basicamente verdade." Capra citou uma de suas cenas mais famosas — o momento sem diálogo em *Aconteceu naquela noite* em que Claudette Colbert ensina Clark Gable a conseguir carona subindo a barra da saia, ajeitando a meia e exibindo um pouco a perna. "Esse é o tipo de coisa que eu quero que vocês me apresentem ao transformar estas palestras em filmes de treinamento. Quero que transformem palavras em imagens."[3]

Capra deixou claro que acompanharia todos os aspectos da série de filmes-palestras de história que o general Marshall encomendara. Quando um roteirista comentou, com humor, "Então somos males necessários?", Capra respondeu que eram exatamente isso.[4] Ele esperaria roteiros de vinte páginas para dali a uma semana ou dez dias, cada um baseado em um momento diferente, de modo que, em sequência, compusessem um guia cronológico para os soldados desde a invasão japonesa na Manchúria em 1931 até Pearl Harbor.[5] Quando os roteiristas terminassem, deveriam ler os textos para Capra em voz alta, a única maneira de saber, segundo o diretor, se as narrativas eram claras o suficiente para que até uma criança entendesse. A perspectiva que ele queria para os filmes era simples: os americanos estavam lutando por um mundo livre; Hirohito e Hitler, por um mundo escravo. O soldado que ele imaginava sentado no refeitório e assistindo ao filme projetado sobre um lençol "tinha 18 anos quando foi arrebanhado e recebeu um uniforme, era muito desinformado", disse Capra mais tarde. Ele acreditava que uma versão simples "preto no branco" da história era "a única forma de fazer sentido para um cara naquela situação. Se você der um monte de 'por outro lado', vai deixá-lo completamente confuso".[6]

Naquela reunião, Capra pediu que os homens se oferecessem para segmentos distintos — a Guerra Sino-Japonesa, a anexação da Áustria, a Batalha da Inglaterra, a queda da França. Quando um roteirista chamado Julian Shapiro — que havia mudado o nome para John Sanford a fim de conseguir trabalhar com cinema — disse que tinha interesse em escrever um segmento sobre o front russo, Capra dispensou os outros e o fez ficar. "Tem algo", perguntou Capra, preocupado, "que possa impedi-lo de prestar o Juramento de Cidadania?" Sanford disse que não, e Capra lhe passou a tarefa.[7]

A inquietação de Capra talvez contivesse algum nível de tribalismo antiquado. Os roteiristas que ele recrutara eram quase todos judeus, além de esquerdistas inveterados de visão política diametralmente oposta à de Capra desde os dias da Guerra Civil Espanhola. "Ele era um grande franquista e sempre achou que nós defendíamos os radicais", comentou Leonard Spigelgass, um dos roteiristas. "Era isso que o matava."[8] Mas Capra também estava tentando incutir neles a seriedade da missão, que ele acreditava ser crucial para o começo do esforço de guerra. Seu fervor era contagiante; os roteiristas começaram a trabalhar imediatamente. Ainda sem escritórios oficiais para o projeto, Capra tomou posse de algumas baias desocupadas na Biblioteca do Congresso para sua equipe,[9] e ficava disponível quase 24 horas por dia, sete dias por semana, para conversar sobre abordagens, pendências ou questões de história. Diversas noites, ele convocava a equipe para um jantar em grupo a fim de ser informado sobre o andamento dos trabalhos.

O sentimento de urgência de Capra era real; nos primeiros meses da guerra, ele acreditava, assim como muitos americanos, que um ataque à Costa Oeste era iminente e não havia tempo a perder. Mesmo dizendo a Lucille que logo "começaria a pensar a sério se você devia vir para cá", ele a advertiu sobre os ataques aéreos e avisou que, "se acontecer alguma coisa, ponha as crianças nos carros e vá para San Bernardino, e depois para o Arizona ou para Reno".[10] Contudo, a princípio ele acompanhava o trabalho dos roteiristas com irreprimível entusiasmo. "Eu os chamo de meus sete anões", celebrou Capra. "Mandei para eles uma estenógrafa chinesa que eu chamo de Branca de Neve de Olhos Puxados. Eles ainda trabalham para burro. [...] Um dia desses, vou ficar doente de propósito para poder dormir até umas oito horas."[11]

O bom humor acabou algumas semanas depois, quando Capra viu os roteiros. "Fiquei horrorizado", escreveu ele em sua autobiografia, *The Name Above the Title* [O nome acima do título]. "Aconteceu algo inesperado e nada divertido [...] os contornos estavam repletos de propaganda comunista."[12] Considerando os poucos rascunhos iniciais que ainda existem dos textos, essa conclusão parece, em grande parte, fruto da imaginação de Capra. O mais provável era que a série de debates políticos acalorados noite adentro que ele havia mantido com um grupo de roteiristas que não escondiam suas inclinações ideológicas tivesse reavivado o mesmo medo que ele expressara no set de *A mulher faz o homem* — o medo de que sua

"VAI SER UM PROBLEMA E UMA BATALHA"

própria falta de sofisticação política permitisse a um roteirista incluir mensagens pró-comunismo sem que ele percebesse ("Frank achava que *tudo* estava cheio de propaganda comunista", reclamou depois Spigelgass).[13] De qualquer forma, não havia discussão; imediatamente, Capra enviou todos eles, exceto um, de volta a Hollywood, dizendo-lhes que, embora pessoalmente não tivesse nenhum problema com o trabalho produzido, receava que a comissão de Dies usasse qualquer indício de simpatia vermelha para retirar os fundos da iniciativa toda antes mesmo de ele começar.[14] Ele descartou os roteiros e começou a negociar com os estúdios um novo grupo de roteiristas.

Capra depois lembrou que esses primeiros esboços "aniquilavam nossa autoconfiança", mas memorandos da época demonstram que ele tratou cada episódio não como um obstáculo, mas como motivação para elaborar um plano ainda mais grandioso. No começo de março, sob a supervisão do general Osborn, ele começou a desenvolver uma proposta abrangente para realizar um conjunto de filmes de propaganda — dos quais 52 seriam produzidos até o final de 1943. Além das adaptações que substituiriam as palestras aos soldados, a lista do que ele chamava de "filmes de orientação" incluiria outras duas séries contínuas — *Know Your Allies* e *Know Your Enemies* [Conheça seus aliados e Conheça seus inimigos] —, um programa de filmes de treinamento para candidatos a oficial, um projeto para fotografar todas as palestras do Escritório de Relações Públicas, e um filme informativo quinzenal das Forças Armadas concebido para "manter nossos soldados atualizados sobre os acontecimentos no mundo". Ele pediu dinheiro não só para importar mais roteiristas de Hollywood, mas também para trazer diretores, editores e assistentes de produção. Quando sua solicitação para que o Exército disponibilizasse um escritório ficou emperrada na burocracia do Departamento de Guerra, Capra simplesmente ignorou seus superiores e fechou um acordo com o Departamento do Interior para usar o espaço desocupado em uma torre de resfriamento de um dos edifícios deles.[15]

Capra convenceu Osborn a pedir um orçamento inicial de 400 mil dólares — na época, cerca de um terço do custo de um filme modesto em Hollywood — para financiar toda a série de filmes que "contaria às Forças Armadas os porquês e por ondes desta guerra", observando que Marshall havia enfatizado "a urgência de se dizer aos soldados contra quem estamos lutando e por quê". A dimensão do plano de Capra, que ele elaborou quase todo por conta própria, era imensa. Seus instintos de competição haviam sido instigados pela indiferença com que Schlossberg o tratara quando ele chegara a Washington, e, agora que trabalhava sob as ordens de Marshall e Osborn em vez da autoridade do Corpo de Sinaleiros, Capra sentia que tinha algo a provar. "Tenho problemas de orçamento. Você nem imagina a dificuldade que é conseguir permissão para gastar um dólar", disse a Lucille. "Apresentei a eles alguns planos impressionantes. [...] Se conseguir aprovação para o plano que estou pensando, aí sim vai ser ótimo. Zanuck e o Corpo de Sinaleiros vão ser ofuscados, e eles sabem disso, então vai ser um problema e uma batalha."[16]

Uma das ideias mais significativas de Capra foi designada para Wiliam Wyler — um documentário descrito na proposta geral de Osborn como "um filme sobre o 'Esforço de Guerra Negro' para mostrar [...] as contribuições dos negros para esta guerra, para mostrar ao negro que esta guerra é dele, não uma 'guerra de brancos', para provar que não é uma 'guerra de raças'". Osborn acrescentou que "a necessidade de tratar o problema de forma criteriosa é óbvia",[17] e Capra achava Wyler a escolha certa para o trabalho. Em uma época em que os filmes de Hollywood ainda se aproveitavam de lugares-comuns raciais descarados de forma rotineira, exibindo personagens negros apenas como figuras servis, ineptas, "atrevidas", preguiçosas ou cômicas e infantis, ele era um dos poucos diretores de renome que sempre evitava estereótipos. Mesmo quando seus filmes exibiam criados negros, como em *Pérfida*, ele foi elogiado por encontrar o que a *New Republic* chamou de "aquele raro equilíbrio de humor e dignidade que tantos filmes e peças [...] tentam atingir, mas acabam virando meros clichês".[18]

Capra e Osborn sabiam que, se um documentário sobre negros nas Forças Armadas fosse bem recebido, os efeitos poderiam ser saudáveis tanto para espectadores brancos quanto negros. Em Hollywood, Lowell Mellett logo começaria uma campanha prolongada em nome do governo para convencer os estúdios a aumentar a visibilidade dos negros nos filmes; ele incentivou os cineastas a inseri-los sempre que possível em cenas de multidões, em arquibancadas de estádios, em lojas, restaurantes e hotéis, e nas calçadas, como presenças ao fundo. O Escritório de Informação de Guerra (OWI) acreditava que, conforme cada vez mais jovens se alistavam, Hollywood poderia ajudar os americanos brancos a se acostumarem a ver homens negros trabalhando em áreas às quais eles não tinham acesso até então. Mas Osborn também sabia que, graças ao racismo opressivo que os negros sofriam diariamente no país, era preciso um apelo direto para conquistá-los. Em uma pesquisa realizada no Harlem no começo da guerra, metade dos afro-americanos consultados afirmou que não imaginava uma vida pior se o Japão ganhasse,[19] e no Sul estava se tornando comum a paranoia de que poderia surgir uma "aliança entre japoneses e negros".[20]

No começo de abril, logo após terminar a edição de *Rosa de esperança*, Wyler ouviu a ideia de Capra e aceitou fazer o filme, empolgado. Ele recebeu liberdade completa — até então, o Exército não tinha praticamente experiência alguma com cinematografia além de encomendar filmes de treinamento de Hollywood, e Capra não tinha tempo ou cabeça para oferecer muita orientação. O primeiro instinto de Wyler foi tentar produzir um roteiro em colaboração com Lillian Hellman. Mas o texto de argumento que ela concebeu era mais incendiário do que o Exército pretendia: um colóquio entre um vendedor de jornal negro de treze anos e um soldado negro chamado John, ambientado na noite da luta pelo campeonato de pesos-pesados com o "soldado Joe Louis". A ideia de Hellman era oportuna — Louis se tornara um herói nacional e símbolo de força antinazista após derrotar o alemão Max Schmeling em 1938, e em janeiro de 1942, após um evento beneficente para a Sociedade de Assistência à Marinha, ele se alistara, dizendo: "Vamos pegar os japas". Sua admissão foi anunciada em todos os cinejornais, e seu rosto estampou cartazes de recrutamento em cidades cuja população tinha grande contingente de negros. Foi sugestão de Hellman fazer o garoto reclamar que, ao doar parte do prêmio do campeonato para famílias de militares, ele estava ajudando um país que não se importava muito com o destino de pessoas parecidas com ele. Então Hellman fazia o soldado explicar ao rapaz que Louis conseguia se "elevar acima do rancor" e que estava se alistando para lutar não "pelo que é ruim, [mas] pelo que é bom agora, e pelo que talvez fique melhor". "O que é ruim" nos Estados Unidos ficava explícito no roteiro dela, incluindo imagens de jornais com manchetes como "Vizinhos brancos negam moradia a inquilinos negros".[21]

Hellman queria que Paul Robeson aceitasse fazer o papel do soldado, mas ela e Wyler não haviam conversado sobre a orientação do filme, e quando o diretor lhe contou que pretendia filmar um documentário, não uma dramatização, ela abandonou o projeto. Em busca de um argumento que lhe parecesse mais autêntico, Wyler recrutou um roteirista negro chamado Carlton Moss para, junto com ele e o dramaturgo Marc Connelly (cuja peça *The Green Pastures* [Os pastos verdes], que lhe rendera o Pulitzer, fora exibida com o primeiro elenco totalmente negro da Broadway), desenvolver uma nova proposta.

Em maio, Capra concedeu a Wyler permissão para levar seus dois roteiristas a uma viagem de pesquisa por bases do Exército no Meio-Oeste e no Sul; eles iriam para Kansas City; Nova Orleans; Alexandria, na Louisiana; Montgomery e Tuskegee, no Alabama; Fort Benning, na Geórgia; e, por fim, Fort Bragg, na Carolina do Norte, para depois voltar a Washington. A viagem foi desanimadora para Wyler, que descobriu odiar o Sul. A virulência do racismo americano o atingia cada vez que lhes diziam que Moss precisava ocupar um vagão diferente nos trens ou arrumar um quarto em um hotel "para pessoas de cor". Quando eles se reuniram com um grupo de aviadores negros da Força Aérea do Exército na Geórgia, os homens disseram a Wyler que as pessoas da região os odiavam e consideravam "prepotência" o fato de homens negros pilotarem aviões; disseram que viviam com medo constante de sofrer ataques da célula local da Ku Klux Klan.[22]

Wyler estava começando a ficar com o pé atrás quanto a fazer o filme e, quando voltou à capital em junho, perdeu totalmente a disposição. Capra lhe disse que *The Negro Soldier* [O soldado negro] ainda era "prioridade máxima",[23] porém parecia mais interessado não em encomendar um documentário honesto de Wyler, mas em evitar erros cataclísmicos ou representações potencialmente controversas. Seguindo orientações de Capra, pesquisadores do Exército haviam criado um conjunto de diretrizes para o filme que fariam qualquer diretor se sentir como se estivesse atravessando um campo minado; iam do constrangedoramente óbvio ("Evitar estereótipos como a suposta afinidade dos negros por melancia ou carne de porco") ao politicamente pragmático ("Mostrar oficiais de cor no comando de soldados, mas não exagerar o destaque"), chegando ao explicitamente ofensivo ("Diminuir o destaque de soldados de cor de aparência mais negroide" e omitir toda referência a "Lincoln, emancipação, ou qualquer líder racial ou amigo dos negros").[24] Mesmo um estudo recente de 1937 sobre soldados negros realizado pela Escola de Alto-Comando do Exército dos Estados Unidos se referira ao recruta negro típico como "dócil, administrável, tranquilo, despreocupado e simpático", mas também "descuidado, preguiçoso, irresponsável e dissimulado. [...] Ele é imoral, insincero, e seu conceito de retidão é relativamente inferior. [...] Ele tem uma natureza musical e uma distinta noção de ritmo".[25] Wyler disse que não tinha interesse em ajudar um governo, que claramente fazia parte do problema, a pintar um retrato feliz da vida dos recrutas negros — até o final de 1942, seriam quase 300 mil — depois que sua viagem pelo país representara uma lição tão sombria sobre o isolamento, a desconfiança e o preconceito que eles precisavam suportar. Com relutância, Capra delegou o filme a outro diretor.

Wyler continuava feliz por estar em Washington; sentia que teria mais chances de convencer o Exército a acelerar sua entrada para a instituição se estivesse lá em pessoa, em vez de ficar enviando telegramas plangentes de Los Angeles. Seu amigo George Stevens ainda estava em Hollywood, impedido de se alistar sem antes terminar seu contrato com a Columbia, mas a maioria dos outros colegas havia ido para o leste. Capra e Ford estavam totalmente ocupados gerenciando feudos concorrentes, um no Exército, o outro na Marinha; Tola Litvak havia acabado de chegar, para trabalhar sob o comando de Capra na Divisão para o Moral; e Huston, cuja convocação correra sem problemas — ao contrário de Wyler —, chegara a Washington um mês antes e já recebera a chance de supervisionar a produção de um curta.

Wyler deve ter invejado o fato de que seu pupilo recebera uma tarefa em tão pouco tempo, mas, na realidade, Huston estava desesperadamente entediado e já se irritando com a autoridade do Exército. Sua viagem a Washington começara com entusiasmo: em abril, Olivia de Havilland se unira à Caravana da Vitória de Hollywood, do diretor Mark Sandrich, um grupo itinerante de astros dedicados a angariar fundos para o Exército e a Marinha que se oferecera para uma turnê acelerada de três semanas por cidades entre

Los Angeles e Washington. Depois que ela terminasse de se apresentar junto a gente como Laurel e Hardy, Charles Boyer, Bert Lahr, Jimmy Cagney e Groucho Marx, e que a Caravana fosse recebida na Casa Branca,[26] ela e Huston pretendiam ter um encontro romântico na capital. Mas, quando chegou a hora, De Havilland precisou voltar à turnê e seguir para San Francisco o quanto antes, e Huston, que imaginara que o Exército o colocaria atrás de uma câmera imediatamente, viu-se sozinho, examinando tabelas e protocolos em um uniforme incômodo, dentro de um escritório abafado.

"Passei semanas e semanas sem fazer nada", disse ele. "Deus, como fazia calor. Implorei que me enviassem para onde as coisas estavam acontecendo — China, Índia, Inglaterra. Mexi pauzinhos sem sucesso. Parecia que eu ia assistir à guerra de trás de uma escrivaninha."[27] Quando Huston foi convocado, o oficial de alistamento observara que ele era "enérgico, capaz, inteligente", mas alertou que também era "egocêntrico" e tinha uma "personalidade peculiar".[28] O Departamento de Guerra agora parecia determinado a subjugá-lo; a única coisa com que o Exército se importava, aparentemente, era se Huston estava de paletó o tempo todo. O diretor se encontrava à beira das lágrimas quando contou a Litvak como estava infeliz. Capra o mandou em uma viagem rápida de volta a Hollywood para acompanhar a produção de um curta sobre a construção de um avião de bombardeio B-25 — "um filme de propaganda", disse Huston, "para fazer as pessoas oferecerem seus serviços e construírem aviões, e para [...] mostrar que o que elas estão fazendo é ótimo".[29] Isso pode ter elevado o ânimo delas, mas não fez nada pelo de Huston, especialmente quando ele se deu conta de que, na prática, Capra apenas inventara essa tarefa para que ele se ocupasse com algo.

Entretanto, a chegada de Wyler à capital se mostrou muito oportuna. Ele tinha expectativas modestas quanto à recepção de *Rosa de esperança*; quando Lillian Hellman saiu de uma exibição-teste enxugando lágrimas e Wyler lhe perguntou o motivo do choro, ela respondeu, aos soluços: "Porque é uma baita porcaria, Willy! Você devia ter vergonha! É tão aquém do seu talento".[30] Mas, quando o filme estreou em 5 de junho, o impacto foi sísmico. O *New York Times* o chamou de "o melhor filme jamais feito sobre a guerra" e o primeiro a "cristalizar [seu] efeito cruel [...] para um povo civilizado" e perguntou se era "cedo demais para dizer que esse é um dos melhores filmes de todos os tempos".[31] A *Time* chamou o filme de "aquele feito quase impossível, um grande filme de guerra que fotografa o sentido íntimo, em vez do realismo externo da Segunda Guerra Mundial", e reconhecia a "perseverança e o talento" do diretor "parrudo, de fala delicada e cabelo fino", lamentando o fato de que ele não ganhara sequer um Oscar.[32] O tom do *New York Post*, que afirmou que o filme era "tão bem-feito que brilha com uma luz interior verdadeiramente inspirada",[33] refletia a quase reverência com que a obra foi recebida não apenas como produção cinematográfica, mas como o que a *Variety* chamou de "uma das peças de propaganda mais fortes contra a complacência" jamais feitas.[34]

Quase de imediato, *Rosa de esperança* se tornou parte da narrativa que o país contava a si mesmo sobre a guerra. Alguns críticos reclamaram de sentimentalismo e manipulação — James Agee achou as fotos do filme que a MGM lhe enviara tão repulsivas que se recusou a vê-lo no cinema durante mais de um ano[35] —, mas logo foram abafados. Mais de uma revista de distribuição nacional reproduziu o texto do sermão do vigário no clímax, e o presidente Roosevelt pediu que a Voice of America o transmitisse na forma de discurso.[36] Nelson Poynter, braço direito de Mellett na divisão de Hollywood do Escritório de Informação de Guerra, apresentou seu primeiro discurso importante aos estúdios uma semana depois da estreia do filme e, instando-os a produzir mais filmes sobre os aliados estrangeiros dos Estados Unidos, fez um apelo para que eles "nos dessem um *Rosa de esperança* da China ou da Rússia".[37] E, de alguma forma, Joseph Goebbels teve acesso a uma cópia; ele descreveu o filme como "uma obra de propaganda exemplar para [a] indústria alemã imitar".[38]

Roosevelt instou a MGM a lançar *Rosa de esperança* o quanto antes e no maior número de salas de cinema possível; depois de um recorde de dez semanas em exibição no Radio City Music Hall, o filme estreou pelo resto do país e se tornou o maior sucesso de bilheteria do ano. O estúdio promoveu uma campanha enorme em que diversos luminares da indústria, incluindo Capra, declaravam que o filme estava entre os dez melhores de todos os tempos.[39] E pela primeira vez Wyler, e não sua atriz principal, foi tratado como astro — a *Time* publicou uma matéria extensa sobre o passado dele e sua infância na Alsácia-Lorena, "sem saber se era francês ou alemão" durante a Primeira Guerra,[40] e o crítico da *Catholic World* escreveu que era uma pena que "a direção de *Rosa de esperança* não tenha sido privilégio de um católico. Talvez Deus tenha escolhido William Wyler como forma de dar o troco pelo antissemitismo".[41]

A recepção de *Rosa de esperança* forneceu um trunfo para Wyler. Em Washington, de repente ele se tornara uma figura de importância nacional, um símbolo do poder de Hollywood de transformar a maneira como o público via a guerra, e seu nome passou a constar de todas as listas de convidados. Certa noite, Sy Bartlett o chamou para uma festa de despedida do general de brigada Carl Spaatz, que estava prestes a seguir para a Europa, onde assumiria o comando da VIII Força Aérea e lideraria o Teatro de Operações Europeu da Força Aérea do Exército. "Quando conversei com ele", disse Wyler, "falei: 'General, não sei aonde o senhor está indo' — o que não era verdade — 'nem o que o senhor fará, mas alguém devia fazer um filme sobre isso'." Spaatz chamou outro general e lhe disse para cuidar de Wyler. "O que você quer? Quer ser major?", perguntou a Wyler. "Achei que ele estava brincando", relembrou o diretor. "Respondi que sim, ele disse tudo bem, e de repente eu era major." Wyler foi submetido a uma avaliação física às pressas na manhã seguinte; os médicos do Exército aceitaram ignorar o tamanho de sua barriga, seus dentes postiços e o fato de que faltavam dias para seu aniversário de quarenta anos. "Ninguém sequer havia me ensinado a bater continência", disse. "Comprei um uniforme para mim e, de repente, estava na Força Aérea."[42]

A transformação de Wyler, literalmente da noite para o dia, era a rara exceção em uma burocracia que, seis meses após Pearl Harbor, quase interrompera o processo de integrar os cineastas de Hollywood às Forças Armadas e levar seu trabalho para os soldados ou para o público geral. "Eu estava ansioso para servir e oferecer meu talento a esta guerra", Capra escreveu para Lucille em maio, "e encontrei uma imensa organização morta impedindo minha atuação."[43] Em meados de 1942, era endêmico o estado de confusão jurisdicional: os cineastas estavam subordinados a Mellett e ao Gabinete de Relatórios Governamentais ou ao Gabinete para a Defesa Civil, administrado por Fiorello La Guardia, ou ao Gabinete de Dados Estatísticos, uma agência de informação coordenada pelo poeta Archibald MacLeish, que dirigia a Biblioteca do Congresso? A Divisão de Informações do Gabinete de Gestão Emergencial estava acima do Gabinete de Coordenação de Informações? Quem supervisionaria a produção de propaganda: o Corpo de Sinaleiros ou a Divisão para o Moral? Ironicamente, enquanto picuinhas territoriais paralisavam cineastas em Washington, os estúdios desfrutavam de um nível de liberdade que jamais teriam imaginado possível no começo da guerra. Como não havia ninguém para lhes dizer o que fazer, eles simplesmente passaram a desenvolver e liberar romances em tempos de guerra, thrillers de espionagem, filmes de batalhas, comédias de caserna e melodramas domésticos; reformularam e atualizaram franquias, transformando Sherlock Holmes e o Homem Invisível em forças antinazistas contra o crime, e cada produtor aprovou roteiros com base nos próprios instintos quanto ao que parecia bom entretenimento, patriótico ou as duas coisas. Quando Roosevelt consolidou a autoridade no Bureau of Motion Pictures [BMP, Escritório de Cinema] do OWI, grande parte dos trezentos filmes inspirados na guerra que os estúdios lançariam em 1942 e 1943 se encontrava em desenvolvimento ou em produção, e, apesar de anunciar no verão uma série de orientações que as obras deveriam seguir, a agência nunca conseguiria acompanhar direito o ritmo dos cronogramas de Hollywood.

Mas, em Washington, Capra viu-se no meio de uma disputa entre a divisão de serviços especiais de Osborn e o Corpo de Sinaleiros, que o dispensara e agora o queria de volta. "É quase um dramalhão", disse ele a Lucille. "Eles achavam que tinham tudo sob controle no que dizia respeito à produção de filmes no Exército. Bom [...] comecei a comprar e roubar e reunir filmes, usando meu nome e minha lábia. Comecei a contratar roteiristas e produzir textos. Arranjei [editores] e fui em frente. [...] Quando eles enfim se deram conta de que eu estava fazendo filmes sozinho, fizeram um escândalo e exigiram que eu lhes entregasse toda a minha organização de 18 pessoas, todos os milhões de metros de filmes que eu tinha extraído, todas as minhas salas de edição e meus equipamentos. Eu devia voltar para a minha mesa e me tornar um mero consultor. [...] Não, Senhor."[44]

Capra escrevera para executivos na Warner Bros. e na Paramount a fim de pedir alguns roteiristas novos para colaborar, e foi atendido. ("Sinceramente", escreveu em resposta o diretor do departamento de relações públicas da Warner, "consideramos toda a nossa estrutura na Warner Bros.

mais uma agência do governo. [...] Todos queremos fazer de tudo para vencer esta luta.")[45] Outros estúdios agiram com mais cautela, avisando Capra de que qualquer tempo que seus roteiristas passassem fora de Hollywood teria de ser acrescentado a seus contratos, iniciando assim uma disputa que produziria consequências duradouras após a guerra. Mas Capra conseguiu seus homens e começou a trabalhar em um novo conceito para as adaptações instrucionais.

Já em 15 de março, Capra deixara vazar para a imprensa que ele trabalhava em uma série de filmes concebidos para mostrar aos americanos "por que eles estavam lutando".[46] Mas foi durante uma viagem de pesquisa a Nova York em abril que sua ideia de como produzi-los começou a tomar forma. Ao longo dos últimos anos, o Museu de Arte Moderna (MoMA) reunira uma coleção vultosa de filmes e cinejornais de propaganda nazista. Não foram difíceis de encontrar. Ainda em meados de 1941, pelo menos um cinema de Yorkville, bairro de Manhattan povoado por uma grande concentração de teuto-americanos, atraía inúmeros simpatizantes da causa nazista para assistir a documentários como *Feldzug in Polen* [Campanha na Polônia] e *Sieg im Westen* [Vitória no Oeste]; os filmes, realizados sob a supervisão de Goebbels, pretendiam promover a posição do Terceiro Reich de que a Alemanha "foi obrigada a se defender seguidas vezes" durante séculos e que o Tratado de Versalhes representava "o estupro da Alemanha". Mediante a aquisição direta de alemães dispostos a vender suas cópias, o museu acumulara imagens suficientes para que Capra pudesse formar uma ideia nítida do que o outro lado estava vendo.

Em meio a essas obras estava *Triunfo da vontade*, do qual o museu detinha uma das duas únicas cópias que na época sabia-se existir nos Estados Unidos.[47] Muitos diretores haviam assistido à obra nos anos 1930, quando Leni Riefenstahl visitara Hollywood, mas Capra não a vira, e em 1942 o filme era considerado tão perigoso que ele precisara de autorização especial do Corpo de Sinaleiros para vê-lo. Quando ele e Litvak saíram da sala de exibição e entraram na West 53rd Street, Capra estava arruinado: "Na primeira vez que vi aquele filme, falei: 'Estamos mortos. Já era. Não temos como vencer esta guerra'".

O abatimento de Capra refletia um momento em que o otimismo americano quanto ao resultado da guerra se encontrava no ponto mais baixo. As Filipinas haviam acabado de cair na batalha de Bataan, um embate de três meses que resultara em 10 mil mortes para os Aliados; 15 mil americanos foram capturados como prisioneiros de guerra. Corregidor, o último foco de resistência das ilhas, seria subjugada em semanas. Tanto no Pacífico quanto na Europa, o inimigo parecia — para muitos — invencível. Enquanto assistia ao filme de Riefenstahl, "dava para ver que os jovens alemães iriam a qualquer lugar, morreriam por aquele cara", disse Capra. "Eles sabiam o que estavam fazendo — entendiam como alcançar a mente. 'Rendam-se ou morram' — é isso o que o filme estava falando para você. Então como enfrentamos isso? Como eu converso com o garoto americano ali da esquina?"[48] Era uma pergunta séria, visto que, mesmo se Capra e Osborn recebessem os fundos que haviam solicitado, ainda assim precisariam produzir todos os filmes que pretendiam a um custo médio irrisório de menos de 20 mil dólares por peça.

Então Capra teve uma ideia que seria responsável por grande parte da força da série *Why We Fight*: ele economizaria e transmitiria sua mensagem se incorporasse o máximo possível de material de propaganda do Eixo, porém com uma narração nova que destacasse o horror das imagens exibidas. "Vamos deixar nossos rapazes ouvirem os nazistas e os japas esbravejarem aquela porcaria de raça suprema deles", disse Capra, "e aí nossos combatentes saberão por que vestiram o uniforme."[49] A ideia não era totalmente original; dois anos antes, um documentário respeitado chamado *The Ramparts We Watch* [Os baluartes que observamos], realizado pela produtora de cinejornais The March of Time, reaproveitara de forma semelhante um filme pró-nazismo intitulado *Feuertaufe* [Batismo de fogo]. Mas Capra estava eletrizado pelo que ele percebia como uma oportunidade para fazer a cinematografia nazista se voltar contra si mesma. E essa nova estratégia lhe permitiria também explorar o que Osborn definira como uma "mina de ouro"[50] de filmes japoneses, alemães e italianos confiscados pelo Departamento do Tesouro.

Capra encontrou em um dos novos recrutas de sua unidade aquele que talvez viesse a ser seu braço direito mais estimado. Eric Knight era um propagandista inusitado; imigrante da Inglaterra, até pouco tempo antes ele trabalhara exaustivamente como crítico de cinema para um jornal pequeno da Filadélfia e, com menos sucesso, como roteirista contratado pela

20th Century Fox. Em 1941, escrevera um romance intitulado *This Above All* [Isto acima de tudo], uma história comovente que, como *Rosa de esperança*, retratava a coragem britânica durante a guerra, e a obra chamou a atenção de Capra. O diretor enviou um telegrama a Knight com um pedido conciso: "Produzir importante série filmes informativos para Forças Armadas. Sua experiência & talento seriam preciosos para nós. Favor ligar a cobrar para mim Departamento de Guerra 6700 Ramal 5208 ou posso marcar reunião em Washington ou Nova York".[51]

Foi, conforme Capra diria mais tarde, "amor à primeira vista. Knight possuía todos os talentos que podiam ser comprimidos em um mesmo escritor: sagacidade, compaixão, sensibilidade, estilo intrigante e um amor enorme pelos seres humanos".[52] Embora tivesse exatamente a mesma idade de Capra — 44 anos —, parecia conter uma ou duas gerações a mais de conhecimento e sabedoria; fora capitão do Exército nos anos 1920 e já era avô. E, ao contrário de alguns homens da unidade de Capra, Knight não sentia a menor hesitação quanto a dizer ao diretor exatamente o que pensava. Quando Capra lhe pediu para avaliar os esboços que sua nova equipe de roteiristas fizera ao revisar os textos descartados, ele respondeu com uma carta acalorada de oito páginas com espaçamento simples. "O senhor me pediu para ler os roteiros, e fiquei nisso a noite inteira", começou ele. "O que tenho a dizer sobre eles eu sei que o senhor aguenta. Aqui não é Hollywood, e o senhor é um dos caras menos Hollywood do jogo. [...] Enfim, é o que para mim é verdade e é a única forma como eu sei escrever, e é por isso que sofri um inferno de oito meses na Fox. Os roteiros são muito bons. E, cara, essa é a coisa mais desgracenta que se pode dizer de qualquer questão do mundo. Porque os filmes vão ser vistos por um exército que não pode ser 'muito bom'. Tem que ser o melhor exército lutador desta guerra, desgraça. E o senhor não é um produtor e diretor 'muito bom'. Neste momento da existência, o senhor é o melhor cara de cinema vivo nesta terra verde. E esses filmes têm que ser os mais perfeitos já realizados."

Knight achava que os roteiros eram áridos, factuais e informativos ao ponto do tédio, e que careciam desesperadamente de uma retórica inflamada e um tema coeso. Um roteirista que os assumisse precisaria, disse ele, "amarrá-los todos em uma unidade forte" na qual o objetivo fosse "convencer todos os soldados do exército até o bico dos coturnos de que esta é uma guerra JUSTA [...] O mesmo viés precisa ser martelado, martelado, martelado. Sinto muito se pareço intenso, mas [...] estamos lutando uma maldita de uma guerra pela existência, e Deus sabe que temos de combatê-la com filmes. [...] Os textos que eu li não têm essa unidade. [...] Muitas vezes me parece que os homens que os escreveram estavam relacionando fatos brutos e não davam grande importância para o modo como o público receberia esses fatos. Caramba, isso não basta". Em seguida, ele incluiu comentários página a página sobre todos os roteiros, e então concluiu: "Dane-se. Estou cansado. Espero que o senhor não pense que sou um babaca prezunçoso [sic]. [...] Foi ótimo conhecê-lo. O senhor é excelente, como sempre soube que devia ser para fazer filmes como os seus".[53]

Capra havia pedido que Knight elaborasse um rascunho de roteiro para um filme da série *Why We Fight* sobre a Batalha da Inglaterra, mas ficou tão impressionado pela paixão e minuciosidade dos comentários dele que, após ler a carta, fez de Knight o roteirista-chefe *de facto* de todo o projeto. Capra pretendera levar o primeiro filme, *Prelúdio de uma guerra*, ao público até maio, prazo já estourado. Mas agora a série contava com um conjunto nítido de objetivos para serem propostos a Mellett: ele explicou que os filmes seriam dedicados a "deixar claro quais eram as metas implacáveis do inimigo, promover a confiança na capacidade de vitória de nossas Forças Armadas, mostrar claramente que estamos lutando pela existência de nosso país e pela liberdade de todos nós, mostrar claramente que perderíamos nossa liberdade se perdêssemos a guerra, [e] deixar claro que levamos a luz da liberdade".[54]

Depois de enunciar esses princípios fundamentais, Capra listou ainda alguns objetivos secundários que viriam a ser considerados dispensáveis, incluindo uma exposição dos "males econômicos" do Terceiro Reich e uma defesa de "maior compreensão entre nações e povos". Mas Mellett aprovou o plano, e em 6 de junho de 1942 foi emitida uma determinação que estabelecia o 834º Destacamento do Serviço Fotográfico de Sinaleiros, Divisão de Serviços Especiais, Seção de Produção de Filmes. Capra estava encarregado de oito oficiais (contando com Wyler, que acabava de ser convocado) e 35 graduados; ao final de 1943, estaria a cargo de 150 homens.[55] Era, naquele momento, o propagandista americano mais importante da guerra.

Mas logo seria eclipsado por um rival de longa data. No dia em que a determinação foi emitida, John Ford se encontrava a mais de 9 mil quilômetros de distância em um navio da Marinha, recuperando-se de ferimentos que sofrera no dia anterior. Ele acabara de filmar a Batalha de Midway.

NOVE

"Só sei que não sou corajoso"

MIDWAY E WASHINGTON, JUNHO A AGOSTO DE 1942

Não foi ideia da Marinha enviar John Ford a Midway. No fim de maio, o almirante Chester Nimitz chamou o diretor para lhe dizer que, em breve, diversos cinegrafistas da Fotografia de Campanha seriam necessários para documentar uma missão no Pacífico que ele qualificou de "perigosa", mas não descreveu em detalhes; ele pediu que Ford identificasse e escolhesse alguns homens bons para a tarefa.[1] O trabalho do diretor no ataque de Doolittle agradara a Marinha, mas ele fora convocado para servir, sobretudo, como um administrador de alto nível, não um cineasta móvel de guerra. Duas semanas antes, Bill Donovan lhe enviara uma carta oficial encarregando-o de "exercer total responsabilidade" pela Fotografia de Campanha em Washington, conferindo-lhe autoridade para administrar a folha de pagamentos, obter escritórios e equipamentos e aprovar quaisquer viagens que julgasse necessárias.[2] A unidade de Ford já possuía mais de cem homens e um orçamento anual disponível de um milhão de dólares — mais do que o dobro de dinheiro que Capra podia gastar.[3] E, enquanto Capra reclamava repetidamente que, muitas vezes, precisava obter a aprovação de até duas dúzias de departamentos diferentes para uma única solicitação, Ford respondia quase que apenas a Donovan, que lhe dava carta branca.

Ao ouvir o pedido de Nimitz, Ford imediatamente se ofereceu para a missão sem saber qual era nem onde seria. Nimitz lhe disse para fazer uma mala e ir a Pearl Harbor, onde Ford embarcou em uma lancha que o levaria a um contratorpedeiro que seguiria rumo ao oeste. Alguns dias e 8 mil quilômetros depois, o navio se juntou a uma flotilha de lanchas torpedeiras, embarcações baratas com casco de madeira e armadas com torpedos que eram tão rápidas e eficazes que os japoneses passaram a chamá-las de "barcos demoníacos". O contratorpedeiro os reabasteceu e continuou rumo a oeste, e Ford começou a se perguntar se o horizonte lhe reservava algo muito mais importante do que a provocação do ataque de Doolittle.[4]

O atol de Midway fazia parte de um aglomerado de ilhotas controladas pelos americanos no norte do Pacífico, aproximadamente no meio da distância entre o litoral da Califórnia e Tóquio. A importância estratégica do atol era evidente no próprio nome.* Desde Pearl Harbor, a Marinha sabia que os Estados Unidos jamais venceriam a guerra no Pacífico se não mantivessem o controle sobre as ilhas para usá-las como ponto de reabastecimento para suas aeronaves. Ciente de que era inevitável um ataque japonês em Midway, a Marinha havia se preparado desde abril para uma batalha de grandes proporções, algo de que Ford nem quase ninguém a bordo do contratorpedeiro sabia. Quando o navio chegou a Midway, Ford — sob a crença de que a Marinha queria que ele produzisse um documentário sobre a vida em um posto avançado remoto — começou a fotografar os areais desolados da ilha, os albatrozes e as gaivotas, assim como a base naval, as lanchas torpedeiras e as tropas de homens sorridentes e brincalhões, elaborando o que ele chamou de "uma história pictórica de Midway", sem se preocupar com o que estivesse por vir. "Vim aqui para uma visita rápida", escreveu para Mary poucos dias antes do ataque. "Este lugar é incrível. Realmente fascinante [...] a comida é deliciosa, a melhor que já vi na Marinha.[5]

"Acho que na hora tinha algum relato de que havia ação iminente", lembrou ele. "Mas [...] eu achava que não ia chegar a nós. Então [...] passei umas doze horas por dia trabalhando, aproveitei bem lá."[6]

Ford finalmente descobriu o que o aguardava duas noites antes do começo da batalha. Na noite de 2 de junho, o capitão Cyril Simard, co-

---

* Em inglês, "midway" significa literalmente "meio do caminho". (N. T.)

mandante da base aérea naval, disse-lhe que recebera um informe de inteligência de que havia uma ofensiva grande de "Zeros" — as aeronaves japonesas de longo alcance que a Marinha Imperial enviara a Pearl Harbor — planejada para o dia 4 de junho, e que os homens de Midway estavam prontos para revidar com aviões, lanchas torpedeiras e contratorpedeiros, e com fuzileiros no solo.

Simard sugeriu que, na manhã do ataque, Ford se posicionasse no terraço da central elétrica da ilha principal. Ford concordou, respondendo: "É um bom lugar para pegar imagens". Para sua surpresa, Simard não tinha qualquer interesse nos planos de filmagem de Ford; o importante era que o terraço da central elétrica possuía telefones em condições de uso. "Esqueça as fotos o máximo possível", disse ele a Ford. "Quero uma descrição precisa do bombardeio. Acredito que seremos atacados."

Ford testou seu equipamento naquela noite. No dia seguinte, o capitão Francis Massie Hughes, um grande amigo, levou-o em uma missão de reconhecimento aéreo, afirmando "Bom, parece que vai ter um pouco de problema lá" e murmurando a Ford: "Você e eu somos de qualquer forma velhos demais para esta guerra". A postura tranquila, sóbria, quase casual dos dois oficiais e dos jovens marinheiros e aviadores nos dias que antecederam o ataque impressionaram Ford e o comoveram profundamente. Segundo ele, havia pouca baderna e fanfarronice; na realidade, "eram as pessoas mais calmas que já vi". Conforme ele e Hughes cruzavam as nuvens no céu, viram aviões japoneses ao longe e anunciaram a posição a Nimitz. "Fiquei fascinado com o ar indiferente que todo mundo assumiu", disse Ford, "como se eles tivessem vivido aquele tipo de coisa desde sempre."

Por volta de seis e meia da manhã do dia 4 de junho, Ford e seus homens se agacharam no terraço de concreto. Estavam equipados com câmeras Eyemo e Bell & Howell de dezesseis milímetros e centenas de metros de filme colorido Kodachrome. Ford enviara um jovem tenente chamado Kenneth Pier para o porta-aviões USS *Hornet*, posicionado nas proximidades, mas, para trabalhar com ele na ilha, escolhera Jack Mackenzie Jr., de 24 anos, que fora aprendiz de câmera na RKO e ajudara o diretor em *O ataque a Pearl Harbor*, o projeto de Gregg Toland em Honolulu. Ford gostava de Mackenzie, que tinha mais ou menos a mesma idade que o filho dele; quando pareceu que o rapaz seria transferido para a ilha Wake, Ford interveio para mantê-lo sob os seus cuidados. O jovem estava ansioso para ver ação; ao subir a escada até o topo da torre da central elétrica, sentia que a única proteção de que precisava era o pé de coelho que guardava no bolso. A torre, disse, era "o lugar mais alto de onde eu poderia trabalhar. [...] Dava para ver a ilha inteira sem obstáculos, e até longe no mar. [...] Eu tinha todas as vantagens para conseguir filmar o que quisesse".[7]

Ford e sua equipe começaram a rodar o filme no instante em que a primeira formação do que viriam a ser mais de cem Zeros se aproximava. "Estimei ter visto [...] entre 56 e 62 aviões" ao todo, anunciou. Enquanto filmava, Ford permanecia no telefone, avisando aos oficiais quatro metros abaixo, dentro da central elétrica, sempre que via uma bomba cair ou um avião ser abatido. Os fuzileiros, de prontidão na ilha e em lanchas torpedeiras, começaram a revidar o fogo. Ford os viu derrubar três aviões. Zeros voaram baixo para bombardear a pista de voo de Midway, concentrando-se primeiro em uma aeronave de engodo que havia sido posta ao lado de um tanque de combustível vazio para servir de distração e levar os japoneses a desperdiçarem esforço e munição (as aeronaves de verdade haviam sido camufladas nas laterais da pista). E então "começou o inferno [...] o ataque tinha começado para valer".

"Os aviões começaram a cair — alguns dos nossos, muitos aviões dos japas", disse Ford. "Um [Zero] mergulhou, soltou uma bomba e tentou subir, e bateu no chão." O diretor viu os Zeros "bombardearem em picada objetivos como torres d'água. [...] [Os aviões japoneses] atingiram o hangar logo no começo". Ford estava com a câmera apontada para a construção quando "um Zero passou uns quinze metros acima dela e lançou uma bomba e [...] o negócio inteiro explodiu. O lugar que eu estava guarnecendo, a central elétrica, é evidente que eles tentaram acertar. Acho que contei dezoito bombas".

A última dessas bombas destruiu um canto do terraço e derrubou Ford enquanto sua câmera ainda rodava — o impacto é visível no filme. "Fiquei inconsciente", disse ele. "Só me deixou um pouco abobado." Quando voltou a si um ou dois minutos depois, ouviu recrutas jovens lhe dizendo que seu braço tinha sido ferido; eles queriam tirá-lo do terraço e levá-lo para um lugar menos exposto. "Eles vieram, me fizeram um curativo e disseram: 'Não chegue perto daquele médico da Marinha, nós vamos tomar conta de você [...]' Falando bem debaixo de fogo daquele jeito, foi muito interessante."

Mackenzie também fora derrubado por uma bomba que explodira a seis metros da central elétrica, embora antes disso tivesse dito: "Peguei uma imagem ótima de uma formação de japas vindo na minha direção". Depois desse aperto, ele correu escada abaixo e foi até a frente da torre "para fotografar o resto do combate. [...] O hospital [...] estava destruído e pegando fogo, e o armazém estava todo arrebentado e queimando muito". Enquanto isso, o tenente Pier se encontrava em um avião americano que decolara do *Hornet* e fotografava o combate marítimo-aéreo tanto quanto sua posição lhe permitia.

Ford não estivera exatamente no centro da ação, grande parte da qual transcorreu em uma imensa área no oceano. O telhado da central elétrica servia mais de passagem, e, embora ele se encontrasse em um local perfeito para observar a aproximação dos Zeros, muito do combate mais intenso no atol propriamente dito aconteceu atrás dele, e os embates críticos da batalha estavam longe no meio do mar, muito além do alcance visual de qualquer um na ilha. Mas, tendo sido o primeiro diretor a ir à guerra, Ford sem dúvida estava no lugar certo, na hora certa. A maior parte do combate em Midway aconteceu naquele dia, e três dias depois, quando os incêndios foram apagados e as escaramuças terminaram, os Estados Unidos haviam vencido o que se revelaria a batalha mais importante do Pacífico. Nos meses que antecederam Midway, as histórias que os americanos recebiam em casa nos jornais, no rádio e nos cinemas eram de nobres derrotas — jovens combatentes americanos resistindo o máximo possível em Wake, Bataan ou Corregidor, tentando arranjar para a Marinha o tempo desesperadamente necessário para reconstruir a esquadra após Pearl Harbor. A bravura deles era medida pela quantidade de dias ou semanas que eles conseguiam manter suas posições até o momento inevitável em que a Marinha japonesa os superasse em números e poderio, e essas histórias logo seriam contadas em quase uma dúzia de filmes de Hollywood.[8] Midway trouxe para o país a notícia excelente não só de uma vitória, mas de uma virada de jogo. A Marinha perdera 150 aviões e mais de trezentos homens, mas as baixas japonesas chegaram a milhares, e os Estados Unidos haviam destruído quatro dos seis porta-aviões do Japão, um deficit do qual a Marinha Imperial jamais se recuperou.[9]

A importância de Midway ficaria evidente uma semana depois, mas, imediatamente após o primeiro dia da batalha, Ford estava abalado até a alma. Ele vira um piloto americano saltar do avião e perder o paraquedas pelos tiros de um metralhador japonês. "O garoto caiu na água, e o japa disparou de um lado para o outro no ponto onde ele caiu, até afundar o paraquedas", disse o diretor. "Só lamentei para Deus que queria ter conseguido tirar uma foto daquilo." Mackenzie, que não sofrera ferimentos, passou os dias após a batalha "fotografando um registro da destruição, e só se interrompia quando chegavam pequenos botes infláveis trazendo unidades de resgate com homens feridos e exaustos que haviam estado à deriva".[10]

A notícia da vitória que eles haviam conquistado chegou aos homens de Midway de forma fragmentada; naquele instante, as perdas americanas pareciam muito mais imediatas e reais na ilha. Ford viu rapazes, que apenas um ou dois dias antes haviam demonstrado tanta tranquilidade e confiança, serem depositados em macas ou sacos fechados. Durante a preparação para a batalha, ele passara tempo com um grupo específico, filmando os homens — a maioria com pouca experiência, e alguns recém-saídos da adolescência — na 8ª Esquadrilha de Torpedeiros. As câmeras os haviam capturado sozinhos e em pares, brincando, fazendo caretas, posando orgulhosos diante de seus aviões no *Hornet*, rabiscando rostos ou advertências para os japoneses com giz nos torpedos. No dia da batalha, eles tinham sido os primeiros a avançar sobre os porta-aviões do Japão, e o fizeram sem qualquer escolta. Os japoneses os abateram em minutos. Dos trinta homens na esquadrilha, 29 estavam mortos ou desaparecidos. O único sobrevivente, um jovem segundo-tenente chamado George Gay, viu seus companheiros caírem enquanto ele próprio se escondia sob o assento de seu avião no mar, mantendo apenas o nariz e a boca fora d'água, na esperança de que os japoneses achassem que fossem apenas destroços.*[11]

"Na verdade eu sou um covarde", disse Ford depois. "Coragem é algo que, não sei, é bem difícil de achar [...] Só sei que não sou corajoso. Ah, você vai lá e faz alguma coisa, mas, depois que acaba, seus joelhos começam a tremer."[12] A bravura dos rapazes que ele vira seguir para a batalha, muitos

---

* A história da 8ª Esquadrilha de Torpedeiros foi transformada em filme, *Uma asa e uma prece*, lançado pela 20th Century Fox em 1944.

dos quais conhecera poucos dias antes de suas vidas terminarem, era como-vedora. "Eram garotos", disse, "se divertindo. Nenhum deles estava preocu-pado. Quer dizer, [uma bomba] caía [...] eles riam e falavam: 'Meu Deus, essa foi perto.' [...] Fiquei impressionado. Achei que alguns rapazes, um ou dois, iam se assustar, mas não, eles estavam adorando. [...] Nunca vi tama-nha exibição de coragem. [...] Pensei: 'Bom, quando esta guerra terminar, pelo menos vamos vencê-la, se temos rapazes como esses'."

Enquanto os socorristas da Marinha cuidavam do que o relatório clí-nico oficial descrevia como um corte superficial de oito centímetros em seu braço esquerdo,[13] Ford tinha pouco tempo para assimilar sua própria no-ção de perda em meio à vitória, ou seus sentimentos conflitantes quanto à própria coragem em comparação à dos homens que ele vira combater na-quele dia. A guerra era uma narrativa; ele fora enviado a Midway não ape-nas para registrar um conflito, mas para transformá-lo em uma história que pudesse ser contada ao povo americano. As primeiras palavras de Ford so-bre a batalha foram simples: "OK. COM AMOR, JOHN FORD", escreveu ele num telegrama para a esposa dias depois.[14] A imprensa fez o resto. Quando Ford voltou aos Estados Unidos, era um herói; só precisou aceitar seguir o jogo. Seu ferimento durante o cumprimento do dever fora manchete em todo o país; Louella Parsons, colunista de fofoca, escreveu que seu braço fora "praticamente inutilizado" por estilhaços (na realidade, o ferimento foi classificado pela Marinha como não incapacitante).[15] Parsons também pegou Mary Ford desprevenida, conquistando uma "entrevista" de uma frase e conseguindo transformá-la em um retrato de estoicismo doméstico típico de *Rosa de esperança*. "Mary é uma sábia esposa de militar que nunca se pronuncia", escreveu Parsons, com perspicácia. "A única coisa que con-segui extrair dela a respeito da valentia de John ao filmar a Batalha de Mid-way [...] foi 'Espero que todos possamos ver as imagens'. [...] Mas ninguém a ouviria dizer que ela lutou a Batalha de Midway de sua poltrona, nem que ela passa noites em claro pensando no marido rodando filmes bem no ponto de maior intensidade de bombardeios e explosões."[16]

Ford estava sendo indicado para receber comendas e honrarias, os colegas o enalteciam ("Ficamos extasiados pelo relato da ação em Midway e o felicitamos pela função esplêndida que nela exerceu", disse George Ste-vens por telegrama em nome da Associação dos Diretores)[17] e sua relação com a narrativa oficial a respeito de seu heroísmo aos poucos se transformou de mero consentimento tácito em reiteração enérgica. Com o passar do tempo, o trabalho de outros fotógrafos em Midway quase não foi citado ("Eu fiz tudo", disse ele a Peter Bogdanovich décadas depois. "Só tínhamos uma câmera.").[18] Ford começou a contar histórias de como um piloto japonês havia chegado tão perto que dava para ver seu sorriso sinistro,[19] e descreveu sua relação de trabalho com os membros da Fotografia de Campanha com uma falta de modéstia despudorada: "Tinha um menino comigo, mas falei: 'Você é jovem demais para morrer' e o escondi em um lugar que eu acreditava ser seguro. E continuei relatando. Sofri um ferimento bem sério lá [...] mas consegui ficar consciente tempo o bastante para terminar o trabalho".[20] Em 1944, tendo sido excluído de tal maneira da história de Midway, Mackenzie sentiu-se obrigado a abrir o jogo em um relato em primeira pessoa sobre a batalha para a revista *American Cinematographer*, na qual escreveu especificamente a respeito do que ele e Kenneth Pier haviam filmado, fazendo uma única menção — ainda que respeitosa — a Ford. Os registros de Pier, disse Mackenzie, "foram grande parte do motivo para o sucesso do filme que foi lançado ao público".[21]

Ford voltou a Los Angeles em meados de junho com quatro horas de filme mudo — cerca de cinco minutos árduos que exibiam combate explícito —, e seus instintos como diretor logo anularam qualquer preocupação que ele pudesse ter quanto a protocolos oficiais da Marinha. Ele era cauteloso, não sem motivo, e ligeiramente paranoico quanto a proteger o material filmado. Sabia que aquilo que ele e seus companheiros haviam capturado era diferente de tudo o que o público americano jamais vira, não só pelo fato de ser uma imagem próxima da guerra e de suas consequências, mas por eles terem decidido filmar em cores, algo que as plateias de 1942 encaravam como menos "real" do que o preto e branco dos cinejornais. Na época, os estúdios reservavam o Technicolor para fantasias, musicais, espetáculos e documentários de viagens, e o próprio Ford tinha feito apenas um filme colorido, *Ao rufar dos tambores*.

Ford sabia que, assim que a Marinha se apropriasse do material filmado, ele perderia o controle; as melhores cenas seriam distribuídas de forma indiscriminada para as produtoras de cinejornais por um Departamento de Guerra que estava mais interessado em apresentar registros visuais de um triunfo americano o mais rápido possível do que esperar o filme bem-acabado que o diretor acreditava ter o potencial de gerar um impacto exponencialmente maior. Em Hollywood, Ford revelou todos os rolos de filme; depois, voltou a Washington e mostrou o material a Robert Parrish, recruta da Fotografia de Campanha que o auxiliara na edição de *Como era verde o meu vale*. Fazendo uso da autoridade que Donovan lhe dera um mês antes, Ford entregou os filmes a Parrish e lhe ordenou que o levasse de volta a Los Angeles naquele dia. "Não se preocupe com autorizações [de viagem], eu as envio mais tarde", recomendou. "E não troque de roupa. Pegue logo o filme e vá para o aeroporto. O censor da Marinha vai vir aqui para buscar o nosso filme. Quero poder lhe dizer que não tenho filme algum."[22] Ford temia que a Marinha designasse imediatamente "produtores associados e oficiais de relações públicas" para supervisionar o projeto.[23] "As quatro forças vão começar a discutir por causa disso e o troço vai ficar tão enroscado na burocracia que não vamos conseguir lançá-lo nunca. [...] Vá para a casa da sua mãe [em Los Angeles] e se esconda até receber notícias minhas."

Parrish obedeceu. Encontrou um pequeno laboratório de fotografia e edição em San Fernando Valley, longe de olhos curiosos, e começou a organizar o material e montar algumas sequências. Ford lhe disse para não se preocupar com pessoal da Marinha "bisbilhotando" e o tranquilizou: "Não vai ter problema. Eles nunca cogitariam que um praça sem ordens estaria trabalhando em um projeto confidencial".[24] Como parte das imagens que a Fotografia de Campanha capturara era pesada e muito mais explícita do que tudo que os censores militares jamais haviam liberado, Parrish perguntou se Ford pretendia fazer do filme um documento de inteligência para ser exibido apenas a autoridades do Departamento de Guerra, da Casa Branca e do recém-formado Gabinete de Serviços Estratégicos, ou se devia ser um filme de propaganda voltado para o público geral.

Ford, que detestava a palavra "propaganda", disse para Parrish nunca voltar a usá-la. "Esse filme é para as mães americanas", respondeu. "É para avisá-las de que estamos em guerra, e de que passamos cinco meses levando uma surra e agora começamos a revidar."[25] Na realidade, Ford já sabia exatamente o que queria que *The Battle of Midway* [A batalha de Midway] fosse: ele concebia um filme de dezoito minutos — uma extensão que permitiria que fosse exibido em centenas de cinemas no país inteiro simultaneamente, pois poderia ser incluído antes de qualquer longa-metragem principal.

Ford logo foi encontrar Parrish na Costa Oeste, onde os dois, junto com um editor de som chamado Phil Scott, começaram o processo de transformar *The Battle of Midway* não em um simples filme, mas em um filme de John Ford — um curta cujo estilo de diálogo, música, emoção profunda e ênfase em perda, dever e sacrifício seguisse inequivocamente o tom de *Vinhas da ira* e *Como era verde o meu vale*. Foi preciso criar toda uma trilha sonora — música, narração, diálogos, e a sonoplastia de aviões em voo, ondas do mar, motores das lanchas torpedeiras, tiros, bombas em queda e explosões —, e, conforme as camadas eram acrescentadas, o material filmado simples e direto, cuja vasta maioria não fora rodada por Ford, exibia sua marca com cada vez mais força. Ciente de que seria necessário incluir uma grande quantidade de música e falas para compensar a falta de sons naturais em sincronia, Ford pediu que dois roteiristas — Dudley Nichols, de *No tempo das diligências*, e James Kevin McGuinness, da MGM — elaborassem textos curtos. Descartou o de McGuinness e usou trechos do de Nichols, mas pela maior parte preferiu contar com seus próprios instintos para criar um amálgama inovador de quatro vozes — um narrador com tom de barítono, estilo cinejornal; um segundo narrador, com um som mais circunspecto e grave, que assume em momentos particularmente solenes; e a voz de uma mãe idosa e um jovem animado e bem-informado. Esses dois últimos atuariam como representantes ocultos do público, que parecem estar vendo e comentando as imagens conforme elas são exibidas, e cada um refletiria a ideia que Ford fazia quanto ao raciocínio de uma pessoa comum.

Para criar essas vozes, Ford recorreu a um quarteto de atores que ele sabia que inspirariam associações emocionais no público quase de forma inconsciente. A narração de abertura seria feita por Donald Crisp, o patriarca de *Como era verde o meu vale*. A narração mais suave seria lida pelo diretor Irving Pichel, que Ford usara como narrador no *Vale*. E, para fazer a mãe e o rapaz — as vozes dos Estados Unidos —, Ford recrutou as estrelas de *Vinhas da ira*, Jane Darwell e Henry Fonda, que foram dispensados por uma tarde do set de *Consciências mortas*, de William Wellman, para gravar o roteiro de duas páginas. Ford reforçou ainda mais a relação com

"SÓ SEI QUE NÃO SOU CORAJOSO"

os outros filmes ao pedir que Alfred Newman, o diretor musical da 20th Century Fox que trabalhara em *Vinhas da ira*, criasse uma trilha densa na qual, de acordo com a exigência de Ford, devia estar incluída "Red River Valley", que fora usada de forma proeminente e representativa como tema recorrente em *Vinhas*.[26]

Ford trabalhou com velocidade e determinação extraordinárias. Seis dias após chegar a Hollywood, a trilha sonora e a primeira versão de *The Battle of Midway* estavam prontas. Parrish questionou algumas decisões do diretor, em especial a inclusão, junto à imagem de marinheiros feridos, de uma exclamação gravada de Darwell: "Levem esses meninos ao hospital!", implora ela ao som de "Onward, Christian Soldiers". "Por favor, rápido! Levem-nos para camas limpas e lençóis frescos! Consigam médicos e remédios, e as mãos suaves de uma enfermeira! [...] Rápido, por favor!" Parrish achava sentimentaloide e apelativo; Ford manteve a cena no filme. Preocupado com a possibilidade de enfrentar objeções burocráticas se qualquer uma das Forças Armadas fosse representada de forma insuficiente, ele também mandou Parrish cronometrar o tempo de exibição de cada uma, diminuindo alguns trechos e aumentando outros até que ninguém tivesse motivo para reclamar de ter sido ignorado. E, quando Parrish imaginou que o filme estava concluído, Ford lhe entregou um pequeno rolo de filme, contendo pouco mais de três segundos, e lhe disse para inseri-lo no terço final do filme, durante uma cena que mostrava um funeral em Midway para os soldados mortos em combate. Era um *close* de James, o filho do presidente, então major do Corpo de Fuzileiros Navais, com um semblante solene. A imagem não batia com as outras; Roosevelt olhava para a frente, não para baixo, e a luz sugeria um horário diferente do dia, ou um clima diferente. Parrish disse que não se lembrava de ter ouvido que o major Roosevelt se encontrava em Midway. Ford respondeu que talvez ele tivesse estado lá sem ordens oficiais, e que Parrish devia parar de fazer perguntas.[27]

Sob as ordens de Ford, a cópia final do filme foi levada para cada chefe de estúdio, para exibições particulares. Enquanto o filme rodava, Parrish e Jack Bolton, capitão de corveta e um dos primeiros recrutas da Fotografia de Campanha, aguardavam para levar a cópia de bicicleta até o estúdio seguinte. Bolton disse a Ford que, exceto por Harry Cohn, na Columbia, que instou o diretor a usar encenações e miniaturas para deixar as cenas de batalha mais vívidas, a recepção foi "maravilhosa".[28] Não haveria encenações, disse Ford. O filme estava pronto.

Ford voltou a Washington e deixou a cópia com Parrish, dizendo-lhe para organizar mais uma exibição antes de levar o filme à capital. Gregg Toland e Sam Engel haviam voltado do Havaí e agora trabalhavam em *O ataque a Pearl Harbor* na 20th Century Fox, filmando as cenas roteirizadas que eles esperavam que lhes permitissem expandir o que haviam capturado até formar um longa-metragem. Ford queria que seu filme fosse exibido para eles e instruiu Parrish a ligar depois e dizer qual havia sido a reação. Segundo Parrish, Toland e Engel assistiram a *The Battle of Midway* em silêncio até que, quase no fim, viram que Ford havia inserido um sepultamento marítimo ao som de "My Country 'Tis of Thee". O momento parecia-se demais com uma sequência que os dois haviam descrito animados a Ford quando ele chegou a Honolulu.

"O safado roubou nossas cenas", gritou Engel para a tela, enquanto Toland, estarrecido, se afundava na cadeira. "O babaca sabotou nosso filme — talvez tudo em que trabalhamos pelos últimos seis meses."

Quando Parrish relatou a Ford o que ouvira, o diretor respondeu simplesmente "Talvez ele tenha razão" e deu de ombros, dizendo para ele pegar um avião com o filme o quanto antes.[29] A Marinha estava perdendo a paciência; já começavam a aparecer oficiais na sala de edição de San Fernando. Parrish escondeu o negativo debaixo de uma cama na casa da mãe e foi para Washington, onde enfim descobriu por que Ford incluíra a cena com James Roosevelt. O público da primeira exibição oficial de *The Battle of Midway* não seria o alto escalão da Marinha, mas o presidente, sua esposa e seus principais conselheiros. A Junta de Chefes do Estado-Maior também estaria presente, e Ford sabia que estariam observando o presidente com o mesmo cuidado com que assistiriam ao filme.

O que Roosevelt e seus homens viram naquela tarde foi talvez o filme mais pessoal, idiossincrático e autoral que qualquer cineasta de Hollywood realizou sob os auspícios do governo federal durante a Segunda Guerra Mundial. *The Battle of Midway* começa com uma colagem musical — "My Country 'Tis of Thee", seguida de "Anchors Aweigh", "Yankee Doodle Dandy" e "From the Halls of Montezuma", conforme soldados americanos se molham nas águas de Midway e trazem à ilha a bandeira do 6º Batalhão de Defesa dos Fuzileiros Navais. Ford corta então para as imagens de natureza que havia filmado no atol antes do ataque — as pedras, a vegetação baixa no horizonte, os pássaros caminhando. "Estes são os nativos de Midway", observa o narrador com um tom leve, acompanhado por uma faixa musical cartunesca. "Tojo jurou libertá-los." Enquanto a paisagem peculiar e tranquila exibe o pôr do sol e os homens contemplativos que chegaram a Midway, "Red River Valley" toca num acordeão, e, após uma trovoada sombria, Crisp explica que um ataque é iminente.

Conforme soldados e marinheiros se preparam para a batalha, Ford introduz a conversa de Fonda e Darwell: "O jeito daquele cara de andar me parece familiar! [...] Ora, é o pequeno Will Kinney! Ele é da minha cidade, Springfield, em Ohio! Ele não vai pilotar aquele avião enorme...!". "Sim, senhora. É o trabalho dele. Ele é um comandante!" "Bom, jovem Kinney! Boa sorte! Deus o abençoe, meu filho."

Quando os aviões americanos começam a decolar da pista de Midway, Ford usou o rugido acrescentado dos motores para calar o fundo de músicas e vozes. Ao longo dos minutos seguintes, Roosevelt e seus homens viram as imagens mais cruas de batalha jamais capturadas até então por câmeras americanas. Edifícios são incendiados. Fumaça parece transformar o dia em noite. Um avião voa em espiral na direção do mar. Tiros são disparados do convés de um porta-aviões. Um caça cai ao longe. Ford usou praticamente todos os cortes de batalha que tinha e os complementou com cenas de pilotos americanos decolando do porta-aviões enquanto a tripulação gritava vivas no convés. E, pela primeira vez na história, o impacto de uma bomba sobre filme foi apresentada em sua forma mais literal; Ford decidiu incluir vários "erros" nos quais a câmera foi sacudida com tanta força por uma explosão que o filme soltou do encaixe. Tudo isso, junto com cada bola de fogo amarela e avião contrastando intensamente contra um céu azul, era tão novo que as pessoas, acostumadas às imagens em preto e branco, teriam dificuldade de processar aquilo como "notícia" e não como a mais recente demonstração de tecnologia mirabolante de Hollywood. Ford sabia disso e, por esse motivo, a fim de concluir a impressionante sequência de combate, faz Irving Pichel gravar o que viria a ser a fala de narração mais memorável do filme. Enquanto a Marinha dos Estados Unidos ergue a bandeira americana em Midway, ele diz, em voz baixa: "Sim. Isso realmente aconteceu".

Essas são as únicas quatro palavras ouvidas na porção intermediária de *The Battle of Midway*. Após a conclusão da sequência de combate, na qual Ford não permite que a narração dispute a atenção da plateia com o que "aconteceu mesmo", o filme recua gradualmente até os contornos mais familiares, ainda que profundamente emocionais, de um documentário. Os dois narradores voltam: "Homens e mulheres dos Estados Unidos, aí vêm os filhos de seus vizinhos, chegando em casa depois de um dia de trabalho! [...] Ali está Jimmy Patch — sete almôndegas em seu avião" (uma "almôndega" era uma morte, provavelmente em referência à bandeira japonesa). Fonda e Darwell retomam a conversa animados, com a impressão de que se recuperaram do silêncio fascinado em que estavam.

Nessa parte final do filme, Ford evita qualquer triunfalismo ou exultação. "A Batalha de Midway acabou", diz Crisp. "Nosso jardim está em segurança. Mas ainda é preciso cuidar de um trabalho importante." Os últimos minutos do filme são distintamente sóbrios e pesarosos, uma representação do custo, e não dos espólios, da guerra. O público é informado de que ainda há aviões à procura de homens "que lutaram até o último cartucho de munição, e até a última gota de combustível, e então caíram no mar". Americanos exaustos e feridos, sorridentes, mas enfaixados e ensanguentados, aparecem em macas, sendo levados até o hospital bombardeado da Cruz Vermelha — "o símbolo de misericórdia que o inimigo era obrigado a respeitar", diz o narrador, reforçando a mensagem que na época era martelada junto a civis e militares de que os japoneses eram particularmente perigosos porque não honravam as regras da guerra. As cenas finais são dedicadas a um enterro de "nossos heróis mortos", uma cerimônia em que é possível identificar diversos oficiais da Marinha na câmera. O último a aparecer é o major Roosevelt.* Seu nome é a última palavra dita no filme.

The Battle of Midway impactou a plateia da Casa Branca naquele dia de tal forma que ninguém teve muito tempo para refletir sobre o que o filme não fez ou poderia ter feito de forma diferente. A obra de Ford não era explicativa ou informativa — ele dedicou apenas umas poucas frases de narração para descrever o resultado da batalha ou os riscos envolvidos. O filme ignorou completamente várias diretrizes que haviam sido delineadas

---

* Nunca foi determinado se James Roosevelt de fato esteve presente em Midway.

por Lowell Mellett e Frank Capra; Ford não tinha interesse em explicar por que os americanos estavam lutando, nem em reiterar princípios democráticos ou incitar ainda mais sentimentos antijaponeses do que os que o público-alvo já nutria. O mais impressionante foi que ele decidira concluir um relato da primeira grande vitória americana com um tom de lamento e luto. Mas o poder do filme era tamanho que qualquer questionamento sobre outras formas de abordagem era inútil. Quando o presidente viu o filho na tela, virou-se na sala e disse para William Leahy, seu chefe de gabinete: "Quero que todas as mães americanas vejam este filme".[30] Ford conseguira seu desejo; a Marinha não poderia canibalizar *The Battle of Midway*, e os cinejornais perderiam o furo. Foram produzidas quinhentas cópias em Technicolor, e a 20th Century Fox, em parceria com a War Activities Committee de Hollywood, aceitou fazer a distribuição nacional do filme em setembro.

Ford retomou suas responsabilidades em Washington, esperando a missão seguinte, mas ainda precisava terminar mais um trabalho. A perda da 8ª Esquadrilha de Torpedeiros continuava a perturbá-lo. A porção central de *The Battle of Midway* fora complementada por cenas de alguns dos homens que haviam morrido — uma pequena dose de falsificação cronológica, visto que a filmagem dos pilotos diante de seus aviões tinha sido feita alguns dias antes do começo da batalha. Mas Ford queria prestar uma homenagem maior a eles. Nas semanas que se seguiram à conclusão de *The Battle of Midway*, ele reuniu todo o material filmado dos integrantes da esquadrilha — cerca de oito minutos ao todo — e compôs um rolo memorial. Acrescentou uma sequência de legendas à abertura em que exaltava os homens por terem "escrito as páginas mais brilhantes da admirável história de nossa Força Aérea Naval" e tomou o cuidado de preceder o momento breve de cada um na câmera por um texto com o nome e a patente dos homens apresentados. Ford então reduziu o filme para o formato de oito milímetros — o que permitiria que rodasse em projetores domésticos baratos — e providenciou para que cópias de *Torpedo Squadron 8* [8ª Esquadrilha de Torpedeiros] fossem entregues pessoalmente por todo o país à família de cada homem morto. Ele raramente falava sobre o que havia feito, e o filme levou quase cinquenta anos para ser exibido publicamente.

DEZ

"Tem lugar para mim?"

WASHINGTON E HOLLYWOOD, AGOSTO A SETEMBRO DE 1942

A decisão de Ford de representar os japoneses sem rosto e de forma indefinida em *The Battle of Midway* não era tanto uma questão de cautela ou sensibilidade da parte dele, mas sim o reflexo de uma política de propaganda que, no verão de 1942, já estava perdidamente confusa e dividida a respeito de como o inimigo do país deveria ser mostrado nas telas. Dentro do Departamento de Guerra, algumas pessoas achavam que os filmes militares deviam se inspirar em um novo gênero hollywoodiano que a imprensa se apressava em chamar de "filmes de ódio", representando os japoneses não como mais uma raça, mas como uma espécie praticamente subumana de assassinos franzinos e simiescos. Outros acreditavam que, mesmo nos dias mais sombrios da guerra, era inevitável uma vitória dos Aliados e que logo se daria a reintegração dos nipo-americanos à sociedade. Eles instaram os cineastas a buscar uma interpretação alternativa que apresentasse os japoneses como um povo simples e primitivo que fora hipnotizado por uma religião sinistra e cheia de fantasmas — o xintoísmo — e por líderes megalomaníacos obcecados pela dominação mundial. Mas, mesmo entre estes, formou-se um cisma entre os que consideravam que a propaganda do Departamento de Guerra devia tratar o imperador Hirohito como a personificação do mal de uma nação da mesma forma que a maioria dos americanos via Hitler e Mussolini e os que defendiam que, visto que Hirohito provavelmente permaneceria no poder após a guerra, seria mais sábio usar o general Tojo como face da ânsia de conquista do Japão. Essa opinião era contraposta pelo argumento de que "os americanos [...] vão odiar melhor — e, portanto, lutar e trabalhar melhor — se não forem confundidos pela falsa ideia de que o inimigo é constituído por um punhado de pessoas pobres e desorientadas que merecem mais pena do que balas e bombas".[1]

O enigma de como lidar com o Japão estava ameaçando interromper Capra, que acabava de começar sua nova série, *Know Your Enemy*. Ele havia proposto três filmes que explicariam aos combatentes americanos a história cultural, militar e sociológica dos povos e exércitos do Japão, da Alemanha e da Itália. Conforme sua lista de projetos aumentava, Capra ficava frustrado pelo fato de os roteiristas e diretores de que precisava estarem do outro lado do continente, e também pela quantidade infinita de negociação necessária para conseguir que Hollywood liberasse os profissionais e o Exército os custeasse. Em julho, ele convenceu o general Osborn a autorizar que sua unidade fosse transferida de Washington para Los Angeles, onde Darryl Zanuck aceitou ceder em aluguel um palco inativo da 20th Century Fox na Western Avenue por um dólar ao ano.[2] Osborn disse a Capra que, "no que diz respeito a vermos você com menos frequência, lamentamos que sua ida para lá seja necessária", mas acrescentou, com simpatia: "Todos sabemos que os filmes que você produzirá contarão com uma marca de qualidade. [...] Se eles resultarem inferiores ao que você conseguiria realizar com mais tempo e menos obstáculos, isso faz parte da guerra; não se deixe abalar".[3]

Capra ficou emocionado pelo reconhecimento de seus esforços — Osborn o promoveu a tenente-coronel em agosto — e se encantou de estar de volta à Califórnia, onde poderia gerir seu próprio reino, livre de burocracias. O diretor reuniu seus recrutas no espaço desocupado que recebera o apelido de "Forte Fox" e disse: "Alguns indivíduos críticos os acusarão de travar 'a Batalha de Hollywood'. Não discutam com eles. Esta é uma guerra total, combatida com qualquer arma imaginável. Sua arma é o filme! Suas bombas são as ideias! Hollywood é uma fábrica de material bélico!".[4]

Mas, se era essa a ideia, as bombas não estavam explodindo, e o material produzido pela fábrica era de valor questionável. Hollywood não tinha mais domínio do que Washington sobre a forma como representar os japoneses, e, deixados por conta própria, os estúdios decidiram adotar abordagens óbvias, na melhor das hipóteses, ou terrivelmente racistas, na pior. Na Columbia, Harry Cohn pegou *Horizonte perdido*, um filme de 1937 do próprio Capra, cortou 25 minutos e o relançou em uma tentativa de aproveitar uma brincadeira sem graça do presidente Roosevelt de que o Exército americano construíra "uma base secreta em Shangri-La" para mover um ataque sobre Tóquio.[5] O que havia sido uma fantasia sobre uma utopia no Himalaia agora era revendido como propaganda, com o acréscimo de um prólogo que o situa explicitamente na Guerra Sino-Japonesa. E a 20th Century Fox havia acabado de terminar um filme de baixo orçamento intitulado *Bairro japonês*, sobre a convicção de que existia uma célula de agentes secretos japoneses atuando no país havia uma década. O filme tratava nipo-americanos como integrantes de "um imenso exército de espiões voluntários" que se apresentavam como cidadãos amigáveis, floricultores, quase assimilados à sociedade, mas que na realidade operavam com lealdade absoluta ao que um personagem de sotaque marcado chama de "nossa gloliosa tela natal". Enquanto tramam para destruir o sistema de águas de Los Angeles, eles enunciam desdenhosamente que "a complacência estúpida [dos Estados Unidos] vai nos ajudar muitíssimo" e anteveem, com um tom sinistro, "o fim da dominação do homem branco". O herói do filme, um policial de Los Angeles, chama-os de "uma Liga Oriental", com 25 mil integrantes apenas em Los Angeles — "conspiradores nanicos" que estão "se preparando para nos trucidar". Uma voz em off segue martelando a questão, alertando o público de que o país não pode se iludir com uma "sensação falsa de segurança", pois já havia "dormido no ponto uma vez".

Apesar de uma declaração *pro forma*, inserida às pressas em uma cena, de que "existem muitos japoneses aqui em Los Angeles que são leais aos Estados Unidos", a mensagem em *Bairro japonês* era tão virulenta que levou Mellett e o Bureau of Motion Pictures a exercerem um papel mais agressivo na supervisão do conteúdo lançado por Hollywood. A agência descrevia o filme como "um convite a uma inquisição" e condenava suas "táticas de Gestapo", perguntando: "Alguém mencionou que supostamente estamos lutando pela Declaração de Direitos?". O Escritório de Realocação dos Estados Unidos, que administrava os campos de internação para japoneses no país, também se opunha ao filme. Na ocasião, o órgão estava considerando realizar um experimento de engenharia social para dispersar os internos por todo o país, supostamente para evitar que eles se agrupassem e conspirassem entre si; os administradores ficaram preocupados com a possibilidade de que a retórica paranoica do filme criasse resistência aos japoneses em pequenas comunidades do interior.[6]

Prejudicados pela polêmica, os estúdios aceitaram submeter os filmes novos ao crivo do gabinete de Mellett ainda em estágio de roteirização, e não quando já estivessem prontos, uma concessão imensa à ideia de supervisão governamental. Mellett instou os estúdios a pensarem não apenas na maneira como os filmes retratavam inimigos e aliados, mas também se eles corriam o risco de "criar uma imagem errada dos Estados Unidos"; ele também os aconselhou a não "usarem a guerra [meramente] como base para um filme lucrativo" e não incluírem o tipo de hipérbole que pudesse dar "aos jovens de hoje [...] motivos para dizer que foram enganados pela propaganda".[7] Suas instruções para os estúdios chegavam perigosamente perto de uma censura estatal — a adequação de questões de gosto a um código de produção determinado pelo governo federal. Como não possuía autoridade para aplicar suas opiniões à força, o BMP costumava ser ignorado. Mas Mellett contava com um trunfo poderoso: o governo americano detinha o controle sobre que filmes podiam ser enviados para o exterior, e, para os estúdios, uma etiqueta de "não recomendável para exportação" do gabinete representava uma sanção econômica séria.

Ao ver os líderes de Hollywood e Washington enfrentando essas questões e uns aos outros, Capra achou quase impossível encomendar um roteiro para *Know Your Enemy — Japan* ou dar qualquer orientação útil ao roteirista. Ele pediu que Warren Duff, um roteirista prolífico que trabalhara em dois dos filmes recentes mais populares de James Cagney (*Anjos de cara suja* e *A morte me persegue*), tentasse montar um esboço, mas Duff produziu algo ao mesmo tempo agressivo e equivocado. "Não nos preocupávamos com o estilo de vida de vocês porque não era da nossa conta", dizia o narrador, falando diretamente aos japoneses, não aos militares americanos. "Mas agora estamos interessados, e vamos nos preocupar um bocado — porque vocês são nossos inimigos. Achamos que vamos surpreendê-los."[8] Capra descartou o texto assim que o leu e, vendo que não havia jeito de consertá-lo, arquivou a série até a primavera seguinte.

Capra ainda tinha muito a fazer em Los Angeles. Seu plano para uma série de sete filmes intitulada *Know Your Ally* fazia progressos rápidos — ele estava em contato com o Conselho Nacional de Cinema do Canadá para tratar de um segmento,[9] e Janet Flanner, a correspondente da *New Yorker* em Paris, em breve começaria a trabalhar com ele em uma obra dedicada aos "Combatentes Franceses".[10] Acima de tudo, o primeiro episódio da série *Why We Fight* estava quase concluído. Por incentivo de Eric Knight, Capra parou de rever os roteiros e delimitou consideravelmente o plano de aula de história ("Eliminamos a Batalha do Atlântico e a Batalha do Mediterrâneo e a maior parte da campanha nos Bálcãs", escreveu a um coronel em West Point, "e imaginamos que podemos aproveitá-las em um momento posterior.").[11] Equipes da Disney estavam dedicadas a executar a ideia inovadora de Capra de usar mapas animados para ilustrar o avanço da Alemanha pela Europa, aplicando nanquim derramado e pinças de caranguejo pegando países vizinhos, e demonstrando as ambições do Japão com tentáculos sobre a China e pelo Pacífico. E, com a ajuda de Knight, Capra finalmente formulou uma estrutura geral viável para a série. O primeiro filme, *Prelúdio de uma guerra*, acompanharia os soldados na invasão da Manchúria pelo Japão e na pressão da Itália sobre o Norte da África. Isso conduziria suavemente a *The Nazis Strike* [Os nazistas atacam], sobre a conquista da Áustria, Checoslováquia e Polônia pela Alemanha, e então *Divide and Conquer* [Dividir e conquistar], que abordaria a queda da França. Os filmes quatro e cinco explorariam a Batalha da Inglaterra e o front russo, o sexto analisaria a tentativa do Japão de conquistar a China, e o sétimo, *War Comes to America* [A guerra chega à América], encerraria com Pearl Harbor. Cada capítulo deveria ter cerca de uma hora.

No começo do outono, todos os sete roteiros já se encontravam em estado bem adiantado, e o ânimo da unidade de Capra estava bom o bastante para que os roteiristas subordinados a ele e Knight pudessem fazer piadas sobre as dificuldades que enfrentariam. Trabalhando na narração do sexto segmento, *A batalha da Rússia*, Leonard Spigelgass — o único dos roteiristas originais que Capra havia mantido — disse ao diretor em carta que aquilo era "tão difícil de escrever quanto o Tratado de Versalhes. O cônsul e os representantes soviéticos repassaram cada palavra com um pente fino [...] depois de quebrar a cabeça tentando ensiná-la, fomos obrigados a concluir que a tenente Pavlinchenko jamais conseguiria falar uma palavra de inglês, nem mesmo reproduzindo os fonemas, mas, mediante um esforço colossal, finalmente conseguimos fazê-la dizer 'Soldados, adiante para a vitória'. [...] Acho que vai dar para o gasto".[12]

Enquanto estava em Hollywood, Capra finalmente pôde recrutar o último integrante de peso de sua equipe, e talvez o mais importante. De acordo com suas próprias lembranças, ele estava na Columbia carregando um caminhão com material de escritório e algumas mesas e cadeiras usadas para levar ao Forte Fox quando George Stevens se aproximou lentamente. "Você?", disse Stevens. "*Você* precisa de uma mesa velha? Achei que fosse chefe de alguma coisa."

Capra respondeu que era. "Tem lugar para mim?", perguntou Stevens. Ao fim da conversa, Capra lhe ofereceu uma patente de major.[13]

Embora o encontro tenha acontecido por acaso, a decisão de Stevens não foi nada impulsiva como Capra fez parecer. O mais contemplativo dos jovens diretores, um homem que a revista *Time* dissera recentemente ser mais conhecido por "superar um momento ruim [durante a filmagem de] uma produção [caminhando] de um lado para outro sem parar enquanto todo mundo espera"[14], Stevens vinha pensando em se alistar desde Pearl Harbor. *A mulher do dia*, a comédia romântica com Hepburn e Tracy que ele estava rodando na época do ataque, estreara em fevereiro e recebera, em geral, críticas generosas, e, embora o filme tenha se tornado um sucesso significativo, o diretor sabia que ele ainda apresentava muitos traços do momento vulnerável e relutante pré-guerra em que fora concebido. Agora parecia ridículo que Louis B. Mayer o tivesse proibido, nervoso, de incluir uma cena em que a personagem de Hepburn exibia seu domínio linguístico ao falar um pouco de iídiche porque isso poderia despertar antissemitismo.[15] E alguns críticos observaram delicadamente que a história de uma jornalista de nível internacional que precisava ter suas prioridades postas em ordem por ninguém menos que um jornalista esportivo parecia equivocada quanto às próprias prioridades. A *New Yorker* sugeriu que talvez tivesse sido melhor fazer um filme sobre uma mulher que convence seu homem "a desistir de escrever matérias sobre partidas jogadas por outras pessoas e se interessar como um adulto pelo colapso deste planeta", enquanto *A mulher do dia* fazia "justamente o contrário".[16]

Stevens não assumia uma postura defensiva sobre o filme; sabia muito bem que dependia de "a plateia [...] aceitar algo que em muitos sentidos seria questionável".[17] Pouco depois da estreia, ele recebeu uma bronca gentil em forma de carta de um velho amigo que era agora editor da revista *Time* em Nova York. "*Mulher* é um baita sucesso e deve ser ótimo para você", dizia. "[Mas] acho que você deveria considerar a ideia de fazer filmes um pouco mais densos — não tão fáceis de entender e talvez um pouco mais provocadores." Ele também sugeria que passar um tempo nas Forças Armadas poderia fazer bem para Stevens como artista: "Você tem sorte de ser jovem o bastante para lidar bem com a guerra e não virar um velho depois que ela acabar. Acho que você fez uns filmes excelentes, mas sei que não chegam aos pés do que fará daqui a dez anos".

"Sei vários segredos militares, mas não posso lhe contar nenhum", concluía a carta. "Contudo, prepare-se para um bom tempo de muitas manchetes ruins e algumas surpresas agradáveis. Esta guerra é mesmo complicada. O jogo está acabando e estamos perdendo feio. Vamos precisar de um time só de americanos para sair desta."[18]

Stevens não deixou de perceber a insinuação de que ele estava preferindo permanecer no banco enquanto seus colegas iam à luta — ou pelo menos se transferiam para Washington a fim de esperar por ordens. Não eram poucos os motivos que o faziam permanecer em casa. Stevens tinha uma esposa e um filho de dez anos, George Jr., que ele adorava, e sua asma era forte o bastante para isentá-lo do serviço militar ativo. Eram muitas as suas responsabilidades como diretor da Associação de Diretores de Cinema, e ele também havia assinado um contrato para realizar dois filmes para a Columbia, que respondia a qualquer sinal de hesitação da parte de Stevens com uma advertência de que, se ele partisse para a guerra, sua carreira ficaria estagnada justamente quando se encontrava em ascensão.[19]

Mas Stevens estava cada vez mais consumido pelo senso de dever e decidiu concluir seu acordo com a Columbia o mais rápido possível. Imediatamente após terminar *A mulher do dia*, começou a preparar *E a vida continua*, uma comédia dramática moralista concebida para fornecer o exato tipo de produto popular semissofisticado, vagamente político e um tanto ou quanto romântico que a Columbia desejava desde que Capra deixara o estúdio. Stevens deu um toque de humor à história de um fugitivo (Cary Grant) acusado injustamente de cometer um incêndio criminoso e um candidato à Suprema Corte (Ronald Colman) que tenta exonerá-lo. Mas, durante a produção, o diretor se isolou mais do que nunca, tirando horas entre as cenas para contemplar cada montagem e quase enlouquecendo a equipe e o elenco com sua postura impassível e momentos de silêncio frio.[20]

Embora a crítica tivesse elogiado o resultado — pela primeira vez Stevens receberia uma indicação ao Oscar de Melhor Filme —, muitos observaram que o diretor estava trabalhando em uma área já bastante explorada por Capra, semelhança ainda mais evidenciada pela presença da coprotagonista (Jean Arthur) e do roteirista (Sidney Buchman) de *A mulher faz o homem*. *E a vida continua* foi a primeira tentativa de Stevens de fazer filmes "um pouco mais densos" — há um argumento político, mas diz respeito ao horror da turba de linchadores e da histeria justiceira, que era um tema hollywoodiano apreciado desde meados dos anos 1930 e, em 1942, constituía uma forma relativamente segura de fazer com que um filme fosse atual. Nelson Poynter, o representante jovem e progressivo do BMP, elogiou *E a vida continua* por dramatizar "uma das questões básicas pelas quais estamos lutando: um contrato social decente".[21] Mas Stevens sabia que ainda não havia realizado um filme digno de um país pós-Pearl Harbor, o que ficou brutalmente claro quando ele apresentou dois finais diferentes em exibições-teste. Incapaz de decidir se a personagem de Jean Arthur deveria ficar com o militante interpretado por Grant ou o pensador mais velho personificado por Colman, o diretor levou a pergunta à plateia, indagando se as pessoas prefeririam um homem de ação ou de intelecto. O público escolheu Grant, mas por motivos que Stevens não havia previsto. "Enquanto houver homens em idade de serviço militar na tela, as meninas devem se casar com eles", dizia uma cartela de comentários típica. "Depois os homens mais maduros vão ter tudo para si." Outro espectador, torcendo por Colman, escreveu: "Mande Grant para a guerra sem Arthur para corresponder à vida real".[22] Era o começo da era do herói de cinema dispensado do alistamento — três anos durante os quais, se aparecesse na tela um jovem em um filme ambientado nos Estados Unidos daquela época, o público queria saber por que ele não estava de uniforme.

E a vida continua acabara de estrear quando Stevens encontrou Capra no estúdio, e sua decisão já estava tomada. Charles Feldman, seu agente, fez uma última tentativa de convencê-lo a não ir embora. "Você vai lá, e essa guerra dura sete anos, ou cinco — para você já era no que diz respeito a filmes, se não acontecer nada pior", disse ao cliente.[23] Stevens não se abalou. Ele informou a um Harry Cohn resignado que seu próximo filme para a Columbia, uma comédia romântica intitulada *Original pecado*, na qual ele pretendia reunir Grant e Arthur, seria o último. Ele se apresentaria para o serviço militar poucos dias após terminar o trabalho na sala de edição. "A guerra estava acontecendo [...] eu queria estar na guerra", disse ele mais tarde. "É difícil conseguir um assento privilegiado assim."[24]

A Segunda Guerra Mundial já não era mais um choque; era um fato atual da vida e sem perspectiva de acabar. Qualquer esperança de que houvesse vitória americana rápida havia evaporado conforme as manchetes anunciavam a cada dia mais baixas e novas áreas de combate no Pacífico. Durante o verão, os aviões americanos haviam feito suas primeiras poucas missões sobre a França, e o Exército em breve daria início à Operação Tocha, abrindo um novo front ao realizar o primeiro grande desdobramento de tropas terrestres no Norte da África. O verão deu lugar ao outono, e em Hollywood ninguém mais chamava a guerra de "aventura"; receava-se que ela poderia durar até 1950. Os compromissos que os diretores de Hollywood haviam assumido com as Forças Armadas estavam só começando, e por volta do Labor Day todos voltaram a Los Angeles para rever brevemente suas famílias, um intervalo seguido por uma série de despedidas que pareciam mais tristes e permanentes do que quando eles haviam partido para Washington pela primeira vez, quando uniformes, saudações de continência e protocolos oficiais ainda eram novidade.

John Ford já havia passado quase um ano longe de casa, e sua esposa estava infeliz, acostumando-se a viver sozinha; eles não quiseram submeter a filha adolescente, Barbara, a uma mudança para Washington. Os Ford tinham um relacionamento terno e companheiro, mas não especialmente íntimo — havia muito eles dormiam em camas diferentes, e Mary fazia vista grossa às indiscrições ocasionais do marido, reprimindo apenas um vínculo romântico intenso com Katharine Hepburn que persistira até o final da década de 1930 ("Ela não gosta mais de mim", disse Hepburn em fins de 1938. "Mas não posso criticá-la por isso.").[25] Enquanto estava fora, Ford mantivera contato com Mary mediante bilhetes frequentes e emotivos. "Querida Ma", escreveu ele, usando seu apelido carinhoso preferido, "Sua carta de terça-feira me agradou — me trouxe fotos de nosso lindo lar — o lar e a família que estamos lutando para preservar. [...] Com todo o meu amor. Sinto muita saudade. Papai."[26]

Conforme o verão de 1942 ia chegando ao fim, os Ford tiveram uma breve e comovente reunião familiar. O filho do casal, Michael Patrick, que eles chamavam de Pat, havia acabado de se casar com a namorada da faculdade e se formara na Universidade do Maine com a esperança de seguir o pai e se tornar oficial da Marinha, mas foi rejeitado por apresentar visão imperfeita. Quando se alistou, Ford tentou fazê-lo ser designado para servir no veleiro dele, o *Araner* ("O garoto é realmente ótimo", escreveu para o capitão de fragata encarregado da embarcação. "Seria um favor enorme para mim e a sra. Ford.").[27] Mas o apelo de Ford foi em vão; seu filho, frustrado, deveria servir atrás de uma mesa durante a guerra, como marinheiro no escritório de relações públicas da Marinha na Costa Oeste, sentindo-se "um fracasso" enquanto o pai viajava pelo mundo.[28] Ford logo foi chamado de volta ao serviço. Ele instou Mary a ter coragem e se manter ocupada. Bette Davis, John Garfield e o presidente da MCA, Jules Stein, haviam acabado de fundar a Hollywood Canteen, a casa noturna no Cahuenga Boulevard onde militares de todas as patentes poderiam jantar, dançar e até mesmo conhecer os astros. Mary pretendia assumir um papel atuante quando o estabelecimento abrisse em outubro. Ford voltou a Washington no final de agosto. Levaria bem mais de um ano até que pudesse passar mais uma semana em casa.

William Wyler estava em Los Angeles a serviço do Exército. Tinha ido para o Oeste a fim de convencer a MGM a doar câmeras, ilhas de edição e equipamentos de som que pudessem ser usados na guerra. Mas, embora *Rosa de esperança* estivesse se tornando um sucesso estrondoso, o estúdio recusou. "Poucas vezes estive tão ocupado ou trabalhei tanto para conseguir tão pouco", desabafou para Talli. "É uma vergonha a falta de cooperação — nada além de evasivas quando se tratava de oferecer equipamentos de que eles realmente podiam abrir mão. Eles falam muito, mas na hora de fazer algo o tom muda. Às vezes fico com a sensação de que deveria simplesmente pegar um navio e ir embora. [...] Mas não faz sentido ir sem equipamento adequado."[29] Louis B. Mayer, sempre pragmático, talvez tenha acreditado que não ganharia nada ao ajudar Wyler, que, afinal de contas, ainda possuía contrato com a empresa de outra pessoa. Mas, enquanto se encontrava em Los Angeles, Wyler tomou providências junto a seu advogado para suspender o acordo que renovara havia pouco com Sam Goldwyn pelo período da guerra.[30] Ele não tinha interesse algum em fazer qualquer filme em um futuro próximo; o que queria mesmo era recrutar uma unidade de cinematografia que pudesse atuar como sua equipe quando chegasse a ordem de sua transferência para uma base da Força Aérea do Exército.

Wyler conseguiu a maioria dos homens em sua lista: o roteirista Jerome Chodorov (um dos primeiros roteiristas da série *Why We Fight* que haviam sido demitidos por Capra em seu acesso de pânico anticomunista); William Clothier, um operador de câmera cuja experiência com fotografia aérea incluía o filme *Asas*, de 1927; e Harold Tannenbaum, técnico de gravação da RKO. O único a recusar foi Irwin Shaw, uma celebridade em ascensão que acabara de concluir sua primeira peça da Broadway, o drama antiguerra *Bury the Dead* [Enterrem os mortos], produzido quando ele tinha apenas 23 anos. Seis anos depois, Shaw, judeu americano do Bronx e filho de imigrantes, era um roteirista requisitado que havia pouco escrevera *E a vida continua* para Stevens. Ele admirava Wyler e aceitou encontrá-lo, mas não sabia se queria servir na guerra em uma unidade do Corpo de Sinaleiros. "Após uma reflexão cuidadosa", escreveu ele em telegrama para o diretor, "decidi que seguir o senhor como soldado representaria para mim uma longa série de frustrações — militar, artística, econômica e social. E o esforço de guerra sofreria. [...] Então entrarei para o exército comum esta manhã, às 6h45. Sinto que esperei tempo demais já."[31] (A tentativa de Shaw de manipular o sistema ao se apresentar como voluntário não deu certo; ao ver seu currículo, o Exército logo o designou para o Corpo de Sinaleiros. Em menos de um ano, ele acabaria subordinado a Stevens.)

A despedida entre Wyler e Talli foi particularmente dolorosa. Ele a estava deixando com Cathy, na época uma criança pequena, e a nova bebê,

William Wyler com Bette Davis, sua estrela em três filmes, e Henry Fonda durante a produção de *Jezebel*: "Sim, perdi a batalha", disse Davis acerca de suas brigas criativas posteriores, "mas perdi para um gênio."

George Stevens. "Ele ficava lá sentado e atento, com aquele olhar", disse Joseph Mankiewicz, "e tentar convencê-lo de algo podia ser enlouquecedor."

Ford (*à esquerda*) com Henry Fonda em *Vinhas da ira*, de 1940, que lhe rendeu o segundo de seus quatro Oscars de Melhor Diretor.

Frank Capra estuda o roteiro no set de *A mulher faz o homem*, de 1939. Na ocasião, ele era o diretor mais bem pago de Hollywood.

Ford a bordo de seu veleiro, o *Araner*. Durante a guerra, ele o alugou para a Marinha dos Estados Unidos, que o usou para patrulhar a costa do Pacífico.

"Sim. Isso realmente aconteceu." O documentário de Ford *The Battle of Midway* foi o primeiro filme a trazer cenas de combate para as salas de cinema americanas.

Ford com alguns integrantes da Fotografia de Campanha. Muito antes de Pearl Harbor, ele os treinava para servir na Unidade de Cinematografia da Marinha.

Ford (*ao centro*) no set de *Fomos os sacrificados*, com Robert Montgomery e Richard Barthelmess.

(*A partir da esquerda*) Anthony Veiller, Huston, major Hugh Stewart da Unidade de Cinematografia do Exército Britânico e Capra, depois que uma equipe americana foi enviada a Londres com imagens encenadas da campanha no Norte da África.

Capra à sua mesa no Departamento de Guerra em março de 1942. Ao chegar a Washington, ele prometeu concluir os roteiros de *Why We Fight* em semanas.

Na Inglaterra, Capra (*à direita*) conversa com o capitão Roy Boulting, da Unidade de Cinematografia do Exército Britânico, sobre cenas de *Tunisian Victory*.

Com pouco dinheiro no Exército, Capra montou os filmes da série *Why We Fight* com cenas extraídas de filmes de propaganda do Eixo.

Capra em Londres. "Gente forte, esses ingleses", escreveu. "Superfície macia e miolo duro — e cada camada é mais dura do que a anterior."

Wyler e o ator Henry Wilcoxon (*ao centro*) reescreveram o sermão do vigário no clímax de *Rosa de esperança*, transformando-o em um chamado ao dever churchilliano após o começo da guerra.

Wyler (*à esquerda*) com o tenente W. J. Stangel e o capitão Thomas Wallace (marido da atriz Carole Landis) depois que o diretor foi enviado para uma base aérea britânica.

O general George Marshall, principal proponente do programa de filmes de propaganda, conhece Lucille Ball.

Martin Dies, parlamentar do Texas, foi um dos primeiros políticos a chamar atenção — com sucesso — ao alegar que Hollywood estava tomada pelos comunistas.

A guerra em casa: Long Island faz o papel da selva do Pacífico em um filme de treinamento do Exército produzido perto do Centro do Corpo de Sinaleiros em Astoria, Nova York, em 1943.

A trilha sonora de *The Memphis Belle* foi criada em um estúdio de Hollywood, mas todas as imagens aéreas foram filmadas em combate por Wyler e seus homens.

Judy, que tinha apenas um mês de idade. Ele voltou a Washington com apenas uma câmera de dezesseis milímetros para levar ao exterior. Prometeu escrever para casa com regularidade. Como Ford, só voltaria a ver a esposa e as filhas um ano depois.

A saída de John Huston de Hollywood foi de natureza um tanto diferente. Suas declarações de fidelidade foram feitas não para Lesley, sua esposa relegada e humilhada, mas a Olivia de Havilland, e antes de partir ele se reuniu com a Warner Bros. para tratar de negócios, insistindo que eles não passassem *O tesouro de Sierra Madre* a outro roteirista antes que ele tivesse a chance de trabalhar no texto, e também consultando o estúdio a respeito de um roteiro que ele escrevera intitulado *Expresso Bagdad-Istambul*, com base em um romance de espionagem do escritor inglês Eric Ambler.[*32]

Huston imaginou que voltaria logo; para ele, parecia faltar apenas mais uma missão de guerra para que pudesse reassumir o trabalho regular em Hollywood. Mas ele esperou com impaciência essa missão, e, quando ela finalmente chegou, viu a oportunidade para realizar um grande filme. Em 6 de junho, enquanto a Batalha de Midway transcorria, o Exército japonês lançou uma outra ofensiva, desembarcando em Kiska e tomando a pequena ilha, uma das "ilhas Rat" na porção ocidental das Aleutas no mar de Bering, entre o Alasca e a Rússia. Quinhentos soldados japoneses capturaram os dez integrantes da Marinha americana que constituíam toda a população da base isolada; no dia seguinte, os japoneses capturaram também a ilha vizinha de Attu. Até esse ataque — a única invasão por solo de um território dos Estados Unidos na guerra —, a maioria dos americanos não fazia ideia de onde ficavam Kiska, Attu ou as ilhas Aleutas. Agora, sua importância estratégica chegara à primeira página dos jornais, e elas logo seriam objeto de uma grande contraofensiva do Exército. O Corpo de Sinaleiros queria que Huston fosse para Adak, uma ilha maior a sudeste de Kiska que abrigava uma base aérea naval, e fizesse um documentário — para ser exibido nos cinemas — sobre a luta dos Estados Unidos para recuperar as duas ilhas.

---

* A Warner Bros. aceitou segurar *Sierra Madre*, mas repassou o projeto de Ambler para W. R. Burnett, que colaborara com Huston em *O último refúgio*. William Faulkner também trabalhou no roteiro de *Expresso Bagdad-Istambul*, que estreou em 1943.

Huston aceitou a incumbência com disposição; viajou de Hollywood para o Alasca em setembro de 1942 e pouco depois foi promovido a capitão de mar e guerra.[33] Sua despedida para De Havilland foi, conforme diria a atriz mais tarde, "muito difícil" e "dolorosa".[34] Foi também menos privada do que os dois imaginavam. Ele vinha sendo observado havia semanas. E, assim que partiu, o Exército começou uma investigação formal "para determinar a discrição, integridade e lealdade do Indivíduo, suspeito de ser comunista".[35]

ONZE

"Um bom parceiro para os momentos de crise"

INGLATERRA, NORTE DA ÁFRICA E HOLLYWOOD, SETEMBRO DE 1942 A JANEIRO DE 1943

John Ford já estava na Inglaterra quando *The Battle of Midway* estreou nos Estados Unidos em 14 de setembro de 1942. Das muitas salas que exibiram o curta — muitas vezes em conjunto com *Rosa de esperança* ou *E a vida continua* —, a maior era o Radio City Music Hall, em Nova York, com capacidade para 6 mil pessoas, onde alguns espectadores ficaram tão impactados pelo que viram na tela que desmaiaram. O nome de Ford não aparecia em lugar algum nos créditos, que declaravam apenas que "a maior vitória naval da história do planeta" fora filmada por "cinegrafistas da Marinha dos Estados Unidos". Mas cada resenha creditava Ford — ou, como agora o *New York Times* se referia a ele, "capitão de fragata John Ford, U.S.N.R. [Reserva da Marinha dos Estados Unidos], ex-diretor de Hollywood" — e repetia a história de como "os câmeras anônimos e o capitão de fragata John Ford, que foi ferido enquanto operava uma câmera de mão de dezesseis milímetros, arriscaram a própria vida para filmar esse registro factual impressionante".[1] As pessoas haviam esperado três meses para ver imagens coloridas de Midway, e a maioria dos críticos alertou que, se alguém esperava ver um registro nítido da batalha, ficaria decepcionado. A *Newsweek* disse que era "um trabalho montado às pressas", a *Time* criticou a narração "cafona" de Jane Darwell,[2] e a *New Yorker* advertiu que o filme não oferecia "nada [...] que fizesse um espião desperdiçar sua tinta invisível. [...] Os acontecimentos estavam obviamente agitados e intensos demais para serem fotografados com qualidade".[3] Ainda assim, a crítica perguntava se não podiam ter sido incluído mapas, ou uma explicação sobre a estratégia japonesa, ou uma análise dos objetivos militares por trás da batalha e da importância da vitória americana.

Muitos críticos haviam esperado algo mais definitivo e menos emocional e impressionista do que o filme de Ford. Mas também admitiram, quase de forma unânime, que nenhuma das ressalvas importava. O público ficou atordoado ao ver um filme "tão real que é perturbador", e praticamente todo mundo que escreveu sobre *The Battle of Midway* atentou para a decisão de Ford de incluir "muitas cenas em que a concussão das bombas chegou a derrubar as câmeras das mãos dos cinegrafistas".[4] As imagens tremidas, agitadas e prejudicadas de Midway haviam criado um novo padrão de realismo no qual, pela primeira vez, a falta de apuro era interpretada como marca de veracidade. O resultado, segundo James Agee, "é um fracasso de primeira grandeza ao tentar filmar a ação mais difícil — uma batalha —, mas um esforço corajoso para criar um registro — breve, turbulento, vívido, fragmentado, luminoso — de um momento de perigo desesperado para a nação. [...] Na escuridão azulada e viscosa da fumaça, nas curiosas flores negras e nos rastros brancos pintados no céu por aviões e rajadas de disparos, na clareza mortal do sangue, o Technicolor vinga o comentário feito há uma década, quando ele surgiu, de que 'agora Hollywood está pronta para filmar o Juízo Final'".

Em uma resenha para a *Time*, Agee afirmou que o documentário de Ford "devia ser visto por todos os americanos",[5] e, pela primeira vez, esse desejo muitas vezes expressado chegou incrivelmente perto de ser realizado. As quinhentas cópias produzidas em Technicolor estavam recebendo uma demanda tão grande que, até sair de cartaz, *The Battle of Midway* foi reservado mais de 13 mil vezes,[6] sendo incluído em três quartos de todos os cinemas do país. O público frequente o viu tantas vezes, antes de tantas atrações principais diferentes, que a versão crua, sentimental, patriótica e plangente de Ford para a batalha criou, mais que qualquer outro filme, uma compreensão nacional quanto a que aspecto e sensação a guerra no Pacífico devia passar.

"UM BOM PARCEIRO PARA OS MOMENTOS DE CRISE"

Em agosto, Donovan dissera para Ford fazer as malas e se preparar para uma permanência prolongada na Europa; ele viajaria a Londres e começaria os preparativos para filmar a invasão do Marrocos, da Argélia e da Tunísia orquestrada pela Inglaterra e pelos Estados Unidos. Porém, antes de sair de Washington, ele conseguiu exercer um pouco de campanha crucial por seu filme. Ford, ainda que tivesse faltado à cerimônia do Oscar nas três vezes em que ganhara o prêmio de Melhor Diretor, queria uma quarta estatueta, embora gostasse de cultivar uma reputação de indiferença em relação a esse tipo de coisa. Quando Walter Wanger, que produzira *No tempo das diligências* e *A longa volta para casa* e agora presidia a Academia, veio a Los Angeles, Ford organizou uma exibição particular de *The Battle of Midway* para ele e se sentou no fundo da sala enquanto o filme rodava.

"Com certeza é material para prêmios, Jack", disse Wanger quando as luzes se acenderam.

"Ah, pelo amor de Deus, Walter", retrucou Ford. "Não estou interessado em prêmios. Só quero lembrar a vocês de Hollywood que tem alguém lá fora travando uma guerra."

Conforme Ford acendia seu cachimbo, Wanger respondia educadamente que a guerra já havia rendido uma quantidade extraordinária de documentários impressionantes e que a escolha seria particularmente difícil naquele ano.[7] Ao sair da sala de exibição, Ford o havia convencido a mudar as regras da Academia. Quando Wanger anunciasse as indicações de 1942 em fevereiro, a lista incluiria *Midway* em meio à inédita relação de 25 candidatos a Melhor Documentário — dos quais mais da metade tinha sido produzida por agências governamentais ou segmentos das Forças Armadas — e, pela primeira e única vez, a promessa de quatro vencedores, em vez de um.

Mais do que nunca, Ford estava redigindo as próprias regras, e seu autoritarismo estava começando a atrair inimigos. Quando o Escritório de Informação de Guerra lhe enviou uma solicitação para receber todo o material que ele havia filmado em Midway, Ford recusou sob a presunção de que um órgão civil de propaganda não possuía justificativas para solicitar qualquer propriedade da Marinha. Sua intransigência enfureceu Mellett, que queria que o Bureau of Motion Pictures do OWI detivesse o controle de todo material filmado, quer tivesse sido produzido por Hollywood ou

Washington. Mellett não estava entre os admiradores de *The Battle of Midway*; acreditava que o filme passava uma mensagem errada e deixara sua opinião clara para Ford, que respondera dizendo que, se Mellett queria as filmagens, ele deveria escalar toda a hierarquia do OSS e recorrer a Bill Donovan. Por sua vez, Mellett, cuja inclinação por brigas territoriais começava a representar um obstáculo sério para sua liderança, ameaçou impedir que o filme fosse exibido fora dos Estados Unidos. Quando Ford voou para Londres, Sam Spewack, um roteirista brilhante que deixara Hollywood para servir como um dos assistentes de Mellett, tentou negociar um acordo de paz no avião.

"Conversei durante 36 horas com John Ford", escreveu Spewack a Mellett. "Ele finalmente cedeu e disse que aceitava liberar todo o material do Pacífico [na Europa]. [...] A propósito, ele ficou muito chateado com sua crítica a *Midway*. Acredito que personalidades são bastante insensatas em um momento como este. Ele é um diretor extremamente capaz e um bom sujeito, mas esta minha cabeça estranha ao governo não consegue imaginar por que ele deveria estar em posição de liberar ou reter filmes."[8] Tanto Mellett quanto Spewack sabiam que não podiam expressar, nem mesmo em correspondências, o motivo exato por que Ford se encontrava naquela posição; após quase um ano de envolvimento no conflito, o governo Roosevelt não fizera nada para traçar limites de autoridade entre as diversas agências que produziam, aprovavam e lançavam filmes desenvolvidos para auxiliar no esforço de guerra. A relutância do governo derivava, em parte, de uma aversão por criar qualquer sistema de propaganda centralizado ou formal o bastante para despertar a ira de parlamentares republicanos. Porém, como resultado, Mellett — que se acostumara a conseguir o que queria quando era editor de jornal e encarava os cineastas de Hollywood com a desconfiança de um forasteiro — via-se cada vez mais superado por diretores que tinham anos de experiência fazendo o que fosse preciso para proteger suas obras de qualquer interferência.

Spewack conseguiu aplacar Ford o suficiente para fazê-lo ceder seu material filmado ao BMP, mas o diretor não esperou a aprovação de Mellett para levar o filme ao exterior. Em um telegrama para Robert Parrish, deu instruções para que ele fosse ao Reino Unido com uma cópia de *The Battle of Midway* em uma missão do OSS para apresentar o filme ao alto-

"UM BOM PARCEIRO PARA OS MOMENTOS DE CRISE"

-comando britânico. Ford achava que o filme ajudaria "a provar que nós estávamos mesmo na guerra com eles"[9] — uma questão delicada para muitos ingleses, que, ao final de 1942, estavam cada vez mais impacientes com o fato de que os Estados Unidos continuavam a se concentrar quase exclusivamente no Pacífico quando 60 mil britânicos já haviam sucumbido aos bombardeios. Ao longo de todo o ano, Londres recebera soldados e oficiais americanos. Em geral, eles haviam se comportado bem; o Departamento de Guerra lhes dera cartilhas com diretrizes como "Não seja exibido", "Se quiser participar de um jogo de dardos, espere ser convidado primeiro", "Eles consideram ofensivo dizer 'eu pareço um mendigo'" e "Você pode irritar um britânico se lhe disser: 'Nós viemos aqui e ganhamos a última'". Mas ainda havia uma tensão anglo-americana. "Você não pode dizer aos ingleses muito sobre 'aguentar'", avisava a cartilha. "Eles não estão muito interessados em aguentar mais. Estão bem mais interessados em estabelecer uma amizade firme conosco, para que possamos começar a cair em cima de Hitler."[10]

Com isso em vista, Ford foi encarregado de ajudar a montar equipes de filmagem para a iminente Operação Tocha sob os auspícios do oss. A Marinha o hospedou no Claridge's,[11] o luxuoso hotel em Mayfair, Londres, que na época abrigava uma espécie de clube internacional permanente de cavalheiros, incluindo oficiais de alto escalão dos Aliados, membros exilados da realeza europeia e a comunidade de cineastas americanos e britânicos que se haviam apresentado como voluntários para a guerra. Quando Ford chegou, entre os hóspedes estavam o produtor-diretor Alexander Korda, Darryl Zanuck — que havia acabado de tirar uma licença na 20th Century Fox para servir ao Exército em tempo integral[12] — e o jovem diretor inglês Carol Reed, um dos recrutas mais talentosos da Unidade de Cinematografia do Exército britânico.

Ford encontrou também um de seus antigos rivais. William Wyler chegara ao quartel-general da VIII Força Aérea e entrara no Claridge's algumas semanas antes dele. Ele logo fez amizade com Korda e Reed e foi incluído no planejamento de uma série de documentários de guerra enquanto esperava ser encaminhado para uma base da Força Aérea do Exército. Wyler queria fazer um filme sobre missões conjuntas realizadas pelas forças aéreas americana e britânica; também estava pensando em um filme sobre o Esquadrão Águia, os pilotos voluntários que foram os primeiros a voar na guerra e haviam sido tema de um drama recém-lançado pela Universal. Outras duas ideias eram particularmente fortes — um filme que ele queria intitular *Nine Lives* [Nove vidas], o retrato coletivo de uma tripulação americana em uma missão de bombardeio; e *Phyllis Was a Fortress* [Phyllis era uma fortaleza], que acompanharia uma única missão na França realizada por um dos bombardeiros B-17 da Força Aérea do Exército dos Estados Unidos, conhecidos como Fortalezas Voadoras.[13]

O rol de propostas de documentário de Wyler refletia a determinação e a ambição de um homem que agora esperava permanecer no Exército por muito tempo e queria contribuir o máximo possível. Mas, quando chegou à Inglaterra, ele se viu sentado no Claridge's sem nada a fazer a não ser aguardar. O Exército ainda não enviara a equipe que ele havia recrutado, e o equipamento de que ele precisava, fora a única câmera que trouxera consigo, se encontrava em um navio que atravessava o Atlântico Norte com uma lentidão agonizante. Quando Ford chegou em grande estilo, "Willy ficou maluco", disse Talli Wyler. "Willy não conhecia as práticas do Exército. Ele não tinha como solicitar nem sequer uma máquina de escrever, que dirá câmeras."[14]

"De repente, John Ford apareceu, com tapa-olho, charuto e todo o resto", disse Wyler. "Ele estava na Marinha e seu equipamento estava sendo trazido pela Marinha *de avião*. Não sei como ele conseguiu isso." O diretor depois reclamou que, quando seu equipamento enfim chegou, "metade havia sido afundada pelos alemães".[15] As câmeras de 35 milímetros que Wyler acreditava serem essenciais para os documentários que ele havia planejado nunca chegaram ao outro lado do Atlântico; o diretor precisou contar com qualquer aparelho de dezesseis milímetros que conseguisse arranjar, por empréstimo ou caridade, em Londres. E Ford não ajudou; quando Wyler avisou que precisava de câmeras, Ford respondeu, bruscamente, que não podia abrir mão de nada. "[Ford] não gostava de Willy Wyler", disse William Clothier, um operador de câmera que conhecia os dois muito bem. "Eu não sei mesmo [por quê]."[16]

O ânimo de Wyler estava em baixa. "O problema de Londres neste momento é que tem americanos demais", escreveu ele em uma de várias cartas longas para Talli. "Os ingleses chamam isto de 'a invasão'. [...] São

"UM BOM PARCEIRO PARA OS MOMENTOS DE CRISE"   201

poucos e raros os convites para jantares. Além do mais, o uísque está em falta, então o mero convite para tomar um drinque costuma ser um baita gesto."[17] Sempre que ele podia receber um ou outro convidado, referia-se a seu quarto com o apelido deprimido "Necrotério de Wyler".

Seu mau humor mudou de repente quando *Rosa de esperança* começou a ser exibido em Londres. Wyler não ficou surpreso de saber que a crítica do país via com desconfiança a imagem que um diretor americano fazia da Inglaterra e dos ingleses. "O filme sobre a Inglaterra em guerra sofre do tipo de distorção que parece inevitável sempre que câmeras de Hollywood a focalizam", reclamava o resenhista do *Times* de Londres.[18] O *Spectator*, apontando que os Miniver, uma família supostamente de classe média, desfrutava de um luxo tão ostensivamente abastado que apresentava pouca semelhança com a vida da família inglesa típica, classificou o filme como uma "defesa do privilégio burguês" e condenou o texto da abertura que descrevia o povo britânico como "feliz e despreocupado" e alheio à guerra iminente, chamando a obra de "propaganda inconscientemente pró-fascismo".[19] E Eric Knight, que ainda trabalhava como crítico de cinema em meio período, escreveu que o filme era uma "porcaria. [...] Ah, céus, aqueles sujeitos de Hollywood e suas ideias engraçadas sobre o propósito desta guerra!".[20]

O que Wyler não imaginava era quão irrelevante o veredicto da crítica seria. Por acaso, o espectador britânico comum adorou *Rosa de esperança* na mesmíssima medida dos americanos. Quer Winston Churchill tenha dito ou não a Louis B. Mayer que o filme como "propaganda valia muitos navios encouraçados", o primeiro-ministro tinha coisas mais importantes para fazer do que refutar a alegação muito divulgada da MGM de que dissera isso,[21] e outros expressaram abertamente aprovação por Wyler: Lord Halifax, embaixador britânico nos Estados Unidos, enviou um telegrama ao diretor em que afirmava que o filme "retrata a vida das pessoas na Inglaterra atual de uma forma que não deixa de comover a qualquer um que o veja. Espero que esse filme demonstre para o público americano que o inglês típico é um bom parceiro para os momentos de crise".[22]

Em Londres, o novo status de celebridade de Wyler como eminência americana em visita ofuscou até mesmo Ford. Os convites começaram a aparecer com mais frequência, e um deles vinha de Laurence Olivier. Na última vez que estivera na Inglaterra, em 1938, Wyler cortejara o ator para estrelar *O morro dos ventos uivantes*. Agora, era Olivier quem cortejava Wyler. Em maio, ele entrara para a Marinha Real como piloto — ao que consta, um dos piores de toda a história das Forças Armadas do Reino Unido. Após semanas de aulas de voo que, em mais de uma ocasião, quase terminaram em catástrofe — diz-se que ele destruiu cinco aviões —, a Marinha Real e Olivier chegaram juntos à conclusão de que ele serviria melhor seu país em solo. Olivier foi dispensado do serviço militar para auxiliar o esforço de guerra fazendo filmes.[23] O ator estava prestes a embarcar em um esforço medíocre de propaganda chamado *O coração não tem fronteiras*, no qual interpretaria um engenheiro russo que passa a gostar dos ingleses durante uma estadia prolongada no país. Mas, quando ele se encontrou com Wyler, foi para fazer uma proposta mais ambiciosa — uma adaptação cinematográfica de *Henrique V*, de Shakespeare, que ele acreditava que serviria de afirmação inspiradora da bravura britânica durante a guerra. Olivier tinha certeza de que Wyler, que dissera recentemente que "um filme de propaganda não precisa ser cheio de sangue e brutalidade", era o homem certo para o trabalho. "Não se preocupe", disse ele ao diretor. "Eu entendo de Shakespeare, você entende de fazer filmes."[24]

Wyler recusou a oferta, explicando que, no momento, sua prioridade era o trabalho de documentarista, e teve a satisfação de recomendar Ford, ciente de que, por mais que os dois estivessem em níveis diferentes nas Forças Armadas, no ramo do cinema o homem que o derrotara duas vezes na disputa de Melhor Diretor estava, ao menos na ocasião, em segundo plano. Olivier aceitou o conselho de Wyler e procurou Ford algumas semanas depois. Recebeu mais uma rejeição, quando Ford respondeu, rindo, que era completamente despreparado para dirigir uma peça de Shakespeare.*[25]

Ford recebeu as ordens de partida muito antes de Wyler. Em 28 de outubro de 1942, dois meses após se hospedar no Claridge's, ele viajou para a Escócia e embarcou em um cargueiro destinado a Argel. Durante duas semanas, o navio se dirigiu ao sul, um trajeto tão tranquilo que Ford

---

* Depois de várias outras rejeições, Olivier decidiu ele próprio dirigir *Henrique V*, e seu trabalho no filme lhe rendeu um Oscar honorário quando ele foi lançado nos Estados Unidos após a guerra.

disse que "bem podia ter sido uma viagem de cruzeiro". Ele e uma tropa composta, sobretudo, de soldados britânicos passaram os dias a bordo "sem roupa e se bronzeando" no convés.[26] Ele chegou a Argel com uma equipe de 32 homens da Fotografia de Campanha, apenas quatro dias depois que forças americanas haviam chegado e iniciado a movimentação rumo leste até Túnis, onde ocorreria o combate mais intenso.

Em Midway, Ford havia sido o cineasta de patente mais alta. Contudo, em Argel, descobriu que estaria subordinado a seu antigo chefe na 20th Century Fox. Zanuck, de quem os integrantes do 13º Regimento de Blindados debochavam, chamando-o de "coronelzinho" às suas costas",* administrava as operações de filmagem no Norte da África com a pompa e os brios de um sabe-tudo em sua primeira caçada a animais de grande porte. "Será que nunca vou escapar de você?", disse Ford, em um tom talvez não muito amigável, quando os dois se viram pela primeira vez. "Aposto qualquer coisa que, se um dia eu for para o céu, você vai estar lá me esperando debaixo de um letreiro escrito 'Produzido por Darryl F. Zanuck'."[27] Ford gostava de Zanuck, mas não o agradou saber que, naquela campanha, sua unidade fora posta sob a autoridade do Corpo de Sinaleiros, e ele não era o único a ficar insatisfeito com a postura amadorística do chefe da Fox. De alguma forma, Zanuck conseguira tomar posse de um carro particular, que ele usava enquanto todos os demais dependiam de veículos do Exército ou da Marinha.[28] Ele planejava escrever um livro sobre sua experiência em Argel e Túnis, montava seus próprios horários e não fazia segredo quanto ao fato de que estava menos interessado em filmar o avanço dos Aliados para os cinejornais do que em reunir material para um documentário de longa-metragem que pretendia produzir pessoalmente.

Ford queria levar sua equipe à linha de frente, que ficava perto de uma cidade portuária chamada Bône, quase quinhentos quilômetros a leste de Argel, o quanto antes. Enquanto Zanuck tratava de providenciar transporte para ele e seus fotógrafos, Ford se esforçava para atrapalhar o mínimo possível, tratando de conhecer os homens da Companhia D[29] e

---

* O deboche em inglês ("the little colonel"), uma referência à baixa estatura de Zanuck, era também o título original de um filme de 1935 com Shirley Temple, lançado no Brasil com o título *A mascote do regimento*. (N. T.)

tomando cuidado para que seu próprio comportamento não alimentasse o ressentimento que a postura de Zanuck estava gerando quanto a pessoas do cinema convencidas receberem patentes de oficial sem merecer. Os Aliados estavam conseguindo forçar uma recuada alemã, mas, no processo, Ford lembrou que "os alemães lançavam ataques [aéreos] esporádicos. [...] Normalmente, mais ou menos meia hora depois que saíamos de um porto, os aviões alemães chegavam e arrebentavam a cidade, claramente à nossa procura", conforme a Unidade de Fotografia de Campanha percorria a costa, guiada por uma escuna de pesca na qual alguém havia instalado um motor.[30]

Ford e seus homens desembarcaram em Bône e, com o 13º de Blindados, seguiram para Tebourba, no interior no país, a apenas 32 quilômetros de Túnis, e na ocasião chegaram no meio de um tiroteio intenso. A Companhia D estava sob fogo quase constante de tanques e bombardeiros de picada alemães, e Ford filmou sempre que não era obrigado a procurar abrigo. Tendo viajado ao longo da costa, ele pôde se antecipar a Zanuck, que ao chegar à cidade próxima de Majae al Bab estava genuinamente preocupado. "O tempo todo eu perguntei sobre Jack Ford e seus rapazes do oss", escreveu ele em seu diário no dia 1º de dezembro. "Não consegui localizá-los, embora tenha podido estabelecer contato com diversos cinegrafistas do Corpo de Sinaleiros. [...] Reuni os filmes deles e os reabasteci. [...] Com certeza Ford está em algum lugar nesta região e fico preocupado por não conseguir encontrá-lo."[31]

Zanuck alcançou Tebourba em 3 de dezembro, depois que Ford passara três dias lá, e em 6 de dezembro ordenou que Ford e seus homens se retirassem para um lugar mais seguro e os substituiu por fotógrafos do Corpo de Sinaleiros. Ford depois disse a James Roosevelt que estivera sob fogo "24 horas por dia durante seis semanas" sem praticamente nada para comer,[32] um exagero despropositado. Mas não havia dúvida de que, assim como em Midway, ele se pusera em perigo. Contudo, dessa vez, não haveria um filme de John Ford como resultado; antes de recuar, Ford precisou entregar tudo que havia filmado — suas imagens do cerco a Tebourba, de Bône, de um piloto de bombardeiro alemão parado ao lado de seu avião abatido — para Zanuck, que voltaria para casa e faria seu documentário sobre o front. Ford foi enviado de volta aos Estados Unidos em um navio-

"UM BOM PARCEIRO PARA OS MOMENTOS DE CRISE" 205

-transporte da guarda costeira e só chegou em casa duas semanas depois de Zanuck. Ele comemorou o Natal com alguns cinegrafistas de sua Fotografia de Campanha no meio do Atlântico e chegou a Washington bem a tempo da véspera de Ano-Novo.[33]

Ford via com enorme ceticismo a capacidade de Zanuck de compor um registro visual crível da campanha no Norte da África, assim como Capra, que não se impressionou pelo material reunido por Zanuck e estava cada vez mais frustrado pelos relatos de guerra malfeitos aos quais o público americano estava sendo submetido. Enquanto os ingleses conseguiam surpreender plateias americanas com documentários, dramas e híbridos como *Alvo para esta noite*, que dramatizava um ataque aéreo, Capra sentia que o Corpo de Sinaleiros estava sendo estorvado por disputas territoriais mesquinhas — e particularmente por Lowell Mellett. Em setembro, o projeto preferido de Mellett, *The World at War* [O mundo em guerra] — o primeiro filme com o anúncio de abertura "O Governo dos Estados Unidos Apresenta" a contar com um grande lançamento nacional —, estreara. O filme era um documentário do Escritório de Informação de Guerra e espremia em um tempo muito curto os dez anos de história que Capra pretendia distribuir ao longo de sete roteiros da série *Why We Fight* — uma maratona que, assim como Capra estava fazendo, traçava tanto a história do Japão desde a invasão da Manchúria quanto a ascensão de Hitler e o expansionismo alemão.

Ao longo do último ano, Mellett atuara ora como praga moralista para os estúdios, ora como representante espontâneo de seus interesses em Washington. No começo da guerra, ele tentara aplacar as inquietações da indústria cinematográfica ao garantir que o OWI e todas as outras agências produtoras de propaganda fariam filmes de menos de meia hora para que pudessem ser exibidos antes dos filmes de entretenimento que Hollywood produzia visando aos lucros, não substituí-los. Mas, com *The World at War*, ele violava o próprio decreto; fez seu departamento preparar duas versões distintas do filme, uma com quarenta minutos e outra com 66, e incentivou a distribuição da segunda em grande escala como filme principal, oferecendo-a de graça aos cinemas.

O documentário simples de Mellett, estilo cinejornal, recebeu algumas críticas elogiosas — o *New York Times* o chamou de "o tipo de filme destruidor de complacência que devíamos ter visto há seis meses" e elogiou "o vigor e a amplitude de sua apresentação".[34] O filme foi um fracasso de bilheteria, provavelmente porque não oferecia nenhuma informação nova sobre a guerra ao público e dependia totalmente de imagens de arquivo de cinejornais, e não de material recém-filmado. No entanto, a apropriação do conceito da série *Why We Fight* como narrativa histórica irritou Capra, que já havia passado o verão vendo Ford colher elogios por *The Battle of Midway* e estava ficando cada vez mais contrariado por ser obrigado a produzir filmes de treinamento enquanto seus colegas documentavam a guerra de fato.

Capra trabalhara em *Why We Fight* por quase um ano, e agora, o primeiro filme, *Prelúdio de uma guerra*, estava pronto para ser exibido. Em outubro, ele e Osborn apresentaram o filme em Washington para o general Marshall. Ao longo de 53 minutos, Marshall assistiu exatamente ao que ele esperara ver quando deu as ordens a Capra — uma palestra ilustrada em que animação, imagens de cinejornal, narração (fornecida de forma cuidadosamente despretensiosa por Walter Huston) e linguagem direta se combinavam para atingir um equilíbrio entre aula de história e chamado à causa. *Prelúdio de uma guerra* pegava uma das ideias mais antigas de Capra — a noção de que a guerra era uma luta entre os que queriam a liberdade e os que queriam a escravidão — e a expandia até formar uma ideologia americana sincera cujo alcance era muito maior do que qualquer política nacional oficial articulada até então. O filme começava com referências a Moisés, Maomé, Confúcio e Jesus Cristo, passava com uma rapidez vigorosa por Washington, Jefferson, Lincoln, Garibaldi e Kosciuszko, e então saltava drasticamente para Japão, Itália e Alemanha, apresentando esses países como se seu caráter nacional tivesse sido marcado pelo mal ao longo de séculos — o "amor inato natural [da Alemanha] por arregimentação e disciplina", a "idolatria fanática [do povo japonês] por um imperador divino" e — refletindo o antigo ódio de Capra pela turba popular — a "massa, o rebanho humano" que levara à ascensão do fascismo na Itália. A população dessas três nações, conforme o filme explica, está "intoxicada pela mesma ideia. Seus líderes lhes disseram que eram super-homens".

Após ilustrar a profanidade alemã em uma montagem que exibia a destruição de igrejas, rotular Hitler, Mussolini e Hirohito como "três gângsteres", exaltar os "povos livres da China e da Rússia" por lutarem ao lado dos Estados Unidos e da Inglaterra, evocar o pesadelo que seria um "exército japonês vitorioso marchando pela Pennsylvania Avenue" e mostrar uma torre de rádio animada pela Disney transmitindo a palavra "MENTIRAS", *Prelúdio de uma guerra* resume o argumento: "Somos nós ou eles", diz Huston. "As fichas estão em jogo. Dois mundos se enfrentam. Um deve morrer e um deve viver." Com escassa orientação oficial e pouco em que se fundamentar além dos próprios instintos e da paixão de Eric Knight por filmes "fortes e ferozes [...] como uma superbaioneta",[35] Capra concebera uma defesa da guerra que parecia uma extensão retórica não ficcional de *A mulher faz o homem* e *Meu adorável vagabundo*.

Quando *Prelúdio de uma guerra* terminou, Marshall se virou no assento e procurou Capra no fundo da sala. "Magnífico!", exclamou.[36] "Coronel Capra, como você fez isto? É maravilhoso."[37]

"Querida — tenho tantas coisas para dizer que não sei por onde começar. [...] Marshall adorou!", escreveu o diretor exuberante para a esposa. "Ele me chamou e disse: 'Capra, esse trabalho é ótimo. Todo soldado e todo civil precisa ver esse filme.' Conversamos por uns quinze minutos. [...] No dia seguinte, o [secretário de Guerra] sr. Stimson! Ele levou a esposa. [...] O filme os arrasou. Ele era o maior desafio. Depois do filme, o sr. Stimson se levantou e [atravessou] a sala inteira para vir apertar minha mão e dizer como o filme era bom. [...] Agora estão falando em Washington. [...] E para completar, uma exibição foi agendada temporariamente na Casa Branca! [...] Estou um pouco tonto."[38]

Capra levou a sério o comentário de Marshall sobre "cada civil" ver o filme. Embora *Prelúdio de uma guerra* tivesse sido feito explicitamente para militares, ele começou a imaginar um lançamento em grande escala e levou uma cópia para Hollywood, onde mostrou a obra a colegas do ramo e começou a cavar uma indicação ao Oscar de Melhor Documentário.

Mellett, considerando-se desafiado, reagiu com raiva. Escreveu um bilhete a Roosevelt em que dizia que o filme era "uma obra ruim em alguns aspectos, talvez até mesmo perigosa", e acrescentava: "Engendrar histeria nervosa no Exército ou na população civil pode ajudar a vencer a guerra, embora eu duvide. O filme não vai ajudar no que diz respeito a criar um mundo mais são" depois do que ele chamava de "o armistício".[39] É possível que o uso de um termo da Primeira Guerra Mundial por Mellett, indicando uma crença de que a guerra poderia acabar com uma trégua, em vez da vitória dos Aliados, estivesse por trás de sua aversão a filmes que inflamassem os americanos contra a Alemanha ou o Japão. Mas seu argumento era claramente insincero, visto que, em essência, *The World at War* e *Prelúdio de uma guerra* tratavam do mesmo material e no mesmo tom.

O motivo verdadeiro de Mellett talvez tenha sido evidenciado em um telegrama que ele enviou à Academia pouco depois de escrever para FDR. Em resposta à solicitação da Academia para providenciar uma exibição de *Prelúdio* para seus integrantes, ele escreveu de forma cáustica: "Compreendo o desejo de amigos do coronel Capra na Academia, mas sugiro sinceramente não constrangerem esse e outros diretores competentes que ingressaram nas Forças Armadas confundindo sua carreira pessoal com seu serviço atual como soldados".[40] Mellett ficou ultrajado por Ford ter feito *The Battle of Midway* sem qualquer participação do OWI e por Zanuck aparentemente ter recebido licença para filmar seu próprio filme no Norte da África; o gesto de Capra ao ignorar sua autoridade era a gota d'água. "Esta é a terceira vez que um diretor de Hollywood, posto em um uniforme militar e gratificado com dinheiro do governo para gastar, apareceu com um produto hollywoodiano acabado que se esquivou do crivo do OWI", reclamou. "Detesto ter que perder tanto tempo tentando superar esses meninos."[41] Seus comentários enfureceram tanto Capra quanto o general Osborn, que escreveu para Mellett dizendo que ele havia questionado o caráter do diretor e lhe devia desculpas.[42]

Osborn também disse para Capra refrear sua raiva, admitindo: "Não sei o que deu em Lowell Mellett".[43] Mas Mellett não pretendia recuar, e chegou até a apelar aos temores que alguns proprietários de cinemas expressaram quanto ao risco de o governo tentar controlar sua programação em tempo de guerra. Em cartas, Mellett insinuava a possibilidade de que, se o filme de Capra tinha permissão para ser exibido nos cinemas, o Exército se sentiria no direito de começar a obrigá-los a apresentar filmes de propaganda com regularidade. Capra contra-argumentou que Mellett e o OWI nem sequer deviam produzir filmes. "Não tenho nenhuma objeção especial quanto a eles fazerem filmes informativos e semipropagandísticos, mas aí nós não deveríamos produzi-los também", disse ele, acrescentando que o gabinete de Mellett estava reprimindo sistematicamente o esforço de

"UM BOM PARCEIRO PARA OS MOMENTOS DE CRISE"

propaganda ao se apropriar de todos os melhores materiais filmados no exterior e obrigando-o a "implorar, pedir e roubar quaisquer migalhas que encontrasse. Se não houver uma definição clara das obrigações entre nós, ficaremos em eterna disputa pelo mesmo material", alertou Capra, "e com certeza apresentaremos [...] pontos de vista sem correlação".[44]

Conforme se aproximava o fim de 1942, os dois permaneciam travados em um impasse ferrenho. Capra conseguira a exibição para a Academia, mas Mellett continuava a bloquear o lançamento nacional do filme. Contudo, Capra podia extrair alguma satisfação ao saber que *Prelúdio de uma guerra* agora estava sendo exibido para todos os novos recrutas do Exército, que o recebiam com estrondosa aprovação desde outubro. E Knight, que havia colaborado para o roteiro do filme e era um dos principais responsáveis pelo estilo agressivo, estava extasiado. Ele ainda trabalhava no escritório improvisado que Capra criara na torre de resfriamento do Departamento do Interior em Washington, terminando os roteiros de diversos capítulos subsequentes da série *Why We Fight*, enquanto o diretor permanecia na Califórnia. Cada vez que *Prelúdio de uma guerra* era exibido na capital, Knight lhe dizia que "sempre tem uma reação imediata: 'Todo mundo nos Estados Unidos precisa ver isto'". Knight admitia, com enorme felicidade, que, depois de ver o filme, "receio que os soldados vão achar que precisam arrebentar todos os alemães e japas do mundo para conquistar a vitória". E ele acrescentou à carta um pós-escrito surpreendente: o veterano do Exército canadense, nascido em Yorkshire, havia se tornado, aos 45 anos, um cidadão dos Estados Unidos. "Você sabia que agora sou americano? Já não posso dizer: 'Ali está a Casa Branca que incendiamos certa vez'. Agora, cada vez que volto para casa à noite, digo: 'Ali está a nossa Casa Branca que aqueles casacas-vermelhas cretinos incendiaram'."[45] A cidadania conferiria a Knight credenciais que lhe permitiriam viajar com mais facilidade para tratar de assuntos do Exército. Seis semanas depois, ele se encontrava a caminho da Conferência de Casablanca, no Marrocos — um encontro em que Roosevelt, Churchill e De Gaulle pretendiam determinar uma estratégia dos Aliados na Europa para a fase seguinte da guerra —, quando seu avião caiu,[46] provavelmente como resultado de fogo antiaéreo de um submarino alemão. Todos os 35 passageiros a bordo morreram.

DOZE

"Tanto faz cair dentro ou cair fora"

ILHAS ALEUTAS, HOLLYWOOD, WASHINGTON E NORTE DA ÁFRICA, SETEMBRO DE 1942 A MAIO DE 1943

Nada na experiência de John Huston, sobretudo no treinamento mínimo que ele recebera do Exército, o havia preparado para a vida nas Aleutas. Huston partira para a ilha de Adak em meados de setembro de 1942, uma semana após a estreia em Nova York de *Garras amarelas*, o thriller de espionagem com Humphrey Bogart que ele não conseguira terminar de fato antes de ser convocado pelo Exército. Ele tratou sua primeira missão importante de guerra com a mesma precisão metódica que costumava usar em seus preparativos para qualquer longa-metragem. Com uma caligrafia minúscula e nítida em folhas de páginas pautadas e papel milimetrado, ele mantinha listas de tudo o que precisaria para fazer o documentário que já estava imaginando ("fotos aéreas de Kiska", "mapas táticos", "descobrir nome de homens que tenham sido condecorados"), junto com listas do que seria necessário para suportar o que parecia ser um outono difícil no mar de Bering — "produtos de higiene", "bebida", "tabaco", "caldo em cubo" e "dois conjuntos de roupa de baixo pesada por pessoa". Desenhista habilidoso, Huston também preenchia cadernos com esboços de storyboards em azul e preto feitos a caneta e nanquim — um enquadramento superior de oficiais e aviadores dispostos em torno de uma mesa estudando planos de batalha; outra do mesmo grupo, agora examinando um mapa a ser filmado pelo vão entre o torso de um oficial e o braço que ele está apoiando no canto do mapa. "Durante estas imagens", escreveu Huston em uma nota pessoal, "explicar os princípios táticos segundo os quais as missões são planejadas."

Huston finalmente iria à guerra. Mas ele não havia levado em conta a desolação maçante e gélida que o dominaria quando chegasse à ilha de Adak. Ao examinar seu novo lar, começou a conceber listas detalhadas e criativas de cada cena que queria filmar e esboçou um rascunho de roteiro com observações sobre que imagens pretendia mostrar em conjunto com determinados trechos de narração.[1] Mas o filme que o diretor havia estruturado na cabeça, uma espécie de versão americana dos documentários objetivos britânicos que ele vira, nos quais uma voz firme em off descrevia sessões de estratégia eficientes e ataques ousados, fora concebido para um lugar que em nada parecia aquela paisagem estéril, com frias auroras boreais e uma quietude impressionante. Huston e sua equipe se encontravam a oitocentos quilômetros da ilha de Kiska, ocupada pelos japoneses — "mais perto do inimigo do que qualquer outro território americano em qualquer lugar do mundo", escreveu ele,[2] e no entanto era tão longe que, durante suas primeiras semanas lá, os oficiais do Exército tinham uma boa certeza de que os japoneses nem mesmo faziam ideia da presença deles. Aquilo que ele chamou de "estranha beleza [das] Aleutas — colinas onduladas de líquen esponjoso [...] sem uma árvore nem nada que parecesse uma árvore por quase 2500 quilômetros" e o céu ensolarado que de repente podia dar lugar a uma neblina úmida e absoluta — era tudo extraordinário para Huston, e nada poderia ser mais diferente de uma linha de frente de batalha.

Tudo em Adak parecia improvisado. Enquanto os oficiais de patente mais alta do Comando de Bombardeiros e do Comando de Aviação de Caças ocupavam barracões Quonset, as conchas pré-fabricadas feitas de aço corrugado e placas de compensado que a Marinha vinha usando desde o início da guerra, o baixo escalão — incluindo Huston e seus cinco subordinados — dormia em tendas de tecido espalhadas pela praia. A pista de voo consistia em uma série de chapas de metal dispostas por batalhões de construção da Marinha (CBs, na sigla em inglês, ou "Seabees"), e as colinas baixas que a cercavam continham abrigos para artilharia antiaérea.

Falava-se vagamente sobre uma ofensiva aérea para retomar Kiska e Attu dos japoneses em algum momento em outubro, supostamente antes que acabasse o período previsto de 45 dias de Huston na ilha, mas ninguém parecia muito ansioso para esclarecer exatamente em que consistiam esses planos. A ameaça constante de neblina produzia o que Huston chamou de "literalmente o pior clima do mundo para voar", e as aeronaves que o Exército pretendia usar, aviões de bombardeio B-24, tinham problemas; embora pudessem cobrir as longas distâncias, essenciais para a missão, tendiam a se despedaçar em aterrissagens complicadas e, devido ao posicionamento de seus pesados tanques de combustível, tinham mais chance de pegar fogo do que os B-17, as Fortalezas Voadoras que estavam sendo usadas na Europa.

Algumas semanas após chegar a Adak, Huston começou a perceber que o tema de seu filme talvez fosse a combinação particular de tédio e medo que caracterizava a vida naquele posto avançado — a ansiedade, as tarefas cotidianas, as tardes tranquilas em que não havia nada a fazer senão esperar o pôr do sol, o abatimento ("Todo dia é domingo", rabiscou ele em uma versão inicial do roteiro),[3] e tudo podia ser interrompido de repente por ordens de abandonar a conversa fiada e os jogos de pôquer e seguir para os aviões a fim de executar uma missão de ensaio sobre Kiska ou Attu.

E então, um dia, enquanto caminhava pela pista de voo, Huston ouviu o rugido de um motor desconhecido. Olhou para cima e viu um Zero fazendo reconhecimento a 150 metros de altura. Os japoneses agora sabiam que os americanos estavam ali. Depois disso, fez-se necessário um cronograma mais acelerado para a luta a fim de recuperar as ilhas, e Huston começou a sentir uma consciência distinta de que a ideia romântica que fazia de si próprio como aventureiro errante e também correspondente de guerra estava prestes a ser testada de novo em uma realidade consideravelmente menos glamourosa. Em primeiro lugar, ele não era, por treinamento ou talento natural, um cinegrafista — "nada que eu havia filmado pessoalmente ficou bom, nunca", escreveu ele —, o que significava que precisaria depender em grande medida dos homens em sua equipe. Antes de partir para Adak, Huston consultara James Wong Howe, diretor de fotografia altamente respeitado, sobre que tipo de equipe de produção seria necessário. Howe quisera muito ingressar na Unidade de Fotografia de

"TANTO FAZ CAIR DENTRO OU CAIR FORA"

Campanha de Ford, mas, embora vivesse nos Estados Unidos havia quarenta anos, era natural da China e, portanto, inaceitável para as Forças Armadas.[4] Ansioso para ajudar, acabou aconselhando diversos diretores de Hollywood sobre como filmar em condições difíceis em tempos de guerra; disse para Huston solicitar três diretores de fotografia e ficar de olho em busca de "homens que possam servir de maquinista, iluminador, eletricista e assistentes de câmera — de certa forma, uma ameaça quádrupla".[5]

Huston obteve aprovação para levar cinco homens, entre os quais um operador de câmera chamado Rey Scott, que em 1941 escrevera, produzira e filmara um documentário de longa-metragem intitulado *"Kukan": The Battle Cry of China* ["Kukan": o grito de guerra da China], sobre o ataque do Japão à China em 1940. Scott conseguira cavar um trabalho para o *Daily Telegraph*, de Londres, e viajara de Hong Kong até a cidade de Chongqing, onde se posicionara no telhado da embaixada americana e filmara enquanto duzentas toneladas de bombas japonesas eram despejadas na cidade à sua volta. Seus esforços lhe renderam um certificado da Academia por filmar "sob condições extremamente difíceis e perigosas". Ele agora era tenente, braço direito de Huston em Adak e, conforme o diretor disse com imensa admiração, um "selvagem safado" e um "maluco desgraçado — um câmera que adorava levar tiro".[6] Grande, barbudo e com frequência bêbado, Scott não tinha, segundo Huston, "nenhuma consideração por aparências, e nenhuma consideração especial por autoridades". Era também, ao que consta, completamente destemido, chegando a voar nove missões em seis dias.[7]

Dificilmente as condições de filmagem para um documentário poderiam ser piores. O filme Kodachrome que Huston havia levado exigia uma intensidade de luz que estava em falta nas Aleutas. Além disso, Huston, apesar de gostar de aventuras, achou o trabalho assustador. Ele levava a sério sua função: acreditava que o Exército lhe havia pedido para servir, na prática, não como propagandista, mas como repórter de guerra, e que se esquivar de qualquer chance de recolher informações constituiria um ato de negligência, então nunca deixou passar uma oportunidade de voar em missão em um B-24. Mas logo começou a achar que sua mera presença em um avião era um mau sinal. "Cada vez que eu saía com eles", disse mais tarde, "merda, acontecia alguma coisa horrível, e passei a ser conhecido como Jonas. Bombas não funcionavam; pessoas levavam tiros debaixo de mim."[8]

A primeira missão que Huston acompanhou foi abortada. O avião de bombardeio em que ele estava se atrasou para decolar porque o metralhador de cauda da tripulação havia sumido, e, com pouco combustível e incapaz de alcançar o restante da formação, o avião recebeu a ordem de voltar quando ainda se encontrava a 160 quilômetros de Kiska. Ao aterrissar na pista de voo de Adak sob um céu escuro de tempestade, os freios travaram e o B-24 cantou pneus pela pista, arrancando as asas de outros dois aviões e derrapando até parar em um campo, ainda com sua carga integral de bombas. "Jesus! Precisamos sair daqui antes que as bombas explodam!", gritou alguém, enquanto a tripulação, seguida por Huston, se apressava para sair do avião pela única porta que não estava emperrada. Huston correu até o nariz da aeronave, tentando filmar alguma coisa enquanto a equipe de resgate tentava tirar o piloto e o copiloto, inconscientes, da cabine. Depois, lembrou ele, "comecei a tremer descontroladamente. Coloquei a câmera no chão e corri". Em sua segunda missão aérea, Huston filmava um Zero por cima do ombro de um atirador de metralhadora móvel lateral no meio do avião quando o Zero revidou fogo e o soldado morreu aos seus pés. Em outro voo, Huston e seus homens voltaram de mãos vazias em resultado do erro mais simples e amador da cinematografia: depois de colocar o filme na câmera, ele se esqueceu de fixar o "líder" — a lingueta de celuloide que precede o filme não exposto —, de modo que nenhuma imagem foi capturada.[9]

Sempre que Rey Scott entrava em um avião para filmar uma missão, deixava em cima de uma placa de compensado perto de seus pertences o relógio, a apólice de seguro de vida e uma carta de intenções, sempre imaginando que não voltaria. Assim como Ford em Midway, Huston ficou admirado pela indiferença que os homens à sua volta exibiam diante do perigo. Certa vez, ele ouviu o coronel William Eareckson, que liderara as missões de bombardeio nas Aleutas a partir de Adak, dizer aos pilotos que, se eles começassem a receber fogo de Zeros, não adiantaria muito adotar ações evasivas. "Quando entrarem na sua rota, fiquem nela", disse ele. "Tanto faz cair dentro ou cair fora. E se alguém puxar a sua manga e vocês olharem para o lado e virem um homem com uma barba branca comprida, bom, seus problemas acabaram."[10]

Conforme os 45 dias de Huston em Adak se transformavam em dois meses, e depois três, e quatro, ele se viu "chegando a um estado de nervo-

"TANTO FAZ CAIR DENTRO OU CAIR FORA"

sismo elevado". Certa noite, ele e seus homens dormiam nas tendas quando foram despertados por uma série de explosões seguida de três disparos breves — o sinal do Exército para "Preparar para Rechaçar Pouso Japonês". Convencidos de que estavam prestes a se ver em combate direto com a Marinha Imperial, eles correram até as trincheiras que haviam cavado e esperaram noventa minutos até ouvirem o sinal de perigo afastado, para então voltar às tendas e tentar se acalmar e descansar um pouco. O mesmo alarme súbito se repetiu na noite seguinte, e na seguinte, e na seguinte. "O troar dos motores faz a terra tremer e os corvos voarem", escreveu em seu diário enquanto as bombas caíam ao longe. "Logo a terra abaixo se incendiará com o ódio."[11] Ao final de dezembro, Huston acreditava que já possuía todo o material filmado de que precisaria. Kiska e Attu ainda estavam nas mãos dos japoneses, mas não se sabia quando ou se as ilhas seriam recuperadas. Ele pediu e recebeu permissão para uma licença de trinta dias, período em que voltaria para Hollywood, visitaria a família e começaria a montar um documentário. Foi com alívio avassalador que Huston embarcou no uss *Grant* e seguiu para Kodiak, e então para Anchorage, depois para Whitehorse, em Yukon, Prince George, Vancouver, Seattle e, finalmente, Hollywood.

Em casa, ele conseguiu relaxar. Como a iniciativa nas Aleutas parecia paralisada, o Exército não tinha nenhuma grande pressa para concluir o filme, e já não havia investigadores acompanhando cada gesto seu. Sem que Houston soubesse, o Exército examinara suas supostas ligações comunistas enquanto ele estava em Adak, enviando investigadores militares para interrogar seus amigos, colegas e chefes na Warner Bros. Assim como muitos outros em Hollywood, Huston fora selecionado porque nos anos 1930 havia ingressado para a Liga de Roteiristas Americanos, fundada pelo Partido Comunista dos Estados Unidos (CPUSA), a fim de apoiar a República Espanhola. Ele também colaborara para a Campanha Nacional Beneficente em Assistência à Rússia. Não se sabe quem deu início ao inquérito, mas foi completamente interrompido assim que chegou aos superiores imediatos de Huston no Exército. O coronel Schlossberg, embora ainda não muito afeito a diretores de Hollywood trajando uniformes, exonerou Huston em seu relatório final, escrevendo: "Sua lealdade e integridade para com os Estados Unidos é inquestionável. [...] O tenente Huston não tem qualquer vínculo nazista, fascista ou comunista". Embora já não houvesse dúvidas quanto à sua fidelidade ao país, havia quanto às suas prioridades. Um de seus colegas no Exército o descreveu como "alguém que não se importa com nada, nem fala de nada que não seja o mundo do cinema", "uma pessoa egocêntrica".[12] O relatório de Schlossberg recomendava que ele não recebesse nenhuma tarefa que envolvesse "acesso a informações confidenciais ou secretas, e que ele fosse mantido sob observação" enquanto estivesse nas Aleutas.[13] No entanto, quando Huston voltou de Adak, o Exército arquivou seu processo até o fim da guerra.

Na Califórnia, Huston pôde passar algum tempo com o pai, que recentemente havia terminado de interpretar "Tio Sam" em *O ataque a Pearl Harbor*, o projeto ainda não lançado de Toland, e também vinha fazendo numerosos trabalhos de narração para o departamento de Capra em diversos filmes informativos e de propaganda. John disse a Walter que queria que o pai narrasse *Report from the Aleutians* [Notícias das Aleutas] quando ele terminasse de editá-lo, e o diretor passou algum tempo nas instalações de Forte Fox, de Capra, trabalhando no filme. Mas, quando a licença de trinta dias chegou ao fim, Huston se transferiu para a Costa Leste, onde o Exército havia alugado um espaço para seus cineastas em Astoria Studios, no Queens.

Huston continuava casado com Lesley Black e envolvido com Olivia de Havilland, mas isso não o impediu de perseguir um novo romance. Assim que chegou a Nova York, ele foi impactado por Marietta Fitzgerald (que mais tarde adotaria o nome mais conhecido Marietta Tree), uma socialite jovem, bonita e casada que conhecera em um jantar no "21" oferecido pelo dramaturgo Sidney Kingsley e causara uma impressão duradoura em Huston ao desmaiar diante dele. O marido de Fitzgerald estava distante, na guerra, e, embora no início o relacionamento tenha permanecido platônico, "foi um período muito romântico, e o charme dele era arrasador", disse ela a Lawrence Grobel, biógrafo de Huston. "O aspecto geral de Huston era muito arrebatador e empolgante. Tudo o que ele dizia era impressionante, e profundamente interessante. Fiquei assoberbada por sua cultura. [...] Ele não tinha nada de tênue ou superficial."[14]

Huston estava mais do que feliz por ter saído de Los Angeles, onde até recentemente o agitado circuito de festas com atores, agentes e executivos havia sido o centro de sua vida social e agora lhe parecia estranho. "Depois de trabalhar com heróis autênticos", escreveu, "eu não estava com ânimo para aguentar a versão das telas."[15] Nova York parecia mais agitada, heterogênea e agradavelmente caótica. Em uma maratona de bares por Manhattan, ele se viu ao lado de H. L. Mencken certa noite, e de Robert Flaherty em outra. E o Centro de Fotografia do Exército, onde ele realizou a maior parte do trabalho em *Report from the Aleutians* no começo de 1943, era "interessante, para dizer o mínimo" — uma instalação pulsante e administrada de forma descompromissada onde, em meio a uma diversidade de talentos, William Saroyan, Clifford Odets e Burgess Meredith trabalhavam arduamente em projetos distintos. Huston adorou o breve período que passou lá e acreditava que o nível de talento à sua volta era superior ao da "maioria dos profissionais de Hollywood"[16] com quem ele já havia trabalhado.

Rey Scott, seu operador de câmera destemido em Adak, também foi parar no Centro de Fotografia do Exército, assim como Irwin Shaw, agora soldado de primeira classe e ainda tentando entrar para uma unidade de cinematografia. Shaw havia sido enviado ao leste pelo Exército e, como membro da equipe de Capra, viajava de um lado para o outro entre Nova York e Washington, D.C., executando diversas tarefas curtas, mas quase arrumando confusão. Certa noite, ele estava à porta de um restaurante particular de um hotel, pronto para socar um maître que o impedia de entrar. Shaw tinha certeza de que estava sendo barrado por ser judeu, e estava prestes a começar uma briga com um civil — infração que podia resultar em corte marcial para qualquer soldado — quando um major que havia saído para jantar com a família viu o que acontecia e se aproximou às pressas. Ele acalmou Shaw e lhe explicou que sua entrada estava sendo barrada não por antissemitismo, mas porque ele era um soldado: o restaurante do hotel era exclusivo para oficiais.[17]

O major que salvara Shaw de problemas sérios aquela noite era George Stevens, e sua autoridade calma, discreta e contida causou uma impressão forte no escritor jovem e nervoso. Shaw ficou impressionado ao ver Stevens de uniforme, assim como ficara meses antes ao saber que Wyler se alistara. "Aqueles homens já haviam passado da idade do serviço militar e eram todos pacifistas", lembrou. "Não pacifistas no que dizia respeito a lidar com chefes de estúdios [...] mas eram todos muito liberais e haviam crescido com ideias pacifistas. E cada um deles abriu mão de carreiras lucrativas e prestigiosas para ir direto para o Exército. E se colocaram à disposição do Exército mesmo sabendo [...] que era quase inexistente a possibilidade de fazerem grandes filmes, porque o que o Exército queria de nós era propaganda para ajudar a vencer a guerra, [e] propaganda não dá grandes filmes."[18]

Stevens provavelmente estava menos preocupado com a ideia de fazer "grandes filmes" durante seus anos no Exército do que todos os outros diretores de Hollywood que haviam ido para a guerra antes dele; estava apenas entusiasmado e preparado para começar a trabalhar — e ainda se perguntava aonde o serviço o levaria. No outono de 1942, ele rodara seu último filme, *Original pecado*, para a Columbia. Cary Grant, que havia protagonizado três de suas películas e era sua primeira opção, ficara indisponível, então Stevens uniu Joel McCrea e Jean Arthur e realizou uma das comédias românticas mais sofisticadas e encantadoras daquela era. O filme fazia referência às manchetes da guerra da forma mais leve possível; era ambientado na capital, para onde tantos soldados jovens foram transferidos e onde, poucos meses após Pearl Harbor, o distrito federal enfrentou um sério deficit habitacional. Diante desse pano de fundo — uma cidade cheia de jovens funcionárias públicas e soldados agitados apenas de passagem —, Stevens criou um conto de fadas romântico com um pé na realidade contemporânea. Ele pôs Arthur no papel de Connie, uma jovem que aluga metade de seu apartamento para um aposentado idoso e gentil chamado Dingle (interpretado pelo bochechudo Charles Coburn), que, por sua vez, aluga metade de *sua* metade para um rapaz bonito chamado Joe (McCrea), que precisa permanecer em Washington enquanto espera suas ordens um tanto nebulosas (ele irá "aonde me mandarem ir — o governo").

Stevens fizera *Original pecado* com a determinação e desenvoltura de alguém que finalmente conseguia o que desejava, mas o filme deixara quase todas as outras pessoas que haviam participado da produção terrivelmente nervosas. Elas pareciam confusas, senão completamente assustadas, com a combinação de humor burlesco e um roteiro tão atual que fazia referência não só ao deficit habitacional como até a notícias recentes sobre a guerra no Pacífico ("Jimmy Doolittle voou sobre o mar/ Os japas ele quer

"TANTO FAZ CAIR DENTRO OU CAIR FORA" 219

pegar", canta Dingle a certa altura). McCrea, que estrelara um par de comédias recentes de Preston Sturges, pediu que seu agente o tirasse do filme no primeiro dia dos ensaios e precisou ser persuadido a voltar.[19] Harry Cohn ficou em pânico, receando que o filme fizesse pouco dos militares; Stevens precisou tranquilizá-lo e garantir que uma cena em que um grupo de mulheres da Divisão Feminina do Exército se divertia em um bar de Washington não mostraria ninguém de uniforme.[20] O Gabinete de Breen, que geria o Código de Produção, entrou em choque diante da oportunidade de insinuações criadas por tantas camas em um espaço tão restrito e pela imagem que o filme fazia da atmosfera "oito garotas por camarada" de Washington: "Consideramos extremamente essencial que essas camas fiquem a alguns centímetros da divisória fina que separa os dois cômodos", advertiu Breen. "Isso é de vital importância." Ademais, Breen recomendava que as "piadas de banheiro fossem minimizadas e algumas, eliminadas. [...] É inaceitável mostrar Joe trajando apenas suas cuecas. Ele precisa estar com algum roupão o tempo inteiro."[21] O gabinete do Código de Produção também insistia que o roteiro fosse aprovado pelo FBI, visto que a agência era mencionada em um diálogo (J. Edgar Hoover assinou a autorização pessoalmente).[22] E Breen pediu que a expressão "Danem-se os torpedos, toda força avante!" fosse excluída, um pedido tão recatado que Cohn se sentiu no direito de ignorar. Cohn nem sabia que nome dar ao filme; a certa altura, a Columbia ofereceu um título de dívida pública no valor de cinquenta dólares para qualquer funcionário do estúdio que conseguisse bolar alguma coisa (entre os títulos testados estavam *Love Is Patriotic Too* [O amor também é patriota] e *Come One, Come All* [Vem um, vêm todos]).[23]

O clima de ansiedade em nada afetou Stevens. Ele trabalhou com cuidado e elegância, especialmente para dar forma à relação terna, adulta e marcada por tensões sexuais entre McCrea e Arthur, mas não submeteu o elenco e a equipe a seus silêncios e atrasos característicos, e tampouco se estendeu demais. Em janeiro de 1943, montou uma versão do filme, apresentou-a duas vezes em exibições-teste, e então fez as malas sem dar uma nova olhada na obra; para a evidente agonia de Cohn, o contrato dele estava concluído.[24] Cohn ainda não estava pronto para deixá-lo ir: "George Stevens irá embora no final da semana para ingressar nas Forças Armadas de seu país", escreveu em um memorando que parecia expressar doses equivalentes de admiração e desespero. Ele acrescentou, esperançoso: "Quem quer que você designe para a sala dele deve estar ciente de que terá de liberá-la quando o sr. Stevens voltar".[25]

Após o ano de deliberações de Stevens, sua transição de diretor para major foi tão rápida que, nas lembranças de seu filho, "um dia ele chegou em casa e disse à minha mãe: 'Entrei para o Exército'".[26] Em 6 de janeiro, o gabinete de Capra enviou uma carta ao escritório de alistamento de North Hollywood, região de Stevens, explicando que o diretor seria "enviado pela Divisão de Serviços Especiais do Departamento de Guerra em missão fora dos limites continentais dos Estados Unidos por período indeterminado".[27] Stevens foi convocado dois dias depois. "Eu definitivamente não sabia se algum dia voltaria a levar uma vida com filmes", disse ele. "Todo mundo dizia, quem sabe, esse pode ser o seu fim."[28]

Mais do que a maioria dos outros diretores, Stevens parecia em paz com essa possibilidade. Aos 38 anos, ele se considerava "aposentado" após uma boa carreira no cinema e agora seguia para a próxima fase de sua vida. Em fevereiro, reuniu seu uniforme e todos os filmes Kodachrome que dava para carregar, viajou para Nova York com a família e se preparou para partir, levando George Jr. para passear pela cidade e deixando uma procuração assinada com a esposa, Yvonne.[29] Depois, foi para Washington a fim de se apresentar rapidamente a Capra, e então voltou a Nova York em um voo da TWA para se despedir uma última vez da esposa e do filho.[30]

Os Stevens já estavam se adaptando à vida mais modesta de uma família militar; o quarto que ocupavam no Waldorf-Astoria era um dos minúsculos que o hotel havia reservado para oficiais que pagavam a diária de cinco dólares permitida pelo Exército. Stevens recebeu as vacinas e, faltando apenas um ou dois dias para começar a servir, ficou doente. Em algumas semanas, foi acometido de uma pneumonia tão forte, agravada por sua asma crônica, que precisou ser hospitalizado em Fort Jay, em Governors Island, no porto de Nova York, onde teve de passar por uma apendicectomia de emergência, seguida de semanas em recuperação. Ao longo de março, Stevens e sua família persistiram em uma espécie de limbo longe de seu lar na Califórnia — Yonnie e George Jr. em um quarto de hotel de Nova York, Stevens em um leito de hospital. Já era quase abril quando o diretor estava bom o bastante para receber alta.[31]

"TANTO FAZ CAIR DENTRO OU CAIR FORA" 221

Stevens e a família pegaram o trem para Washington, onde ele se apresentou a seu supervisor no Exército, o coronel Lyman Munson, e Darryl Zanuck, que continuava trabalhando em seu documentário, a fim de tratar de uma missão que o enviaria ao Norte da África. Ele teria tempo de ir à abertura do campeonato de beisebol com George Jr., mas, cinco dias depois, no domingo de Páscoa de 1943, "a separação realmente nos alcançou", escreveu ele em seu diário. "Levantei cedo e tomei café com meus dois queridos. Estávamos todos bem tristes. [...] Foi difícil para mim ficar de olhos secos quando dei um beijo de despedida em meu garotinho querido e minha esposinha querida. Sou tão feliz quando estou com esses dois. Eles são tão bons. Sou uma pessoa muito sortuda por tê-los. Ficarei muito feliz quando puder voltar para eles."[32]

A semana seguinte foi uma das mais desnorteadoras que Stevens jamais havia vivido. Ele estava embarcando com ordens extremamente vagas e, sempre que entrava em um transporte militar para o trecho seguinte da longa viagem, via-se mais e mais longe de qualquer coisa que pudesse ser familiar. De Washington, ele voou para Miami, e depois para a Guiana Inglesa, para o Brasil, e então para a Nigéria, onde chegou à guarnição militar abafada de Maiduguri e depositou sua bagagem nas acomodações improvisadas, ainda sem saber o que devia fazer ali. "Quase todo mundo doente", escreveu. "Dormi na varanda do alojamento ao lado da porta."[33] Foi para a cama suando em bicas e coberto apenas por uma tela contra mosquitos, e depois acordou morrendo de frio e à procura de uma manta. Na manhã seguinte, estava de novo em um avião leve do Exército, seguindo rumo leste para Cartum. Ele e seus homens tiraram um pequeno cochilo ali — já mal sabiam que hora do dia era —, foram despertados à 1h15 da madrugada, tomaram café e foram conduzidos a uma pista de voo. "Voamos no escuro, pelo vale do Nilo", escreveu Stevens. Na escuridão, os homens se encolheram contra a fuselagem metálica do avião, tremendo até as cinco da manhã, quando viram o nascer do sol. Tentaram não vomitar quando o avião sacudiu em turbulência.[34]

Eles aterrissaram no Cairo, onde Stevens vivenciou um encontro improvável com Hollywood, que agora parecia em outro planeta. O diretor foi levado a um anfiteatro ao ar livre, onde centenas de soldados americanos, ávidos por entretenimento ou qualquer lembrança de casa, assistiram a *Quem matou Vicki?*, um thriller da 20th Century Fox lançado dois anos antes cujo elenco incluía Betty Grable, uma jovem celebridade cujas fotos *pin-up* haviam-na deixado popular no Exército. "Era um filme que você evitaria ver", disse Stevens. "Não era a minha praia. Mas fiquei lá com outros 20 mil caras, e vi aquele martírio! [...] Tinha uma irmã boa e uma ruim, e um camarada estrangeiro, e quem diria: é a irmã ruim quem está ganhando tudo. Betty Grable é a irmã boa, porque é charmosa, bonita, o sonho de todo soldado." Cada momento do filme tinha "cinquenta vezes mais impacto em cada indivíduo" do que os produtores haviam pretendido. Isolados das experiências mais simples de suas vidas nos Estados Unidos — um encontro romântico, uma noite na cidade, uma máquina de refrigerantes, um beijo —, os homens vivenciaram o que Stevens chamou de "catarse" por intermédio do exato tipo de filme que ele estava tão ansioso para deixar para trás. "Virei uma pessoa um pouco melhor depois daquilo", disse ele.[35]

Mas voltou à estrada no dia seguinte, agora rumo a Trípoli e, depois, Benghazi, onde o único indício de guerra que ele viu foi a pichação "Hitler é cretino" que alguém rabiscara em um pedaço de concreto.[36] Stevens sabia que estava se aproximando da ação porque ele e seus homens agora eram acompanhados por uma escolta aérea conforme voavam para a Argélia, parando primeiro em Constantine e, depois, em Argel. No dia em que ele chegou, mais de duas semanas após sair de Washington, *Original pecado* estreava a mais de 6 mil quilômetros de distância em Nova York. A revista *Time* o descreveu como "uma [comédia] inteligente e civilizada sobre tempos de guerra, notável por ser o último trabalho civil do diretor George Stevens (agora major do Exército)".[37]

Stevens finalmente se encontrava onde queria — estava pronto para filmar a campanha que os Aliados vinham travando com sucesso no Norte da África havia mais de seis meses, obrigando as forças do Eixo a recuarem até a Itália. Ele saiu do avião em Argel, a cidade que servira como principal base de operações da campanha, e ficou surpreso ao se ver imerso em uma atmosfera de camaradagem despreocupada e tranquilidade geral. O exército de Hitler na região central da Tunísia sofrera uma derrota pesada e se renderia dali a um dia. A campanha havia acabado. Já não havia mais batalhas para filmar. Até então, Stevens preenchera seus diários com observações e comentários ponderados. "A vida é uma jornada", escreveu em certo momento no começo de suas viagens durante a guerra, "e é sempre mais interessante quando você não sabe ao certo para onde está indo."[38] Porém, quando descobriu que havia chegado tarde demais à Argélia, limitou seu registro a três palavras: "ESTA MALDITA GUERRA".[39]

TREZE

"Era o suficiente para fazer tudo parecer um pouco irreal"

INGLATERRA, HOLLYWOOD E WASHINGTON, JANEIRO A MAIO DE 1943

Conforme se iniciava o novo ano, William Wyler começava a se perguntar se estava destinado a perder a guerra sentado em um quarto de hotel de Londres sem registrar nem uma imagem sequer em filme. Ele recebeu o ano de 1943 bebendo uísque ruim no Claridge's com William Clothier e Harold Tannenbaum, os dois integrantes de sua equipe — embora o grupo mal pudesse ser chamado de equipe, visto que a única coisa que fazia era ir regularmente ao quartel-general da Força Aérea do Exército em Grosvenor Square para perguntar se havia chegado alguma ordem.[1] Já fazia mais de quatro meses desde que Wyler fora orientado a "organizar e operar as atividades da unidade de cinematografia para Treinamento Técnico da VIII Força Aérea", mas, como escreveu seu supervisor em um memorando compreensivo, essas ordens "não especificavam com 'o que' ele devia organizá-las e operá-las, nem onde e como ele receberia esse 'o que'".[2]

No outono, Wyler havia perguntado ao general de brigada Ira Eaker, comandante da VIII Força Aérea, se havia algo que pudesse ser feito para ajudar a levá-lo a uma base aérea. Wyler já solicitara treinamento de voo, que lhe permitiria sair com sua equipe reduzida em missões de bombardeio a bordo dos B-17;[3] sem esse treinamento, eles ficariam limitados a servir como tripulação de solo, tentando ensinar metralhadores a operar câmeras enquanto eles não estivessem atirando contra o inimigo, e depois ver os aviões decolarem e torcer para que os jovens que nunca haviam segurado uma câmera na vida voltassem com material aproveitável. Eaker respondeu com um memorando, em que ordenava que Wyler devia receber "diretrizes [...] fundos [...] e autoridade necessários" para começar a produzir um documentário sobre "a Força Aérea do Exército dos Estados Unidos, que levaria a guerra aérea até o inimigo". Ele também deu a Wyler um novo superior na base que compreendia sua frustração: o tenente-coronel Beirne Lay, que escrevera o roteiro de um drama popular de 1941 sobre a Força Aérea chamado *A revoada das águias* e que recebeu a instrução de providenciar tudo de que Wyler precisasse e colocá-lo para trabalhar.

Quando Lay foi apresentado a Wyler no Claridge's, "Willy estava com um uniforme zerado, e sua experiência militar consistia nisso — um guarda-roupa novo", disse ele a Axel Madsen, biógrafo de Wyler. "Na mesma hora fiquei impressionado pela simpatia e inteligência dele, e por seu imenso complexo de inferioridade. [...] Ele havia sido um general nos sets de Hollywood e, ali, estava completamente perdido."[4] Lay logo percebeu que Wyler não fazia ideia de como lidar com a burocracia do Exército e passava a maior parte do tempo enroscado em disputas contraproducentes. O diretor não estava se dando bem com Jerome Chodorov, o roteirista que havia sido escolhido a dedo e que pressionava para que Wyler fizesse seus documentários com encenações, em vez de insistir em filmar imagens aéreas de verdade. Ademais, o produtor Hal Roach, que dedicara sua pequena empresa independente a realizar documentários de guerra e agora se encontrava em Londres, causava muita interferência e obstruções como supervisor de Wyler. Lay transferiu os dois para outras funções e se tornou o defensor de Wyler no momento em que o Exército estava prestes a qualificar o diretor como ineficaz e despreparado.

Wyler ainda tinha só um equipamento — a câmera que trouxera consigo —, e sua unidade "funcionava apenas parcialmente", escreveu Lay em um memorando oficial ferino. Tannenbaum, que fora levado como técnico de gravação, estava sendo treinado como operador de câmera, já que ninguém acreditava que o equipamento de som de que ele precisava conseguiria cruzar o Atlântico.[5] "Agências de suprimentos parecem pasmas pela existência de uma Unidade de Cinematografia", escreveu Lay, visto que o general que dera a missão a Wyler em uma festa em Washington em junho nunca formalizara o fato com ordens oficiais. Como resultado, "um dos diretores mais talentosos do mundo, gozando de extraordinário prestígio nos círculos de cinema do Reino Unido, foi enviado para a Inglaterra sem fundos, sem um oficial do Exército capacitado para assisti-lo, sem uma diretriz por escrito do governo e sem uma organização, e recebeu a instrução de fazer filmes ao chegar. O major Wyler tentou realizar essa tarefa sem contar com um escritório, um carro, nem sequer uma máquina de escrever, e sem conhecer qualquer procedimento do Exército". Lay concluiu o relatório enunciando sua "crença ponderada de que o major Wyler é digno do mais elevado crédito pela paciência, iniciativa, humildade e lealdade ao dever que demonstrou diante das circunstâncias mais desanimadoras".[6]

Lay pôde fazer o que Wyler não conseguira; seu relatório severo derrubou toda a burocracia do Exército, e, no começo de fevereiro, Wyler e seus homens finalmente receberam autorização para cursar a escola de artilharia por quatro dias. Durante a longa espera, Wyler transformara suas duas melhores ideias para documentários em uma só — ele agora queria fazer um filme que retratasse a tripulação de um avião de bombardeio B-17 durante uma única missão. Mas, antes que tivesse permissão para voar, precisaria passar por um rápido treinamento sobre fotografia em combate aéreo. "Tivemos que aprender reconhecimento de aeronaves, de modo a filmar aviões inimigos, e não os nossos", disse ele. Ademais, Wyler e seus homens precisariam aprender a "desmontar uma metralhadora e voltar a montá-la sob um clima de cinquenta graus negativos"[7] e a operar seu equipamento usando pesadas máscaras ligadas a tanques de oxigênio, pois os B-17 não eram isolados nem pressurizados, então fazia tanto frio que a geladura era responsável por tirar de combate uma quantidade considerável de aviadores.

A missão de Wyler quase foi interrompida antes que ele ao menos saísse do chão quando um canhão de cinquenta milímetros explodiu perto de seu rosto enquanto ele estava aprendendo a dispará-lo. O diretor logo mandou uma carta a Talli para tranquilizá-la, dizendo que as manchetes proporcionadas pelo incidente nos Estados Unidos ("Diretor escapa de

"ERA O SUFICIENTE PARA FAZER TUDO PARECER UM POUCO IRREAL" 227

ferimento") haviam exagerado o perigo, embora, acrescentou ele, "eu também tenha ficado feliz de ver que não me esqueceram".[8]

Algumas semanas depois, no meio da noite, ele foi despertado e conduzido por estradas escuras até o aeroporto de Bassingbourn, trinta quilômetros ao norte de Londres, onde chegou às quatro da madrugada para sua primeira missão, a bordo de um B-17 apelidado de *Jersey Bounce*. O comandante da aeronave, Robert Morgan, era um jovem de 24 anos natural da Carolina do Sul; desde novembro, ele vinha pilotando outro avião, mas, na missão mais recente da semana anterior, o *Memphis Belle* sofrera danos consideráveis e foi posto fora de ação temporariamente.[9] Apenas uma dúzia de B-17 sairia naquele dia; o 91º Grupo de Bombardeiros, conhecido como os "Irregulares Andrajosos", já havia voado sobre a França ocupada, e depois sobre a própria Alemanha, e quando Wyler chegou lá quase metade da frota de 36 aeronaves tinha sido abatida ou estava em solo para reparos.

As missões de bombardeio que o 91º realizou já eram de alto risco antes mesmo de os aviões alcançarem território inimigo. Os B-17 costumavam voar rumo a nordeste pelo mar do Norte com tripulações de dez homens, e com frequência a subida necessariamente rápida de 6 mil pés para 26 mil pés ocasionava problemas de motor ou de pressão do combustível.[10] Em 26 de fevereiro de 1943, logo antes do amanhecer, o plano era bombardear Bremen, no noroeste da Alemanha. Wyler estava preocupado o bastante para escrever outra carta breve a Talli antes de decolar: "Você e as crianças estão em todos os meus pensamentos — só por via das dúvidas — Mas vou voltar. Com amor, querida, Willy".[11]

A missão daquele dia não foi um sucesso. "Nada aconteceu do jeito que deveria", escreveu em seu diário Clarence Winchell, o atirador de metralhadora móvel lateral do *Jersey Bounce*. Um erro de cálculo de navegação fez o avião seguir uma rota bem ao sul de Bremen, colocando-o diretamente na linha de fogo alemã. Acima do mar do Norte, "a artilharia antiaérea era incrível", lembrou Wyler. "Nós voamos por faixas inteiras daquilo, tão densas que [...] o céu azul parecia uma peneira furada".[12] Bremen estava muito nublada, então os aviões dos Aliados foram redirecionados cem quilômetros a noroeste até a cidade costeira de Wilhelmshaven, que abrigava uma base naval alemã.

228   CINCO VOLTARAM

Conforme eles voavam, Wyler andava de um lado para o outro da aeronave, tentando capturar alguma coisa por um dos vãos das metralhadoras laterais e de cauda. Como todo mundo estava usando máscaras de oxigênio e o rugido dos quatro motores do avião aniquilava qualquer outro barulho que não fossem os tiros, a única forma possível de se comunicar era pelo sistema de comunicação interna compartilhado pela tripulação. Os metralhadores e navegadores não sabiam muito bem o que pensar do sujeito ligeiramente rotundo, de óculos, com sotaque vagamente estrangeiro, que era duas vezes mais velho que eles, não possuía uma posição fixa na aeronave e manejava não uma arma, mas uma câmera. "A gente o ouvia xingar pelo comunicador", disse Vincent Evans, o bombardeiro de 22 anos da tripulação. "Quando ele virava a câmera para uma explosão de artilharia antiaérea, já não dava mais tempo. Aí ele via outra explosão, tentava pegá-la, perdia, via outra, tentava de novo, perdia, tentava, perdia. Aí o escutávamos perguntar pelo comunicador ao piloto se não seria possível levar o avião para mais perto da artilharia."[13]

O *Bounce* acabou liberando suas bombas no cais antes de chegar a Wilhelmshaven. Wyler tentou filmar no nariz do avião, mas, a cinquenta graus negativos, sua câmera havia congelado. Naquela tarde, quando o avião voltou a Bassingbourn, estava nítido que as perdas americanas haviam sido terríveis. Sete B-17 tinham caído, e dezenas de homens estavam mortos, desaparecidos, feridos ou sofrendo de hipotermia, um custo que parecia ainda mais estrondoso pelo fato de que o 91º havia decidido aproveitar aquela missão para a primeira oportunidade de levar meia dúzia de jornalistas dos Aliados, cada um em um avião. Um deles era Walter Cronkite, de 26 anos, que chamou a experiência na aeronave de "um inferno 9 mil metros acima do chão" e descreveu "Fortalezas e Libertadores [B-24] sendo arrancados de formação à nossa volta" e desabando no mar. Mas Cronkite também escreveu sobre o entusiasmo extraordinário de ver bombas com mensagens como "Bagos para Hitler — Com amor, Mabel" atingirem os alvos. Seu relato emocionante do heroísmo dos bombardeiros ("Que concentração!"), navegadores, pilotos e metralhadores ("Garotos com vinte e poucos anos que agora são veteranos de guerra aérea") ajudou a criar uma nova modalidade de herói de guerra conforme a atenção dos Estados Unidos se afastava do Pacífico rumo à Europa e filmes hollywoodianos como

Águias americanas, de Howard Hawks, começavam a capturar a imaginação do povo americano.[14]

Wyler mal podia esperar para subir de novo; finalmente estava onde queria. Uma semana depois de voar sua primeira missão, a cerimônia do Oscar foi realizada no Coconut Grove do Ambassador Hotel, em Los Angeles. *Rosa de esperança* liderava com doze indicações e era o grande favorito da noite, mas, quando Wyler pensava no filme naqueles dias, era com uma mistura de orgulho pela recepção e de constrangimento. Pouco antes de sua partida para Bassingbourn, Beirne Lay havia organizado uma exibição do filme para oficiais do alto escalão britânico. Em menos de uma hora, já era sonoro o quanto os espectadores estavam sendo afetados pelo que viam. "Era uma onda de lenços", disse Lay. "Dava para ouvir as pessoas soluçando e fungando na sala inteira." Wyler, sentado no fundo, sentiu-se um bocado constrangido. "Eu realizei esse filme e não sabia o que estava fazendo", disse, em um esforço inútil para evitar ter de comparecer à exibição. "Agora, com uma plateia dessas...!" Após o fim do filme, o rosto de Wyler também estava molhado, mas ele minimizou o próprio trabalho dizendo: "Meu Deus, que dramalhão!".[15]

Os meses que Wyler passara vendo os habitantes de Londres lidarem com as penúrias dos blecautes e da Blitz, tentando seguir com a vida cotidiana mesmo quando essa vida estava em risco, causaram-lhe a sensação de que ele havia vendido ao público uma versão sentimental e glamourizada da vida em tempo de conflito. "Assim que fui para a Inglaterra", disse ele pouco depois da guerra, "comecei a ver todos os erros que havia cometido [em *Rosa de esperança*], ligeiros equívocos de ênfase, detalhes pequenos que, por si só, não tinham importância, mas era o suficiente para fazer tudo parecer um pouco irreal."[16] Quando chegou a noite do Oscar, cada um desses erros já representava motivo de mortificação para ele. "Eu tinha a limitação de lidar com lugares, períodos sobre os quais não conhecia nada", disse. "Fiz Greer Garson sair correndo em uma pista de voo na Inglaterra para dar um adeus choroso ao filho, que estava decolando em um Spitfire. Ridículo!"[17]

Wyler não voltou para casa a fim de ir à cerimônia: Talli compareceu em seu nome. Àquela altura, já não era novidade o fato de que o evento fosse marcado por conversas sobre a guerra e pretendesse ser uma demonstração explícita de patriotismo: Jeanette MacDonald abriu cantando o hino nacional americano, Tyrone Power e Alan Ladd apareceram de uniforme, com a bandeira do país, e Bob Hope contou piadas sobre como se aproximava o dia em que todo e qualquer ator principal se alistaria e os papéis românticos teriam que ser interpretados por gente idosa.[18] No começo da noite, Walter Wanger leu uma carta do presidente Roosevelt para uma plateia que estava lotada ao ponto do desconforto. "Constitui uma profunda satisfação para mim, como deve constituir para vocês, o fato de que tenhamos sido capazes de transformar o poder tremendo do cinema em um instrumento de guerra eficaz sem que fosse preciso recorrer absolutamente aos métodos totalitários de nossos inimigos", escrevera Roosevelt. Ele seguia advertindo a plateia de que, "nos meses seguintes, as condições de guerra podem [exigir] que a indústria cinematográfica exerça um papel ainda maior na guerra contra a tirania do Eixo. [...] Sei que vocês não decepcionarão o povo americano e a causa da democracia".[19]

O Oscar daquela noite transcorreu de forma tão tediosa, com tantos discursos longos e apresentações, que a cerimônia finalmente terminou cinco horas depois que os convidados haviam se sentado para jantar. Mary Pickford, cofundadora da Academia, disse a repórteres que não sabia a quem culpar por tamanho fiasco porque "ninguém seria capaz de organizar sozinho algo tão chato".[20] Porém, ao final, *Rosa de esperança* emergiu triunfante com seis estatuetas; Wyler, em sua quinta tentativa, enfim conquistara o Oscar de Melhor Diretor. "Eu queria que ele pudesse estar aqui", disse Talli, que aceitou o prêmio das mãos de Frank Capra. "Há muito tempo ele quer um Oscar. Sei que ficaria muito empolgado, quase tanto quanto naquele voo sobre Wilhelmshaven."[21]

Algumas horas depois, um redator do *Star and Stripes*, o jornal do Exército, chegou a Bassingbourn para entrevistar Wyler. "O senhor tem uma fotografia sua?", perguntou o repórter.

"Não sei", respondeu. "Para que você quer?"

"O senhor ganhou o Oscar", disse o repórter.

Wyler sorriu e disse: "Ora, quem diria".[22]

Quando telegramas de felicitação passaram a inundar quartéis da Força Aérea e a MGM posicionou anúncios em publicações especializadas parabenizando o "major William Wyler" pelo que o *Los Angeles Herald Express* chamou de "uma limpa, quase como no ano em que ... *E o vento levou* arrebanhou a maioria dos prêmios",[23] Wyler se permitiu um momento para desfrutar a vitória. Sam Goldwyn lhe disse que foi "o prêmio mais popular de todos os tempos". "Will, seu azarão!", brincou Huston. E Talli escreveu: "Querido, senti muito sua falta hoje, mas adoro receber Oscars. Precisamos fazer isso mais vezes".

"Querida terrivelmente empolgado família aumentou com Oscar", respondeu Wyler via telegrama. "Preciso fazer planos para sala troféus após guerra. [...] Com muito amor e não deixe Cathy brincar com meu boneco novo."

"Agora sinto que posso vencer a guerra", disse Wyler a seu assessor de imprensa, Mack Millar. "Só espero que ela não dure tanto tempo."[24]

Ford e Capra também saíram vitoriosos da cerimônia daquela noite. Os dois viram a habilidosa manipulação do sistema por eles render frutos quando dois dos quatro Oscars de Melhor Documentário foram para *The Battle of Midway* e — embora ainda sem ter recebido permissão para estrear no grande circuito — *Prelúdio de uma guerra*.* Mas esses prêmios tiveram um custo: tanto Ford quanto Capra haviam entrado em conflito com Mellett, cuja insistência em exercer sua autoridade dentro e fora de Hollywood o estava transformando rapidamente em uma das figuras menos populares da indústria. Ninguém podia negar que ele tinha influência sobre os estúdios; era praticamente obrigatório que ele fosse convidado a falar na cerimônia do Oscar aquela noite, mas muitos dos presentes acharam que seus comentários e votos no Coconut Grove soaram vazios. "Se as pessoas da indústria reunidas ali esperavam ouvir algo novo do sr. Mellett, estavam fadadas a se decepcionar", escreveu o *Hollywood Reporter* no dia seguinte, "pois ele apenas reiterou em seu discurso [...] as mesmas coisas que vem dizendo há tempos — que o governo não tem qualquer interesse ou intenção em dizer à indústria como fazer filmes".

A exceção, claro, era os filmes que o governo produzia ou encomendava, e, enquanto Ford colhia elogios por *The Battle of Midway*, Mellett

---

* Os outros dois vencedores eram também documentários de guerra: *Kokoda Front Line!* [Linha de frente de Kokoda!], da Agência de Informação e Notícias da Austrália, e *Razgrom nemetskikh voysk pod Moskvoy* [Derrota do Exército alemão perto de Moscou], da Rússia.

proporcionava a ele e a toda a Unidade de Fotografia de Campanha uma grande dose de constrangimento em função de *O ataque a Pearl Harbor*. Um ano após ser designado para o Havaí, Gregg Toland finalmente terminara a primeira versão do filme, e, quando Mellett assistiu a uma exibição preliminar do resultado, ficou horrorizado — e não apenas pela extensão de 85 minutos ou pelo uso livre de encenações a que Toland recorrera para ilustrar o ataque (apenas alguns momentos do evento haviam sido capturados por câmeras aquele dia). A vituperação virulenta e prolongada do filme contra nipo-americanos reiterava a própria feiura que o Bureau of Motion Pictures tentara atenuar após *Bairro japonês*; todos os espectadores concluiriam, após vê-lo, que o governo havia adotado uma política oficial de hipervigilância racista contra suspeitas de traição doméstica. Toland havia usado o filme para se queixar com o governo americano e, em particular, com a Marinha pelo despreparo antes do ataque à ilha, e também para sugerir que a grande população imigrante do Havaí estava cheia de agentes inimigos.

O ataque a Pearl Harbor superava até os filmes mais apelativos de Hollywood ao insinuar que qualquer letreiro bilíngue em lojas representava um perigo para a segurança nacional. Os 150 mil descendentes de japoneses que residiam no Havaí eram, segundo a narração do filme, uma ameaça séria: "Um centímetro de cada vez, seus filhos e netos [...] começaram a penetrar a vida industrial das ilhas. E, por todo esse tempo, seus números seguiram crescendo. Sim, tem muitos deles". No diálogo forçado e paranoico que os cineastas haviam formulado entre o Tio Sam de Walter Huston e o "Sr. C" — sua consciência — de Harry Davenport, Sam afirma que todos os imigrantes japoneses vivem com "um espírito americano", e o Sr. C retruca: "Um espírito *hifenizado*". A isso se segue uma longa montagem em que se veem pessoas brancas conversando distraídas sobre questões de segurança nacional diante de barbeiros e jardineiros japoneses plácidos, de expressões inescrutáveis estereotipadas, insinuando que as paredes têm ouvidos e que qualquer pessoa é um espião. Os japoneses no Havaí têm até acesso a um catálogo telefônico "publicado para eles", alerta o narrador. "Em *japonês*."

Mellett desconfiara de que *O ataque a Pearl Harbor* seria impublicável assim que viu o roteiro concluído de Toland. Ao final de 1942, escreveu a James Forrestal, subsecretário da Marinha, que "esse projeto, como filme

"ERA O SUFICIENTE PARA FAZER TUDO PARECER UM POUCO IRREAL" 233

para exibição ao público, deveria ser interrompido [...] não apenas porque parece certo que será um filme muito, muito ruim *per se*, mas porque o conceito inteiro é, na minha opinião, insensato como posicionamento do governo. Trata-se de uma releitura ficcional sobre um fato muito real, o trágico desastre de Pearl Harbor, e não acredito que o governo deva lidar com ficção".

O filme concluído apenas confirmava os maiores receios de Mellett. Ford e Toland haviam recebido uma quantidade muito limitada de imagens filmadas durante o ataque, incluindo o bombardeio e a explosão do USS *Arizona*, onde 177 oficiais e marinheiros haviam morrido. Mas eles usaram o material como referência para criar uma versão do bombardeio de Pearl Harbor que usava aeromodelos de Zeros produzidos pelo departamento de efeitos especiais da 20th Century Fox e fazer *closes* hollywoodianos de soldados e marinheiros americanos — algumas cenas filmadas no Havaí, outras na própria Fox — respondendo o fogo enquanto o inimigo metralhava o porto.

Mellett foi o primeiro representante proeminente do governo a se pronunciar quanto a problemas de veracidade, políticas de divulgação e questões éticas relacionadas ao uso de encenações em filmes de propaganda. Mais de um ano após Pearl Harbor, o Departamento de Guerra ainda não havia determinado qualquer política oficial para filmes que fossem realizados ou lançados com seu selo. Depois de ver o filme, Mellett apresentou suas reclamações a degraus superiores da hierarquia. Embora acreditasse que o público devia ter a oportunidade de ver o material documentário que Ford e Toland haviam produzido durante a reconstrução da frota do Pacífico, esse conteúdo deveria ser extraído de *O ataque a Pearl Harbor* e exibido de outra forma. Mellett aliciou o apoio de seu chefe, Elmer Davis, que dirigia o Escritório de Informação de Guerra e concordava com a avaliação dele de que "a apresentação de propaganda ficcional [...] pareceria uma atividade inadequada para o governo dos Estados Unidos".

Pela primeira vez desde o início da guerra, Ford caiu em desgraça, e nem mesmo a proteção de Bill Donovan era suficiente. Desde o início, *O ataque a Pearl Harbor* havia sido um projeto de interesse especial para Roosevelt, para quem notícias sobre a reconstrução do poderio naval no Pacífico eram vitais para o moral da nação. Agora o filme estava longo,

234

CINCO VOLTARAM

atrasado e tão inadequado que Henry L. Stimson, o secretário de Guerra, concordava que não devia ser lançado. Na primavera de 1943, Roosevelt emitiu uma diretriz segundo a qual, no futuro, todos os filmes produzidos pela Fotografia de Campanha deveriam ser submetidos à censura do Departamento de Guerra. Toland, que nutrira esperanças de usar o filme como degrau para virar diretor quando voltasse a Hollywood, e não mais diretor de fotografia, ficou arrasado; embora ainda fizesse parte da Fotografia de Campanha, solicitou transferência para a América do Sul, e ele e Ford nunca mais trabalharam juntos.

Como observou Tag Gallagher, especialista em história do cinema, o pesado tom antijaponês da versão de Toland pode ter sido não um reflexo de sua convicção ou tendenciosidade pessoal, mas uma tentativa de justificar a política dos campos de internação de Roosevelt.[25] Tal como estava, o filme refletia os instintos conflituosos do Departamento de Guerra e do governo quanto à forma de representar o Japão, a população japonesa e os imigrantes — o mesmo problema que continuava a atormentar Capra em sua série *Know Your Enemy*. Desde que chegara a Honolulu, Ford estivera preocupado com a direção que Toland seguia, mas ainda não se sabe se ele se distanciou de *O ataque a Pearl Harbor* apenas depois das reações negativas ou se, consumido por seu próprio trabalho após Midway, não dera muita atenção a Toland e foi pego de surpresa pela dimensão do problema. Mas não havia dúvida de que o diretor deveria assumir parte da culpa pelo fracasso do filme.

Ford foi transferido de volta para seu escritório em Washington, com a orientação extraoficial de permanecer lá até segunda ordem. Sem Toland, ele e Robert Parrish se esforçaram para evitar a humilhação tentando transformar *O ataque a Pearl Harbor* em algo que pudesse ser mostrado ao público e não perderam tempo nem ficaram se lamentando. Frank Wead e James Kevin McGuinness, dois de seus roteiristas mais confiáveis, começaram a trabalhar em uma narração revista para o filme, e McGuinness aconselhou Ford a remover qualquer coisa que soasse a opinião ou ficção: "Enfie tudo o que tiver de interessante das operações de salvamento [...] e termine com uma explosão de glória quando os navios forem lançados ao mar de novo".[26] Ford descartou quase por completo os primeiros quarenta minutos de Toland. Manteve uma breve aparição de Huston como gigante adormecido, mas removeu um trecho em que o Sr. C criticava Tio Sam, dizendo: "Você descansou bastante este ano". Também foram cortadas a montagem dos letreiros nas lojas havaianas com ameaçadores caracteres japoneses e a história racista dos japoneses nas ilhas. E Ford descartou o último ato do filme — uma longa cena ambientada no céu em que um soldado (Dana Andrews) morto em Pearl Harbor se entrega a reminiscências com outros veteranos de guerras americanas e usa uma metáfora particularmente distorcida para tratar do provável resultado da Segunda Guerra Mundial. "Vou botar minha grana num rebatedor chamado razão", diz Andrews, "num arremessador chamado bom senso, num jardineiro externo chamado decência, fé, fraternidade, religião. Existem times como esse se aquecendo por todo o planeta. Eles agora estão treinando. Mas, quando o campeonato começar, eles vão estar lá, rebatendo, arremessando, avançando rumo a um troféu chamado paz".

Quando Ford e Parrish terminaram, *O ataque a Pearl Harbor* havia sido reduzido a 34 minutos, em vez de 85, e transformado em um filme mais emotivo, objetivo e definitivamente fordiano — um parente menos visualmente dramático de *The Battle of Midway*. Assim como fizera no outro filme, Ford começou com uma ilha tranquila e intacta que logo seria devassada pelos sons e pelas imagens da guerra. Ele preencheu a trilha sonora com suas canções preferidas, algumas das quais, incluindo "My Country 'Tis of Thee" e "Anchors Aweigh", haviam sido usadas em *Midway*. E interrompeu a narração jornalística de uma sequência em que o público via alguns dos marinheiros americanos que haviam morrido — uma ideia que provavelmente tinha sido sua desde o início. "Quem eram esses jovens americanos? Paremos por alguns minutos diante de seus túmulos sagrados e peçamos que eles se apresentem", diz o narrador. "Quem são vocês, rapazes? Vamos, falem, alguém!" Os "rapazes" representavam uma diversidade étnica distinta — um irlandês de Ohio, um alemão de Iowa, um judeu chamado Rosenthal do Brooklyn, um negro da Carolina do Norte, um mexicano-americano das cercanias de Albuquerque. Em cada caso, veem-se fotos dos homens e imagens filmadas de seus pais, que em algumas ocasiões aparecem com um retrato do filho perdido nas mãos ou a seu lado. A mãe do marinheiro negro (é o único homem que parece não ter pai) é apresentada sozinha, pendurando roupa em um varal.

Ford substituiu a provocação racial de Toland por algumas frases que indicavam que a maioria da população nipo-americana era leal aos Estados Unidos — um jovem aparece após o ataque trocando o letreiro de seu "Banzai Café" por outro que diz "Keep 'Em Flying Café"* [Mantenha-os no ar] — e fez o narrador explicar ao "sr. Tojo" que Pearl Harbor só "serviu para complicar ainda mais a vida já complexa dos japoneses no Havaí". E, em vez da representação danosa da Marinha como uma entidade adormecida no leme, ele inseriu uma referência ao "estilo de guerra do Eixo — uma apunhalada nas costas em uma manhã de domingo". O Departamento de Guerra ainda não queria exibir o filme ao público — 34 minutos eram uma duração complicada para os cinemas, e a obra passara a ser vista como um produto defeituoso —, mas as mudanças de Ford bastaram para obter permissão de exibir *O ataque a Pearl Harbor* a militares e fabricantes de munição mais tarde em 1943. Embora Mellett tenha conseguido embargar o lançamento geral do filme, seu argumento central sobre os problemas éticos de se usar encenações montadas de guerra em um filme vendido como documentário foi ignorado. Já Ford havia reconquistado a simpatia da Marinha, mas continuava preso à mesa. Conforme a primavera cedia lugar ao verão, ele se perguntou se algum dia receberia mais uma chance de voltar ao meio da ação.

Mellett conseguira manter fora dos jornais sua luta contra *O ataque a Pearl Harbor*, mas a batalha com Capra por *Prelúdio de uma guerra* logo chegou à imprensa. Depois de Pearl Harbor, os isolacionistas da Câmara e do Senado haviam recuado para um período de silêncio constrangido, mas agora ressurgiam declarando oposição não à guerra propriamente dita, mas a Roosevelt, acusando-o de instigar medo e fúria no povo americano para se manter no poder — e de fazer isso mediante o uso de propaganda de guerra. Em fevereiro, o senador Rufus Holman, republicano do Oregon, denunciou que *Prelúdio de uma guerra* era "propaganda política pessoal"[27] feita com a intenção exclusiva de garantir um quarto mandato ao presidente. Com sua declaração, ele questionou toda a estratégia de produção cinematográfica do Departamento de Guerra e atraiu a atenção e o

---

* *Keep 'Em Flying* é o título original de *2 aviadores avariados*, uma comédia de caserna de 1941 com Abbott e Costello que obtivera um sucesso estrondoso.

"ERA O SUFICIENTE PARA FAZER TUDO PARECER UM POUCO IRREAL" 237

apoio de muitas pessoas que, em uma época de austeridade econômica nacional, acreditavam que a produção de filmes pelo governo consistia em um uso extravagante de recursos limitados que resultava em besteiras egocêntricas. "Quero que nossos generais apliquem seu tempo em vencer batalhas, não em combater uma guerra psicológica", criticou. "Será que o governo tem a desfaçatez de dizer que nossos soldados não sabem por que estão lutando a guerra?"[28]

Um pendor para estardalhaço que havia sido silenciado temporariamente depois de Pearl Harbor voltava a se reafirmar agora com uma energia que pegou muitas pessoas de Hollywood desprevenidas. E embora o Bureau of Motion Pictures tivesse acabado de lançar seu próprio filme sobre "por que lutamos", Mellett chocou a comunidade cinematográfica ao decidir se unir publicamente a Holman. Em uma entrevista ao *Hollywood Reporter*, Mellett expressou sua convicção de que *Prelúdio de uma guerra* devia ser exibido apenas para militares, visto que "tocava em uma quantidade de pontos de ódio excessiva para o público geral"; disse também que apoiava a pressão de Holman por audiências do Congresso sobre a questão da propaganda governamental.[29] O empecilho marcou a primeira vez desde o começo da guerra em que o Escritório de Informação de Guerra e o Departamento de Guerra entraram em franca oposição na questão dos filmes de propaganda, e, mesmo depois que *Prelúdio de uma guerra* foi indicado ao Oscar, Mellett não apresentava qualquer sinal de que cederia.

De repente, todo o programa que levara tantos cineastas para as Forças Armadas estava sendo questionado. Formou-se uma coalizão informal de antigos isolacionistas, céticos a respeito da ética da propaganda, retóricos anti-Hollywood e membros da imprensa de entretenimento que queriam que a indústria cinematográfica voltasse às atividades de costume, estabelecendo um movimento inusitado dedicado a interromper praticamente qualquer documentação da guerra em filme promovida pelo governo. Os diretores que haviam posto suas carreiras em suspenso e poucos meses antes haviam sido qualificados de patriotas eram agora, por isso, tratados como amadores e aventureiros egoístas que tentavam se esquivar de suas obrigações de verdade, que eram entreter o público. O governo Roosevelt "devia providenciar para que os melhores trabalhadores, os grandes artistas do cinema, permaneçam exatamente onde devem", em

Hollywood, escreveu o crítico Leo Mishkin no *New York Morning Telegraph*. "John Ford não ajuda em nada à sua indústria essencial ao navegar pelo mundo com a Marinha. Nada mais se ouviu de Frank Capra e William Wyler desde *Meu adorável vagabundo* e *Rosa de esperança*. Darryl Zanuck agora está editando algo que, eliminando-se a verborragia e o espalhafato, essencialmente não passa de um cinejornal sobre a invasão da África. [...] Mas nenhum deles está fazendo filmes para o povo americano."[30]

Eles agora deviam prestar satisfações. No começo de 1943, pela primeira vez desde as audiências da Comissão Nye antes de Pearl Harbor, o Congresso decidia convocar alguns dos maiores nomes de Hollywood até Washington, onde eles deveriam defender o que exatamente estavam fazendo na guerra e por que estavam fazendo aquilo.

QUATORZE

"Vindo com a gente só pelas fotos?"

WASHINGTON, INGLATERRA E NOVA YORK, MARÇO A JULHO DE 1943

Quando a revista *Time* estampou Harry Truman na capa de uma edição de março de 1943, referiu-se ao senador do Missouri como "o cão de guarda de um bilhão de dólares" dos Estados Unidos e declarou que a comissão bipartidária presidida por ele representava "o mais parecido que já se fez de um alto-comando doméstico". A força-tarefa de Truman — todo mundo a chamava de Comissão Truman, embora o nome oficial fosse Comissão de Inquérito do Senado para a Defesa Nacional — foi encarregada de examinar todos os gastos relacionados à guerra, e nos quinze meses que se seguiram a Pearl Harbor o olho atento de seu presidente para desperdícios, descuidos e corrupção havia transformado o senhor de 58 anos, até então discreto, em um dos políticos mais populares do país. "O objetivo de cada membro da comissão é promover o esforço de guerra ao máximo de eficiência e empenho", disse ele — mas também de apontar um holofote poderoso em todas as áreas que carecessem dessas qualidades. "Não adianta nada ficar revirando águas passadas depois do fim da guerra, como foi da última vez", disse Truman a jornalistas. "É preciso revirar as coisas agora, e corrigi-las."[1]

Quando Truman voltou sua atenção para Hollywood, a indústria sabia que ele não seria suscetível a contra-ataques, humilhações ou deboches, como havia acontecido com Dies, Nye e os isolacionistas alguns anos antes. E, a bem da verdade, ninguém em Hollywood ou Washington sabia muito bem qual poderia ser a melhor defesa para os diversos programas de propaganda da guerra. Os Estados Unidos queriam filmes verídicos do conflito e sobre o conflito, mas a reputação dos cineastas de uniforme ainda era frágil e sujeita a revisões céleres e temperamentais: em uma semana, as manchetes os caracterizavam como heróis altruístas; na semana seguinte, como estorvos egocêntricos.

Darryl Zanuck não havia ajudado a situação. Desde que voltara da Tunísia, ele havia dedicado a maior parte de suas energias a transformar sua missão no Norte da África em um espetáculo individual. No começo de 1943, publicou um livro sobre sua experiência: *Tunis Expedition* [Expedição a Túnis]. Embora Zanuck tivesse doado os direitos autorais ao Programa Emergencial de Assistência do Exército, a introdução que ele encomendara a Damon Runyon causou espanto, clamando que "nenhum homem vivo leva mais a sério seu dever para com a bandeira e o país do que o coronel Darryl Zanuck. [...] Se [ele] fosse do mundo dos jornais, provavelmente seria um dos maiores correspondentes de guerra desta geração". Essas declarações rebuscadas não tinham como ser sustentadas pela reminiscência deslumbrada em estilo de diário das páginas seguintes ("Toda a Argélia me lembra a Califórnia" e "Acho que ainda não compreendo que isto é mesmo uma batalha e que estou nela" eram comentários típicos de Zanuck).² A alternância entre a inocência espantada de um menino e o tom autolaudatório em *Tunis Expedition* foi mais do que os críticos poderiam suportar. "Teria sido bom [...] saber um pouco mais, em meio às aventuras hora a hora do coronel Zanuck, sobre os homens que tiravam as fotos, e o que eles pensavam e sentiam, e quais eram seus problemas", escreveu um crítico do *New York Times* em uma das resenhas mais suaves sobre o livro.³

Zanuck não podia culpar ninguém além de si mesmo pela forma como a imprensa o atacou. Em seus anos à frente da 20th Century Fox, ele sempre tivera uma imagem de si como escritor, mas era também sentimentalista e transpôs alguns elementos infelizes dos filmes de seu estúdio para

"VINDO COM A GENTE SÓ PELAS FOTOS?" 241

um livro que pretendia ser jornalístico. Sua descrição da conversa que tivera com um marujo negro na marinha mercante ("Faz dez anos que tenho ido ao mar direto, e não vai ser um probleminha com torpedos que vai me fazer desistir") transformou o marujo — nas palavras entusiasmadas do próprio Zanuck — em "um dublê perfeito para Stepin Fetchit"*. E a avaliação que ele fez dos alemães ("Raios, é preciso matá-los todos a sangue--frio, acabar com aquela raça inteira. [...] Não, senhor, não existe alternativa") era, mesmo para os padrões da época, grosseira. Uma coisa era envilecer Hitler, outra era se apropriar de suas fantasias de aniquilação racial.[4]

Durante o tempo que passou no Norte da África, Zanuck não causara boa impressão passeando em seu Chevrolet azul, carregando caixas de charutos e um saco de dormir caro, e insistindo em visitar a sede abandonada de seu estúdio em Argel, onde, como depois lembrou o sargento que o acompanhou, ele "caminhou pelo seu feudo com a confiança do soberano em sua própria porção extraterritorial em um país estrangeiro". Às vezes ele parecia incapaz de fazer a distinção entre a guerra e um filme de guerra — "Eu me sinto como se fosse personagem de um épico de Edward G. Robinson", escreveu — e no meio de um ataque aéreo insistiu em ter permissão para disparar uma metralhadora Thompson.[5] A animosidade que Zanuck gerou enquanto esteve em Argel chegou aos Estados Unidos, e, quando ele lançou seu documentário *At the Front in North Africa* [Na linha de frente no Norte da África], a imprensa foi explicitamente hostil, referindo-se ao filme como "A Guerra de Darryl Zanuck". Para muitos que o viram, o filme parecia atenuado; as imagens de combate propriamente dito eram poucas, e havia muito do que uma crítica caracterizou como "cenas metidas a artísticas de esteiras de tanques, o sol nascendo e se ponto, [e] muitos outros adereços inoportunos. [...] O filme tem todas as impressões digitais de Zanuck: é extravagante, melodramático, às vezes meloso, às vezes escandaloso".[6] A equipe de mais de quarenta cinegrafistas do Corpo de Sinaleiros e da Fotografia de Campanha de Zanuck de fato capturara algumas imagens pesadas de combate aéreo e de blindados no cerco a Tebourba, mas ele não conseguiu resistir à tentação de se colocar no meio do filme; é possível

---

* Personagem interpretado pelo ator Lincoln Theodore Monroe Andrew Perry que representava a polêmica figura estereotipada do "negro folgado". (N. T.)

vê-lo em *At the Front in North Africa* parecendo uma figura de autoridade, séria, supervisionando tudo e brandindo um charuto.

Quando a Comissão Truman decidiu escolher um alvo, Zanuck era o mais fácil, e definitivamente o maior. Em uma série de audiências, a comissão perguntou se ele estava usando sua posição como líder do Conselho de Pesquisa da Academia e do programa Filmes de Treinamento do Exército a fim de conduzir à 20th Century Fox contratos militares para filmes, se ele havia transferido suas ações para um fundo de investimentos a fim de se distanciar da Fox (ele não transferira), se o fato de ele receber salário do Exército ao mesmo tempo que continuava a ser pago pela Fox representava uma renda dupla às custas do contribuinte americano, e se a patente de oficial que ele e outros cineastas haviam recebido após Pearl Harbor se devia a mérito ou fama.[7] Zanuck sentiu-se furioso e humilhado e disse à comissão que achava "um absurdo sórdido e baixo fazer algo assim a um americano patriota. [...] A culpa é minha, por ser um otário e tentar ajudar meu país. [...] Ninguém vai me ver [...] fazendo qualquer coisa para alguém nunca mais". Indignado, Zanuck se ofereceu para renunciar ao posto no Exército, mas sua manifestação de ultraje foi recebida com escárnio. "Acho que ele é oficial do Exército e deve permanecer lá", respondeu Truman. "O Exército gastou muito dinheiro para treiná-lo. [...] Por que vocês não o mandam à escola e o transformam em um oficial *de verdade*? Não entendo por que um oficial desejaria pedir baixa. [...] Não acredito que esses camaradas recuem."[8]

A comissão exonerou publicamente Zanuck de qualquer improbidade, mas a Inspetoria-Geral do Exército, que abrira uma investigação independente e particular sobre a relação financeira dele com a Fox, não, e Zanuck de fato acabou aceitando abrir mão da patente na primavera daquele ano para evitar mais publicidade negativa. Sua experiência parecia uma advertência tanto para Ford quanto Capra, cujos nomes também foram mencionados nas audiências. Ford havia mantido registros minuciosos do tempo que servira no Norte da África e se certificou de que quase todo o trabalho da Fotografia de Campanha fosse classificado como confidencial;[9] após o imbróglio de *O ataque a Pearl Harbor*, ele parou de se gabar aos jornalistas de que teria participado de combates de alto risco e passou a assumir uma postura mais discreta em Washington. Quando a

"VINDO COM A GENTE SÓ PELAS FOTOS?"

comissão, abrindo o escopo da investigação, solicitou informações sobre seus investimentos acionários e sua renda advinda de lucros com filmes durante os dois anos de serviço na Marinha, Ford pediu que Bill Donovan respondesse com uma carta em que garantia que sua ficha estava limpa.[10] Da mesma forma, Capra foi chamado a depor sobre os rendimentos recebidos por *Meu adorável vagabundo* e pelo ainda inédito *Este mundo é um hospício*, mas, assim como Ford, não parecia ter nenhum conflito de interesses, e quando ficou evidente aos senadores que nenhum diretor estava recebendo salários completos dos estúdios ao mesmo tempo que eram pagos pelo Exército, a comissão perdeu interesse.[11]

Mas a Comissão Truman havia deixado clara sua posição ao usar Zanuck para questionar os complicados acordos de divisão de poder entre o Departamento de Guerra e a indústria cinematográfica. Após a conclusão das audiências, os limites de autoridade foram simplificados; o Conselho de Pesquisa da Academia, que desde antes de Pearl Harbor havia servido como importante intermediário entre o Departamento de Guerra e os estúdios, agora ficou marginalizado, e seria o Corpo de Sinaleiros, não a Divisão para o Moral do general Osborn (mais vago e favorável a cineastas), que passaria a exercer autoridade sobre praticamente qualquer pessoa de uniforme que estivesse produzindo filmes para o Exército.

Enquanto as audiências lançavam luz sobre o perigo de irregularidades financeiras quando executivos de estúdios continuavam a atuar na indústria do cinema depois de serem convocados pelas Forças Armadas, seguiam se disseminando perguntas mais gerais sobre a criação de propaganda e a supervisão de cineastas do Exército. Truman deixara claro que considerava um erro sequer colocar diretores em uniformes; o senador acreditava que eles prestariam um serviço melhor ao país como consultores, não como oficiais. Mas era tarde demais para reverter uma política com a qual o governo Roosevelt e o Departamento de Guerra já se haviam comprometido.

George Marshall descartara as acusações do senador Holman de que *Prelúdio de uma guerra* era uma campanha publicitária para a reeleição de Roosevelt bancada pelo governo,[12] mas Capra e Mellett permaneciam em um impasse quanto ao lançamento do filme ao público. Depois que a obra ganhou um Oscar, Capra convenceu Robert Patterson, subsecretário de Guerra, a defender que ela devia ser exibida por todo o país; ao mesmo tempo, Mellett persuadiu o War Activities Committee, entidade de Hollywood que atuava como uma espécie de patrono para documentários sobre a guerra que aspiravam um lançamento ao público, a apoiá-lo em oposição.

Foi Mellett quem enfim forçou a barra, desafiando até mesmo o próprio chefe, Elmer Davis, diretor do owi, que o mandara recuar. "Aquele maldito Lowell Mellett!", esbravejou Patterson algumas semanas após a cerimônia do Oscar. "Falei com Elmer Davis [...] e ele me disse que por tudo o que era mais sagrado [os filmes *Why We Fight*] seriam exibidos e que não haveria mais perda de tempo, e agora estamos perdendo tempo!"[13] Finalmente, em 22 de abril, Mellett cedeu. "Conferência agitada hoje", escreveu o coronel Stanley Grogan em telegrama para o general Alexander Surles, que geria o Escritório de Relações Públicas do Exército e queria que *Prelúdio de uma guerra* fosse para os cinemas o mais rápido possível. "Indústria assumiu posição filmes não valem a pena exibir e não vão atrair público, carecem valor entretenimento etc. [...] Elmer muito prestativo, Lowell Mellett nada prestativo. [...] Exército deve usar *Prelúdio de uma guerra* como filme-teste. [Radio City] Music Hall, ny, receberá uma cópia da owi para exibir uma semana em maio. [...] Único jeito de sair impasse já que indústria e departamento de guerra e Lowell Mellett não entram em acordo."[14]

A vitória de Capra foi de Pirro. Quando *Prelúdio de uma guerra* estreou, já era, em todos os sentidos, notícia velha, uma aula de história atrasada que chegou ao público geral em um momento em que os espectadores estavam muito mais interessados no que havia acontecido na semana anterior do que nos movimentos de tropas na Etiópia em 1931. Em resenha sobre o filme para o *New York Times*, Bosley Crowther disse que torcia para que os americanos o considerassem "inspirador", mas admitiu que "a eficácia ante o público [...] é questionável. As generalizações são vagas, e o filme se escora muito em simbolismo patriótico. [...] Deixa muitas perguntas óbvias completamente sem resposta".[15] E James Agee, embora achasse que o roteiro avaliado e refeito pelo falecido Eric Knight era "respeitável",[16] não estava convencido de que *Prelúdio de uma guerra* fosse além do que aquilo que Marshall havia encomendado inicialmente: uma palestra ilustrada eficaz "[cujo] conteúdo abrangente muitos já estavam cansados de conhecer".[17]

"VINDO COM A GENTE SÓ PELAS FOTOS?"

O War Activities Committee havia produzido 250 cópias de *Prelúdio de uma guerra* e aceitara disponibilizar o filme de graça a qualquer cinema que desejasse exibi-lo; todos os lucros da bilheteria seguiriam para fundos de assistência para a guerra[18] (a proposta vendedora para os cinemas era: "Irmão, você poderia ceder 55 minutos de tempo de exibição?").[19] Porém, mesmo com uma campanha publicitária chamativa que o pintava como "o melhor filme de gângsteres jamais feito. [...] Mais maligno [...] mais diabólico [...] mais horrível que qualquer filme de terror que você já tenha visto!",[20] *Prelúdio de uma guerra* foi um fracasso desolador nos cinemas e indispôs os proprietários das salas de exibição até o fim da guerra quanto a ceder suas telas para longas de propaganda. Tendo se deixado levar pela vontade de derrotar Mellett, Capra não considerara que o público dos cinemas assistia a dois ou três filmes novos sobre a guerra a cada semana e não teria interesse em pagar por um curso intensivo sobre a história não muito recente do fascismo. O medo de Mellett de que os americanos ficassem alarmados e apavorados pelas informações apresentadas na série *Why We Fight* se mostrara infundado, mas a indiferença do público era, no mínimo, igualmente decepcionante para Capra. O insulto derradeiro veio do general Surles, que tinha uma trágica certeza de que a agência de Mellett havia sabotado o filme de alguma forma, falando mal dele para proprietários de cinemas. Afinal, insistiu Surles, os cinemas sabiam atrair "muita gente para ver porcarias sempre que quisessem".[21]

No segundo ano de guerra, amostras genéricas de patriotismo e o uso hábil de imagens de cinejornais já não bastavam para comover um público saturado ou fazer um documentário de guerra digno de estrear nos cinemas. Os espectadores não queriam a história por trás da guerra — eles queriam a guerra, apresentada em filmes que não poderiam ver em nenhum outro lugar. Quando William Wyler insistira que a recriação de combates aéreos e bombardeios não eram substitutos para a realidade, já fazia seis meses que ele estava longe de casa, mas sua visão sobre a mudança dos interesses do público americano se mostraria profética, e sua teimosia agora rendia frutos com um nível de experiência direta de guerra da qual nem John Ford podia se gabar. Depois de sua missão em Wilhelmshaven, Wyler permaneceu com o 91º Grupo de Bombardeio em Bassingbourn, conhecendo as tripulações, pensando em maneiras de evitar que seu equipamento voltasse a congelar em altitudes elevadas e esperando mais uma oportunidade para voar. E essa oportunidade veio quando o *Memphis Belle*, recém-consertado, voltou à atividade com os outros B-17. Robert Morgan, que havia pilotado o *Jersey Bounce* com Wyler a bordo, retornou ao *Belle*, e, conforme Wyler passava mais tempo com o rádio-operador, o copiloto e os jovens navegadores e metralhadores do *Belle*, seus sentimentos quase paternos em relação aos homens o convenceram de que ele havia encontrado um tema para um grande filme.

A tripulação do *Belle*, por sua vez, veio a admirar a bravura e humildade de Wyler; embora não chegasse a ser um deles, ao menos era recebido por todos com generosidade e respeito. "Eu sabia que ele era um grande diretor de Hollywood", disse o navegador Charles Leighton a Jan Herman, biógrafo de Wyler. "Mas eu gostava da maneira como ele trabalhava. Não era mandão nem ofensivo. O que me impressionava era por que um cara como ele faria algo que não precisasse fazer. Eu me lembro de pensar: 'Que ganha-pão. Vindo com a gente só pelas fotos?' O cara tinha coragem."[22] Para capturar uma boa imagem, Wyler estava disposto a correr riscos que até mesmo os aviadores mais atrevidos achavam loucura. Morgan e os homens ficaram chocados quando Wyler e Bill Clothier insistiram em voar deitados no piso do B-17 para que pudessem filmar da torreta esférica situada na parte inferior da aeronave, de onde um artilheiro podia disparar em todas as direções. Wyler queria aproveitar a posição para capturar uma imagem do trem de pouso enquanto o *Memphis Belle* decolava e depois descia, uma decisão que poderia ser fatal se o avião tivesse precisado fazer um pouso difícil de barriga como os que haviam inutilizado mais de um B-17. Ele conseguiu as imagens, mas alguns dos homens acharam que a mera tentativa já tinha sido loucura.

Wyler embarcou no *Memphis Belle* para sua primeira missão, um ataque de bombardeio a bases de submarinos em Brest e Lorient, em 16 de abril de 1943. Como sempre, as condições de filmagem eram quase impossíveis. "Tudo era feito com câmeras de dezesseis milímetros que você precisava rodar manualmente", disse ele. "Você tinha que tirar a luva se quisesse trocar o filme, mas, se ficasse mais de um ou dois minutos sem ela, perdia os dedos por causa de geladura. Respirando com máscara de oxigênio, a eficiência era mínima. Dar três passos era como percorrer um quilô-

"VINDO COM A GENTE SÓ PELAS FOTOS?"

metro. Se você filmasse de um lado — as janelas estavam abertas porque as metralhadoras ficavam para fora —, a exposição ficaria diferente do que do outro lado. Se você parasse para olhar pela janela, quando enfim estivesse pronto para filmar já estaria em cima de um alvo."[23]

Naquele dia saíram 21 Fortalezas Voadoras e Libertadores, e só quando o *Belle* voltou a Bassingbourn Wyler descobriu que perdera um homem do pequeno contingente que havia recrutado. Harold Tannenbaum morreu quando o B-24 em que ele estava filmando foi abatido. Tinha 46 anos. Seria obrigação de Wyler, como líder de sua unidade, escrever uma carta de pêsames à viúva. "Eu havia visto muitos saírem e não voltarem", escreveu ele para Talli. "Mas é diferente quando é um dos seus homens, e foi você quem o trouxe para o Exército e o enviou para realizar determinado trabalho." Wyler ficou abalado, mas um mês depois estava de novo no ar, sobre Lorient, "pendurado na janela com uma câmera na mão" enquanto uma dúzia de caças alemães zunia em volta da formação de bombardeiros B-17.[24]

Àquela altura, o general Eaker passara a se preocupar com o que poderia acontecer se Wyler fosse capturado pelos alemães. Ele era, de longe, o cineasta judeu mais proeminente do Exército e agora conhecido mundialmente por *Rosa de esperança*, e depois de Wilhelmshaven já não era mais segredo que ele estava participando de missões aéreas na Alemanha e na França ocupada. Uma celebridade presente em uma base aérea em atividade era um alvo excelente e um perigo para a segurança de todo mundo. Até mesmo o rei e a rainha da Inglaterra, em visita oficial a Bassingbourn para ajudar a elevar o moral e fortalecer as relações anglo-americanas, quiseram conhecer Wyler. "Conversei com a Rainha uns 5 minutos enquanto Rei e generais esperavam", escreveu Wyler — que filmou a visita — em seu diário. "Falei de *Rosa*, de sair em missões, da RAF etc. [...] ela foi simpática, interessada — adorou *Rosa de esperança*."[25]

Mais ou menos na mesma época, Beirne Lay disse a Wyler que ele devia ficar na base, o diretor ignorou as ordens e saiu em uma quarta missão, agora em um avião chamado *Our Gang* [Nossa turma], em homenagem à popular série *Little Rascals* [Pequenos crápulas], de Hal Roach. Essa decisão foi quase fatal. O *Our Gang* fazia parte de uma missão sobre a cidade portuária de Kiel, no norte da Alemanha, que seria alvo do maior ataque aéreo que Wyler já havia visto até então; a certa altura, ele olhou pela torre esférica da aeronave e contou 160 aviões B-17 voando em formação perfeita. Kiel ficava a cerca de novecentos quilômetros de Mulhouse, onde o diretor havia sido criado; e, quando era pequeno e sua cidade se encontrava sob controle dos alemães por longos períodos durante a Primeira Guerra Mundial, ele aprendeu na escola sobre a importância estratégica da cidade. Conforme *Our Gang*, à frente da formação, se aproximava de Kiel, Wyler se arrastava pelo chão da aeronave, capturando boas imagens aéreas, mas consumindo o filme com parcimônia, poupando-o para usar a maior parte no começo do combate. Passou-lhe despercebido o fato de que a mangueira de seu tanque de oxigênio tinha se soltado, e ele desmaiou. "Que feio", escreveu em seu diário. "Que bom que acordei — tão zonzo que achei que estava morto — sensação estranha — acho que não gosto. Pensei em Talli e Cathy, claro, e que idiota eu fui por ter ido." Wyler precisou reunir o máximo possível de esforço e concentração para se arrastar e subir alguns metros até o nariz do avião, onde poderia prender a mangueira de respiração de novo, um trabalho que pareceu uma "corrida de oito quilômetros".[26] Wyler e sua tripulação voltaram em segurança. Meros três dias depois, o *Our Gang* foi abatido.

Quando Wyler, de novo contrariando ordens, voou sua quinta e última missão, em 29 de maio — um ataque extremamente perigoso em Saint-Nazaire em que mais de uma dúzia de Fortalezas Voadoras foi abatida —, ele sabia que já havia reunido tudo de que precisava para fazer o filme pelo qual fora enviado à Inglaterra.[27] Embora o documentário em que estava pensando fosse usar todas as boas imagens capturadas por ele e Bill Clothier em muitos voos e muitos aviões ao longo dos últimos meses, ele contaria a história de apenas um B-17, o *Memphis Belle*, que havia acabado de realizar sua 25ª missão, um marco que conferia a toda a tripulação o direito de voltar para casa em licença. Wyler recebeu a Medalha do Ar,[28] uma comenda criada havia um ano para qualquer subalterno ou oficial que tivesse participado de cinco surtidas na Europa, e Eaker e Lay lhe disseram para voltar aos Estados Unidos e dedicar os noventa dias seguintes a transformar em filme as imagens que ele havia reunido. "Sugiro lembrar Cathy sobre uso da palavra Papai e preparar Judy para uma apresentação precoce", escreveu ele em telegrama para Talli.[29] Quase um ano após se despedir da esposa e das duas filhas pequenas, Wyler voltaria para casa.

"VINDO COM A GENTE SÓ PELAS FOTOS?" 249

Alguns dias antes de ele chegar à cidade de Nova York, *Report from the Aleutians*, de seu amigo John Huston, era exibido ao público pela primeira vez no MoMA. A sessão era uma vitória árdua de Huston, que havia voltado de Adak fazia quase seis meses. O Corpo de Sinaleiros não tivera muita ideia do que fazer com Huston quando ele chegou aos Estados Unidos. No começo do ano, falara-se um pouco de planos para um filme de propaganda sobre a China e a Birmânia, que ele deveria supervisionar junto de James Wong Howe e alguns integrantes da Fotografia de Campanha de Ford. Huston esperara receber ordens que o enviariam à Ásia em março, mas o plano foi a pique sem explicação, e o diretor ficou se perguntando se seus superiores tinham algo contra ele.[30]

Huston passara os primeiros meses de 1943 concebendo uma obra singular e pessoal que, na forma final, resultou em um nítido meio-termo entre o filme que ele queria fazer sobre as Aleutas e o filme que acreditava que o Exército esperava dele. As primeiras cenas de *Report from the Aleutians* pretendem lançar o espectador na paisagem natural nevoenta e inóspita que tanto o impressionara quando ele chegou lá. A câmera se demora em montanhas, banquisas, vulcões e o que aparentam ser ciclones e borrascas quase constantes. Huston se inspirou em *The Battle of Midway*, de Ford, ao apresentar a guerra como um ato de pilhagem contra a natureza; acompanhando as imagens com uma narração extravagante lida por ele mesmo sem quase nunca se abrandar, Huston informa o público sobre "a vida das aves na ilha — corvos necrófagos", os únicos residentes nativos de um lugar que, segundo ele, é "distante como a lua e não muito mais fértil [...] praticamente inútil em termos de existência humana". Sempre atento à dança da luz que se esvai no horizonte estéril, Huston então apresenta os homens e sua missão, tratando de criar a sensação de deslocamento e tempo desacelerado que vivenciara durante seus meses em Adak. Conforme a câmera procura elementos peculiares e de beleza inusitada (um soldado com um violão, um arco-íris que cintila enquanto um caça pousa na pista de voo), *Report from the Aleutians* apresenta a seus espectadores uma parte do front da Segunda Guerra Mundial diferente de tudo que já havia sido mostrado em cinejornais belicistas: um mundo pacato e isolado em que "a formalidade militar habitual se relaxa, dando lugar à simples necessidade civil". Chegam as cartas vindas de casa, mas já são antigas. Os homens recebem remessas de alimentos, mas nunca legumes e verduras. Espetáculos e sessões de cinema ao ar livre promovidas pelo United Service Organizations [USO] podem fornecer diversão para soldados americanos em algum lugar no exterior, mas nunca chegarão a Adak. Enquanto Huston insinua a mistura de "sotaques do leste [...], fala arrastada do Texas, sons puxados do oeste, brooklinês, bibliotecários, atendentes de mercearia, homens de faculdade e fazendeiros pobres", todas essas diferenças postas de lado diante do trabalho em questão, ele faz dos primeiros vinte minutos de *Report from the Aleutians* um retrato melancólico e quase poético de espera e vigilância, da languidez solitária vivida pelo guerreiro americano que não tem com quem lutar.

Na porção intermediária do filme, o tom e o estilo de Huston se transformam de forma tão abrupta que a parte seguinte parece outro filme, quase como se, após explorar os próprios interesses, ele tivesse decidido agora realizar a tarefa solicitada. A segunda metade de *Report from the Aleutians* trata de riscos e conquistas, e é incrível a semelhança com os storyboards iniciais que ele havia desenhado. Especialistas em reconhecimento analisam fotografias aéreas e selecionam alvos. Bombas são içadas para seus compartimentos enquanto a narração fornece informações sobre seu tamanho e potência e sobre a prontidão dos soldados americanos. Pilotos e bombardeiros — ases parrudos com capacetes de couro e óculos de proteção — sorriem para a câmera. E então, no clímax do filme, os espectadores são levados a uma missão de bombardeio. A conclusão de Huston é eficiente, enérgica e algo impessoal — até a narração muda, conforme a cadência peculiar e franca de Huston dá lugar à voz mais firme e autoritária de seu pai, que àquela altura havia realizado tantas narrações para o Corpo de Sinaleiros que, para a maior parte da população americana, era o padrão para documentários motivadores do Exército.

Huston dera a *Report from the Aleutians* um fim indefinido — algo necessário, visto que, quando ele saiu de Adak, a missão para reconquistar Kiska e Attu dos japoneses não estava nem um pouco mais perto de ser concluída do que quando chegara. Porém, em maio, depois que o filme foi finalizado, as forças americanas travaram uma batalha intensa e demorada a fim de expulsar o Exército Imperial das ilhas. Quinhentos soldados ame-

"VINDO COM A GENTE SÓ PELAS FOTOS?"

ricanos morreram, bem como 2500 japoneses, mas, três semanas depois, os Aliados haviam retomado Attu.

Os americanos vinham lendo durante o mês inteiro relatos diários nos jornais sobre o front das Aleutas e acompanhavam avidamente o avanço das tropas. De repente, o filme de Huston, que havia sido praticamente esquecido pelo Corpo de Sinaleiros e pelo OWI, passava a representar o "filme de moral" mais empolgante que o Departamento de Guerra tinha para oferecer aos cinemas e ao público desde *The Battle of Midway*. E, mais uma vez, Mellett entrou no circuito. Uma semana após o início da batalha por Attu, ele viu o filme de Huston e declarou para seus superiores que "é uma obra que as pessoas vão querer ver e que elas têm o direito de ver sem demora — é de fato notícia sobre a guerra". Mas Mellett também achava que, com 44 minutos, o filme era longo demais para atrair proprietários de cinemas, que depois de *Prelúdio de uma guerra* haviam deixado claro que não estavam interessados em exibir nada do Corpo de Sinaleiros de extensão maior do que dois rolos — cerca de vinte minutos.

Mellett ficou satisfeito de ver imagens exibindo o "bombardeio de Kiska" (na realidade uma montagem de diversas missões pequenas que haviam ocorrido meses antes de a batalha começar de fato), assim como o "trabalho de construção na base insular americana", mas considerou *Report from the Aleutians* "dramático demais" e o descreveu, sem erro, como "um produto híbrido de Hollywood e do Exército". Ademais, ele não acreditava que Huston fosse capaz de simplificar o próprio filme, e decidiu pedir que Zanuck o editasse. Zanuck prometeu tentar, mas, comprometido pelas audiências da Comissão Truman e por sua própria saída iminente do serviço na ativa, fora "incapaz de efetivar a redução". Mellett então recorreu a seu próprio assistente, Sam Spewack, e lhe pediu para transformar o filme de Huston em um curta-metragem que pudesse ser lançado nos cinemas imediatamente.[31] Em junho, a versão de dezesseis minutos de *Report from the Aleutians* editada por Spewack estava pronta, e ele pediu permissão ao general Surles para liberá-la para distribuição pelo War Activities Committee o quanto antes, dizendo que "esta certamente obterá mais sucesso nos cinemas do que seria possível para a versão de 44 minutos".[32] Surles recusou categoricamente; ciente de que o filme corria perigo, Huston se apressara para organizar exibições da versão integral a importantes críticos de Nova

York, e Surles disse a Mellett que as resenhas foram "universalmente favoráveis" e que "somos da opinião de que a versão completa é essencial para a história".[33]

Huston não havia apenas mostrado o filme aos críticos; o diretor deixara bem claro que a obra estava sendo ameaçada, e eles logo tomaram seu partido. "O Exército dos Estados Unidos, que tem estado continuamente atrás de seus aliados ingleses na produção de documentários de guerra, avança uma casa", dizia um artigo influente da *Variety*, a primeira resenha a ser publicada. O crítico expressou a preocupação de que o filme pudesse "sofrer com as aparas excessivas que o War Activities Committee exigia. Não se pode esperar que, com essa duração, ele mantenha a característica delicada, acessível e humana em que, em contraste com o pano de fundo desolado, reside sua força".[34]

Conforme as semanas se arrastavam, o Bureau of Motion Pictures se tornou alvo de ataques furiosos da imprensa em função da interferência e obstrução. No *New York Times*, Theodore Strauss, que assistira à versão de Huston, qualificou o atraso como "deplorável" e lamentou o fato de que *Report from the Aleutians* não havia sido exibido "no momento em que teria sido mais oportuno. [...] O público foi prejudicado. Por ao menos dois meses um excelente documentário de guerra foi retido [...] em função de desavenças que deveriam ter sido resolvidas em muito pouco tempo". A imprensa estava ainda mais belicosa porque os relatos sobre a batalha propriamente dita de Kiska e Attu haviam sofrido uma censura considerável. "Agora não é o momento nem o lugar para discussões sobre o mérito disso", escreveu Strauss, mas ele e muitos outros defendiam que Huston, "um dos diretores jovens de maior talento de Hollywood", e o operador de câmera Rey Scott, cuja coragem ao participar de nove missões aéreas Huston também espalhara aos correspondentes da imprensa, estavam sendo tão maltratados quanto o público. "Homens honestos e talentosos podem nos aproximar das realidades da guerra", concluía Strauss. "É frustrante quando seus esforços acabam presos na burocracia e em discussões inúteis aqui no país."[35]

O embate em torno de *Report from the Aleutians* foi a última briga de Lowell Mellett. Ele esgotara seu capital político e perdera todos os aliados. O Departamento de Guerra o via como um obstrucionista. Proprietários de cinemas haviam se cansado das promessas vazias e o consideravam ineficaz para zelar por seus interesses. E, para os estúdios, ele era um déspota ambicioso que possuía um desejo desenfreado de controlar o conteúdo dos filmes e determinar a forma e a dimensão de suas atividades. Eles nunca chegaram a perdoá-lo pela sugestão de que os estúdios deviam poupar recursos diminuindo pela metade a produção e abolindo as sessões duplas — um argumento que Mellett, notoriamente, havia insistido em repetir muito depois de ficar evidente que estava caindo em ouvidos moucos.[36]

Apesar de toda a mesquinharia e falta de jeito, Mellett usara seu gabinete como uma força poderosa e influente investida em orientar dezenas de roteiros de Hollywood para uma visão de mundo ligeiramente mais progressiva e internacionalista. Movido por boas intenções que muitas vezes eram prejudicadas por táticas agressivas, ele passara um ano e meio, desde que aceitara dirigir a agência, implorando para que cineastas tanto de Hollywood quanto do Departamento de Guerra evitassem uma postura de patriotismo belicoso, advertindo contra filmes que pudessem estimular ódio racial no público e alertando os diretores, quase em vão, sobre os perigos éticos do uso de reencenações. Mas, no verão de 1943, o Escritório de Informação de Guerra já havia se tornado o bode expiatório para qualquer um que desconfiasse de esforços oficiais de propaganda, e, enquanto Mellett travava uma batalha psicológica com Huston, sua influência se arruinava. Quando veio o momento de o Congresso aprovar o orçamento do ano fiscal 1943-1944, o Bureau of Motion Pictures foi abatido por uma coalizão de parlamentares republicanos e democratas dos estados sulistas. Alguns parlamentares estavam convencidos de que Roosevelt estava estendendo seu poder e usando sua rede de agências de informação para criar um mandato permanente para si mesmo; outros tinham certeza de que o owi estava cheio de comunistas que haviam imbuído sua ideologia em tudo que tocaram. A uma razão de dois contra um, a Câmara votou para reduzir drasticamente o orçamento do owi e eliminar por completo os fundos do Bureau of Motion Pictures.[37]

Mesmo enquanto esvaziava o escritório em julho e se preparava para deixar o emprego não remunerado e voltar a Washington a fim de servir como um dos assessores administrativos do presidente, Mellett fez uma última tentativa para cuidar do que ele chamou de "negócios pendentes" no dia em que pediu demissão, lembrando seu chefe, Elmer Davis, que *Report from the Aleutians* "poderia ter sido concluído em abril" e que a insistência do Departamento de Guerra em lançar o filme na versão completa significaria que apenas "uma quantidade limitada" de pessoas o veria.[38] Ele tinha razão: apesar dos elogios generosos à obra de Huston, o filme não foi um sucesso ao estrear, finalmente, em agosto, em uma sessão dupla com um melodrama "B" intitulado *Noites perigosas*, quase três meses depois que a batalha de Kiska e Attu havia parado de sair nos jornais.[39] Mais uma vez, o público americano, ávido por imagens da guerra nos cinejornais, havia mostrado pouco interesse em pagar para vê-las.

Embora o OWI tenha conseguido manter sua presença em Hollywood, já não teria muita relação com os diretores que trabalhavam para o Corpo de Sinaleiros. Após a saída de Mellett, o esforço de propaganda para a Segunda Guerra perdeu a figura mais próxima de vigilante e *ombudsman* que possuía. Nos dois anos seguintes, os cineastas estariam por conta própria. A pergunta que Mellett muitas vezes dizia ser a mais importante de todas — "Esse filme vai nos ajudar a vencer a guerra?" — seria praticamente esquecida, e o esforço de propaganda entraria em seu período mais sombrio e conturbado.

PARTE TRÊS

PARTE TRÊS

QUINZE

"Como viver no Exército"

NORTE DA ÁFRICA, HOLLYWOOD, FLÓRIDA E WASHINGTON, VERÃO DE 1943

O episódio mais lamentável e vergonhoso da história dos esforços de propaganda do Exército na Segunda Guerra Mundial — um projeto infeliz que acabou consumindo e prejudicando três diretores em três continentes — começou com um único momento de azar. Em novembro de 1942, quando foi para a Argélia a fim de acompanhar a tentativa do Exército de filmar a campanha no Norte da África, Darryl Zanuck decidiu maximizar as chances de conseguir boas imagens e dividir os cinegrafistas sob seu comando em diversas equipes pequenas, mandando cada uma para uma cidade diferente. Além de Ford, o diretor de Hollywood mais experiente de quem Zanuck dispunha era Anatole Litvak, e foi ele quem recebeu uma das tarefas mais cobiçadas: foi o primeiro cineasta a ser enviado a Casablanca, onde o general Patton liderou 34 mil soldados americanos no desembarque que deu início à Operação Tocha e à batalha na qual os Aliados obtiveram controle da cidade portuária após expulsar as forças de ocupação de Vichy. Para o documentário que Zanuck pretendia produzir, a batalha por Casablanca era importante não apenas como ato de abertura da campanha para reconquistar o Marrocos, a Argélia e a Tunísia, mas também como a demonstração mais espetacular de poderio militar dos Aliados desde o início da guerra. Patton e seus homens proporcionariam aos cineastas do Exército a primeira chance de verdade de apresentar aos espectadores em casa a força das tropas terrestres americanas na ofensiva.

Embora Zanuck depois tenha sido criticado por sua decisão de enviar apenas um par de homens a um local tão importante quanto Casablanca, ele havia feito o melhor possível com os recursos relativamente limitados de que dispunha para a realização de filmes; no mesmo momento em que as forças de Patton chegavam, outros 70 mil homens, entre tropas terrestres, batalhões de comandos e paraquedistas, desembarcavam em quatro pontos da costa da Argélia, todos situados centenas de quilômetros ao leste. Zanuck não queria perder nenhum grande desdobramento de tropas, e, naquele dia, Casablanca acabou sendo o lugar que rendeu as imagens mais vívidas. Litvak, como os outros sob o comando de Zanuck, havia filmado com uma câmera portátil de dezesseis milímetros equipada com um rolo Kodachrome; era leve, fácil de usar e ideal para capturar situações de combate prolongado e escaramuças súbitas, visto que podia ser recarregada com rapidez. Assim que a cidade foi recuperada e os Aliados começaram a se deslocar para o leste, Litvak reuniu todos os rolos que ele e seu companheiro haviam filmado e os armazenou em uma embarcação de transporte da Marinha destinada para a Europa. Pouco depois de Litvak sair do navio para voltar à praia, a embarcação foi atingida por um torpedo alemão e afundou. Todo o filme se perdeu.[1]

Anos depois, diversas pessoas envolvidas no que viria a ser um esforço extenso e cuidadosamente coordenado para reencenar a campanha no Norte da África para uso como propaganda pelo Exército alegaram que decidiram forjá-la porque o Exército tinha medo de admitir a Roosevelt que só dois homens haviam sido enviados a Casablanca.[2] Mas parece improvável que tenha havido qualquer tentativa abrangente de evitar que a verdade chegasse à Casa Branca: Zanuck relatou sem rodeios a perda dos filmes de Litvak em seu livro *Tunis Expedition* [Expedição em Túnis], publicado em abril de 1943, e o fato de que não havia cenas do desembarque de Patton no Marrocos era evidente no documentário *At the Front in North Africa*, que havia sido recebido com indiferença. A deficiência do esforço geral do Corpo de Sinaleiros foi realçada pelo lançamento nos Estados

"COMO VIVER NO EXÉRCITO" 259

Unidos, poucas semanas antes, de *Vitória no deserto*, um documentário produzido pela Unidade de Cinematografia do Exército do Ministério da Informação, a versão britânica do owi. Quando viram pela primeira vez o filme britânico, a crítica e o público geral ficaram pasmos; desde o começo da guerra ninguém via nada tão imediato ou cheio de ação produzido por cineastas americanos. A *Time* disse que *Vitória no deserto*, que apresentava o avanço rumo à Tunísia com uma ênfase compreensível nas forças britânicas, era "o melhor filme de combate de fato a sair desta guerra",[3] e James Agee, crítico da revista, reiterou seu elogio na revista *The Nation*, escrevendo que "não há praticamente nenhuma cena que, por meio de qualquer espécie de dramatização, arranjo prévio ou sentimentalização, comprometa a [...] magnificência". O filme, disse ele, constituía "um manual impressionante de como fazer um filme de guerra não ficcional", sugerindo claramente que os cineastas americanos da época deviam encará-lo como uma oportunidade para aprender com os superiores.[4]

Os elogios a *Vitória no deserto* se estendiam aos britânicos não apenas na condição de cineastas, mas também de guerreiros. "As baixas que eles sofreram durante a produção do filme", escreveu David Lardner na *New Yorker*, "talvez possam ser justificadas pela autoconfiança que inspirará em seus aliados. [...] Ele demonstra, pelo menos para os leigos, que, havendo equipamento e tempo para realizar preparativos adequados, essa Nação Unida em particular pode promover uma bela campanha."[5] O filme era tão empolgante que a maioria das resenhas estava disposta a ignorar o fato de que ele havia recorrido a um uso criterioso de encenações para apresentar momentos-chave do esforço para recuperar Tobruk, na Líbia. "Sem dúvida os implicantes encontrarão formas de criticar um filme que foi vendido como cenas de batalha 100% genuínas, pois partes dele, para qualquer um que tenha noção de produção cinematográfica, evidentemente não o são", escreveu o crítico da *Variety*. "No entanto, o que conta é o efeito geral."[6]

Para os homens encarregados da produção de filmes para o Exército, esse efeito era duplo: o sucesso de *Vitória no deserto*, com batalhas noturnas ensurdecedoras, fileiras de soldados avançando pela poeira e pela areia e os bombardeios pavorosos da Luftwaffe, fornecia mais provas de que os ingleses continuavam a superar os americanos em termos de qualidade e impacto de sua produção cinematográfica de guerra. E, em um sentido mais preocupante, sugeria que, se o Exército não melhorasse seus filmes, o público americano talvez ficasse com a impressão de que o Reino Unido estava liderando o esforço dos Aliados para vencer a guerra. Com seu anglocentrismo orgulhoso, *Vitória no deserto* dava bastante ênfase à segunda batalha de El Alamein, no Egito, que acabara com vitória para os Aliados em novembro de 1942 antes que os americanos ao menos chegassem; por sua vez, o filme de Zanuck não conseguiu apresentar qualquer sinal de liderança das forças americanas na região. No que dizia respeito ao Departamento de Guerra, a campanha de propaganda não podia parar nisso. Seria preciso realizar um segundo filme — e não por Zanuck — que mostrasse o Exército dos Estados Unidos conduzindo os Aliados à vitória na Tunísia.

Para isso, o Corpo de Sinaleiros recorreu a Capra, que na época da estreia do filme de Zanuck desejava o tipo de reconhecimento público que ele agora percebia que provavelmente não obteria com a série *Why We Fight*. Embora sua esperança de lançar todos os episódios da série tivesse morrido após o fracasso de *Prelúdio de uma guerra* nas bilheterias, os três filmes seguintes já haviam sido concluídos e eram exibidos a novos recrutas do Exército. Ademais, Capra estava cumprindo o planejamento geral que tinha feito um ano antes, o que era algo impressionante tendo em vista seu orçamento ínfimo. O diretor havia delegado a um grupo novo de roteiristas a tarefa de conceber novas perspectivas para dois dos projetos estagnados que ele mais apreciava, *The Negro Soldier* e *Know Your Enemy — Japan*. Começou também a produção de um cinejornal, intitulado inicialmente *The War* [A guerra] e, pouco depois, rebatizado como *Army-Navy Screen Magazine* [Revista cinematográfica Exército-Marinha], que pelos dois anos seguintes, até o fim da guerra na Europa, manteria soldados no mundo inteiro informados sobre eventos militares e notícias internacionais a cada duas semanas.

E, quase que por capricho, Capra convencera e encomendara o que viria a se tornar de longe a série mais popular de filmes de treinamento para militares durante a guerra. Pouco depois de chegar a Washington, ele incumbira um de seus roteiristas de redigir um texto bem-humorado para um curta chamado *Hey, Soldier!* [Ei, soldado!], no qual um soldado reclamão descobriria a importância de diversas regras e normas do Exército. O filme nunca foi feito, mas, inspirado pela reação dos recrutas ao uso de animação nos filmes *Why We Fight*, Capra reformulou *Hey, Soldier!* como uma série

"COMO VIVER NO EXÉRCITO"

de desenhos animados. Ele criou um personagem chamado "Soldado SNA-FU", um rapaz resmungão, ingênuo e incompetente que apareceria em uma série constante de curtas animados em preto e branco para — em geral com exemplos catastroficamente negativos que mais de uma vez terminavam com o personagem sendo explodido — informar aos jovens recrutas sobre questões como a importância de se manter segredos e a necessidade de censura de correspondência, assim como os perigos da malária, de doenças venéreas, da preguiça, de fofocas, armadilhas e gás venenoso.

A fim de supervisionar as etapas de roteiro e produção dos curtas, Capra recrutou um cartunista de Nova York que até então trabalhara com sátiras cáusticas para o jornal esquerdista *PM*. Theodor S. Geisel — mais tarde famoso como Dr. Seuss — chamara a atenção de Capra pela primeira vez em 1942, quando ilustrara o senador isolacionista Gerald Nye, um de seus alvos preferidos, como um traseiro de cavalo.* Descendente de alemães e firmemente pró-Roosevelt, Geisel conseguia demonstrar em suas charges de um quadro uma habilidade certeira para extrair sangue e risadas ao mesmo tempo. Com um punhado de traços de sua caneta impiedosa, Hitler se transformava em um bebê pirracento e o isolacionismo se reduzia a um pássaro mirrado que era lançado desta para melhor depois de Pearl Harbor. Em algumas ilustrações memoráveis, Charles Lindbergh se transmutava em um avestruz com a cabeça na areia e o traseiro — às vezes exibindo uma mensagem cáustica — balançando ao vento.[7]

Capra enviou Leonard Spigelgass, um de seus roteiristas do Exército, a Nova York para recrutar Geisel, e Spigelgass informou ao chefe que "ele tem um cérebro incrivelmente bom, e me parece útil infinitamente além da condição de cartunista".[8] Geisel, que não tinha qualquer experiência com animação ou produção cinematográfica, ingressou como capitão em Nova York e seguiu para oeste até o Forte Fox, onde Capra o apresentou aos estúdios de animação. Os dois acabaram nas ilhas de edição. "Ele me levou pelo tour", disse Geisel, "e a última coisa que falou foi 'Aqui, capitão, estão as Moviolas'. Eu perguntei: 'O que é uma Moviola?.' Ele olhou para mim meio de repente e disse: 'Você vai aprender'."[9]

---

* No original, "horse's ass". A graça da charge está na ambiguidade da palavra inglesa "ass", que significa tanto "traseiro" quanto "idiota". (N. T.)

Tanto a Disney quanto a Warner Bros. haviam apresentado propostas para produzir os curtas SNAFU, mas a Disney insistia em reter os direitos dos personagens e das imagens; os Warner não, então venceram. Em uma combinação historicamente apropriada, Capra uniu Geisel a um animador de trinta anos chamado Chuck Jones.[10] Nos últimos anos, Jones vinha desenvolvendo um personagem novo chamado Hortelino Troca-Letras em um punhado de curtas da série *Merrie Melodies*. Ele havia aperfeiçoado a aparência de Hortelino a cada desenho novo e experimentara dando-lhe vozes diferentes. Ao trabalhar com Geisel, aproveitou alguns esboços antigos do personagem e transformou Hortelino no Soldado SNAFU.

Com a voz de Mel Blanc para os personagens, roteiros iniciais escritos por Geisel e a participação de uma equipe de diretores de animação que incluía não só Jones, mas Friz Freleng, Frank Tashlin e Bob Clampett,[11] os curtas do Soldado SNAFU — seriam feitos, ao todo, 26 nos dezoito meses seguintes — eram os filmes mais engraçados, originais e inquestionavelmente grosseiros jamais produzidos para o Corpo de Sinaleiros. Munro Leaf, um pacifista cujo famoso conto infantil ilustrado sobre o touro Ferdinando era visto por muitos como uma parábola antiguerra, também trabalhou na série, e Geisel e Jones aproveitaram a grande contribuição dele — o conselho de que, se eles queriam reter a atenção dos soldados, os curtas deveriam ser "palpitantes".[12] A proposta começou com a explicação do título logo no primeiro desenho — "SNAFU significa Situation Normal All... *Fouled* Up" [Situação normal toda... *ferrada*], diz o narrador, inserindo uma pausa debochada antes de "fouled" que jamais teria sido aprovada pelo Código de Produção ou por Lowell Mellett. Geisel e Jones usaram o fato de que o público dos desenhos seria formado exclusivamente por homens adultos como licença para romper toda e qualquer barreira nos filmes, e Capra aceitou. Os primeiros curtas SNAFU — que apresentavam o personagem principal, o soldado que sempre queria que tudo fosse diferente, e o fada-padrinho dele, "primeiro-sargento Fada" — foram feitos ao custo de cerca de 2500 dólares cada. Narrados com um texto rimado protoseussiano que soava como um esboço inicial de *Como o Grinch roubou o Natal*, os desenhos incluíam palavras como "diabos" e "maldição", instantes de nudez, piadas burlescas, humor escatológico e algumas falas que nem mesmo seus criadores acreditavam que poderiam usar sem conse-

"COMO VIVER NO EXÉRCITO" 263

quências. "Está tão frio que até um jipe ficaria com os bagos congelados!", escreveu Geisel em desafio a Jones, que logo traçou o storyboard de uma cena em que peças caíam de uma viatura trêmula do Exército.[13]

Capra estava em alta — os curtas SNAFU fizeram sucesso com soldados no mundo inteiro assim que apareceram pela primeira vez nos cinejornais quinzenais que sua equipe realizava —, mas achando cada vez mais provável que sua produção durante a guerra ficasse limitada a filmes exibidos exclusivamente para homens de uniforme. Então recebeu uma carta de Bob Heller, que havia colaborado em alguns roteiros da série *Why We Fight* e agora trabalhava em uma unidade de pós-produção do Exército em Astoria. "Imagino que você tenha visto *Vitória no deserto*", escreveu Heller. "Talvez concorde com a gente que é o melhor documentário saído da guerra. [...] Se nós nos Estados Unidos formos capazes de evoluir com tamanha eficácia no uso de filmes de combate, teremos feito mais do que oferecer nossos melhores serviços."[14] A crise em torno da perda do material de Casablanca e da competitividade cada vez maior entre o Corpo de Sinaleiros e a Inglaterra representava uma oportunidade para Capra. Ele viu nas palavras de Heller um desafio para produzir um documentário de longa-metragem importante voltado para o público geral e decidiu que, se o Corpo de Sinaleiros não possuía bom material de combate da campanha no Norte da África, já concluída, eles simplesmente precisariam forjá-los.

Para o trabalho, Capra recrutou dois de seus melhores homens. George Stevens continuava em Argel, perguntando-se por que viajara para tão longe a fim de filmar uma batalha que já havia terminado. Lá e no Egito, ele filmara o pouco que havia para filmar — cenas em estilo caseiro de homens nadando, imagens de cartão-postal de paisagens arrebatadoras, cavernas e entalhes, e registros ocasionais de guarda-bandeiras, inspeções de uniforme e cerimônias de condecoração para inclusão em cinejornais. Mas, nas últimas semanas, havia pouco a fazer além de observar as diferenças de estilo operacional entre as forças americanas e britânicas, e ele não era o único a pensar que os ingleses pareciam entender melhor o terreno do que os americanos. "Nossos [...] uniformes parecem trajes de passeio usados pelo pessoal do Wichita Kiwanis. [...] Nada deles é bom em termos de funcionalidade", escreveu Stevens em seu diário. "Estaríamos paramentados de forma muito mais sensata se aproveitássemos algumas coisas dos ingleses." Ocioso e sem orientação, ele escrevia cartas para casa e planejava festas etílicas com seus homens. "Comprei dois litros de champanhe Mumm e meio litro de conhaque Courvoisier por sete dólares o conhaque. Muito caro, mas tenho gastado muito pouco — e os rapazes querem fazer uma festa na quinta à noite, e o [champanhe] vai ser minha contribuição. O conhaque vou guardar para 'uso médico'."[15]

Em 4 de junho, Stevens estava no refeitório dos oficiais superiores quando seu coronel lhe entregou ordens do gabinete de Capra. "Ele quer que eu reúna o nosso grupo e grave algumas cenas montadas para complementar o filme feito na campanha africana de Túnis", escreveu Stevens. Na realidade, não havia quase nada de material aproveitável da campanha para "complementar" — as melhores imagens já haviam sido usadas no filme de Zanuck —, e a recriação exigiria a apropriação em grande escala de soldados e material bélico. "Vamos usar uma parte da infantaria e cinco tanques", escreveu Stevens, "algumas peças de artilharia motorizada de 75mm em meias-lagartas, viaturas de reconhecimento, jipes e os outros veículos necessários para simular condições reais de batalha. Vamos usar uma área próxima ao mar para que as granadas disparadas possam cair na água."[16]

Ao longo da semana seguinte, Stevens organizou suas ideias quanto ao aspecto que as cenas de batalha arquitetadas deveriam ter, filmando diferentes imagens e cenas e anotando o trabalho de cada dia em seu diário. Em Argel, procurara o operador de câmera William Mellor, um cinegrafista de primeira grandeza de Hollywood que estava sendo subutilizado pelo Exército — "eles não sabiam se o designavam para o policiamento, a cozinha ou o que quer que fosse",[17] disse Stevens (Mellor ganharia dois Oscars por seus filmes com o diretor em Hollywood após a guerra). Para providenciar as cenas de ação que Capra queria, os dois filmaram "povoados já destruídos sendo destruídos de novo, e os tanques avançando" para cidades argelinas. A população local "sempre gritava quando a gente atravessava os povoados nos jipes", lembrou o diretor. "Era tão bom depois da campanha quanto foi [durante o combate]." Stevens não se limitou a recriar o avanço pela Argélia; ele recontextualizou algumas das ações dos ingleses para transformá-las em realizações americanas. "Pegamos os tanques e passamos com eles pela água como quando a 7ª Divisão de Blindados dos ingleses interceptou os alemães [que haviam armado bloqueios nas estradas para

"COMO VIVER NO EXÉRCITO"

impedir que os tanques trafegassem pela terra] ao manobrar as viaturas na água", lembrou Stevens, acrescentando que essa iniciativa era uma lição sobre a *Realpolitik* da concorrência entre esforços de propaganda. "Nós [...] aprendemos um pouco sobre como viver no Exército."[18]

Stevens não fez esforço algum para disfarçar o fato de que estava encenando as imagens de combate, algo que teria ficado evidente para qualquer pessoa com experiência em produção cinematográfica na ocasião, assim como para espectadores atentos do público geral. A obra possui enquadramento perfeito, e muitas vezes os cinegrafistas parecem ter avançado por uma zona de combate bem antes dos soldados propriamente ditos, que percorrem a tela com extremo cuidado da direita para a esquerda, tentando arduamente tomar uma posição que a câmera já havia conquistado. Quando acontecem explosões, a câmera está posicionada para capturá-las com perfeição, e a imagem não treme porque o cinegrafista não se assusta (às vezes até as forças atacantes se esquecem de reagir). A maioria das cenas recriadas foi filmada por Stevens e Mellor ao mesmo tempo de ângulos diferentes, e em algumas das tomadas a outra câmera aparece.[19]

Stevens passou duas semanas filmando para Capra, mas sem muito entusiasmo. Em Argel, ele discutia com seu superior, o coronel Melvin Gillette, integrante veterano do Corpo de Sinaleiros havia quinze anos, que Stevens considerava pouco confiável e pouco inteligente. Stevens queria muito ter autonomia para usar seu próprio grupo de cinegrafistas de combate — uma função similar à de Ford na Marinha — e tentava, sem sucesso, convencer o general Osborn em mensagens para Washington. Ele acreditava que a necessidade de reencenações se devia à cautela excessiva de Gillette, que estaria mantendo o diretor e os outros homens do Corpo de Sinaleiros longe do combate de verdade até o fim da guerra. "Embora Gillette tivesse aceitado que eu fizesse a obra do meu jeito", escreveu Stevens em seu diário, "não confio nele." A força, acrescentou, "nos daria tudo que quiséssemos (menos liberdade)". Com paciência, Stevens explicou a Gillette que deixá-lo se aproximar dos embates de verdade na linha de frente não apenas renderia ao Exército um material melhor, diminuindo a chance de que fosse preciso reencenar as batalhas depois, mas também lhe permitiria criar reencenações mais autênticas se por acaso elas fossem necessárias. "Poderíamos fazer [o] melhor filme de guerra se acompanhássemos a ação com as tropas, voltando depois e simulando a ação com a onda seguinte. Mais tarde desejei não ter lhe contado esse grande truque", admitiu Stevens no diário, "mas ele provavelmente é burro demais para entender o valor."[20]

Stevens enviou a Capra todo o filme que havia capturado, mas mal podia esperar para o fim de seu período de infelicidade no Norte da África. Quando recebeu ordens de transferência para o Irã,[21] ficou enlevado. "25º dia — Fuga de Argel", escreveu.[22] O deslocamento por terra levou duas semanas até que ele chegasse a seu novo posto em Animeshk, uma cidade perto da fronteira entre o Irã e o Iraque que nos últimos dois anos havia sido usada como posto de trânsito para refugiados da Polônia, em sua maioria mulheres, que haviam fugido do país e agora esperavam para poder viajar em segurança para a Índia ou a África do Sul. Em Animeshk, as mais sortudas conseguiam ganhar algum dinheiro trabalhando como lavadeiras ou servindo nos refeitórios. As menos sortudas trabalhavam como prostitutas. Doenças venéreas eram comuns. Stevens saíra dos Estados Unidos para servir fazia meio ano, mas aquele foi seu primeiro contato com as consequências humanas da guerra, e ele ficou desconcertado e enojado. Escreveu sobre ter entrado "em um povoado sórdido e imundo onde, quando você passa, as crianças vêm atrás e imploram com persistência por *baksheesh* e as velhas tentam agarrá-lo [...] a gente tenta desesperadamente evitar o toque delas por causa das lêndeas de tifo que todas elas têm".[23]

Animeshk servia como uma espécie de encruzilhada onde forças americanas e britânicas cuidavam da própria vida, praticamente sem interagir com a população ou com os russos, cujos comboios militares de abastecimento passavam por ali com frequência. Nada do que Stevens viu lhe parecia particularmente coordenado ou eficaz. "Os caminhões acabaram de ser reunidos e na porta foram marcadas com giz as coisas que o inspetor achou de errado", escreveu. "Um item na porta dizia apenas 'Fodido'. O adjetivo de dois exércitos. O britânico e o americano."[24] Havia meios de passar o tempo — à noite, os oficiais bebiam e às vezes se uniam aos soldados para assistir a filmes defasados como *Nossos mortos serão vingados* e *Como era verde o meu vale*[25] — mas, para Stevens, cuja única missão de verdade na guerra até então havia sido forjá-la para Capra, a sensação de despropósito naquele novo posto avançado persa só exacerbou sua frustração.

"COMO VIVER NO EXÉRCITO"

"Tudo bem", escreveu ele em seu diário, "estou [no Exército] há seis meses já. [...] Precisava dessa experiência para descobrir que dificuldades poderiam aparecer quando eu tivesse que trabalhar em condições novas. [...] Agora, começando tudo de novo."[26] Em bilhetes para si mesmo em julho daquele ano, pela primeira vez, ele listou suas metas. Uma delas era mostrar ao público americano o que exatamente o Exército estava fazendo — "Se você comprou um selo de guerra de 25 centavos, esse é o nosso espetáculo. É isso que você está adquirindo com seu dinheiro." Mais do que a maioria dos outros diretores, Stevens acreditava também que tinha o dever de preparar os americanos para um mundo após os combates. Ele sentia que o Corpo de Sinaleiros devia "preparar os civis, apresentando as experiências dos soldados, a fim de retomar o relacionamento com os homens que estiveram longe" e "fazer com que as baixas fossem mais suportáveis para aqueles que perderam alguém". Mas ele acreditava que essas metas só poderiam ser alcançadas se a realidade das batalhas fosse levada para as telas dos cinemas o quanto antes. "Construir um monumento de celuloide em nome daqueles que se foram", escreveu ele em um conjunto de instruções para si mesmo. "*Mostrar a guerra.*"[27]

Stevens tinha cada vez mais certeza de que ninguém em Washington, nem mesmo Capra, detinha o conhecimento necessário para tomar boas decisões quanto ao que precisava ser filmado no solo; sua experiência encenando batalhas e simulando avanços o convencera de que o Corpo de Sinaleiros não estava fazendo bom uso dos homens recrutados em Hollywood. "Desisti de meus projetos pessoais para fazer filmes do mais alto nível para o depto. de guerra", escreveu ele em um rascunho de carta que seria destinada ao general Osborn. Naqueles primeiros dias, quando trabalhara com filmes mudos de faroeste, lembrava ao general, ele havia sido "um operador de câmera em projetos externos formidáveis. [...] Vinte e cinco anos de preparação para — este trabalho. Agora estou pronto."[28] Ele disse a Lyman Munson, chefe de Capra, que o Corpo de Sinaleiros era uma desordem total: "Devíamos ter ido para [Pantelária, na Sicília] e filmado a destruição e o posicionamento de canhões — mostrando danos maiores causados por nosso poder de fogo". Em vez disso, "esperamos que alguém mais acima na hierarquia nos diga o que fazer. Ninguém nunca nos diz porque ninguém mais acima na hierarquia parece saber o que dizer. A grande habilidade americana de fazer filmes", concluía ele, está "desperdiçada em nosso esforço de guerra".[29]

Suas queixas foram ignoradas. Em Washington, Capra continuava determinado a transformar em um longa-metragem a vitória dos Aliados na Tunísia, e o trabalho de Stevens só representara metade do caminho. Para a fase seguinte do projeto, ele recorreu a John Huston, que estava em Nova York naquele verão e fazia pouco além de flertar publicamente com Marietta Fitzgerald e lutar pelo lançamento de *Report from the Aleutians*. Capra lhe disse que era hora de voltar ao trabalho e o convocou a Washington junto com o tenente-coronel Jack Chennault, um operador de câmera que estivera com Huston em Adak.* Os homens foram informados de que sua nova tarefa seria recriar o restante da operação dos Aliados na Tunísia sem em nenhum momento sair dos Estados Unidos.

Huston e Chennault foram enviados primeiro ao deserto do Mojave no sul da Califórnia, o cenário mais parecido com a Tunísia que Capra conseguiu achar. Eles receberam a ordem de "'fabricar' um filme no Norte da África sem delongas", escreveu Huston.[30] Acompanhados de Capra, que fora junto para supervisionar cada etapa do trabalho, eles seguiram para uma base do Exército chamada Centro de Treinamento no Deserto, aonde muitos soldados americanos designados para o Norte da África foram enviados antes de deixarem o país a fim de se acostumarem às condições do deserto; o Exército também usava o centro para testar equipamentos e ensaiar operações táticas. Huston recebeu um grande contingente de "figurantes" — soldados que ainda não haviam sido desdobrados — e foi ordenado a começar as filmagens. "Fizemos soldados subirem e descerem colinas sob condições simuladas de artilharia", disse ele; "o pior tipo de simulação". Enquanto Huston se concentrava em filmar forças terrestres, Chennault recebeu o comando de diversos P-39, aviões de caça monomotores de baixa altitude que ele mandava voar e então bombardear e metralhar o deserto diante das câmeras. O Exército cedeu a Huston alguns tan-

---

* Chennault era filho do general de brigada Claire Chennault, da Força Aérea do Exército dos Estados Unidos, que se tornara uma espécie de herói americano como líder dos Tigres Voadores e alcançara grande reconhecimento por ter abatido quatro aviões japoneses pouco depois de Pearl Harbor no primeiro ataque direto americano contra o Exército do Japão.

"COMO VIVER NO EXÉRCITO"

ques falsos — esqueletos metálicos cobertos por tecido pintado —, e ele filmou de longe conforme os aviões de Chennault bombardeavam as carcaças ocas.[31]

Depois, Capra e Huston voltaram a Nova York para trabalhar na edição do filme. Huston, que se sentia à vontade na cidade, desfrutava de uma rotina de playboy praticamente idêntica à vida que ele teria levado se nunca tivesse saído de Hollywood; passava os dias visitando amigos ou, em momentos raros, se apresentando no QG do Exército em Astoria, frequentava casas noturnas e passava as noites ora no St. Regis, ora na Park Avenue, em apartamentos de amigos ricos. Capra, deslocado, estava ansioso para concluir o filme rapidamente. "O trabalho está ficando mais complicado", escreveu para Lucille. "Parece que estamos sempre paralisados [...] nesse clima quente parece que nunca conseguimos fazer nada. [...] As mulheres descobriram o apartamento de John Huston. Elas vão ter que sair [para que ele] possa trabalhar. Elas simplesmente invadem e assumem o controle. [...] Odeio este lugar e as pessoas daqui."[32]

Depois de uma semana, Capra enviou Huston para filmar as sequências de combate encenado mais elaboradas que ele jamais havia encomendado. Dessa vez, o destino era Orlando, na Flórida, onde ele e Bill Mellor, que havia voltado da Argélia, deveriam simular o intenso bombardeio das fortificações do Eixo no Norte da África, além do combate aéreo entre aviões alemães e os Aliados. "Organizei tudo de modo que os caças — que deveriam representar as aeronaves alemãs — mergulhassem tão perto dos aviões de bombardeio em que estávamos filmando que seria impossível identificá-los", escreveu Huston mais tarde. "Não houve baixas, graças a Deus! [...] As tripulações dos aviões de bombardeio suavam sangue, e em várias ocasiões estavam dispostas a derrubar os aviões ofensivos. Minha equipe de câmera estava completamente confusa com tudo aquilo. Lembro-me de gritar para meu primeiro operador de câmera: 'Eles estão vindo pelas duas horas!', e vê-lo olhar o relógio."[33]

Huston sabia que estava filmando "lixo" e tratou tudo como uma espécie de brincadeira. "Em retrospecto, era um absurdo, e acho que eu também estava ciente do absurdo na ocasião. Mas Frank estava investido com toda a seriedade para fazer um filme de verdade, e [...] ele sabia muito bem disfarçar sua mentira."[34]

270 CINCO VOLTARAM

Em agosto, quando a pós-produção de *Tunisian Victory* [Vitória na Tunísia] estava quase concluída em Nova York, Capra e Huston foram convocados de volta a Washington para uma reunião com o Departamento de Guerra e o general Surles do Escritório de Relações Públicas do Exército.[35] "Nós nos reunimos e vimos o material, que era simplesmente uma desgraça", disse Huston. E então ele e Capra receberam a notícia ruim: o filme que eles haviam realizado agora seria empregado não apenas para enganar o público dos cinemas, como também para intimidar o aliado mais próximo dos Estados Unidos. O Exército descobrira que os ingleses estavam nas etapas finais da produção de uma continuação ao documentário *Vitória no deserto* intitulada *Africa Freed!* [África libertada!], e *Tunisian Victory* certamente sofreria com a comparação. Surles disse a Huston e Capra que sua missão seguinte seria convencer os ingleses a desistir do filme deles em prol de uma iniciativa de colaboração com os Estados Unidos. Como trunfo, eles deveriam usar o material que haviam acabado de filmar na Califórnia e na Flórida para demonstrar a qualidade elevada da contribuição de que o Corpo de Sinaleiros era capaz. "Os ingleses foram informados de que tínhamos material do Norte da África", disse Huston. "E, como éramos aliados etc., não seria um grande gesto de amizade, fortalecendo ainda mais os laços, se aquela fosse uma produção conjunta de ingleses e americanos?"[36] No começo de agosto de 1943, Capra foi instruído a se afastar de suas responsabilidades majoritárias à frente do 834º Destacamento Fotográfico do Serviço de Sinaleiros e se concentrar completamente nessa missão. Ele transferiu seu trabalho administrativo para Anatole Litvak e se preparou para sair de Washington. Alguns dias depois, ele e Huston receberam ordens de seguir para Londres, com o material filmado em mãos, e conversar com a Unidade de Cinematografia do Exército britânico.

DEZESSEIS

"Sou a pessoa errada para isso"

WASHINGTON, HOLLYWOOD E INGLATERRA, JUNHO A DEZEMBRO DE 1943

A tripulação do *Memphis Belle* chegou aos Estados Unidos dez dias antes de William Wyler. Sua entrada em Washington, em 16 de junho de 1943, parecia coisa de cinema; na verdade, havia sido roteirizada como um filme. O Exército planejava exibir o histórico imaculado de 25 missões do *Belle* como um símbolo de sucesso resultante de perseverança, qualidade que, no meio do segundo ano de envolvimento do país na guerra, superara a prontidão como noção mais importante que os propagandistas do Exército podiam promover. "Com asa nova e cauda consertada, uma Fortaleza Voadora voou sobre uma multidão festiva no National Airport hoje", anunciou a Associated Press. "É o primeiro avião de bombardeio a voltar para casa do teatro europeu por conta própria." Cinegrafistas de cinejornais estavam presentes para registrar o pouso, e H. H. Arnold, o general à frente da Força Aérea, cumprimentou pessoalmente os dez homens e disse aos repórteres que "o melhor de tudo é que [...] só um homem, o metralhador de cauda, ficou ferido".[1] Depois, o capitão Robert Morgan, o piloto da aeronave, foi despachado para a um reencontro público no Tennessee com Margaret Polk, a jovem que o inspirara a batizar o avião; a pedido da Marinha, os dois, solícitos, disseram à aglomeração de repórteres que se casariam em agosto[2] (quando saíram dos holofotes, o relacionamento acabou quase de imediato, e em agosto Morgan já estava noivo de outra mulher).[3] A Força Aérea tinha uma grande história para contar e dez heróis de guerra jovens para ajudar a contá-la; a partir de Memphis e antes de voltar à capital, a tripulação e o próprio *Belle* embarcaram em uma turnê de seis semanas para promover o moral em fábricas, escolas de aviação e bases aéreas por todo o país.[4]

A recepção de Wyler foi mais discreta. A jornada pelo Atlântico, em cargueiros militares que fizeram escala na Islândia, na Groenlândia e na Nova Escócia, havia sido inconstante e quase irreal; Wyler passou a maior parte do tempo sozinho, dormindo quando dava, fitando a aurora boreal admirado da janela do avião e, depois de passar meses em uma base aérea britânica, sentindo-se ligeiramente desorientado pela simplicidade e pelo conforto da vida de celebridade à qual ele voltava aos poucos. Em Reykjavik, ele ficou em um alojamento para oficiais que antes havia servido de abrigo para homens sem-teto. Em Newfoundland, comeu com Irving Berlin, que estava de visita no Canadá. E quando finalmente chegou a Nova York, por volta de meia-noite, uma semana depois de sair de Londres, mal teve tempo de dormir e fazer a barba: Sam Goldwyn o levava para almoçar, Elsa Maxwell o perseguia para conversar, e ele fora convidado para um jantar oferecido por Wendell Willkie em homenagem a Walter Lippmann. "MORTO (de cansaço)", escreveu ele em seu diário naquela noite depois da festa. "Discursos longos & espetáculos para tirar dinheiro de todos os ricos para a guerra. É deprimente pensar que é só assim que dá para conseguir dinheiro, com um banquete grande e muito glamour."[5]

Talli havia ido para Nova York, e enfim os dois se reencontraram em um momento doce que vivenciaram em termos quase cinematográficos. "Eu estava parada na porta de um quarto do Plaza Hotel, no final de um corredor comprido",[6] disse ela, e de repente, ao longe, seu marido saiu do elevador, confuso. "Eu tinha o número do quarto", lembrou ele. "Não consegui achar de primeira. Até que vi Talli. [...] Foi um pouco curioso. Precisamos correr um para o outro."[7]

Os Wyler foram para Washington, onde William seria entrevistado no programa de rádio *Army Hour* [Hora do exército] para falar sobre sua experiência com missões aéreas na França e na Alemanha. "Medo", disse

"SOU A PESSOA ERRADA PARA ISSO" 273

ele ao repórter. "Só um medo puro e autêntico. Medo de morrer, um sentimento que você percebe que nunca teve se nunca foi alvo de tiros. Mas tem outro sentimento também forte — e ajuda muito. Quando você olha à sua volta e vê o céu cheio de Fortalezas — e aí olha para baixo e vê o litoral do inimigo —, você prefere estar aí mesmo do que lá embaixo. [...] Esse medo aparece em alguns momentos — e nunca quando você está ocupado. Primeiro, ele pega você logo depois do briefing — naqueles minutos antes da decolagem. Quando você entra no avião, está todo confiante, acredita na aeronave, na tripulação, em si mesmo. E então tem alguns minutos que parecem horas, e horas que parecem dias — até você alcançar o alvo, e depois que você o deixa para trás, a caminho de casa."[8]

Quando Wyler começou a pensar no que queria que o documentário — ao qual chamava, meio indeciso, de *25 Missions* [25 missões] — transmitisse, ele pretendia reproduzir essa combinação de adrenalina, terror e entusiasmo, assim como o vínculo complexo e intenso da tripulação do *Belle*. No ar, disse, "você tende a idolatrar o piloto, adorar a aeronave e encarar todos os outros homens a bordo como irmãos. Eles dependem uns dos outros. Eles salvam a vida uns dos outros todos os dias. São humanos, claro, e cometem erros, mas prefeririam morrer a decepcionar os outros. Ouvi um atirador de metralhadora móvel lateral dizer 'Tenho uma família inteira nova. [...] Somos dez lá, e eu os conheço melhor do que meus próprios irmãos e irmãs, e perder um deles é igualmente doloroso'".[9]

Wyler estava determinado a usar apenas as imagens que ele, Bill Clothier e o falecido Harold Tannenbaum haviam capturado em suas missões com o 91º Grupo de Bombardeio; o filme não teria encenações produzidas em set aberto nem miniaturas. Mas seria necessário criar uma trilha sonora completa do zero, já que o rugido dos quatro motores do B-17 era de fazer tremer os ossos e impossibilitava qualquer gravação de áudio durante o voo. Ainda assim, Wyler almejava verossimilhança e, em julho, convenceu a Força Aérea de que, depois que a turnê de promoção do *Belle* acabasse, a tripulação deveria seguir para Los Angeles, onde gravariam pessoalmente os comentários e as instruções que haviam falado uns aos outros pelo sistema de comunicação interna do avião.[10] Wyler escreveu um roteiro extremamente simples, seguindo o que ele se lembrava das comunicações concisas a bordo da aeronave — "Fogo em 1030 voltando", "Peguei", "Superior ou inferior"; ele também preservou o linguajar usado pela tripulação ("Vai, seu filho da puta!"). O diretor acompanharia pessoalmente a gravação dos diálogos para garantir que os homens soassem espontâneos e naturais.

Inicialmente, Wyler e o Corpo de Sinaleiros haviam imaginado *25 Missions* como um curta de vinte minutos, mas, quando ele começou a juntar os 5 mil metros de filme de dezesseis milímetros que trouxera da Europa,[11] ficou animado o bastante para começar a planejar uma obra mais longa de quarenta ou cinquenta minutos. Em um telegrama para Beirne Lay, ele explicava que a "completa autenticidade [do material] e [o] fato de que Morgan e tripulação se tornaram heróis nacionais" (eles agora realizavam manobras acrobáticas aéreas no Sul e no Meio-Oeste, como parte da turnê de vitória) eram motivo suficiente para um filme mais substancial.[12] E, antes de sair de Washington para trabalhar no filme na Califórnia, ele se reuniu com Capra e lhe mostrou os melhores trechos que havia capturado. Capra adorou — "material aéreo muito empolgante", disse para a esposa, que continuava morando em Los Angeles com os três filhos pequenos do casal.[13]

Conforme Wyler se preparava para os noventa dias na Califórnia que lhe proporcionariam o tempo que ele ansiava passar com Talli, Cathy e Judy, Capra fez as malas para ir à Inglaterra, sem saber quanto duraria essa missão de forçar os ingleses a colaborarem em *Tunisian Victory*. O tempo que ele estava afastado de casa começava a abalar sua consciência; Capra estivera ausente por quase dois anos e mal vira o filho de dois anos, o caçula Tommy, desde o aniversário dele de um ano. "Só uma carta de última hora", escreveu a Lucille, "para dizer que o momento mais feliz da minha vida vai ser quando eu voltar para você e as crianças. Querido Tommy", acrescentou, "ainda que você não saiba ler, sei que consegue sentir o quanto papai ama você."[14] Mas, como ele explicou, não dava mais para mudar de ideia. O projeto tunisiano, disse, "é um trabalho difícil — não tínhamos muito filme. [...] Cabe a mim. Devo fechar um acordo para todas as operações conjuntas [de ingleses e americanos]. [...] Essa parece ser a oportunidade, e Surles me deu poder para fechar os acordos que eu quiser. [...] Parece que finalmente recebi carta branca".[15]

Capra, Huston e Anthony Veiller, roteirista do Corpo de Sinaleiros parte britânico, parte americano, que estaria presente a fim de atenuar as tensões e ajudar a superar diferenças culturais, chegaram a Londres em um

"SOU A PESSOA ERRADA PARA ISSO"

período em que os ingleses estavam particularmente tensos. "Politicamente, a guerra está ficando estagnada", escreveu George Stevens, que também se encontrava em Londres para uma escala breve em seu retorno aos Estados Unidos para uma licença de sessenta dias após a temporada no Irã. "As pessoas [...] dedicam cada vez mais seus pensamentos à retomada das atividades normais de tempos de paz."[16] Em Londres, alguns políticos insistiam no relaxamento das precauções contra ataques aéreos e até propunham o fim dos blecautes noturnos. Mas a atmosfera dominante ainda era de vigilância. Centenas de "balões-barragem" de vinte metros de comprimento — uma rede de dirigíveis estacionários projetada para impedir o avanço de aviões de bombardeio alemães em baixa altitude — cobriam o céu da cidade, um lembrete constante de que Londres começava seu quinto ano de perigo. Goebbels prometera uma campanha incansável de bombardeios em resposta aos ataques aéreos da RAF na Alemanha, e nas ruas e nas seções de opinião dos jornais circulavam rumores temerosos sobre uma nova "arma secreta" do Eixo.

A delegação de cineastas americanos estava preparada para lidar com a determinação dos britânicos e sabia que eles se ofenderiam com a interferência dos Estados Unidos em um filme que já estava concluído, mas Capra e seus homens não haviam atravessado o Atlântico com um plano geral especialmente organizado sobre como deveriam se apresentar. "Eu não tive tempo nem de comprar uma navalha", disse Huston. "Tudo no Exército sempre era feito às pressas — a mesma mentalidade prevalece, como [nos] filmes."[17] E seus anfitriões ingleses já estavam preparados para resistir a qualquer reclamação de que os Estados Unidos haviam recebido um tratamento injusto no filme novo deles. Um mês antes, a Unidade de Cinematografia do Exército britânico, a fim de anular previamente qualquer acusação possível de "tendenciosidade intencional", advertira Sam Spewack, oficial de ligação do OWI, de que o filme *Africa Freed!* não contaria com quase nenhuma "representação [...] da parte executada pelos americanos na campanha da Tunísia [...] devido integralmente à falta de material filmado satisfatório das tropas americanas em ação".[18] Spewack disse a Capra que os ingleses haviam aceitado destacar a bravura dos americanos na narração do filme, mas enviou um telegrama urgente dizendo que o Corpo de Sinaleiros precisaria intervir imediatamente para impedir que a obra passasse uma "impressão inadequada da operação conjunta. [...] Britânicos muito ansiosos para lançar este mês e o farão a menos que Capra apareça antes".[19]

Capra e Huston haviam acabado de fazer o *check-in* no Claridge's quando a situação começou a ficar ruim. Na primeira reunião com os ingleses, em um jantar no hotel para tratar da iniciativa conjunta, Capra começou uma discussão agressiva com James Hodson, o roteirista de *Africa Freed!*. Hodson não escondeu o fato de que acreditava que os americanos estavam lá para se apropriar de uma história de sucesso britânica. E tampouco partilhava da disposição de Capra quanto ao uso intenso de encenações em documentários. No dia seguinte, Capra e Huston foram convidados a assistir a *Africa Freed!*. Eles "disseram que era um filme ótimo, e acho que falaram com sinceridade", escreveu Hodson. "Mas acham que devíamos ter uma produção conjunta."[20]

O filme era "muito bom, mas representação americana nula", escreveu Capra em seu diário aquela noite. "Falei isso. Ingleses agora alegam que não lhes demos filme. Verdade mesmo." Em resposta, Capra tentara partir para a ofensiva, sugerindo que os ingleses tinham imagens próprias das tropas americanas e que eles não só deixaram de incluí-las em *Africa Freed!* como as omitiram dos Estados Unidos a fim de enfraquecer o filme americano *Tunisian Victory*, algo que não era corroborado por prova alguma, mas parece que ele convenceu a si mesmo de que era verdade. Os ingleses negaram. "Algo esquisito aqui", escreveu Capra.[21]

Nos dias que se seguiram, Capra e os ingleses ficaram batendo boca sobre o destino do filme. "Dialética", escreveu o diretor. "Eles querem conversar sobre o futuro em vez de falar do filme. Ameaçamos ir embora. Finalmente, os ingleses fazem reunião demorada com MoI [Ministério da Informação]. Filme conjunto confirmado. MoI e alguma agência americana devem aprovar" (ao final do verão, a jurisdição sobre a propaganda de guerra era tão convoluta que nem Capra fazia ideia de que divisão do Departamento de Guerra seria encarregada de liberar o filme). No diário, ele dedicou um momento de compaixão pelos criadores de *Africa Freed!*, cujo trabalho agora seria arquivado de vez para que os Estados Unidos não passassem vergonha. "Rapazes [ingleses] de cinema arrasados", escreveu, "porque sentem que têm [um] filme excelente que agora vai ser [...] assumido pelos americanos."[22]

"SOU A PESSOA ERRADA PARA ISSO"

Huston acompanhou aquela semana de reuniões conflituosas em um estado de espírito deprimido e tinha plena consciência de que seu lado havia agido de má-fé. Ele achava que *Africa Freed!* era um filme sólido cheio de "material bom e autêntico" e detestava sua participação no desmantelamento da obra. "Devo dizer que eu não tinha muita coragem de fazer nada disso", lembrou. "Eles estavam com um filme bem pronto para ser exibido, e ele foi atrasado por nossa causa."[23] Assim que possível, e sempre que dava, Huston saía do Pinewood Studios, onde as equipes de produção inglesas e americanas estavam tentando trabalhar juntas, e escapava para Londres. "A Inglaterra era simplesmente maravilhosa durante a guerra", escreveu. "Você sempre quer passar a noite inteira acordado. Nunca quer ir dormir." Em pouco tempo, ele começou um romance acalorado com uma jovem atriz casada de vinte anos chamada Leni Lynn, perseguindo-a em meio ao mundo de celebridades de Londres, deslumbrando-a com bilhetes, flores e promessas, e depois dando-lhe diamantes como presente de despedida. Ao mesmo tempo, dormia com uma jornalista canadense que se revelou uma antissemita cruel, "a vadia mais sinistra que já conheci" e talvez uma agente nazista; como presente de despedida, ela lhe deu gonorreia.[24] E ele fazia o possível para evitar trabalhar mais em *Tunisian Victory* e tentar esquecer que contribuíra para ele.

Quando ficou claro que Capra, Huston e Veiller permaneceriam em Londres por meses, em vez de semanas, eles saíram do Claridge's e se estabeleceram em apartamentos de uma casa na Hill Street, perto da Berkeley Square.[25] Mas raramente ficavam os três lá ao mesmo tempo; Huston passava as noites na rua enquanto seu chefe permanecia até tarde em Pinewood. Na Inglaterra, Capra só se interessava em trabalhar; mesmo nas raras ocasiões em que se aventurou na vida social londrina, ele acabou se sentindo isolado e com saudade de casa. "Festa na casa de John Mills", escreveu. "Bob Hope, Frances Langford e outros lá. Muita comida e vodca. Fiquei claustrofóbico e voltei a pé para casa no blecaute. Me perdi e caí. Impossível conseguir táxi depois das nove da noite. [...] Acabo de perceber como estou longe de casa."[26]

Nas primeiras semanas de colaboração com os colegas britânicos acerca de ideias para uma nova versão do filme, Capra não baixou a guarda. Sempre que achava que havia um acordo firme para uma coprodução anglo-americana, descobria que a proposta estava sujeita à aprovação de mais um nível de burocracia do Exército britânico. Em mais de um momento, ele perdeu a compostura. "Que chocante", escreveu no final de agosto. "Os ingleses ainda não decidiram sobre a produção conjunta. Um sujeito chamado Tritton [o equivalente ao general Surles, chefe de relações públicas do Gabinete de Guerra Britânico] exigiu ver o filme. [...] Levamos [nosso] filme, mostramos, depois eles decidem. [...] Explodi." Ciente da péssima qualidade das encenações americanas, Capra insistiu para que os ingleses fechassem o acordo sem ver seu filme. "Não vou mostrar filme nenhum para ninguém até saber se a coprodução está confirmada ou não."[27]

Incrivelmente, mesmo na privacidade do próprio diário Capra conseguiu convencer a si mesmo de que estava resistindo por uma questão de princípios, não de estratégia. "Agora sei que temos razão", escreveu. "Nossa proposta é cooperação quer qualquer um dos lados tenha um filme ou não, e não só quando convém. [...] Os ingleses estão irritados porque não conseguem o que querem. A ideia de cooperação deles é fazer do jeito deles. Sou a pessoa errada para isso."[28]

Com o tempo, chegou-se a um novo acordo definitivo; as unidades de cinematografia inglesa e americana disponibilizariam uma para a outra todo o material filmado que tivessem. As imagens inglesas da campanha verdadeira e as encenações planejadas de Capra seriam reunidas em uma nova coprodução, e, quando uma nova versão fosse concluída, os dois países teriam direito de solicitar mudanças ou até mesmo cancelar o projeto de vez.[29] O combinado satisfez Capra, que estava feliz por poder arregaçar as mangas e se dedicar a um filme de verdade, em vez de mais uma sessão de negociações; em pouco tempo ele relaxou, e sua combatividade inicial deu lugar a franca admiração. "Gente forte, esses ingleses", escreveu para Lucille. "Com certeza não é mesmo o país que conhecíamos. As pessoas são incríveis pelo modo como aguentam de tudo sem reclamar. Na verdade, todo mundo se esforça para ser mais simpático e cordial."[30] No diário, ele acrescentou: "Não canso de me admirar com os ingleses. Eles são como bolas de golfe. Superfície macia e miolo duro — e cada camada é mais dura do que a anterior".[31]

No começo de setembro, Capra chamou Huston até Pinewood, onde, durante duas semanas, os dois, junto com Veiller e Hodson, tentariam redigir um roteiro novo. Hodson, voto vencido e em desvantagem numérica, viu-se "lutando um pouco para evitar que nosso filme [...] se tornasse desequilibrado em benefício dos Estados Unidos — afinal, nós fizemos a maior parte do trabalho sujo e sofremos o dobro de baixas".[32] Ele também reclamou que o roteiro escrito pelos três americanos era "tão longo que [...] se juntássemos *Guerra e paz*, ... *E o vento levou* e este, teríamos uma ótima trilogia". Mas ele veio a gostar de Capra e sua equipe. "A generosidade dos americanos quando escrevemos algo que os afeta é irrestrita", disse ele. "Tivemos algumas discussões fortes sobre quem lutou na Tunísia e um ou dois dias depois Frank Capra chegou em Pinewood com a sugestão de que não deveríamos nos preocupar com quem lutou, mas sim em fazer um filme cujo tema de verdade fosse a união dos Aliados e a necessidade de preservar essa união nos dias de paz. Ele não tinha certeza de que deveríamos concordar, mas apoiávamos 100%."[33]

Todo mundo concordava que a ideia de Capra de enfatizar a cooperação futura em um mundo pós-guerra era a solução ideal para o último terço do roteiro. Ele agora estava satisfeito com o progresso do filme, mas também terrivelmente solitário; escrevia para Lucille quase todos os dias. O correio era lento e pouco confiável, então as comunicações pessoais durante a guerra, exceto pelos raros telegramas, eram um processo irregular e fragmentado em que muitas vezes as respostas às cartas chegavam atrasadas ou fora de ordem. "Por favor", escreveu a Lucille em 16 de setembro, o aniversário de seis anos da filha dos dois, "mande um telegrama para mim de vez em quando só para me dizer que vocês estão bem. Tem momentos em que fico meio em pânico por causa de vocês."[34] Capra, Huston e Veiller estavam todos nos apartamentos alugados em Hill Street na noite em que, pela primeira vez desde que os três chegaram a Londres, ouviram a oscilação estridente das sirenes que alertavam para ataques aéreos, e depois o som de disparos. "Isto é para valer", escreveu ele no diário. "Bombas caem ao longe. Canhões de Hyde Park fazem o edifício tremer. Tony e John vão para fora de casa como a maioria dos recém-chegados. Senhoras idosas e crianças se reúnem assustadas nos corredores. Criadas e serventes conversam entre si para se tranquilizarem. [...] Tive medo, mas me abalou mais a ideia de que aquelas simpáticas senhoras e mininhas ficassem dilaceradas. A que ponto chegou a loucura do homem? Será que nunca aprenderemos a nos dar bem sem jogar bombas uns nos outros? Com certeza Deus não queria que isto acontecesse. Por favor, Deus, ponha amor e compreensão no coração dos homens."[35] Trinta anos depois, Capra disse que, naquela noite, enquanto ele tremia na rua, "a guerra perdeu o glamour para mim".[36]

No começo de outubro, conforme americanos e ingleses trabalhavam sem parar em Pinewood, o filme novo estava quase pronto, mas o estado de espírito de todos os envolvidos havia decaído consideravelmente. Veiller estava, segundo Capra, "infeliz" com o arremedo de documentário que eles tinham produzido, Capra se disse "não comovido nem muito animado com nada — fizemos nosso trabalho direito, então que se dane",[37] e Huston, exausto, pediu permissão a Capra para tirar uns dias de folga a fim de viajar para o Norte.

O próprio Capra estava "física e mentalmente muito esgotado" em 7 de outubro,[38] quando, no meio de "uma noite clara [de luar], fria para burro", se viu em um segundo ataque aéreo. "Os holofotes estão frenéticos", escreveu. "Eles pegam um alemão de vez em quando e o iluminam enquanto a artilharia antiaérea dispara [...] tudo me pareceu muito ineficiente. Milhares de granadas disparadas, mas nunca parecem acertar nada. [...] Imagino que [vá continuar] até o povo alemão perceber a futilidade da guerra. [...] Que crime."[39]

Na manhã seguinte, Capra exibiu *Tunisian Victory* a fim de obter a aprovação do Ministério da Informação. Ele não estava com humor para ser avaliado. "Mandachuvas ingleses [...] Todos sujeitos de cara amarrada e corpo duro que tentam fazer você se sentir um ladrão", escreveu. "Não sei o que me impede de mandá-los todos para o inferno."[40]

Enquanto esperava o veredicto, Capra pensou em uma nova tarefa que, acreditava, revigoraria Huston e também o afastaria da rede de complicações pessoais que passara a distraí-lo. "Entre sua genialidade e sua vida social", disse a Lucille, "ele é um homem bastante desorganizado."[41] Durante a estada em Londres, Huston se encontrara com Eric Ambler, um autor britânico de livros de espionagem jovem e determinado cujo trabalho o diretor muito admirava. Ambler tinha apenas 33 anos, mas já havia publicado meia dúzia de best-sellers que usavam acontecimentos políticos contemporâneos como pano de fundo para aventuras de intrigas, e sua obra havia chamado a atenção de Hollywood. Orson Welles acabara de

"SOU A PESSOA ERRADA PARA ISSO" 281

roteirizar e produzir uma adaptação de *Jornada do pavor*, e o próprio Huston havia esboçado um roteiro para adaptar outro livro de Ambler, *Background to Danger* [Histórico para o perigo],* para a Warner Bros. Ambler era um antifascista ferrenho que parara de escrever e entrara para a guerra como soldado em 1939; desde então, passara a ser um assessor de alto nível para o Serviço de Cinematografia do Exército britânico.[42]

Em Londres, Huston propusera a Ambler uma possível colaboração em um filme de Hollywood após o fim da guerra, mas Capra estava pensando em algo diferente. Semanas antes, os Aliados haviam iniciado a Operação Avalanche, a tentativa de libertar a Itália que começara com um desembarque na costa ocidental do país. As tropas haviam conseguido tomar Salerno e agora avançavam continente adentro. "A ideia, concebida [...] pelo coronel Frank Capra", escreveu Ambler, "era a de que John Huston e a unidade de cinegrafistas do Corpo de Sinaleiros dos Estados Unidos fossem com os exércitos dos Aliados até Roma e fizessem [um] filme [...] sobre a população civil italiana sob seus novos conquistadores."[43] Na época, a unidade do Serviço Pictórico do Exército no Forte Fox estava envolvida na preparação de dois novos filmes de treinamento, *Occupation of Friendly Countries* [Ocupação de países amigos] e *Occupation of Enemy Countries* [Ocupação de países inimigos],[44] e Capra acreditava que era hora de o Corpo de Sinaleiros expandir seus esforços de propaganda do território americano para outras nações. Seu plano contava com o apoio entusiasmado do general Osborn e do Escritório de Informação de Guerra. "Foi de uma das pessoas do OWI que escutei pela primeira vez o clichê, que então era novidade, de 'tentar alcançar o coração e a mente' de uma população", escreveu Ambler. "Contudo, havia um empecilho. Alguma reunião de instâncias superiores tinha decidido que todos os filmes de propaganda para guerra psicológica em territórios ocupados deviam ser iniciativas conjuntas anglo--americanas. John Huston, portanto, precisava de um complemento britânico." Ambler ficou surpreso, e não muito feliz, com a tarefa, mas não tinha escolha, e o mal-estar foi atenuado por uma promoção imediata; o Exército britânico o elevou a capitão de modo que Huston não fosse de pa-

---

* O título original do filme é o mesmo do livro, mas no Brasil foi lançado como *Expresso Bagdad-Istambul*. (N. T.)

282   **CINCO VOLTARAM**

tente superior. Os dois saíram de Londres ao final de outubro em um avião de transporte da Força Aérea destinado a Marraquexe, e depois a Nápoles.[45]

O período de Capra na Inglaterra também estava chegando ao fim. Depois de algumas considerações, o Ministério da Informação e o Gabinete de Guerra britânico lhe disseram que aprovariam o lançamento de *Tunisian Victory* como coprodução se o Departamento de Guerra fizesse o mesmo. Ele foi tratado com o mesmo nível de delicadeza e cordialidade que recebera quando chegara ao país, chegando inclusive a ganhar uma festa de despedida em 4 de novembro, o dia em que partiu para Washington.[46] "Bom, os ingleses aprovaram a obra dizendo que estava muito melhor que a deles", escreveu a Lucille. O desgaste causado pela separação prolongada estava afetando os dois; Lucille deixara claro que estava infeliz com a situação. "Por favor, pare com isso, querida", respondeu ele. "Não estou longe de você porque quero. Isto aqui não é fácil. [...] Com certeza estou ansioso para vê-la de novo logo. Provavelmente vai ser o maior presente da minha vida. [...] Isto aqui vai acabar em algum momento, mas enquanto não acaba preciso continuar. Todo mundo precisa oferecer sua pequena contribuição."[47]

O filme que Capra estava trazendo para Washington era inequivocamente seu, mas era também uma mistura incômoda negociada de realismo e falsificação, estilos e vozes conflitantes, interesses britânicos e americanos. Com 75 minutos, *Tunisian Victory* era encorpado não apenas com as encenações que Stevens e Huston haviam produzido, mas também com imagens exageradas de soldados britânicos em ação que tinham, como aqueles, um aspecto de artificialidade. O peso da contribuição dos dois países aparece nos momentos mais calmos do filme — os soldados nas horas de folga, as festividades melancólicas de Natal, homens retraídos em meio ao clima horrível. Mas o tom era inconsistente, e a representação da operação propriamente dita, irregular. Um dos grandes triunfos do Exército americano na campanha, a decisiva "batalha do Morro 609" — uma tentativa brutal, prolongada e por fim bem-sucedida do general Omar Bradley de obter controle sobre um dos pontos estratégicos mais elevados da Tunísia — é retratada exclusivamente com recriações americanas. Em muitos trechos, a narração é usada para cobrir lacunas da filmagem — uma voz explica que "as lâmpadas ficaram acesas a noite inteira" quando Churchill foi encontrar Roosevelt em Washington, enquanto a câmera exibe uma tomada demorada da Casa Branca ao longe, iluminada à noite. Há segmentos conflitantes de narração, um deles com um soldado americano (interpretado por Burgess Meredith) e um ator fazendo o papel de um soldado inglês com sotaque *cockney*, e Capra permite que os espectadores ouçam a conversa artificial deles. Foram raras as ocasiões durante a guerra em que o propósito propagandístico de um filme voltado para o público geral fora estampado na tela com tão pouca qualidade artística ou esforço de disfarçá-la. A insistência de Capra de que a ascensão de Hitler podia ser atribuída a um apetite intrínseco dos alemães por arregimentação desmedida tem uma longa exposição. "Imagine que alguém diga 'apague os olhos daquele cara' ou 'vire a mangueira naquele judeu ou naquela mulher'", diz o *cockney* para o ianque. "*A gente* faria? Você e eu, Joe, a gente pode não pensar igual às vezes, mas a gente *pensa*. Você e eu e o velho Alphonse" — a cena é interrompida brevemente para exibir um soldado francês com a palavra "França" sobreposta — "e o resto, com certeza a gente pensa, sim."

"Sabe, George, tive uma ideia", responde o americano. "Por que a gente, depois da guerra — quer dizer, o mesmo pessoal —, não continua trabalhando juntos? O que a gente não poderia fazer? [...] Construir coisas em vez de explodir coisas. Como, sei lá, barragens no deserto e estradas na floresta." *Tunisian Victory* termina com uma montagem de união fraterna por sobre o oceano. A última fala é absolutamente capriana. "Rapaz, que trabalho", conclui o soldado americano. "Devolver o sorriso ao rosto das crianças."

Capra sentia que havia cumprido sua missão, mas também expressou uma certeza irritada de que seria responsabilizado por quaisquer falhas que fossem apontadas no filme. "Sou o encarregado do trabalho sujo", escreveu a Lucille pouco depois de voltar a Washington. "[Estou] tentando aumentar a eficiência e a maior parte do prestígio do Serviço Pictórico do Exército, que tem baixado o nível cada vez mais, principalmente porque eles morrem de medo de se mexer ou discutir. [...] Venho tentando dizer que eles nunca podem perder uma discussão, estejam certos ou errados. A velha técnica que eu costumava usar com os produtores."[48]

Capra havia vencido, mas sua insistência em estabelecer a relação especial entre as forças de propaganda da Inglaterra e dos Estados Unidos com trabalho fraco deixara um gosto ruim. "É impossível fazer um documentário de guerra com integridade e verdade absolutas", escreveu Hodson em seu diário pouco tempo depois de Capra partir. "É inevitável fazer alguma reconstrução a fim de contar a história adequadamente. [...] Existem duas escolas. A primeira diz: 'Preserve a integridade — faça com que seja verdadeiro [...] mesmo que o filme resultante seja fraco'. [...] A outra diz: 'Faça um bom filme. Se a parte "verdadeira" não é boa o bastante, invente algo que seja melhor. A única coisa que importa é o resultado'. A segunda, a meu ver, é a mentalidade americana, e [*Tunisian Victory*] a segue muito bem."[49]

DEZESSETE

"Preciso fazer um bom trabalho"

INGLATERRA E ITÁLIA,
OUTUBRO DE 1943 A JANEIRO DE 1944

William Wyler e George Stevens voltaram a Londres no final de outubro, quando Huston e Capra estavam de partida. O retorno de Wyler foi tenso e urgente — resultado de uma convocação por telegrama do general Eaker, comandante da VIII Força Aérea, que dizia simplesmente: "Volte ou arrumo substituto".[1] Wyler havia passado o verão e o começo do outono em casa na Costa Oeste trabalhando em *25 Missions*, mas seu progresso turrão, metódico e dolorosamente lento não havia passado despercebido por seus oficiais superiores. Alguns dos atrasos eram inevitáveis: os laboratórios de processamento da Technicolor, sobrecarregados de trabalho, haviam levado semanas para redimensionar seu filme de dezesseis milímetros para 35 milímetros, essencial para um filme que Wyler agora tinha certeza de que queria exibir em "milhares de cinemas no país inteiro".[2] Mas o diretor, ao voltar a Hollywood, também entrou no modo "Wyler Quarenta Tomadas", seguindo seu próprio ritmo para conseguir exatamente o que queria e dando pouca importância ao cronograma estabelecido.

No final de agosto, depois de finalmente terminar sua turnê de motivação nacional, a tripulação do *Memphis Belle* chegou a Los Angeles para trabalhar no filme. Wyler considerou a visita uma oportunidade para honrar a conquista deles, e, de presente, ele e Talli lhes deram uma festa de boas-vindas em casa, perguntando antes a cada homem que astro de Hollywood eles mais gostariam de conhecer. Ninguém recusou o convite — àquela altura, os dez aviadores, dos quais o mais novo tinha apenas dezenove anos, eram também celebridades, e por uma noite eles conversaram e flertaram alegremente com Veronica Lake, Hedy Lamarr, Olivia de Havilland e Dinah Shore.[3] Na manhã seguinte, eles se reuniram com Wyler e a equipe de pós-produção. Wyler ouviu suas sugestões, realizou algumas mudanças nas falas que pretendia fazê-los gravar e começou os ensaios. Foi preciso trabalhar de acordo com a disponibilidade do grupo — a Marinha continuava fazendo a tripulação se apresentar em fábricas da Lockheed e da Douglas pelo litoral do sul da Califórnia, e quando Wyler terminou de gravar as falas e filmar algumas cenas adicionais curtas, já era setembro e ele ainda não havia escrito um roteiro para a narração nem chegado perto de montar uma primeira versão completa.[4]

Wyler talvez não tivesse pressa de terminar o filme, mas não prolongava sua permanência em Hollywood movido por um desejo de voltar ao ramo do cinema. Quando Sam Goldwyn lhe perguntou se ele estava pronto para voltar para casa — os estúdios e os produtores estavam cada vez mais ansiosos para recuperar seu talento de primeira grandeza —, Wyler respondeu que pretendia continuar na guerra até ela acabar. Goldwyn pediu então que ele assinasse um aditamento punitivo a seu contrato que determinava que ele devia voltar ao trabalho em Hollywood em até sessenta dias após dar baixa da Força e dava a Goldwyn o direito de rescindir o contrato de modo unilateral se a guerra não terminasse até o dia 31 de dezembro de 1945.[5]

Em outubro, o Exército começou a ficar impaciente, tanto pelo filme quanto pelo retorno de Wyler ao serviço no exterior. Ele havia passado mais de três meses trabalhando em *25 Missions*, e ainda faltavam a trilha original, a narração, efeitos sonoros e mais edição. Enviou um telegrama a Eaker pedindo uma extensão de sessenta dias, e quando recebeu a resposta firme e de uma só frase do general ameaçando dispensá-lo, decidiu que seria mais político argumentar pessoalmente. Entrou em um avião de transporte C-54 do Exército e voou para Londres.[6]

"PRECISO FAZER UM BOM TRABALHO" 287

Quando Wyler entrou no QG da Força Aérea em Grosvenor Square, Eaker logo se sensibilizou e se tranquilizou, e deu ao diretor tudo que ele queria: mais dois meses em Los Angeles, uma promoção para tenente-coronel e — após várias semanas de negociação e bajulação a longa distância — permissão para lançar o filme como longa-metragem de cinco rolos, em vez de um curta de vinte minutos.[7] Mas, para o restante do ano, o Exército passaria a prestar mais atenção nele; havia uma suspeita, especialmente entre oficiais de Los Angeles, de que Wyler estava enrolando. Em dezembro, ele foi acusado de chegar duas horas atrasado para uma sessão de gravação de sonoplastia e recebeu uma repreensão do Exército que, em alguns aspectos, parecia como se tivesse vindo direto de Hal Wallis ou Sam Goldwyn. "A equipe de gravação [...] recebeu o horário de 19h para a gravação", dizia o memorando. "Favor observar que esta mesma equipe havia permanecido de serviço desde 08h daquele dia. O coronel Wiler [sic], encarregado deste trabalho, só apareceu depois de 21h. [...] Dezessete (17) tomadas foram feitas. [...] Parece-me um dispêndio desnecessário de recursos pessoais e materiais e uma imposição desnecessária à disposição de um grupo de homens que estão tentando fazer um bom trabalho com responsabilidade."[8] Wyler escreveu uma resposta repudiando as acusações, negando o atraso e lembrando aos oficiais que o monitoravam que seu cuidado estava investido a serviço de "gravar sons para acompanhar algumas das cenas filmadas pelo ten. [Harold] Tannenbaum, técnico de gravação de 47 anos que [...] repousa em um túmulo na península de Brest, sepultado pelo inimigo [...] [e que] não via nenhuma 'imposição à sua disposição' excessiva quando seu país se encontrava em guerra e havia um trabalho a fazer".[9]

A morte de Tannenbaum afetou profundamente Wyler durante o trabalho em *25 Missions*, enquanto ele tratava de alcançar um equilíbrio entre o triunfalismo de uma história de sucesso árduo da Força Aérea e a dor persistente de se perder um companheiro de armas. O diretor se viu concebendo um filme mais melancólico, pessoal e angustiado do que o que havia esboçado antes da primeira viagem a Bassingbourn, e se esforçava para achar um tom apropriado. No final de 1943, Wyler pediu que o escritor Maxwell Anderson, cujo currículo incluía a peça *What Price Glory?* [A que preço a glória?] e o roteiro de *Nada de novo no front*, assistisse à última versão do filme e tentasse redigir uma narração para ele. Wyler sempre pretendera encerrar *25 Missions* com a comemoração do capitão Morgan e seus homens na base após o último voo, e a narração que Anderson concebeu para a cena era íntima e sofrida.

"O copiloto pergunta ao piloto se ele vai 'fazer um rasante no campo'. Quer dizer, voar por ele, para comemorar", escreveu Anderson. "O piloto balança a cabeça. Eles perderam algumas embarcações. Por mais feliz que esteja de ter passado e poder descansar, não pode comemorar — não enquanto pensa naqueles sujeitos que ele provavelmente não vai ver de novo. [...] Nem tudo é felicidade. [...] À noite, acontece uma festa, com garotas e bebidas, e um veterano que não toma álcool desde que entrou para a Força Aérea enche a cara alegre e silenciosamente. Mas, no meio de todas as gargalhadas, o capitão Morgan, que nunca havia sido acusado de sentimentalismo, foi visto sentado em um canto do cômodo com o rosto coberto de lágrimas. O motivo era simples. Ele havia sido encarregado de designar os homens para os aviões de seu esquadrão. Uma das tripulações que ele havia enviado também estava a uma missão de poder ir para casa — e eles não tinham voltado. Se ele tivesse colocado aqueles homens em outro avião — ou escolhido outro piloto! [...] E, de alguma forma, as meninas não conseguem reanimar a festa depois disso."

Anderson encerrou o roteiro com uma mensagem sombria e austera: "Esta guerra não criou muitos heróis. Não é uma guerra em que heróis se destaquem. Mas nada que grandes heróis jamais precisaram enfrentar na história do mundo foi mais difícil ou sério do que aquilo que confronta as tripulações de nossas Fortalezas voando pela Europa. São muito poucos os que completam a última missão".[10]

Wyler ficou impressionado pelo trabalho de Anderson e o mandou a Beirne Lay, pedindo observações e sugestões. Lay também adorou o texto e o devolveu intacto, acompanhado apenas de um bilhete escrito à mão: "Que tal eu aprimorar meu *Hamlet?*".[11] Mas os dois logo perceberam que o tom pesaroso e sofrido de Anderson — de alienação durante a vitória, de perda no meio da comemoração, de um luto que persiste muito depois de a animação de uma missão bem-sucedida se dispersar — opunha-se completamente ao motivo que levara o Exército a realizar o filme. Wyler acabou usando pedaços do texto de Anderson ao longo da obra, que agora seria chamada *The Memphis Belle: a Story of a Flying Fortress*. Mas ele concluiu, com relutância, que devia descartar totalmente o final de Anderson. O filme terminaria com as imagens que a equipe de Wyler havia filmado durante a visita de honra do rei e da rainha. E as novas palavras ditas nos últimos minutos do filme, que haviam sido reescritas por Lester Koenig, membro da unidade de Wyler, se inspiravam em outro tipo de sentimentalismo: "A tripulação de solo estava um pouco constrangida de trajar uniforme de serviço", diz o narrador. "Mas a rainha os achou muito bons." Depois, o que talvez fosse inevitável, segue um trecho favorável ao general Eaker, em que ele dá à tripulação do *Belle* as ordens para a "26ª missão [deles], e a mais importante: voltar aos Estados Unidos para treinar novas tripulações e dizer às pessoas o que estamos fazendo aqui, agradecê-las por toda a ajuda e o apoio e lhes dizer para continuarem em frente para que *nós* possamos continuar em frente! Para que possamos bombardear o inimigo mais e mais e mais até ele cansar. E aí poderemos todos voltar para casa". Até mesmo o gracejo inicial do rascunho de Anderson foi cortado: na versão final de *Memphis Belle*, o capitão Robert Morgan aparece fazendo um rasante animado pelo campo.

Quando Stevens chegou a Londres no final de outubro de 1943, era para uma estada consideravelmente mais longa, e com uma noção de propósito renovada. Os seis meses passados no Norte da África, no Egito e no Irã não haviam produzido nada além das cenas planejadas da Tunísia que ele entregara a Capra; Stevens passara os últimos dois meses nos Estados Unidos, tentando esquecer a futilidade do tempo que estivera afastado e ocupar os dias com o máximo possível de diversão. Na Califórnia, levou George Jr. a um jogo duplo no estádio. Em Nova York, jantou com Bennett Cerf, acompanhou a atriz Ann Shirley ao Wedgwood Room para ouvir Frank Sinatra cantar e reencontrou Bert Wheeler, o vaudevilista que estrelara algumas das primeiras comédias que ele havia dirigido fazia uma década.[12] Mas Stevens não se demorou; estava pronto para voltar à ativa, desde que dessa vez tivesse uma missão de verdade. "Quando sou enviado a campo para fazer um filme, preciso fazer um bom trabalho", escreveu em seu diário naquele outono. "Aqueles amadores podem ficar eternamente envolvidos em um trabalho, sem que filme algum saia de seu esforço, e desde que mantenham uma relação social agradável com o comando local o trabalho é dado como bem-feito. [...] [Mas] eu não posso sair em uma expedição e não fazer um filme."[13]

A nova tarefa de Stevens — a primeira de uma série de missões que o manteria na Europa pelos dois anos seguintes — era importante: Capra o instruíra a organizar uma Unidade Especial de Cobertura (specou, na sigla em inglês) de 45 operadores de câmera e técnicos de gravação para filmar o iminente desembarque americano na Europa. Os Aliados haviam começado a traçar planos para libertar a França já no verão de 1942, sob o codinome Operação Sledgehammer [Marreta], mas o primeiro plano não era factível; teria dependido das forças já sobrecarregadas da Inglaterra com apoio insuficiente dos americanos, que na época lançavam todos os seus recursos na guerra do Pacífico. Uma segunda versão da ideia, a Operação Roundup [Arrebanhamento], que teria fornecido aos Aliados uma força de efetivo consideravelmente maior, foi concebida para ocorrer em abril de 1943, e também abandonada. Mas em agosto de 1943, na Conferência de Quebec, os chefes de estado-maior dos Aliados haviam começado a formular uma estratégia séria para uma terceira tentativa, a Operação Overlord, com um possível desembarque na costa da Normandia sendo planejado para maio de 1944.

Evidentemente, Stevens só sabia o que todos os outros oficiais de chegada à Inglaterra naquele ano sabiam — que a entrada dos Aliados na Europa, quer pela França ou pela Escandinávia, era iminente, e que decerto seria decisiva para a guerra. Quando desembarcou em Londres, ele recebeu a notícia de que o general Dwight D. Eisenhower havia sido transferido do Teatro de Operações do Mediterrâneo para comandar o Quartel-General Supremo da Força Expedicionária Aliada (shaef, na sigla em inglês); ele ficaria baseado em Teddington, bairro dos subúrbios de Londres. Stevens havia conhecido Eisenhower no verão em Túnis, e os dois tiveram uma conversa tensa quando o diretor lhe perguntou se ele pretendia falar com o general Hans-Jürgen von Arnim, substituto de Rommel, que fora capturado pouco antes. Eisenhower, "para me pôr no devido lugar", respondeu: "Estou aqui para matar alemães, não para falar com eles". Stevens acabou antipatizando profundamente com o general. "Que cretino ele foi [...] Nunca vou esquecer."[14] Mas isso não importava: a missão lançaria Stevens no centro da ação até o fim da guerra.

Em Londres, ele começou a trabalhar com os homens que viriam a se tornar colegas de seção e seus companheiros mais próximos no front —

Irwin Shaw, que então fora designado para sua unidade; Bill Mellor, seu operador de câmera em Túnis; Tony Veiller, que decidiu dividir acomodações com Stevens quando Capra, seu companheiro de casa, voltou aos Estados Unidos;[15] e Ivan Moffat, um roteirista britânico airoso, debochado e bem relacionado que se mudara para os Estados Unidos, obtivera cidadania, alistara-se no Corpo de Sinaleiros e agora estava de volta ao Reino Unido subordinado a Stevens. A Unidade de Cinematografia do Exército britânico via Capra e Wyler como eminências americanas, mas estava menos familiarizada com Stevens, apesar de seus anos de sucesso — os ingleses não haviam visto muitos filmes dele além de *Gunga Din*. "Eu não conhecia muito do [...] trabalho dele nem de nada", disse Moffat. "Não existe nenhum grande culto a George Stevens na Inglaterra."[16] Moffat e Stevens acabariam trabalhando juntos pelos vinte anos seguintes, mas não simpatizaram um com o outro no primeiro momento. "Quando o conheci, George não gostava de *Cidadão Kane*!", lembrou Moffat. "Ele adotava uma perspectiva meio que filisteia antes e desprezava qualquer coisa que tivesse muito cara de intelectual."[17]

O trabalho de organizar uma unidade grande de homens não era algo natural para Stevens, que não era sociável, tardava a fazer amizades e se sentia dividido entre o desejo de ser um companheiro e colega para eles e a necessidade de servir como comandante do grupo. Como Wyler, ele ficou estupefato com a dificuldade de solicitar suprimentos e expedir ordens; as disputas de poder nas escalas superiores da hierarquia pareciam tão bizantinas que muitas vezes ele não sabia dizer quem poderia, ou desejaria, fornecer aquilo de que a SPECOU precisava. No começo de 1944, Stevens pediu ajuda a Capra, implorando-lhe para furar a burocracia. "Como você deve saber, estamos ansiosos para esclarecer a situação geral aqui", escreveu. "Muitas autoridades diferentes vêm fazendo planos. [...] Temos seguido o procedimento simples de lembrar aos líderes que fomos enviados para cá para fazer um trabalho, e de solicitar o privilégio de fazê-lo."[18]

Capra já conhecia, por experiência própria, a frustração de trabalhar em Londres quando as decisões eram tomadas a um oceano de distância, mas admitiu a Stevens que estava praticamente de mãos atadas. "De alguma forma vaga", escreveu ele de Washington, "devo estar encarregado de todos os cinegrafistas de combate no exterior", mas, "como você pode imaginar [...], não temos canais diretos de comunicação nem controle sobre os operadores de câmera no front." Ele disse para Stevens resistir e previu, otimista: "Não fique surpreso se vários de nós vierem atrás de você um dia" para dar mais apoio.[19] Esse dia nunca aconteceu; Stevens receberia de Washington apenas incentivos tardios e indefinidos.

Stevens se encontrava longe de casa quando recebeu a notícia inesperada de que o New York Film Critics Circle o havia eleito, por um voto de diferença na sétima rodada, o melhor diretor do ano pela comédia *Original pecado*.[20] Era seu primeiro prêmio importante, e seu amigo Sidney Buchman, roteirista de *E a vida continua*, ao aceitá-lo em seu nome em uma cerimônia com transmissão nacional, elogiou a qualidade "especial, singular, insubstituível" de Stevens como diretor.[21] Stevens ficou feliz com a vitória, com a sensibilidade delicada e divertida do filme, no qual a guerra era pouco mais do que um inconveniente abstrato e uma força de impulso para romances, que agora parecia impossivelmente distante e inocente. "Tenho mais saudade sua e do meu garoto do que você imagina", disse em telegrama a Yvonne pouco após o jantar da cerimônia. "Trabalhando sem parar em tarefa difícil, para mim muito desalento. [...] O que mais espero é que isto acabe bem. [...] Queria que Hitler estivesse no inferno e fico feliz de dar qualquer ajuda para colocá-lo lá."[22]

A crítica de Nova York também honrou Huston e Capra no inverno daquele ano, concedendo um prêmio especial para a produção de documentários a *Report from the Aleutians* e aos cinco primeiros episódios da série *Why We Fight* — fora o filme mais recente dessa série, *A batalha da Rússia*, que convencera os críticos de que a série de Capra era muito mais do que uma sequência de aulas de história para novos recrutas; tomados em conjunto, os filmes haviam se tornado um manifesto democrático que incentivava os americanos a ver a guerra como uma luta de aliados internacionais, não apenas de soldados americanos. Na primavera de 1942, quando revisara os roteiros e remetera sua avaliação impiedosa a Capra, Eric Knight poupara *A batalha da Rússia* de seu desdém, dizendo que era o único roteiro que "parece como se tivesse sido escrito por um cara com uma dor no âmago".[23] Capra concordava e, ainda em Londres e finalmente sem Mellett para atrapalhar, montou uma campanha completa pelo lançamento nacional do filme nos Estados Unidos, agendando exibições para integrantes da Academia e reservando sessões nacionais em novembro.

"PRECISO FAZER UM BOM TRABALHO"

A batalha da Rússia foi o primeiro filme da série *Why We Fight* depois de *Prelúdio de uma guerra* a ter autorizada a distribuição para o público civil. Inicialmente, foi supervisionado por Capra, com roteiro de Veiller, e, quando Capra estava no exterior, foi concluído por Anatole Litvak, reconhecido por muitos como o diretor. Como os filmes anteriores, esse era, nas palavras da *New Yorker*, uma produção "corte e cola"[24] compilada a partir de filmagens antigas — cinejornais estrangeiros sobre atrocidades antissoviéticas, filmes mudos feitos 25 anos antes e trechos de *Alexander Nevsky*, filme de 1938 de Sergei Eisenstein, foram usados para apresentar a história da Rússia. Mas os russos, que providenciaram ao Corpo de Sinaleiros material considerável de seus filmes noticiosos, relatos de guerra e obras de propaganda, haviam documentado a própria luta com habilidade e potência, e Capra e Litvak contavam com vastas quantidades de material sobre o cerco a Leningrado e a campanha prolongada e heroica de Stalingrado. Diferentemente dos primeiros quatro capítulos, que transcorriam por cerca de cinquenta minutos, os oitenta minutos de duração de *A batalha da Rússia* tinham o propósito de incitar a plateia, fosse ela composta de civis ou membros das Forças Armadas, a um estado fervoroso de militarismo patriótico. E conquistou esse objetivo com tamanha eficácia que James Agee insistiu, com um arroubo de entusiasmo atipicamente ingênuo, que nenhum momento da obra pretendia servir "para propaganda, sempre visando ao máximo de força humana e emocional".[25] Foi Agee quem, um mês depois, instou o War Activities Committee a aprovar o lançamento geral do filme, qualificando-o como "o melhor e mais importante filme de guerra jamais realizado neste país".[26] Os russos concordaram; a Seção de Cinema da Sociedade de Relações Culturais com Países Estrangeiros da URSS se reuniu para debater o impacto do filme e, admirada, chamou-o de "uma verdadeira bomba superpoderosa de celuloide".[27]

Após o fim da guerra, a versão imaculada da história russa relatada em *A batalha da Rússia* e o fato de o filme ficar, conforme Agee descrevera, "patinando" em torno do pacto entre a Alemanha e a União Soviética seriam usados por protomacarthistas para rotular Capra como simpático ao comunismo. Porém, no final de 1943, o retrato que o filme pintava de um povo que, de acordo com a narração da abertura, "destruiu para todo o sempre a lenda da invencibilidade nazista" exerceu um efeito profundo em todos que o viram e ajudou a firmar a reputação de Capra como o primeiro cineasta americano a contribuir para o esforço de guerra. O ensaísta Alfred Kazin, na época um jovem soldado posicionado em uma base do Exército em Illinois, ficou abalado e empolgado pelo que assistira. Não se tratava da "velha e confiável magia do cinema americano agindo em nós como uma tormenta libertadora"; era a "verdade [...] a Rússia que meus pais nunca puderam ver". Ao ver o filme na base, ele disse que perdeu "toda a alteridade, [senti-me] completamente unido aos soldados na sala escura do cinema. Foi um choque físico [...] o quanto eu havia sido influenciado, instigado".[28]

O prêmio de Huston por *Report from the Aleutians* foi uma reparação pela batalha com Mellett em torno do lançamento da versão integral do filme, mas ele não estava em Nova York para desfrutar o momento. No começo de novembro, ele e Eric Ambler haviam chegado à Itália com o plano ambicioso de realizar o primeiro filme sério de não ficção americano sobre os resultados de uma campanha terrestre dos Aliados. Junto com eles foi Jules Buck, um tenente inteligente e equilibrado do Corpo de Sinaleiros que havia sido a base da pequena equipe que Huston havia levado para as Aleutas. O diretor descreveu Buck como "meu exército de um homem só por toda a guerra"[29] e o solicitara como seu braço direito assim que Capra o mandou à Itália.

Nápoles já havia sofrido mais de cem ataques aéreos pelos dois lados quando Huston chegou, inclusive um em agosto, realizado por quatrocentos B-17 dos Aliados, do qual ainda não começara a se recuperar. A cidade, escreveu ele, era "como uma prostituta levando uma surra de um bruto. Meninos pequenos ofereciam vender suas irmãs e mães. [...] Ratos apareciam em bandos diante de edifícios e ficavam lá, encarando você com olhos vermelhos, sem se mexer. [...] As almas das pessoas que haviam sido estupradas."[30] O lugar "profano" em que Nápoles se transformara era, naquele momento, um ímã para americanos que desejavam documentar os aspectos mais furiosos e devastadores da guerra. Nos primeiros dias de sua estada, Huston conheceu Robert Capa, o fotógrafo de guerra judeu húngaro que cobria a campanha dos Aliados na Sicília e na Itália para a revista *Life*. Ernie Pyle, o correspondente itinerante da rede de jornais Scripps-Howard cujos textos sob a perspectiva de um soldado fizeram dele um dos repórteres de guerra americanos mais lidos, também estava no local, com a esperança de realizar na mídia impressa algo semelhante ao que Huston queria fazer em filme.

Ambler continuava com o pé atrás em relação ao colega americano, que ele achava um "pouco pretensioso"; não aguentava a grandiosidade de Huston, seu jeito forçado de falar, nem seu hábito de examinar a paisagem por trás de óculos escuros regulamentares da Força Aérea que pareciam lhe dar "uma ideia um tanto exagerada de [seu] próprio poder". Ele também acreditava que a pose de Huston pretendia encobrir a consciência cada vez maior do diretor de que a missão que lhe haviam dado parecia uma besteira ante as realidades horríveis que eles agora presenciavam a cada esquina. "Ele provavelmente estava escandalizado demais para dizer [...] que a ideia que o caro Frank Capra havia concebido de fazer um filme sobre as pessoas comuns da Itália [...] seria em Nápoles um absurdo."[31] Mas os dois foram obrigados a trabalhar juntos contra um inimigo em comum. O coronel Melvin Gillette, o mesmo oficial de carreira do Corpo de Sinaleiros que impusera tantos obstáculos para que George Stevens ao menos chegasse perto da ação no Norte da África, agora comandava a seção de cineastas do Exército em Caserta, e ele tinha pouco interesse em ajudar Huston a concretizar suas ambições.

Sem a aprovação de Gillette para obter recursos e equipamentos, seria impossível fazer um documentário, e ele embromou a equipe por um mês. "John decidiu convencer o coronel Gillette de que um bom filme realizado enquanto estivéssemos subordinados a ele lhe seria vantajoso", escreveu Ambler. "No final, acho que John o venceu pelo tédio." Gillette e Huston firmaram um acordo: se o diretor agradasse o superior de Gillette filmando um cinejornal-padrão do encontro do Exército dos Estados Unidos com os Goum, uma unidade de combatentes marroquinos e argelinos que havia acabado de chegar à Itália, o coronel lhe daria tudo de que precisasse.

As semanas de espera aproximaram Huston, Ambler e Buck, especialmente depois que uma epidemia de hepatite transformou diversos cômodos do quartel-general do Exército em áreas de quarentena para os convalescentes e obrigou os três a se alojarem no mesmo quarto. Ambler veio a admirar a persistência de Huston, no mínimo; Huston reconhecia que Ambler, "fora o ronco [...], era um bom homem para se ter por perto".[32]

Em dezembro, segundo Ambler, eles tinham pronto um plano para encontrar "um vilarejo imediatamente após a saída do inimigo, e então fazer um filme sobre o que aconteceria depois com os habitantes". Eles haviam se decidido por San Pietro, uma comuna ancestral 69 quilômetros a noroeste de Nápoles de onde os alemães finalmente tinham sido expulsos depois de dez dias de intenso bombardeio e combate, durante os quais muitos soldados americanos morreram, três quartos dos tanques dos Aliados foram destruídos e a cidade propriamente dita ficou devastada.

Buck conseguiu um jipe, e ele, Huston, Ambler e uma equipe de cinegrafistas composta por três homens do Corpo de Sinaleiros seguiram para a cidade próxima de Venafro, onde montaram acampamento em uma casa de fazenda e começaram a planejar o primeiro dia de filmagem. Mas, após uma expedição exploratória, o sargento encarregado da equipe de cinegrafistas voltou visivelmente perturbado. O sinal de perigo afastado que o Corpo de Sinaleiros dera a Huston em Nápoles havia sido prematuro. San Pietro continuava entremeada de minas, armadilhas e explosivos alemães. E estava completamente abandonada; não se via em parte alguma habitantes aliviados ou felizes por voltar para casa.

Contudo, as estradas para San Pietro estavam abertas, e Huston decidiu que eles deviam sair a pé com a câmera Eyemo de Buck para ver se conseguiam encontrar alguma coisa que valesse a pena filmar. Ambler, que Huston descreveu como "um dos homens de maior sangue-frio que já vi sob fogo",[33] estava apreensivo, pensando que Huston "ainda não havia entendido" a dimensão do perigo ao qual estava submetendo sua equipe e a si mesmo. O começo do passeio foi tranquilo; eles deram com um grupo de soldados texanos alegres que ficaram animados ao verem a câmera e pensaram que poderiam dar a sorte de aparecer em um cinejornal americano. Buck os filmou um pouco, e depois o grupo seguiu adiante. Quando estavam quase chegando à cidade, Huston parou de repente. Ele e Ambler se viraram e viram um soldado ajoelhado atrás de uma árvore, apontando seu fuzil. "Por um instante, ele parecia vivo, mas só por um instante", escreveu Ambler. "Um estilhaço de morteiro havia arrancado um dos lados de sua cabeça."

Quando se viraram para examinar o terreno rochoso com árvores esparsas e nuas à volta, perceberam que o caminho adiante estava cheio de cadáveres de soldados americanos, e a cidade de San Pietro, visível a uns quatrocentos metros de distância, parecia pouco mais do que um monte de entulho e carcaças carbonizadas do que no passado haviam sido edifícios, dos quais apenas alguns continuavam de pé. O intérprete italiano não avançaria mais um passo sequer, nem o sargento nem os cinegrafistas — não por um filme. Huston e Ambler seguiram em frente com Buck, para além dos mortos. Quando Buck começou a filmar, uma bomba de morteiro passou zunindo acima deles, e, com a câmera ainda rodando, os três se jogaram para dentro de uma trincheira. Saíram de San Pietro o mais rápido possível.

Irritados, Huston e Ambler reencontraram a equipe em Venafro; os dois estavam furiosos porque o sargento e seus homens haviam se recusado a prosseguir e praticamente os chamaram de desertores. Eles estavam tensos e inseguros quanto ao que fazer. Ambler machucara a perna ao escapar do tiro de morteiro e andava com dificuldade. A informação imprecisa do Corpo de Sinaleiros quanto à segurança da cidade pusera a vida de todos eles em perigo. Mas, na manhã seguinte, Huston estava decidido a voltar. Para ele, San Pietro era como o núcleo da guerra. Pyle já havia ido para lá e foi visto andando pelas estradas, procurando soldados para entrevistar.[34] Uma equipe da Unidade de Cinematografia do Exército britânico também tinha aparecido, liderada por David MacDonald, que supervisionara *Vitória no deserto* e agora talvez fizesse pela reputação das forças britânicas na Itália o que fizera na Tunísia. Ambler estava na Inglaterra durante a pós-produção de *Vitória no deserto* e, independentemente da recepção favorável nos Estados Unidos, sabia o bastante do artifício do filme — "closes sequenciais cuidadosamente iluminados [...] engendrados [...] em Pinewood Studios [...] [com] maquiadores esperando para aplicar suor artificial" — para encarar com certo cinismo qualquer documentário de guerra que se dissesse completamente autêntico. Mas o espírito de competitividade de Huston fora atiçado; ele não seria superado pelos ingleses dessa vez. Saiu com Ambler e Buck mais uma vez, agora de jipe, por consideração à perna ferida de Ambler.

Eles alcançaram o que restava da *piazza* central de San Pietro, onde Huston começou a elaborar enquadramentos e conceber uma possível abertura para o filme. O trabalho do grupo foi interrompido pelo som de aviões no céu — talvez dos Aliados, talvez do Eixo — e tiros de obuseiro. Eles correram para um dos únicos edifícios ainda intactos — a igreja — e se esconderam na cripta, onde, pela primeira vez, encontraram alguns dos habitantes de San Pietro: seis pessoas sujas e apavoradas, incluindo três crianças pequenas, que podiam estar lá havia horas ou dias.

Quando o bombardeio acabou, os três homens correram para o jipe e começaram a voltar para Venafro. Nas Aleutas, Huston passara por alguns momentos de terror incontrolável, uma vez quando seu avião fez um pouso forçado, outra vez quando parecia iminente um ataque aéreo noturno. Agora ele mal conseguia se segurar. Quando estavam atravessando uma ponte para sair da cidade, as rodas atolaram. Eles ficaram temporariamente paralisados em um veículo aberto, expostos por todos os lados. Huston explodiu para cima de Buck, que estava ao volante. "Seu merdinha imundo!", gritou. "Judeu babaca nojento!"

Aquela noite em Venafro, Ambler, lívido, perguntou a Huston "de que lado estamos na guerra: dos Aliados ou dos editores do *Der Stürmer*?". Huston, envergonhado, pediu desculpas a Buck. Agora estava claro que a ideia de Capra de documentar a celebrada libertação de uma cidade, conforme seus habitantes emergiam hesitantes para aplaudir os soldados americanos, era uma fantasia. Nenhum deles sabia qual deveria ser o passo seguinte.

Em vez de expressar sua inquietação através do coronel Gillette, que certamente lhe diria para recuar com seus homens, Huston decidiu tentar entrar em contato diretamente com Capra e pedir mais instruções de Washington. Ele passou o dia escrevendo uma carta, e à noite foram a um campo de aviação perto de Nápoles, onde Huston tinha amigos no Exército que incluiriam sua mensagem no avião seguinte. Com pouco para fazer no resto da noite, Huston, Ambler e Buck entraram em um palácio que o V Exército estava usando como quartel-general na Itália. Um cômodo amplo e ventilado havia sido convertido em bar improvisado. Havia um único casal sentado lá; os dois estavam claramente bebendo fazia algum tempo. O homem se virou. "Ainda está fazendo filmes, garoto?", disse Humphrey Bogart.

O ator e a esposa, Mayo Methot, haviam vindo à Itália como parte de uma turnê de boa vontade. Huston apresentou os colegas, e eles se acomo-

"PRECISO FAZER UM BOM TRABALHO"

daram para uma noite longa, amarga e embriagada. Methot, que atuara uma única vez em um musical da Broadway, era uma alcoólatra inveterada, tão agressiva quando ébria, e Bogart lhe dera o apelido de "*Sluggy*".* Ela e Huston nunca gostaram um do outro, e, como ele a ignorava, ela ficou truculenta. A noite terminou com Methot quase incompreensível, balbuciando a canção que ela apresentara na Broadway quinze anos antes, "More Than You Know", fora de sintonia enquanto alguém tentava acompanhá-la em um piano velho.

"Whether you're right
Whether you're wrong
Man of my heart
I'll string along"**

Huston achou a noite "constrangedora".[35] Já para Ambler, o tempo que passara em companhia de um diretor de Hollywood havia sido não apenas desagradável, mas inútil. Ele não tinha intenção alguma de voltar a Venafro nem de esperar a resposta de Capra; ao que lhe dizia respeito, o projeto San Pietro era irrecuperável. Eles precisariam recomeçar do zero e encontrar outra cidade que se encaixasse no conceito. "Ainda achávamos possível fazer esse tipo de documentário em uma área avançada sem 'reconstruções', 'reencenações' ou outras falsificações essenciais", escreveu. "Ainda não tínhamos entendido que, para nós, com as orientações de Washington, nada além de falsificação seria aproveitável, ou mesmo possível."

---

* Trocadilho com a palavra "slug", que pode significar tanto uma bala de arma de fogo quanto um trago de bebida alcoólica. (N. T.)
** "Quer você tenha razão/ Quer não tenha/ Homem do meu coração/ Vou acompanhá-lo". (N. T.)

DEZOITO

"A gente não faz ideia do que acontece sob a superfície"

WASHINGTON, TEATRO DA CHINA-BIRMÂNIA-ÍNDIA, ITÁLIA E NOVA YORK, SETEMBRO DE 1943 A MARÇO DE 1944

John Ford se perguntava se a guerra havia acabado para ele. O imbróglio em torno de *O ataque a Pearl Harbor* não havia resultado em qualquer tipo de repreensão; na verdade, Ford acabara com algum reconhecimento por ter salvado o filme. Mas, enquanto seus colegas de Hollywood iam e vinham da Europa em missões de alto nível que os enviavam para perto das linhas de frente, ele estava plantado em Washington, supervisionando filmes curtos de informação e treinamento para a Fotografia de Campanha, mas nunca filmando nada pessoalmente. A última coisa que Ford imaginara ao trocar Hollywood pela Marinha era se tornar um burocrata atrelado a uma escrivaninha, e, apesar de suas numerosas responsabilidades, a sensação era de uma espécie de impotência. Alguns diretores não se viam como cinegrafistas de fato; John Huston, por exemplo, observou que "não [tirou] uma fotografia boa em toda a guerra. [...] Eu levava as câmeras como um tipo de símbolo. [...] A câmera nos separa do mundo".[1] Mas, para Ford, valia o oposto; era a câmera que o ligava ao mundo, e, quando não estava atrás de uma, ele se sentia perdido, quase abandonado.

Ele já havia servido por mais tempo do que qualquer outro diretor; talvez fosse hora de voltar à velha vida na Califórnia, fazer um filme de guerra em vez de filmar a guerra propriamente dita. A MGM insistia ativamente em trazê-lo de volta para o trabalho de verdade; Louis B. Mayer havia adquirido os direitos de um best-seller de não ficção intitulado *They Were Expendable* [Elas eram descartáveis], a história de uma esquadra de lanchas torpedeiras americanas e sua tentativa valente, mas fadada ao fracasso, de defender as Filipinas contra a força arrasadora do Japão em 1942. Mayer o considerava um projeto bom para Spencer Tracy[2] e achava que Ford, também um irlandês católico bruto e beberrão, seria um parceiro ideal para ele, especialmente por sua experiência de primeira mão com a guerra no Pacífico. Ford gostou da ideia; já na primavera de 1943, sabia que queria que aquele fosse seu próximo filme.[3] Mas, quando a MGM perguntou a Bill Donovan se ele consideraria tirar Ford da ativa para que a produção do filme pudesse começar imediatamente, Donovan disse que não.[4] Ford não se incomodou — ele via com otimismo qualquer indício de que a Marinha ainda acreditava que poderia aproveitá-lo de alguma forma —, mas ficou dividido. Estava com cinquenta anos, faltavam meses para o nascimento de seu primeiro neto, e se aproximava a data de suas bodas de prata. E a separação prolongada de Mary parecia ter fortalecido seu vínculo sentimental com ela. "Acho que poderíamos abrir o jogo e confessar a saudade que temos um do outro — dane-se", escreveu para ela.[5] "Rezo a Deus para que tudo acabe logo e possamos viver nossa vida juntos com nossos filhos e netos e nosso *Araner*. [...] Sou difícil de conviver — Deus sabe, e Hollywood não ajudou. Sangue irlandês e genialidade não são uma boa mistura. Mas você sabe que é a única mulher que já amei."[6]

Ford tinha razões práticas para pensar em pedir baixa cedo. Ele recebia apenas 4 mil dólares ao ano da Marinha, e, embora seu lucro anual pelos filmes que fizera antes da guerra fosse dez vezes maior do que isso, sua renda ainda era uma pequena fração do que quando estava em Hollywood. Seu empresário lhe havia dito recentemente que sua conta estava no vermelho e que ele e Mary precisariam economizar muito pelo resto de 1943.[7] Mas ele nunca considerou a sério a ideia de sair da Marinha; teria parecido um ato egoísta, talvez até covarde. Desde o começo da guerra, ele observara com cada vez mais desgosto enquanto John Wayne fazia e furava promessa atrás de promessa de se alistar.[8] Wayne alcançara o estrelato após sua revelação em *No tempo das diligências* e agora era procurado o tempo todo em Hollywood; o ator falava seriamente sobre entrar para o Exército ou a Marinha, mas sempre depois do filme seguinte. Na primavera, quando Ford oferecera diretamente a Wayne uma vaga na Fotografia de Campanha, ele recusara, e recusara mais uma vez quando o convite foi repetido em agosto. Ao final de 1943, Wayne, que tinha quatro filhos pequenos, teve sua classificação alterada de 3-A (conferida a homens que tivessem responsabilidades familiares excepcionais) para 1-A (plenamente apto). A Republic Studios, onde ele tinha contrato, interveio rapidamente para reclassificá-lo novamente como 2-A, categoria reservada àqueles que as Forças Armadas consideravam que deviam manter seus empregos civis em prol do interesse nacional.[9] Wayne nunca entraria na guerra; cumpriria seu compromisso de servir às Forças Armadas participando de uma turnê da USO, e o mais perto que chegaria dos combates seria como protagonista em *Romance dos sete mares*, da Republic. Ford considerava repreensível o comportamento dele.

Em setembro, Donovan tirara Ford do limbo com a missão de seguir para o Teatro de Operações da China-Birmânia-Índia e atuar como observador para o OSS. Como viagem ao front, não tinha nada do senso de urgência de Midway; Ford e dois colegas da Fotografia de Campanha foram enviados a Nova York e embarcaram em um cargueiro que levaria dois meses para chegar ao destino, e a missão continha também um pedido de que Ford transferisse temporariamente a Ray Kellogg,[10] um colega, sua função à frente da unidade que ele criara. Mas não tinha importância: Ford ficou feliz de voltar ao campo.

Os dois meses que ele passou na Birmânia e na China não resultaram em um grande documentário, mas o levaram de volta ao meio da ação. Seu começo foi ligeiramente turbulento quando, devido a seu excesso de zelo por vestimenta militar, ele se demorou em Calcutá à espera de alguns uniformes feitos sob medida, e o coronel Carl Eifler, comandante do destacamento do OSS na Birmânia, lhe disse: "É muito bom você estar aqui nas próximas doze horas, ou vou te jogar numa corte marcial!". "Seu velho idiota — com quem você pensa que está falando?", respondeu Ford. Eifler, que não sabia com quem estava falando, disse que não dava a mínima. Mas as tensões se desfizeram quando os dois se encontraram e Ford começou a trabalhar. Logo ficou evidente que os motivos para Donovan enviá-lo ao

"A GENTE NÃO FAZ IDEIA DO QUE ACONTECE SOB A SUPERFÍCIE"

outro lado do Pacífico tinham mais a ver com política interna de Washington do que com a necessidade de haver um grande diretor naquele front específico. O trabalho de Ford era produzir argumentos visuais para a nova agência de inteligência de Donovan no exterior, filmando cenas de oficiais em atividade que pudessem, se necessário, ser apresentadas ao Congresso para defender maiores fundos ao OSS, e ele executou a tarefa sem reclamar.[11] Ford e seus homens filmaram algumas imagens para cinejornais e curtas, concentrando-se sobretudo em operações cooperativas entre americanos e birmaneses — soldados trabalhando juntos, a chegada de aviões de abastecimento. Ele também produziu algum material de reconhecimento aéreo, e chegou inclusive a saltar pela primeira e única vez de paraquedas na selva, rezando ave-marias até tocar o chão, a fim de filmar os Kachin, uma tribo nativa que vinha colaborando com o OSS.[12] E ele passou algum tempo treinando cinegrafistas no uso de câmeras de 35 milímetros para registrar explorações geográficas do ar como parte do Projeto Fotográfico para Documentários de Inteligência.[13] Ford passou o réveillon na China e voltou para Washington algumas semanas depois.

A inclinação política de Ford para a direita, que começou mais ou menos nessa época, foi hesitante, e ainda hoje é difícil traçá-la. Antes da guerra, ele nunca tomara partido dos isolacionistas, como fizeram muitos conservadores; diferentemente de Capra, sempre fora um antifascista inveterado e concordava com Roosevelt em muitas questões. Mas, nos primeiros meses de 1944, seus pensamentos começaram a ser dominados por um anticomunismo fervoroso.

Em *Searching for John Ford* [Em busca de John Ford], o biógrafo Joseph McBride sugere que o período do diretor na Birmânia, particularmente sob o comando do general ultradireitista Albert Wedemeyer, influenciou sua retração política. Ele destaca o receio de Ford de que a ideologia comunista estivesse se disseminando de forma sub-reptícia pela vida dos americanos e pela indústria cinematográfica, uma suspeita que, na família Ford, muitas vezes estava ligada a alguma hostilidade aos judeus, o que o distanciava da maioria dos outros diretores de Hollywood. Nada do que acontecia na Alemanha ou na Europa parece ter alterado o nível de antissemitismo que as cartas trocadas pelos Ford sugerem ser ponto pacífico na família. Quando estava no navio a caminho da Birmânia, ele escrevera para Mary que um dos passageiros com quem ele viajava era um médico judeu que ele chamava de "O Hebreu". Mary, que passava grande parte do tempo nos Estados Unidos servindo como voluntária no Hollywood Canteen, reclamou para ele que a organização estava tomada por judeus esquerdistas que detestavam irlandeses,[14] e por volta do mesmo período Patrick, o filho de Ford, demonstrou desprezo pelo fato de judeus terem dominado o Escritório de Relações Públicas da Marinha, onde ele trabalhava.[15] As cartas dos Ford continham termos como "hebreu", "judeuzinho" e outros piores, mas a recorrência dos mesmos parece derivar não tanto de um ódio arraigado, mas de uma espécie de paroquialismo cultural que provavelmente advinha do ambiente de catolicismo irlandês de classe média em que eles foram criados. O próprio Ford acreditava que católicos e judeus, como forasteiros, deviam unir forças; no começo da guerra, dissera a Harry Wurtzel, seu agente de longa data, que "temos que vencer [...] porque judeus como você e católicos como eu e minha família, que não têm lugar no mundo, não podem deixar esses cretinos ganharem".[16] E, embora desconfiasse dos judeus como grupo, gostava de anunciar que alguns de seus melhores amigos, incluindo Wurtzel, eram judeus (uma das cartas de Ford para Wurtzel começa, cordialmente, com "Caro Assassino de Jesus",[17] sugerindo que Ford, ensinado a pensar nos judeus como inimigos históricos, muitas vezes disfarçava seu desconforto genuíno em relação a eles com provocações amistosas).

No começo de 1944, Ford se aliou publicamente pela primeira vez a um grupo de colegas de Hollywood que, virulentos opositores de Roosevelt, apresentavam uma retórica anticomunista que ajudou a preparar o terreno para o macarthismo. O líder era Sam Wood, famoso diretor de Hollywood cujo currículo incluía *Adeus, Mr. Chips*, *Ídolo, amante e herói* e, mais recentemente, uma adaptação de *Por quem os sinos dobram*, de Ernest Hemingway, que conseguira eliminar do roteiro toda a ideologia esquerdista antifascista e estendera o fiapo de história que restava ao longo de quase três horas. A própria filha de Wood acreditava que tinha sido sua derrota na disputa pelo Oscar de Melhor Diretor com *Adeus, Mr. Chips* que começou a deixá-lo desencantado com Hollywood; ele resmungava constantemente sobre comunismo, relacionando em um caderninho preto

"A GENTE NÃO FAZ IDEIA DO QUE ACONTECE SOB A SUPERFÍCIE"

o nome de colegas que tinha certeza de serem subversivos, e em pouco tempo passou de "homem simpático" a "bruto rabugento e irracional".[18] A retórica de Wood conquistou várias pessoas em Hollywood, como Victor Fleming, Gary Cooper, Walt Disney e John Wayne, que formaram a Aliança do Cinema pela Preservação dos Ideais Americanos. Um dos integrantes do comitê executivo da associação era James McGuinness,[19] amigo de Ford que alguns anos antes havia sido um dos roteiristas a quem o diretor recorrera quando precisou de um texto para a narração de *The Battle of Midway*. Como Ford não estava na Califórnia para a série de reuniões e debates que precedeu o anúncio público da criação da associação em fevereiro de 1944, é possível que McGuinness o tenha alistado; qualquer que seja o caso, Ford assinou um cheque de quarenta dólares, o que o caracterizou como membro-fundador[20] e o deixou em conflito com a maioria de seus colegas de Hollywood no Corpo de Sinaleiros e na Fotografia de Campanha.

Inclusive Capra, cujo próprio anticomunismo, baseado sobretudo no medo de que ele viesse a ser alvo de perseguição, não o inspirou a se unir à MPA. Capra, de novo nos Estados Unidos depois da longa estadia em Londres, via-se como um servo do Exército e, por extensão, do governo Roosevelt enquanto estivesse na ativa; seu trabalho era transmitir os ideais políticos do governo, não expressar os seus pessoais. Nem sempre era fácil decifrar quais eram esses ideais. Quase dois anos após conceber a série *Know Your Enemy*, o diretor continuava às voltas com o primeiro filme, sobre o Japão. Após um tropeço inicial com um argumento rejeitado por ser ostensivamente racista contra asiáticos, ele buscara um cineasta que prometia uma abordagem completamente nova.

Joris Ivens era um documentarista holandês socialista cuja inclinação política pró-soviética levara o FBI a considerá-lo um "comunista perigoso". Ele teria sido um candidato improvável para a equipe de Capra, não fosse sua reputação impecável como cineasta e sua experiência internacional: Ivens filmara documentários na Holanda e na Rússia, assim como curtas de propaganda na época do New Deal para o U.S. Film Service e o Conselho Nacional de Cinema do Canadá, e em 1937 exibira na Casa Branca seu documentário antifascista sobre a Guerra Civil Espanhola, e depois jantara com os Roosevelt. Capra usara imagens feitas por Ivens pelo menos nos dois últimos filmes da série *Why We Fight*. Quando o convidou para dirigir *Know Your Enemy — Japan*, Ivens aceitou com a condição de que pudesse escolher seu próprio roteirista: Carl Foreman, ex-membro do Partido Comunista que na época era soldado do Exército.*[21]

Ivens se mudou para Los Angeles, onde arrumou emprego como siderúrgico em um estaleiro a fim de pagar as contas enquanto ele e Foreman trabalhavam no projeto ao longo de nove meses, sempre vigiados pelo FBI. O filme de vinte minutos que eles acabariam por criar incluía um trecho de animação produzido pelo Walt Disney Studios que representava o imperador Hirohito como um piloto camicase mergulhando no solo; conforme ele caía, seu manto cerimonial aos poucos se transformava em um uniforme do Exército Imperial. A narração que Foreman redigiu para acompanhar as imagens de Ivens fornecia uma denúncia explícita acerca de uma facção composta por empresários e líderes militares que eram "os verdadeiros governantes do Japão — os generais e almirantes gananciosos, os industriais ricos, os políticos hipócritas sorridentes [que] querem dominar o mundo".[22]

Ivens e Foreman queriam que *Know Your Enemy — Japan* fosse além de educar soldados americanos e o público dos cinemas; eles esperavam que o filme pudesse ser usado para instigar o povo japonês a se rebelar contra seu próprio sistema corrupto se os Aliados algum dia ocupassem o país e, assim, expusessem a população à propaganda americana. A ideia foi abatida de cara; quando Capra apresentou o filme concluído de Ivens no final de 1943, o Exército e o governo o rejeitaram sumariamente.[23] A representação impiedosa de Hirohito no filme contrariava a convicção do Departamento de Estado de que, visto que era quase certo que os Estados Unidos teriam de restabelecer alguma forma de relação com o imperador após a guerra, seria sensato evitar denegri-lo mais do que o necessário (a mesma advertência estava sendo feita aos produtores de filmes de entretenimento; mesmo em 1945, o OWI alertou a United Artists, que lançava o filme antijaponês *Sangue sobre o sol*, com James Cagney, a retratar Hirohito "apenas [...] como um instrumento de militaristas japoneses, não como

---

* Após a guerra, Foreman escreveu o roteiro de *Matar ou morrer* e diversos outros filmes; tornou-se um dos roteiristas mais famosos de Hollywood a entrar para a lista negra ao se recusar a citar nomes para o HUAC.

"A GENTE NÃO FAZ IDEIA DO QUE ACONTECE SOB A SUPERFÍCIE" 307

uma figura de peso").[24] O Exército também recusou a sugestão de Ivens de que Hirohito devia ser considerado um criminoso de guerra; a instituição queria que a culpa pela guerra recaísse mais no povo japonês propriamente dito, embora essa visão pudesse levar facilmente ao tipo de racismo que os cineastas hollywoodianos, até pouco tempo antes sob o olhar atento de Mellett, haviam sido orientados a evitar.

Capra descartou o filme inteiro de Ivens, afastou o cineasta de sua unidade e recomeçou com Foreman e um jovem aspirante a roteirista e escritor chamado Irving Wallace, que vinha trabalhando com Theodor Geisel no Forte Fox. Wallace afirmou que Capra era "totalmente simplório no que dizia respeito a pensamento político. Ele só sabia de uma coisa: os Estados Unidos haviam sido bons para ele, os Estados Unidos eram bonitos. [...] Ele bolou uma política externa simples [...]: Japa bom é japa morto".[25] Wallace detestava essa visão e defendeu uma versão mais refinada do argumento anti-industrial e antimilitarista que Ivens havia apresentado, mas sabia que Capra estava trabalhando às cegas; era impossível articular em filme uma política que na realidade ainda não havia sido sequer formulada pelo governo. "De FDR e o general Marshall para baixo", disse Wallace, "ninguém sabia o que dizer aos soldados sobre quem era o inimigo de verdade" — Hirohito, Tojo e seu exército, ou o povo do Japão, um alvo tentador em uma época em que as pesquisas de opinião mostravam que metade dos soldados acreditava que toda a população japonesa teria de ser eliminada a fim de garantir uma paz duradoura. "Havia uma ausência de política", disse Wallace, "e na prática Foreman e eu recebemos liberdade para elaborar qual deveria ser a postura de nossos combatentes em relação aos japoneses."[26]

Depois de dois anos na ativa, Capra estava farto de ser obstruído por indefinição política, falhas de comunicação e burocracia militar. Após meses agindo na Inglaterra praticamente com autonomia para conseguir que *Tunisian Victory* fosse feito do jeito dele, havia sido difícil voltar a Washington e retomar a condição de funcionário preso, aparentemente para sempre, em algum ponto no meio da hierarquia, sempre sujeito a questionamentos. O sucesso de *A batalha da Rússia* o encorajara a falar o que pensava, e em uma carta ao general Surles ele cobrou mais autoridade. No final de novembro de 1943, um grupo de cineastas do Corpo de Sinaleiros que não estavam sob o comando de Capra havia sido designado à Conferência do Cairo, no Egito, uma cúpula sobre estratégia de guerra após a derrota de Rommel e a vitória dos Aliados no Norte da África, em que compareceram Roosevelt, Churchill e Chiang Kai-shek. Quando Capra viu as imagens que eles haviam filmado, disse a Surles: "Quase vomitei. Fora de foco, clarões, incompetente, inepto, amadorismo criminoso. É uma desgraça para a profissão, uma desgraça para o Exército e uma desgraça para o nosso país o fato de que uma conferência crucial como aquela fosse registrada por amadores. [...] Supõe-se que eu dirija a Cobertura Especial. Pelo bem dos esforços futuros, sinceramente solicito a oportunidade de delegar essas tarefas importantes aos homens certos e com os equipamentos apropriados".[27]

No Natal, Capra foi promovido de tenente-coronel para coronel,[28] mas não recebeu a ampliação de responsabilidades que desejava. E tampouco sua nova patente exerceu muita influência em Hollywood. Como Ford, Capra se viu em uma situação financeira apertada conforme o envolvimento dos Estados Unidos na guerra entrava no terceiro ano, e ele não recebera uma parcela considerável de renda com a qual havia contado — os lucros advindos do lançamento de *Este mundo é um hospício*; a Warner Bros. lançara a comédia com Cary Grant para exibir a soldados em bases no exterior,[29] porém, mais de dois anos após o diretor ter terminado o filme, ainda não havia previsão de estreia nos Estados Unidos, e, por contrato, só seria possível programá-la depois que a peça da Broadway saísse de cartaz. Em janeiro, Capra, que, como Zanuck, deixara claro que agora gostava de ser chamado de "coronel", pediu que Harry Warner pusesse o filme nos cinemas. Warner recusou. A guerra estava se tornando um inconveniente para os estúdios; nas telas, saturava a plateia, cujo desgaste começava a se fazer visível na bilheteria; fora delas, continuava a absorver talentos e recursos. Warner disse a Capra que pretendia segurar *Este mundo é um hospício* até o fim da guerra — "e espero que venha logo", acrescentou, "para que as pessoas não se esqueçam de você".[30]

E m 10 de janeiro de 1944, a reportagem "This One Is Captain Waskow" [Este é o capitão Waskow], de Ernie Pyle, circulou em jornais do país inteiro. O relato sobre a morte de um soldado americano de 25 anos na

"A GENTE NÃO FAZ IDEIA DO QUE ACONTECE SOB A SUPERFÍCIE"

batalha de San Pietro se tornou um dos textos de Pyle mais lidos de toda a sua carreira; a matéria contribuiu para que ganhasse um Pulitzer, inspirou um filme no ano seguinte intitulado *Também somos seres humanos* e apresentou a pequena cidade de San Pietro e a bravura dos soldados Aliados que lá combateram a milhões de americanos que nunca teriam ouvido falar da batalha. Pyle chegara a San Pietro quatro dias antes de John Huston e sua equipe; esperara três dias até que o corpo de Waskow fosse recuperado, acompanhara a mula que havia carregado o soldado no lombo e observara os jovens sobreviventes da unidade seriamente esgotada darem seu adeus desolado ao capitão antes de enterrá-lo.[31]

A história de Pyle era uma espécie de relato direto e destemido que Huston, ainda na Itália, pretendera realizar em San Pietro, e ele não se abateu, quando a matéria foi publicada, pelo fato de a batalha ter terminado muito tempo antes. Agora seria inconcebível procurar outra cidade para servir de assunto para seu filme; ele só poderia ser sobre o lugar onde o capitão Waskow e tantos outros jovens americanos tinham morrido por seu país. Eric Ambler fora transferido para o Norte da África pelo serviço de inteligência britânico, mas Huston, Jules Buck e a equipe do Corpo de Sinaleiros permaneceram em Venafro, e pelas seis semanas que se seguiram, com a completa cooperação do Exército, o diretor elaborou, montou e rodou o filme que estreou nos cinemas americanos como o documentário de guerra *The Battle of San Pietro* [A batalha de San Pietro].

Em sua autobiografia, Huston não admitiu que o filme foi totalmente encenado. Em vez disso, relatou a primeira visita, realmente perigosa, dele e sua equipe a San Pietro — incrementando-a para incluir não apenas o bombardeio, o esconderijo e a fuga precária no jipe, mas também a presença de uma criança órfã italiana que ele pensou em adotar — e sugeriu que o documentário de fato fora filmado naqueles dois dias. Ele transferiu seu próprio terror para um capitão anônimo que estaria a seu lado e teria começado a tremer de forma descontrolada enquanto o grupo esperava o fim do bombardeio. Descreveu o momento em que gritara com Buck quando as rodas do jipe ficaram presas, mas sem o insulto antissemita que Ambler mencionou. E inventou uma cena alegre de depois que a batalha havia sido vencida — "Que recepção ganhamos do povo de San Pietro! Queijos inteiros e garrafas de vinho apareceram sabe Deus de onde."[32]

A essa altura, a automitificação de Huston sobre o filme era uma prática havia décadas; pouco depois da guerra, ele deu uma entrevista para um jornal em que disse: "Quando fiz *San Pietro*, fui uma babá para a equipe de filmagem, tentando salvá-los de minas e armadilhas".[33]

Nada disso era verdade. *The Battle of San Pietro* foi um filme com roteiro, atores e direção que continha no máximo dois minutos de imagens factuais genuínas. As cenas mais "reais" do filme são as imagens que Jules Buck havia capturado no primeiro dia em que se aproximaram da cidade e encontraram os soldados sorridentes e animados do Texas — muitos dos quais haviam sido mortos em batalhas posteriores — e o trecho confuso, tremido e ininteligível da câmera de Buck, que ainda rodava quando ele, Huston e Ambler haviam se jogado na trincheira para evitar o tiro de morteiro. Esse trecho é indistinguível dos outros do filme devido ao movimento súbito, violento e caótico; não é uma aproximação, mas sim uma representação exata do terror de se encontrar sob fogo.

O restante de *San Pietro* é um artifício, embora Huston tenha conseguido realizá-lo com apoio considerável do Corpo de Sinaleiros na Itália, que lhe forneceu tempo, material, uma equipe e todos os soldados de que ele precisaria para interpretar os homens que haviam libertado a cidade. Tanto Huston quanto o Exército queriam que o filme acertasse os detalhes; ao final de 1943, o diretor teve acesso a um extenso e confidencial registro escrito da batalha que havia sido compilado pelo 143º Divisão de Infantaria a partir de entrevistas do Exército com diversos soldados que haviam combatido em San Pietro e o usou para criar uma linha do tempo correta da batalha.[34]

Orientando-se por esse registro, Huston começou a rabiscar ideias para um roteiro técnico que seguiria exatamente a linha narrativa que Capra havia imaginado quando concebera a missão — uma explicação sobre a importância estratégica da vitória, seguida pela aproximação do exército à cidade, a batalha propriamente dita e, depois, o feliz retorno da população. Algumas das observações de Huston eram de ordem prática — "Precisa de mais clareza nos mapas", escreveu. "Números e nomes não estão legíveis o bastante." Mas outras indicam nitidamente até onde ele estava disposto a ir para fabricar uma história que estivesse de acordo com as necessidades de propaganda do Exército. Embora a cidade tenha sido bombardeada tanto por aviões americanos quanto por alemães, escreveu ele, "a mulher retirada das ruínas deve ser uma baixa causada por ataque alemão". Ademais, "após a ocupação de San Pietro pelos americanos — e a volta dos civis —, os alemães devem bombardear a cidade enquanto recuam".[35]

Antes de filmar *San Pietro*, Huston havia aprendido muito sobre reconstrução para cenas de batalha. Com o período que passou na Inglaterra trabalhando em *Tunisian Victory*, e seu acesso às recriações mais sofisticadas que os britânicos haviam produzido, Huston recebeu uma aula sobre a insuficiência de suas próprias reconstruções. Ao orquestrar as cenas de batalha semidocumentais de *San Pietro*, ele se esforçou para alcançar uma espécie de verossimilhança grosseira que ajudou a desenvolver um padrão americano geral — que persistiria muito após o fim da guerra — de como um filme de guerra "de verdade" deveria parecer. Quando armas disparavam ou granadas explodiam, ele tratava de sacudir a imagem, como se o chão tivesse tremido ou o operador da câmera tivesse se assustado. Huston diminuiu a velocidade da ação, trocando o ritmo equilibrado por tremidas, movimentos bruscos e pausas ao filmar soldados se arrastando por um terreno rochoso sob tiros de morteiro ou avançando por desfiladeiros traiçoeiros. E ele até permitiu que alguns soldados reparassem na câmera, como se estivessem realmente em situação de combate, cruzando o "olhar" por uma fração de segundo e então, impassíveis, voltando ao que estavam fazendo.

Em 22 de fevereiro de 1944 — mais de dois meses após o fim da batalha —, Huston tinha todo o material de que precisava. Catorze rolos não editados de seu trabalho em San Pietro estão conservados no Arquivo Nacional[36] e fornecem inúmeros indícios das diversas técnicas que ele experimentou, algumas com mais sucesso que outras, para recriar a batalha. O filme não utilizado também revela que ele descartava sistematicamente qualquer cena que parecesse perfeita ou encenada demais — algumas imagens em que o operador de câmera muda de foco, passando do primeiro plano para o horizonte bem a tempo de pegar uma explosão distante, e outras cenas em que os soldados ou o cinegrafista se esquecem de reagir a tiros ou estouros repentinos. O filme não utilizado proporciona vislumbres fascinantes em que Huston dirige os homens inexperientes diante de suas câmeras — um soldado sorridente passa de "vivo" para "morto" sob o comando dele, e um grupo de homens avança cuidadosamente para dentro de uma casa de fazenda abandonada à procura de bombas e minas até que a câmera corta depois que um deles, despreocupado, dá um chute em uma granada cênica mal-posicionada. Com o tempo, a população de San Pietro voltou à cidade, e Huston a aproveitou integralmente, persuadindo as pessoas a representar as imagens de alívio e animação que Capra havia desejado. Alguns artifícios familiares foram mantidos na versão final do filme — um operador de câmera está dentro de uma trincheira quando um soldado pula dentro dela já perfeitamente focalizado, e em algumas cenas a câmera parece já ter avançado tranquilamente por um terreno que os combatentes na tela ainda estão tentando tomar enquanto sofrem fogo pesado. Mas, na maior parte, Huston seguiu seu instinto de incluir imagens ligeiramente imperfeitas — um movimento de câmera brusco, não suave, ou um momento de falta de foco — como garantias de autenticidade, orientando-se pela reação entusiasmada do público americano aos momentos de *The Battle of Midway* em que John Ford permitiu que os espectadores vissem o filme soltar do encaixe.

Passados quatro meses na Itália, o esforço para recriar uma batalha sangrenta em locação em um país que ainda se encontrava no meio da guerra começou a desgastar Huston. Os apertos que ele vivenciara meses antes naqueles dois primeiros dias em San Pietro o haviam apavorado; agora, sem mais pressão para filmar, seu medo voltou, e ele não conseguiu esquecê-lo. A Itália ainda sofria pesado bombardeio da Alemanha, e Huston se tornou extremamente sensível a sons inesperados; ele às vezes confundia o cantar de pneus de um jipe com o silvo agudo de morteiros inimigos. "Eu nunca tinha visto mortos em grandes quantidades", escreveu, "e, para alguém que teve uma criação convencional nos Estados Unidos, [...] foi profundamente chocante. Eu sentia que havia me adaptado. Lembro-me de dizer a mim mesmo um dia na Itália que eu finalmente estava vivido, um soldado de fato. Nessa mesma noite acordei chamando a minha mãe. A gente não faz ideia do que acontece sob a superfície."[37]

O Exército mandou Huston para casa, de volta ao Astoria Studios de Nova York, para trabalhar em seu documentário. Embora ele nunca tivesse enganado ninguém do Corpo de Sinaleiros quanto ao que filmara em San Pietro — não haveria qualquer necessidade, visto que ele contava com o

"A GENTE NÃO FAZ IDEIA DO QUE ACONTECE SOB A SUPERFÍCIE"   313

apoio total de seus superiores —, no começo de 1944 havia um debate considerável em meio às Forças Armadas sobre a ética e a utilidade de encenações em excesso. A versão completa de *Tunisian Victory* logo estrearia nos cinemas; ela ainda não havia sido vista pela imprensa nem pelo público, mas as imagens encenadas do Norte da África feitas pelo Corpo de Sinaleiros estavam circulando pelo Exército, e parte da reação foi degradante. "Na maioria dos casos, as reencenações são tão malfeitas, tão sem supervisão militar", escreveu o segundo-tenente James Faichney, chefe da seção de Segurança de Filmes do Exército, "que oficiais experientes do Exército que as viram encararam o material com uma mistura de risadas e revolta". Em seu memorando, Faichney escreveu que ele não questionava a necessidade de se recriar uma ou duas cenas que teriam sido impossíveis de filmar durante o combate de fato, mas argumentou que Capra e seus homens haviam ido longe demais e estavam "tentando reencenar a guerra em uma escala hollywoodiana". Em um relatório severo do final de janeiro, na mesma época em que Huston começava a filmar em San Pietro, Faichney clamara aos cineastas na Itália que não incorressem nos mesmos erros, recomendando que chegassem "o mais perto possível das linhas de frente e não [...] ficassem atrás da linha e 'fossem à locação' como se estivessem em Indio ou Palm Springs".[38]

Huston reagiu ao relatório de Faichney ultrajado e furioso e apelou aos níveis superiores da hierarquia para exigir um pedido de desculpas.[39] O oficial de 26 anos foi repreendido e obrigado a se retratar da acusação de que o Corpo de Sinaleiros estava filmando "uma guerra 'falsa'". Depois de assistir às imagens que Huston capturara em San Pietro, Faichney as descreveu como "muito superiores em qualidade geral" a recriações anteriores feitas pelo Serviço Pictórico do Exército, mas ele não voltaria atrás em sua preocupação muito razoável de que "materiais de natureza reencenada ainda não [estavam] sendo classificados ou marcados de forma a serem claramente reconhecíveis".[40]

Huston foi promovido a major por seu trabalho em San Pietro,[41] mas sua estadia em Nova York na primavera daquele ano foi marcada por um comportamento tão impulsivo e errático que hoje seria chamado de distúrbio pós-traumático. Ele levou sua vida romântica, sempre superpopulada, mais perto da completa autodestruição — embora ainda fosse casado com

Lesley Black, continuou o longo relacionamento com De Havilland e as insinuações com Marietta Fitzgerald, enquanto começava um caso com Doris Lilly, uma editora da revista *Town & Country* que o perseguia com descarada avidez. O relatório de Faichney o prejudicara, e, conforme diria De Havilland mais tarde, ele "não suportava [...] qualquer forma de rejeição sem sair desesperadamente atrás de alguma conquista feminina para se confortar. [...] Ele não tinha qualquer disciplina. E também não tinha muito bom gosto".[42] De Havilland sabia de Fitzgerald, de quem gostava e achava que combinava com Huston, e de Lilly, que considerava uma alpinista social vulgar; Lilly estava tão arrebatada por Huston que não se importava com o que as pessoas pensassem dela, mesmo quando o caso foi parar nos jornais. "Ele estava de uniforme", disse ela mais tarde, "e a ideia de que havia lama da Itália em seus coturnos era absolutamente devastadora. Ele era divino."[43]

Huston havia entrado na guerra ansioso para viver aventuras heroicas e testar seu destemor; agora, enquanto trabalhava no filme em Nova York, observava seus colegas sofrerem uma espécie de desintegração que ele nunca teria imaginado ser possível, e que também o estava afetando. Rey Scott, o operador de câmera grandalhão e franco de *Report from the Aleutians* cuja aparente indiferença quanto a colocar a própria vida em risco tanto impressionara Huston, estava agora em Astoria e avançava rapidamente rumo a um surto psicótico. Scott também fora à Itália, onde ficou conhecido pela disposição de correr para onde quer que houvesse armas disparando ou bombas caindo. "Mas Astoria", escreveu Huston, "não caiu bem para Rey. Ele havia passado anos morando em porões e barracas e ficou pouco à vontade naquele ambiente mais civilizado. [...] Aquilo finalmente o afetou."[44] Certa noite, Scott estava de guarda na instalação de cinema no Queens quando ligou para a casa do coronel encarregado e disse que havia uma emergência, e então começou a disparar sua .45. Ninguém se feriu, mas, ao chegar para o trabalho na manhã seguinte, Huston soube que Scott havia sido preso e estava detido em uma unidade psiquiátrica do Exército.

Quando Huston voltara aos Estados Unidos, Capra lhe enviara um telegrama: "Querido John Bem-vindo de volta o que você está fazendo e por quê".[45] Ele já não sabia a resposta a essas perguntas. Trabalhava em

Astoria o dia inteiro, vagava pela cidade com uma ou mais mulheres até tarde da noite, e depois voltava para seu quarto no St. Regis, onde se deitava na cama sem conseguir dormir até não aguentar mais. Então, trocava de roupa, carregava seu revólver de serviço, descia pelo elevador e saía sozinho para a Quinta Avenida até o Central Park. Ele depois disse que tinha esperança de ser assaltado para que pudesse matar alguém.[46]

DEZENOVE

"Se vocês acreditarem nisso, obrigado"

HOLLYWOOD E INGLATERRA, MARÇO A MAIO DE 1944

Depois de dois anos de guerra, os estúdios, cada vez mais enleados com Washington, começaram no início de 1944, primeiro de forma sutil e depois explicitamente, a recuperar sua autonomia e se reafirmar como servos do gosto popular, não do interesse nacional. Nos meses que se seguiram a Pearl Harbor, eles logo atenderam ao pedido do governo por filmes sobre valentia no campo de batalha e sacrifícios em casa. Mas o público americano recorria cada vez menos a filmes de guerra, preferindo outros gêneros para se entreter — musicais, comédias, épicos religiosos como *A canção de Bernadette*, biografias históricas como *Madame Curie* — ou filmes que usavam a guerra não como assunto principal, mas como pano de fundo, ao mesmo tempo relevante e exótico, para aventuras e intrigas internacionais. Em março de 1944, o Oscar de Melhor Filme foi para *Casablanca*, em que a guerra servia para criar atmosfera e intensificar o romance. Algumas pessoas da indústria cinematográfica se mostraram surpresas pelo fato de que um mero produto de entretenimento pudesse superar filmes considerados mais impactantes ou moralizantes, mas a vitória de *Casablanca* refletia a mudança de interesse tanto dentro do ramo quanto no público geral; filmes que lidavam diretamente com as realidades das batalhas ou com política global não conquistaram nenhuma estatueta, e também estavam sendo cada vez mais ignorados pelos espectadores.

Alguns críticos denunciaram o que consideravam o pronto abandono de responsabilidade por Hollywood em favor de escapismo e lamentaram a disposição com que os estúdios agora aquiesciam à aparente falta de curiosidade do público geral quanto ao que acontecia no resto do mundo. "Sofremos [...] uma esquizofrenia peculiar e continuamente mais intensa que não ameaça nenhuma outra nação envolvida nesta guerra", escreveu James Agee em um ensaio com o título amargurado "So Proudly We Fail" [Com tanto orgulho fracassamos], sobre o fato de Hollywood ter renunciado ao dever de educar tanto civis quanto soldados. "Aqueles americanos que enfrentam as batalhas combatem em partes do mundo que parecem irrelevantes para eles; os outros permanecem intactos, virginais, pré-natais, enquanto todas as demais populações de peso da Terra amadurecem. Em cada fragmento de informação que se consegue obter sobre fracassos de soldados americanos em combate [...] vê-se uma noção de indescritível desorientação, abandono, falta de contato, confiança, completude e referência [...] claramente na origem do desastre."[1]

Mas os espectadores se sentiam, no mínimo, saturados da guerra e de suas ramificações. Sem contar a saraivada de cinejornais e curtas inspiradores para o moral que precediam quase todas as atrações principais, havia os filmes propriamente ditos; ao final de 1943, um relatório do Escritório de Informação de Guerra destacou que, dos 545 longas-metragens em produção ou desenvolvimento na ocasião, 264 possuíam conteúdo relacionado, direta ou tangencialmente, à guerra ou aos objetivos de propaganda do OWI.[2] Mas, conforme os filmes começaram a fraquejar financeiramente, os estúdios interromperam dezenas de roteiros baseados na guerra. "Hollywood enfim jogou as mãos para o alto em desespero enquanto tentava acompanhar as manchetes", escreveu Mildred Martin no *Philadelphia Inquirer*; ela apontou "franca apatia por parte do público" e defendeu que "a invasão iminente da Europa parece ter sido a última gota [visto que] nenhum roteirista, produtor ou diretor está em posição de prever em um filme o drama real dessa campanha".[3]

A cerimônia do Oscar realizada na primavera de 1944 no Grauman's Chinese Theatre, em Hollywood, prestou a devida homenagem às tropas, como vinha fazendo havia anos: após o toque do hino "The Star-Spangled

318   **CINCO VOLTARAM**

Banner", dez fileiras de assentos foram alçadas por um elevador no fundo do palco; os soldados e marinheiros que os ocupavam permaneceriam neles como convidados de honra da noite.[4] Mas a referência que o evento fez ao esforço de guerra foi mais protocolar do que em edições recentes. Um ano após o discurso de Lowell Mellett à plateia, não haveria naquela noite novo apelo do OWI para que os estúdios reforçassem o discurso oficial em seus filmes, nem qualquer mensagem de incentivo enviada por Roosevelt, George Marshall ou Wendell Willkie para ser lida no palco. Hollywood estava, de certa forma, retomando a posse de si mesma, e os cineastas que a comunidade escolheu honrar eram, em sua maioria, os que ficaram em casa. Embora Capra, Stevens, Huston e Ford fossem responsáveis por filmes na lista de indicados, a abertura dos envelopes resultou, sobretudo, em decepção. Ironicamente, o único filme americano a vencer como documentário naquela noite foi um pelo qual ninguém tinha grande vontade de levar crédito: a versão refeita de Ford para *O ataque a Pearl Harbor*, de Gregg Toland, ganhou a estatueta de Melhor Documentário Curta-Metragem.

Capra e Ford haviam compartilhado o Oscar de Melhor Documentário Longa-Metragem no ano anterior, beneficiando-se da decisão de Walter Wanger, presidente da Academia, de permitir 25 indicações e quatro vencedores. Essa prodigalidade acabou sendo uma experiência isolada. No ano seguinte, apenas cinco filmes foram indicados. *Report from the Aleutians*, de Huston, estava no páreo, assim como *A batalha da Rússia*, da série *Why We Fight*, de Capra, e *War Department Report* [Relatório do Departamento de Guerra], um filme de propaganda do OSS produzido pela Unidade de Fotografia de Campanha de Ford e narrado por Walter Huston, que anunciava logo no início: "Isto *não* é um filme de propaganda". A palavra voltava a ser malvista — um anátema para políticos, estúdios e espectadores. Todos esses três filmes, assim como uma quarta produção das Forças Armadas intitulada *Baptism of Fire* [Batismo de fogo], perderam. O Oscar foi para *Vitória no deserto*, o filme britânico que Capra tanto tentara superar.

E, faltando apenas algumas semanas para a estreia de *Tunisian Victory*, os críticos já lhe diziam que ele havia fracassado. Todo mundo que escrevia sobre a produção anglo-americana que Capra passara a maior parte de 1943 supervisionando achava algum motivo diferente para reclamar. O *New York Times* considerou o relato sobre movimentação de tropas "de-

"SE VOCÊS ACREDITAREM NISSO, OBRIGADO"

ficiente", "incorreto" e "de descrição duvidosa" e indagou sobre a relevância de um filme que chegava aos cinemas americanos um ano após o fim da campanha.[5] As imagens de batalha que Capra, Huston e Stevens haviam recriado na Tunísia, na Califórnia e em Orlando eram, segundo a *New Yorker*, "todas um pouco parecidas demais com outras armas e aviões e bombas em filmes e não particularmente extraídas da campanha na Tunísia".[6] A *Time* criticou a predileção irrefreada de Capra por narração, incluindo as "infelizes [...] vozes em off de um soldado americano e um inglês filosofando vagamente sobre o mundo pós-guerra".[7] Manny Farber reclamou que "a continuidade foi picotada até praticamente virar confete. O filme parece ter passado pela mão de milhares de cozinheiros, e cada um decidiu acrescentar mais um comentarista, alguns mapas e um elemento que achou interessante de outro documentário".[8] E Agee não deixou muita margem para dúvidas quanto a qual outro documentário era esse. "O filme", escreveu ele em *The Nation*, "nunca se entrega por mais de alguns segundos de cada vez ao entusiasmo trágico puro que *Vitória no deserto* provou ser possível para um filme de guerra. [...] Fiquei com a sensação de que as pessoas na tela e diante dela estavam sendo tratadas com uma condescendência inconsciente; e, a julgar pela sequência de filmes britânicos e americanos que tenho visto, sei com razoável certeza que país tem essa doença."[9]

O interesse do público por documentários de guerra mudava tão rápido quanto o interesse por longas de Hollywood. Excessivamente saturados com declarações estrondosas de patriotismo, otimismo entusiasmado e locuções autoritárias sobre o estilo de vida americano, os espectadores agora buscavam filmes que cobrissem a guerra de forma concisa, objetiva e severa. Na mesma época da estreia de *Tunisian Victory*, chegou também aos cinemas um curta-metragem de Louis Hayward* para o Corpo de Fuzileiros Navais intitulado *With the Marines at Tarawa* [Com os fuzileiros em Tarawa]. Seu registro da batalha de novembro de 1943 para reconquistar um trecho de três quilômetros em um atol no Pacífico, um cerco de quatro dias extraordinariamente sangrento no qual 1700 homens dos fuzileiros

---

* Hayward, nascido na África do Sul, era um ator popular de filmes de aventura que se tornou cidadão americano pouco depois de Pearl Harbor e entrou para os fuzileiros navais como cinegrafista de combate. Ele recebeu a Estrela de Bronze por seu trabalho em Tarawa.

navais e da Marinha haviam sido mortos, apresentou ao público um retrato da guerra que eles não tinham visto até então em um relato ao mesmo tempo austero e, às vezes, até desanimador (dois dos quinze operadores de câmera dos fuzileiros que trabalharam no curta morreram em combate.) Pela primeira vez, um filme das Forças Armadas permitiu que os espectadores dessem uma boa olhada em corpos de homens mortos — não amontoados desagradáveis de cadáveres japoneses, mas jovens americanos espalhados pelo solo arenoso ou flutuando lentamente de um lado para o outro na água rasa e sanguinolenta da praia. "Esse é o preço que temos que pagar", concluía a narração sucinta e sintética, "por uma guerra que não queríamos." *Tarawa* era, nas palavras do *New York Times*, "avassaladoramente verdadeiro" e, somado ao fracasso inesperado e incrivelmente rápido de *Tunisian Victory* nas bilheterias,[10] representou um ponto de virada para os filmes de não ficção americanos sobre a guerra.

George Stevens, que continuava em Londres preparando sua equipe da SPECOU para a invasão dos Aliados na França, também disputava um Oscar aquela noite — sua primeiríssima indicação —, pela direção de *Original pecado*. Yvonne Stevens compareceu ao banquete, pronta para receber a estatueta em nome do marido ausente da mesma forma como Talli Wyler fizera no ano anterior; ela foi à cerimônia acompanhada de George Stevens Jr., de onze anos. Stevens perdeu para Michael Curtiz, de *Casablanca*, inspirando o pequeno George a escrever para o pai uma carta decepcionada que dizia, em parte, "*Casablanca* é horrível, foi marmelada".

"Eu me sinto um paspalhão por ter decepcionado [você] assim", escreveu Stevens para Yvonne quando soube do resultado semanas depois. "Não ouvimos nenhuma informação sobre isso no lugar onde eu estava na hora e com certeza eu não sabia que meus queridos iriam. Eu teria ficado muito deprimido de pensar no rostinho desapontado deles saindo do salão. [...] Aquela porcaria parece tão longínqua e irrelevante, a besteirada do Oscar, que eu nem me preocupei. Eu teria me preocupado se estivesse em casa. E então, de repente, percebo que minha família querida esteve lá e fiquei com uma vontade enorme de ter ganhado. Fiquei mal por ter decepcionado George. [...] Pensei que provavelmente a decepção foi boa para ele. Mas garanto que essa filosofia não foi muito satisfatória. E então veio a carta dele, 'roubaram da gente' [...] e aí não me preocupei mais com meu

"SE VOCÊS ACREDITAREM NISSO, OBRIGADO"

garoto. Lembrei que a tromba dele de quando Babe Herman foi eliminado durou só uma ou duas horas e depois seu rosto se iluminou de novo, e aquelas sardas brilharam como neon."[11]

Stevens escreveu para o filho uma carta à parte, como quase sempre fazia. "Vocês são todos gente fina por irem em coisas importantes como aquilo. Aposto que quase vencemos", disse a George Jr., "e preciso concordar com você que, já que não ganhamos, deve ter sido marmelada — safados, vamos acabar com a raça deles! Você recebeu os dois jogos que eu mandei no seu aniversário? [...] Embrulhei da melhor maneira que pude, mas é muito difícil achar papel."[12]

Stevens não sabia muitos detalhes da invasão iminente. A partir das poucas informações que lhe passaram, ele preparou planos provisórios para qual seria a melhor aplicação da SPECOU a fim de criar um registro filmado do desembarque dos Aliados que algumas pessoas acreditavam que aconteceria em maio, e outras em junho. Enquanto ele e sua equipe esperavam a ordem de mobilização, havia pouco a fazer além de estudar francês (muitos outros oficiais estavam se preparando), jogar pôquer com um grupo fixo que incluía Irwin Shaw, Bob Capa e Bill Saroyan,[13] e ler e escrever cartas. Mais do que qualquer outro diretor que foi para a guerra, Stevens mantinha correspondência quase constante com a família, e suas cartas para Yvonne e George Jr. na primavera de 1944 refletem uma saudade intensa de fazer parte da vida cotidiana deles. Quando esteve baseado em Londres, Stevens reuniu todas as cartas de sua família e montou um livro, que ele folheava e relia sempre que se sentia solitário ou triste, e suas respostas eram longas e em tom de conversa. "Oi, amigão", escreveu para George Jr. "Esta carta é do papai, que está com muita saudade do garoto dele neste inverno. Estou pensando [em] um monte de coisas que podíamos estar fazendo juntos. Por exemplo, jogar bola, ver alguns jogos de basquete, talvez alguns de hóquei, jogar uma partida de golfe, ir até Palm Springs no Zephyr, [...] 'Ahh oui, c'est la guerre'. Mas não estou preocupado, meu filho, a mamãe, você e eu vamos compensar o tempo perdido depois que esta guerra chata se 'terminer'. E [depois] que eu passar em casa tempo o bastante para esquecer todo esse negócio miserável, e tempo o bastante para ganhar uns trocados para todos nós podermos comprar sapatos e abastecer a despensa, vou levar você e a nossa querida 'mère' na maior e mais maravilhosa viagem que você, ou eu, ou qualquer outra pessoa já fez. [...] Eu queria falar muitas coisas para você, mas é claro que é impossível escrever para casa sobre [essas] coisas. [...] Adolf pode estar ouvindo. P.S. Estou aprendendo algumas palavras de francês e experimentando-as de vez em quando. Com você."[14]

Mesmo a milhares de quilômetros de distância, Stevens se esforçava para permanecer envolvido e próximo como pai. Brincava e conspirava com o filho, provocava-o, fazia dos deveres de casa dele um campo de batalha e da guerra propriamente dita uma aventura de menino. Às vezes reclamava com ele sobre as notas ("Por que a nota baixa em educação física? Morosidade! Bom, trate de se mexer. Não estou brincando"),[15] felicitava-o pelas conquistas ("Terceiro lugar na turma de muitos garotos. Primeiro lugar no carinho e na consideração do pai")[16] e enchia as cartas com aforismos, alertas ou conselhos gentis: "Pelo amor de Deus, tome cuidado com aquele arco e flecha de trinta libras, filho", escreveu após o aniversário de doze anos de George Jr. "Lembre que os olhos das pessoas são a coisa mais preciosa que elas têm. Acho que estou esquecendo que você é um rapaz crescido e sabe cuidar de si, mas ainda assim a gente pode não pensar direito por mais idade que tenha."[17]

Só em suas cartas para Yvonne, que trabalhava em um hospital do Exército na Califórnia, Stevens revelava a infelicidade e a incerteza que o abatiam e lhe tiravam o sono. "Esses últimos meses têm sido horríveis, e se não fosse por suas cartas [...]", escreveu ele, "a vida não seria nada", riscando em seguida e trocando por "não haveria nenhum motivo para ter pensamentos alegres."[18] Muitas vezes, as obrigações de Stevens no Exército lhe pareciam inúteis, uma confusão de planos, logística e papelada que não levava a lugar algum. Ele havia tentado obter promoções para Shaw e Bill Mellor, mas sentia-se ignorado e frustrado. "Você sabe que eu acho difícil acreditar de verdade em muito disso", escreveu a Yvonne.[19] "Os caras em serviço fora do país é que são os órfãos de verdade. [...] Nós nunca sabemos o que acontece com o nosso pessoal em casa, precisamos adivinhar um bocado [...] e uma coisa que realmente irrita os nossos rapazes é que as promoções vão todas para os caras aí em casa atendendo o telefone. Enfim [...] eu tenho o privilégio dos soldados de resmungar. [...] Não resmungo com ninguém além de você."[20]

"SE VOCÊS ACREDITAREM NISSO, OBRIGADO" 323

Na Inglaterra, Stevens sentia menos satisfação na companhia de outros oficiais do que em idas ocasionais ao teatro ou longas caminhadas solitárias à noite. Como Capra, ele desenvolveu uma grande admiração pela força bem-humorada dos londrinos em tempo de guerra. Após assistir a uma "panto", um dos muitos espetáculos sazonais de variedade que tomavam os palcos de Londres nos feriados de inverno, ele ficou comovido ao ouvir a plateia inteira cantar alegremente o refrão de um esquete cômico sobre racionamento: "Quando eu posso comer uma banana de novo?". "Como o público [...] gostou dessa piadinha", escreveu ele em seu diário. "Nenhuma reclamação sobre lares destruídos, sobre seu povo perder centenas de pessoas em uma explosão — eles apenas reduziram a guerra a uma pequena inconveniência. [...] Se Göring em 1941, ao enviar confiante suas legiões da Luftwaffe para destruir Londres, tivesse sido clarividente e pudesse ter antevisto o resultado disso, teria percebido a futilidade dessa maldita guerra total dele. Ele só conseguiu [...] privar os londrinos de bananas, cremes e café da manhã & lhes deu uma grande piada à custa deles mesmos."[21]

Nas cartas de Stevens durante esse período é distinta a ausência de qualquer interesse mínimo em Hollywood ou de considerações sobre a retomada de sua carreira após a guerra. Enquanto Ford já considerava ativamente sua volta à cadeira de diretor e Huston entrava em contato constantemente com a Warner Bros. ao longo da guerra para confirmar se o estúdio estava reservando *O tesouro de Sierra Madre* para ele, Stevens parecia ter tirado os filmes da cabeça. Em maio, seu agente, Charles Feldman, escreveu-lhe uma carta para tentar trazer sua atenção de volta para Hollywood e alertá-lo para não ser seduzido pela ideia de fazer um filme de batalha. "[Eles] foram um tabu em Hollywood nesse último ano. As produtoras insistem que o público não quer filmes de guerra."[22] David O. Selznick sondou Stevens quanto a contratá-lo, e a Warner Bros. e a 20th Century Fox também expressaram interesse.

Stevens estava indiferente. No exterior, ele quase nem foi ao cinema, sabendo por um amigo que, na falta dos melhores talentos, os estúdios agora produziam e lançavam "as piores porcarias imagináveis".[23] Mas, em 18 de abril, abriu uma exceção e chegou à sala de exibição da USAAF para uma sessão às seis da noite de um filme feito por um de seus colegas do

Corpo de Sinaleiros que estreara dias antes nos Estados Unidos — e ele adorou o que viu. "Rodamos a primeira cópia que recebemos do filme *Memphis Belle* da Força Aérea", escreveu em seu diário, "o filme que Willie Wyler montou a partir de material que ele e Bill Clothier filmaram com a VIII Força Aérea no ano passado. É um filme muito bom, um dos melhores de guerra que o nosso lado já fez até agora. Cena memorável: uma grande Fortaleza Voadora rodopiando até cair. A imagem é cultivada e cria suspense conforme o narrador conta os paraquedas que saem do avião e se abrem contra o panorama arenoso do chão distante abaixo".[24]

Já fazia mais de um ano desde que Wyler participara de suas primeiras missões na França e na Alemanha, e depois disso ele fizera pouco além de trabalhar em *The Memphis Belle*. Após descartar o roteiro de Maxwell Anderson, ele batalhara para achar o tom desejado, uma voz narrativa que incorporasse algum reconhecimento de vulnerabilidade e fragilidade, ainda que por intermédio do humor. A certa altura, ele pensou em usar uma introdução fixa na tela que, com uma ou duas insinuações, subvertia completamente os créditos de abertura declamatórios e autoafirmativos que na época se tornaram padrão para documentários de guerra. "Os realizadores deste filme gostariam de pedir desculpas por certas deficiências nos trechos que exibem missões de bombardeio", dizia a proposta de prólogo de Wyler. "As imagens foram capturadas sob condições adversas; em outras palavras, havia pessoas atirando contra nós. Essa lamentável falta de cooperação nos privou de muitos detalhes mais sofisticados do trabalho de câmera, como cenas íntimas da destruição acarretada por nossas bombas ou closes de pilotos inimigos despencando em chamas. Observamos que, nas cenas registradas em condições de combate, a câmera às vezes balança e treme. Isso se deveu à concussão das bombas e dos tiros, não a qualquer falta de firmeza da parte da mão que segurava a câmera. Se vocês acreditarem nisso, obrigado."[25]

No fim das contas, Wyler decidiu não abrir o filme assim. *The Memphis Belle* começa com um título mais simples e convencional, ainda que deixe bem claro que o filme é diferente de trabalhos com riqueza de recriações produzidos por muitos de seus colegas: "Todo o filme de combate aéreo foi exposto durante batalhas aéreas sobre território inimigo". Acompanhando cenas do interior rural inglês, o narrador anuncia: "Isto é um front. Um front como nenhum outro na longa história das guerras da humanidade. Isto é um front aéreo". Se alguma coisa podia convencer um público cansado de guerra a assistir a mais um documentário do Exército seria isto: a guerra aérea oferecia aos espectadores a chance de ver a Segunda Guerra Mundial por uma perspectiva literalmente nova. Um ano antes, Howard Hawks trouxera para a ficção a bravura de uma tripulação aérea em tempo de conflito no drama de guerra *Águias americanas*, que fora um imenso sucesso para a Warner Bros. e acentuara o interesse do público pela mais jovem divisão das Forças Armadas. Em seu filme, Wyler exploraria essa curiosidade com um estilo de narração em segunda pessoa evocativo e detalhista, descrevendo cada minuto e fazendo de *The Memphis Belle* um dos filmes de não ficção mais eficazes da guerra. Ele aproveitou todas as oportunidades para articular as sensações e emoções de se participar ou estar perto de um combate aéreo: "Se você é um mecânico, tem seu próprio avião. Você se apega a ele. Mas sabe que, quando ele sair em missão, talvez nunca mais o veja". Se você for designado para uma tripulação de voo, ao descobrir o lugar para onde deverá ir, "às vezes seu rosto perde a cor. [...] Às vezes a sensação de que você não vai voltar revira suas entranhas".

Wyler então apresenta o capitão Morgan e a tripulação pelos nomes. Conforme as missões de bombardeio se desdobram, a narração assume uma retórica francamente antigermânica, dizendo que o povo alemão "duas vezes em uma geração [...] inundou o mundo em sofrimento [...] em quantidade tal jamais vista em toda a história da raça humana". Quando começam as imagens aéreas que servem como objeto principal do filme, a narração se cala por alguns minutos e dá lugar às vozes neutras que Wyler havia gravado em Hollywood da tripulação conversando pelo sistema de comunicação interna; eles falam mais alto apenas quando veem um dos aviões de sua armada ser abatido e mergulhar ao solo. "B-17 fora de controle às três horas [...] Oito homens ainda naquele B-17, vamos, gente, saiam daí [...] Vamos, seu filho da puta!" O terço final de *The Memphis Belle* se passa de novo na base aérea após o bombardeio, e, embora a narração nostálgica de Anderson não tenha sido usada, Wyler não se furtou a mostrar a equipe de solo nervosa, contando as aeronaves que retornavam — "esperando com ansiedade o final da missão", explica o narrador —, tirando homens gravemente feridos de dentro dos B-17 e colocando-os em macas. "Nossas perdas foram pesadas", o público ouve, "mas as do inimigo foram muito piores. [...] Quem sabe dizer quantos torpedos alemães deixarão de ser disparados, quantos comboios agora conseguirão atravessar, quantas batalhas serão vencidas, e não perdidas, [...] por causa do que estes bombardeiros e aviadores fizeram hoje?"

Na primeira vez que Wyler exibiu o filme concluído a seus superiores, eles não souberam como interpretá-lo. Era indiscutível que *The Memphis Belle* era impressionante; nenhum filme sobre combate aéreo jamais sequer se aproximara do grau de imediatismo e verossimilhança dele — até mesmo o tom neutro cheio de estática do som recriado parecia diferente de qualquer coisa saída de Hollywood. "Esse filme é sublime", escreveu o general L. S. Kuter, que recomendou Wyler para a Legião de Mérito pelo trabalho após a sessão de 41 minutos do documentário.* "É real." Talvez real demais. O Exército achava que seria preciso omitir uma cena em que os jovens aviadores são abençoados por um capelão após receberem as instruções de voo — ela "sugere uma ideia de fim resignado", escreveu Kuter, em vez do espírito otimista que o Exército queria apresentar como imagem pública da Força Aérea. Kuter também se preocupava com uma frase dita pela locução durante o combate — "Você tenta não ficar onde o próximo tiro atingir" —, que ele temia insinuar que os pilotos americanos estavam ali para "fugir da artilharia antiaérea".[26]

O War Activities Committee, o conselho de Hollywood que aprovava todos os filmes do Corpo de Sinaleiros destinados ao público geral, também tinha questões e as transmitiu diretamente ao secretário de Guerra. A frase "Pelo amor de Deus, saiam deste avião" era blasfema e teria de ser cortada. "Maldita seja, não grite no comunicador" também era inaceitável. E, embora Wyler tivesse abafado a última palavra em "Vamos, seu filho da puta" com tiros de metralhadora, a mera sugestão de que a palavra era falada era um tabu. O vice-presidente da comissão lembrou ao secretário Stimson que, em 1942, Noel Coward e David Lean haviam colaborado em um drama sobre um navio de guerra britânico em combate intitulado *Nosso barco, nossa alma*, no qual ouvem-se os marujos falarem as palavras "inferno", "maldição" e "cretino".[27] O Gabinete de Breen não autorizou o lançamento do filme britânico nos Estados Unidos, e, quando foi atacado

---

* Wyler recebeu a comenda, mas só no começo de 1946.

"SE VOCÊS ACREDITAREM NISSO, OBRIGADO" 327

por diversas fontes, inclusive militares americanos, por ter censurado um filme patriótico realizado por um aliado, o gabinete respondeu, com desdém: "A função do Código de Produção não é ser patriótico; é ser moral". A revolta resultante foi tão intensa que obrigou Breen a recuar e emitir uma única dispensa dolorosa para linguajar usado por "pessoas na ativa sofrendo pressão de grande força dramática visível na tela e cujos filmes sejam produzidos [...] sob a tutela do governo em que as palavras não sejam ofensivas por si mesmas".[28] O War Activities Committee temia que a dispensa conferida a Coward e Lean tivesse criado uma ladeira escorregadia e instou Stimson a considerar "a sensatez de realizar estas pequenas sugestões de corte".[29]

Stimson não aceitou. Ele bancou o filme, ciente de que contava com o apoio de Roosevelt, que havia assistido a *The Memphis Belle* com Wyler na sessão da Casa Branca e dito ao diretor: "Isto precisa ser exibido agora mesmo em toda parte". No começo de fevereiro, o Exército aprovou o lançamento da obra. Wyler ignorou educadamente um último pedido do alto escalão para que o título fosse alterado para algo mais empolgante — por exemplo, "Big League Air War" [Guerra aérea da liga principal].

A estreia nacional de *The Memphis Belle* foi agendada para o dia 15 de abril de 1944, data que Wyler por pouco não passou preso em uma cela do Exército à espera de uma corte marcial. Ele estava do lado de fora do Statler Hotel em Washington faltando dias para receber as ordens para sua missão seguinte, quando presenciou uma briga entre um porteiro do hotel e um hóspede a respeito de quem estava na frente de quem na fila do táxi. Quando o hóspede entrou no táxi e bateu a porta, o porteiro se virou para Wyler e, gesticulando para o táxi que saía, murmurou: "Judeu maldito".

"Olhe, você está dizendo isso para a pessoa errada", respondeu Wyler.

"Não estava falando de você, mas dele", disse o porteiro.

Wyler lhe deu um soco no rosto e não se importou muito quando, na agitação que se seguiu, um oficial do Exército que por acaso estava ali perto perguntou seu nome. Wyler saiu da capital rumo a Nova York no dia seguinte, mas recebeu um telegrama do Exército ordenando-lhe que voltasse a Washington imediatamente. Ele se apresentou na base aérea de Bolling Field, onde foi informado de que estava sendo acusado de "conduta indigna de um oficial e de um cavalheiro". Ele havia atacado um civil sem "provocação legal". Wyler explicou que o linguajar usado pelo porteiro era justamente o tipo de provocação que o inspirara a sair de Hollywood e entrar para a Força. O oficial encarregado da investigação não se comoveu. Wyler foi preso e avisado de que poderia se defender em uma sessão de corte marcial, o que poderia levar meses, ou aceitar uma repreensão oficial. Com relutância, ele aceitou a repreensão.[30]

Quando *The Memphis Belle* estreou, tornou-se o primeiro filme na história a ser resenhado na primeira página do *New York Times*, que o qualificou como "um dos melhores filmes factuais da guerra [...] um exemplo perfeito do que pode ser feito adequadamente por repórteres cinegrafistas competentes para que o povo americano possa visualizar a guerra".[31] Wyler havia conseguido realizar um filme de guerra no mesmo espírito de *With the Marines at Tarawa* — mais sombrio, mais forte, mais insensível às realidades do sofrimento e da morte encaradas por homens e meninos americanos do que seus predecessores na tela. Esse filme era concebido para sacudir os espectadores da apatia que a saturação da guerra havia produzido, não apenas incitá-los a um frenesi patriótico. A revista *Cue* escreveu que o filme "deve contribuir em muito para [incutir] à expressão jornalística 'Nossas Perdas Pequenas' um sentido capaz de estilhaçar qualquer complacência".[32]

Algumas resenhas observaram que as cenas aéreas em *The Memphis Belle* na verdade eram uma compilação de várias missões diferentes executadas sobre ou próximo a Wilhelmshaven — um fato que Wyler nunca tentara ocultar em entrevistas —, mas a maioria das pessoas que viram o filme ficou tremendamente impressionada pelo realismo da obra, mesmo que não tivesse certeza absoluta do nível de realismo. O crítico da *New Yorker* disse que "a melhor parte" era "a conversa dos rapazes enquanto estão acima do alvo",[33] sem se dar conta de que todo o diálogo havia sido gravado meses após a batalha, e Agee, que desprezara categoricamente as falsificações em *Tunisian Victory*, de Capra, admitiu na *The Nation* que, vendo o filme de Wyler, "não conseguia adivinhar quais imagens eram encenadas e quais eram registros verídicos".[34] Os críticos pareciam especialmente surpresos com o fato de que um filme tão forte e objetivo havia sido feito pelo diretor de *Rosa de esperança*, que um deles chamara de "pôster de guerra astuto mas um tanto extravagante",[35] e Agee apontou que "os encarregados de planejar o pós-guerra precisam bolar um destino melhor para ele do que o retorno a Hollywood".[36]

"SE VOCÊS ACREDITAREM NISSO, OBRIGADO"

Wyler parecia concordar. Ele disse a repórteres que *The Memphis Belle* "diz tudo o que eu tenho para dizer — é uma espécie de comunicado da Força Aérea do Exército",[37] mas disse também que não havia terminado seu trabalho no Corpo de Sinaleiros. Hollywood estava louca para tê-lo de volta; Goldwyn ainda possuía um contrato válido com ele, e Zanuck tinha esperança de convencê-lo a fazer uma versão cinematográfica do teatro de revista *Winged Victory* [Vitória alada], de Moss Hart, um espetáculo motivacional cujo elenco era formado em sua maioria por militares e que se apresentava para levantar fundos para o Programa Emergencial de Assistência do Exército; Wyler poderia ter feito o filme sem sair da ativa, visto que o espetáculo na verdade havia sido produzido na Broadway pela própria Força Aérea. Mas ele recusou, dizendo a Hart: "Quero fazer mais documentários. Tenho a forte sensação de que é aí que posso fazer o meu melhor".[38] Um mês após a estreia de *The Memphis Belle*, Wyler voou para a Itália e se apresentou no quartel-general dos Aliados em Caserta a fim de começar os preparativos para seu próximo documentário, um curta-metragem sobre os caças P-47 conhecidos como Thunderbolts. Ele estava ansioso para voltar ao ar com uma câmera o quanto antes. Era uma decisão, tomada de forma quase casual, que para sempre mudaria o curso de sua vida e de sua carreira.

VINTE

"Uma espécie de ataque esporádico no continente"

HOLLYWOOD, WASHINGTON E NOVA YORK, MARÇO A MAIO DE 1944

John Bulkeley era um herói feito para o cinema em um momento em que a Marinha precisava desesperadamente de um. Em 1942, o rapaz, um capitão-tenente da esquadra do Pacífico que comandava as seis embarcações do 3º Esquadrão de Lanchas Torpedeiras, navegara por centenas de quilômetros para recolher o general MacArthur, com sua família e estado-maior, e levar todos para um lugar seguro quando os japoneses tomaram Bataan. "Você me tirou das garras da morte", teria dito MacArthur a ele quando aportaram. "Jamais esquecerei." A ousadia de Bulkeley se tornou o tema de *They Were Expendable*, de William White, o best-seller que havia um ano a MGM vinha insistindo para que John Ford transformasse em filme.

Mas fazer um filme baseado nesse livro não parecia possível. Embora a história da operação realizada para proteger MacArthur fosse, em alguns sentidos, perfeita para Hollywood, a maior parte do relato de White é um estudo furioso e implacável sobre a perda — uma história oral do esforço inútil da Marinha, desguarnecida, para manter as Filipinas nos meses que se seguiram a Pearl Harbor. Bulkeley e os homens com quem ele serviu estavam determinados a protelar uma inevitável vitória japonesa pelo tempo que fosse necessário para a reconstrução da esquadra americana no Havaí.

"UMA ESPÉCIE DE ATAQUE ESPORÁDICO NO CONTINENTE"

A Marinha resistiu à derrota durante três meses, uma vitória estratégica para os Aliados que custou 10 mil vidas americanas; quando os japoneses tomaram Bataan, outros 75 mil soldados Aliados foram capturados como prisioneiros de guerra. White orientou seu relato explicitamente como um alerta: "Somos uma democracia, estamos em guerra. Se nossos erros forem escondidos de nós, jamais poderão ser corrigidos. Esses [...] rapazes infelizes diferem dos [...] da Europa unicamente pelo fato de que são americanos, e a tragédia que eles atestam é o nosso próprio fracasso, e a prepotência que eles enfrentam é a nossa própria complacência".[1]

A narrativa de White como um todo não era, para dizer o mínimo, um material típico de filmes de guerra hollywoodianos em 1944. O argumento central do livro é que, nas palavras de um oficial da Marinha, "em uma guerra, tudo é descartável — na maior parte das vezes, homens. Eles estão usando você e aquela metralhadora para ganhar tempo. Não esperam voltar a ver nenhum dos dois. Esperam que você fique ali e pulverize aquela estrada com aço até ser morto ou capturado, segurando o inimigo por alguns minutos ou até pela preciosidade de um quarto de hora. Você sabe [...] que aqueles poucos minutos valem a vida de um homem para o seu exército". Nem mesmo o próprio Bulkeley tinha certeza de que valia a pena contar a história a um público cuja curiosidade sobre a guerra nos últimos tempos havia dado lugar a impaciência e fadiga. "Olhe", disse a White, "não se preocupe com isso. As pessoas não gostam de saber disso. Descobri na semana em que voltei."[2]

Se *They Were Expendable* não tivesse sido tão popular, é duvidoso que a MGM ao menos adquirisse os direitos de adaptação, e em 1943, depois que Donovan rejeitou o pedido de afastar Ford da ativa para que ele dirigisse o filme, o projeto pareceu minguar. Frank Wead, um piloto da Marinha nos anos 1920 que se tornara o respeitado roteirista de filmes como *Piloto de provas* e *Demônios do céu*, tentara adaptá-lo; quando Wead deixou o roteiro de lado temporariamente para trabalhar em outro projeto, o estúdio recorreu a Budd Schulberg, pedindo-lhe para incrementar a vida pessoal de Bulkeley e acrescentar esposa e filho a fim de fazer a história atrair o público feminino. Ao longo de 1943, Ford mantivera o projeto próximo de si, sem nunca oferecer um não definitivo à MGM, mas sempre achando novos motivos por que a adaptação provavelmente não daria certo. "Todos os parlamentares do país pediriam a minha cabeça" se ele saísse da Marinha para fazer um filme, disse o diretor ao amigo James McGuinness;[3] além do mais, ele duvidava muito que a MGM de fato desejasse realizar o filme. Louis B. Mayer estava tão assustado quanto todos os outros presidentes de estúdio com o colapso do mercado de filmes de guerra, e, se o estúdio viesse a produzir *Fomos os sacrificados*,* certamente insistiria em atenuar a história, transformando-a em um melodrama, ou incluindo uma vitória no Pacífico ao final para fechar com uma nota de triunfo. O que quer que a MGM fizesse, Ford disse a Wead, "o negócio provavelmente vai ser hor-rí-vel".[4]

Ford ainda não conseguia abrir mão. Ele havia passado um tempo supervisionando a Fotografia de Campanha em Londres e filmara uma cidade sitiada no Norte da África, mas, para o diretor, a guerra continuava a ser definida por sua experiência em Midway, pelo que ele havia visto da coragem e do sacrifício de homens que sabiam que estavam arriscando a própria vida, e pela perda devastadora de jovens após a batalha. Um filme de guerra que contasse a verdade sobre a nobreza de se encarar a derrota quase certa nos olhos seria um filme que Ford gostaria de realizar, mas isso parecia impossível. Por outro lado, ele agora tinha tão pouco a fazer na Marinha que talvez fosse chegada a hora de voltar à cadeira de diretor. A Fotografia de Campanha corria tranquilamente sob o comando de Ray Kellogg, e as responsabilidades de Ford em Washington eram tão secundárias que, em março de 1944, a Marinha disse que ele podia tirar algumas semanas e voltar para Los Angeles.[5] Parece que foi nesse período que ele começou a se dedicar — em matéria de criação, se não de contrato — a *Fomos os sacrificados*, conversando sobre questões de roteiro com Wead, que voltara a trabalhar no texto.

Mas Ford estava prestes a ser chamado de volta ao serviço. Em meados do mês, chegaram ordens para que ele se apresentasse em Londres e participasse dos preparativos para o desembarque iminente dos Aliados na Europa,[6] e Ford disse a Wead que não estaria disponível para trabalhar no filme por enquanto. A tranquilidade calculada de seu tom de voz ao dar a notícia — "Acredito que haverá uma espécie de ataque esporádico no con-

---

* O título original do filme é o mesmo do livro, que não chegou a ser publicado no Brasil. Aqui, o filme foi lançado com o título *Fomos os sacrificados*. (N. T.)

"UMA ESPÉCIE DE ATAQUE ESPORÁDICO NO CONTINENTE" 333

tinente em um futuro próximo e vou viajar no meio da semana que vem para tomar parte do mesmo"[7] — mal conseguia disfarçar seu orgulho. A Marinha ainda precisava dele, afinal de contas.

Ford voltou a Washington, onde foi promovido a capitão de mar e guerra e se preparou para a viagem à Europa. Durante os meses de inatividade, seu comportamento e sua postura se haviam deteriorado consideravelmente. Ele não se mudara do hotel e agora vivia em situação de desleixo e bebia muito, da mesma forma como costumava fazer entre uma produção e outra de cinema. Apesar de sua nova tarefa, ele continuava interessado na ideia de dirigir *Fomos os sacrificados* e, pouco antes de sair para a Europa, aceitou se encontrar com Bulkeley, agora capitão de corveta, que também estava prestes a ir para Londres, onde ficaria encarregado de um esquadrão de lanchas torpedeiras. Bulkeley foi chamado ao quarto sujo de Ford, onde encontrou o diretor, agora de patente superior à sua, jogado na cama, nu.[8] Estava claro que ele havia passado a noite, e provavelmente a manhã, bêbado. Conforme Bulkeley se lembra, havia homens e mulheres, "parasitas", entrando e saindo casualmente do quarto. Quando Ford o viu, jogou os lençóis para o lado e se levantou de repente, anunciando que gostaria de prestar continência para o homem que salvara a vida do general MacArthur. A demonstração de respeito não durou muito; Ford, ainda nu, voltou para a cama e pediu para o novo visitante abrir a porta do armário para que ele pudesse admirar os novos galões de capitão de mar e guerra em seu uniforme. Bulkeley, enojado, gritou para ele: "Você é capitão de *quê*?". Ford arremessou um prato ainda com comida contra Bulkeley enquanto ele se virava para ir embora.[9] Os dois só voltariam a se ver em uma lancha torpedeira no canal da Mancha.

Em maio, Frank Capra soube que permaneceria em Washington durante a invasão. Em vez de voltar a Londres para coordenar os esforços do Corpo de Sinaleiros na filmagem do desembarque, ele deveria se encarregar de receber o material filmado e se assegurar de que o conteúdo mais forte fosse distribuído cuidadosamente entre as produtoras de cinejornais. Seu trabalho como uma espécie de gerente de edição estava bastante afastado da ação, mas pelo menos incluiria acontecimentos tão urgentes que praticamente não haveria oportunidade para o Departamento de Guerra, o owi ou qualquer outro órgão interessado do governo interferir. Capra agora se via diante da possibilidade genuína de que o ambicioso programa de documentários de guerra que ele elaborara dois anos antes acabasse demorando mais do que a própria guerra para ser concluído. A série *Know Your Ally/Know Your Enemy* que no início ele tivera esperança de que viesse a incluir quase uma dúzia de filmes se tornara um estudo de caso de como diplomacia e burocracia podiam unir forças para evitar o progresso de qualquer projeto. Após anos de planejamento, apenas um dos filmes, *Know Your Ally — Britain* [Conheça seu aliado: Grã-Bretanha], estava completo, e parecia tão desatualizado que era praticamente inútil como propaganda. Depois de quatro anos assistindo a filmes produzidos tanto em Hollywood quanto no exterior sobre a bravura dos ingleses, os espectadores com certeza dariam risada diante da afirmação do filme de quarenta minutos de que, de todos os Aliados, a Grã-Bretanha era o "mais difícil de compreender". A metáfora fraca na qual o roteiro estava fundamentado — Rússia, China, Inglaterra e Estados Unidos eram tratados como "quatro atacantes" de um "time de futebol" em "um tipo de jogo diferente; este é para valer!" — era condescendente, assim como a afirmação do filme de que um desses jogadores, John Britain, vem de "um povo antigo, um povo teimoso, e às vezes eles andavam devagar. Mas, em três anos de sangue, suor e lágrimas, Britain encontrou sua alma". A unidade de Capra agora estava com o orçamento drasticamente reduzido, e, visto que a importância da Rússia e da China na guerra havia sido abordada amplamente na série *Why We Fight*, o restante dos filmes *Know Your Ally*, que a certo ponto incluíra planos para capítulos sobre a Austrália, o Canadá e a França, foi cancelado.

No entanto, um filme caro a Capra fora concluído com sucesso apesar de graves obstáculos e de uma resistência considerável dentro do próprio Exército. Fazia dois anos desde que William Wyler, frustrado após o contato com o racismo e a segregação no Meio-Oeste e no Sul dos Estados Unidos, se recusara a trabalhar em *The Negro Soldier*, mas Capra ainda não havia desistido da ideia. Ele chamara um diretor chamado Stuart Heisler, que em 1940 fizera um filme infantil pouco conhecido intitulado *Cachorro vira-lata*, sobre dois meninos, um branco e um negro, que criavam um cão juntos. Capra achou que ele havia tratado o material com sensibilidade, e Heisler levou o novo trabalho a sério; quando recebeu a ordem de começar a elaborar um roteiro para *The Negro Soldier* no final de 1942, seu primeiro

"UMA ESPÉCIE DE ATAQUE ESPORÁDICO NO CONTINENTE"

pedido foi colaborar com Carlton Moss, o roteirista negro que Wyler havia descoberto. Moss se formara em uma faculdade para negros em Baltimore e aspirava a escrever roteiros. Ele veio a Washington e trabalhou em seu texto em uma mesa do refeitório da Biblioteca do Congresso, uma das poucas instituições de pesquisa que possuíam um refeitório não segregado.[10]

O general Osborn havia sido o maior aliado de Capra em quase todas as suas lutas para conseguir que um filme fosse realizado, mas, quando Capra lhe mandou a proposta de roteiro de Moss e Heisler com uma carta defendendo-a firmemente, o general reagiu com uma frieza desanimadora. "Sem dúvida alguma é um roteiro poderoso", escreveu a Capra. "Mas o fato é que, como você diz em sua carta, uma glorificação emotiva do esforço de guerra dos negros coloca esse filme em uma classe diferente do [projeto] que tínhamos pensado e nos deixa muito incertos quanto a exibi-lo aos soldados sem modificações.[11] [...] Quem vai ver o filme dos negros? Em que circunstâncias? Qual é o efeito que se espera que [produza]?"[12]

Nesse momento, o Exército estava diante de um problema criado por sua própria hipocrisia: a instituição queria fazer um filme que convencesse homens afro-americanos céticos, e suas famílias, de que a guerra era deles também, mas só se conseguisse evitar completamente a questão do racismo e encontrar uma narrativa de inclusão que de certa forma fosse capaz de não incomodar muitos soldados brancos. Não havia muito progresso que pudesse ser exibido por um filme; as Forças Armadas ainda eram segregadas por unidade, e o Corpo Aéreo do Exército só passou a permitir pilotos e mecânicos negros em seu efetivo a partir de 1940, quando a Lei de Serviço Seletivo proibiu a discriminação racial no processo de alistamento. Muitos oficiais de alta patente ainda abraçavam livremente a crença de que os 875 mil soldados negros do Exército não eram inteligentes o bastante para serem enviados ao exterior,[13] e o racismo nos escalões mais baixos era tão endêmico que, quando Sam Spewack, do OWI, foi à Inglaterra no final de 1942, relatou a Capra que "aparentemente o grande problema aqui é o fato [de que] os britânicos tratam bem nossos soldados negros e os brancos não gostam".[14]

Hollywood não era muito melhor. Em 1943, personagens negros eram retratados como inferiores em 80% dos filmes em que apareciam,[15] e estereótipos caricatos ainda eram a regra, especialmente em obras de entretenimento que apresentavam afro-americanos de uniforme. O filme de maior bilheteria daquele ano, o musical *Forja de heróis*, exibia em destaque Joe Louis e um coro masculino de negros em um número chamado "What the Well-Dressed Man in Harlem Will Wear" [O que o homem bem-vestido do Harlem vai usar]. A letra explicava que "o sr. Dude desapareceu" e que os homens negros estavam trocando suas "gravatas vistosas [...] da Lenox Avenue" por "verde-oliva". O coro dançava em frente a um pano de fundo pintado com caricaturas empoladas com olhos esbugalhados e chapéus e casacos bregas. A mensagem que a execução exuberante da música pretendia passar era a de que o Exército oferecia aos negros uma chance para tomarem jeito, não que sua contribuição ao esforço de guerra fosse importante o bastante para os Estados Unidos dos brancos. A determinação de evitar qualquer comentário sobre os aspectos menos felizes das relações raciais no país foi apenas ratificada pelas próprias diretrizes do owi, que mesmo em 1944 estabelecia que "filmes nos quais haja referência a minorias raciais devem evitar exibir segregação sempre que possível, e não se aprofundar demais em contrastes marcados entre as condições das maiorias e as das minorias".[16]

Capra não recuou em sua insistência de fazer *The Negro Soldier*, e tampouco o delegou a outra pessoa. Ao longo do ano seguinte, Heisler e Moss continuaram trabalhando no filme. "Uma coisa eu reconheço", disse Moss muitos anos depois. "Nós tínhamos todo o dinheiro que quiséssemos, e ele nos deixava completamente em paz. [...] Se Capra tivesse sido hostil, pessoalmente hostil nesse aspecto, o filme nunca teria sido feito. Ele podia tê-lo sabotado."[17] Em outubro de 1943, eles estavam com um filme pronto para ser apresentado, e, como Capra seguia trabalhando em *Tunisian Victory* na Inglaterra, seu substituto, Anatole Litvak, organizou a exibição para oficiais superiores do Exército. Ele recebeu em resposta alguns pedidos, todos com a intenção de aplacar a sensibilidade de brancos. Embora o principal público-alvo do filme fosse não os soldados brancos, mas os de pelotões compostos exclusivamente por negros, o papel dos recrutas negros no combate devia ser minimizado para não alimentar nos afro--americanos a esperança de que sua presença nas linhas de frente seria bem--vinda. Uma cena em que um fisioterapeuta branco prestava auxílio a um soldado negro teria de ser cortada, pois sua inclusão talvez atiçasse receios de que, no novo exército, os brancos poderiam estar sujeitos a qualquer forma de subserviência em relação aos negros. E, pelo mesmo motivo, a

"UMA ESPÉCIE DE ATAQUE ESPORÁDICO NO CONTINENTE"   337

apresentação de oficiais negros no filme teria de ser diminuída, se não totalmente eliminada.[18]

Heisler e Moss fizeram as revisões necessárias e aguardaram ansiosos quando, em fevereiro de 1944, o filme foi exibido para a imprensa de Nova York e, pouco depois, em um cinema no Harlem para um público formado por convidados afro-americanos.[19] As luzes se apagaram, e a primeira imagem na tela após o brasão do Departamento de Guerra foi uma grande quantidade de afro-americanos — atores que haviam sido contratados por 10,50 dólares ao dia[20] — entrando em uma igreja. Um sargento negro canta um solo, e então um pastor — o pastor negro mais autêntico e de fala mais clara que o cinema americano jamais havia visto — sobe ao púlpito e apresenta o sermão. O religioso, interpretado pelo próprio Moss quando ele e Heisler não conseguiram encontrar um ator que os dois achassem adequado para o papel, relembra a luta de Joe Louis contra Max Schmeling, mostrada em um clipe de cinejornal, e em seguida diz à congregação que, agora, "esses dois homens [...] se enfrentam mais uma vez, desta vez em um ringue muito maior e com muito mais em jogo". Nos bancos, afro-americanos de todas as gerações, com trajes conservadores, assistem em silêncio e com atenção enquanto o pastor de Moss começa uma aula seletiva de história sobre como os negros ajudaram a garantir a liberdade do país desde 1660 até o 371º Regimento de Infantaria de negros na Primeira Guerra Mundial. Em seguida, ele faz uma breve enumeração capriana de grandes negros americanos — Booker T. Washington, George Washington Carver, juízes, um explorador do polo Norte, um cirurgião, músicos, editores, educadores, curadores, escultores, cantores (representados por uma imagem de Marian Anderson), um maestro e Jesse Owens.

E então, mais ou menos no meio do filme de quarenta minutos, os fiéis ouvem uma pergunta: "E a infantaria?". Quem falou foi a mãe de um soldado chamado Robert, que está prestes a entrar para a escola preparatória de oficiais. Enquanto ela lê uma carta em que o filho relata suas experiências, o público assiste a uma montagem de um rapaz alinhado e admirável passando pelo alistamento e pela entrevista de admissão, pelo treinamento e serviço militar, até Pearl Harbor (representado em imagens encenadas extraídas de *O ataque a Pearl Harbor*). Heisler e Moss tinham a intenção de apresentar aos espectadores negros o rigor e o orgulho da vida no Exército, mas o que causou uma impressão mais forte no público foi que, pela primeira vez, os negros das Forças Armadas estavam sendo retratados de forma objetiva e séria; eles apareciam relaxando, jogando pingue-pongue, usando a biblioteca da base (uma mulher lê *An Anthology of American Negro Literature* [Uma antologia de literatura negra americana]), e até mesmo dançando com mulheres do serviço de voluntárias em um salão exclusivo para negros. Os espectadores então ouvem que "homens negros, pardos, amarelos e brancos" estão prestes a proporcionar uma grande surpresa para os nazistas: "Os homens que conhecíamos como garçons, tipógrafos, pedreiros, artistas, carpinteiros, porteiros, professores, fazendeiros hoje são soldados de um exército moderno [...] cada homem treinado para saber o significado de trabalho em equipe [...] cada homem preparado para fazer sua parte". A última imagem em *The Negro Soldier* é o mesmo V de vitória que encerrava todos os filmes produzidos pela unidade de Capra.

The Negro Soldier obteve uma recepção muito mais positiva do que seus criadores ou Capra haviam imaginado. Richard Wright, cujo romance *Filho nativo* havia sido publicado fazia alguns anos, foi à sessão no Harlem e disse ao *Brooklyn Eagle* que, antes de o filme começar, anotara treze estereótipos negros ofensivos no verso do programa — incluindo Cantoria Excessiva, Indolência e Jogatina — e pretendia fazer um traço ao lado de cada um conforme eles aparecessem na tela. Não marcou nenhum sinal e disse ao repórter que achou o filme "uma surpresa agradável".[21] Langston Hughes disse que o filme era "distinto, empolgante e proveitoso", e o *Amsterdam News*, o jornal de negros de Nova York, estava maravilhado: "Quem teria imaginado que fosse possível fazer algo tão correto [...] sem dissimulações nem [...] palhaçadas idiotas".[22]

Moss sabia que *The Negro Soldier* não era perfeito; ele disse a jornalistas que o filme era concebido de modo a "ignorar o que há de errado com o Exército e dizer o que há de certo com o meu povo".[23] A *Time* comentou que "os realizadores do filme não incluíram nenhuma das questões explosivas implícitas no tema", como "a fricção entre soldados negros e brancos". Um colunista do *New York Post* que gostou do filme e respeitou a representação da "dignidade e [do] conhecimento com que os negros, homens e mulheres, estão servindo nas Forças Armadas" advertiu, ainda assim, que "o que o filme não mostra [...] é que, mesmo em nosso país, há

"UMA ESPÉCIE DE ATAQUE ESPORÁDICO NO CONTINENTE"   339

uma diferença entre o tratamento que damos a um homem branco e o que damos a um homem de cor".[24] Mas a reação geral ao filme foi bastante positiva. Após a sessão no Harlem, vários espectadores perguntaram a Moss: "Você vai mostrar isso para os brancos?". Quando Moss indagou o motivo, eles responderam: "Porque isso vai mudar a postura deles".[25] Pouco após essa exibição, o Corpo de Sinaleiros decidiu que *The Negro Soldier* seria apresentado não apenas a soldados, mas também ao público geral; seria anunciado com o slogan "Joe Louis dos Estados Unidos versus Eixo!".[26]

O Exército disponibilizou cem cópias de 35 milímetros para distribuição, mas o propósito ideológico original permanecia o mesmo: *The Negro Soldier* pretendia atrair negros para as Forças Armadas, não vender ao restante do país o valor de sua contribuição. Coerente com essa intenção, o filme teve sessões em praticamente todos os cinemas para negros no Sul; a distribuição foi mais abrangente no Norte e no Oeste, onde chegou a alguns cinemas de cidades e bairros de população majoritariamente branca. No meio do ano, ele já havia se tornado o que um jornal descreveu como "a grande zebra da estação", rodando em mais de trezentas salas de cinema na região de Nova York e em outras 250 em Detroit e cercanias.[27]

Moss esperava que *The Negro Soldier* pudesse lhe abrir portas em Hollywood, e décadas depois disse a Joseph McBride, biógrafo de Capra, que foi só após o sucesso do filme que ele e Capra conversaram de verdade pela primeira vez. "Por que você não vai atrás de um daqueles caras de cor ricos e abre uma empresa sua?", perguntou-lhe Capra. Quando Moss respondeu que não havia uma quantidade suficiente de homens negros ricos para financiar qualquer estúdio competitivo, Capra pareceu decepcionado e sugeriu que, se era esse o caso, talvez fosse melhor Moss sair do país[28] (em anos posteriores, Capra tomou para si muito mais crédito pelo envolvimento ativo na elaboração do filme do que sua participação de fato merecia. Ele alegava que Moss era um sujeito nervoso que "ostentava sua negritude como se fosse uma bandagem" e encheu o roteiro com um "fervor raivoso" que Capra precisara eliminar, explicando que, "quando algo é ardente, o maçarico da emoção só diminui o brilho"[29]).

Com o lançamento bem-sucedido do filme, Capra pelo menos pôde considerar que um projeto havia sido concluído conforme ele desejara. *Know Your Enemy — Japan* agora estava nas mãos da quarta e mais inusitada equipe criativa, a dupla Albert Hackett e Frances Goodrich, marido e mulher, conhecidos em Hollywood como os roteiristas de *A ceia dos acusados*, *A comédia dos acusados* e *O hotel dos acusados*.[30] *Know Your Enemy — Germany* [Conheça seu inimigo: Alemanha] também estava em suspenso; recentemente, Capra havia tirado Theodor Geisel da série animada do soldado SNA-FU e lhe pedira para tentar esboçar um novo texto.[31] O diretor precisou implorar para que Osborn fornecesse os recursos para concluir os dois filmes, justificando que "a falta de informação em geral sobre o Japão é tão terrível que seria negligência não fazer algo. [...] *Know Your Enemy — Japan* e *Know Your Enemy — Germany* estão na lista de produção e foram aprovados oficialmente. O que peço agora é que o senhor insista para que eles sejam concluídos".[32] Mas, como o Departamento de Guerra se preparava para despejar recursos na Europa, nunca fora menor sua disposição para alocar dinheiro ou pessoal no Corpo de Sinaleiros. Irritado, Capra disse ao general Surles que mesmo os dois últimos capítulos da série *Why We Fight — The Battle of China* [A batalha da China] e *War Comes to America* [A guerra chega aos Estados Unidos] "manquejavam com a equipe reduzida devido ao saque de efetivo a que eles foram submetidos. A remoção de [Anthony Veiller] [...] e Litvak e outras pessoas essenciais definitivamente causou um caos. [...] Devo dizer mais uma vez que todos esses filmes sofrerão daqui por diante".[33]

Capra continuava à procura de novas histórias para contar e, de acordo com algumas biografias, escolheu esse momento para encomendar um curta-metragem de propaganda sobre o auxílio de 11 bilhões de dólares que os Estados Unidos forneceram à Rússia pelo Lend-Lease Act, enviando George Stevens para filmar linhas de abastecimento na fronteira entre o Irã e o Turcomenistão, que na época era uma república soviética. O momento dessa missão parece improvável, e é quase certo que os relatos de que Stevens teria feito uma viagem rápida a Teerã logo antes do desembarque dos Aliados na Normandia sejam resultado de um erro tipográfico nos registros do governo.* Stevens ainda estava em Londres, esperando para enviar sua

---

* A data da missão que Capra delegou a Stevens é objeto de confusão e incerteza há décadas. Em sua autobiografia de 1971, Capra escreveu que concebeu o curta do Lend-Lease Act e enviou Stevens à fronteira do Irã com a URSS em maio de 1942, o que evidentemente é um deslize de memória, visto que Stevens ainda não havia ingressado no Exército. Passados vinte anos, o biógrafo Joseph McBride identificou o erro, bateu-o com a ficha militar de Capra e

"UMA ESPÉCIE DE ATAQUE ESPORÁDICO NO CONTINENTE"   341

unidade SPECOU na França — uma missão que Capra provavelmente não interromperia em função de um projeto não urgente. Em maio, Stevens se encontrava a caminho de Bristol, a oeste, uma área de concentração do Exército. Ele saiu da cidade em um trem noturno para se preparar para a viagem rumo ao leste e registrou em seu diário o clima grave. "É lusco-fusco quando o trem dá a partida", escreveu. "As [cortinas] blecaute [ainda] não estão fechadas quando saímos da estação. As luzes internas são apagadas, e seguimos por um tempo no período tranquilo do longo crepúsculo primaveril inglês. [...] De dentro do trem seria muito difícil distinguir a expressão no rosto das pessoas paradas ali, se despedindo. O oficial de Marinha parado na porta do vagão se despediu da mulher vestida de paletó de tweed e chapéu de feltro — Ele ficou ali [...] até o último minuto. A ordem de fechar as portas — e o grito da guarda, 'Puxem a cortina'. E então o trem saiu — 9h50 exatamente. Estações londrinas durante a guerra no entardecer. Adeuses desesperados."[34]

Algumas semanas depois, chegaram as ordens que todos os soldados americanos na Inglaterra estavam esperando havia meses. Stevens, Ford e suas equipes deveriam cruzar o canal da Mancha e se preparar para começar as filmagens enquanto 156 mil soldados dos Aliados desembarcavam na costa do norte da França. Faltava uma semana para o Dia D.

---

concluiu que a missão na verdade ocorreu dois anos depois. Essa conclusão se baseou em uma carta datada de 27 de maio de 1944 em que Capra e Osborn pediam à URSS acesso "para fotografar as atividades do abastecimento pelo Lend-Lease na União Soviética". Porém, há indícios que sugerem que a data na ficha do Exército é um erro tipográfico e que o pedido na verdade foi feito um ano antes, em 27 de maio de 1943. Nessa carta, o general Osborn diz que o filme proposto cobriria "toda a operação da Região Militar do Golfo Pérsico" — o posto avançado do Exército americano encarregado de coordenar a linha de abastecimento. Mas a designação "Região Militar do Golfo Pérsico" foi usada apenas entre agosto de 1942 e dezembro de 1943; depois, o nome foi alterado. Ademais, uma missão de Stevens em maio de 1943 teria levado, logicamente, à viagem que ele fez com Joel Sayre, membro de sua unidade e roteirista de *Gunga Din*, do Egito ao Irã um mês depois. Em 4 de julho de 1943, Stevens estava em Teerá e escreveu em seu diário: "Fotografei festas aqui, comemorando o Dia da Independência americana e a entrega de TONELADAS de material para a URSS". De qualquer forma, o curta foi abandonado quando o Exército soviético recusou a entrada de Stevens e Sayre em seu território para que pudessem filmar a chegada de suprimentos americanos ao destino.

VINTE E UM

"Se você vir, dispare"

FRANÇA, JUNHO A JULHO DE 1944

John Ford, que adorava contar histórias de guerra, passou vinte anos sem falar no Dia D.[1] George Stevens, prolífico missivista e adepto de diários, guardou um silêncio atípico, deixando três semanas quase em branco em seu caderno.[2] A princípio, os acontecimentos de 6 de junho de 1944 foram intensos demais para que eles pudessem relatar com clareza a seus entes queridos — Ford não mencionou nada do que vira ou vivenciara nas praias da França em uma carta à esposa dois dias depois[3] — ou até a si mesmos. Os dois estavam lá para supervisionar a criação de um registro filmado do Dia D e de suas consequências imediatas, mas descobriram que fazer uma simples descrição do que ocorria diante de seus olhos era quase impossível. Ford mais tarde disse que percebeu aquelas primeiras 24 horas "em tomadas desconjuntadas, como cenas separadas que seriam montadas posteriormente para formar um filme". O que aconteceu na praia Omaha foi a guerra em uma escala tão grande e, às vezes, tão horrível que ele sentiu que não tinha como assimilá-la; o diretor se esforçou simplesmente para se concentrar no que estava à sua frente. "Minha equipe e eu tínhamos o trabalho de 'enxergar' a invasão toda pelo mundo", disse ele, "mas cada um de nós só conseguiu ver sua própria areazinha. [...] Agora, em retrospecto, duvido que eu tenha visto — visto mesmo — mais do que doze dos nossos homens de cada vez."

O esforço coletivo para fotografar o desembarque dos Aliados na França era, como tentativa de documentar em tempo real e de forma abrangente uma campanha militar, um evento inédito na história da guerra. Quinhentas câmeras de 35 milímetros, cada uma carregada com magazines que comportavam quatro minutos de filme, estavam montadas na proa dos navios e na frente dos tanques e armadas para funcionar sem supervisão manual,[4] e outras cinquenta foram posicionadas na primeira leva de embarcações de desembarque.[5] Dezenas de operadores de câmera americanos e quase duzentos fotógrafos foram distribuídos pelos pelotões dos Aliados a fim de capturar material para cinejornais, revistas e jornais,[6] e Ford e Stevens ficaram encarregados cada um de dezenas de soldados que se viram operando câmeras debaixo de fogo inimigo.

Ford e Stevens não eram amigos próximos — eram ambos reservados e difíceis de interpretar, e em Hollywood costumavam evitar a companhia de outros cineastas —, mas admiravam e respeitavam um ao outro. Ford achava que Stevens era um "artista"[7] — termo que ele raramente usava para se referir a outros diretores —, e Stevens sentia também uma espécie de afinidade para com Ford; ambos eram homens que, com frequência, se viam sem palavras, e Stevens enxergava em Ford alguém que, como ele, havia descoberto "no cinema o único meio pelo qual poderia se expressar".[8] Ford dirigia a Unidade de Fotografia de Campanha sob a supervisão da Marinha e de Bill Donovan, do oss. Stevens trabalhava para Capra e o Serviço Pictórico do Exército, e, como era de esperar, as Forças Armadas não pediram que eles coordenassem esforços. No entanto, nas semanas que precederam o Dia D, Ford pediu ajuda ao colega. Ele vinha trabalhando com outras unidades de cinematografia dos Aliados, dando aos ingleses e canadenses um curso intensivo de fotografia de guerra e dizendo-lhes para se concentrarem nos soldados de seus próprios países quando estivessem filmando, mas o Exército britânico não tinha operadores de câmera suficientes em seus navios para dar conta do serviço, e a Unidade de Fotografia de Campanha de Ford já estaria esparsa demais cobrindo as embarcações da Marinha. Ford entrou em contato com Stevens e perguntou se ele poderia ceder alguns cinegrafistas de sua unidade SPECOU para os ingleses.

344   **CINCO VOLTARAM**

Ele concordou prontamente,[9] oferecendo-se para servir em um navio britânico durante a travessia do canal e brincando que Ford lhe deveria "duas garrafas de birita" da França libertada em retribuição.[10]

Stevens chegou primeiro, com sua própria câmera de dezesseis milímetros e magazines de filme colorido de segurança Kodachrome para uso diurno;[11] entre os homens que o acompanhavam estavam Irwin Shaw, William Saroyan, Bill Mellor e Ivan Moffat. O trabalho da SPECOU foi um esforço de equipe, e o material que ainda existe hoje não possui qualquer etiqueta que indique quem estava atrás da câmera em nenhuma das cenas. Mas o filme que Stevens conseguiu preservar mostra que os homens saudáveis, fumando e conversando na estação ferroviária enquanto se preparavam para deixar Londres rumo à costa da Inglaterra, exibiam expressões sombrias e desgastadas a bordo do HMS *Belfast*, um cruzador de seiscentos pés da Marinha Real e um dos maiores navios dentre os milhares de embarcações destinados a um dos cinco pontos de desembarque dos Aliados. O mar estava tão revolto que o general Eisenhower havia considerado adiar a operação; todos os soldados tinham coletes salva-vidas, e muitos, fartos de rações em lata do Exército, cheios de adrenalina e sacudidos pelas águas, vomitavam pelas laterais dos navios agitados. No convés, os homens de Stevens tentaram ao máximo capturar a imensidão da esquadra, filmando tomadas longas das filas densas de embarcações e dos balões-barragem que as protegiam dos aviões de bombardeio no ar. Antes do desembarque, o comandante do *Belfast* pediu a atenção e leu aos homens o discurso do dia de São Crispim de *Henrique V*:[12]

> E não se passará um único dia de Crispino Crispiano,
> De hoje, até quando o mundo acabar,
> Sem que sejamos lembrados.
> Nós, estes poucos; nós, um punhado de sortudos; nós, um bando de
>   irmãos...
> Pois quem derrama o seu sangue junto comigo
> Passa a ser meu irmão.*

* * *

---

* Ato 4, cena 3: tradução de Beatriz Viégas-Faria (L&PM, 2007). (N. T.)

"SE VOCÊ VIR, DISPARE"

Horas depois do primeiro desembarque, Stevens saía do mar em Saint-Aubin-sur-Mer, o setor que os Aliados haviam designado como praia Juno.

Ford estava a bordo do USS *Plunkett*, um contratorpedeiro de 350 pés destinado à praia Omaha que já havia participado das campanhas no Norte da África e na Itália e resistira ao ataque de uma bomba de mais de duzentos quilos que matara dezenas de seus tripulantes. O navio havia zarpado, junto com o restante da esquadra americana, em 3 de junho, mas precisara voltar devido à notícia de tempestades violentas na costa francesa. No dia seguinte, o céu e a água estavam ainda mais hostis, jogando os soldados nervosos de um lado para outro por horas. "O que nunca vou esquecer é a agitação daquele mar", disse Ford em 1964. "Os contratorpedeiros balançavam demais. Praticamente todo mundo fedia, passando muito mal. Eu nunca vou entender como alguém em embarcações menores de desembarque tinha coragem de ir lutar, mas, de alguma forma, eles foram."

O *Plunkett* deveria ser usado para proteger os navios de transporte que levavam provisões dos navios à praia. Pouco antes das seis da manhã, ele lançou âncora perto da praia Omaha, onde a resistência das forças do Eixo posicionada nas colinas e nos penhascos baixos acima da costa estava mais concentrada. Em alguns dias, a Marinha britânica viria a construir um cais artificial gigantesco conhecido como "Mulberry" para proteger a esquadra dos Aliados no mar, mas, naquele momento, eles estavam expostos por todos os lados. "As coisas começaram a acontecer rápido", disse Ford. "A maré estava extremamente baixa, e todos os obstáculos submersos que os alemães tinham colocado lá apareciam para cima da água como um jogo de pega-varetas gigante enrolado em um monte de minas e bombas. A primeira embarcação de desembarque tinha equipes de demolição que deviam explodir aquele tipo de coisa para o resto dos desembarques prosseguir. Enquanto a primeira embarcação passava pelo *Plunkett*, deu para ver os soldados usando o capacete como saco de vômito, parando para botar as tripas para fora de quando em quando. Deu para ouvir até o som dos vômitos por cima do barulho das máquinas e das ondas batendo nas proas lisas até a praia."

Embora Ford mais tarde lembrasse que, durante a travessia do canal da Mancha, o *Plunkett* avançara bruscamente da retaguarda até a dianteira do imenso comboio naval, de modo que ele acabou "liderando a invasão com minhas câmeras", não era um navio de desembarque, e o mais provável é que o próprio Ford só tenha pisado na praia alguns dias depois. Pouco após a chegada da esquadra, o equipamento de câmera de um milhão de dólares que o navio transportava foi descarregado, e os homens da Fotografia de Campanha se acomodaram em DUKWS (veículos anfíbios de desembarque conhecidos como "ducks" [patos]), que os levaram até a água rasa da beira da costa. Ford, o comandante, disse-lhes que o objetivo era "simples — só filmem tudo" o que estava acontecendo na praia. Ele lembrou ter observado enquanto um soldado negro que trabalhava para a divisão do Serviço de Intendência (mesmo na Normandia, brancos e negros eram segregados por funções) descarregava material de um DUKW debaixo de fogo alemão. "Ele [...] continuava indo e voltando, indo e voltando, completamente calmo. Eu pensei: 'Por Deus, se alguém merece uma medalha, é aquele homem.' Eu queria fotografá-lo, mas estava em um lugar relativamente seguro na hora, então pensei, dane-se. Eu teria admitido que ele era mais corajoso do que eu."*

Pouco depois, Ford foi levado até o USS *Augusta*, um cruzador pesado de 570 pés de onde Omar Bradley dirigia as operações do I Exército. Nos primeiros dias, Ford tentava coordenar as operações da Fotografia de Campanha de dentro do navio e torcer para tudo dar certo. "Para ser bem franco", disse, "eu era mais ou menos um oficial de logística. Era meu trabalho garantir que todo mundo que devia estar com uma câmera tivesse uma." A Operação Overlord estava em curso. "Nem [...] eu [nem] mais ninguém lá é capaz de oferecer uma visão panorâmica abrangente da primeira leva de americanos que foram à praia naquela manhã", disse Ford. "Foi uma sucessão de acontecimentos tremenda [...] e parecia se reduzir a cada homem e seu próprio vórtice na praia Omaha."

Conforme mais de meio milhão de soldados e efetivos navais dos Estados Unidos e da Inglaterra saíam de 5 mil navios ao longo de oitenta

---

* A afirmação mais floreada de Ford, em uma entrevista em 1966 para a revista francesa *Positif*, de que ele se desfizera dos últimos vestígios de racismo quando viu "inúmeros corpos de negros caídos na areia" ao desembarcar na praia Omaha provavelmente deveria ser tratada como exagero em um momento em que o diretor, um tanto enfraquecido, tentava defender o tratamento que afro-americanos recebiam em seus filmes.

quilômetros de litoral nos dez dias após o Dia D,[13] teria sido impossível compor um panorama filmado daquelas primeiras horas e da semana seguinte, e nem Ford nem Stevens pretendiam tentar. Apenas disseram aos homens que não se colocassem em risco desnecessário e que se concentrassem no que estava em seu campo de visão, assim como na própria segurança. A alegação de Ford de que ele estava na praia no primeiro dia, algo que ele repetia com menos hesitação e mais ênfase à medida que a idade avançava, provavelmente era inverídica, mas, pelo menos no início, ele decerto não contou a história para sugerir uma noção amplificada de sua própria coragem. "Quando cheguei à praia, corri para a frente e comecei a posicionar alguns dos meus homens atrás de algumas coisas para que tivessem chance de expor seus filmes", disse ele. "Sei que isso não parece intensamente dramático. [...] Para falar a verdade, eu estava muito ocupado fazendo o que precisava ser feito para registrar na memória uma imagem coesa do que eu fazia. Ficamos ali trabalhando naquele dia, e por vários dias e noites também."

Ao final do primeiro dia de combate, mais de 4 mil soldados dos Aliados estavam mortos. Catorze dos dezesseis tanques que haviam tentado desembarcar na praia Omaha haviam sido destruídos. Alguns homens, armados com equipamentos que incluíam lança-chamas pesando quase quarenta quilos, afundaram e se afogaram quando sua embarcação de desembarque naufragou na água rasa. Outros foram destroçados por metralhadoras quando saíram das rampas para a água, ou morreram porque ficaram presos nos obstáculos submersos dispostos próximo à costa e entraram em pânico; outros foram abatidos por morteiros ou atiradores de elite quando davam seus primeiros passos para fora do mar e subiam a areia; outros foram feridos, e depois morreram junto com os soldados que tentaram carregá-los em macas até as linhas de frente onde estavam os socorristas. Soldados morreram porque seus mapas ou a navegação eram imperfeitos e suas embarcações pararam nas coordenadas erradas; morreram porque, prejudicados pelo peso dos coturnos e de uniformes encharcados, não conseguiram se abrigar a tempo; morreram porque tiraram o capacete a fim de enxergar em meio à fumaça, chuva e névoa, determinar a origem dos tiros e tentar encontrar algum ponto da costa que parecesse seguro; ou morreram porque tiveram o azar de fazer parte da primeira leva dispensável de sacrifícios que liberou o caminho para a imensa força invasora e os recursos materiais que vinham logo atrás. Alguns soldados que sobreviveram ao primeiro dia lembraram que os gritos constantes de agonia, medo, dor e confusão foram a pior parte de tudo. Ao anoitecer, vastos segmentos das praias estavam manchados de vermelho e marrom com sangue, e havia corpos caídos em todas as direções, expostos e irrecuperáveis.[14]

"Vi muito poucos homens mortos e feridos", disse Ford. "Lembro que estranhei. Mas depois, vi os mortos boiando no mar." Por milagre, nenhum homem da Fotografia de Campanha morreu naquele dia, e apenas um se feriu. Mas a maior parte do filme para o qual Ford havia feito planos com tanto cuidado estava imprestável: as câmeras estacionárias montadas nos navios haviam sido explodidas, ou não funcionaram, ou funcionaram apenas o bastante para que o filme fosse exposto e destruído, ou registraram apenas caos. E apenas três câmeras da primeira leva de embarcações sobreviveram.[15]

Nos dias seguintes, os homens de Ford avançaram pelo continente com as tropas, e, a quilômetros de distância, Stevens fez o mesmo com as forças britânicas e americanas às quais sua unidade SPECOU estava atrelada. Com o tempo, parece que os dois diretores entraram em contato, ainda que brevemente. Stevens gostava de relatar sobre um momento em que ele se agachou atrás de uma cerca na Normandia para se proteger durante um tiroteio até que olhou para cima e viu Ford de pé, examinando a ação placidamente.[16] A história tinha uma boa dose de mito, mas diz muito sobre a admiração de Stevens pelo estoicismo e pela imperturbabilidade que Ford transmitia quando sob pressão. Stevens passara por alguns dias particularmente difíceis quando tentou liderar sua equipe. "George não tinha o direito de estar no Exército", lembrou Irwin Shaw, "porque ele era asmático e escondeu [isso] dos médicos. E na Normandia [...] o clima [era] horrível. Teve um período em que ele não conseguia se [levantar]. [...] Tínhamos barracas [...] debaixo de umas árvores na beira de um campo, e ele ficou deitado lá por três dias. Ele não aguentava a ideia de que os caras se machucassem, e tentou segurar todos nós, para minimizar as baixas."[17]

Segundo um relatório do OSS, Ford ia à praia durante o dia para conferir os homens da Fotografia de Campanha, mas parece provável que ele tenha permanecido no *Augusta* a maior parte do tempo, apesar de décadas mais tarde ter afirmado que "sim, fui um dos primeiros a desembarcar [...] na primeira hora".[18] Em 8 de junho, ele escreveu uma carta para Mary, dizendo: "Querida Ma, Meu amor, sinto muita saudade de você, de nossa casa e de nossa família, mas acho que é por isso que estamos lutando. Resista, minha amada. Espero estar com vocês todos em algumas semanas. Isto aqui está indo muito bem. Os chucrutes vão acabar quebrando qualquer dia desses. Amo você. Papai".[19]

Menos de 72 horas após o Dia D, a maior parte do filme recuperável obtido pela Fotografia de Campanha, pela equipe SPECOU, pela guarda costeira, pelo Exército canadense e pelos ingleses foi enviada a Londres. Algumas imagens eram coloridas; todas foram convertidas para preto e branco para serem usadas em cinejornais. Trabalhando incessantemente em turnos de quatro horas alternados com quatro horas de descanso, os americanos e integrantes da Unidade de Cinematografia do Exército britânico examinaram cada foto e reuniram uma montagem bruta, marcando as cenas que achavam que valiam a pena.[20] Não eram muitas. Grande parte das imagens estava fora de foco, escura, ou tremida e incompreensível, e muitas das imagens mais nítidas eram tão explícitas que imediatamente foram consideradas inadequadas para exibição a qualquer público geral. Havia cenas de homens feridos e apavorados, cadáveres de olhar fixo boiando de rosto para cima na água rasa, membros arrancados, ondas tingidas de sangue batendo na areia;[21] os cinegrafistas haviam seguido a máxima de Ford "Se você vir, dispare [a câmera]", mas o que eles capturaram levaria mais de cinquenta anos para aparecer em salas de exibição públicas importantes.[22] "Muito pouco era liberado para o público naquela época", disse Ford. "Aparentemente, o governo tinha medo de mostrar tantas baixas na tela."

Os rolos filmados — cerca de uma hora e quarenta minutos ao todo — foram apresentados a Churchill e depois enviados a Washington e exibidos para Roosevelt. Foi uma semana durante a qual os americanos afluíram aos cinemas ávidos por notícias sobre a guerra, que agora chegavam em um ritmo atordoante. Na segunda-feira, eles souberam da libertação de Roma pelos Aliados, uma notícia transmitida por rádio para milhares de cinemas. O Dia D seria no dia seguinte, e, pela segunda noite consecutiva, as salas de exibição de todo o país haviam desligado seus projetores no meio do filme da noite para que os espectadores pudessem ouvir o discurso de seis minutos de Roosevelt à nação, no qual o presidente pediu que os americanos rezassem com ele. Os cinemas trocavam os cinejornais toda semana, geralmente assim que conseguissem montar a nova remessa nos projetores após receberem-na na tarde de quinta ou sexta-feira. Ciente de que seria impossível preparar, processar e enviar imagens da Normandia a tempo de serem exibidas naquela semana, Capra ordenou que sua unidade montasse um documentário de vinte minutos chamado *Eve of Battle* [Véspera da batalha], sobre os preparativos para a invasão, a fim de substituir os cinejornais comuns em muitos cinemas em 8 de junho e servir também como uma espécie de prévia das atrações seguintes com imagens do Dia D, que enfim seriam apresentadas ao público no dia 15 de junho.[23]

Naquela noite, os espectadores estavam ouriçados para ver cenas da praia Omaha, que pela semana inteira haviam sido anunciadas com slogans que proclamavam "Primeiras Imagens da Invasão!". O público viu dez minutos eletrizantes aprovados pelo Exército, tudo em preto e branco, que incluíam um soldado americano atingido por um tiro mas omitiam as imagens mais brutais e explícitas que haviam sido filmadas. O Escritório de Relações Públicas do Departamento de Guerra elogiou o trabalho coletivo dos cinegrafistas do Dia D, chamando-o de "o maior esforço pictórico em equipe" da guerra.[24]

Ford tratou a conclusão do trabalho de documentação da Fotografia de Campanha naqueles primeiros dias na Normandia como o encerramento da maior sessão de filmagem de sua carreira e comemorou com um porre arrasador. Bill Clothier, que filmara boa parte do material de *Memphis Belle* para Wyler, ficara amigo de Ford e viria a trabalhar em vários filmes com ele; naquele momento, estava encarregado de sua própria pequena unidade de cinegrafistas da Força Aérea do Exército, e se hospedara em uma casa no litoral francês em uma região que havia acabado de passar ao controle dos Aliados. Por volta do dia 12 de junho, Ford foi até a casa — ele disse a Clothier que procurava Stevens — e começou a beber. Pelos três dias que se seguiram, ele permaneceu em um saco de dormir, arrastando-se para fora apenas quando precisava de mais álcool, mesmo quando precisou roubar do estoque de outro oficial. Às vezes ele saía da casa aos tropeços e arrumava briga com um dos soldados franceses postados à porta. Quando Clothier foi vê-lo e o descobriu desmaiado em um saco de dormir saturado de urina e vômito, ele perdeu a paciência, chamou Mark Armistead — um amigo na Unidade de Fotografia de Campanha — e pediu que ele fosse buscar o diretor imediatamente. Quando a Fotografia de Campanha chegou, Ford já havia saído para uma taverna e foi encontrado sem uniforme e praticamente sem dizer coisa com coisa. "A gente só precisava tomar conta dele", disse Armistead. "[Era] o tipo de pessoa para quem um gole é demais e mil não bastam. [...] Quando ele [bebia], você precisava ficar com ele dia e noite, esperar até aquilo passar."[25]

De volta ao *Augusta*, sóbrio e abatido, Ford começou a direcionar seus pensamentos rumo ao próximo filme. John Bulkeley estava no canal da Mancha, liderando uma esquadra de dezenas de lanchas torpedeiras que patrulhavam a área a fim de repelir quaisquer ataques dos *Schnellboote* (as embarcações rápidas com casco de madeira que os Aliados chamavam de "E-boats", em essência a versão alemã das lanchas torpedeiras). Ford contatou o navio de Bulkeley pelo rádio e pediu permissão para subir a bordo. Ele queria conversar com Bulkeley sobre *Fomos os sacrificados*, e lhe disse que agora estava determinado a dirigi-lo. Bulkeley, que havia um ano vinha ouvindo falar do projeto, admitiu que não acharia ruim ser interpretado por Spencer Tracy. Ford respondeu com escárnio. "Ele não tinha muitas palavras boas para se referir a Spencer Tracy, por algum motivo", lembrou Bulkeley.

Após o encontro constrangedor em Washington, Bulkeley via Ford com reservas; considerava o diretor um fanfarrão e um exibicionista e não confiava muito nele. Por alguns dias, Ford o acompanhou em missões de patrulhamento, e Bulkeley ficou com a impressão de que ele não vira muita ação no Dia D e queria chegar mais perto de onde a guerra acontecia de verdade. Quando a lancha torpedeira deles foi alvo de uma metralhadora alemã distante, Ford não se assustou; "ele adorava a empolgação toda", disse Bulkeley. Ao final do tempo que passaram juntos, sua antipatia pelo diretor cedera até se tornar um sentimento de reconhecimento relutante, mas ele deixou bem claro a Ford que não queria ter nada a ver com Hollywood, rejeitou a oferta de servir como consultor técnico e acrescentou que preferia que o filme não estivesse sequer em produção. Ford respondeu que não tinha intenção alguma de transformar a história de vida dele em "um filminho vagabundo de propaganda" e, para garantir que o filme não recebesse um tratamento inadequado, disse a Bulkeley que a produção começaria apenas após a guerra.[26]

Um ou dois dias depois, Ford estava no cais Mulberry na praia Omaha quando uma tormenta cobriu o canal da Mancha e devastou os quebra-mares e as pontes flutuantes que as marinhas americana e britânica haviam construído; pelo porto artificial haviam passado a cada dia mais de 700 mil quilos em provisões para os Aliados. Ford mandou alguns de seus homens da Fotografia de Campanha se posicionarem nas pontes flutuantes e registrarem a destruição, sem se dar conta de que essa seria a última vez que supervisionaria uma filmagem na condição de oficial da Marinha.[27] Não se sabe ao certo por que o período de Ford na França acabou de forma tão abrupta, mas sua bebedeira, que pusera a teste a paciência de um capitão da Força Aérea e exigira a intervenção de mais de um oficial da Marinha, havia sido tão constrangedora e pública que poderia ter resultado em expulsão da Força. Não parece ter havido qualquer relatório oficial acerca do incidente, mas Ford talvez tenha sido instado por seus subordinados ou por Bill Donovan a evitar problemas e agir com mais discrição. Em 19 de junho, ele voltou para Londres e se hospedou no Claridge's. "Só encerrando este negócio", escreveu para Mary, sem entrar em detalhes.[28] Ele continuaria na Inglaterra — exceto por uma missão breve na Iugoslávia com Bulkeley — por mais seis semanas.[29] Mas já não havia mais nada para Ford fazer no campo de batalha. A guerra dele acabara. Ele iria para casa.

Um dia depois de Ford sair da França, Stevens pegou o diário de bolso e, pela primeira vez desde o Dia D, anotou uma entrada, identificada como "D+16". "Segunda manhã na área de reagrupamento", escreveu. "Manhã com tempo limpo e claro depois de uma noite muito fria. Usei o pequeno saco de dormir que pegamos para a ação da Marinha (Dia D). Recebi carabina própria."[30]

Após o desembarque dos Aliados, Stevens e seus homens haviam passado muitos dias em barracas armadas sobre abrigos que eles tinham cavado atrás de uma pista de voo. Acomodado em um espaço restrito de tal modo como nunca vivenciara antes, o diretor pôde conhecer melhor os soldados sob seu comando — e eles, por sua vez, tentaram entendê-lo. Mais tarde, Ivan Moffat lembrou-se dele como "um homem muito volúvel, temperamental, capaz de uma risada estrondosa e de bastante raiva, se

Huston (*à esquerda*) com seus corroteiristas em *Juarez*, Wolfgang Reinhardt e Aeneas MacKenzie, e o produtor Henry Blanke. O filme foi sua primeira incursão na categoria de filmes políticos.

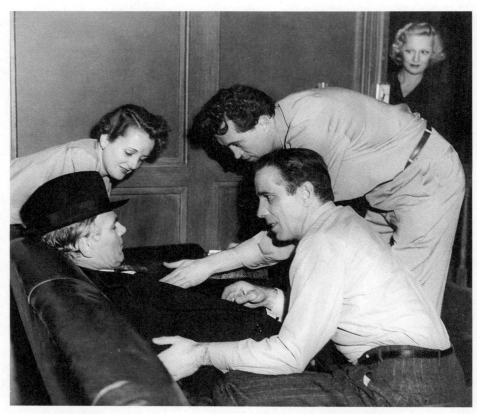

(*Em sentido horário a partir do canto superior direito*): Lee Patrick (*na porta*), John Huston, Humphrey Bogart, Walter Huston e Mary Astor no set de *O falcão maltês*, de 1941, o primeiro grande sucesso do diretor.

O caso de Huston com Olivia de Havilland, que ele dirigiu em *Nascida para o mal*, de 1942, era um segredo conhecido em Hollywood.

Huston e o ator Edward G. Robinson durante a guerra em uma festa oferecida em homenagem à esposa de Chiang Kai-Shek.

Embora *San Pietro* tenha sido apresentado ao público como um documentário de guerra, todas as cenas de combate do filme eram encenações.

Um veterano internado por trauma psicológico associado a combate é entrevistado por um médico em *Let There Be Light*, que foi censurado por 35 anos.

Stevens e Katharine Hepburn no set de *A mulher do dia* (1942). Depois da guerra, ela insistiu para que ele voltasse a dirigir comédias; Stevens nunca voltou ao gênero.

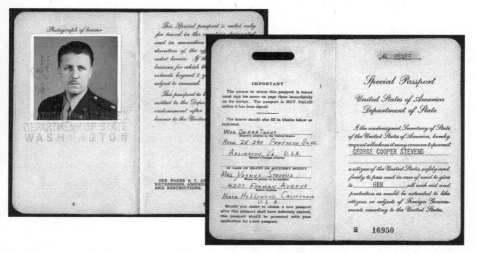

Passaporte militar de Stevens. Ele foi o último dos cinco diretores a ir para a guerra e o último a voltar para casa.

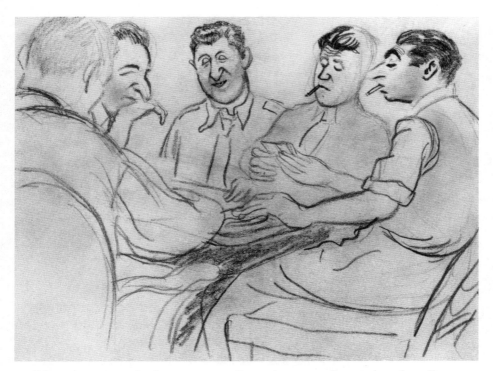

Esboço de um grupo de pôquer com quem Stevens jogava quando estava baseado na Europa.
A partir da esquerda: William Saroyan, Irwin Shaw, Stevens, Robert Capa.

Stevens (*ao centro, sem capacete*) e Irwin Shaw (*à direita no primeiro plano*), em meio à celebração de soldados americanos e civis pela libertação da França.

A filmagem de Stevens em Dachau incluía diversos segmentos com depoimentos dos prisioneiros direto para a câmera.

Itália, 1944: o cinegrafista do Serviço Pictórico do Exército filma um DUKW ("Duck") em chamas, um veículo anfíbio destruído por aviões alemães.

Walt Disney (*à direita*) discute o uso de técnicas de animação para um filme de instrução sobre treinamento de voo naval.

Uma miniatura gigantesca da baía de Tóquio usada em um filme do Exército feito com a intenção de orientar tripulações da Força Aérea sobre alvos japoneses.

1945: Jack Warner (*ao centro*) corta um bolo de boas-vindas para (*a partir da esquerda*) Wayne Morris, Ronald Reagan, Gig Young e Harry Lewis, atores contratados que voltavam da guerra e se despediam das rações K na mesa.

Durante a guerra, Lowell Mellett deixou os jornais para dirigir o Bureau of Motion Pictures do Office of War Information e, muitas vezes, bateu de frente com cineastas.

Harry Truman na capa da revista *Time*, pouco antes de sua comissão do Senado lutar contra o esforço de propaganda filmada das Forças Armadas, percebido como desperdício.

Darryl F. Zanuck, da 20th Century Fox, transformou sua breve experiência na Tunísia em um livro e em um filme muito criticado e, pouco depois, pediu baixa e voltou a Hollywood.

Frank Capra e Jimmy Stewart no set de *A felicidade não se compra*, a primeira produção do diretor pela Liberty, sua malfadada empresa criada após a guerra.

Homer (Russell) mostra à namorada, Wilma (Cathy O'Donnell), suas próteses em um momento de *Os melhores anos de nossas vidas* que apresentou ao público o custo pessoal da guerra.

Wyler na primavera de 1943, fotografado logo após um fotógrafo do Exército lhe dizer que ele havia ganhado o Oscar por *Rosa de esperança*.

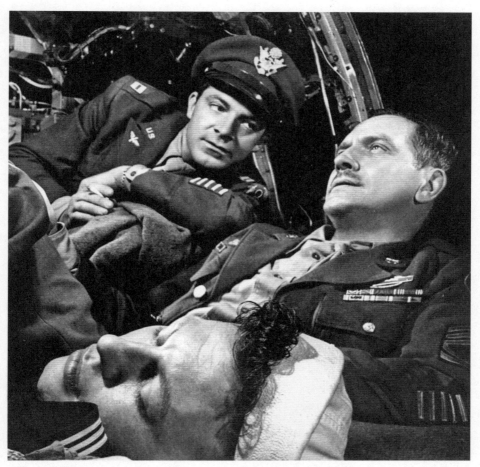

Dana Andrews, Fredric March e (*em primeiro plano*) Harold Russell, que não era ator profissional, voam de volta para casa em *Os melhores anos de nossas vidas*.

Wyler recebe um Oscar de Melhor Diretor por *Os melhores anos de nossas vidas* de seu colega e admirador, Billy Wilder.

perturbava com facilidade, mudava de hora em hora. [...] [Era] um sujeito que tinha um bocado de um tipo curioso de ciúme ou pseudociúme mordaz e meio zombeteiro, às vezes fingido, às vezes não".[31] Essa característica pode ter sido específica do relacionamento dele com Moffat, um jovem T/5 (técnico de quinta classe, equivalente à patente de cabo) cortês, ambicioso e ligeiramente exibido que era o único subalterno de Stevens fluente em francês. A princípio, Stevens gostou do domínio do idioma por Moffat; depois, aquilo começou a irritá-lo; e então, sem nunca saber ao certo o que Moffat estava dizendo, o diretor o proibiu de falar francês em sua presença. Moffat respondeu compondo alguns versos irregulares nos quais debochava das novas restrições e os mostrou aos outros soldados. Quando Stevens viu o poema, "ele riu", disse Moffat, "e depois disso a regra não foi mais aplicada".[32]

Stevens era "misericordioso", disse Irwin Shaw. "Ele não tinha nada de autoritarismo excessivo. E os caras gostavam muito dele — a disciplina em sua unidade era muito alta, muito boa." Mas seus homens entendiam tão pouco de como ele funcionava quanto os atores nos sets de Hollywood. Stevens, representando uma caricatura popular, dizia-lhes que sua ascendência indígena — muitas vezes mencionada, nunca confirmada — era a responsável pela impossibilidade de se interpretar sua expressão. O mais provável é que essa era a maneira como Stevens tirava vantagem de sua falta de traquejo social. Incitar em seus homens incerteza quanto a qual seria sua reação a eles era sua forma estranha de estabelecer o controle. "Ele era taciturno, sempre com um olhar sério", disse Shaw, "mesmo quando contava piadas."[33]

A segurança de seus homens era uma preocupação constante, embora, passados os primeiros dias, eles estivessem afastados da linha de tiro, ainda que não fora de perigo imediato. A faixa costeira da França e algumas estradas continuavam tomadas por armadilhas e explosivos; uma das entradas no diário de Stevens, do final de junho, era um conjunto de rabiscos grosseiros que representavam como devia ser a aparência de minas terrestres disfarçadas.[34] Mas o principal pensamento de Stevens era sua missão, e ele surpreendeu alguns homens da SPECOU quando deixou claro que acreditava que seu papel era não apenas documentar o combate, mas criar um registro de toda a campanha — o que os nazistas haviam feito à França, como estavam os povoados e as estradas destruídas, como os feridos eram tratados. Stevens nunca estivera na França antes, e se ele às vezes via o cenário com os olhos de um turista, o mesmo acontecia com muitos dos soldados americanos deslumbrados que estavam marchando Europa adentro; Stevens pretendia documentar a guerra através dos olhos deles, além de seguir seus próprios instintos quanto ao que filmar.

No começo, ele se perguntou se estaria se desviando demais da missão original. Afinal, estava no Exército em parte para atuar como propagandista; um ano antes, vira-se no Norte da África, encenando uma guerra de mentira no mesmo lugar onde uma verdadeira acabara de ser travada, a fim de fazer os americanos sentirem que estavam vencendo. Agora, estava no meio de uma guerra cujas proporções desafiavam a habilidade de qualquer cineasta de organizar os acontecimentos ou transformá-los em uma narrativa simples de perseverança ou bravura conduzindo à inevitável vitória. Ele acreditava que, além de proteger seus homens, sua única responsabilidade era filmar o que via, e filmar da forma como via. Parado com Moffat em um cruzamento em Isigny-sur-Mer, um vilarejo rústico de produtores de queijo, observando comboios de abastecimento dos Aliados percorrerem as estradas esburacadas e bombardeadas, ele ficou abalado pela justaposição do maquinário de guerra que chegava para salvar o dia em um povoado quase bucólico que o maquinário da guerra praticamente destruíra alguns dias antes, e no mesmo instante ele pensou em erguer a câmera enquanto os caminhões passavam. "Eu adoraria filmar alguns rolos disso, só para guardar para o futuro", disse a Moffat.

"Por que o senhor não filma, coronel?"

"E mandá-los para o Departamento de Guerra?", respondeu Stevens. "Eles iam achar que eu fiquei maluco."[35]

Contudo, na maior parte das vezes, Stevens se permitia filmar sempre que sentia vontade, e o resultado foi uma espécie de registro amador da França após o Dia D que, até hoje, é o documento visual mais detalhado daquelas semanas críticas. Ele mandara seus homens filmarem dois cidadãos franceses segurando a bandeira do país diante de um edifício arruinado; Stevens aparece mostrando como eles deviam fazer e então lhes dá um sinal de "OK" com a mão. A SPECOU filmou um soldado americano ferido em uma maca dentro de um caixote que parecia um caixão e estava sendo içado para o convés de um navio. Filmou Stevens e outro soldado cavando o que aparenta ser um túmulo em um campo coberto de grama; filmou um soldado jovem conversando com um francês idoso diante de um cartaz rasgado, um menino francês correndo atrás de Stevens e Bill Mellor enquanto eles caminhavam por uma estrada, a bandeira dos Estados Unidos sendo erguida junto à francesa na janela aberta da varanda de uma casa em uma cidade recém-libertada. Registrou a carcaça de uma catedral devastada ao anoitecer e escolas sem teto contrastando diante do céu vespertino. Filmou tanques camuflados emergindo dos bosques e soldados abrindo suas rações e vasculhando seus equipamentos em busca de maços de cigarro Camel. E, sempre que encontrava uma, Stevens mandava seus homens filmarem placas nas estradas para orientar os espectadores conforme passavam por dezenas de comunas e vilarejos minúsculos.

Stevens queria que sua unidade encontrasse o engraçado, o incongruente, o idiossincrático e o inesperado. "Ele nunca abordava nada de forma muito direta", escreveu Moffat. "Se havia algo a ser visto e um grupo de pessoas o estivesse vendo, ele sempre olhava para as pessoas que olhavam a cena. Ele sempre usava um tratamento indireto."[36]

Em 4 de julho de 1944, a equipe SPECOU encontrava-se entrincheirada havia algumas semanas no QG do exército dos Aliados em Carentan, uma cidadezinha perto de Cherbourg localizada a cerca de um quilômetro das linhas inimigas. Ali, Stevens filmou cerimônias de entrega de medalhas envolvendo Patton, Bradley e o general britânico Bernard Montgomery, e registrou imagens coloridas de soldados relaxando, tomando sol, lendo edições antigas da revista *Life* e abrindo, ansiosos, cartas de casa. Eles haviam fixado uma placa na entrada do acampamento com indicadores de distância e setas apontando na direção de Nova York, Paris, Londres e "Shirley (7242 quilômetros)". É possível identificar os membros da unidade de Stevens nesses registros francos pelos distintivos pretos e amarelos na manga de seus uniformes, que diziam "Fotógrafo de Guerra Oficial dos EUA".[37] Conforme instruções de Patton e Bradley, Stevens e seus homens deveriam acompanhar o exército pelos dois meses seguintes, avançando rumo ao sudoeste de Carentan até a Bretanha, e depois a oeste até Paris. Foi nessa jornada de mais de setecentos quilômetros por estradas muitas vezes perigosas que Stevens começou a reunir as imagens que definiriam para uma nação de espectadores o avanço dos Aliados pela Europa e o ponto de virada que isso representava. Eram exatamente as cenas que John Huston pretendera encontrar e acabara fabricando em San Pietro — cidadãos em êxtase emergindo de seus lares arrasados para receber os libertadores americanos, moças lançando flores, crianças correndo ao lado dos comboios na esperança de ganhar uma barra de chocolate. As câmeras também capturaram os perigos que os soldados americanos enfrentaram — é possível ver homens pulando e se dispersando quando uma mina terrestre no meio de uma estrada explode de repente.

Stevens filmou também os mortos, imagens tão perturbadoras que nunca chegaram às telas. Ele registrou civis franceses, vítimas de bombardeios, dispostos ao longo de uma estrada rural, e suas câmeras não se detiveram muito nas imagens, mas se fixaram por tempo suficiente para que os olhos sem vida e as expressões de ligeira surpresa boquiaberta assombrassem qualquer um que as visse. E, o que quer que seus homens encontrassem, se estavam com uma câmera nas mãos, a ordem de Stevens era que fizessem seu trabalho e nunca virassem o rosto. Pouco após o exército começar seu avanço rumo à Bretanha, a unidade deu com um par de soldados mortos trajados em uniformes da Wehrmacht. "Eles estavam perto de uma casa de fazenda", disse Shaw. "Tinham sido abandonados em macas pelos caras do próprio grupo médico. Estavam todos arrebentados, e os dois eram muito novos, e [...] tiramos fotos." A equipe SPECOU fora informada de que os alemães às vezes armavam explosivos nos corpos dos próprios soldados mortos ou colocavam os cadáveres em cima de minas terrestres. "Avisamos todo mundo, fiquem longe, não encostem", disse Shaw. "Então George pegou um pedaço grande de pau e os cutucou. [Foi] macabro. Só para confirmar [...] para que pudéssemos filmar de perto e tal. Acho que aqueles foram os primeiros alemães que vimos desde a praia."[38]

VINTE E DOIS

"Se Hitler consegue resistir, eu também consigo"

HOLLYWOOD E WASHINGTON, JULHO A DEZEMBRO DE 1944

Em julho, John Ford recebeu de volta o *Araner*. A Marinha havia fretado o barco pouco depois de Pearl Harbor, pintando-o de preto como camuflagem e usando-o para liderar uma esquadra de patrulha em busca de submarinos na costa da Califórnia. Ford cedera o veleiro pela taxa prometida de um dólar, mais a permissão de navegar permanentemente com a bandeira da Reserva da Marinha quando a embarcação fosse devolvida. Ele nunca cobrou o dólar, mas usou a bandeira.[1]

Embora, oficialmente, ainda estivesse na ativa, Ford, de volta aos Estados Unidos após o Dia D, foi removido com extraordinária rapidez da função que exercera na Marinha até então. Era pouco provável que ele fosse enviado de volta ao front; no começo de agosto, estava em seu escritório em Washington, e depois passou duas semanas com a família em Los Angeles, para então voltar à capital sem ter muito o que fazer para a Fotografia de Campanha ou o OSS. A guerra na Europa prosseguia com intensidade crescente, mas ele não faria parte dela. Seu tempo de serviço estava encerrado, e, em alguns aspectos, ele estava desesperado para não sair de mãos abanando. A relação de Ford com honrarias por sua obra sempre havia conciliado falsa indiferença e intensa carência; ele não comparecera à cerimônia do Oscar em nenhuma das três vezes em que venceu a categoria de Melhor Diretor, mas dera tanta importância aos prêmios que passara a dizer às pessoas que na verdade haviam sido quatro estatuetas, contando o Oscar por *O ataque a Pearl Harbor*, embora ele não o tivesse dirigido. Os prêmios eram uma validação, um sinal de reconhecimento e uma medida de sucesso comparativo; eram também, mesmo nos anos 1940, objeto de obsessão exagerada em Hollywood.

Isso talvez explique por que, mesmo antes que sua fase nas Forças Armadas terminasse oficialmente, Ford tenha se tornado o que sua filha chamou de "maníaco das comendas".[2] O diretor queria uma Estrela de Prata, que era outorgada a integrantes das Forças Armadas por "galhardia em ação contra um inimigo dos Estados Unidos", e pediu que o secretário da Marinha aprovasse uma para ele. Ford queria também uma Medalha por Distinção em Serviço, que Capra receberia em breve, uma Comenda da Reserva da Marinha, concedida a homens que tivessem passado dez anos na Reserva,[3] e mais um Coração Púrpura para se juntar ao que ele recebera após Midway; ele alegou que tinha direito porque fora ferido durante um bombardeio em Londres e explicou que, infelizmente, não se lembrava do nome do médico que o tratara. Ele chegou até a pedir uma Croix de Guerre à Bélgica.[4] Para Ford, tais condecorações estavam entre os únicos indicativos de bravura e coragem em que ele confiava, em parte devido à sua crença de que elas proporcionariam uma espécie de comprovação para a posteridade. No outono, Ford ficou sabendo que Junius Stout, um de seus jovens operadores de câmera da Fotografia de Campanha, havia morrido. Stout estava em cima de um dos imensos quebra-mares flutuantes retangulares que haviam sido rebocados para a praia Omaha como parte do cais Mulberry; ele sobreviveu na ocasião, mas acabou abatido quando voava de volta à Inglaterra para ser promovido a oficial. Vinte anos depois, quando Ford falou da morte de Stout, medalhas ainda eram um tema prioritário. "Ele fez um trabalho excelente montado naquele caixotão — recebeu uma Estrela de Prata por aquilo."[5]

Mesmo seus familiares achavam que a demanda de honrarias militares por Ford era "despudorada",[6] mas ela talvez tenha derivado de um desejo de reprimir o próprio medo de que não houvesse feito o bastante. Ele vira tantos homens arriscarem — e às vezes perderem — a vida no cumpri-

"SE HITLER CONSEGUE RESISTIR, EU TAMBÉM CONSIGO"

mento do dever que precisava de alguma forma de comprovação tangível de que seu próprio trabalho na Marinha tivera algum significado. E, embora já tivesse decidido em definitivo dirigir *Fomos os sacrificados* para a MGM, ele estava profundamente determinado a fazer com que o filme fosse visto como uma extensão, e não o encerramento, de seu serviço militar. Em sua solicitação ao Departamento de Guerra para sair da ativa, ele escreveu "O filme teria um grande tema naval que, no momento, seria muito oportuno" e prometeu que voltaria a trabalhar para o OSS assim que o concluísse. Ao mesmo tempo, Ford precisava convencer seus colegas da Marinha de que sua saída era involuntária, e que ele se opunha. "Recebi ordens para ir a Hollywood e fazer um filme comercial [...] e viajo hoje à noite", escreveu a Albert Wedemeyer, o general sob o qual servira em sua temporada pelo OSS na Birmânia e na China. "Embora pelo menos eu vá ter a chance de passar o Natal com a família e brincar com o trem elétrico do meu neto, mesmo assim lamento um pouco que um grande guerreiro como eu esteja na terra da fantasia enquanto os bons lutam. [...] Vou receber uma bolada pelo filme, e vou estabelecer um fundo. [...] Pelo menos assim minha consciência fica um pouco mais tranquila."[7]

A parte do dinheiro era verdade — ainda que a informação amplamente divulgada de que ele receberia 300 mil dólares, "o maior salário já pago a um diretor de Hollywood por um filme", pareça ter sido hiperbólica; o salário de seis dígitos ligeiramente menor que lhe foi pago de fato era uma quantia que, até então, somente Capra havia recebido. E, como prometera, Ford instituiu um fundo com o dinheiro, mas omitiu de suas declarações ao público o detalhe de que ele não tinha escolha: a vilipendiação de Zanuck por uma comissão do Congresso porque ele não aplicara seus ativos da Fox em um fundo enquanto estava no Exército ainda era uma memória recente, e, enquanto Ford fosse um oficial, mesmo fora da ativa, as Forças Armadas não ficariam satisfeitas se ele embolsasse um salário extravagante por um emprego civil.

Ford decidiu usar o dinheiro do salário para financiar um ato duradouro de caridade; gastou 65 mil dólares para adquirir um terreno de 32 mil metros quadrados em Reseda, Califórnia, de Sam Briskin, um executivo da Columbia Pictures e importante parceiro de Frank Capra.[8] No local, Ford estabeleceu o que chamou de "a Fazenda", um resort particular e uma grande sede que ele criou para servir de refúgio aos veteranos de sua Unidade de Fotografia de Campanha; a instituição continha um bar, uma piscina, quadras de tênis e badminton e seis quartos, incluindo um reservado permanentemente para Bill Donovan.[9] As diversas funções da Fazenda eram um reflexo direto dos instintos contraditórios de Ford de veneração e emocionalismo, grandiosidade e generosidade. Era, em parte, um memorial, tendo gravado na parede de uma capela adjacente o nome de uma dúzia de homens da Fotografia de Campanha que haviam morrido. Era também uma tentativa de recriar o espírito de camaradagem masculina e etílica do Emerald Bay Yacht Club, sua válvula de escape em Hollywood entre filmes nos anos antes da guerra. E, como Emerald Bay, a Fazenda adotava um regimento cerimonioso debochado que determinava a realização de um desfile anual e especificava que mulheres teriam permissão para visitar apenas um dia ao ano. Não por acaso, era também um altar para o próprio Ford: fotos e registros de suas conquistas ocupavam posições de destaque nas paredes.*

A imprensa fez uma ampla cobertura da decisão de Ford de fundar a Fazenda — chamada formalmente de Retiro e Memorial da Fotografia de Campanha —, anunciando, demasiado generosa, que ele abriria mão do salário da MGM a fim de instituir um "fundo beneficente de reabilitação" para "ex-técnicos de estúdios de Hollywood [...] em diversos teatros de guerra"[10] (a função de reabilitação da Fazenda era questionável, e anos depois Ford rechaçou, irritado, uma sugestão de Robert Parrish de que ela deixasse de ser um retiro de luxo e oferecesse hospedagem de baixo custo para veteranos).[11] As matérias também acabaram reforçando a reputação pública já sólida do "Comandante Ford" como herói de guerra, deixando claro que ele voltaria à ativa assim que terminasse o filme.

O plano do diretor foi recebido com uma dose consideravelmente maior de ceticismo por seu antigo chefe, Zanuck. Ford passara a maior parte da carreira contratado pela 20th Century Fox e ainda devia ao estúdio mais um filme; quando Zanuck soube que ele voltaria a trabalhar, só

---

* Ao longo dos anos, Ford aplicou pelo menos 200 mil dólares na manutenção da Fazenda; a instituição fechou permanentemente em 1969, após ser destruída por um incêndio.

"SE HITLER CONSEGUE RESISTIR, EU TAMBÉM CONSIGO" 361

que para a MGM, ficou furioso. Ford nem sequer ligara para Zanuck para conversar sobre a decisão; simplesmente mandara avisar que, visto que *Fomos os sacrificados* seria produzido enquanto ele ainda fazia parte da Marinha e a própria instituição colaboraria com o filme, a obrigação contratual de trabalhar para a Fox após o fim do serviço militar não se aplicava ainda. Pedindo compreensão, Ford também disse para um intermediário no estúdio explicar a Zanuck que ele havia acabado de voltar da Europa para se "recuperar do choque e dos ferimentos sofridos em combate". Zanuck, que conhecia melhor que ninguém em Hollywood a propensão do diretor ao autoengrandecimento, respondeu: "Prefiro não acreditar em todos os fatos tais como são relatados por Ford, incluindo os ferimentos".[12] Mas não estava disposto a bancar o chefão de estúdio e dificultar tamanho gesto público de patriotismo e caridade, então respirou fundo e disse que Ford podia fazer o filme.

No outono de 1944, Capra também voltava o olhar na direção de Hollywood. "O que você vai fazer depois da guerra?" se tornara uma frase comum em conversas com oficiais da capital que acreditavam em uma vitória próxima, e estava claro que a alfinetada de Harry Warner sobre o perigo do esquecimento caso ele passasse tempo demais afastado o havia afetado. No final do verão, ele fechara um acordo para dirigir um filme chamado *The Flying Irishman* [O irlandês voador] e convidou Albert Hackett e Frances Goodrich, o casal que havia pouco trabalhara em *Know Your Enemy — Japan*, para escreverem o roteiro. Capra concebera o projeto como uma espécie de tributo a Eric Knight, cuja morte em 1943 era ainda a perda que ele mais sentira desde o começo da guerra. Knight havia publicado uma série de contos complexos e interligados chamada *The Flying Yorkshireman* [O voador de Yorkshire], sobre um imigrante inglês nos Estados Unidos que podia voar, e Capra pensou que a história seria um bom veículo para o sorridente Barry Fitzgerald, que se tornara um ator famoso após o sucesso de *O bom pastor*. Capra adquirira os direitos alguns anos antes, recusando-se a cedê-los por mais que a guerra tardasse em acabar — "Se Hitler consegue resistir", disse a seu agente, "eu também consigo".[13] Ele ainda não havia decidido se dirigiria o filme pessoalmente, mas sentia-se mais do que pronto para voltar ao trabalho. Contudo, a ideia de servidão a um estúdio não o atraía; depois de tantos anos na Columbia, ele não assinava um contrato desde *Meu adorável vagabundo* e se deu conta de que gostava dessa condição. A guerra adiara, mas não alterara, seus planos de se tornar um diretor-produtor completamente independente, e em agosto ele começou as conversas com Sam Briskin sobre a criação de uma nova empresa, a ser chamada de Liberty Films, que lhe daria autonomia absoluta.[14]

Imediatamente, Capra começou a pressionar o Exército para que o dispensassem. Redigiu uma justificativa tripla constituída, em proporções iguais, de interesse financeiro, apelo vago em prol de suas condições físicas, e um argumento fraco de que na verdade conviria ao Departamento de Guerra permitir que ele voltasse a Hollywood. Em pouco tempo, escreveu ele, "fará três anos desde que me afastei de minha profissão civil. A indústria cinematográfica é extremamente competitiva e em constante estado de transformação. Sinto que [...] continuar afastado por mais tempo acabe por restringir severamente meu posicionamento, minha habilidade e minha capacidade de remuneração futura. Minha saúde tem se deteriorado gradativamente, e sinto que isso afetará a eficiência de meu trabalho. Acima de tudo, sinto que dei tudo que estava ao meu alcance para a educação e orientação dos soldados. A partir de agora, sinto que posso fazer um trabalho mais significativo nos civis".[15]

O dinheiro era uma preocupação urgente, porém tácita. Embora a Warner Bros. enfim tivesse lançado *Este mundo é um hospício* no outono, três anos depois que Capra o filmara, o salário do Exército e o baixo rendimento em direitos autorais que ainda provinham de seus filmes mais antigos não bastavam para sustentar o conforto ao qual Lucille e os filhos dos dois há muito já haviam se acostumado. E Capra tinha motivo para supor que o Exército não precisava mais dele com urgência. Suas missões tinham se tornado vagas e secundárias. Ele foi enviado ao Havaí por um mês com ordens para organizar operadores de câmera do Corpo de Sinaleiros de acordo com o esforço do Exército de documentar o que o comando acreditava que seria a última fase da guerra no Pacífico, mas não lhe pediram para supervisionar um documentário específico. Grande parte de seu tempo era gasto em disputas irrisórias de jurisdição ou em tentativas de bajular o mundo do entretenimento, que já não estava mais tão cegamente disposto quanto dois anos antes a ignorar os lucros para cooperar com o esforço de

"SE HITLER CONSEGUE RESISTIR, EU TAMBÉM CONSIGO"

guerra. Capra não tinha muita paciência para lidar com resistência; quando Arturo Toscanini se recusou a permitir que o Serviço Pictórico do Exército usasse sua gravação de "The Star-Spangled Banner" no último filme da série *Why We Fight*, Capra lhe escreveu uma carta educada e abalada em que expressava "profundo pesar, e alguma surpresa" por perder a "execução magnífica" dele em um "projeto da maior importância", e então pediu para Robert Riskin dizer "ao querido Maestro que ou ele nos deixa usar a gravação, ou pode ir para o inferno e a usaremos de qualquer jeito".[16]

Capra também tinha saudade da família. Ele passara tão pouco tempo em casa desde o fim de 1941 que sentia que seus filhos estavam crescendo sem um pai; as crianças se comunicavam com ele quase como se fosse um estranho distante, mas amigável, enviando-lhe cartas curtas a pedido da mãe. "Querido Papai", escreveu Frank Jr., de dez anos. "Como vai? Espero que esteja tudo muito bem. Recebi um boletim bom, não é ótimo? Aposto que consigo escrever o nome de todos os estados e capitais em dez min. [...] Quer apostar quanto? Aqui todo mundo está bem [...] a gata está com filhotes na treliça embaixo da janela do quarto da mamãe. Estou indo muito bem na escola e sei fazer frações, numeradores e denominadores. Com amor, Frank."[17]

O Exército rejeitou a solicitação de Capra, dizendo que ele era necessário em Washington. Theodor Geisel havia acabado de entregar um roteiro novo para *Know Your Enemy — Germany*, mas o texto precisava de atenção, e o general Osborn, ainda o defensor mais confiável de Capra, expressara com uma rispidez inesperada sua contrariedade em relação à primeira versão de *The Battle of China*, o sexto filme da série *Why We Fight*. Conforme os documentários de guerra se compunham de cada vez mais imagens de combate genuínas (ou pelo menos bem orquestradas), o princípio de pechincha segundo o qual a série *Why We Fight* havia sido criado e orçado agora parecia antiquado; o público, mesmo a parcela composta apenas de soldados, estava perdendo o interesse por filmes montados a partir de peças de propaganda estrangeiras, cinejornais e mapas. *The Battle of China* abusava de narrações, cenas de produções antigas, clichês de orientalismo (há um uso constante de gongos ao longo do filme) e intensa retórica anti-Japão que enfatizava a selvageria de todo um povo e a malignidade do plano Tanaka, um documento no qual acreditava-se que o imperador Hirohito havia articulado seu "sonho insano", um complô sinistro visando à dominação do mundo quinze anos antes de Pearl Harbor.*

The Battle of China era, nas palavras de Osborn para Capra, "o menos satisfatório da série *Why We Fight*"; ele reclamou que "muitas das cenas não são de fato imagens de acontecimentos históricos, e sim trechos retirados de filmes de entretenimento ou outros a fim de produzir o efeito desejado". Capra recheara o filme com o que quer que havia disponível, incluindo diversas cenas que a MGM tinha filmado, mas excluíra de *Terra dos deuses*, melodrama de 1937 ambientado na China. Osborn achou que o roteiro subestimava o público-alvo e considerou o filme como um todo uma obra de tão pouca qualidade que disse a Capra que recomendava "que ele fosse retirado do circuito e aguardasse análise sobre uma possível revisão".[18] Capra, arrasado, pôde apenas recorrer à defesa frágil de que havia usado exatamente a mesma técnica dos filmes anteriores da série. "Não estou tentando me eximir pelo filme chinês", acrescentou, magoado. "Sei que há pessoas no Departamento de Guerra que afirmam que pusemos 'emoção' demais nesses filmes. Elas talvez tenham razão. É possível que uma recitação árida dos fatos tivesse sido uma forma mais 'segura' de apresentá-los. Mas minha experiência com espectadores [...] me ensinou há muito tempo que, se você quer que os fatos sejam assimilados, precisa apresentá-los de uma forma interessante."

"Tenho a sensação de que talvez tenha decepcionado o senhor", concluiu. "Dada a total e generosa confiança que o senhor depositou em mim, esse fato é bastante perturbador. [...] Não foi por falta de estudo ou esforço."[19]

Capra tinha ainda um filme em produção que ele acreditava ser capaz de produzir um grande impacto. John Huston passara os últimos meses antes do Dia D trabalhando no roteiro e editando o filme *The Battle of San Pietro*, uma tarefa que Capra lhe delegara quando os dois estavam em Londres mas que, de alguma forma, nunca recebera o status oficial de filme do Exército para um departamento específico. Além de Capra, ninguém mais no Exército sabia em que exatamente Huston estava investindo tanto tem-

---

* O plano Tanaka, amplamente tido como verídico durante a guerra, hoje é considerado uma farsa antijaponesa engenhosa criada na China.

"SE HITLER CONSEGUE RESISTIR, EU TAMBÉM CONSIGO"   365

po e esforço. Capra disse a Huston que, a fim de conseguirem dinheiro suficiente para concluir o filme, ele precisaria terminar uma versão bruta, levá-la a Washington e exibi-la ao general Surles, que, segundo Capra, "sempre manifestava a ideia absurda de que Huston estava fazendo um filme para o owi", e não para o Exército. Huston chegou à capital e apresentou uma versão inicial do filme. Surles gostou do que viu a ponto de dizer para ele terminá-lo. "Agora", escreveu Capra, "podemos gastar dinheiro nele oficialmente."[20]

Huston também começava a se preocupar com sua segurança financeira. A guerra havia interrompido sua carreira em Hollywood justo quando ele estava prestes a receber seus primeiros pagamentos de vulto na esteira de *O falcão maltês*, e seu salário de militar não cobria as contas. Quando sua avó morreu em julho aos 89 anos, no momento em que ele terminava *San Pietro*, Huston justificou o uso de um caixote simples de pinho para o enterro, em vez de um caixão caro, dizendo ao diretor da funerária, aparentemente com uma expressão impassível, que ele e ela eram judeus ortodoxos.[21] Sem previsão de fim para seu serviço militar, ele fechou contrato para escrever dois roteiros no outono daquele ano — uma adaptação do conto "Os assassinos", de Ernest Hemingway, para o produtor Mark Hellinger na Universal, e *O estranho*, que Orson Welles viria a dirigir para a rko. Huston contornou o regulamento do Exército quanto a receber salário como civil enquanto ainda na ativa assinando os dois roteiros com um pseudônimo — uma decisão que também lhe permitiu evitar o escrutínio da Warner Bros., com quem ele firmara um contrato de exclusividade.[22]

Porém, antes de começar o trabalho nesses filmes, Huston se dedicou a concluir *San Pietro* (Capra, de repente infundido de fervor católico, disse-lhe que preferia intensamente o título *The Footsoldier and St. Peter* [O soldado e São Pedro], mas "se contentaria" com o nome da cidade onde a batalha havia ocorrido como segunda opção razoável).[23] Em agosto, ele voltou a Washington para apresentar uma versão mais burilada do filme, que tinha entre 45 e cinquenta minutos de duração, a uma plateia de generais e oficiais de alto escalão.

A recepção foi desastrosa — e não por causa do amplo uso de encenações por Huston. Ainda muito abalado pela perda de vidas que presenciara na Itália, ele decidira fazer um documentário coerente com sua própria experiência emocional, um filme que enfatizava o custo terrível da campanha dos Aliados na Itália, e não a importância estratégica das táticas ou do final bem-sucedido. Ele incluíra uma imagem capturada perto de San Pietro, ainda que não da batalha, exibindo soldados mortos, os corpos cobertos, e, em vez de acompanhá-las com a narração, usara o áudio de entrevistas com soldados jovens falando animados sobre o futuro.

Foi nesse momento, passados mais ou menos três quartos do filme, que os oficiais começaram a sair da sala — primeiro um general, e depois, em ordem decrescente de patente, seus subordinados. Segundo Huston, a sala de exibição estava completamente vazia antes do fim do filme, "com o sujeito na base da hierarquia fechando a retaguarda". Isso sem dúvida era um exagero, mas a reação inicial de Huston ("Balancei a cabeça e pensei: 'Que bando de babacas! Lá se vai *San Pietro*!'") se confirmou quando ele foi chamado à sala do general Surles no Escritório de Relações Públicas, onde se encontravam alguns oficiais.

"O Departamento de Guerra não queria ter nada a ver com o filme", escreveu Huston. "Um dos representantes me disse que ele era 'antiguerra'. Respondi, cheio de pompa, que, se algum dia eu tinha feito um filme pró--guerra, esperava que alguém me levasse para fora dali e me fuzilasse. O cara olhou para mim como se estivesse pensando exatamente naquilo."[24] O próprio Huston achou que talvez tivesse forçado a barra ao justapor os soldados mortos e as falas em off, e ficou perturbado pela possibilidade — que ele não havia considerado — de que as famílias dos soldados achassem a cena insuportável demais; o diretor acreditava que o alto escalão tinha razão em mandar que o trecho fosse removido do filme. Mas ficou furioso pela reação geral dos oficiais e não estava inclinado a recuar. "Meu Deus, ninguém jamais quis matar alemães tanto quanto eu", disse. "Nem vê-los morrerem. Achei que impedir Hitler fosse 'antiguerra'."[25]

Huston passara a ver *San Pietro* não apenas como um gesto de consciência, mas como reparação tácita por sua obra anterior. Ele pensou em *Report from the Aleutians* e ficou com raiva de si mesmo por ter apoiado o esforço de propaganda do Exército ("Em uma das missões [exibidas no filme], dissemos que todo mundo voltou incólume. Bom, era muito raro [os homens] voltarem incólumes.").[26] E ele não estava interessado em amenizar os fatos que apresentara em *San Pietro*, incluindo a declaração lúcida

"SE HITLER CONSEGUE RESISTIR, EU TAMBÉM CONSIGO"

de que alguns regimentos americanos na Itália haviam sido devastados de tal maneira que quase todos os soldados teriam de ser substituídos.

Entretanto, para o grupo de oficiais que assistiu ao filme, não era questão de cortes ou correções; *San Pietro* era impublicável e precisaria ser arquivado permanentemente. O filme só foi resgatado quando o general Marshall pediu para vê-lo semanas depois. Marshall concordou com os demais quanto à obra ser completamente inadequada para o público geral, mas sentia que poderia ter valor como documentário de treinamento concebido para mostrar aos novos soldados algumas verdades duras sobre o combate — se ele pudesse ser abreviado em até vinte minutos e fosse totalmente reformulado.

Tentando salvar o filme, Huston voltou ao trabalho. No outono de 1944, ele engoliu o orgulho e reeditou o filme, considerando cada observação feita por oficiais superiores. O coronel Curtis Mitchell, do Escritório de Relações Públicas, insistiu inicialmente na "supressão de certas cenas em que os corpos de soldados americanos mortos são [...] puxados para cima de um caminhão", assim como qualquer "imagem que exibisse cadáveres humanos reconhecíveis"; depois aceitou uma concessão bizarra, de que as cenas poderiam ser mantidas no filme desde que a narração identificasse os mortos claramente como italianos.[27] O coronel Gillette, superior de Huston no Corpo de Sinaleiros, discordou de uma narração explicativa segundo a qual o objetivo da campanha seria libertar vilarejos italianos e escreveu a Huston dizendo que "a maioria das pessoas prefere pensar que os objetivos da guerra são muito maiores do que libertar cidades de um país inimigo".[28] Huston precisara lidar até mesmo com uma exigência de Robert Patterson, o subsecretário de Guerra, que aparentemente era um pouco ruim de ouvido. "Certo, Huston, vamos parar com essa insubordinação", escreveu Capra, brincando mas não tanto. Ele anexou um pedido do coronel Lyman Munson: "Patterson está possesso porque a revisão não reparou o que ele considera uma semelhança auditiva problemática entre as palavras 'Italian' [italiano] e 'battalion' [batalhão], que ele receia que cause confusão. [...] [Ele insiste que] sejam usados sinônimos para 'batalhão', como 'unidades' ou 'grupamentos' ou palavras similares. Eu não gostaria de estar na sala de projeção se por acaso o subsecretário der com a acentuada semelhança pela terceira vez".[29]

Huston obedeceu, mas, conforme se aproximava o fim de 1944, acreditava que *San Pietro* jamais seria visto por espectadores civis. A única parte de suas recriações de batalha que ele achava que talvez chegasse aos cinemas eram algumas cenas que os produtores de *Também somos seres humanos*, o filme de ficção baseado nos artigos de Ernie Pyle, pediram para usar a fim de tornar o filme mais realista. Huston autorizou, visto que àquela altura não parecia haver qualquer motivo para recusar.[30]

Como não havia mais nada a fazer em *San Pietro* por enquanto, ele voltou a Los Angeles, onde Capra lhe passou outro projeto, entregando-lhe todos os esboços anteriores de *Know Your Enemy — Japan* e lhe dizendo para assumir e ver o que dava para fazer com os textos. Doris Lilly, a editora de revista com quem Huston tivera um caso em Nova York, agora o perseguia com mais empenho do que nunca, muitas vezes aparecendo de repente sem avisar; ela o seguiu à Califórnia e parece ter sido um elemento de considerável distração. Certa noite, quando Huston não estava em casa, ela subiu pela janela dele às três da madrugada e pegou a primeira coisa que achou para anotar um recado — uma cópia do roteiro de *Know Your Enemy — Japan* que ele estivera revisando à mão. No verso de uma das páginas, ela escreveu: "Querido John, 'vossa Lilly' *pasou* para uma visita *umilde* — voltando para casa — despejando duras lágrimas porque você ainda estava fora — mas você sempre está. Saudades loucas — e provavelmente vou mandar meu 'adeus' por telegrama — Durma bem meu amor — é claro! Sempre sua. P.S. Roubei uns cigarros".[31]

Huston parecia entediado por sua última tarefa; era evidente que tinha a cabeça em outro lugar. Muitas páginas dos esboços de *Know Your Enemy — Japan* em que ele trabalhava estavam cheias de desenhos parciais de corpos nus, masculinos e femininos, e suas intervenções nos roteiros parecem esporádicas. Versões anteriores do texto incluíam numerosos detalhes sobre a história do Japão com o propósito de argumentar que séculos de práticas religiosas bizarras e lealdade cega à realeza haviam conduzido inevitavelmente a Pearl Harbor. Huston eliminou grande parte disso e reformulou o texto em uma linguagem mais grosseira e contemporânea: "Os japoneses são atormentados por uma missão — impor ao mundo pela força ou por outros recursos seu Imperador, seu xintoísmo e sua superioridade divina. Uma nação obcecada de tal forma não pode permanecer imóvel. Ela deve avançar ou ser destruída. Não é possível qualquer concessão com tamanho fanatismo".[32]

"SE HITLER CONSEGUE RESISTIR, EU TAMBÉM CONSIGO"

Fazia mais de dois anos que o Exército enfrentava a questão frustrante de quão anti-Japão e anti-Alemanha os filmes da série *Know Your Enemy* deviam ser: seria melhor colocar a maior parte da culpa pela guerra nos líderes políticos, nas Forças Armadas ou no povo propriamente dito, atacando alguns elementos indescritíveis de sua identidade nacional? Após anos de tropeços, Capra parecia ter decidido que a última opção era a melhor. Seguindo sua orientação, Huston redigiu a versão mais racista e francamente xenófoba de todos os tempos. Em um trecho em que um roteirista anterior descrevia um soldado japonês típico, "Os dedos dos pés são curvados e as pernas, às vezes arqueadas", Huston acrescentou: "Ele é míope e dentuço".[33] Tentou também rechear o filme com quaisquer imagens que caracterizassem os japoneses como um povo escravo de costumes peculiares, indo muito além do uso já habitual de cinejornais de propaganda estrangeiros. Ele chegou até a procurar os produtores da versão cinematográfica britânica de *O Mikado*, e pediu permissão para usar cenas do filme no documentário (eles aceitaram com a condição de que Gilbert, Sullivan ou o título da opereta não fossem mencionados em nenhum momento).[34]

Nos primeiros dezoito meses da guerra, Lowell Mellett havia usado o Bureau of Motion Pictures do OWI como tribuna, de onde ele advertia Hollywood e Washington contra a imoralidade de provocações raciais incendiárias no cinema. Mas, como Mellett estava fora do caminho havia muito tempo e o poder do BMP encolhera consideravelmente, as advertências foram esquecidas. Filmes de entretenimento de 1944 relacionados à guerra não se constrangiam em condenar o povo japonês nos termos mais desagradáveis possíveis. Em *Mais forte que a vida*, da 20th Century Fox, o primeiro filme de Hollywood a ilustrar a forma como os japoneses tratavam prisioneiros de guerra americanos, um soldado sugeria que a única via para a paz era derrotar os japoneses e fazer questão de "varrê-los da face da Terra". A mesma expressão foi usada em *Um punhado de bravos*, do diretor Raoul Walsh, filmado para a Warner Bros. durante o verão e que apresentava não apenas soldados, mas também um jornalista americano se referindo aos japoneses como "macacos", "cabeças-chatas", "idiotas amorais degenerados" e "selvagenzinhos fedorentos". Os impropérios são lançados quando os soldados encontram os corpos de combatentes americanos que haviam sido torturados e mutilados pelo Exército japonês. No roteiro original, o herói da trama, um paraquedista interpretado por Errol Flynn, respondera: "Não tem nada de especialmente japonês nisto. [...] Isto acontece onde quer que haja fascistas. Tem até gente que se diz americano e faria isto também". O produtor do filme mandou cortar a fala, apesar da forte objeção dos dois roteiristas originais, deixando que o linguajar antijaponês da cena desse a última palavra na questão.[35]

O roteiro de Huston para *Know Your Enemy — Japan* era quase tão estridente quanto. Ele havia suprimido algumas expressões concebidas para incitar o medo na introdução de um roteirista anterior que afirmava que os japoneses só se dariam por satisfeitos quando conquistassem a América do Norte e alcançassem uma população de "um bilhão de pessoas — [os] japoneses e seus escravos". Mas, em seu lugar, inseriu um elemento recorrente quase igualmente incendiário, começando várias frases da narração com o bordão "Se você é japonês, você acredita...", em trechos concebidos para caracterizá-los como uma raça estranha e paranoica de adoradores de divindades animais.[36]

O texto que Huston e Capra apresentaram ao Departamento de Guerra ainda continha algumas expressões exageradas das versões anteriores, incluindo uma narração sugerindo que, no Japão, os Estados Unidos eram vistos como "um ignorante fútil com muito dinheiro e muito sentimento, mas nenhuma coesão [...] um melão imenso, pronto para ser fatiado", e uma voz em off que acrescentava que o soldado japonês típico "odeia todo mundo que não seja japonês, especialmente os americanos. [...] Acima de tudo, ele é um fanático assassino" submisso a uma religião que "já levou sofrimento e morte a milhões de pessoas".[37]

Incrivelmente, a primeira resposta que Huston recebeu do Exército foi que ele não havia ido longe o bastante. O Pentágono devolveu o texto com um bilhete em que criticava o roteiro por expressar "muito boa vontade em relação aos japas".[38] Em especial, uma fala que admitia a existência de alguns cidadãos japoneses "livre-pensantes" precisaria sair.[39] Ansioso para concluir o filme, Capra decidiu tirar Huston do projeto. Quase três anos após concebê-lo, ele escreveria pessoalmente a última versão de *Know Your Enemy — Japan*.

VINTE E TRÊS

"Nós e o tempo seguimos em frente"

FRANÇA, BÉLGICA, LUXEMBURGO, ALEMANHA E INGLATERRA, JULHO DE 1944 A JANEIRO DE 1945

O exército americano se aproximava de Paris dia a dia, mas não era rápido o bastante para George Stevens. Conforme ele avançava com sua unidade pela França junto à 4ª Divisão de Infantaria no verão de 1944, sua unidade escolhia criteriosamente o que fotografar. Sem oportunidade de reabastecer o estoque limitado de filme, eles sabiam que precisavam poupar os recursos para a libertação da cidade à sua frente. Porém, durante o avanço, Stevens ainda queria documentar a captura progressiva de dezenas de milhares de soldados alemães — alguns resignados, outros aliviados, apenas uns poucos obstinados — que se rendiam e seguiam para a retaguarda, onde eram mantidos em acampamentos improvisados à margem das estradas. No final de julho, os Aliados se encontravam a pouco mais de trezentos quilômetros de Paris; eles haviam chegado à cidade bombardeada de Coutances, de onde expulsaram as forças de ocupação alemãs após uma série de ataques aéreos. Logo Ernest Hemingway se uniu a eles, enviado pela revista *Collier's* para acompanhar o exército pela França.[1]

O estado de espírito dos Aliados naquele verão era de determinação e de um otimismo extraordinário, se ainda não de júbilo. Eles sabiam que Paris seria retomada em questão de semanas, e chegaram informações de que haveria pouca resistência a enfrentar. Mas, quanto mais eles se aproximavam dos arredores da cidade, mais certeza Stevens tinha de que, a menos que tomasse alguma atitude decisiva, acabaria perdendo tudo o que valia a pena filmar. Ele não tinha ambição alguma de realizar um documentário independente da mesma forma como Wyler, Ford e Huston, mas a lembrança de haver viajado meio mundo para registrar a campanha no Norte da África e chegar lá quando ela já estava terminada ainda o incomodava. Stevens acreditava mais do que nunca que sua função era registrar os acontecimentos tal como aconteciam, e sabia que dessa vez precisaria lutar simplesmente para garantir que seus cinegrafistas da SPECOU estivessem no lugar certo na hora certa.

A libertação de Paris e a detenção de diversos agentes alemães e do governo de Vichy que estavam lá não exigiria uma grande campanha militar; os Aliados já sabiam que o combate mais pesado e prolongado provavelmente ocorreria durante o avanço subsequente rumo ao Leste até a fronteira com a Alemanha no Reno. Mas a importância da retomada da capital mais de quatro anos após a queda para os nazistas era incomparável como anúncio ao mundo de que a posição de Hitler estava enfraquecida. Quando ficou claro que Eisenhower permitiria que os Franceses Livres, liderados pela 2ª Divisão de Blindados do general Philippe Leclerc, entrassem na cidade primeiro, seguidos pelas tropas americanas, Stevens pediu, e recebeu, permissão para trocar de Exército.[2] Ele avançaria com os franceses, não os americanos, e filmaria o dia da libertação diretamente.

Na estrada que levava à cidade, Stevens, como sempre, mantinha as câmeras preparadas para capturar o detalhe marcante, idiossincrático ou surpreendente — um campo vasto coberto de estacas que haviam sido cravadas no chão para impedir o pouso de planadores inimigos, um soldado jovem aparando o cabelo de um mais velho na beira da estrada, um anão com chapéu de bobo da corte se afastando casualmente de um jipe cheio de soldados risonhos. Foi também o único dos diretores a dedicar alguns momentos para documentar os bastidores do trabalho das equipes do Corpo de Sinaleiros; Stevens filmou seus homens carregando, limpando e preparando as câmeras, e eles, por sua vez, o filmaram passando instruções, conversando com soldados e lendo e bagunçando o cabelo de um garoto francês pequeno não muito mais novo que George Jr.[3]

Na noite de 24 de agosto, Stevens e a 2ª Divisão de Blindados estavam acampados a alguns quilômetros de Paris. Eles haviam interrompido o avanço por volta das duas da madrugada e pretendiam tomar a cidade ao amanhecer para evitar atiradores de elite noturnos.[4] Quando o Exército chegou ao limite da cidade na manhã seguinte, Stevens e seus homens já não precisavam procurar momentos surpreendentes; eles haviam acabado de filmar a história se desdobrar diante de seus olhos, imagens que viriam a se tornar algumas das mais memoráveis obtidas por cineastas americanos durante a guerra. Quando as cenas de cidadãos parisienses saindo de suas casas e lojas, ocupando as ruas e chorando e gritando de alegria, chegaram aos cinemas americanos, elas serviram como contrapeso simbólico às imagens de uma população quebrantada e em lágrimas que os americanos haviam visto quando a cidade caiu para Hitler em 1940. Dessa vez, homens e mulheres jogavam buquês de flores silvestres e comemoravam; bebês eram erguidos para serem beijados, e bandeiras eram agitadas nas janelas. As pessoas puxavam soldados tímidos e sorridentes dos carros e tanques para abraçá-los, e alguns soldados mais atrevidos respondiam puxando as garotas para cima dos jipes para um breve passeio. Conforme Stevens disse ao filho, foi o melhor dia da vida dele.

"Na ocasião, a gente sabia que o dia ia ser incrível", disse Ivan Moffat. "Quer dizer, não tinha como não ser, especialmente porque achávamos que a guerra estava quase acabada e os alemães recuando às pressas. [...] O clima era [...] inebriante, incrível, e milhares e milhares de pessoas nos abraçavam, abraçavam umas às outras debaixo de um céu absolutamente lindo, Paris estava absolutamente maravilhosa, nada mal mesmo [...] um clima quase de tourada."[5]

Os instintos de Stevens como diretor assumiram o controle imediatamente. Em Hollywood, ele seguira um estilo introspectivo e cuidadoso; ali, era intuitivo, abrangente e dado a decisões rápidas. Todas as cenas de poderio e cerimonial militar foram incluídas no material que ele mandou para os Estados Unidos — os tanques e caminhões, junto a uma procissão interminável de soldados a pé, percorrendo a Champs-Élysées e cruzando o Arco do Triunfo; De Gaulle, Bradley e Montgomery dispostos em uma pequena ponte portátil convertida em palanque improvisado; flores colocadas no memorial do Soldado Francês Desconhecido da Primeira Guerra

Mundial. Mas, para a posteridade, ele fez questão de que seus homens registrassem também imagens de raiva e retribuição, mesmo ciente de que provavelmente seriam brutas demais para serem usadas em cinejornais. Em uma ocasião, civis franceses furiosos empurram e puxam oficiais alemães e autoridades de Vichy que descem de um caminhão. Em outra, uma mulher, de cabelo cortado de forma grosseira e com o rosto coberto de sujeira, é jogada de um lado a outro e intimidada por uma multidão enfurecida; alguém desenhou suásticas nas bochechas e na testa dela. Os homens de Stevens conseguiram até filmar um pouco de ação inesperada: um punhado de alemães que se recusaram a se render continuavam a disparar de alguns telhados, e as câmeras pegaram a cena. "Ele não precisava fazer isso", lembrou Moffat. "A situação toda estava exposta ao perigo [...] e ele não estava com medo. [...] Quando o tiroteio começou e um dos motoristas pulou para fora do jipe e foi se esconder atrás de uma árvore [...] George saiu do abrigo e tirou o jipe da rua pessoalmente."[6]

Stevens não deixou dúvidas quanto a quem estava no comando, encerrando o dia com um gesto de extraordinário brio. Ele havia montado seu equipamento no interior da ferroviária de Montparnasse para fotografar a rendição alemã oficial, quando o general Dietrich von Choltitz, que havia sido o governador militar de Paris por meras duas semanas, entregaria o poder ao general Leclerc e depois seria detido. Stevens queria garantir que o momento exato em que Paris voltava a ser uma cidade livre ficasse registrado e, quando a rendição terminou, ficou com receio de que a iluminação fraca no recinto fechado onde ocorrera inviabilizaria o filme. Disse a Choltitz, Leclerc e De Gaulle que precisava que eles repetissem o ato, só que sob a luz do sol na rua em frente à estação.[7] Fortalecido por alguns drinques, Stevens bradou a Choltitz: "*C'est la guerre, general, c'est la guerre!*".[8] Os três aceitaram o pedido, e a "segunda tomada" de Stevens para a rendição foi a versão exibida no mundo inteiro.

Após tantas noites dormindo em barracas, acampamentos e buracos no chão desde junho, Stevens estava cansado, mas em Paris ele se sentiu no céu. Pela primeira vez em semanas pôde lavar suas roupas e dormir em uma cama. Irwin Shaw apostou com ele que a guerra acabaria em dois meses;[9] Ernest Hemingway serviu champanhe e anunciou que havia acabado de "libertar" o bar do Ritz, que meras semanas antes tinha sido o quartel-general da Luftwaffe. Em 1º de setembro, Stevens escreveu a Yvonne pela primeira vez em duas semanas. "Os dias e as noites todas se atropelaram e viraram basicamente uma coisa só: a luta para chegar a Paris [...] com a responsabilidade de chegar na primeira hora e fotografar a atividade", explicou. "Foi o que fizemos, mas o ato e as duas semanas anteriores foram o período mais empolgante, mais inacreditável da minha vida. Incluindo alguns dos grandes momentos com você, meu anjinho. [...] A manhã em que entramos em Paris foi a coisa mais louca que eu já vi. Os civis cercaram as ruas e ficaram malucos enquanto os tanques e as viaturas blindadas passavam. Eles ficaram nas ruas e comemoraram enquanto a gente filmava tudo. Nossos jipes trouxeram as primeiras câmeras e, acredito, a primeira bandeira americana, que pegamos com um francês na periferia da cidade. E então, no raiar do dia, saímos e, três horas depois de uma viagem que [o dublê de filmes de faroeste] Yakima Canutt teria cobrado quinhentos dólares para fazer, paramos embaixo da Torre Eiffel, mas não por muito tempo. [...] Mais um trajeto pela cidade e então nos abrigamos em uma ferroviária, rechaçamos o último ataque dos názis [sic] antes de eles se renderem. [...] Eu poderia contar muito mais para você e o farei em outras cartas, mas espero que você e Georgie tenham visto os cinejornais que mostraram nosso filme. Ouvimos dizer que os filmes da libertação de Paris foram os melhores já feitos desse tipo de coisa. Estamos completamente exaustos no momento e torcendo para ter a chance de descansar por uns dias, mas nós e o tempo seguimos em frente."[10]

Em uma semana, os Aliados estavam de volta à estrada, e Stevens e sua equipe se uniram às forças americanas e viajaram com elas rumo ao Leste; o plano era entrar em Luxemburgo, passar pela Bélgica e então chegar ao Norte da Alemanha. Conforme o Exército atravessava a França libertada, Stevens sentia-se inspirado por cada novo destino. Em Reims, ele visitou uma fábrica de champanhe e começou a pensar, pela primeira vez desde que entrara na guerra, em voltar à indústria cinematográfica de Hollywood — talvez até para as comédias românticas, talvez motivado pelas garrafas de espumante que viu aquele dia. "Para quem estava destinada [cada garrafa]?", escreveu ele em seu diário. "Para um casamento? Para um romance? Seria para encorajar algum pobre mortal a realizar um ato que mudasse sua vida para sempre? [...] Quando e onde elas seriam abertas em 1946 [ou] talvez em 1967? Que história seria se fosse possível ficar sentado lá naquela caverna escura e prever. Daria para fazer um filme maravilhoso [...] tão provocador para a imaginação. [...] Basta de especulação por um dia. Seguimos em frente à noite. Estava muito frio, e vestimos nossas casacas do Exército e paramos na beira da estrada para Verdun e comemos queijo de uma ração K e um pedaço 'du pain'."[11]

Stevens mantinha as câmeras a postos a todo momento. Conforme eles se aproximavam da fronteira e o clima piorava, começando o que viria a ser o outono e o inverno europeus mais frios dos últimos vinte anos, ele ficava mais e mais taciturno. Filmou campos de cruzes brancas e, aqui e ali, estrelas de davi, fileiras e fileiras de túmulos abertos que haviam sido cavados para soldados dos Aliados e para civis mortos em ataques aéreos. Registrou também os refugiados que viu retornarem, às vezes sozinhos, às vezes em grupos de dois ou três, caminhando pela estrada na direção dos soldados, enrolados nas poucas roupas que possuíam, carregando o que fosse possível em uma valise enquanto voltavam à França. Sua unidade havia adotado um cachorro que os seguia de cidade em cidade, brincando na frente das câmeras e pedindo restos das rações. A saúde de Stevens voltou a sofrer; dormir ao relento depois de dias longos e árduos estava cobrando um preço. Ele fumava constantemente, e sua asma piorava à medida que o ar esfriava. Em apenas alguns meses, Stevens envelheceu a olhos vistos.

No começo de outubro, os Aliados cruzaram a fronteira para Luxemburgo, onde Stevens filmou um grupo de colaboracionistas na principal prisão do país. "O dia está úmido", escreveu em seu diário, "e é bom para fotografar essa baboseira. Quando esses prisioneiros são obrigados a marchar pelas ruas, um garotinho de uns dez anos marcha corajoso na primeira fila. Provavelmente o pai dele é o prisioneiro marchando a seu lado."[12]

Os remanescentes da equipe SPECOU estavam exaustos. A aposta de Shaw era agora uma lembrança remota, uma previsão exuberante e infantil feita no êxtase subsequente de uma única vitória. A guerra estava longe de acabar, e, a cada dia que as tropas se arrastavam por mais alguns quilômetros de gelo e lama, o fim parecia ainda mais distante, não próximo. As provisões eram escassas, mas havia muito álcool, e sempre era possível obter mais no vilarejo seguinte. Os homens da unidade de Stevens bebiam constantemente e, muitas vezes, em excesso. "Meu novo motorista de jipe

[...] chegou bêbado às duas horas", escreveu. "Ele queria conversar com o coronel. Queria me dizer do que gostava e do que não gostava no destacamento. É o terceiro daqueles antigos rapazes do Exército a fazer a mesma coisa. Em geral, eu tento mandar um praça cuidar de um praça bêbado, porque bêbados não sabem seguir ordens para seu próprio bem, e incidentes assim provocam contramedidas graves."[13]

Quando o Exército avançou para a Bélgica, Stevens teve um encontro estranho e inesperado com sua vida antiga. "Topei com um cinema em uma cidadezinha de onde os alemães tinham acabado de sair", disse ele, "e estava passando *Gunga Din*! As crianças estavam mais interessadas no filme do que nos tanques Sherman atravessando a porcaria da cidade!"[14] Hollywood chamava, mas ao longe e vagamente. Cartas de seus colegas na indústria chegavam semanas depois de terem sido escritas, e as novidades relatadas pareciam remotas. "Embora você tenha estado fora de circulação", disse seu agente, Charles Feldman, "não passa uma semana sem que algum produtor me ligue para tentar discutir alguma possibilidade de acordo para quando você for liberado do serviço." Stevens não estava interessado; como Capra, naquele momento ele não se via voltando, após anos de serviço no Exército e uma futura vitória sobre Hitler, para a opressão de um contrato com algum estúdio. Mesmo assim, Feldman o sondava. "Jack Warner diz que vai lhe fazer uma proposta muito atraente", escreveu. "Darryl acha que seu lugar é o estúdio dele. [...] Claro [...] eu lhes digo que tenho bastante certeza de que a George Stevens Productions vai ter que ser organizada da forma mais independente e de acordo com os melhores percentuais e garantias possíveis jamais oferecidos."[15]

Já era quase novembro quando Stevens pisou em solo alemão pela primeira vez, quando os Aliados atravessaram a fronteira da Bélgica com Aachen, a cidade mais ocidental da Alemanha. Eisenhower havia pensado que seria uma vitória fácil, mas a resistência foi intensa, e houve milhares de baixas de ambos os lados durante uma batalha de três semanas que praticamente destruiu a cidade quase evacuada. Quando Stevens cruzou a fronteira, a vitória já havia sido conquistada, e ele enviou alguns suvenires para casa — um pedaço de lona de um paraquedas que havia sido usado na invasão inicial, o cinto de um soldado alemão, e tudo mais que ele acreditasse que o filho poderia achar interessante. "A bandeirona nazista tem valor já que nós a pegamos no ato de rendição [...] da primeira cidade alemã grande a cair", escreveu ele a George Jr. "As duas lanternas são muito boas. [...] Pertenciam a soldados alemães. Pode escolher. [...] Os três selos de Hitler estavam caídos do lado do corpo de um oficial alemão, que foi morto em um combate no cemitério de Aachen."[16]

A forma como Stevens lidava com o trabalho incomodava alguns dos homens que serviam com ele. A batalha por Aachen havia sido importante — o primeiro momento em que os Aliados combateram os nazistas no território deles —, mas a unidade do diretor não enviara para os Estados Unidos nenhuma cena da luta para os cinejornais; Stevens, que às vezes até os soldados subordinados a ele pensavam ser excessivamente protetor em relação a seus homens, ficara ainda mais preocupado com a segurança deles desde Paris. Ele os mantivera na retaguarda, bem afastados das linhas de combate. O grande volume de material que havia filmado durante o avanço pela França conforme os Aliados entravam na Europa não impressionou alguns do Exército, que achavam que o trabalho de Stevens se limitava a fotografar vitórias que pudessem ser compiladas em pacotes prontos para os cinejornais. Stevens recebeu pouca orientação de Washington até novembro, quando chegou uma carta de Capra ao mesmo tempo autoelogiosa e negativa. "Eu tinha muita esperança de receber uma carta sua", escreveu ele a Stevens, "mas você parece tão alérgico à escrita quanto eu. George, quero que você saiba que, como sempre, tenho pessoalmente muitíssima confiança e admiração por sua habilidade e devoção ao seu trabalho. [...] Tem havido muita crítica sobre seu destacamento a partir de 'heróis' que voltaram. Nunca acreditei em nenhuma palavra do que disseram, e deixei isso bem claro. Mas algumas coisas fincaram raiz, especialmente quando eu não estava por perto. [...] Infelizmente, tenho estado tão assoberbado de trabalhos de alta prioridade que não consegui dar muita atenção ao que está acontecendo nos teatros [de guerra]. Siga em frente, George, e por favor saiba que tem gente aqui lutando por você, mesmo que pareça que às vezes você e sua turma foram esquecidos."[17]

Capra tinha um motivo pessoal para entrar em contato com Stevens; ele o queria como sócio em sua nova empresa, a Liberty Films, depois que a guerra acabasse. Capra era o diretor mais rico de Hollywood, mas seus planos para a Liberty possuíam uma dimensão tão grande que ele sabia que

"NÓS E O TEMPO SEGUIMOS EM FRENTE"

precisaria de mais alguns diretores para financiar o projeto e imaginou que Stevens — que passara anos trabalhando no mesmo tipo de atmosfera restritiva na RKO que Capra vivenciara na Columbia — provavelmente estaria igualmente ansioso para se tornar independente. Stevens respondeu expressando "grande alegria na terra da lama", dizendo que não estava nem um pouco preocupado com o disse me disse em Washington e agradecendo pelas "coisas gentis e estimulantes que você dirigiu a mim pessoalmente. [...] Em nenhum instante tive dúvida de que você acreditava que eu estava desempenhando minhas funções aqui com o máximo de minha competência".[18] Mas explicou a Capra que ainda não estava pronto para se decidir sobre o futuro após a guerra e pediu para os dois conversarem mais sobre a Liberty quando ele voltasse aos Estados Unidos.[19]

"Uau! O Natal está chegando rápido", escreveu Stevens em seu diário em 5 de dezembro. Ele e sua equipe haviam acabado de entrar na Alemanha, à espera de ordens para prosseguir, e não havia muito o que fazer além de matar o tempo. "Escrevi 8 cartas hoje, 3 para Yonnie, 2 para George [...] levei o dia inteiro", registrou. "Enquanto eu escrevia para Mamãe agora à noite, muitos aviões passaram no céu. Por um instante, achei que fosse a Luftwaffe, mas eles seguiram em frente e percebi que era a RAF."[20]

O limbo em que ele se encontrava acabou de repente dez dias depois, quando o Exército alemão lançou uma grande contraofensiva que pegou os Aliados desprevenidos. Stevens escrevia uma carta para a esposa quando o chão tremeu fora da barraca; eles estavam sendo bombardeados, e havia paraquedistas alemães caindo por todos os lados. O inimigo estava, escreveu ele, "infernizando por toda parte" em um setor perto da fronteira da Alemanha com a Bélgica e Luxemburgo que tinha passado dois meses sob o controle firme dos Aliados. Os americanos começaram uma retirada apressada e caótica. "IMPOSSÍVEL", escreveu Stevens no diário em 18 de dezembro, o dia em que fez quarenta anos. "O olhar atordoado das pessoas e esse comentário eram tudo que se ouvia dos civis conforme começava a circular a notícia de que os americanos estavam fazendo — 'libertação em marcha a ré'. Essa expressão ficou na minha cabeça. A situação foi bem confusa hoje."[21] A Batalha das Ardenas — a última grande exibição de força dos alemães durante a guerra — havia começado. Ao longo das seis semanas seguintes, antes que os Aliados esmagassem a Wehrmacht, 19 mil soldados americanos perderiam a vida e outros 47 mil ficariam feridos no combate mais letal de que as forças americanas participaram em todo o conflito.

Stevens, de repente no meio da luta, filmou cenas de devastação que o abalaram profundamente — pessoas tentando encontrar abrigo para fugir do fogo alemão e não conseguindo encontrar praticamente nenhum teto intacto ou construção que as bombas já não tivessem destruído. "Ele nunca havia entendido ou encarado horror e crueldade nas proporções que de repente passara a presenciar", disse Moffat, "e ficou muito, muito mal. Sentiu muita saudade de casa — a sensação de que aquilo poderia se arrastar por meses e meses e meses."[22] Na frente de seu jipe, ele pintou as palavras TOLUCA LAKE — o nome do bairro de San Fernando Valley, em Los Angeles, onde ele morava com a família — e, quando não conseguia reunir forças para escrever uma carta, enviava filmes para casa de presente. Logo antes do começo do ataque dos alemães, Stevens recebeu um pacote de Yvonne e George Jr. cheio de presentes de Natal e de aniversário. Dez dias depois, finalmente teve a chance de abri-los, e pediu para que um de seus homens fizesse do momento um pequeno filme para sua família. A mensagem que ele lhes enviou começa com um close de uma pilha de caixotes de obuses — decerto uma cena pensada para empolgar George Jr. —, e então a câmera se inclina para cima para enquadrar Stevens, que fuma um cachimbo, com uma expressão alegre, apoiado no jipe coberto de neve. Alguém tenta escrever FELIZ NATAL na neve do capô logo antes de o rolo do filme acabar. Quando o seguinte começa, Stevens e seus homens estão de pé ao lado do veículo em uma praça abandonada e quase toda destruída em Eschweiler, cidade alemã de mineradores de carvão cerca de cinquenta quilômetros a oeste de Colônia. Ele abre uma caixa de papelão e tira um presente embrulhado em que está escrito "Para Papai de Mamãe e George", aproximando-o da câmera para que as palavras, inseridas em uma estrela de cinco pontas segurada por um anjo recortado de um cartão de aniversário, sejam visíveis. Ele abre o pacote e traz o conteúdo, um estojo de barbear cheio de doces, para perto da lente. Olha para a câmera e abre um grande sorriso. Há um cartão dentro de um envelope endereçado "Para Papai", e ele começa a ler a carta do filho. Quando ele abre outro presente, os homens olham para o alto e veem um avião rugindo no céu, e então juntam as caixas e vão embora às pressas no jipe.

"NÓS E O TEMPO SEGUIMOS EM FRENTE"

Em janeiro de 1945, Capra tirou Stevens da ação temporariamente. Ele precisava que o diretor fosse a Londres para supervisionar o planejamento de um documentário sobre os Aliados na Europa chamado *Verdadeira glória*, que seria a primeira coprodução anglo-americana desde *Tunisian Victory*. Quando chegou à Inglaterra, Stevens descobriu que não havia muito a fazer; os dois diretores do filme — Garson Kanin pelos Estados Unidos e Carol Reed pela Grã-Bretanha — estavam com tudo sob controle, e Paddy Chayefsky, um jovem soldado que havia sido ferido em Aachen, já começara a preparar um roteiro. A transferência parece ter tido a intenção de dar a Stevens, que viajara com as tropas dos Aliados durante sete meses ininterruptos, a chance de descansar um pouco e recuperar as forças. Ele logo saiu de Londres e foi para Paris, onde, junto com sua equipe, recebeu uma comenda de Eisenhower por seu trabalho.

William Wyler chegou a Paris mais ou menos na mesma época. Quando os Aliados desembarcaram na Normandia, ele estava na Itália durante a libertação de Roma; filmara cenas em que símbolos nazistas e cartazes de Mussolini eram arrancados das paredes e jogados nas ruas. Certo dia em Los Angeles, Talli Wyler pegou um exemplar do *New York Times* e viu o rosto do marido em uma foto de uma multidão no Vaticano, quando o papa Pio XII concedeu audiência pública a oficiais dos Aliados após a vitória e convidou a imprensa a fotografá-los. "Você está com uma expressão muito sagrada e viçosa", brincou ela em uma carta. "Definitivamente santificado."[23]

Wyler não imaginara que estaria no meio de acontecimentos tão solenes quando foi enviado à Itália; ele fora lá para começar os preparativos para *Thunderbolt*, o documentário sobre caças P-47 que ele pretendia fazer como continuação de *The Memphis Belle*, e após a libertação continuara em Caserta para começar a redigir um argumento para o roteiro. Ao longo de todo o verão, ele penara com o projeto; diferentemente do *Memphis Belle*, que era um B-17, Thunderbolts não tinham como acomodar cinegrafistas durante o voo, então Wyler precisou dar um jeito de instalar câmeras em posições fixas junto às metralhadoras e de conceber uma narrativa para o filme que não fosse simplesmente uma repetição do que havia sido feito no documentário anterior.

Em um período de poucas semanas, as prioridades do Exército haviam mudado tão rápido que a missão de Wyler já parecia irrelevante. Um curta explicativo como *Thunderbolt* já não era mais urgente, e, na Itália, Wyler não era tratado muito como cineasta a serviço das Forças Armadas, mas sim como objeto de curiosidade, uma celebridade cuja companhia era solicitada pelo alto escalão; a certa altura, ele foi convocado a Capri para uma "missão de alto nível" que na verdade era um fim de semana jogando pôquer com o general Eaker, da Força Aérea, e Bill Donovan. O próprio Wyler estava com dificuldade para se dedicar plenamente a *Thunderbolt*, e ele passou grande parte do verão viajando pela Itália, documentando a devastação causada por bombas de ambos os lados em cidades grandes e pequenas ao norte de Roma. No final do verão, foi transferido para Saint-Tropez a fim de filmar o desembarque dos Aliados, uma decisão que mais tarde ele chamou de "piada", visto que "o [Exército] da França Livre e a Resistência [já] estavam com tudo sob controle".[24]

Na França, Wyler ficou obcecado em ir a Mulhouse, a cidade na Alsácia onde passara a maior parte da infância. Ele ficou com os Aliados em seu avanço rumo ao norte pela região oriental da França, passando por Lyons e Besançon. Estava a apenas 137 quilômetros de seu destino quando recebeu a ordem de voltar a Paris para terminar o filme. Ele estivera trabalhando em *Thunderbolt* com John Sturges, um aspirante a diretor que viria a desenvolver uma longa carreira em Hollywood,* mas os dois estavam insatisfeitos com a qualidade do material filmado que haviam recebido. No final de novembro, o experiente diretor William Keighley, que agora gerenciava a Unidade de Cinematografia do Corpo de Sinaleiros, estava impaciente; fazia mais de seis meses que Wyler fora incumbido de produzir o filme, e ele continuava longe de estar concluído.

Wyler protelava, pedindo mais tempo. "Em primeiro lugar, o tema é muito difícil", disse ele. "Não é uma história simples de uma missão, do começo ao fim, como *The Memphis Belle*. [...] Em segundo lugar, eu não tinha uma equipe." Ele explicou a Keighley que havia sido complicado capturar imagens coloridas aproveitáveis em grande atitude e acrescentou que "tem feito um tempo tão ruim que não rodamos um metro de filme há quase dois meses".[25]

---

* Sturges dirigiu quase cinquenta filmes após a guerra, incluindo *Conspiração do silêncio*, *Sete homens e um destino* e *Fugindo do inferno*.

"NÓS E O TEMPO SEGUIMOS EM FRENTE"

Wyler concluiu dizendo "Espero que nós dois possamos voltar à cadeira de diretor em breve", mas Hollywood estava longe de seus pensamentos. Ele continuava determinado a chegar a Mulhouse e decidiu pedir ajuda a Stevens. Os dois não se viam desde o breve encontro em Washington anos antes, quando Frank Capra estava montando sua unidade de cineastas. Em Paris, eles se reuniram para uma refeição, e Wyler, ciente de que Stevens havia passado pela Bélgica e conhecia a região, disse que queria chegar à cidade belga de Bastogne — que ficava perto da fronteira com a França e a cerca de meio dia de viagem de carro de Mulhouse — e pediu o nome de um motorista que pudesse levá-lo até lá.

Stevens respondeu que conhecia a pessoa certa: Leicester, o irmão de 29 anos de Ernest Hemingway, motorista do Exército e um sujeito temerário que nem piscaria ante a ideia de dirigir por um território perigoso. Wyler começou a fazer planos para sair de Paris imediatamente. No dia seguinte, ele e Hemingway estavam em um jipe cheio de magazines de filmes e abastecidos com o suficiente para atravessar a fronteira e chegar a Bastogne, a 320 quilômetros de distância. De lá, seguiram para Luxemburgo, onde um general tentou persuadir Wyler a fazer um documentário no estilo *The Memphis Belle* sobre os homens da ix Força Aérea, que ele disse que havia expulsado os alemães de Bastogne após um único dia de bombardeios. Mais por cortesia, Wyler filmou algumas imagens dos aviadores e de suas aeronaves, mas não se demorou. Logo ele e Hemingway seguiram para Estrasburgo, onde o escritor André Malraux liderava um pelotão desconjuntado de combatentes da resistência armada local. "Ele lutava a própria guerra", lembrou Wyler. "Levou-me para vários de seus postos. [...] Aonde quer que fôssemos, havia uma lealdade intensa a ele — muitos sujeitos com fuzis antiquados e [...] um tanque. [...] Enfim, conversamos sobre filmes, e ele ficou muito interessado em fazer um documentário. [...] Falou que devíamos nos encontrar de novo depois da guerra."[26]

Wyler e Hemingway seguiram em frente. O diretor só conseguia pensar em sua busca pelo lar da infância, ainda que não tivesse ideia alguma do que, ou de quem, encontraria lá. Fazia quase vinte anos desde que seus pais haviam deixado a cidade e ido para a Califórnia, onde moraram perto de Wyler e de Robert, irmão dele; seu pai, Leopold, morrera em decorrência de um derrame pouco após o começo da guerra. Wyler não sabia se algum parente ou amigo que ele tentara ajudar a emigrar anos antes conseguira sair da França, nem se as lojas e casas tão familiares de sua juventude ainda estariam de pé; Mulhouse havia sido um centro de concentração importante para as tropas alemãs da região e, portanto, era um alvo dos Aliados.

Quando chegaram à cidade, Wyler pediu para Hemingway dirigir pela rue du Sauvage. O armarinho do pai dele, o Magasin L. Wyler, continuava lá, inalterado, e Henriette Helm, a mulher a quem os Wyler passaram a loja quando se mudaram para os Estados Unidos, estava parada na porta. Ela cumprimentou Wyler com entusiasmo e lhe entregou um maço de notas dobradas — o dinheiro que ela havia separado representando a parte da família dele pelos lucros da loja nos últimos quatro anos, cerca de 4 mil dólares.[27] A loja, explicou ela, sobrevivera apenas porque o pai de Wyler era suíço, não francês, e porque ela seguiu fielmente as regras da ocupação, inclusive colocando um retrato de Hitler na vitrine a cada aniversário dele. O colaboracionismo se tornara um fato cotidiano para quase todos os residentes que continuavam ali. Mas quando Wyler, falando alsaciano pela primeira vez em anos, disse que estava na Força Aérea americana, ela abaixou o rosto e fez um gesto triste na direção dos edifícios destruídos no centro da cidade. Quando o povo de Mulhouse soube que os aviões americanos estavam vindo libertá-los, disse a Wyler, todo mundo correu para as ruas e agitou lençóis brancos para indicar que eram amigos. Os aviões bombardearam mesmo assim. Crianças morreram.

"Você sabe que tem fábricas grandes aqui trabalhando para os alemães, que aqui funciona uma ferroviária grande", respondeu Wyler. "Estamos combatendo uma guerra, Madame Henriette." Wyler explicou que os Aliados haviam despejado folhetos alertando os habitantes para evacuar a cidade; ela não se consolou.

O passeio de Wyler por Mulhouse foi breve e doloroso. A sinagoga local continuava de pé, mas não havia mais nenhum judeu, e ninguém sabia onde eles estavam. Wyler não achou um membro sequer da família de sua mãe, nem qualquer de seus amigos de infância. Foi pedir ajuda na prefeitura. O prefeito de Mulhouse lhe disse: "Siga meu conselho, não procure ninguém. Se vir algum conhecido, fique feliz por ele estar vivo. Mas não os procure. Você não vai encontrá-los".

Wyler voltou a Paris e, ao entrar no quartel-general da Força Aérea, descobriu um estado de grande agitação. Ele não havia informado ninguém de que ia sair. A Força Aérea o classificara como desaparecido em combate, e o *Hollywood Reporter* dera a notícia. Wyler disse ao QG que estava filmando mais material para *Thunderbolt*, enviou uma carta às pressas para Talli tranquilizando-a de que estava bem e saiu da França o mais rápido possível, voltando à Itália, onde agora sabia que precisava terminar o filme.

VINTE E QUATRO

"Para quem você está trabalhando? Para si mesmo?"

HOLLYWOOD, FLÓRIDA, ITÁLIA E NOVA YORK, FEVEREIRO A MAIO DE 1945

Em 21 de fevereiro de 1945, após três semanas de combate, as forças americanas e filipinas retomaram Bataan. A vitória, no local de uma das derrotas mais devastadoras dos Aliados três anos antes, precedeu em apenas dois dias o início das filmagens de *Fomos os sacrificados* por John Ford, um filme que, segundo ele, pretendia honrar um grupo de soldados americanos nas Filipinas que haviam, naqueles primeiros meses após Pearl Harbor, sofrido uma "derrota gloriosa".

"Eu *gosto* disso", explicou ele. "Tenho asco daqueles finais felizes, com um beijo na última cena. Nunca fiz isso." Apesar da boa notícia recente para os Aliados, Ford não tinha intenção alguma de acrescentar um epílogo empolgado ao roteiro, nem de reescrever a história dos contratempos que o país sofrera nos primeiros dias da guerra no Pacífico. "O que eu estava pensando era em fazer exatamente como tinha acontecido", disse.[1] "Vamos nos ater aos fatos. O capitão-tenente Bulkeley não voltou às Filipinas."[2] Se isso ameaçava soar estranho em um momento em que o público americano comemorava uma reviravolta árdua na guerra contra o Japão, Ford, a caminho de Key Biscayne, na Flórida, para começar as filmagens logo após o nascimento de seu segundo neto, não demonstrava a menor preocupação quanto a estar em dissonância com a época. Ele queria cumprir o desejo do secretário Forrestal de que o filme "fosse útil para a Marinha"[3] — único motivo pelo qual o oss aceitara liberar Ford da ativa —, mas não se isso representasse realizar um filme incorreto. *Fomos os sacrificados* deveria servir não apenas como tributo à valentia dos homens da Marinha dos Estados Unidos, mas também como memorial àqueles que morreram em combate; Ford esperava que seu filme, nas palavras do general MacArthur, "falasse pelos milhares de lábios calados, para sempre cerrados no meio das selvas e das profundezas do Pacífico que marcaram o caminho" para o que ele chamou de a "grande vitória" que acabara de acontecer.[4]

Havia alguns segmentos em que a fidelidade de Ford à verdade era menos rígida. Quando eles estavam juntos em uma lancha torpedeira após o Dia D, Bulkeley dissera, constrangido, que achava a descrição do livro de William White, no qual o filme se basearia, extremamente exagerada. Em 1942, Bulkeley recebera a Medalha de Honra por "ímpeto e ousadia dinâmicos na ofensiva contra os japoneses [...] com absoluta desconsideração por sua própria segurança pessoal"[5] na batalha para defender as Filipinas, mas ele disse a Ford que não acreditava que merecia a honraria. "Aquilo tudo aconteceu em um momento em que o país estava à procura de heróis", disse. "Para ser sincero, já aguentei publicidade demais."[6] Ford não queria saber; para ele, Bulkeley era um herói — "o homem mais condecorado da guerra", como ele dizia com frequência (e erroneamente), "e uma pessoa maravilhosa".[7] A Marinha possuía regulamentos contra a identificação de oficiais da ativa pelo nome em filmes, então, no roteiro de Frank Wead, o nome de Bulkeley foi trocado para "Brickley". A pequena alteração foi, de certa forma, a primeira permissão que Ford se deu para tomar posse da história de *They Were Expendable* e começar a transformá-la na narrativa de guerra que ele queria criar.

Trabalhando intimamente com Wead, ele elaborou um roteiro sobre dois homens, Brickley e Rusty Ryan, uma versão ficcional do braço direito dele,[*] e cada um representava um lado da personalidade do próprio Ford. Ryan é um sujeito esquentado, um bom marujo ávido para comandar sua

---

[*] A versão da vida real de Ryan era um marinheiro chamado Bob Kelly, que acabou detestando tanto a forma como foi retratado que moveu um processo por difamação; foi indenizado em 3 mil dólares.

própria esquadra de lanchas torpedeiras; ele segue as próprias regras e se ressente de seus superiores ignorantes. "Daqui em diante", diz ele no começo do filme, "sou um bando de um homem só." Brickley é o adulto sensato que compreende a importância da disciplina e da estrutura e respeita a hierarquia; paradoxalmente, ele obtém glória pessoal insistindo que a glória pessoal não significa nada ("Qual é o seu objetivo, criar uma reputação ou jogar com o time?", pergunta ele a Ryan.). "Veja, meu filho", disse o personagem ao rapaz mais jovem na fala que viria a se tornar a mais famosa do filme. "Você e eu somos profissionais. Se o técnico pede sacrifício, a gente rebate fraco e deixa outra pessoa acertar os home runs. [...] É para isso que fomos treinados, e é isso que vamos fazer."

Ford queria que *Fomos os sacrificados* oferecesse uma lição sobre como abrir mão de impulsos de rebeldia ou sonhos de heroísmo em prol de um bem maior, e que o filme servisse como tributo aos mais fracos — não apenas os dois protagonistas, mas as próprias lanchas torpedeiras, que um oficial superior da Marinha na cena de abertura diz não serem "significativas" o bastante para fazer qualquer coisa útil na guerra e que nas duas horas seguintes demonstram que esse veredicto é equivocado. A história contada por Ford e Wead — cujos créditos como diretor e roteirista aparecem juntos na tela — não trata apenas de Brickley e Ryan. Vai bem além do livro — e bem além do que muitas pessoas na Marinha, incluindo Bulkeley, achavam que os fatos mereciam — ao defender que embarcações pequenas eram capazes de fazer o trabalho sujo, entrando e saindo de situações complicadas rapidamente sob fogo a fim de lançar torpedos contra navios japoneses, embora alguns céticos menosprezassem essas lanchas com casco de madeira em favor de contratorpedeiros, couraçados, cruzadores e porta-aviões e afirmassem que o único valor genuíno delas fosse como barcos mensageiros. O título faz referência à postura da Marinha em relação tanto às lanchas torpedeiras quanto aos marujos que as guarneciam, e a história, que retrata os quatro meses após Pearl Harbor, se torna uma articulação de um dos temas preferidos de Ford: o de que aqueles marginalizados podem se mostrar indispensáveis.

A experiência do próprio Ford na guerra era evidenciada no ritmo de *Fomos os sacrificados*, em que trechos breves e intensos de batalha se alternam com segmentos extensos de indolência ou expectativa tensa e silencio-

"PARA QUEM VOCÊ ESTÁ TRABALHANDO? PARA SI MESMO?"

sa, assim como nas diversas cenas de camaradagem masculina, no humor naval suave que ele pediu para James McGuinness inserir no roteiro durante uma revisão,[8] nas rivalidades rabugentas dos homens da Marinha em relação às outras Forças Armadas (quando seus navios enfim vão à ação, Ryan reclama que "a Força Aérea já terá vencido a guerra") e no tom forte de elegia e sentimento em todo o filme. Ford fez seus heróis receberem a notícia do ataque a Pearl Harbor quando estavam comendo com seu comandante, da mesma forma como acontecera com ele. O diretor chegou até a inserir um pequeno tributo implícito aos dois homens da Fotografia de Campanha que haviam morrido quando Wead trabalhava no roteiro; eles são representados no filme por um par de cruzes modestas em um cemitério na selva.[9] As lembranças de Ford em Midway — especialmente a dos rapazes que estavam lá um dia e não mais no dia seguinte — orientaram seu tratamento para um filme que apresenta mais momentos de despedida incerta e pesarosa do que qualquer outro filme da época. Wead escreveu cena atrás de cena em que homens aparecem se despedindo uns dos outros ("Como muitos grandes artistas", disse mais tarde Dudley Nichols, o roteirista mais frequente de Ford, "a sensibilidade verdadeira dele era para as relações individuais e coletivas entre homens. Não me lembro de nenhum filme dele em que as relações entre um homem e uma mulher tivessem qualquer sensibilidade ou profundidade.").[10] A ideia de uma unidade de combatentes como família substituta em que cada adeus podia ser definitivo era reforçada pelo fato de Ford ter escalado homens de aparência extremamente jovem para atuar como recrutas navais, e o ápice ocorre em uma cena em que Brickley se afasta do destacamento jovem e diz: "Vocês, homens mais velhos, com fichas de serviço mais extensas [...] tomem conta das crianças". O paternalismo do momento reproduz a forma como Ford havia muito se enxergava, como adulto responsável pelos homens com a idade de seu filho que preenchiam as fileiras da Fotografia de Campanha.

O roteiro de *Fomos os sacrificados* não podia dedicar muito tempo a discursos patrióticos, apelos por apoio no território doméstico ou exemplos ilustrativos de unidade na tropa, e tampouco tinha algo a dizer sobre os motivos pelos quais a guerra estava sendo travada, assuntos que, em 1945, já haviam se esgotado de tal forma nos filmes que nem mesmo o Escritório de Informação de Guerra insistia mais por sua inclusão nas produções de

Hollywood. Wead e Ford até revisitaram terreno polêmico quando inseriram no roteiro alguns dos questionamentos que Gregg Toland havia levantado sobre o grau de preparo antes de Pearl Harbor em sua primeira versão de *O ataque a Pearl Harbor*, incluindo uma multidão perguntando em coro: "Como [as aeronaves japonesas] chegaram sem ser detectadas? Onde estavam nossos aviões de busca? E nossos porta-aviões? Eles estão prontos para invadir a Costa Oeste agora! E escaparam ilesos".[11] Talvez movido pela sensação de que magoara Toland ao reeditar seu documentário dois anos antes, a certa altura Ford o convidou para codirigir *Fomos os sacrificados*, dizendo que "seria uma experiência ótima para você"; Toland continuava fora do país, na ativa, e não estava disponível.[12] Quando o OWI viu o roteiro, não apresentou nenhuma objeção inicial; o gabinete acreditava que *Fomos os sacrificados* serviria como "uma contribuição extraordinária ao programa de Informação de Guerra do governo" e solicitou a remoção de uma fala, em que um recruta negro dizia que a perda das Filipinas seria "ruim lá no Sul — vai acabar o cânhamo — como eles vão fazer os linchamentos?".[13]

Ford escolheu um ator cujo currículo era perfeito para o papel de Brickley. Robert Montgomery era ex-presidente da Associação de Atores de Hollywood, fora indicado duas vezes ao Oscar de Melhor Ator e deixara Hollywood havia três anos, aos 38, para ingressar na Marinha como oficial. No verão de 1944, ele se encontrava a bordo do USS *Barton*, um dos contratorpedeiros na Normandia. Após a invasão, Montgomery foi transferido temporariamente para a esquadra de lanchas torpedeiras de Bulkeley, talvez por ordem de Ford; ele queria arranjar uma alternativa a Spencer Tracy, a preferência da MGM para o papel, e achava que seria uma boa oportunidade para Montgomery estudar Bulkeley, que depois comentaria que o ator "me observava cuidadosamente" assim que subiu ao navio.[14] Montgomery parecia-se ligeiramente com Bulkeley, e Ford, que sabia que ele não teria problema algum em interpretar de forma crível um homem da Marinha, mexeu pauzinhos para providenciar a transferência do ator para a reserva de modo que pudesse assumir o papel.[15]

Quando a participação de Montgomery no filme foi anunciada em novembro de 1944, a MGM disse à imprensa que o conjunto seria "composto quase totalmente de atores que tivessem servido nas Forças Armadas ou na Marinha".[16] A princípio, Ford havia pensado em preencher grande parte

"PARA QUEM VOCÊ ESTÁ TRABALHANDO? PARA SI MESMO?"

da tripulação com veteranos da Fotografia de Campanha; essa acabou não sendo uma opção prática, mas o vínculo estreito do filme com a Marinha era uma parte tão importante da publicidade em torno dele que, nos créditos de abertura, Ford, Wead, o diretor de fotografia Joseph August e o diretor secundário James Havens foram todos citados com as respectivas patentes e forças em que serviam. Para o papel de Rusty Ryan, a MGM quis primeiro outro militar, Robert Taylor, um astro popular contratado do estúdio cuja reputação crescera durante a guerra. Mas Taylor não estava disponível — havia entrado para a Força Aérea em 1943 como instrutor de voo —, então, em janeiro, faltando poucas semanas para a data marcada para o começo da produção, recorreu à sua segunda opção, John Wayne.[17]

Wayne não trabalhava com Ford desde *A longa volta para casa*, cinco anos antes. Nesse período, ele se tornara um grande astro, aparecendo em quase vinte filmes e sempre conseguindo preservar diante do público a ficção de que só não entrava para o Exército porque ainda faltava cumprir alguns compromissos profissionais. Ele e Ford, e suas famílias, haviam mantido a amizade — Pat Ford chegara até a pensar em convidar Wayne para ser o padrinho do neto de Ford[18] —, mas o diretor havia muito deixara claro para a esposa que considerava o comportamento de Wayne covarde e desonesto. Para agravar ainda mais o que para Ford era um insulto, Wayne acabava fazendo sucesso especialmente quando interpretava heróis de guerra: ele estrelara como um piloto em *Tigres voadores* e também em *Uma aventura em Paris*, e como um capitão de corveta da Marinha — a patente de Robert Montgomery, de fato — em *Romance dos sete mares*. Logo antes de entrar para o elenco de *Fomos os sacrificados*, Wayne terminara *Espírito indomável*, mais um filme sobre o combate pelas Filipinas, mas nesse, diferentemente do que Ford estava prestes a fazer, não se pensou duas vezes antes de providenciar uma refilmagem às pressas com uma última cena nova que retratasse a recente vitória dos Aliados.

Quando Wayne chegou ao set para começar os trabalhos, Ford estava com uma disposição agressiva. Ele não abandonara seu hábito, de antes da guerra, de escolher uma vítima nova a cada produção — alguém para perseguir ou humilhar —, e, embora seu filme *No tempo das diligências* tivesse marcado o início da ascensão de Wayne, o diretor sempre tratara o ator com rispidez, acusando-o de ser preguiçoso e lento. Contudo, agora havia uma verdadeira animosidade por trás dos ataques: para ele, Wayne era um impostor, alguém que havia enchido os bolsos fazendo-se passar por herói de guerra enquanto outros faziam o trabalho de fato e se arriscavam pessoalmente ("Bom, Jesus, eu [tinha] quarenta anos, uma boa reputação e acreditava que não devia entrar como soldado", disse Wayne. "Eu achava que seria mais útil se saísse em turnês e coisas do tipo. A maioria dos que estavam combatendo era uma garotada de dezoito anos, e para eles eu era os Estados Unidos. Eles haviam levado as namoradas para aquela matinê de sábado e assistido a um faroeste com Wayne de mãos dadas. Então eu colocava um chapéu grande e achava que assim era melhor.").[19]

Ford não aceitou o argumento. Ao trabalhar com dezenas de homens de uniforme (mesmo que os uniformes fossem fantasias) e comandar a esquadra de seis lanchas torpedeiras que a Marinha alugara à MGM para o filme, ele conseguiu se convencer de que estava no meio de uma operação quase militar. O filme estava sendo realizado com a cooperação da Marinha e da guarda costeira, que forneceu equipamentos e figurantes. Ele não tinha paciência com alguém que, em sua opinião, era uma celebridade mimada.

Mas, antes que pudesse dar a atenção a Wayne, Ford precisou lidar com uma crise inesperada causada pelo coprotagonista. Montgomery havia "aceitado sem pensar" quando Ford o convidara para interpretar Brickley, pois achava que o papel "parecia uma forma ideal de voltar à atuação. Mas, quando estávamos lá em Miami para filmar as primeiras cenas [...], começamos as manobras com os barcos, na baía Manila, foi aí que realmente caiu a ficha", disse ele. "Fui tomado de pânico." Fazia quatro anos desde a última vez em que ele estivera diante das câmeras, e o choque de, de repente, deixar de ser um oficial da Marinha para interpretar um, de sair do combate no canal da Mancha para passear de lancha em uma praia da Flórida, foi demais para ele.

"Eu havia me esquecido de tudo", lembrou ele. "Esquecido de atuar, esquecido de tudo sobre o assunto. Eu sentia que não conseguia mais fazer aquilo." Às quatro da madrugada, consumido pela ansiedade, ele chamou Ford a seu quarto no hotel.

"Algum problema?", perguntou Ford, calmo. Montgomery lhe disse que ia desistir, que ele nunca devia ter aceitado fazer o filme, e que Ford precisaria encontrar outro ator.

"PARA QUEM VOCÊ ESTÁ TRABALHANDO? PARA SI MESMO?"

Ford o ouviu, e então perguntou o que ele acharia de sair sozinho em uma lancha torpedeira — sem câmera, sem equipe de filmagem. Montgomery respondeu que acreditava que poderia fazê-lo.

Bom, disse Ford. "Pegue os barcos. Brinque com eles. Quando você estiver pronto para começar, nós começamos. Quer sejam três dias, três semanas ou três meses. Vamos esperar até você estar pronto."

Ford cumpriu a palavra. No dia seguinte, Montgomery saiu para um passeio; no dia seguinte, fez a mesma coisa, "e se acostumou a comandar de novo", enquanto o diretor e a equipe esperavam. "Na hora do almoço do terceiro dia", disse ele, "de repente senti. Fui até Ford e falei 'Rode!'. E começamos."[20]

Ford foi profundamente compreensivo com Montgomery e sua readaptação difícil; quando eles começaram a trabalhar, o diretor reduziu os diálogos do ator, muitas vezes diminuindo discursos longos para apenas algumas falas e permitindo que Montgomery usasse sua experiência militar e apresentasse um desempenho sólido e convincente fazendo com que Brickley fosse um comandante rígido, vigilante e silencioso. "Bob Montgomery era o queridinho dele naquele filme", disse Wayne. "Não fazia nada de errado. Acho que era porque ele tinha sido da Marinha. Jack implicou comigo o tempo inteiro."[21]

Wayne praticamente idolatrava Ford, a quem chamava de "Professor", desde que o diretor o acolhera havia uma década. Mas os dois começaram com o pé esquerdo quase imediatamente, durante a filmagem de uma cena em que um avião dispara contra uma lancha torpedeira comandada por Rusty Ryan. Um contrarregra arremessava rolamentos de metal no para-brisa do navio para simular balas, mas, segundo Wayne, ele "tinha se esquecido de substituir o vidro por um para-brisa de acrílico inquebrável". Enquanto as câmeras rodavam, "vidro de verdade voou na minha cara. Enfurecido, peguei um martelo e saí atrás do sujeito. Mas Jack parou na minha frente e disse: 'Não vai, não. É a minha equipe'".

"Sua equipe?!", respondeu Wayne. "Maldita seja, são os meus olhos!"[22]

Pouco depois, Ford forçou a barra. Estava filmando uma das primeiras cenas do roteiro, em que um almirante inspeciona, cheio de desdém, a esquadra de lanchas torpedeiras liderada por Brickley e Ryan e descarta a ideia de que elas possam ter qualquer utilidade na guerra, e então vai embora. No set, dezenas de figurantes apareciam como homens da Marinha, mas a cena não exigia que Wayne e Montgomery fizessem muito além de prestar continência para o ator que interpretava o almirante. Ford rodou uma primeira tomada e depois, sem passar qualquer instrução aos dois astros, pediu uma segunda. Quando ele pediu uma terceira, Wayne murmurou a Montgomery, parado a seu lado: "Qual é o problema?".

"Duke!", gritou Ford na frente dos figurantes e da equipe. "Será que você não consegue prestar uma continência que pelo menos *pareça* como se você tivesse servido na Força?"

Foi a gota d'água para Wayne. Sem dizer uma palavra, ele saiu do set e voltou para o quarto no hotel. As filmagens do dia estavam encerradas. Montgomery já havia observado o que chamou de uma tensão complicada "de pai e filho" entre o diretor e o astro, e agora ele via que estava descontrolada. Depois que Wayne saiu, ele foi até Ford. "Coloquei as mãos nos braços da cadeira dele, me inclinei e falei: 'Nunca mais se dirija a ninguém desse jeito'." A princípio, Ford disse não saber a que Montgomery se referia. "Eu sei que você está fazendo isso para me agradar", acrescentou Montgomery em voz baixa, "mas não é engraçado, e eu não gosto." Ele disse que Ford teria que pedir desculpas a Wayne.

De início, Ford esbravejou, e então disse que nunca teve a intenção de magoar Wayne, e por fim começou a chorar. Ele logo fez as pazes com Wayne, e, como pedido de desculpas, até acrescentou ao roteiro uma cena que proporcionou ao ator um de seus momentos mais fortes no filme, quando, após a morte de seus dois homens, Rusty declama o epitáfio que Robert Louis Stevenson compôs para si mesmo, terminando com "Home is the sailor, home from the sea/ And the hunter home from the hill" [Em casa está o marinheiro, chegado do mar/ E o caçador, chegado da montanha].[23]

O restante das filmagens de *Fomos os sacrificados* transcorreu sem problemas; tanto Ford quanto os dois astros haviam passado por momentos ruins no set, e depois disso conseguiram trabalhar juntos com uma espécie de concentração atenta que fica evidente na tela. "Jack estava extremamente intenso naquele filme", disse Wayne, "e eu nunca tinha visto ninguém trabalhando com tanta concentração. Acho que ele estava mesmo tentando realizar algo."[24]

"PARA QUEM VOCÊ ESTÁ TRABALHANDO? PARA SI MESMO?"

Após semanas de filmagem, Ford, o elenco e a equipe voltaram a Los Angeles para terminar *Fomos os sacrificados* no set da MGM. Pouco antes do fim previsto para a produção, Montgomery e Wayne foram a um set fechado para filmar closes que Ford pretendia incluir nas cenas de batalha já filmadas. Ford estava em uma plataforma alguns metros acima deles, ajustando a iluminação, quando tropeçou para trás, perdeu o equilíbrio e caiu na escuridão.

"Jesus Cristo, seu desastrado!", berrou Wayne, sem perceber a distância que ele havia caído. Quando os dois atores contornaram a plataforma e correram para ajudá-lo, Ford estava deitado no chão. Ele havia fraturado a perna direita bem abaixo do joelho.[25]

"Ford não queria deixar ninguém encostar nele", disse Montgomery. "Nós o erguemos com uma maca e o levamos [ao] hospital." Enquanto os dois seguiam no elevador com Ford, o diretor encarou uma mulher que não parava de olhar para ele. Por fim, ele gritou: "Alcoólatra!". Não se sabe se ele se referia a ela ou a si mesmo.[26]

Ford foi informado de que teria de passar três semanas imobilizado. No dia seguinte, Wayne e Montgomery estavam em uma visita a ele quando o telefone tocou. Era Eddie Mannix, gerente-geral da MGM, perguntando quando Ford estaria bom para continuar a produção.

"Não vou voltar", respondeu Ford. "Vou ficar aqui e ajeitar minha perna. Depois vou voltar para a Marinha. Montgomery terminará o filme."

Era "a primeira vez que eu ouvia aquilo", disse Montgomery, acrescentando que, "àquela altura, eu me sentia muito alinhado com o jeito de pensar de Jack e achei que não me parecia difícil. Só tentei imaginar como ele teria feito."[27] O ator passou as duas semanas seguintes filmando os closes e as cenas adicionais que já haviam sido planejadas e programadas, mas Ford contrariou as ordens do médico e voltou para filmar pessoalmente o final triste do filme.

O final de *Fomos os sacrificados* sintetiza tudo que Ford sentia a respeito do conflito entre um código de ética pessoal e uma noção mais ampla de responsabilidade. A cena exibe uma vitória vazia para Brickley e Ryan: graças a seu heroísmo e à coragem de seus homens, muitos dos quais foram mortos, o alto-comando agora acredita no valor das lanchas torpedeiras. Enquanto as Filipinas estão prestes a cair, a Marinha tira os dois do Pacífico e dá ordens para que se apresentem em Washington a fim de acompanharem a construção de mais lanchas torpedeiras, colocando-os no último avião a partir e obrigando-os a se separarem de seus homens, que provavelmente não sairão ilesos. "Isso faz de nós um belo par de donzelas", murmura Brickley. Mas, quando Ryan tenta escapar do avião logo antes da decolagem para ficar com seus homens, Brickley o impede com firmeza. "Para quem você está trabalhando? Para *si mesmo*?", brada ele. "Vamos para casa para fazer um trabalho — e esse trabalho é nos prepararmos para voltar." O tom mais sombrio da cena é inconfundível: um dos custos da guerra é que os dois — assim como o punhado de oficiais que volta para casa — terão de viver com o receio perturbador de que poderiam, ou deveriam, ter feito mais. Nos últimos minutos do filme, o comandante diz para Brickley e Ryan entregarem uma mensagem ao Departamento de Guerra: "Quando vocês virem o general, digam-lhe que o fim está próximo. Se ele perguntar o que vocês querem, peçam uma força-tarefa naval, um navio-tanque cheio de gasolina e 100 mil homens. Deem-me isso, e assim poderemos começar a retomar as ilhas". Brickley e Ryan prestam continência a ele. Dessa vez, não foi necessário rodar nenhuma nova tomada. Ford levou o filme para a sala de edição. Ele tinha dois meses para terminá-lo antes de voltar a Washington.

Mais ou menos na mesma época em que Ford começou a rodar *Fomos os sacrificados*, William Wyler voltou da Itália para terminar *Thunderbolt*. Antes de abandonar o filme e fazer um grande desvio para Mulhouse, ele filmara material suficiente dos P-47 para que John Sturges e o roteirista Lester Koenig, que vinha trabalhando com ele no filme, montassem juntos um roteiro de narração inicial. Mas Wyler continuava com a sensação de que não conseguira decifrar o projeto tal como fizera com *The Memphis Belle*, e suas suspeitas se confirmaram quando ele viu o esboço preparado por Koenig e Sturges.

Quando começou a trabalhar em *Thunderbolt*, Wyler estava determinado a evitar transformá-lo em uma história com começo, meio e fim sobre uma única missão de bombardeio. Ele não queria repetir a ideia usada em *The Memphis Belle* e sabia que, como não tinha subido pessoalmente nos P-47, não teria como criar uma história sobre a experiência de voar uma missão de forma tão pessoal e detalhada quanto fizera no filme anterior. Mas ele tinha a sensação de que Koenig e Sturges haviam se aprofun-

"PARA QUEM VOCÊ ESTÁ TRABALHANDO? PARA SI MESMO?" 397

dado demais em um rumo diferente. "Vocês minimizam a missão", reclamou Wyler aos dois em uma extensa série de observações anexadas à proposta de roteiro. "A: Vocês não desenvolvem a trama o suficiente. B: Vocês não investem muito no drama, isto é, a história é difusa. C: Vocês a concluem com vários anticlímax desinteressantes."

Wyler já estava disposto a esquecer suas reservas anteriores quanto a reaproveitar a estrutura de *The Memphis Belle*; o Exército queria que o filme fosse feito logo, e não havia tempo para encontrar uma forma nova de contar a história. "Vocês precisam apresentar a missão como o Grande Evento", escreveu. "Este esboço passa a impressão de que a Missão é apenas uma dentre várias pequenas surtidas insignificantes. Operações de guerra banais. Talvez seja. Mas, para o filme, precisa ser crucial, questão de vida ou morte. Minha opinião: lancem tudo na destruição do inimigo [...] e então encerrem rápido."[28]

Em resposta, Sturges disse a Wyler que o que eles precisavam mesmo era de imagens aéreas que não fora possível obter com câmeras fixas presas nos P-47 sem ninguém para operá-las. Eles haviam posicionado câmeras Eyemo na cabine do piloto, debaixo de asas e na cauda dos Thunderbolts, e as armaram para que elas funcionassem com o uso de apenas dois botões, um marcado com "Começar" e outro, "Parar". Mas alguns dos homens a bordo dos caça-bombardeiros não queriam se preocupar com a operação de câmeras enquanto estivessem no ar, outros achavam que a mera presença delas em um avião dava azar, e outros ainda simplesmente se esqueceram de usá-las no calor do momento.[29] Wyler e sua equipe haviam compensado a falta de material filmado de todas as formas que sabiam; chegaram até a ir ao norte da Itália de carro, perseguindo os aviões até o alvo dos ataques para que pudessem obter imagens aproveitáveis a partir do solo, se não do ar, sobre a eficácia dos P-47. Mas nada do que eles obtiveram era bom o bastante para fazer o filme funcionar.

Quando Wyler voltou à Itália, Sturges pediu que ele tentasse arrumar algumas imagens aéreas do dano realizado por aviões de bombardeio em Roma e Córsega, onde estava estacionada a esquadrilha de Thunderbolts no filme. Embora ele não pudesse obtê-las em um Thunderbolt de verdade, isso não seria necessário, pois não se tratava de registrar uma missão de bombardeio específica, mas sim de tentar preencher o filme com o que Wyler chamou de "cenas de ambientação".[30] A filmagem poderia ser feita por qualquer operador disposto a ficar deitado na base de um B-25, um avião bimotor de bombardeio americano ideal para fotografias aéreas, visto que voava baixo e contava com várias aberturas por onde filmar sem obstruções.

Na tarde de 4 de abril de 1945, antes da primeira noite do Pessach, Wyler subiu a bordo de um B-25 destinado a Grosseto, a cidade cerca de 160 quilômetros ao noroeste de Roma que então abrigava o quartel-general dos Aliados na Itália. O plano era fazer vários voos de um lado a outro acima de Córsega e depois seguir pelo bombardeado litoral italiano a fim de lhe permitir filmar tudo de que precisasse, e então deixar um capitão do Exército em Roma e aterrissar em Grosseto, onde Wyler sairia. Ele decidiu não correr o risco de que um operador de câmera não pegasse as imagens que ele queria; a certa altura do voo, o próprio diretor se arrastou pela base do avião com uma Eyemo, deitou-se e começou a filmar. O rugido dos motores e o uivo alto do vento em uma aeronave aberta o ensurdeceram, mas ele não se preocupou; não era a primeira vez que isso acontecia. Ele podia fazer o mesmo de sempre: esperar os ouvidos estalarem quando o avião descesse.

Wyler só se deu conta de que havia algo errado quando, pouco antes do pôr do sol, o B-25 aterrissou em Grosseto. Ao sair do avião, percebeu que seus ouvidos ainda não tinham estalado, e ele não conseguia manter o equilíbrio nem andar em linha reta. "Achei que não fosse nada de mais", disse. "Várias vezes, quando você sai de um avião, fica sem ouvir por um tempo."[31] Wyler tentou sorrir quando os aviadores na pista o viram e começaram a imitar seu passo embriagado, mas, horas depois, quando ele se encontrava em um cômodo fechado e longe do barulho de motores, a audição ainda não havia voltado.

Um cirurgião em Grosseto o examinou. "Isto é sério", avisou ele,[32] dando ordens para que Wyler fosse levado a um hospital da Marinha o quanto antes. No dia seguinte, ele voou até Nápoles, onde os médicos o examinaram e escreveram o diagnóstico para que ele pudesse ler: sua temporada no Exército havia terminado. Assim como sua temporada no ar; Wyler foi informado de que não podia se arriscar a voar mais uma vez. Cinco dias depois, foi posto em um navio que o levaria de Nápoles a Boston. Ele voltaria para casa. E estava surdo.

"PARA QUEM VOCÊ ESTÁ TRABALHANDO? PARA SI MESMO?"

Em 20 de abril, o telefone tocou na residência dos Wyler em Los Angeles. Quando Talli atendeu, ouviu o marido no outro lado da linha, mas, se não soubesse que ele estava para ligar, talvez não tivesse reconhecido a voz. Wyler lhe havia enviado um telegrama para dizer que voltaria para casa, mas não mencionara a gravidade do dano a seus ouvidos — algo que nem ele sabia. Ele passara mais de uma semana em um navio, sozinho, esperando para ver se perceberia alguma melhora. Após alguns dias de viagem, um pouquinho de audição havia voltado ao ouvido esquerdo, mas, quando Wyler desembarcou em Boston, já estava claro que não ficaria melhor, e ele se afundou em um estado de depressão.

"Em vez de uma voz alegre, escutei uma voz completamente morta, neutra, sem emoção, totalmente deprimida", disse Talli. "Fiquei confusa e chocada e nem imaginava o que tinha dado errado. Ele parecia outra pessoa, terrivelmente perturbado. Falou como se a vida tivesse acabado, não só a carreira."[33]

Wyler disse à esposa que ela não precisava se dar ao trabalho de vir para o leste, e também que ele não voltaria para casa de imediato. Desligou e pegou um trem para Nova York, onde entrou em um hospital da Força Aérea em Mitchell Field, em Long Island. Os médicos o examinaram e lhe disseram que um nervo em seu ouvido direito havia sofrido dano irreparável. Sugeriram que ele removesse as tonsilas, mas não estavam otimistas quanto à validade do procedimento para resolver o problema.[34]

Wyler não suportava a ideia de receber uma visita de Talli ou das filhas pequenas, e os poucos velhos amigos que ele permitiu que fossem vê-lo em Mitchell Field encontraram um homem devastado. "Eu nunca havia visto ninguém em estado de horror tão absoluto", disse Lillian Hellman. "Ele tinha certeza de que era o fim de sua carreira, de que jamais voltaria a dirigir."[35] Foram, disse Wyler, as "piores semanas da minha vida".[36]

Quando os médicos do Exército lhe disseram que não poderiam fazer muito mais por ele e lhe deram alta, sugerindo que talvez fosse bom ele consultar especialistas em Washington ou na Califórnia, Wyler tentou retomar a vida. Pegou um trem para a capital, encontrou alguns velhos colegas no Departamento de Guerra[37] e conferiu o progresso na versão nova e melhorada do roteiro de Koenig para *Thunderbolt*.[38] Ainda não escutava nada, mas pelo menos recuperara o equilíbrio. Na capital, ligou para Talli e lhe disse que iria para casa em breve; pegaria o trem de Washington para Los Angeles.

Talli o buscou na Union Station. "Ele estava terrivelmente magro", disse. "Não comia. O rosto estava tão macilento que quase não o reconheci." Ao ver o marido, Talli percebeu, pela primeira vez, a seriedade da condição dele. "A gente precisava falar diretamente na orelha esquerda dele", disse ela a Jan Herman, biógrafo de Wyler. "E tinha que falar com enorme clareza, caso contrário ele não escutava. Ele se sentia muito isolado."[39]

Wyler era atormentado por mais do que os problemas físicos. Tinha medo de que a perda da audição "pudesse afetar o casamento", admitiu mais tarde. "Eu não sabia ao certo se o que funcionava antes voltaria a funcionar." Cada vez mais desesperado, ele pediu que Talli o levasse a um centro de reabilitação auditiva para veteranos em Santa Barbara. Psiquiatras lhe administraram soro da verdade para tentar determinar se sua surdez estava sendo causada por algum bloqueio mental. Quando Talli o viu novamente, ele andava de um lado para outro em um quarto com paredes acolchoadas, tentando dissipar os efeitos anestésicos da droga. Os psiquiatras lhe disseram que a audição do marido estava ótima — que, quando o medicamento fez efeito, ele escutava alguém falar a dois cômodos de distância. Somente anos depois Talli se deu conta de que haviam mentido para ela a fim de lhe dar alguma esperança de que, no futuro, a audição do marido se recuperasse por conta própria.[40]

Os anos de Wyler na guerra — o que mais tarde ele chamou de "uma fuga à realidade" — haviam chegado a um fim que ele jamais teria previsto: alta, agora definitiva, dos cuidados médicos do Exército, uma pensão por invalidez — "sessenta dólares por mês do Tio Sam, isento de impostos",[41] para o resto da vida — e um futuro que parecia incerto tanto no aspecto pessoal quanto no profissional. Ele ainda nutria uma sensação de dever e o desejo de terminar *Thunderbolt*, embora fosse difícil imaginar que o filme viesse a ter qualquer utilidade para o Exército. E ele ainda devia a Sam Goldwyn mais um filme, de acordo com um contrato assinado em 1941. Mas como ele poderia sonhar em fazer um filme quando era impossível entender nem uma frase sequer acima de ruídos ambientes ou som de música? Na primavera de 1945, conforme Wyler saltava de um médico a outro, a guerra da Europa terminava. E nada parecia possível.

VINTE E CINCO

"Onde eu aprendi sobre a vida"

ALEMANHA, MARÇO A AGOSTO DE 1945

Não era para George Stevens ficar sozinho, mas, após a lesão de Wyler e a saída súbita de Ford da ativa, em março de 1945 ele era o último cineasta americano de peso cobrindo a guerra na Europa. Houve um momento, meses antes, em que Capra o tranquilizara de que logo chegariam reforços, mas agora Stevens sabia que não era verdade: o programa cinematográfico da guerra estava desacelerando, e ele não esperava qualquer ajuda ou orientação de Washington. Quando finalmente recebeu novas ordens, provinham de Eisenhower e eram simples e diretas: Stevens e sua equipe deveriam se unir a 16 mil paraquedistas americanos e ingleses na investida final Alemanha adentro. O trabalho da SPECOU seria documentar o que quer que encontrassem.

A missão foi chamada Operação Varsity, uma iniciativa de um dia e principalmente aérea em 24 de março que levou Stevens de Paris até as margens do Reno, onde os Aliados capturaram três pontes e tomaram diversas cidades e vilarejos na fronteira ocidental da Alemanha, agora gravemente debilitada. Ao longo das três semanas seguintes, ele e sua unidade permaneceram com o exército conforme o general Bradley começava seu avanço rumo leste até Berlim.

As primeiras imagens significativas que Stevens filmou na Alemanha foram em 11 de abril — um dia antes da morte repentina do presidente Roosevelt em Warm Springs —, quando as forças americanas assumiram o controle de Nordhausen, uma cidade no meio do país que havia abrigado uma fábrica subterrânea gigantesca usada para construir os mísseis balísticos V-2 de longo alcance que os nazistas haviam usado contra a Inglaterra. Durante a guerra, mais de 50 mil prisioneiros tinham sido mantidos em Dora, um campo de concentração próximo dali cujos detentos eram usados como mão de obra escrava na fábrica de mísseis. Uma semana antes, a RAF bombardeara a cidade, destruindo a maior parte dela e matando milhares de pessoas. Quando Stevens chegou lá, uma das primeiras pessoas que viu foi um homem esquálido em um leito. O homem voltou o rosto, sorriu para a chegada dos libertadores, virou-se em silêncio e morreu. Foi a primeira vez que Stevens viu um prisioneiro de um campo de concentração.[1]

Havia 65 quilômetros de túneis escavados na encosta de uma montanha em Nordhausen, e, quando Stevens começou a filmar, sentiu que descobria, pela primeira vez desde que ingressara no Exército, o coração tenebroso da guerra. Era quase impossível filmar no breu dos corredores retorcidos da fábrica e das câmaras mal-iluminadas, mas ele e Ivan Moffat redigiram relatórios sobre o que viram, incluindo um crematório que fora usado para incinerar aqueles que tivessem ficado fracos demais para trabalhar; as cinzas haviam sido removidas, e via-se um amontoado de ossos humanos pequenos em um canto. Quando Stevens acompanhou o exército na inspeção das instalações e do campo, deu-se conta de que havia encontrado uma cena de assassinato em massa em uma escala que jamais imaginara ser possível. "Aquelas criaturas haviam sido desprovidas de qualquer registro sobre suas vidas anteriores de tal forma", escreveu ele em um memorando que enviou a Washington junto com as imagens filmadas em Nordhausen, "que, de cerca de 2 mil homens, mulheres e crianças, só foi possível identificar quatro homens pelo nome e a nacionalidade."[2]

Havia muito o Departamento de Guerra sabia das atrocidades nazistas, mas o relato de Stevens foi uma das primeiras descrições em primeira mão a virem de um oficial americano na Alemanha. Em 15 de abril, ele enviou a seus superiores um comunicado em que chamava Nordhausen de "o exemplo mais evidente que se poderia encontrar no mundo da absoluta

"ONDE EU APRENDI SOBRE A VIDA" 403

indiferença dos alemães pela vida humana, chegando a um ponto altíssimo de brutalidade, aliada a um exemplo supremo de perfeição técnica na ciência da destruição em massa".[3] Naquele dia, os Aliados libertaram o campo de Bergen-Belsen, onde descobriram 53 mil prisioneiros famintos e com frio, vivendo e morrendo em imundície. Quatro dias depois, Capra recebeu o primeiro relatório da Unidade de Cinematografia do Exército em Belsen na mesma hora em que as imagens obtidas por Stevens chegavam a Washington.[4] A partir daquele dia, a missão principal dos homens do Serviço Pictórico do Exército mudaria. Eles não seriam mais cinegrafistas de combate; seriam coletores de provas.

Mas, antes que as ordens novas chegassem, Stevens e os dezoito homens de sua unidade foram enviados de Nordhausen para Torgau, onde, pela última vez na guerra, pediram-lhe para registrar as cerimônias para os cinejornais. Em 25 de abril, os exércitos dos Estados Unidos e da União Soviética, que haviam passado todo o conflito combatendo em fronts diferentes, enfim se encontraram no Elba. A união das forças era mais do que meramente simbólica: os exércitos americanos e ingleses haviam avançado do oeste pela França e pela Bélgica enquanto as tropas russas avançavam do leste; o encontro no rio marcaria o momento em que a Alemanha havia sido conquistada pelos dois lados e serviria como uma ratificação das intenções dos Estados Unidos, da Grã-Bretanha e da União Soviética de vencer a guerra e estabelecer a paz juntos.

Por alguns dias, Stevens pôde tentar esquecer os túneis e câmaras pavorosas de Nordhausen. O primeiro militar russo que eles viram no Elba era "um soldado careca", lembrou Moffat. "Tinha uns soldados bem velhos no exército russo. [...] Ele estava com um rolo grande de arame nas costas e veio até mim [...] e sorriu. '*Capitaliste*!', disse ele para mim, e então apontou para si mesmo e falou: '*Communiste*!'. E sorriu de novo."[5] As cenas que a unidade de Stevens filmou em Torgau são alegres, quase maníacas no desejo de apresentar a comicidade. Os americanos imitavam os russos, os russos imitavam os americanos, e a câmera virava uma desculpa para fazer palhaçadas. Eles filmaram um sujeito bêbado de cartola, cambaleando pela margem do rio com um coelho recém-morto na mão, e então caindo.[6] Stevens aparece jovial, tentando convencer um rapaz de aspecto sério, um soldado russo, a apertar sua mão. Ele filmou os russos dançando e os ame-

404   CINCO VOLTARAM

ricanos rindo e batendo palmas; fez imagens dos russos ensinando os americanos a usarem uma metralhadora soviética e dos americanos ensinando os russos a usarem uma câmera Eyemo. Prevalecia um espírito de intercâmbio cultural comemorativo; alguém havia posto na beira da água um enorme mural pintado decorado com o slogan "O Leste Encontra o Oeste", no qual um soldado americano, diante da bandeira do país e da Estátua da Liberdade, cumprimenta um soldado russo pela primeira vez enquanto ambos limpam os coturnos em uma bandeira nazista no chão.

Após a guerra, alguns criticariam os Aliados por se demorarem em Torgau e se entregarem ao triunfalismo em um momento em que Berlim ainda não havia sido tomada e a maioria dos campos continuava sob o controle dos nazistas. "As pessoas questionam de forma leviana por que não avançamos rumo a Berlim", escreveu Moffat mais tarde, explicando que a sensação de que a "guerra não poderia durar muito mais" dominou todos. No Elba, eles sentiram que "podiam relaxar"; não havia "inimigo algum [...] pela primeira vez", "uma sensação agradável quando se está dirigindo um jipe".[7]

Para Stevens, Torgau acabou sendo um último interlúdio antes de uma sucessão implacável de horrores. Pouco mais de cem quilômetros ao norte, milhares de tanques russos entravam em Berlim, e ele imaginou que sua equipe se juntaria aos Aliados lá para filmar a derrota de Hitler e dos nazistas em seu último baluarte. Mas eles receberam ordens para seguir ao sul até Dachau. A 99ª Divisão de Infantaria estava prestes a libertar o campo. Stevens e uma dúzia de seus homens carregaram os jipes com metralhadoras Browning, peças de artilharia confiscadas dos alemães, rações K e equipamentos de filmagem e começaram a dirigir, com um membro da unidade de pé na traseira de cada veículo, com a arma a postos, examinando o horizonte em todas as direções.[8] Precisariam percorrer 480 quilômetros em pouco tempo, mas nenhuma outra unidade posicionada na Alemanha na época possuía câmeras com microfone, e Stevens imaginou que ele e sua equipe talvez precisassem gravar depoimentos filmados tanto de prisioneiros quanto de guardas.

Eles pararam apenas para engolir a ração às pressas, ou para filmar o que parecia a desintegração gradual do exército de Hitler, evidente a cada momento. Viam-se aviões caídos com suásticas na cauda por toda a região

"ONDE EU APRENDI SOBRE A VIDA"

rural; a quantidade de aeronaves americanas e britânicas que eles haviam derrubado estava marcada a tinta perto das asas. Eles passaram por centenas de prisioneiros de guerra do Exército alemão retidos ao longo da margem de um rio, esperando, com expressões confusas e arrasadas, enquanto soldados americanos impassíveis e armados com fuzis colocavam-nos em caçambas de caminhões vazios. Quando a unidade de Stevens chegou a Dachau, eles deixaram os equipamentos na casa onde deveriam se acomodar junto com outra unidade de cinematografia recém-chegada do sul e seguiram para o campo.

Já era quase maio, mas ainda havia porções de neve e gelo cobrindo grande parte do solo congelado atrás das cercas. Stevens e seus homens vestiram casacas tiradas de guardas da ss e cruzaram os portões. O que Stevens viu lá transformaria sua vida e sua obra e alteraria profundamente a maneira como ele via sua própria natureza. "Foi", disse ele, "como perambular por uma das visões de Dante no inferno."[9]

De início, ele estava entorpecido. Sem saber o que mais fazer, carregou a câmera e começou a filmar: um cadáver dessecado perto dos trilhos. Outro dentro de um vagão de trem, parcialmente coberto de neve. Depois, mais ao fundo no vagão, outro, nu, congelado, azul. Um campo cheio de homens mortos esqueléticos caídos de costas, os olhos abertos voltados para o céu cinzento. Um monte de pijamas listrados. Um segundo vagão, cheio de cadáveres, alguns com buracos de bala, muitos com os sinais inconfundíveis de tortura e privação, amontoados em uma confusão sanguinolenta de membros. Do lado de fora, fileiras e fileiras de mortos, e depois, fileiras e fileiras de homens e mulheres que só pareciam mortos. As cabeças estavam raspadas; devido à inanição que haviam suportado, era difícil adivinhar sua idade, e só quando os americanos começaram a tirar as roupas deles para exterminar parasitas foi possível distinguir os sexos.

Nenhum boato ou relatório de que a Alemanha havia muito abrigara fábricas de morte preparara os primeiros Aliados a entrar nos campos contra a crueldade, o desespero, a miséria pestilenta, o verdadeiro pesadelo que eles encontraram. Alguns dos crematórios ainda tinham as chamas acesas. Dachau estava tomado pelo tifo; os prisioneiros, nus, receberam um banho de DDT, virando-se de um lado para outro conforme a nuvem de inseticida os envolvia. Stevens dirigiu a lente de sua câmera para o alto a fim de filmar a fumaça que continuava a sair de algumas chaminés, e depois voltou a baixá-la para a frente, onde montes de cadáveres nus — centenas — chegavam a quase dois metros de altura. "Fomos até a pilha de lenha", disse ele, "e a pilha era de gente."[10]

Cerca de 30 mil prisioneiros foram encontrados com vida em Dachau, mas muitos estavam nas últimas; a ajuda tardava a chegar, e não havia lugar algum aonde fosse possível levar tantas pessoas imediatamente para tratamento. Para alguns homens na unidade de Stevens, era impossível apenas presenciar tamanho sofrimento sem tomar alguma medida pessoalmente. Eles abandonaram as câmeras e se tornaram enfermeiros, consoladores, pastores. Um deles baixou o equipamento e começou a caminhar de leito em leito na primeira enfermaria improvisada do campo, deixando que os moribundos ditassem cartas para seus parentes enquanto ele escrevia continuamente. Ele não parou, e ficou dias sem dormir.[11] Stevens continuou filmando, embrenhando a câmera pelos cantos e pelas sombras, com movimentos estáveis, enquanto registrava a carnificina à sua volta. Seu olhar era firme e frio. Ele não buscava mais os detalhes pequenos e peculiares, mas imagens que capturassem tanto a vastidão quanto o sadismo específico de crimes contra a humanidade de uma espécie que ele nunca havia imaginado. Dachau, disse mais tarde, foi "onde eu aprendi sobre a vida".[12]

Stevens considerava-se obrigado a usar sua câmera para anunciar um manifesto inenarrável, mesmo quando não sentia nada além de um infindável desespero. Após a guerra, ele passou o resto da vida se perguntando se havia filmado o bastante, se havia tratado a tarefa diante de si com a inclemência e a habilidade que ela exigia. "Estranho", disse ele. "Quando você percebe que a situação é a pior possível, e [é] maior a necessidade de filmar, você não consegue fazer do jeito que deveria. Você não consegue ir até um homem que pensa em resgate e [...] meter uma câmera na cara dele." Mas ele persistiu, e fez a maior parte do trabalho mais doloroso pessoalmente, sem permitir que ninguém o substituísse ou rendesse. "Você pode mandar três ou quatro caras saírem com umas armas para fazer alguma coisa, mas eu era incapaz de mandar alguém para dentro do maldito vagão", lembrou. "Eu precisava fazer aquilo. E subi naquele negócio, e as pessoas [que estavam vivas] alguns dias antes, elas estavam todas empilhadas. [...] Não dava para saber [...] simplesmente não se associa a *pessoas* o jeito como elas esta-

"ONDE EU APRENDI SOBRE A VIDA"

vam todas empilhadas umas em cima das outras." Enquanto esteve em Dachau, ele não falava sobre o que via ou filmava, nem mesmo aos homens de sua unidade. "Particularmente com os soldados, não se fala sobre esse tipo de coisa", disse ele. "Você não fala 'eu vi um...'. Você assimila. Então estou aqui, e estou olhando para essas pessoas, e quem elas são, e que — e eu sei que isto nunca foi escrito — canibalismo. No vagão. Jesus Cristo, como alguém [...] Eu nunca ouvi ninguém falar disso."[13]

No fim das contas, foram os vivos que mais assombraram Stevens, não os mortos. Ele caminhava por um campo com a câmera e viu o que achava serem cadáveres devastados pela desnutrição e cobertos de feridas; e então alguns começavam a se mexer. O estômago de Stevens revirava; ele recuava. Havia mortos por todas as partes, misturados com os vivos. O cheiro impregnava o ar, mas, nos primeiros dias dos Aliados no campo, conforme um a um os soldados americanos se curvavam para vomitar, os próprios sobreviventes pareciam não reagir. Eles haviam vivido, dormido e comido em meio aos cadáveres por tanto tempo que continuavam a fazê--lo, quase como se não os percebessem. Os Aliados não haviam previsto a quantidade de auxílio humanitário que seria preciso. Eles logo puseram os alemães capturados para trabalhar, carregando provisões e baldes de água, e soldados jovens ensinaram os detentos do campo capazes de ficar de pé a preparar uma espécie de papa em pequenos caldeirões enquanto esperavam a chegada dos primeiros caminhões de pão. Alguns em Dachau estavam tão acostumados ao cativeiro e às punições que mal conseguiam distinguir os libertadores dos carcereiros. "Eu contornava um bloco e encontrava lá um daqueles coitados, consumidos, tremendo e se sacudindo", disse Stevens. "Estou de uniforme, e ele acha que vou fazer algum absurdo. A gente tira o capacete de lata e tenta parecer o [menos] soldado possível, mas eles só fazem posição de sentido e batem continência[14] [...] em um paroxismo de terror [...] implorando para você não ser um monstro.[15] [...] Cada vez que você dobra uma esquina, por causa do uniforme, as pessoas acham que você é assim. [...] Você tem vontade de fugir, afastá-los. Você não quer pegar os piolhos deles."[16]

Em seus primeiros dias em Dachau, Stevens sentia-se como se perdesse mais um pedaço da própria humanidade cada vez que abria os olhos. Os prisioneiros viviam como animais, sem qualquer constrangimento quando se agachavam para se aliviar ou quando eram despidos para serem desinfetados ou fotografados como provas vivas de crimes de guerra. Harry Truman assumira a presidência havia apenas algumas semanas quando o representante que ele indicara para inspecionar os campos libertados lhe enviou um relatório devastador sobre as condições que encontrara. O socorro e a comida não chegavam com a rapidez necessária, e os prisioneiros libertos continuavam a sofrer terrivelmente; "tal como está", declarava o relatório, "parece que estamos tratando os judeus da mesma forma que os nazistas, exceto pelo fato de que não os exterminamos".[17]

Fazia quase um ano desde a Normandia, e Stevens ficara bem próximo dos homens de sua unidade, mas em Dachau, mesmo realizando seu trabalho, a equipe pareceu se dissolver; cada homem estava sozinho. "Quase todo mundo estava em choque", disse Stevens. "Eu não tinha ninguém com quem me comunicar." Quando um detento liberto coberto de insetos tentava agarrar o uniforme dele e fitá-lo com um olhar de súplica, implorando por algo que ele não entendia em polonês ou alemão ou em algumas palavras confusas de inglês, ele precisava resistir ao impulso de se retrair com asco. "Tudo que há de mal acaba por ser exposto em um dia num campo de concentração", disse ele. "Eu odiava os desgraçados [do exército alemão]. O que eles representavam era a pior, a pior coisa possível que acontecia em séculos. E no entanto, quando um pobre sujeito faminto e cego porque sua visão estava decaindo me agarra e começa a implorar, eu sinto o nazista dentro de cada ser humano [...] eu me sinto um nazista porque abomino o sujeito e quero que ele tire as mãos de mim. E o motivo pelo qual o abomino é que me vejo capaz da arrogância e brutalidade necessárias para afastá-lo de mim. [...] Isso é algo terrível de se descobrir sobre si mesmo, aquilo que você mais despreza."[18]

Mesmo nos momentos em que Stevens conseguia afastar dos pensamentos as imagens de carência, fome e medo, as palavras dos prisioneiros alemães que os Aliados haviam capturado em Dachau ressoariam como uma espécie de reafirmação zombeteira de seus próprios medos. A certa altura, Stevens entrou em uma sala de um dos edifícios do campo onde oficiais americanos interrogavam um oficial da ss que havia se escondido no fundo de um vagão destinado a Munique quando um prisioneiro liberto polonês o vira e, de alguma forma, juntara forças para arrastá-lo para

"ONDE EU APRENDI SOBRE A VIDA"

fora. O alemão estava de joelhos, gritando, enquanto um soldado americano se erguia à sua frente com a coronha de um fuzil, prestes a acertá-lo. Havia outros alemães capturados agrupados em um canto da sala, esperando a vez de serem interrogados. "Os americanos deviam ser um povo honrado!", gritou o homem no chão. "Eles são torturadores imundos!"[19]

Em seus filmes, desde os curtas com o Gordo e o Magro até *A mulher que soube amar*, Stevens, que desde pequeno sempre tivera uma grande sensibilidade para circunstâncias de constrangimento ou mortificação pessoal, muitas vezes transformara episódios de humilhação em motivo de piada ou humor. Moffat, que estava com ele em Dachau, acreditava que, durante o tempo que Stevens passou no campo, ele veio a sentir que seu trabalho de transformar momentos de crueldade ou dor em entretenimento cômico popular faziam com que ele fosse passível de culpa, de alguma forma. "Ele sempre fora um observador da fragilidade humana", disse, "[como] uma espécie de elemento picaresco, irrelevante. Isso nunca foi amplificado até a escala trágica que de repente ele via, [de] pessoas se comportando e sendo tratadas de maneiras que ele nunca havia imaginado [possível] na natureza humana. Ele ficou muito muito mal [...] aquilo o afetou profundamente".[20]

Stevens continuou filmando, mesmo quando seu instinto lhe dizia para se afastar. Apenas uma pequena parte do material que ele fotografou foi considerada adequada para uso pelos cinejornais americanos, e mesmo o volume limitado de imagens enviado pelo Exército foi rejeitado por muitos cinemas, que os consideravam impróprios para seu público.[21] Um dos poucos conjuntos de imagens que muitos espectadores americanos viram na época foi um evento que acontecia em toda a Alemanha: sempre que um campo era libertado, os Aliados reuniam homens e mulheres adultos das cidades alemãs nas redondezas, colocavam-nos em caminhões do Exército e os levavam em um passeio compulsório pela cena dos crimes nazistas. Stevens filmou essas ocasiões dando atenção especial ao rosto dos visitantes, direcionando a câmera a eles para ver quem por fim cederia e começaria a chorar, e quem firmaria o maxilar e se recusaria a olhar qualquer coisa além da nuca da pessoa à sua frente. Ele parecia saber de antemão qual mulher de meia-idade provavelmente puxaria um lenço da bolsa e cobriria a boca em choque, e qual apenas apertaria os lábios e balançaria a cabeça em movimentos rápidos, como se negasse a realidade do que estava à sua frente. Stevens filmou também soldados acompanhando prisioneiros de um lado a outro diante de uma fileira de homens suspeitos de serem guardas do campo, alguns dos quais haviam jogado fora os uniformes, raspado a cabeça e vestido pijamas listrados na esperança de não serem capturados. Conforme os prisioneiros, alguns praticamente cegos devido às condições em que haviam vivido, se aproximavam de seus antigos captores, examinando-os, Stevens chegava com uma determinação acusatória, avançando com a câmera até preencher todo o enquadramento com o rosto dos dois. Às vezes ele não afastava a câmera nem cortava a cena; simplesmente permanecia com a mesma imagem até o rolo acabar, como se todas as provas essenciais e profundas de que alguém viesse a precisar residissem no rosto, ou no corpo, ou nos próprios ossos.

Após os primeiros dias, começaram a chegar ao campo sinais de civilização — comida, cobertores, médicos, remédios —, e os prisioneiros libertos, muitos dos quais continuaram lá porque não tinham mais familiares nem qualquer lugar que pudessem chamar de lar, ficaram mais acostumados à presença das câmeras. Eles entendiam por que estavam sendo fotografados, e mesmo os mais debilitados tentavam reunir forças para colaborar. Nas enfermarias, homens com olheiras profundas e rostos secos, ao verem as câmeras de Stevens, iam até pacientes ainda mais frágeis que estavam fracos demais para erguer a cabeça e punham a mão na parte de trás do crânio deles, levantando-os delicadamente para as lentes de modo que eles pudessem ser vistos ou lembrados por alguém, por mais irreconhecíveis que muitos tivessem se tornado. Nos necrotérios improvisados, os prisioneiros seguravam os corpos dos mortos para que Stevens filmasse; também serviam de prova. E muitos dos homens no campo ofereceram depoimentos às câmeras; o próprio Stevens entrevistou ex-prisioneiros. Ele não recebeu qualquer instrução do Exército de que deveria extrair depoimentos ou filmá-los; acreditava que fazia parte do trabalho para o qual estava lá e tinha certeza de que acabaria sendo necessário.

Alguns dos detentos em Dachau pediram um culto religioso, e em 5 de maio o capitão David Eichorn, capelão judeu do Exército, e o rabino Eli Bohnen realizaram um culto judaico como parte de um funeral maior que foi acompanhado por milhares de ex-prisioneiros (no dia seguinte, foi realizada uma missa de Páscoa atrasada). Stevens registrou imagens e áudio tanto do púlpito quanto da multidão, que ficaram parados, fascinados, sob as bandeiras de mais de uma dúzia de nações aliadas enquanto ouviam as palavras "A Europa sofreu com vocês". Stevens, que fora criado no protestantismo, estremeceu diante de algumas das coisas que foram ditas. Dachau fez com que ele, por um tempo, se afastasse de qualquer fé religiosa, especialmente do cristianismo "sentimentaloide, honrado e exuberante" praticado pelos alemães que ele viu. Vinte anos depois, ele lembrou do que sentiu na época: "Quanto melhor é o cristão, melhor é o antissemita. [...] Isso justificava todo o terror maldito, esse tipo de fé [cristã]. Eles queriam fazer aquilo, e eles fizeram aquilo".[22]

Duas noites depois, a guerra na Europa acabou. Ainda em Dachau, Stevens, assim como o restante do Exército, ouviu a notícia do Dia da Vitória no rádio da mesma forma como havia ouvido sobre a morte de Roosevelt um mês antes e o suicídio de Hitler assim que entraram no campo. Não houve comemorações aquela noite. Eles escutaram enquanto Churchill anunciava ao mundo que o governo alemão havia assinado um termo de rendição incondicional que fora aprovado pelo Quartel-General Supremo da Força Expedicionária dos Aliados e pelo alto-comando soviético, e escutaram quando o presidente Truman marcou a "hora solene, mas gloriosa", da vitória dizendo: "Nosso júbilo é sério e oprimido por uma consciência suprema do preço terrível que pagamos para livrar o mundo de Hitler e seu bando maligno". Ele lembrou ao mundo que havia "trabalho, trabalho e mais trabalho" pela frente. Mas o combate na Europa, enfim, terminara.

Stevens permaneceu em Dachau por várias semanas, filmando e enviando material a Londres e Washington. Ao final de cada semana, ele se sentava sozinho e escrevia um registro destinado ao Departamento de Guerra em que detalhava o que havia em cada rolo de filme: "Closes dos prisioneiros — muito bons dos rostos deles", "Mais corpos — closes das cabeças", "Imagem de prisioneiros nus tremendo de frio".[23] Ele não estava com pressa para voltar aos Estados Unidos. Mais do que nunca desde que entrara na guerra, acreditava que seu trabalho era essencial; todo o resto, inclusive questões sobre seu futuro, teria que esperar. Quando ele finalmente deixou o campo em julho, foi para servir como enviado americano na Conferência de Potsdam, na qual Truman, Churchill e Stálin se reuniram para traçar políticas para o pós-guerra. Ele e alguns de seus homens dirigiram até o retiro de Hitler em Berchtesgaden, nos Alpes, perto da fronteira da Alemanha com a Áustria, para coletar espólios de guerra — prataria e louças de jantar (ele conta que, mais tarde, levaria o fruto da pilhagem a Paris e trocaria tudo por conhaque).[24] Eles entraram na casa de Göring e viram sua sala de exibição subterrânea, onde havia estampada uma lista dos filmes que haviam sido projetados ali; Stevens não resistiu à tentação de ver se havia algum filme seu.[25] E, em Berlim, filmou o estádio Olímpico, onde Leni Riefenstahl filmara seu famoso documentário para Hitler nove anos antes, e viu o bunker onde Hitler e Eva Braun haviam morrido.[26] Essas imagens foram o último material filmado por sua unidade SPECOU, que se havia partido em vários subgrupos pequenos. Após sair de Dachau, Stevens começou a beber muito; os homens que restavam em sua unidade achavam que ele era "problemático" e "difícil" quando não estava sóbrio e começaram a manter distância. "Assim que ficávamos de folga, assim que a noite caía, nós passávamos a evitá-lo", disse Moffat. "Ele saía à procura de companhia, de alguém com quem conversar, ou com quem beber e abrir suas rações, e não encontrava ninguém. [...] Ele era solitário."[27]

A unidade se desfez. O resto dos homens queria voltar para casa. Stevens filmou soldados jovens dos Aliados saindo da Alemanha, embarcando alegres em aviões destinados a meia dúzia de países diferentes, mas ele continuou lá; ainda havia muito a fazer. Em 8 de agosto, a Carta de Londres definiu as acusações que seriam apresentadas contra os membros capturados das potências europeias do Eixo que seriam julgadas no inverno daquele ano em Nuremberg — crimes de guerra, crimes contra a paz e crimes contra a humanidade. Stevens e Budd Schulberg continuariam na Europa até então para prestar assistência a Robert Jackson, desembargador da Suprema Corte, e sua equipe de promotores. Nos meses seguintes, Stevens se dedicaria à criação de dois documentários longas-metragens sobre a guerra. O primeiro trataria dos crimes e das condições em Dachau e outros campos; o segundo, *The Nazi Plan* [O plano nazista], demonstraria que os crimes de guerra da Alemanha eram resultado de mais de uma década de planejamento e premeditação. A intenção era que os filmes fossem exibidos apenas uma vez, e para apenas um público: os juízes em Nuremberg.

VINTE E SEIS

"Esse filme é para quê?"

WASHINGTON E HOLLYWOOD, VERÃO DE 1945

Conforme a guerra na Europa terminava, o Corpo de Sinaleiros enviou uma mensagem filmada aos soldados americanos lá baseados: "O povo alemão não é nosso amigo". Na primavera, certos de que o fim de Hitler era iminente, Frank Capra e Theodor Geisel haviam preparado um curta-metragem intitulado *Your Job in Germany* [Seu trabalho na Alemanha], concebido para os militares americanos que em breve seriam encarregados de preservar a paz em uma nação derrotada. Mais do que qualquer outro filme de propaganda exibido durante a guerra, esse jogava a culpa diretamente nos cidadãos alemães. "Não deem confiança", advertia o narrador. "Vocês estão enfrentando a história da Alemanha. Ela não é boa." Em uma locução que desdenhava da noção de que os alemães estavam "gentis, penitentes, *arrependidos*", Geisel deixou claro que achava que qualquer demonstração de contrição era uma farsa. "*Pode* acontecer de novo — a próxima guerra", dizia o narrador, porque "os bandidos da Gestapo" agora fazem "parte da turba. Ainda observando-os, e odiando-os, e pensando [...] pensando na próxima vez. [...] Eles não lamentam ter provocado a guerra. Eles só lamentam ter perdido. [...] Não confiem em nenhum deles. Algum dia, o povo alemão talvez se cure de sua doença — a doença da super-raça, a doença da conquista mundial. Mas eles precisam provar além de qualquer sombra de dúvida que estão curados antes de receberem permissão para assumir um lugar em meio a nações respeitáveis".

Geisel, que roteirizou e produziu *Your Job in Germany*, contratou o ator John Lund para enunciar essas frases com um estilo agressivo, quase ameaçador (Ronald Reagan havia feito um teste, mas, segundo Geisel, "não parecia ter entendido, naquela manhã, as questões vitais").[1] Ele acreditava no tom rígido e inclemente do filme que criara, com uma exceção. Após a rendição da Alemanha, Eisenhower estabeleceu uma política rigorosa de não confraternização entre soldados americanos e civis alemães. Geisel achava que a regra era "impossível e inadequada", mas, "seguindo ordens", inseriu jargão do Exército para dizer aos soldados e oficiais que, embora eles devessem respeitar os costumes, a religião e as propriedades da Alemanha, deviam também permanecer distantes: "Não visitem os lares deles. [...] Eles não podem voltar à civilização só porque estenderam a mão e pediram desculpas. [...] Essa foi a mão com que eles saudaram *Heil* Hitler. [...] Não apertem essa mão".

Capra mandou Geisel voar até a Europa e apresentar *Your Job in Germany* à liderança militar, que então decidiria se o filme era apropriado para o baixo escalão. Patton, que defendia uma abordagem que tratasse o povo alemão como parceiros na paz, ficou enojado pelo tom combativo do filme e saiu da sala, dizendo que era uma "palhaçada". Mas Eisenhower achava que o general era muito leniente quanto à desnazificação, e, depois que Patton se referiu publicamente ao Nacional Socialista como só mais um partido político, o alertou: "Chega de enrolação e [pare] de paparicar os malditos nazistas".[2] Eisenhower aprovou o filme e, conforme a ocupação pós-guerra da Alemanha começava em maio, ordenou que ele fosse exibido para todos os soldados americanos no país.*

---

* Embora *Your Job in Germany* não tivesse sido feito com a intenção de ser exibido ao público geral americano, o War Activities Committee por fim entregou o curta à Warner Bros., que o reeditou e reescreveu a narração, acrescentando alguns alertas sobre a possível ascensão do fascismo nos Estados Unidos. O filme foi lançado nos cinemas em dezembro de 1945 com o título *Hitler Lives* [Hitler vive]. Na primavera do ano seguinte, essa versão, produzida por Don Siegel (que depois viria a dirigir *Vampiros de almas* e *Perseguidor implacável*), ganhou o Oscar de Melhor Documentário Curta-Metragem.

"ESSE FILME É PARA QUÊ?"

Na primavera daquele ano, Capra continuou buscando ativamente se separar do serviço militar. A maioria dos projetos com o qual ele se importava estavam concluídos, ou quase. *Know Your Enemy — Germany*, que permanecera em revisão durante anos, enfim fora terminado, mas era praticamente inútil, visto que a Alemanha e os Estados Unidos já não estavam mais em guerra; nos meses seguintes, seria transformado em um documentário histórico anti-Alemanha intitulado *Here Is Germany* [Eis a Alemanha]. *War Comes to America*, o sétimo e último filme da série *Why We Fight*, também estava pronto para ser lançado. Generosamente, Darryl Zanuck disse a Capra que era o "melhor filme documentário que eu já vi" e que ele adoraria distribuí-lo no circuito pela 20th Century Fox.[3] Mas a promessa nunca se materializou em uma oferta concreta, provavelmente porque Zanuck tinha tino empresarial suficiente para saber que, conforme a guerra no Pacífico prosseguia, a última coisa que os espectadores queriam ver no meio de 1945 era uma aula de história que terminava, como era o caso de *War Comes to America*, com Pearl Harbor. Capra ainda estava trabalhando em um par de documentários curtos de propaganda — *Two Down and One to Go!* [Dois já foram, falta um!] (voltado para espectadores nos Estados Unidos e com imagens animadas de Hitler e Mussolini sendo destruídos, seguidos por Tojo) e *On to Tokyo* [Rumo a Tóquio], um filme para soldados em que o general Marshall explicava a um grupo de militares por que o número de efetivos no Pacífico precisaria aumentar e por que mesmo veteranos exaustos da guerra na Europa teriam de lutar contra o Japão. Mas, quando esses dois curtas e *Know Your Enemy — Japan* foram concluídos, Capra disse a Lyman Munson: "Vou considerar que meu trabalho para o Exército terminou. [...] Só temo que, se não voltar à minha ocupação civil, ficarei tão enferrujado, cansado e exausto que nunca mais farei outros filmes".[4]

Fazia quase um ano que Capra vinha implorando para que o Exército lhe desse baixa. Seu cansaço não era falso, mas ele também estava motivado pela intensa ambição que o impulsionara ao topo da indústria cinematográfica nos anos 1930, e agora estava entrando em pânico enquanto um novo grupo de diretores começava a ganhar espaço em Hollywood. "Eu quero ficar na ativa enquanto puder ser útil", disse a Munson em janeiro. "Depois, claro, eu preferiria não continuar aqui. [...] Eu gostaria que você pudesse [...] refletir um pouco sobre minha posição aqui, bem como sobre a posição de homens como Litvak, Veiller [...], Huston etc. Todos esses homens abriram mão de suas carreiras, e alguns talvez de seus futuros, para se oferecer como voluntários. Eles terão de voltar e concorrer com os que não foram tão patriotas [...], os que ficaram em casa e aproveitaram a onda do maior boom da história do cinema."[5] Capra persistia na busca por sócios para a Liberty, a produtora que ele e Sam Briskin estavam montando; recentemente, convidara Leo McCarey, diretor de *O bom pastor* e uma das vozes mais estridentes em meio aos anticomunistas cada vez mais agressivos de Hollywood, para ser seu sócio. Sondou também Robert Riskin, o roteirista liberal que escrevera cinco dos maiores sucessos de Capra, mas ambos recusaram.[6]

Munson continuava enrolando Capra, dizendo-lhe que "para ser o mais franco possível [...] simplesmente não sei" quando ele poderia ser dispensado.[7] Mas, uma semana após o Dia da Vitória na Europa, Capra encaminhou um Formulário de Desligamento formal. Na época, solicitações como essa eram avaliadas com base em uma fórmula matemática: ele recebia um ponto para cada quarenta meses de serviço no Exército e mais um para cada um dos quatro meses que passara no exterior preparando *Tunisian Victory*, cinco pontos por ter recebido a Legião de Mérito e doze para cada um de seus três filhos dependentes. O total, 85, era a quantidade exata para render uma dispensa.[8] Em 8 de junho de 1945, Capra saiu de Forte Fox em Los Angeles e foi para Washington, onde realizou o último exame físico pelo Exército.[9] Pouco depois, foi convocado à sala de Marshall, onde descobriu que havia sido condecorado com a Medalha por Distinção em Serviço, uma honra que o general queria lhe entregar pessoalmente. Um trecho da comenda dizia: "Os filmes produzidos pelo coronel Capra sob a direção do Chefe do Estado-Maior exerceram importante influência no moral do Exército".[10]

Capra estava enlevado. "Surpresa! Gloriosa surpresa!", escreveu em seu diário. "O gen. Marshall prendeu a MDS! Eu me comportei como um idiota, fiquei completamente sem palavras. Tive que ir ao banheiro e chorar por dez minutos. Nada nunca me deu tanto orgulho!"[11]

Aquele momento ajudou a consolá-lo pela recepção fraca de *War Comes to America*, que finalmente havia estreado em alguns cinemas; era o

"ESSE FILME É PARA QUÊ?"

terceiro filme da série *Why We Fight* a ser exibido a civis, mas Capra dissera nos episódios anteriores quase tudo o que queria dizer sobre as causas da Segunda Guerra Mundial e fez desse uma ode prolongada aos valores americanos. A primeira versão do filme tinha noventa minutos, e, quando o general Osborn a viu, sugeriu delicadamente "cortes consideráveis", dizendo a Capra que, embora acreditasse que o filme tivesse "possibilidades sublimes", grande parte do material que "descrevia o tipo de povo que somos" provavelmente poderia ser eliminada, assim como um pouco do sentimentalismo exagerado. "Você não acha que podemos cortar as fileiras de berços na maternidade?", escreveu. "Fiquei com a impressão de que aquilo lembrava um pouco uma produção em massa de bebês."[12] Capra reduziu o filme até pouco mais de uma hora, mas ainda parecia longo; ao contrário do restante da série, que havia avançado rapidamente pela ascensão da Alemanha e do Japão e pelo começo da guerra na Europa, esse episódio começava com a Revolução Americana e evoluía sem pressa. Talvez devido ao fato de que seu serviço militar estava perto de acabar, Capra inclusive decidiu incluir um elogio a Hollywood no filme. *War Comes to America* cita o lançamento de *Confissões de um espião nazista*, o melodrama da Warner de 1939, como ícone pré-guerra, exaltando a produção como uma advertência ousada a uma nação complacente com o comentário: "Estávamos nos cinemas, incrédulos, enquanto os filmes denunciavam a espionagem nazista nos Estados Unidos. Será que aquilo era mesmo possível?".

Mas, em 1945, ninguém mais precisava ser repreendido por complacência pré-guerra, e muito menos incitado à ação. *Confissões de um espião nazista* parecia um filme de uma era infinitamente mais inocente, e a série *Why We Fight*, que havia sido concebida para explicar aos soldados os motivos por que o país estava entrando na guerra, não exercia qualquer atração sobre os espectadores que agora estavam desesperados para superá-la. Hollywood, que saturara o público com filmes sobre a guerra nos dois primeiros anos do conflito, também entendera o recado; de 1943 a 1945, a produção de filmes de guerra dos estúdios caiu em mais de 60%.[13] No entanto, Capra foi recebido como herói em seu regresso intensamente divulgado a Hollywood. A indústria encarava a série *Why We Fight*, que fora vista por mais de 4 milhões de pessoas, entre militares e civis, como a realização cinematográfica mais extraordinária da guerra. William Wyler falava por muitos na época quando previu que "a série de Frank [...] viverá mais do que ... *E o vento levou* e afetará de forma mais profunda o desenvolvimento do cinema".[14] Os elogios vieram acompanhados de um reconhecimento generalizado de Capra como líder da indústria cujo status apenas crescera durante sua ausência, e também de uma intensa curiosidade quanto ao que ele faria em seguida. Capra e Briskin haviam anunciado recentemente a formação da Liberty, mas não tinham como financiá-la sem sócios, e Capra ainda não selecionara um roteiro para o que seria seu primeiro filme em cinco anos (na primavera, ele fora à Broadway ver a comédia de sucesso *Harvey*; achou que a peça oferecia possibilidades, mas não conseguiu adquirir os direitos).[15] Agora ele teria muito tempo para planejar o próximo filme. Em 25 de junho, após uma viagem de trem de três dias através do país, Capra voltou a Los Angeles e terminou seus dias na guerra com três palavras no diário: "Cheguei em casa!".[16]

Em julho, *San Pietro*, de John Huston, foi exibido nos cinemas pela primeira vez. Materiais publicitários do Exército explicavam que o filme de 32 minutos fora rodado "durante um período de cinco meses", mas não revelou ao corpo de imprensa crédulo que a obra se constituía quase totalmente de encenações. Na realidade, o Escritório de Relações Públicas do Departamento de Guerra se esforçou para promover a autenticidade de *San Pietro*. Jornalistas e críticos receberam um release que dizia: "Essa foi a primeira vez que uma equipe completa de cinegrafistas acompanhou um destacamento na linha de frente. O major Huston teve total liberdade de ação e pôde [posicionar] seus operadores de câmera em pontos estratégicos ao longo de todo o processo de filmagem. [...] Conforme a batalha prosseguia, o major Huston pôde começar a trabalhar no roteiro para a narração". Outro release, intitulado "Fatos e ficção" mas oferecendo quase apenas esta última, afirmava que "a primeira tarefa de Huston foi decidir como distribuir sua unidade um tanto pequena durante a batalha, de modo que ele pudesse fazer uma cobertura completa em muitos lados e ao mesmo tempo ser capaz de passar instruções a seus homens. [...] Ele sabia de antemão quais seriam as táticas. [...] Muitas vezes durante a filmagem, liderava alguns homens na frente da infantaria, precedendo em horas um ataque à terra de ninguém, e esperava o início da ação, e então as câmeras começavam a rodar".[17]

"ESSE FILME É PARA QUÊ?"

Era tudo mentira sobre uma batalha na qual Huston nem sequer estivera presente, mas as ondas de celebração e registros de memórias que se sucederam ao fim da guerra na Europa pareciam abater o senso de acuidade crítica. Um letreiro no filme afirmava que "todas as cenas foram fotografadas ao alcance das peças de artilharia ou das armas portáteis do inimigo", mas acrescentava que, "para fins de continuidade, algumas foram filmadas antes e depois da batalha de fato". Esse qualificativo, que vinha não no começo de *San Pietro*, mas nos últimos dez segundos, foi ignorado pela maioria das pessoas que escreveram sobre o filme. Tivesse sido lançado seis meses antes, *San Pietro* talvez pudesse ser submetido a um crivo mais atento, tratado como notícia sobre o front. Mas, em tempo de paz, foi recebido com reverência, como um registro inestimável da história americana recente. James Agee, que em momentos anteriores demonstrara um olhar certeiro para qualquer filme de guerra que tivesse cara de falsificação, redigiu sua resenha para a *Time* ecoando grande parte do release do Exército; chamou o filme de Huston de "pura grandeza trágica" e "um filme de guerra tão bom quanto qualquer um já feito [...] em alguns aspectos, é o melhor", e previu que "a história provavelmente o reconhecerá como [...] excelente".[18] Ele nunca questionou a autenticidade, e tampouco o *New York Times*, que elogiou a "ousadia" de Huston ao filmar durante o combate.[19]

A crítica pode ter sido convencida pelas encenações em *San Pietro*, mas os elogios não se limitavam ao suposto realismo; reconheciam também que Huston fizera algo genuinamente inédito, criando uma linguagem visual e emocional nova para filmes de guerra. A narração adotava um tom neutro, quase frio, completamente distinto da ladainha emocional sincera de muitas locuções em filmes anteriores do Exército. E, em grande medida devido ao fato de que ele contara com tranquilidade e segurança para encenar cenas de batalha exatamente como queria, Huston pudera refinar uma versão cinematográfica do "realismo" em que a instabilidade da câmera, a irregularidade do avanço das tropas e a impassibilidade estoica dos homens anunciavam que, embora aquilo não fosse uma versão hollywoodiana da guerra, talvez fosse uma versão da guerra que Hollywood poderia tentar emular. A seriedade de *San Pietro* também marcava uma ruptura com os padrões do Corpo de Sinaleiros. Deliberadamente, Huston prolongara as imagens de morte, perda e destruição, redimidas apenas nas últimas cenas, em que, após o retorno (encenado) à cidade, mães camponesas aparecem amamentando seus bebês (os minutos finais de *San Pietro* parecem prever a origem do movimento neorrealista italiano que fascinaria espectadores criteriosos nos anos seguintes).

Para a crítica, *San Pietro* era o filme perfeito para um momento em que, pela primeira vez desde Pearl Harbor, já não era mais necessário que todos os filmes de guerra defendessem a importância da guerra. Ninguém deu voz ao receio inicial do Exército de que Huston havia concebido, às escondidas, uma mensagem antiguerra; os críticos achavam que já havia passado da hora de haver uma representação austera da vida no campo de batalha, e o filme confirmava a crença de que Huston, que tinha apenas três longas-metragens no currículo, era o diretor novato mais importante de Hollywood. Em um artigo para a *New Republic*, Manny Farber se disse impressionado pelo aspecto "completamente nada romântico" e "deprimente" do filme; pela primeira vez, escreveu ele, um diretor americano estava disposto a mostrar que batalhas eram "confusas, apavorantes, surpreendentes e trágicas".[20] E a *New Yorker* exaltou a imagem de Huston sobre a guerra como "um assunto sórdido e mortal", isento de "gestos românticos".[21]

Huston não deu muitas entrevistas para promover o lançamento de *San Pietro*. Na época, ele mesmo estava dividido em relação ao filme. Pouco antes da estreia, escreveu a Zanuck após uma exibição e classificou a obra como "um filme danado de doloroso, cheio de cidades e tanques e pessoas destroçadas. [...] Consegui deixar [o público] arrasado, e é esse o propósito do filme".*[22] A melancolia e a raiva que o atormentavam desde que ele voltara da Itália apenas pioraram. Sua esposa, Lesley, finalmente fora a Reno para cumprir a residência obrigatória** de seis semanas a fim de obter o divórcio (ela passou a maior parte do tempo com a futura ex-mu-

---

* Huston nunca admitiu publicamente que o filme era uma recriação, nem mesmo em sua autobiografia, 35 anos depois.

** As regras para o divórcio nos Estados Unidos só começaram a ficar mais flexíveis em meados do século xx. Na época da Segunda Guerra, na maioria dos estados, era preciso comprovar culpa de algum cônjuge para o fim do relacionamento; Nevada (onde fica Reno) não tinha tantas restrições, e acabou ganhando o apelido não oficial de "capital do divórcio": as pessoas só precisavam comprovar um período mínimo de residência na cidade para dar entrada no processo de divórcio. (N. T.)

lher de Humphrey Bogart, que estava em Reno pelo mesmo motivo).[23] Em Los Angeles, Huston bebia muito; sua pontuação não chegava nem perto do que lhe permitiria solicitar o retorno à vida civil, e o Exército não tinha pressa alguma de se livrar dele. Às vezes, sua beligerância descontrolada se tornava pública e constrangedora; pouco antes do Dia da Vitória na Europa, em uma festa na casa de David O. Selznick, ele e Errol Flynn começaram a brigar, aparentemente por causa de Olivia de Havilland, e acabaram indo parar no hospital — Flynn com costelas fraturadas e Huston com o nariz quebrado — e nas manchetes.[24] "Eu lembro que o nosso palavreado, o meu e o dele [...] era baixo até não poder mais", escreveu Huston mais tarde. "Errol começou, mas eu embarquei."[25]

No verão daquele ano, o Exército ordenou que Huston fizesse um novo documentário, e ele estava genuinamente empolgado com o assunto — o martírio dos veteranos que voltavam para casa e padeciam de traumas psicológicos associados à guerra. Huston não fora capaz de classificar a depressão e a raiva que sentia desde que voltara para casa, mas seu interesse pelo tratamento de soldados com aflições mentais era pessoal. O estado de Rey Scott, seu operador de câmera nas Aleutas, se agravara rapidamente desde que ele fora internado após disparar a arma no estúdio de cinema do Exército em Astoria; no começo de 1945, a esposa de Scott dissera a Huston que o tratamento que ele recebia na ala de psiquiatria de um hospital do Exército era "brutal e desumano". Huston decidiu tentar intervir; escreveu uma carta em que expressava inquietação quanto ao plano do hospital de ministrar tratamento de choque em Scott e pediu que o colega recebesse alta. "Scott fez tantos sacrifícios pessoais, e tão grandes, quanto qualquer pessoa que eu conheço e que está viva e em posse de todos os braços e pernas", dizia Huston à administração do hospital. "Ele devia estar fora do Exército. [...] É um sujeito peculiar, mas certamente não é louco. A menos que seja loucura o que leva uma pessoa a se oferecer para voar repetidas vezes em missões de bombardeio de natureza excepcionalmente letal ou a aguentar semanas a fio dentro de trincheiras em posições avançadas. Esse tipo de loucura não precisa de terapia de choques elétricos. Na verdade, é o tipo de loucura que deu [ao Serviço Pictórico do Exército] a esplêndida reputação atual no campo."[26]

Dois psiquiatras do Exército enviaram a Huston respostas pacientes e detalhadas, explicando que Scott fora diagnosticado não com insanidade, mas com depressão e impulsos suicidas, que ele havia exagerado as condições do confinamento à esposa e que os médicos estavam trabalhando muito não apenas para tratá-lo, mas também para evitar que o que um deles chamou de "um monte de incidentes um tanto desagradáveis sobre os quais prefiro não escrever" fosse para sua ficha no Exército de modo que ele pudesse continuar recebendo cuidados médicos.[27] Após a troca de cartas, Huston se comoveu com o conhecimento, a compaixão e a persistência dos médicos e ficou satisfeito por ter a chance de explorar o trabalho deles em um documentário.

O Exército tinha um propósito diferente. Huston foi informado de que a ideia do futuro filme não era explorar a dinâmica da psiquiatria ou as angústias dos pacientes, mas sim convencer empresários por todo o país de que eles não precisavam ter medo de contratar veteranos de guerra. Para não correr nenhum risco, os superiores de Huston lhe deram uma lista de tópicos que o filme, que eles pretendiam chamar de *The Returning Psychoneurotic*, devia abordar: "(1) Destacar que apenas uma pequena parcela se inclui nesta categoria; (2) Eliminar o estigma agora associado aos psiconeuróticos mediante uma explicação completa quanto ao que isso é de fato — contrapondo-se assim à imagem exagerada que o público já recebia da imprensa, das revistas e do rádio; e (3) Explicar que em muitos casos o motivo pelo qual o psiconeurótico é inadequado para o Exército é justamente o mesmo pelo qual a pessoa pode ser um grande sucesso na vida civil ([veteranos submetidos a tratamento] afirmaram que as qualidades pelas quais eram bem-sucedidos como civis eram as mesmas que provocaram seu colapso enquanto soldados.)".[28]

Huston ignorou os requisitos do Exército, mas se dedicou à missão com entusiasmo. Não tinha intenção alguma de fazer um filme sobre empregos civis; seu documentário seria um exame íntimo do processo psiquiátrico — uma narrativa cronológica das seis a oito semanas de tratamento que um soldado internado costumava receber. Ao final do verão, ele havia decidido usar o Mason General, o hospital do Exército perto de Astoria onde Scott fora tratado, e se preparou para passar o resto do ano filmando os médicos e pacientes lá.

O diretor estava feliz por poder começar algo novo — mesmo que para o Exército —, visto que a última obra de propaganda em que havia

"ESSE FILME É PARA QUÊ?"

trabalhado não dera em nada. Em agosto, *Know Your Enemy — Japan*, baseado sobretudo em seu roteiro, foi concluído após três anos. Capra havia acrescentado alguns floreios ao texto revisto de Huston, menosprezando soldados japoneses como "cópias fotográficas [intercambiáveis] do mesmo negativo"[29] e enfatizando sua crença, muitas vezes repetida, de que o povo japonês devia ser responsabilizado por aceitar "seu destino com um silêncio estúpido e arregimentado" como "prisioneiros voluntários de uma estrutura social perniciosa e inflexível" ("A única coisa a que os americanos se opõem por princípio é a arregimentação", disse ele ao *Los Angeles Times*). O documentário de uma hora que Capra apresentou ao Exército era uma combinação inconsistente de retórica racista, história capenga e acusações às Forças Armadas japonesas, ao xintoísmo e ao caráter nacional. Como havia pouco material filmado de fato do Japão durante a guerra, Capra utilizara uma salada de materiais de arquivo de tal forma que incluíra até mesmo uma cena de *Serenata prateada*, o melodrama de George Stevens que pretendia ser o registro de um terremoto de 1923 em Tóquio.

Know Your Enemy — Japan foi enviado para o exterior, onde seria exibido para todos os soldados americanos no Pacífico. O filme chegou três dias depois de a bomba atômica cair em Hiroshima. A essa altura, a promessa triunfante com que Capra havia encerrado o filme — um compromisso de "concentrar toda a fúria de nosso poder total" sobre o Japão — já não era mais a mensagem que o Departamento de Guerra queria enviar. O general MacArthur estivera à frente de planos para uma grande invasão dos Aliados no Japão e ficou chocado quando a bomba foi usada; após assistir ao filme e ouvir a narração que Huston e Capra haviam redigido, enviou um telegrama a Washington informando que não permitiria que os soldados vissem o filme "devido à mudança de política em relação à ocupação do Japão", e acrescentou: "Também não recomendo notas à imprensa e exibição a público nos Estados Unidos".[30] O filme foi suprimido por mais de trinta anos.

Huston e Capra decerto não eram os únicos cineastas cujos filmes atrasados de repente passaram à irrelevância; após o Dia da Vitória no Japão, Wyler se viu diante de um Exército completamente indiferente a seu documentário *Thunderbolt*. Ao longo do verão, ele havia se esforçado para se restabelecer e se adaptar à vida tanto como civil quanto como veterano com deficiência; recebera um aparelho auditivo que maximizava o pouco de audição que ele tinha em um dos ouvidos e tentara voltar ao trabalho para distrair-se de seu sofrimento. Em julho, escreveu ao Escritório de Relações Públicas do Departamento de Guerra que *Thunderbolt* estava "quase concluído e acho que vai ficar bastante bom. Tem uma história clara para contar". Wyler então apresentou um argumento que havia sido um apelo constante dos cineastas durante a guerra: vinte minutos não eram tempo suficiente para contar a história direito. A menos que ele tivesse permissão de aumentar a extensão do filme, o resultado seria "nada mais que um cinejornal aprimorado".[31]

Wyler foi atendido, assim como acontecera com *The Memphis Belle*. Ele e John Sturges prepararam uma versão de 43 minutos, produziram a trilha sonora e processaram o filme. O trabalho foi concluído na mesma época em que o Exército do Japão se rendeu. Quando Wyler levou o filme a Washington, para exibi-lo a oficiais superiores da Força Aérea, no momento em que as luzes foram acesas o general H. H. Arnold olhou em volta e perguntou: "Willy está aqui?". Wyler se levantou.

"Willy", disse Arnold, "esse filme é para quê?"

Segundo Sturges, "Willy ficou literalmente sem palavras. Talvez tenha sido por causa da audição, mas ele não disse nada. Ele podia ter citado cinquenta motivos para termos feito o filme. Sabíamos todos. [...] Willy enfim murmurou algo. Estava balbuciando. Arnold precisava de respostas positivas. Ele só foi embora, e assim acabou".[32]

Wyler não pretendia desistir. Mostrou *Thunderbolt* à imprensa especializada de Hollywood e tentou convencê-los a cobri-lo; um jornalista compreensivo do *New York Times* escreveu: "O sr. Wyler não acredita que sua própria readaptação à vida civil esteja completa, ou que ela venha a acontecer antes que sua última missão para o Exército, a produção de um documentário sobre as operações de caças-bombardeiros, seja lançada nos cinemas".[33] Em Hollywood, exibiu o filme a colegas e amigos — William Cagney (irmão de James), Lloyd Bridges — para tentar fazê-los falar sobre ele.[34] Após sua saída oficial do Exército em 31 de outubro, depois de 38 meses de serviço,[35] Wyler continuou enviando cartas para qualquer um que ele achasse capaz de levar o filme para as telas. Até mesmo seus colegas mais próximos o dispensaram. Sam Goldwyn lhe disse que aquilo era "problema do governo"

"ESSE FILME É PARA QUÊ?"

e alegou que estava de mãos atadas. No War Activities Committee, que estava em vias de ser desativado, o coordenador escreveu para Wyler: "É uma pena que esse filme maravilhoso não estivesse disponível em uma data mais próxima [daquela] em que os eventos apresentados ocorreram". Wyler respondeu dizendo que também lamentava; "a guerra acabou mais cedo do que o esperado", explicou, "embora eu não possa lamentar isso".

Ele recorreu à Força Aérea, implorando que o general Eaker comprasse cem cópias do filme, na crença de que cópias gratuitas seriam uma oferta irresistível demais para os estúdios. "Se o senhor entrar em contato pessoalmente com os diretores das principais empresas para apresentar esta proposta", disse a Eaker, "não vejo como eles recusariam — ou terei vergonha de fazer parte do ramo do cinema."[36] Mas cada estúdio tinha um motivo diferente para rejeitar: o momento do filme já havia passado; documentários de guerra eram veneno para a bilheteria; a obra de Wyler era, claro, maravilhosa, mas a verba de marketing da empresa já estava alocada para outros filmes. Por fim, ele precisou abrir mão. *Thunderbolt* só seria exibido publicamente no final de 1947, quando o pequeno estúdio Monogram promoveu um lançamento simbólico. Na ocasião, Wyler precisou contextualizá-lo para o público com uma introdução na qual Jimmy Stewart se referia aos acontecimentos do filme como "história antiga".

A rejeição educada, mas firme, à sua obra por todos os homens que ele considerara seus colegas o abalara. Em 1942, *Rosa de esperança* fizera de Wyler o maior nome da indústria cinematográfica dos Estados Unidos e da Inglaterra; três anos depois, ele era apenas mais um diretor voltando da guerra e descobrindo que o ramo do cinema seguira em frente sem ele e, na realidade, prosperara. Wyler não sabia ao certo o que pensar, e tampouco como continuaria dirigindo caso sua audição não melhorasse, mas estava ansioso para voltar ao jogo. Em julho, aceitou uma oferta de Capra e Briskin para se tornar sócio da Liberty, fazendo um resgate do seguro de vida para aplicar os 150 mil dólares que lhe proporcionariam um quarto da empresa e liberdade para dirigir e produzir filmes de sua escolha pelos cinco anos seguintes.[37] Capra continuava à procura de um terceiro diretor para se unir a eles, e também tentava fechar um acordo de distribuição com um estúdio para os filmes da empresa, mas a demora convinha a Wyler, visto que ele ainda devia um último trabalho para Goldwyn.

Goldwyn estava considerando alguns projetos para ele, um dos quais era uma biografia dramatizada de Eisenhower cujos direitos de adaptação o produtor vinha tentando adquirir havia meses. Robert Sherwood, que recebera o Pulitzer de Drama três vezes antes de abandonar os teatros para se tornar redator de discursos de Roosevelt e diretor do Escritório de Informação de Guerra no exterior, aceitara escrever um esboço de roteiro, e Goldwyn, que idolatrava Eisenhower, estava empolgado com o projeto.[38] Wyler, não; ele recusou o convite de conhecer o general pessoalmente. E também não estava interessado quando Goldwyn lhe propôs *Um anjo caiu do céu*, uma fantasia familiar sobre um anjo e a construção de uma catedral episcopal.[39] Goldwyn queria que seu diretor famoso fizesse algo grande, luminoso e popular. "O argumento [dele] era: 'Ora, vamos, a guerra acabou, vamos esquecer a guerra e fazer alguma coisa divertida ou provocadora'", disse Wyler.[40] Mas o diretor desejava algo diferente. "Quem dera eu pudesse voltar [a Hollywood] discretamente e fazer um filme pequeno, só para pegar o jeito."[41] E, mesmo se tivesse a chance, não sabia se conseguiria realizá-lo. "Aprendi tanto ao lidar com pessoas de verdade em papéis muito verdadeiros da vida que temo o dia em que terei de voltar a dizer aos atores como entrar em um avião ou colocar um chapéu."[42]

"Eu ainda estava cheio da guerra", disse Wyler, "e, embora já estivesse fora dela, queria fazer algo que tivesse [...] a ver com a minha experiência."[43] Por fim, ele encontrou um "filme pequeno" que o satisfez. Era uma história que Sam Goldwyn já havia garantido; ele adquirira os direitos do material-fonte um ano antes e registrara o título para que nenhum outro estúdio pudesse usá-lo. *The Way Home* [O caminho de casa] era uma história simples sobre homens que voltavam da guerra. Wyler achou que era perfeita para ele. "Passei quatro anos sendo um daqueles personagens", disse. Seria "o filme mais fácil da minha vida".[44]

VINTE E SETE

"Um passado furioso misturado a um futuro tempestuoso"

HOLLYWOOD, NOVA YORK E ALEMANHA, 1945

A história de *Os melhores anos de nossas vidas* começou muito antes de William Wyler ao menos desconfiar de que o faria. Em julho de 1944, quando ainda voava em missões na Itália, um correspondente da revista *Time* encontrava-se do outro lado do mundo, em San Diego, embarcando com 370 integrantes da 1ª Divisão de Fuzileiros Navais, todos recém-regressados de batalhas no Pacífico, em um trem que, por vários dias, avançaria lentamente rumo ao leste. Os homens haviam recebido uma licença de trinta dias, e chamaram o trem de "Especial Volta para Casa", escrevendo o nome com giz nas laterais dos antigos vagões Pullman. Eles conversavam empolgados sobre rever as famílias e nervosos sobre rever as namoradas. Contavam histórias de guerra, e depois de como todo mundo exagerava ao contar histórias de guerra. Contavam vantagens e faziam piadas; em algumas paradas, recebiam cervejas de graça, e em outras as pessoas da cidade se reuniam para dar vivas e agitar bandeiras. Quanto mais o trem se aproximava do destino, mais vazio ficava, até o momento silencioso em que restava apenas um punhado de fuzileiros, de repente calados, observando o horizonte de Manhattan e, ansiosos, pendurando o saco de viagem no ombro. Após uma semana acompanhando-os, o repórter atento da *Time* pôde capturar parte da vulnerabilidade sob as bravatas; quanto mais perto chegavam de casa, mais os homens pareciam reverter à condição de meninos — a média de idade era de apenas 21 anos —, e mais começavam a se perguntar para o que estavam voltando e se seriam aceitos. "Meu estômago está todo embrulhado", admitiu um soldado. "Estou um pouco preocupado com a minha aparência para eles", disse outro. "Com o quanto eu mudei."[1]

"The Way Home", publicado meros dois meses após a invasão da Normandia e um ano antes do fim da guerra, talvez tenha sido pouco mais que um retrato, mas foi um dos primeiros textos de jornalismo nacional a prever as incertezas emocionais que os veteranos poderiam enfrentar no regresso. Quando Sam Goldwyn o leu, soube que o assunto, se não a própria história, tinha os traços de um grande filme, embora provavelmente só pudesse ser produzido depois que a guerra acabasse. Para escrever o roteiro, ele recorreu a MacKinlay Kantor, escritor e roteirista que servira havia pouco como correspondente de guerra em Londres e adquirira bastante experiência entrevistando soldados jovens. Ele agora estava em Los Angeles, e Goldwyn lhe pagou 12 500 dólares para criar um argumento original, dizendo-lhe: "Soldados voltando para casa! Todas as famílias americanas fazem parte dessa história. Quando eles chegam, o que encontram? Eles não se lembram das esposas, nunca viram seus bebês, alguns estão feridos — eles precisam se readaptar".[2]

Kantor começou a trabalhar no outono daquele ano, guardando as páginas para si e resistindo às perguntas do ansioso produtor. "A história está indo toleravelmente bem", escreveu para Goldwyn. "Tenho até o momento cerca de 70 páginas manuscritas, mas acredito que isso seja cerca de metade da extensão final. Devido ao formato incomum com que a história foi expressada, não posso estimar com precisão quanto tempo exatamente vai ter a versão completa."[3]

Quando o texto completo finalmente foi entregue, Goldwyn descobriu o que Kantor quisera dizer com "incomum". Em vez de um argumento ou um roteiro, ele escrevera um romance de 268 páginas em versos brancos. *Glory for Me* [Glória para mim], de Kantor, relata a história de três veteranos de volta a casa — Al, um oficial de meia-idade que, pela primeira vez, se sente alienado da família, do conhecido emprego de escritório em um banco e da vida confortável de classe média alta; Fred, um soldado embrutecido que é assombrado pela selvageria de sua temporada no campo de batalha; e Homer, uma vítima muito jovem de uma lesão cerebral que o deixara, no jargão bastante difundido da época, espasmódico.

A narrativa de Kantor, que acompanhava os três homens de volta à vida civil, traçando a difícil readaptação e as pequenas vitórias, foi em grande medida a base de *Os melhores anos de nossas vidas*. Mas, desde a primeira frase — "Fred Derry, 21, e assassino de cem homens/ cruzou todo o Welburn Field" —, era mais sombrio, soturno, triste e explicitamente brutal do que qualquer outro filme da época. Homer é apresentado como

[...] uma morte — um pedaço de morte
Vivo no lado direito, e morrendo, estrebuchando, no esquerdo
Andava com dor e músculos retorcidos
Era tão jovem [...] tinha rosto sem barba [...] Foi
Ainda criança, como muitos
Voltou um monstro.

Seu retorno é descrito como "uma plateia de horrores na varanda"; "um detalhe sobre a espasticidade: parece que você está sempre babando", acrescenta Kantor depois. O restante de *Glory for Me* é, no mínimo, igualmente severo, sobretudo ao retratar a guerra tanto como um parque de diversões sexual — fica claro que Fred dormiu com muitas mulheres enquanto serviu — quanto como um pesadelo sexual: Al é atormentado pelas lembranças de prostitutas mirins.

Ainda que se eliminassem da visão de Kantor para o material os elementos impossíveis de serem filmados, o pessimismo empedernido de *Glory for Me* estava mais próximo do gênero incipiente de *noir* pós-guerra do que do drama naturalista e compassivo em que Goldwyn estava pensando. Em um momento infeliz, Fred pensa em assaltar o banco onde Al trabalha; a esposa de Fred é apresentada como uma vadia infiel; Homer contempla o suicídio; Al descarta o emprego estável e vai vender flores. A narrativa é definida pela interioridade da angústia deles e pela distância intransponível entre eles e o mundo em paz. Kantor encerra com os três protagonistas quase à beira da loucura e diante da possibilidade de nunca ficarem livres do espectro dos anos na guerra. Ele se despede dos três descrevendo-os como

[...] um batalhão perdido, encolhido —
Os três que conheceram a chama destruidora
E ainda percebiam as bolhas no couro [...]
Eles olhavam, viam um passado furioso
Misturado a um futuro tempestuoso.[4]

Goldwyn não achou ruim o argumento pouco ortodoxo de Kantor — considerou que o texto continha o esqueleto de uma história aproveitável para um filme —, mas sabia que precisava que outra pessoa escrevesse o roteiro. Na primavera de 1945, enquanto seu projeto sobre Eisenhower ruía, ele mandou Miriam Howell, uma revisora de roteiros de seu escritório de Nova York, cortejar Robert Sherwood para o trabalho. Depois da reunião, Howell enviou um telegrama ao chefe para dizer que o dramaturgo foi "muito desalentador"; ela o persuadira a ler o argumento, mas Sherwood a advertiu de que "provavelmente não estará nem um pouco disponível, mas se estiver seria por apenas seis a oito semanas. [...] Ele ainda está à disposição do governo embora não na ativa no momento e também está ansioso [para] começar a trabalhar em peça para produção de outono daí a resistência [a] se comprometer".[5]

Ao final de maio, Goldwyn fizera Sherwood ler a primeira metade do poema de Kantor. Ele expressou sua opinião a Pat Duggan, outro revisor de roteiros da empresa: "Ele [o] acha excelente, mas infelizmente é [o] tipo exato de trabalho que não quer fazer neste momento".[6] Sherwood não gostou particularmente da forma como Kantor usou a espasticidade, que ele achava que seria impossível de ser representada corretamente por qualquer ator. Goldwyn disse que podia simplesmente eliminar o personagem,[7] mas, para cada concessão oferecida pelo produtor, Sherwood arranjava mais motivos para recusar. Estava ocupado demais com a peça. Não conseguia encontrar o jeito certo de tratar a história. Não queria abrir mão do projeto de Eisenhower, embora parecesse cada vez mais improvável que ele viesse a ser feito.

"UM PASSADO FURIOSO MISTURADO A UM FUTURO TEMPESTUOSO"   431

As desculpas ocultavam uma objeção mais profunda: Sherwood ficou ofendido pela afirmação de *Glory for Me* de que fora aberto um abismo terrível entre soldados prejudicados e um país natal indiferente. Segundo Duggan, ele reclamou das "críticas aos civis no livro e discordou da ideia de que todos os soldados regressados tinham problemas de adaptação". Ademais, ele sentia que o livro — que estava prestes a ser publicado como romance — "conquistaria reconhecimento e sucesso. E ele não queria ser responsável por fazer um truque hollywoodiano típico de amenizar uma boa propriedade. [...] Ele disse que gostaria de ter escrito a história desde o princípio porque teria escrito sobre uns caras que voltam para uma cidade e esperam que os civis sejam cruéis e alheios ao que eles haviam vivido, mas descobrem que havia aceitação e adaptação entre eles, e um futuro juntos".[8] Sherwood passara os últimos anos no governo Roosevelt tentando moldar a opinião pública, e era incapaz de se ver escrevendo um filme que sugerisse que o país, após se unir para a guerra, estava agora prestes a lidar mal com as consequências dela.

Goldwyn acreditava que um diretor de primeira linha talvez induzisse Sherwood a tentar compor um texto, e ele estava pensando em um: John Ford. Em julho, quando Ford ainda se recuperava da fratura na perna, Goldwyn lhe mandou um exemplar de *Glory for Me*, com um bilhete: "Estou muito empolgado com isto e acredito que você ficará também".[9] Ford declinou. Tendo concluído seu próprio filme de guerra, *Fomos os sacrificados*, ele estava prestes a voltar à ativa em Washington por dois meses; depois disso, devia o filme seguinte a Zanuck.

Goldwyn continuava tentando convencer Sherwood e lhe disse que ele podia transformar *Glory for Me* em qualquer coisa que quisesse. Em 14 de agosto de 1945, após meses de cortejo, Sherwood finalmente assinou, relutante, um contrato para escrever o roteiro. Durou apenas duas semanas até dizer a Goldwyn que aceitar o trabalho havia sido um erro enorme e que eles deviam abandonar o projeto todo. "Isso se deve inteiramente à certeza de que, até a próxima primavera ou o próximo outono, esse assunto estará muitíssimo obsoleto", escreveu. O filme estaria "fadado a perder o ônibus" e provavelmente só conseguiria incitar ressentimento em meio aos veteranos porque a "pequena minoria [...] afligida por neuroses de guerra" estava recebendo muita atenção.[10]

Goldwyn lembrou Sherwood de que "milhões de homens voltarão para casa no ano que vem" e disse que "lançar um filme na ocasião apresentando os problemas deles me parece que é acertar bem na mosca".[11] Mas àquela altura o projeto já contava com um defensor novo e mais persuasivo. Wyler dissera a Goldwyn que estava ansioso para dirigi-lo, e foi por incentivo tanto dele quanto do produtor que o desenvolvimento do roteiro seguiu em frente. Sherwood comoveu-se com o argumento de Wyler de que o filme poderia "evitar muita dor e até mesmo tragédias em meio a militares que enfrentavam desmobilização e o retorno à vida civil".[12] E Wyler compreendia o desejo de Sherwood de que o filme transmitisse uma mensagem de que, na esteira de Hiroshima e Nagasaki, "o país inteiro encarasse a necessidade de encontrar uma forma de viver em paz uns com os outros".[13] Ele pediu para o dramaturgo relutante respirar fundo e começar do zero em uma versão mais otimista da história de Kantor.

Em pouco tempo, Sherwood terminou um texto inicial de duzentas páginas. Pegou um avião em Nova York e foi para Los Angeles, hospedando-se em um chalé na propriedade de Goldwyn enquanto trabalhava com Wyler nas revisões do roteiro. Conforme colaboravam, *Os melhores anos de nossas vidas* foi evoluindo até se tornar a história do próprio Wyler. Ele se identificava assumidamente com Al, o homem de família que abre mão do conforto do sucesso para entrar nas Forças Armadas e depois volta e descobre que, nas palavras de Wyler, "nenhum homem consegue entrar em casa depois de dois ou três anos e tocar a vida como antes". Mas Sherwood insuflou todos os três protagonistas com aspectos das experiências pessoais de Wyler: a raiva que quase o levara à corte marcial depois que ele dera um soco em um antissemita ganhou vida com o esquentado e empedernido Fred, e Homer se tornou o receptáculo de toda a angústia do diretor quanto ao convívio com uma deficiência. "Expliquei todos os meus medos e problemas a Bob Sherwood", disse Wyler, "e ele os usou exatamente do jeito que eu queria."[14] Ao final do tempo que passaram na casa de Goldwyn, Sherwood quase desistiu mais uma vez. "Não estou conseguindo acertar esta história... tem algo me bloqueando."[15] Mas, na manhã seguinte, ele teve uma revelação: decidiu que os três homens, por mais diferentes que fossem, deveriam se tornar camaradas e entrar e sair das narrativas uns dos outros conforme descobriam, juntos, seus cami-

"UM PASSADO FURIOSO MISTURADO A UM FUTURO TEMPESTUOSO" 433

nhos para uma esperança renovada. Sherwood se sentou com Goldwyn à mesa do café da manhã e, cena a cena, contou exatamente o que *Os melhores anos de nossas vidas* seria.

Naquele momento, o martírio do veterano de volta a casa era talvez o assunto doméstico discutido com maior avidez no país; a questão de como retomar uma vida normal, e de o que exatamente é "normal", conduzia a outros temas — desde maus-tratos pelo cônjuge até doenças mentais — que enfim tinham espaço para circular agora que a guerra havia acabado. Enquanto Wyler e Sherwood trabalhavam no roteiro, John Huston passou a explorar as mesmas questões em seu documentário, mergulhando na vida do Mason General Hospital, onde filmou por três meses e reuniu mais de setenta horas de material.[16] Ele filmava o dia inteiro e, à noite, começava a esboçar um roteiro para a narração que viria a ser feita por seu pai. "As armas estão caladas agora, os documentos de paz foram assinados, e os oceanos da Terra estão cobertos de navios que voltam para casa", abria o roteiro de Huston. "Em lugares distantes, homens sonhavam com esse momento — mas para alguns o momento é muito diferente do sonho."

Na imprensa, grande parte da cobertura sobre os veteranos pendia para exemplos gráficos do que o historiador Joseph Goulden chamou de "teoria do Veterano Enlouquecido pela Guerra [...] as [manchetes] subsequentes não eram atípicas: 'Veterano decapita esposa com facão da selva', 'Ex-fuzileiro detido por estupro e assassinato', 'Filho marinheiro atira em pai'".[17] Huston queria contrapor as notícias sobre crimes que pareciam fascinar o público com um conjunto de estudos de caso fundamentados na compaixão. Ele tinha inúmeros homens dentre os quais escolher. Mesmo nos últimos meses de 1945, o Mason General estava lotado. Durante a guerra, um em cada cinco soldados americanos que recebiam baixa demandava tratamento psiquiátrico, e, só no Mason, a cada semana continuavam a chegar 150 pacientes novos para regimes de terapia que costumavam durar dois meses. Os planos de Huston de filmar o documentário ali já haviam chegado aos jornais, e o hospital recebeu o diretor e sua equipe com tratamento VIP, concedendo-lhes acesso praticamente ilimitado a médicos e pacientes. Huston filmou os soldados — "resquícios humanos", escreveu ele, "o resultado final de tudo que metal e fogo podiam fazer para violar a carne humana" — que eram conduzidos para dentro do hospital em cadeiras de rodas por enfermeiras, e a linguagem firme, mas compassiva, com que os descreveu era às vezes autobiográfica. Sua caracterização dos homens internados no Mason como "baixas do espírito [...] nascidos e criados na paz, instruídos a odiar a guerra, eles foram lançados da noite para o dia em situações súbitas e terríveis" não estava muito distante de sua descrição de si mesmo como "alguém que teve uma criação convencional nos Estados Unidos — ensinado a detestar a violência e a acreditar que matar era um pecado mortal" e que, depois de tudo o que vira na Itália, sentia que estava "vivendo no mundo de um homem morto".[18]

No Mason, o tratamento de cada paciente era determinado por uma entrevista de internação conduzida por um psiquiatra em uma sala minúscula. Os recém-chegados eram informados de que seriam filmados e que não deviam se preocupar com a presença de três câmeras posicionadas em ângulos diferentes (o espaço era pequeno demais para acomodar cinegrafistas, então a filmagem era feita de forma automática). Huston registrara dezenas de entrevistas, e então as reuniu em uma sequência perturbadora e íntima que constituiria a primeira parte de seu filme. Um homem de voz fina, mexendo as mãos continuamente e sem estabelecer contato visual, fala sobre um companheiro atingido que "ficava agarrando meus pés [...] ele foi o último dos rapazes que estavam comigo no começo". Um soldado negro que fala baixo insiste que está "indo bem", mas depois admite que vem sofrendo "surtos de choro" e desmorona, incapaz de continuar. Outro soldado, cuja voz mal supera o volume de um sussurro, diz que, depois que o irmão morreu em Guadalcanal, "não tinha mais vontade de viver" e começava a atirar loucamente para o céu noturno sempre que ficava de sentinela. Há homens com tiques terríveis, homens com risada nervosa, homens tão perdidos que mal conseguem formular uma frase. Hollywood havia começado a explorar a medicina psiquiátrica e as doenças mentais, mas filmes dramáticos como *Quando fala o coração* geralmente tratavam a terapia com um misto de fascínio, desconfiança e ingenuidade. O que Huston catalogava agora era revelador — a devastação de homens saudáveis transformados em almas perdidas e desesperadas que contavam suas histórias com uma voz praticamente desprovida de sentimento. Nenhum

"UM PASSADO FURIOSO MISTURADO A UM FUTURO TEMPESTUOSO"   435

filme factual ou de ficção sobre a guerra mostrara soldados americanos como aqueles.

Alguns funcionários do hospital receavam que a demonstração que Huston faria do custo da guerra sobre os homens do país eclipsasse qualquer mensagem positiva do filme sobre terapias e reabilitação. Eles suspeitavam que o público só se lembraria dos rostos abatidos, não das curas conquistadas, e que a guerra viria a ser vista não como uma vitória, mas, nas palavras de um repórter que cobria o filme, como uma "coisa monstruosa e anormal capaz de distorcer meninos bonitos em idade escolar e transformá-los em desastres trêmulos e assustados".[19] Huston queria que os pacientes "agissem como bebês chorões", insistiu um psiquiatra indignado no Mason. "Ele queria sentimentalizar o sofrimento dos pobres rapazes. Não gostei da forma como transmitiu a sensação [...] de que nós tínhamos um monte de frouxos de cabeça fraca."[20] Huston ignorou as objeções, e os homens que ele estava filmando o apoiaram. Conforme se acostumavam às câmeras e começavam a melhorar, cobriam de brincadeira a cadeira de diretor com papel higiênico; a certa altura, penduraram um letreiro dizendo "Hollywood and Vine" na ala.[21] A atenção adicional que eles receberam mostrou-se benéfica; o índice de recuperação dos 75 homens que Huston e sua equipe acompanharam foi o maior do hospital.[22]

Se a filmagem de Huston durante as entrevistas de internação era tosca e grosseira, sua representação da medicina psiquiátrica era tão crédula que chegava a ser enganadora; ele se concentrou quase exclusivamente no fenômeno raro da cura rápida. Huston decidiu destacar melhoras no que na época era conhecido como "neuroses de batalha", que eram tão instantâneas e drásticas que de fato podiam ser capturadas em um ou dois minutos de filme. Na produção, um paciente com amnésia aparentemente incurável recupera a memória de repente quando submetido a hipnose. Outro precisa de apenas uma injeção para recuperar o dom da fala ("Meu Deus, eu consigo falar! Escute, eu consigo falar!"). Um terceiro, acometido por paralisia histérica, levanta-se abruptamente e circula pela sala em um estado de sonho induzido por amobarbital assim que o psiquiatra lhe diz: "Você vai se levantar agora mesmo e andar" (mais persuasivas são as cenas de "terapia em grupo" — na verdade, palestras — em que duas dúzias de pacientes por sessão são informados por um psiquiatra do Exército: "Vocês não têm nada a esconder, nada de que se envergonhar. Seu tempo na força militar não foi um desperdício completo").

Huston admitiu que destacou apenas os casos mais dramáticos. "Sem dúvida você não espera chegar a um trauma de origem, à causa inicial da neurose, em seis semanas", disse ele, "mas acho razoavelmente verdadeiro que esses homens recuperaram a mesma boa forma que tinham quando entraram [na guerra]."[23] Ele insistia que, ao contrário do que parecia, as cenas de cura milagrosa não foram orquestradas, e jamais surgiram indícios que o contradissessem; em contraste com *San Pietro*, o filme começa com uma chamada afirmando que nenhuma imagem foi encenada.

Após o fim das filmagens, Huston se entocou em Astoria para trabalhar na edição. Ele não se opôs a usar técnicas hollywoodianas, como alternâncias dramáticas ou uma melodia rítmica lúgubre, para passar a mensagem pretendida, e o filme terminava com um artifício provavelmente organizado para ele: uma partida de beisebol no terreno do Mason General em que os homens que ele acompanhara, agora ao final de seus tratamentos, aparecem transformados de novo em jogadores enérgicos e colaboradores. Durante a produção de *San Pietro*, o Exército proibira Huston de justapor imagens de soldados americanos mortos com locuções em que eles falavam com esperança sobre o futuro. Mas, na última cena do que ele agora chamava de *Let There Be Light* [Faça-se a luz], ele resgatou e inverteu a técnica: enquanto os pacientes rebatiam arremessos, pegavam bolas e contornavam as bases, ele sobrepôs o áudio das inconsoláveis e retraídas entrevistas iniciais de internação para enfatizar o quanto eles tinham progredido.

A fim de agradar o Exército, Huston encerrou o filme com uma imagem de homens saudáveis ansiosos para conseguir empregos produtivos como civis. Em nenhum momento do filme há qualquer sugestão de problemas intratáveis, ou mesmo da realidade de progresso dificultoso em vez de imediato. Mas, o que quer que Huston tenha destacado, omitido ou exagerado para produzir determinado efeito, ele saiu do Mason General com a sensação de que criara um filme honesto sobre um sofrimento íntimo que afligia dezenas de milhares de veteranos. O diretor sabia que havia feito seu trabalho sem varrer o martírio dos doentes mentais para debaixo do tapete nem explorá-los para causar choque. E, com isso, finalmente

"UM PASSADO FURIOSO MISTURADO A UM FUTURO TEMPESTUOSO" 437

começou a recuperar sua própria identidade. "Por algum motivo, ver uma psique devastada é mais assustador do que ver pessoas que sofreram ferimentos físicos", disse ele mais tarde. Os meses que passou filmando foram "uma experiência extraordinária — uma experiência quase religiosa".[24] Huston saiu de Astoria com a crença de que, após seu terceiro e último documentário para o Exército, voltaria à vida civil em alta.

Em 29 de setembro de 1945, o tempo de John Ford na Marinha terminou oficialmente.[25] Ele servira durante quatro anos e três semanas, mais do que qualquer um em Hollywood, e seu último Relatório de Avaliação de Oficiais exaltava as "realizações excelentes" da Fotografia de Campanha e mencionava a "habilidade extraordinária [dele], sua dedicação ao dever e" — o que era um tanto incomum — "sua lealdade e amor para com seus subordinados".[26] Ford cumprira sua palavra; assim que se recuperou da fratura na perna, voltou a Washington, onde passou as últimas semanas do serviço ativo em comunicação com George Stevens. Stevens continuava na Europa, alternando-se entre Londres e Berlim e trabalhando muito para reunir imagens para *Nazi Concentration and Prison Camps* [Campos nazistas de concentração e prisioneiros] e *The Nazi Plan*, os dois documentários que seriam apresentados como prova no outono daquele ano em Nuremberg. Ford designara os poucos integrantes remanescentes da Fotografia de Campanha para ajudá-lo a partir de Washington de qualquer maneira que pudessem; ao longo dos anos, sua divisão adquirira uma vastidão de filmes nazistas de propaganda e cinejornais, e ele ordenou que Robert Parrish pesquisasse os arquivos da Marinha em busca de imagens que pudessem ser usadas para demonstrar um padrão arraigado de maus-tratos intencionais nos campos ao longo da última década.[27] O diretor enviou à Europa todo material que pudesse ser útil, e Stevens logo transformou catorze horas de filme em uma.

Ford pretendia cumprir sua obrigação contratual com a Fox produzindo o faroeste *Paixão de fortes* no começo de 1946. Porém, quando Zanuck lhe ofereceu a chance de estender a relação com o que seria o contrato mais generoso para qualquer diretor de Hollywood — 600 mil dólares por ano para fazer filmes para a Fox —, Ford recusou.[28] Como muitos diretores

438

CINCO VOLTARAM

e atores que voltavam da guerra, ele não estava mais interessado em servir a um estúdio. Assim como Capra, Ford passaria a trabalhar de forma independente, escolhendo e produzindo os próprios filmes e então vendendo-os aos estúdios, uma iniciativa que ele vinha considerando mesmo antes de Pearl Harbor.[29] Com o ex-executivo de estúdio Merian Cooper, um amigo de longa data que havia acabado de sair da Força Aérea, Ford planejou abrir sua própria empresa.

Conforme se aproximava o Tribunal de Nuremberg, Ford hesitou uma última vez antes de deixar a guerra para trás e pensou em viajar para a Alemanha a fim de rodar um documentário longa-metragem sobre o julgamento. A perseguição de criminosos de guerra era um assunto que despertava cada vez mais interesse do público e já vinha sendo transformado em entretenimento. *O estranho*, roteiro de suspense que Huston escrevera com pseudônimo um ano antes, no qual ele previa o que chamou de "Comissão dos Aliados para Crimes de Guerra" e brincava com a ideia de que fugitivos nazistas talvez tentassem se esconder em meio à população americana, estava prestes a começar a ser filmado, tendo Orson Welles como diretor e protagonista. Mas Ford acabou decidindo não comparecer ao julgamento, acreditando que um documentário poderia dificultar a normalização das relações entre os Estados Unidos e o que, dali a alguns anos, viria a ser conhecido como Alemanha Ocidental.[30]

Além do mais, Ford sabia que qualquer tentativa de documentário por um cineasta poderia ser embargada pelo trabalho que seu colega estava fazendo. Meses após o fim da guerra, Stevens continuava na ativa e praticamente obcecado com seu propósito. Ele já não se considerava "aposentado" do cinema; no outono daquele ano, na Alemanha, começou a ler, pela primeira vez em vinte anos, *Uma tragédia americana*, de Theodore Dreiser, e anotar algumas observações sobre como o livro poderia ser adaptado para filme.[31] Fazia dois anos e meio desde que ele concluíra seu último longa-metragem, *Original pecado*, para a Columbia, e, quando Harry Cohn foi a Paris, pediu que Stevens o encontrasse no bar do Ritz para conversar sobre seus planos. Stevens apareceu com a barba por fazer e de uniforme amarrotado.

"Você vai voltar para o estúdio", teria dito Cohn em um misto de pergunta e resposta. Stevens sentiu-se pego desprevenido; nem sequer ha-

"UM PASSADO FURIOSO MISTURADO A UM FUTURO TEMPESTUOSO"   439

via pensado naquilo. "Ele estava me seduzindo, dizendo: 'Quer vir trabalhar? Quer um emprego quando sair desse traje?'. O que eu podia dizer? Não?", lembrou o diretor. "Acho que disse que sim. [...] Não falei 'Claro' — isso seria muita determinação numa situação daquela. Disse que sim."[32] Stevens ainda não sabia quando voltaria para casa, mas, quando esse dia chegasse, sabia que provavelmente não voltaria à Columbia; Capra o consultara havia pouco para lhe oferecer a terceira posição de diretor-sócio na Liberty Films, e Stevens, que tinha imenso respeito por Capra e Wyler, praticamente decidira se unir a eles. Cohn voltou a Hollywood, e, quando soube da decisão de Stevens, surgiu uma "inimizade eterna" entre os dois. Cohn foi "o único sujeito que me acusou de descumprir um contrato", disse Stevens, que pelo resto da vida lamentou tê-lo enganado, mesmo que por um breve período. O tsar dos estúdios, notoriamente desagradável, um homem para quem Stevens fizera filmes apenas com a condição de que ele jamais poderia visitar o set durante a produção, "só estava sendo gentil", disse o diretor. Ele sentia que, por uma questão de consciência, "devia ter voltado [para a] Columbia".[33]

O Tribunal de Nuremberg começou em 20 de novembro no Palácio da Justiça da cidade. Oito dos 21 réus que seriam julgados estavam sentados no banco, sob um holofote. Havia quatro juízes, um de cada uma das principais potências dos Aliados; quatro promotores, auxiliados por diversos advogados; uma equipe de advogados de defesa, a maioria alemães; uma grande equipe de intérpretes; e uma multidão de repórteres e observadores do mundo inteiro. Depois do que muitos descreveram como uma abertura eletrizante pelo promotor americano, desembargador Jackson, o julgamento pareceu vaguear pela semana seguinte, embrenhando-se em pedidos processuais e ações básicas de promotoria. E então, em 29 de novembro, as luzes do salão foram apagadas e *Nazi Concentration and Prison Camps*, de Stevens, foi exibido.

O filme começou com duas declarações de autenticidade feitas sob juramento, a primeira assinada por Stevens e a segunda, por Ray Kellogg, chefe em exercício da Fotografia de Campanha, tendo Ford como testemunha. E então as imagens assumiram. "A impressão que se tem é a de um rio interminável de corpos brancos fluindo pela tela, corpos com costelas visíveis nos troncos, pernas finas como hastes de cachimbo e crânios feridos e rostos sem olhos e braços secos grotescos estendidos para o céu", escreveu um correspondente que havia comparecido naquele dia. "Na tela eram corpos sem fim, corpos amontoados e corpos sendo jogados de cima de barrancos para dentro de valas comuns, corpos sendo empurrados como terra por tratores gigantescos, e corpos que não são corpos, mas sim pedaços carbonizados de ossos e carne caídos em um túmulo de um crematório."[34]

Stevens não omitira nada — alojamentos infestados de pragas, instrumentos de tortura, câmaras de gás, fornos para extrair ouro dos dentes dos assassinados, abajures feitos de pele humana para servir de agrado à esposa de um oficial. Durante a exibição, o holofote direcionado para o banco dos réus continuava ligado, e os jornalistas registraram cada uma de suas reações. Ribbentrop, ministro do Exterior de Hitler, cobria os olhos, mas depois baixava as mãos, incapaz de se impedir de olhar. Wilhelm Keitel, chefe da Wehrmacht, ficou rubro e começou a enxugar os olhos com um lenço. Julius Streicher, editor do *Der Stürmer*, curvou-se para a frente e assentiu, como se apoiasse o que via. E Göring permaneceu impassível, sem tirar os olhos da tela, demonstrando nervosismo apenas por enxugar as palmas suadas repetidamente. Quando o filme terminou, Rudolf Hess começou a falar. "Não acredito", disse ele, mas Göring o calou imediatamente.[35] Os réus ficaram "devastados", disse Telford Taylor, um advogado do Exército que auxiliava Jackson. "Mesmo para quem, como eu, tinha visto o filme antes, aquelas imagens eram difíceis de tolerar [...] o efeito foi impressionante. O Dr. [Victor] Von der Lippe [um advogado de defesa] registrou que o filme tiraria o sono de quem o visse e que ele ouvira um membro da equipe de defesa dizer que se tornara impossível ficar na mesma sala" que os homens que eles estavam lá para defender.[36]

Duas semanas depois, o segundo filme-prova de Stevens, *The Nazi Plan*, foi exibido no julgamento com uma narração redigida por Budd Schulberg. Tratava-se de uma história da política de agressão alemã dividida em duas partes, uma abordando o período de 1921 a 1933, e a outra traçando a ascensão de Hitler e seus crimes de guerra. Dessa vez, os réus, de novo sob o holofote, tiveram uma reação diferente, balançando os joelhos ao ritmo das músicas de marcha e com aparente fascínio renovado pelos comícios nazistas, inclusive os que haviam acontecido no mesmo

"UM PASSADO FURIOSO MISTURADO A UM FUTURO TEMPESTUOSO"   441

edifício agora usado pelo tribunal. Quando viram Hitler falar no Campo Zepelim, Albert Speer sorriu e Ribbentrop chorou: "Não dá para sentir a força da personalidade do Führer?", disse ele aquela noite. Quando o filme acabou, Göring se voltou para Hess no banco e disse: "O desembargador Jackson vai querer entrar para o partido agora!". Mas, quando os espectadores do julgamento os encararam, horrorizados, o júbilo se dissipou. Naquela noite, um psiquiatra do Exército que havia sido designado para acompanhar o estado mental dos réus declarou que a maioria estava "consternada".[37] Os filmes de Stevens haviam realizado o que semanas de depoimentos não conseguiram: tornaram os crimes irrefutáveis, e o destino dos réus, inevitável.

Stevens não compareceu às sessões. Seu trabalho estava concluído. No final do ano, ele enviou um telegrama a Yvonne para dizer que pretendia seguir para Nova York no RMS *Queen Mary* e que logo estaria em casa.[38] Era um momento, disse John Huston mais tarde, "em que a esperança para o mundo era tão forte quanto eu nunca vira antes nem voltei a ver depois. E sei que George tinha uma grande sensibilidade para a sina do mundo. Ele pensou, assim como todos nós, que tudo ficaria bem depois."[39]

VINTE E OITO

"Uma expressão grave e uma mentalidade em doloroso processo de amadurecimento"

HOLLYWOOD, NOVA YORK E WASHINGTON, DEZEMBRO DE 1945 A MARÇO DE 1946

Fazia apenas quatro meses desde o fim da guerra no Pacífico quando *Fomos os sacrificados* começou a estrear pelo país, mas o tempo já havia causado estrago nas chances do filme. Em dezembro, os críticos saudaram o retorno de John Ford à indústria cinematográfica de Hollywood com respeito e traços de uma espécie de distanciamento, como se estivessem diante de uma relíquia artesanal do passado. Os filmes de guerra, como gênero, estavam agora fora de moda; um filme sobre o começo da guerra que parava em 1942 parecia arbitrário e anacrônico; e um drama cujo tema era a nobreza do fracasso americano e a necessidade de se honrar o bem maior prestando obediência a ordens míopes parecia contrastar de forma quase desafiadora com o apetite de um público saturado de batalhas que, depois de tantos anos, estava entediado pelo assunto todo. Os poucos filmes de guerra que tiveram sucesso em 1945 eram crônicas de vitória cheias de ação ou brincadeiras escapistas; o marujo mais popular das telas naquele ano foi Gene Kelly, um homem da Marinha sem nenhuma preocupação, aproveitando alegremente uma licença e dançando com Tom e Jerry em *Marujos do amor*.

A MGM sabia que o filme enfrentaria dificuldades; uma trama longa, em que os dois protagonistas acabavam voltando aos Estados Unidos en-

"UMA EXPRESSÃO GRAVE E UMA MENTALIDADE EM DOLOROSO..."

quanto seus homens ficavam para trás nas Filipinas para — todo mundo sabia — morrerem ou serem capturados, seria praticamente impossível de ser vendida de forma honesta. Ford insistira para que *Fomos os sacrificados* terminasse nesse ponto, mas a MGM exigiu uma chamada no final — "Nós voltaremos" — ao som de "The Battle Hymn of the Republic". Em anos posteriores, Ford quase renegou o filme, dizendo ao diretor Lindsay Anderson em 1950 que "não acredito que o filme seja bom. [...] Recebi ordens para fazê-lo. Eu nem o teria feito se eles não tivessem aceitado passar meu salário para os homens da minha unidade". Ele também alegou que a MGM "tirou as únicas partes de que eu gostava" e afirmou que ficou "horrorizado por realizá-lo. [...] Não coloquei absolutamente nada naquele filme".[1] Mas, na verdade, Ford acompanhara atentamente a fase de pós-produção, chegando até mesmo a levar a filha de 22 anos para a sala de edição como aprendiz,[2] e o produto acabado era em quase todos os detalhes o filme que ele queria que fosse. Ford perdeu algumas batalhas pequenas — a cacofonia de vozes que o roteiro havia inserido perguntando se Pearl Harbor pegara a Marinha cochilando foi omitida na versão final,[3] assim como a ideia original do diretor e de Wead para a última cena, em que Brickley, interpretado por Robert Montgomery, devia ler com raiva uma relação dos nomes dos homens "sacrificáveis" que ficariam para trás[4] —, mas venceu a maioria das batalhas importantes, inclusive em relação à duração — *Fomos os sacrificados* foi lançado com um ritmo deliberadamente compassado ao longo de 135 minutos, uma extensão que o próprio diretor admitiu ser meia hora maior do que o que havia imaginado durante as filmagens.[5]

As peças promocionais que a MGM distribuiu para a imprensa eram de um otimismo incansável. Os anúncios exibiam retratos grandes de Montgomery, Wayne e a coprotagonista Donna Reed, todos sorridentes, com os dizeres "Grande sorriso! (Porque eles acabaram de terminar um grande filme)", e destacavam o fato de que o filme fora realizado por heróis de guerra: "Robert Montgomery (não dá uma vontade de apertar a mão dele e dizer 'Bem-vindo de volta, Bob!'?) é 'Brick'. Ele está apaixonado por algumas toneladas de madeira e aço, uma lancha torpedeira".[6] Jornais de circulação local receberam matérias de interesse humano com manchetes como "Papel de Montgomery traça paralelo com experiência pessoal na Marinha" e "Veteranos priorizados em papéis de figurantes". A MGM também proporcionou o que chamou de "resenhas preparadas", que afirmavam que "o filme deve muito de sua distinção à direção brilhante do capitão de mar e guerra John Ford, também veterano de operações da Marinha".[7]

A crítica propriamente dita, ainda que sem descartar a produção, ofereceu elogios um pouco mais contidos; ela admirou o estilo humilde de *Fomos os sacrificados* e sua tentativa de fazer uma espécie de realismo quase documental ao retratar os pequenos detalhes da vida naval, mas poucos expressaram aprovação entusiasmada. "Se esse filme tivesse sido lançado no ano passado — ou no anterior —, teria feito um sucesso estrondoso", escreveu Bosley Crowther no *New York Times*. "Agora, com o fim da guerra e a sede enlouquecedora de vingança já um pouco atenuada, parece um posfácio cinematográfico para o calor e a energia marciais dos últimos quatro anos [...] uma rememoração comovedora do passado."[8] A revista *Time* foi mais ríspida, classificando-o como "longo e atrasado", mas expressando admiração pelo fato de que os atores de Ford "sempre parecem mais autênticos — ou pelo menos mais como seres humanos — do que em qualquer outro filme".[9] E a *Variety* previu que, "independentemente de qualquer reação real ou presumida contra filmes de guerra, é praticamente certo que esse vai chegar longe".[10]

Essa previsão se mostrou otimista demais. Embora a bilheteria mundial tenha rendido o suficiente para cobrir o custo de produção de 3 milhões de dólares, o resultado ficou aquém da expectativa tanto do estúdio quanto de Ford. Para muitos espectadores, *Fomos os sacrificados* era facilmente esquecível. Em sua primeira resenha, James Agee disse que era "tão belo e tão real que nenhum metro de filme me pareceu um desperdício", ainda que em grande parte da obra "só se viam homens subindo e descendo de lanchas torpedeiras, e outros homens observando-os". Mas, apenas duas semanas depois, ao rever suas impressões, ele admitiu que o ardor arrefecera; ele agora achava o filme de Ford "visualmente bonito, mas, fora isso, não muito interessante", e o julgou inferior a *San Pietro*, de Huston, assim como a outra releitura da campanha na Itália, o filme intenso e dinâmico que William Wellman, diretor de *Asas*, realizara com *Também somos seres humanos*.[11] A MGM vendeu *Fomos os sacrificados* como seu "filme do ano", mas, quando as indicações ao Oscar foram anunciadas em fevereiro, pela primeira vez em seis anos a categoria de Melhor Filme não tinha nenhuma obra sobre a guerra, e a produção de Ford foi reconhecida apenas pelos efeitos visuais e pela gravação de som.

Para Ford, uma derrota honrosa era, de certa forma, a conclusão apropriada para uma jornada pela guerra que havia começado com uma dedicação pressagiosa ao serviço militar mais de um ano antes de Pearl Harbor e terminara com um colapso embriagado no litoral da França. Embora ele logo viesse a retomar uma carreira robusta e prolífica atrás das câmeras como civil, era impossível evitar o fato de que os anos na Fotografia de Campanha o haviam desprovido de parte do vigor que lhe permitira fazer sete filmes em três anos antes da guerra. Quando saiu de Hollywood em 1941, seus filhos Barbara e Pat eram ainda adolescentes; quatro anos depois, Ford voltava para a família e a casa na rua Odin com cabelos grisalhos, um problema de visão em um dos olhos e dez dentes a menos na boca, um avô de dois netos que fizera por merecer o apelido que muitos de seus colegas viriam a usar até o fim de sua carreira: o "Velho".

Após a dispensa, Ford encontrou algum alívio ao estar em casa com Mary. O Hollywood Canteen, com o qual ela ocupara o tempo e satisfizera o grande apetite por fofocas e maquinações políticas durante os anos de ausência do marido, havia fechado as portas em novembro, ao cumprir a missão durante a guerra de servir e fortalecer as tropas. Pela primeira vez em muitos anos, os Ford tinham tempo para aproveitar, e tempo um para o outro. Mas a transição para a vida doméstica, área que o diretor nunca dominara, não foi fácil. Ele estava de luto pelos jovens da Fotografia de Campanha que haviam morrido em ação e se dedicou a escrever cartas longas e emotivas aos familiares que estes deixaram. Lamentou ao saber que Jack Mackenzie, o operador de câmera que servira com ele em Midway e a quem o diretor enviara à cerimônia do Oscar para receber em seu nome a estatueta por *O ataque a Pearl Harbor*, voltara para casa em segurança, mas morrera aos 27 anos em um acidente de jipe em uma estrada de Hollywood não muito longe da casa dos Ford.[12] Às vezes, ele parecia achar que sua ficha de serviço era insuficiente em comparação com as dos que haviam arriscado muito mais. Robert Parrish, que admirara Ford quando servira abaixo dele na Fotografia de Campanha, se afastou após a guerra; achava que seu mentor não conseguia superar a Marinha, e que a fundação da Fazenda era, em parte, um desejo "de estender a unidade do oss e da

Marinha dos Estados Unidos à vida civil", para construir uma espécie de alojamento fantasioso que pudesse servir de santuário contra mulheres, responsabilidade e sobriedade.[13]

Ford ainda ansiava por celebração — pelas medalhas, pelas honrarias, pelo reconhecimento que lhe diria que seu tempo afastado tivera algum sentido. Mas, gradualmente, superou a guerra descobrindo outras formas de preservar sua experiência nela. Em 1946, voltou à Associação dos Diretores, oferecendo-se para servir no Comitê de Veteranos junto com Capra e Wyler. E, mais tarde no mesmo ano, quando soube que o Gabinete da Agência de Arquivos em Washington estava ficando sem espaço e talvez precisasse destruir todo o material não aproveitado dos filmes de propaganda feitos durante a guerra, ele interveio com um apelo para proteger apenas um filme — não o dele, mas a versão extensa de Gregg Toland de *O ataque a Pearl Harbor*, que nunca fora exibido ao público. "Como esse é o filme que alguns dos meus homens arriscaram a vida para fazer", escreveu ele para a agência, "tem um grande valor para nós. Gostaríamos de preservá-lo por motivos sentimentais no Field Photo Memorial Home. [...] Espero sinceramente que o filme possa ser entregue a nós."[14] Ele foi.

Em seu último Questionário de Qualificações, um formulário que oficiais da Marinha precisavam preencher todo ano, Ford tentou resumir sua carreira militar pela primeira vez, algo que tornaria a fazer incontáveis outras vezes ao longo dos 25 anos seguintes. O diretor observou que comandara desde cinquenta a (uma última vez, ele não conseguiu resistir ao exagero) mil homens. "Fui essencial para estabelecer o procedimento da fotografia naval & militar durante o final da guerra como chefe do ramo de fotografia de campanha do oss", escreveu. "O primeiro filme de combate, *Battle of Midway*, rodado pessoalmente por mim, determinou o tom de todos os filmes semelhantes." E deixou claro que, aos 51 anos, ainda não sentia que seu serviço estava terminado. "Mais do que ansioso para voltar à ativa em caso de emergência", escreveu. "Tenho certeza de que seria valioso para o esforço com meu conhecimento sobre cinema."[15]

* * *

"UMA EXPRESSÃO GRAVE E UMA MENTALIDADE EM DOLOROSO..." 447

Em 13 de fevereiro de 1946, John Huston foi à base do Exército em Fort Monmouth, Nova Jersey, e recebeu a notificação oficial de baixa após 45 meses de serviço.[16] Ele então seguiu diretamente para seu alfaiate em Manhattan, onde buscou três ternos que estavam à sua espera. Nenhum cineasta estava mais feliz do que ele de sair do uniforme. Ao contrário de Ford, Huston não sentia qualquer afeição por trajes militares ou avidez por condecorações; ele detestara as roupas do Exército desde as primeiras semanas em que ficara suando nelas em um escritório de Washington, e, depois desse dia, pretendia nunca mais voltar a vestir um uniforme. Quando pôs o terno novo, era, escreveu ele, "como me vestir para uma festa à fantasia".[17]

Para Huston, a baixa era mais uma formalidade. Desde que terminara *Let There Be Light* no final do ano, ele vinha vivendo como civil em Nova York, circulando pelas festas e casas noturnas e ansioso para retomar a carreira na Warner Bros. Mas, antes de voltar a Hollywood, ele pretendia acompanhar sua última obra para o Exército até o lançamento. Em janeiro, o MoMA havia selecionado seu filme para participar de um grande festival de documentários que se desdobraria ao longo dos seis meses seguintes; Huston comparecera ao coquetel em que a exibição do filme, programada para abril, foi anunciada.[18] *Let There Be Light* era uma das principais atrações do museu naquela primavera; já vinha recebendo uma dose considerável de atenção de jornalistas, que o estavam tratando não como mais uma obra de propaganda do Exército, mas como um filme novo e importante feito por um diretor jovem respeitado que prometia explorar um assunto até então proibido. No outono, imagens do filme haviam aparecido na revista *Life*, que as usou para ilustrar uma matéria de John Hersey sobre veteranos com problemas mentais.[19]

Em seu primeiro dia como civil, Huston saiu de Nova York rumo a Washington para cuidar de uma última formalidade do Exército; levou uma cópia de *Let There Be Light* para a chefia do Serviço Pictórico do Exército e do Escritório de Relações Públicas, que precisavam avaliar o filme antes de liberá-lo para exibição ao público. Uma semana depois, o Serviço Pictórico emitiu a aprovação.[20]

Mas, no começo de março, sem aviso, a ordem foi cancelada. Huston foi informado de que o filme só poderia ser exibido para homens internados em hospitais psiquiátricos do Exército, em instalações do Departamento de Veteranos e da Marinha, e em bibliotecas do Exército. O problema parecia simples de corrigir: a trilha musical, que ele havia montado a partir de vários filmes de Hollywood, fora licenciada para uso exclusivo do Exército, não para lançamento geral.[21] Huston ficou ligeiramente surpreso com a notícia; ele já havia começado a voltar sua atenção para o preparo de um roteiro para seu próximo filme, *O tesouro de Sierra Madre*, e não pretendia ficar preso no atoleiro de memorandos, determinações e tecnicismos do Exército, mas mudar a trilha seria apenas um obstáculo breve.

Antes que Huston tivesse ao menos a chance de voltar à sala de edição, o Exército voltou com a informação de que *Let There Be Light* tinha problemas mais sérios. O Serviço Pictórico havia decidido reexaminar as permissões de uso de imagem assinadas pelos pacientes do Mason General e concluiu que os documentos valiam apenas "para o incentivo do esforço de guerra. [...] Como a [guerra] foi encerrada", declarava um memorando do Exército, "é difícil ver como a distribuição desse filme ao público geral ou a grupos não militares poderia ser permitida". Ademais, um lançamento constituiria "uma invasão do direito de privacidade" dos homens que apareciam no filme.[22]

Huston havia vencido as complicações com o Exército acerca de *Report from the Aleutians* e *San Pietro*, mas aquilo era diferente: ele sabia que *Let There Be Light* estava em uma situação grave, e a sucessão de pretextos independentes que ele recebera indicava que, de uma forma ou de outra, as Forças Armadas dariam um jeito de enterrar o filme. O único recurso que Huston tinha era uma cópia da obra, que continuava em suas mãos, e ele imediatamente passou a exibir *Let There Be Light* para seus colegas de Hollywood a fim de obter seu apoio, dizendo-lhes que "o Escritório de Relações Públicas do Exército (aqueles obstrucionistas velhos), por algum motivo, deram uma classificação 'secreta' para ele" e que a única esperança de reverter a decisão era fazer com que o filme virasse "uma polêmica como a bomba 'A', o cachorro do coronel Roosevelt* e o próximo discurso de Winnie".[23] O diretor também abordou membros do governo Truman que

---

* Elliott Roosevelt, o segundo filho do presidente, estivera submetido a vários dias de matérias críticas na imprensa em 1945 quando tirou três militares de um avião do Exército para enviar um par de cachorros de Londres até sua esposa na Califórnia.

"UMA EXPRESSÃO GRAVE E UMA MENTALIDADE EM DOLOROSO..." 449

achou que tomariam seu lado, mas, quando recorreu a William C. Menninger, o secretário da Saúde, a resposta foi desanimadora. "Ainda acho que é o melhor filme sobre psiquiatria que já vi", disse Menninger. "Contudo, há algumas questões muito graves. [...] Qualquer um com experiência jurídica sabe que um paciente de hospital psiquiátrico que tenha assinado [...] uma autorização está agindo sem muita consciência. O documento assinado na verdade não vale nada, e acho que seria necessário obter uma declaração de cada um desses homens depois que eles tivessem se recuperado e saído do hospital." Além disso, Menninger afirmou que, a menos que os homens em *Let There Be Light* concordassem com o lançamento do filme após terem assistido a ele, a proibição deveria ser mantida.[24]

O Exército se apropriou do argumento de Menninger quase no mesmo instante, acrescentando que havia examinado os registros e não encontrara nem mesmo autorizações assinadas de quatro dos pacientes incluídos no filme.[25] Huston voltou à sala de edição do Exército em Astoria à caça dos documentos ausentes com a suspeita de que seria uma busca infrutífera, pois acreditava que o Exército já dera um jeito de garantir que eles não pudessem ser encontrados.[26] Estava furioso, mas praticamente impotente: se privacidade e capacidade eram um problema para os indivíduos do filme, perguntou ele, por que afinal o Exército lhe dera a ordem de produzir *Let There Be Light*? Por que o Escritório de Relações Públicas dera permissão tanto à *Life* quanto à *Harper's Bazaar* para usar imagens do filme em que o rosto dos soldados aparecia com nitidez? E por que a questão das autorizações desaparecidas só foi levantada depois que o Exército tentara dois outros motivos de objeção?

Em resposta a Menninger, Huston defendeu que o filme podia "anular os preconceitos de parte do público contra militares com histórico de psiconeuroses" e que, após já ter gasto 150 mil dólares na produção, seria bom se o Corpo de Sinaleiros oferecesse mais alguns milhares de dólares a fim de obtermos as permissões necessárias.[27] Menninger encaminhou o apelo ao secretário-assistente de Guerra, mas sem sucesso.[28] No final de abril, pouco depois de uma sessão que Huston organizara para exibir o filme a amigos e jornalistas simpáticos, homens da polícia do Exército chegaram ao MoMA e confiscaram a cópia. O museu não teve escolha e precisou anunciar que *Let There Be Light* havia sido removido do festival de documentários; seria substituído por um curta-metragem inglês intitulado *Psychiatry in Action!* [Psiquiatria em ação!].[29]

Àquela altura, apenas alguns críticos tinham visto o filme; um deles era Archer Winsten, o resenhista e colunista de cinema do *New York Post*. Huston lhe enviou por telegrama um pedido para que "erga sua voz [...] faça todo o possível, se desejar",[30] e Winsten aceitou, relatando a apreensão dramática da cópia e malhando as pessoas que queriam proibir o filme: "O Exército, reduzido ao núcleo compacto de executivos do alto escalão pré-guerra, está voltando a assumir uma política 'não faça nada, não diga nada, não pense nada'" à custa de "um filme tão importante, tão inspirador, tanto pelo aspecto médico quanto pelo humano [...] que eles não têm ideia do que fazer com a obra.[31] [...] Quando o vi, senti como se nunca tivesse presenciado na tela emoções tão desprovidas de restrições artificiais".[32] A partir daí, James Agee ecoou o brado na *The Nation*: "Não sei o que é necessário para reverter essa decisão lamentável, mas, se for preciso usar dinamite, então que se use. [...] O motivo extremamente óbvio [para a proibição do filme] ainda não foi mencionado: qualquer ser humano são que o visse entraria para as Forças Armadas, se tanto, com uma expressão grave e uma mentalidade em doloroso processo de amadurecimento".[33]

Durante a guerra, o Escritório de Relações Públicas e o Serviço Pictórico haviam tomado muito cuidado com a imprensa. Quando Huston recorrera aos jornalistas em sua luta para lançar uma versão mais longa de *Report from the Aleutians*, sua ousadia funcionara. Dessa vez, não. O Exército resistiu. Quando veio o verão, Huston já havia esgotado sua última esperança de recurso; o distribuidor independente com quem ele pretendia trabalhar jogara a toalha, dizendo ao diretor que estava cansado de "toda aquela história desagradável de contratempos, pequenos avanços e derrotas arrasadoras. [...] Fui derrotado".[34] *Let There Be Light* só seria exibido ao público 35 anos depois.

A experiência causou em Huston uma sensação profunda de ceticismo e prostração a respeito de seus anos no Exército. "Durante a Segunda Guerra Mundial, eu tinha tanta esperança quanto qualquer um", disse ele. "Para mim, parecia que estávamos em vias de alcançar alguma compreensão sobre a vida."[35] No entanto, o que ele acabou sentindo foi que havia sido cúmplice de uma mentira. O Exército "queria preservar o mito do

"UMA EXPRESSÃO GRAVE E UMA MENTALIDADE EM DOLOROSO..." 451

'guerreiro'", escreveu ele, "que dizia que nossos soldados americanos foram à guerra e voltaram mais fortes após a experiência, firmes e orgulhosos. [...] Só uns poucos fracos caíram pelas beiradas. Todo mundo era herói e tinha medalhas e fitas para provar".[36]

"Essa", disse ele, "foi a minha experiência mais interessante com o governo. Eu achava que era um filme maravilhosamente cheio de esperança e até inspirador. [...] E o Departamento de Guerra achava que era um remédio forte demais. Esta é só a minha opinião. Mas é a única opinião que resiste ao escrutínio."[37]

No começo do novo ano, George Stevens abriu um calendário de mesa de 1946 e decidiu manter um diário. O que ele escreveu, nas três semanas que levou até o diário ser descartado, foi um registro básico de um homem que se esforçava para redescobrir os contornos de sua vida pregressa. Stevens anotou o nome das pessoas com quem almoçava e o título dos filmes que via e dos livros que lia, e o tempo que levava para dirigir de um ponto a outro, e como estavam a comida e o clima. Ele estava em casa, enfim de volta à esposa, ao filho e à propriedade em Toluca Lake, e determinado a começar de novo, embora seu coração parecesse não estar investido em nada do que fazia. Os Stevens foram ao jogo Rose Bowl em Pasadena e viram o Trojans perder para o Crimson Tide; jantaram fora na maioria das noites, indo ao Beachcombers com Gene Solo, um velho amigo, ou com o agente, Charles Feldman. Stevens acreditava que sua existência pré-guerra estava em algum lugar, esperando ser resgatada, mas, quando tentou retomar os velhos hábitos, sentiu-se sem jeito e pouco à vontade. Quando jogava pôquer, apostava demais e perdia muito rápido. Quando ia com Yvonne a alguma festa, ficava bêbado e às vezes precisava ser levado para casa. Na Europa durante a guerra, Stevens despejara seus sentimentos pela esposa e o filho em dezenas de cartas para casa, mas, agora que estavam todos juntos de novo, o casamento começou a se desfazer. Nos primeiros meses de 1946, ele só queria que o deixassem em paz. Stevens se isolava em um cômodo com uma pilha de romances e passava o dia lendo, ou saía de casa de manhã bem cedo, ia ao *country club* e jogava golfe, dia após dia, sempre sozinho.[38]

Seus amigos e colegas eram solícitos e pacientes. Capra estava agora pronto para abrir publicamente a Liberty; Huston recusara o convite para a sociedade, mas Stevens aceitara, e fora agendada uma coletiva de imprensa para o final de fevereiro, quando Capra, Stevens e Wyler apresentariam a Liberty como um novo modelo de negócios, a alvorada de uma era de ouro de autonomia criativa para diretores de cinema. Conforme Capra lhe disse, Stevens só precisava encontrar algum projeto que reavivasse sua empolgação com a realização de filmes. Era apenas uma questão de arregaçar as mangas e se concentrar em alguma coisa. Naquelas primeiras semanas, Capra o chamava para sua casa e tentava instigá-lo, primeiro com listas de romances, e depois com roteiros. Ele falou com Stevens sobre o filme com que pretendia inaugurar a Liberty, uma comédia dramática de Natal intitulada *A felicidade não se compra*, e lhe mostrou o roteiro, na esperança de despertar algum entusiasmo. Stevens levou o roteiro para casa e, uma semana depois, pediu desculpas a Capra e explicou que ainda não conseguira lê-lo. Na verdade, ele não conseguira fazer muita coisa.

Yvonne Stevens começava a se preocupar. Para comemorar a volta do marido, eles haviam acabado de comprar um Lincoln Continental, "o pequeno, com o pneu na traseira", lembrou ela. "Só havia três desses na cidade naquela época." Certo dia, Yvonne o viu sentado atrás do volante, "e ele começou a tremer", disse. "Não conseguia se controlar. Bom, ele passou muito tempo longe."[39]

Capra sabia que o amigo estava, no momento, indisponível, refém das lembranças que ele achava que jamais conseguiria superar. "A [guerra] toda se tornou, para ele, uma espécie de pesadelo", disse Capra, "um pesadelo sobre a estupidez do homem. Ficou difícil conversar com ele porque acho que ele não queria — ou talvez simplesmente não conseguia — expressar verdadeiramente que vivenciara. Aquilo cresceu nele. [...] Não era o mesmo George Stevens."[40]

Todo mundo parecia ter certeza de que com o tempo ele se recuperaria, exceto o próprio Stevens. Todos imaginavam que a resposta era trabalhar, que, se ele pudesse voltar à rotina com as comédias adultas que haviam ajudado a construir sua reputação, as imagens de Dachau e dos vagões que o atormentavam recuariam e ele poderia retomar uma carreira que estava em franca ascensão até ser interrompida pela guerra. Mas Stevens se sentia lesionado, tanto no sentido literal — um táxi atropelara seu pé em Londres, e ele andava com dificuldade[41] — quanto no emocional. Ele se obrigou a sair de casa e comparecer a eventos sociais e profissionais, mas, em vez de fazê-lo voltar à indústria, os encontros com os colegas só aumentaram sua sensação de deslocamento e alienação. Walter Wanger o chamou à sua sala na Universal, e David O. Selznick o levou, junto com Capra, até o estúdio em Culver para lhes mostrar cenas do novo filme que estava produzindo, uma exibição épica de Technicolor com Jennifer Jones e Gregory Peck chamada *Duelo ao sol*. Stevens disse educadamente que o filme parecia magnífico, mas foi para casa à noite abalado pela descoberta de que os três anos que passara longe do mundo do cinema haviam sido uma eternidade. A indústria tinha prosseguido sem ele. Stevens não fazia a menor ideia de quem eram Gregory Peck e Jennifer Jones; com certeza não eram astros quando ele foi para a guerra. E os novos filmes de Hollywood que estava vendo pareciam todos, disse ele mais tarde, "não feitos a partir da vida, mas de filmes antigos [...] orientados pelo que [o diretor] havia *visto* nos filmes, e não pelo que estava acontecendo na época".[42]

Às vezes, Stevens procurava a antiga vida militar, em busca de consolo. Foi a uma sessão da Academia em que seria exibido o curta *Thunderbolt*, de Wyler, para a Força Aérea; marcou um almoço com velhos amigos da SPECOU que agora estavam fora do Exército e esperavam que Stevens pudesse usar sua influência em Hollywood para lhes arrumar trabalho; foi a uma festa para o general Eaker que virou uma reunião improvisada de muitos de seus antigos companheiros de armas. Quando foi comer no Romanoff's com Ivan Moffat, em Beverly Hills, vestiu seu uniforme do Exército para a ocasião. Entrar no restaurante foi como fazer uma grande aparição pública, uma vez que, pelo visto, metade de Hollywood costumava almoçar lá. Alfred Hitchcock estava na mesa ao lado e, ao ver Stevens, fez o que Moffat descreveu como "uma pequena mesura cerimoniosa, mas ao mesmo tempo negligente", que por pouco não era uma continência irônica. Jean Arthur, que estrelara os dois últimos filmes de Stevens antes da guerra, viu-o e o abraçou com afeição e simpatia genuínas. E um velho colega que se eximira da guerra passou pela mesa deles e disse: "Ora, George, bem-vindo de volta! Quando é que você vai tirar esse traje?". Stevens levantou o rosto, encarou-o e retrucou: "Quando é que você vai vestir o seu?".[43] Ele "se ressentia muito das pessoas que haviam ficado em casa e feito todos os filmes", disse Yvonne.[44] Mas, enquanto para Capra esse ressentimento alimentou um desejo intenso de voltar à cadeira de diretor e mostrar seu valor, Stevens se retraía mais e mais a cada encontro desconfortável. "Ele não procurava trabalho de jeito nenhum", disse sua esposa. "Só saía de casa e ficava o dia inteiro jogando golfe. Não dava para entender."[45]

Stevens se recusava a falar sobre a guerra, exceto de forma indireta. "Ele [estava] tão quieto", disse Yvonne. "Na verdade, não conseguia se expressar. Só guardava dentro dele e pensava naquilo." Em mais de uma ocasião, ele sugeriu que o único tema que poderia atraí-lo de volta a um estúdio era a própria Segunda Guerra Mundial, afirmando que, "quando eu achar que tiver capacidade, vou fazer um filme sobre a guerra". Mas até mesmo essa ideia logo dava lugar a uma sensação de futilidade. Stevens ficou surpreso e magoado por não ter recebido nenhuma proposta para fazer filmes de guerra;[46] os estúdios não o viam como um diretor desse tipo, e definitivamente não estavam interessados no tipo de história que ele talvez quisesse contar. "Eles me dizem que não dá para fazer um filme sobre a guerra. [...] Ninguém quer ver isso", disse. "Ninguém quer se desiludir da alegria e da diversão."[47]

Stevens sabia que logo precisaria pelo menos fingir algum gesto público de retorno ao trabalho como parte do anúncio da Liberty Films. Ele não queria decepcionar Capra nem Wyler, que haviam investido o futuro profissional e financeiro na empresa nascente, e ele também dependia do sucesso da iniciativa, tendo pago uma primeira parcela de 100 mil dólares para ingressar como sócio com 25% de participação, tal como Wyler (Capra, na condição de fundador, controlava 32% das ações; os 18% restantes pertenciam a Sam Briskin). Capra já estava trabalhando intensamente na pré-produção de *A felicidade não se compra,* e Wyler preparava uma lista de projetos que poderiam servir como sua produção inaugural pela Liberty depois que ele terminasse *Os melhores anos de nossas vidas* para Goldwyn. Stevens não estava nem um pouco perto disso. "Eu não estava pronto", disse ele, "mas, como eram Frank e Willy, entrei. E, quando entrei, significava que eu ia ao estúdio, [embora] não estivesse em casa por tempo suficiente para ir a um estúdio."[48]

Stevens alugou uma sala para si mesmo e deu passos hesitantes rumo à produção de um filme com Ingrid Bergman, que, entre *Casablanca* e

A meia-luz, se tornara a mais importante nova atriz de Hollywood a surgir nos últimos anos. Após o fim da guerra, ela disse à amiga Irene Selznick que não ligava mais para dinheiro; só queria trabalhar com os melhores diretores do mundo. Stevens era um dos cinco nomes em sua lista.* O diretor começou a desenvolver um roteiro de comédia para ela chamado *One Big Happy Family* [Uma família grande e feliz][49] e pegou um trem para Nova York, com a intenção de vê-la se apresentar em *Joan of Lorraine* [Joana da Lorena] na Broadway e depois levá-la para jantar e conversar sobre uma colaboração. Mas, quando chegou a Nova York, ele havia decidido que o projeto era terrível. Ele a levou para jantar tarde da noite no "21", disse que seu trabalho no roteiro havia sido uma perda de tempo, que o material não era digno de uma atriz com o talento dela e que ele o abandonaria. Bergman ficou triste e confusa; Stevens foi incapaz de encontrar palavras para explicar a mudança de opinião. "Eu não sabia muito bem o que causara essa inversão", disse ele. "Tinha feito meus filmes anteriores partindo do princípio de que o mais importante era ter filme, filme virgem, e o resto viria depois." Stevens se perguntou, não pela primeira vez, se algum dia voltaria a se sentir confiante para dirigir. "Muitas pessoas voltaram depois de passar um bom tempo fora na guerra e não conseguiram tocar a vida. Será que as circunstâncias mudaram e os deixaram de fora, ou será que eles é que voltaram diferentes? [...] Era óbvio que algo tinha mudado." Stevens voltou a Los Angeles e disse a Wyler e Capra que não tinha ideia de quando, ou se, encontraria um filme que quisesse rodar. "Sendo os homens que eram", disse, "eles compreenderam." E ainda assim queriam que ele fizesse parte da Liberty.[50]

Stevens tinha esperança, acima de tudo, de encontrar um projeto que refletisse sua nova visão de mundo. "Nossos filmes precisam contar a verdade, em vez de nos dar tapinhas nas costas", disse ele naquele ano. Caso contrário, "será que não há uma pequena chance de que estejamos revelando os Estados Unidos como algo que eles não são? Será que isso nos incentivaria em nossas próprias ilusões sobre nós mesmos?".[51]

As pessoas que o conheciam imploravam para que ele esquecesse a ideia de enviar uma mensagem e simplesmente tentasse fazer o que fazia de

---

* Os outros eram Huston, Wyler, Billy Wilder e Roberto Rossellini.

melhor. Katharine Hepburn, grande amiga e uma de suas maiores defensoras, disse que ele precisava voltar às comédias, um gênero em que ela acreditava que seus talentos eram superiores aos de qualquer diretor de Hollywood. Mas, pelo resto de sua carreira, Stevens jamais dirigiria algo além de dramas. "Depois da guerra", disse, "acho que nunca mais voltei a ser hilário demais."[52]

"Eu detestava vê-lo trocar as comédias pelas outras coisas que vieram mais tarde, as coisas mais sérias", disse Capra. "Nenhum de nós foi o mesmo depois da guerra, mas para ele... Os filmes que ele fez em Dachau, os fornos, e as grandes, enormes montanhas de ossos que ninguém conseguia acreditar que existissem... Ele tinha visto demais."[53]

"Ninguém jamais ficaria bem depois de ver algo como aquilo", disse Yvonne Stevens. "Ele estava simplesmente chocado. Nunca se recuperou."[54]

VINTE E NOVE

"Mais perto do que está acontecendo no mundo"

HOLLYWOOD, MAIO DE 1946 A FEVEREIRO DE 1947

"Há uma transformação em curso em Hollywood", anunciou Frank Capra em 1946, pouco após o início das filmagens de *A felicidade não se compra*. "Pode ser classificada de revolução. [...] Talvez você venha a sair do cinema de seu bairro certa noite comentando com seu companheiro: 'Não é que temos visto uma quantidade incomum de filmes bons ultimamente, diferentes do produto hollywoodiano típico?'. O motivo disso é [que] cineastas experientes com histórico de grandes realizações [estão] dispostos a apostar suas economias suadas para conquistar a independência."[1]

Quando Capra escreveu essas palavras em uma matéria da *New York Times Magazine* intitulada "Breaking Hollywood's 'Pattern of Sameness'" [Rompendo com o "padrão de mesmice" de Hollywood], a Liberty Films não tinha sequer três meses de existência. Mas, ao voltar à cadeira de diretor após uma ausência de cinco anos, Capra não perdeu tempo e logo se denominou porta-voz do que ele via ser uma indústria à beira de uma metamorfose histórica. A guerra, escreveu ele, levara os cineastas americanos a encararem "com novos olhos" os filmes que os estúdios vinham lançando e a rechaçarem o "tratamento mecânico" que, em sua opinião, fizera a maioria dos filmes parecerem e soarem iguais. "Muitos dos homens que haviam sido [...] produtores, diretores, roteiristas voltaram do serviço militar com uma determinação sólida para consertar isso", disse; as produtoras que estavam formando dariam a cada um "liberdade e independência" para perseguir "suas próprias ideias individuais quanto a assunto e material".[2]

Capra pregava pela Liberty com o estilo ruidoso de um produtor teatral; chegou até a emitir pela empresa um manifesto que incluía proclamações de que "o valor das histórias terá prioridade máxima na produção", "a qualidade do produto tanto do ponto de vista da arte quanto do entretenimento deve vir primeiro", e orçamentos grandes "não serão em hipótese alguma destacados ou explorados como indicação de [...] valor de entretenimento".[3] Mas, autopromoção à parte, Capra de fato acreditava que, conforme cineastas como Preston Sturges, Leo McCarey e Robert Riskin se uniam ao grupo de produtores independentes estabelecidos como Goldwyn, Selznick e Wanger, a distribuição de poder logo se afastaria dos estúdios e seguiria para os produtores e diretores. Sua predileção por anúncios ousados, já notável antes da guerra, evoluiu para uma pontificação extravagante após o lançamento de seu novo empreendimento. Mas, quando lhe perguntavam o que especificamente uma maior independência significaria para seus próprios filmes, Capra recuou para uma timidez estética. Em um momento em que muitos outros cineastas, incluindo seus dois novos sócios, se tornavam defensores declarados do aumento de franqueza e sinceridade nos filmes de Hollywood e de uma postura mais adulta em relação ao ato de contar histórias, ele se retraía diante de qualquer coisa que soasse polêmica. Ao longo dos últimos anos, ficara tão fascinado pelo uso de filmes como propaganda que nos tempos de paz tinha dificuldade para pensar no cinema de outra forma. "Só existem duas coisas importantes", disse ele ao *Los Angeles Times* em março. "Uma é fortalecer a crença do indivíduo em si mesmo, e a outra, ainda mais importante neste momento, é combater uma tendência moderna em direção ao ateísmo."[4]

Enquanto tentava reconquistar sua posição de líder na indústria cinematográfica, Capra estava, à sua maneira, tão inseguro e hesitante quanto Stevens. Wyler recordou um encontro em que conversou com Capra, Ford e Huston sobre a decisão deles de abandonar a carreira e ir para a guerra; todos previram, ansiosos, que "se a guerra durasse mais do que uns dois

"MAIS PERTO DO QUE ESTÁ ACONTECENDO NO MUNDO"

anos seríamos os rapazes sumidos e esquecidos quando voltássemos".[5] Mas, enquanto Ford e Wyler pareciam estar voltando a seus lugares no mundo do cinema sem se preocupar muito com a posição que ocupavam, Capra não conseguia se livrar da ansiedade. Ele estava certo de que seu trabalho durante a guerra apenas incrementaria sua reputação em Hollywood, e a forma como foi recebido ao voltar parecera confirmar isso. Ele até planejara aproveitar a estima de que suas obras pelo Exército gozavam adaptando a imagem do Sino da Liberdade* — que usara para encerrar todos os seus documentários e filmes da série *Why We Fight* — como logomarca de sua nova empresa.

Mas a consciência de Hollywood quanto à contribuição de Capra para o esforço de guerra, e até mesmo a memória coletiva quanto a quem havia servido ou não, agora parecia encolher com uma rapidez que o espantava e inflamava seu senso de justiça. Já não havia mais grandes festas de boas-vindas para celebrar suas realizações; a única menção de fato que seus colegas deram à conclusão da série *Why We Fight* veio em uma carta de Jean Hersholt, presidente da Academia, lembrando que a placa e o troféu que ele ganhara por *Prelúdio de uma guerra* na verdade eram, devido aos problemas de escassez durante a guerra, feitos de gesso e explicando que "a Academia substituirá sua réplica por uma estatueta de ouro se você puder trazer a placa à sede da Academia".[6] Ele se sentia ignorado e passou a se empertigar a cada suposta afronta. Um punhado de encontros com pessoas do ramo que ele achou que demoraram um pouco demais para reconhecer seu rosto ou assimilar seu nome o consumia, e ele não conseguia separar o ego ferido das dúvidas a respeito de sua competência. "É assustador voltar a Hollywood depois de quatro anos sem saber se você está enferrujado ou perdeu o jeito", disse.[7]

Seus colegas, inclusive Wyler, não hesitavam em abordar questões sociais em seus novos filmes. Quando Wyler falou sobre o motivo de ter se unido a Capra e Stevens na Liberty, disse que ele e seus sócios haviam "participado na grande experiência de nosso tempo, e [...] acredito que isso

---

* O sino, instalado originalmente na sede do Legislativo do estado da Pensilvânia, se tornou um dos principais símbolos pátrios dos Estados Unidos após a Revolução Americana no século XVIII. (N. T.)

exercerá um efeito saudável em nossa obra. [...] Sei que George Stevens não é mais o mesmo depois de ter visto os corpos de Dachau". Wyler afirmava que a Liberty podia servir de corretivo para uma indústria cujos filmes estavam "distanciados das principais correntes de nossa época" e "não refletiam o mundo em que vivemos". E expressou a esperança de que ele e outros diretores americanos encarassem o desafio posto pelos novos filmes empolgantes que começavam a chegar do Reino Unido e da Europa, a obra de David Lean, Vittorio de Sica, Roberto Rossellini e outros diretores que haviam sobrevivido "à guerra em um sentido muito real e [...] estão mais perto do que está acontecendo no mundo do que nós".[8]

Capra tomou essa ousadia criativa quase como um insulto; desconsiderava qualquer ênfase no que chamava, sarcasticamente, de "filmes de mensagem" ou "filmes de raciocínio". Sem uma guerra para dar rumo a seu posicionamento político sempre disperso, sua ideologia quase populista assumira contornos tão confusos quanto nos anos 1930. Após servir em Washington por quatro anos, ele já não estava inclinado a transformar parlamentares ou representantes do governo em bandidos, mas tinha dificuldade para conceber novos vilões de cinema e não conseguia apreender o ânimo nacional. "Como é que se faz um filme de mensagem de apelo universal?", perguntou. "As pessoas estão desiludidas. As palavras dos governantes não valem muita coisa. Em quem as pessoas vão acreditar?"[9] Em certo instante, ele falava do advento de uma nova liberdade em Hollywood; no seguinte, contradizia Wyler ao defender que o americano típico estava menos disposto que nunca a ir aos cinemas para pensar, para ser desafiado ou para se envolver com o mundo. "As pessoas estão insensíveis após os eventos catastróficos dos últimos dez ou quinze anos", insistiu. "Eu não tentaria abordá-los mentalmente com um filme. [...] Não saberia fazer um filme que iluminasse os problemas maiores de hoje em dia."[10] Além do mais, "nenhum produtor independente é grande o bastante para derrubar" o sistema, e, "mesmo se ele tiver ideais e ideias, precisa abrir mão deles se quiser manter as portas abertas".[11]

Seu primeiro instinto tinha sido recuar para o passado. Para inaugurar a Liberty, ele queria recriar uma comédia de corrida de cavalos intitulada *A vitória será tua*, que fizera para a Columbia em 1934.[12] Foi só porque o estúdio não aceitou lhe vender os direitos que ele se conformou com

"MAIS PERTO DO QUE ESTÁ ACONTECENDO NO MUNDO" 461

A felicidade não se compra. Capra definiu a escolha como uma "concessão", que lhe ocorreu em um momento em que sua raiva e seu medo estavam no ápice. Ele faria um filme "sobre um cara de cidade pequena que se acha um fracassado e preferia nunca ter nascido".[13] Quando propôs *A felicidade não se compra* para Jimmy Stewart, contou a história de um jeito tão fraco que o agente do ator, Lew Wasserman, estava na sala "morrendo" até que Capra enfim soltou: "Essa história não flui muito bem, não é?". Stewart respondeu: "Frank, se você quer fazer um filme sobre eu cometendo suicídio, com um anjo sem asas chamado Clarence, conte comigo".[14]

Ele havia encontrado a base de *A felicidade não se compra* em um conto intitulado "The Greatest Gift" [O maior presente], uma história parecida com *Um conto de Natal* que foi escrita em 1939, vendida para o cinema em 1944 após o autor, Philip van Doren Stern, imprimi-la em formato de livreto de presente, e enfim publicada na revista *Good Housekeeping* no começo de 1945 sob o título "The Man Who Was Never Born" [O homem que nunca nasceu]. Capra via a parábola curta como uma maneira de explorar a ideia de que a fé em uma mão condutora benevolente podia incentivar uma pessoa a encarar a própria vida por uma perspectiva diferente e assim ajudar a combater uma espécie de depressão imersiva que ele chamava de "desincentivo" acerca do valor da pessoa para o mundo. Mas, durante a elaboração do roteiro, ele trabalhou com roteirista atrás de roteirista na tentativa de alcançar a alternância de tons entre o humor e o melodrama que ele sempre achara mais interessante. Clifford Odets ia e vinha; assim como Dalton Trumbo (que transformou o personagem principal do filme, George Bailey, em um político fracassado, uma adaptação que parecia muito próxima de *A mulher faz o homem* e *Meu adorável vagabundo*),[15] Jo Swerling e Marc Connelly, autor de *The Green Pastures*. Por fim, Capra trouxe Frances Goodrich e o marido, Albert Hackett, e lhes disse para descartarem todas as versões anteriores e começarem do zero. Os Hackett, roteiristas experientes, haviam trabalhado voluntariamente para Capra em filmes de propaganda durante a guerra, mas consideraram o período em que estiveram envolvidos com *A felicidade não se compra* o mais infeliz de suas longas carreiras. Após um tempo, o diretor, que eles diziam ser um "homem horrível" e "um babaca arrogante", os demitiu e resolveu reescrever o roteiro sozinho.[16]

A felicidade não se compra foi o único filme de peso pelo qual Capra recebeu crédito como roteirista (junto com Goodrich e Hackett), e a versão final do filme é uma leitura de notável transparência sobre o estado de espírito do diretor na época. Sua convicção de que, após a guerra, o público desejava retrair para a nostalgia e a fantasia é evidente nas ilustrações ao estilo Currier e Ives que abrem o filme. Sua experiência ainda recente como propagandista ressoa vagamente no uso constante e incomum da narração e, apesar de suas objeções, na articulação insistente de uma mensagem. E a inspiração na obra dos homens que haviam escrito seus filmes mais aclamados da década de 1930 é evidente nos elementos que ele copia de seus sucessos anteriores — a veneração devota à vida em uma cidadezinha, a desconfiança em relação a um grupo de amigos e vizinhos que logo pode se transformar em uma turba enfurecida, e a representação da histeria nervosa à qual um homem pode ser levado pelo desespero. Capra se manteve fiel a seu desejo de fazer um filme sobre "a crença do indivíduo em si mesmo", mas o associou à questão que, na época, mais o incomodava — sua intensa necessidade de ser reconhecido por outros. Em uma versão anterior de Connelly, a vida "alternativa" que George e o anjo Clarence visitam inclui um outro George, que está vivo e passa bem, mas não tem o caráter bondoso do George verdadeiro. Na versão que Capra decidiu seguir, George observa o que teria acontecido no mundo se ele nunca tivesse existido e o vê se arruinar rapidamente. Para Capra, que voltava a uma indústria de cuja história se sentia recém-apagado, um conto especulativo sobre os sentimentos de inconsequência de um homem e os temores sombrios de não existência parecia autobiográfico. *A felicidade não se compra* era um projeto movido por medos, desejos e feridas que ele já não podia ocultar.

Era também uma aposta consideravelmente maior do que ele pretendera a princípio. O rol inconstante de roteiristas, os três diretores de fotografia que Capra utilizou e a extensa programação de filmagens levaram os custos às alturas. Em 30 de junho de 1946, a Liberty já havia gastado 2 milhões de dólares em *A felicidade não se compra* — incluindo um salário polpudo de 163 mil dólares para Capra —, e ainda faltavam semanas para o fim da produção.[17] O dispêndio exerceu uma pressão considerável sobre a empresa nova, e sobre os sócios de Capra. No final de 1945, Capra e Sam Briskin haviam fechado um acordo com a RKO pelo qual o estúdio aceitava

"MAIS PERTO DO QUE ESTÁ ACONTECENDO NO MUNDO" 463

distribuir os nove primeiros filmes da Liberty — três de cada diretor — ao longo dos seis anos seguintes. A empresa fora estruturada de modo que, conforme Wyler explicou, "a maioria determina ideias de histórias e orçamentos. Depois disso, cada um de nós é autônomo. Todos teremos a vantagem de receber conselhos dos outros ao longo de toda a produção e montagem dos filmes. Mas o encarregado não será obrigado a aceitar o conselho. O filme vai ser dele". Wyler e Stevens não sentiam nenhuma afinidade especial pelo projeto que Capra havia escolhido, mas o apoiavam, mesmo quando precisavam respirar fundo. "Meu Deus, nunca assinei tantos cheques na vida!", reclamou Stevens conforme a produção de Capra ficava cada vez mais elaborada. "Eu estava descobrindo, sabe, por que Harry Cohn é Harry Cohn, porque eu odeio ver tanto dinheiro [...] ele está incluindo cenas de neve! Por que raios não podia ser primavera?"[18]

Wyler mantinha um pouco mais de distância de *A felicidade não se compra*. No começo de 1946, ele se encontrava totalmente imerso no que viria a ser o filme mais pessoal de toda a sua carreira. Enquanto o roteiro de *Os melhores anos de nossas vidas* seguia tomando forma, ele e Sherwood chegaram a uma decisão importante: o personagem de Homer não sofreria mais de espasticidade. Goldwyn havia reservado o papel para o jovem e promissor Farley Granger,[19] mas Wyler acreditava que as contorções faciais, a fala comprometida e os movimentos descontrolados necessários para o papel eram impossíveis de interpretar e, talvez, dirigir. Ele pediu para que Sherwood reescrevesse o personagem como um rapaz que havia perdido os braços na guerra — e decidiu que arrumariam um ator amputado de verdade para interpretá-lo. O produtor, inseguro, tinha certeza de que seria impossível preencher o papel; era notório que certa vez Goldwyn dissera a Wyler que "não dá para colocar um judeu para interpretar um judeu, não funcionaria na tela",[20] e ele insistiu para que o diretor e Sherwood parassem de procurar e desistissem da ideia de incluir um personagem deficiente ou de usar um ator com deficiência. E quando Wyler começou a visitar hospitais para veteranos, os pacientes com quem conversou eram igualmente céticos. "Então você vai fazer um filme sobre gente como nós", debochou um soldado. "Vai ganhar muito dinheiro."[21]

Wyler enfim encontrou seu Homer não em um hospital, mas em um filme. Uma das últimas produções do Serviço Pictórico do Exército durante a guerra era um curta de 22 minutos intitulado *Diary of a Sergeant* [Diário de um sargento], um documentário sobre um soldado de trinta anos de Cambridge, Massachusetts, chamado Harold Russell, que perdeu as mãos em um acidente de treinamento em 6 de junho de 1944. "Fui [ferido] no Dia D, sim, mas foi na Carolina do Norte, quando duzentos gramas de TNT explodiram antes da hora", disse ele. "Eu não tinha nenhum escalpe alemão pendurado no cinto, não tinha um Coração Púrpura. Eu não tinha sequer uma fita de serviço no exterior. E não tinha mãos."[22] *Diary of a Sergeant* começa com uma reencenação do momento em que Russell é levado para a sala de cirurgia, e então recria os dois meses de reabilitação subsequentes, durante os quais ele foi treinado no uso dos ganchos protéticos que substituíram seus antebraços, até que depois recebeu alta. O filme fora feito com a intenção de destacar a qualidade do tratamento oferecido aos veteranos feridos, bem como a pensão e o auxílio-educação que eles recebiam após a dispensa. Russell nunca foi identificado pelo nome, e, provavelmente porque seu sotaque da Nova Inglaterra era marcado e forte demais a ponto de não parecer americano o bastante para os propagandistas do Exército, tampouco se ouve sua voz no filme; a narração em primeira pessoa foi feita com a voz grave do ator Alfred Drake. Mas a postura gentil e a recriação sutil de seu próprio nervosismo em uma cena em que ele se prepara para sair em um encontro convenceram Wyler a trazer o jovem de Cambridge, onde estudava na Universidade de Boston e trabalhava em uma filial da Associação Cristã de Moços, para Los Angeles. Durante o almoço no Brown Derby, Wyler disse a Russell que o papel era dele.

Não seria fácil. Russell não tinha experiência alguma com atuação, e Wyler, que sempre preferira astros sagazes e teimosos como Bette Davis, com quem podia usar uma linguagem abrupta e impaciente, disse com franqueza que era "difícil" e "árduo" extrair um desempenho dele. "Eu não tentei ensiná-lo a atuar", explicou. "Tratei de guiar o pensamento dele, mais do que suas ações, porque calculei que, se o raciocínio estivesse no sentido certo, ele não teria como fazer nada errado.[23] [...]" "Era mais trabalhoso. [...] Eu precisava lidar com ele de um jeito um pouco melhor do que com atores profissionais [...] mas esse rapaz tinha uma vantagem: ele en-

"MAIS PERTO DO QUE ESTÁ ACONTECENDO NO MUNDO"

tendia o personagem porque tinha passado pela mesma coisa. Eu não precisei explicar qual era a sensação de perder as mãos."[24]

Pela primeira vez em sua carreira, Wyler ficou obcecado com o realismo, avaliando cada decisão criativa que fazia em *Os melhores anos de nossas vidas* não apenas em termos de efeito narrativo, mas também tendo em vista a precisão e a veracidade. Ele continuava constrangido pela compreensão tardia de que errara em alguns detalhes em *Rosa de esperança* e, conforme se preparava para filmar a nova produção, imaginava um público composto de milhões de veteranos e tentava ver qualquer possível evasão ou falsidade hollywoodiana pelos olhos deles. Dois anos antes, *Desde que partiste*, filme de sucesso de Selznick, tentara dramatizar a separação prolongada entre maridos e esposas e a perspectiva incômoda de retorno à vida civil para o que um personagem cínico chamou de "todos aqueles pais de quarenta anos irresponsáveis correndo para entrar num uniforme". Mas na época a guerra ainda estava acontecendo, e Selznick evitara qualquer realidade infeliz, transformando o filme em um tributo ao que ele chamou de "aquela fortaleza inconquistável, o lar americano". Seu filme era cheio do tipo exato de clichês e respostas fáceis que Wyler estava determinado a evitar. "Precisávamos ser honestos em [...] três histórias", disse. "Não podíamos indicar nenhuma solução a algum problema que só funcionasse para um personagem de cinema." Ele e Sherwood tiveram a perspicácia de conceber seus três protagonistas de modo a atrair a maior variedade possível de militares. Al era um sargento de carreira do Exército, Fred era oficial da Força Aérea e Homer era marinheiro; Al era bem de vida, Homer era de classe média e Fred vinha de família pobre. Mas, em toda essa gama, Wyler acreditava que tudo precisava corresponder à sua própria experiência ou à vida dos homens que ele conhecera na Força.

Wyler não fazia um filme sobre a vida americana contemporânea desde *Beco sem saída*, havia uma década, e seu desejo por verossimilhança se estendia até à aparência dos sets — ele disse ao diretor de arte que não queria que os personagens morassem em casas de pé-direito alto lindamente mobiliadas que costumavam ser o padrão em filmes de estúdio. Rompeu também com a tradição no que dizia respeito a figurino: antes de a produção começar, ele deu a Myrna Loy e Teresa Wright, que fariam o papel da esposa e da filha de Al, um estipêndio modesto e lhes disse para irem a uma loja de departamento próxima dali e comprarem o guarda-roupa de suas personagens com peças prontas, uma decisão inusitada numa era em que, quase sempre, as atrizes principais tinham toda uma série de vestidos feitos sob medida.[25] Loy e Wright não hesitaram, nem piscaram, quando Wyler explicou que, como queria que elas parecessem comuns, haveria uma quantidade muito menor de maquiagem e pó de arroz do que em outros filmes.

Ao contrário de Ford, Wyler não tentou encher o elenco e a equipe de seu primeiro filme pós-guerra com veteranos genuínos. Mas disse a Dana Andrews, que interpretaria Fred, e Fredric March, que faria Al, que eles precisavam se assemelhar aos personagens. March, em particular, estava com quase cinquenta anos e havia adquirido uma corpulência característica de uma meia-idade próspera e bem-nutrida, e Wyler o chamou para uma conversa delicada antes do início das filmagens. "É muito importante que sua silhueta sugira uma dieta à base de rações K, em vez do clube '21'", advertiu o diretor. "Você precisa fazer todos os esforços para ficar o mais esbelto e esguio possível. [...] Eu sei que não é fácil para gente da nossa idade. Ganhei dez quilos desde que voltei. [...] Mas toda a ideia em torno deste filme vai ser pelo lado do realismo. [...] Eu detestaria que algo como uma típica 'pancinha' estragasse a ilusão."[26]

Wyler era igualmente firme consigo mesmo. "Sempre tentei dirigir meus filmes seguindo meus sentimentos", escreveu ele em um ensaio sobre a produção de *Os melhores anos*. "Tentei dirigi-los 'à mão', e tem sido difícil." Conforme se aproximava o início da produção, ele se esforçava para ser fiel tanto a seus próprios instintos acerca da veracidade psicológica e pictórica quanto a uma declaração do Comitê dos Veteranos de que "o veterano não pode ser isolado do conjunto principal da nação, pois seus problemas também eram problemas nacionais".[27] Wyler pretendia que *Os melhores anos* fosse ao mesmo tempo um drama pessoal e precisamente o tipo de "filme de mensagem" que Capra considerava de mau gosto; mesmo a cena mais corriqueira entre marido e mulher precisaria aspirar a uma reconhecibilidade que ele acreditava que outros filmes haviam evitado por tempo demais. Então, não se surpreendeu quando, assim que Joseph Breen viu o roteiro, o gabinete do Código de Produção anunciou sua inquietação. Em março, Wyler recebeu uma lista de solicitações de mudanças que

"MAIS PERTO DO QUE ESTÁ ACONTECENDO NO MUNDO" 467

chegava a oito páginas com espaço simples. Em uma delas, Breen insistia que Al e a esposa deveriam dormir em camas separadas, que momentos em que se apresentavam "as intimidades sagradas da vida matrimonial" precisariam ser atenuados e que uma cena cômica em que um filhote de cachorro urina no chão de entusiasmo era um canal inaceitável para o aumento da vulgaridade ("A gente aprova coisas desse tipo", disse Breen, "e de repente vemos uma cena em que um rapaz elegante em Paris aparece diante de um mictório, se aliviando à vontade com um sorriso no rosto.").[28]

Acima de tudo, Breen se incomodou com a cena que derivara da circunstância em que o próprio Wyler perdera a cabeça diante do porteiro antissemita, quando Fred dá um soco após ouvir um homem no balcão da farmácia reclamar que o governo Roosevelt havia ludibriado o povo americano para angariar apoio para a guerra. A cena, escrita por Sherwood, era uma condenação severa dirigida aos últimos vestígios de isolacionismo americano. "Os japas e os alemães não tinham nada contra a gente", insistia o homem no balcão. "Eles só queriam lutar contra os ingleses e os vermelhos — e teriam acabado com eles, se a gente não tivesse sido enrolado por um bando de radicais e amigos de judeus em Washington." Breen, cujo antissemitismo não era nenhum grande segredo no mundo do cinema, insistiu para que as palavras "amigos de judeus" fossem cortadas. Wyler sabia que precisava aquiescer, mas, antes da estreia do filme, ele se tornou o diretor mais proeminente de Hollywood a atacar Breen publicamente, dizendo ao *New York Times* que sua experiência com as restrições do Código de Produção em *Os melhores anos* "me convenceram de que aquelas pessoas não têm discernimento de fato".

Dias antes do começo das filmagens em abril, Wyler recebera um bilhete de reconciliação simpático e inesperado de Bette Davis, com quem nunca mais falara desde a briga após *Pérfida*, cinco anos antes. "A guerra entre nós precisa acabar", escreveu Davis. "Foi há tanto tempo, e tanta coisa aconteceu desde então. Parece meio que irrelevante, e a única coisa que importa é que devemos ser amigos. Devemos trabalhar juntos de novo. [...] Para mim, sempre será a única direção certa — a sua."[29] O voto de confiança chegou na hora certa. Ele e Capra começaram suas filmagens ao mesmo tempo, e Wyler estava muito tenso; havia um clima genuíno de competição sob a superfície de telegramas debochados que eles trocavam, quando Wyler escrevia para Capra "Último a entrar é a mulher do padre" e Capra respondia "Meu primeiro dia foi fácil, mas você sabia que hoje já se usa som?".

Wyler ainda não tinha certeza sequer de que seria capaz de dirigir; continuava quase completamente surdo e não sabia se conseguiria ouvir os atores ou captar as sutilezas que distinguiam cada tomada da anterior. Em uma rara demonstração de raiva, perdeu a cabeça com Russell quando o novato ansioso confessou que, para se preparar para o papel, começara a fazer aulas de atuação em segredo. "Eu não contratei um ator!", disse Wyler. "Contratei um cara para interpretar um papel." Ele também precisava lidar com o alcoolismo de Dana Andrews — certa manhã, ao perceber que o ator estava de ressaca, o diretor puniu-o obrigando-o a fazer 25 tomadas de uma cena em que ele batia a cabeça na beirada da porta de um táxi.[30] E já no começo ficou claro que a insegurança e a vaidade de Fredric March também podiam gerar problemas: "Quando eu estiver dizendo minhas falas, abaixe esses ganchos malditos!", gritou o ator mais velho para Russell durante a filmagem de uma cena de camaradagem em um bar. "Não levante essa garrafa. Quero que as pessoas escutem o que estou falando, e não que vejam você beber cerveja."[31]

Para complicar ainda mais, Sherwood, que havia lutado contra sua própria insegurança em todas as etapas do processo de escrita, fugira para Nova York antes de as câmeras começarem a rodar. Em 9 de abril, apenas seis dias antes do primeiro dia de filmagem, ele disse a Wyler que a versão final de 220 páginas do roteiro que entregara estava longe de estar pronta e que o projeto precisaria ser adiado.[32] O diretor exausto, cujo terceiro filho, um menino chamado William Jr., nascera uma semana antes, não tinha naquele momento tempo nem paciência para acalmar o colaborador, então Sherwood se escondeu na Costa Leste, sem disposição de ir à Califórnia e ver a produção de um filme que ele de repente decidira que não queria que existisse.

Goldwyn reagiu à ausência do roteirista aparecendo no set com vontade de se intrometer e insistindo para que Wyler considerasse o roteiro concluído e inviolável. "Quando eu venho para o set, já estudei a cena e tenho uma noção vaga de como quero fazê-la", disse Wyler. "Mas ainda não a tracei exatamente. [...] Antes de me decidir definitivamente, preciso

"MAIS PERTO DO QUE ESTÁ ACONTECENDO NO MUNDO" 469

ver os atores em ação."[33] Goldwyn não queria nem saber. "Estou lhe escrevendo a fim de evitar qualquer engano ou problema de compreensão", advertiu o produtor no que seria a última colaboração entre ele e Wyler. "Antes de você começar as filmagens [...] eu disse que não podia haver nenhuma mudança no roteiro sem que antes a discutíssemos [...] nem mesmo diálogos que talvez estivessem em alguma versão anterior. [...] Não quero que algo que Bob Sherwood descartou em algum momento seja resgatado e usado neste filme sem antes avaliarmos e conversarmos cuidadosamente."[34]

Wyler queria muito que Sherwood voltasse a Los Angeles e assistisse pelo menos ao copião, em parte porque achava que o material que estava filmando era bom e poderia aplacar suficientemente o roteirista nervoso para conseguir dele algumas últimas revisões essenciais. Uma cena crucial ainda não fora escrita — nem Sherwood nem Wyler haviam descoberto como montar o momento que serviria de conclusão emocional à trama de Fred, na qual o ex-piloto desanimado, perambulando por uma pista de voo cheia de aviões de combate agora inúteis, sofre um colapso emocional em meio a lembranças do trauma de combates aéreos. Era um momento caro a Wyler, que ele quisera dramatizar desde o período que passara no *Memphis Belle*, e a solução de uma espécie de suspense — a grande perturbação de Fred, uma questão que a essa altura do filme viria consumindo o público por mais de duas horas. "Quero fazer uma última tentativa de lhe vender a ideia de vir aqui por alguns dias", escreveu a Sherwood. "Claro, farei tudo que puder com a cena no B-17, mas, para ser franco, estou terrivelmente preocupado com a chance de que a última parte do filme seja decepcionante. Um terceiro ato é para um filme o mesmo que para uma peça de teatro. Sinto muito se pareço um pouco desesperado", concluiu, "mas talvez não saibamos perfeitamente quais são suas ideias, e você sabe que telegramas e telefones não substituem uma conversa de verdade."[35]

O colaborador mais essencial e confiável de Wyler durante a produção de *Os melhores anos de nossas vidas* acabou sendo o diretor de fotografia. Pela quinta vez ele trabalhava com Gregg Toland, que já havia recebido baixa do serviço militar e entendia o estilo simples e discreto que Wyler queria usar para contar aquela história. Foi Toland quem ajudou Wyler a bolar um aparelho auditivo improvisado que lhe permitiu fazer o filme; o diretor descobriu que, se ficasse sentado debaixo da câmera com um head-phone grande ligado a um amplificador, poderia ouvir o suficiente para avaliar o desempenho dos atores. Conforme começavam a primeira parce-ria profissional desde *Pérfida*, Wyler viu-se grato pela disposição declarada de Toland de "sacrificar a fotografia sempre que necessário se o resultado será uma cena melhor". E, quando Toland viu Wyler trabalhar, sentiu que presenciava no diretor um novo patamar de criatividade e integridade. "Ele costumava exagerar com os movimentos de câmera", disse Toland, "mas acho que voltou [da guerra] com uma perspectiva melhor quanto ao que não era importante. [...] Acho que a fotografia de *Os melhores anos* foi boa porque ela ajudou a contar a história. Não era de tirar o fôlego. Teria sido errado apelar nos efeitos. Queríamos uma simples reprodução de cenas sem firulas. [...] Se eu tivesse que classificar o estilo de fotografia do filme, diria que foi 'honesto'."[36]

Toland criou esse estilo mediante o uso constante de foco profundo, que ele ajudou a popularizar no mundo da produção cinematográfica du-rante as filmagens de *Cidadão Kane*; a técnica permitia que os espectadores pudessem ver diferentes expressões, gestos e estados de espírito em planos distintos de um único enquadramento. Toland incentivou Wyler a filmar tomadas contínuas que às vezes duravam mais de dois minutos, e a evitar movimentos de câmera gratuitos e alternâncias curtas. E embora Wyler ainda se entregasse ao costume de fazer vinte ou trinta tomadas de uma cena, às vezes ele chegava a permitir que o elenco interpretasse a sequência inteira sem interrupções. "Filmei a maioria das cenas direto, do começo ao fim", disse ele, "e, ao deixar que a câmera se virasse junto com os atores, ela captou suas ações e reações. Desse jeito, os participantes fizeram a própria alternância." Wyler também restringiu closes ao máximo, usando-os ape-nas quando queria "passar uma ideia ao excluir todo o restante do campo de visão do público".[37]

Conforme a produção avançava, ele ficava mais confiante. Quando chegava ao set a cada dia, dizia: "Eu conhecia aqueles [personagens], tinha vivenciado muitas de suas experiências. [...] Não foi difícil imaginar o que eles fariam em determinada situação porque no meu íntimo eu já sabia".[38] Essa confiança o ajudou a ser mais paciente com os atores, que se esforça-vam para satisfazer seu perfeccionismo e admiravam sua insistência de que

"MAIS PERTO DO QUE ESTÁ ACONTECENDO NO MUNDO" 471

"qualquer que fosse o trabalho extra necessário para fazer com que uma cena ficasse boa, ou melhor, valia a pena. Muitas vezes, mais para o fim do dia, quando as pessoas queriam ir para casa e ver a esposa e os filhos, eu percebia um ressentimento. [...] Eu sabia que não estava agradando muita gente. [...] Mas também sabia que, se continuasse trabalhando em uma cena, ela ficaria melhor".[39]

Ele cobrava do elenco, mas raramente era brusco. Quando pedia diversas tomadas, Loy passou a sentir que era porque ele "suspeita que alguma coisa nova maravilhosa vai acontecer". Wyler obrigou Russell a refazer uma cena infinitas vezes, no começo do filme, na qual ele olha pela janela de um avião de transporte que leva os três de volta para sua cidade natal. O diretor o viu ficar pouco à vontade e com a atuação forçada lá pela tomada dez, e então começar a melhorar nas tomadas treze e catorze, para enfim permitir que seu rosto exibisse um conjunto crível e natural de emoções confusas na tomada vinte. "Eu odiava aquilo — todo mundo gostava muito dele, e atuação não era seu forte", disse Wyler. Mas, acrescentou, "acho que tem muita coisa naquela cena. [...] Com frequência, um movimento sutil ou a forma como se diz uma palavra é que definem se o público vai chorar".[40]

Quase um ano havia transcorrido desde o fim da guerra, mas, quando Wyler estava rodando o filme, suas próprias emoções sobre o período que passara fora e sobre a volta para casa permaneciam recentes, ao mesmo tempo que ele as inseria na vida dos personagens. Ele contou a Toland sobre a ocasião em que havia ido a Nova York de folga e pela primeira vez vira de relance Talli ao longe, no fim de um corredor comprido no Plaza Hotel, e Toland transformou esse momento em uma das cenas mais famosas do filme, em que Al entra em casa pela primeira vez em anos e vê Milly no fundo do apartamento, saindo da cozinha. Ele pegou o medo de que a perda auditiva destruísse seu casamento e a traduziu na passagem intensamente íntima em que Homer, certo de que a jovem noiva fugirá, a chama para seu quarto a fim de vê-lo tirar os ganchos e arreios e vestir o pijama para dormir. "É nesta hora que eu sei que estou indefeso", diz ele à moça quando lhe mostra os cotocos dos braços, uma cena tão absolutamente inédita que Wyler receou que o Código de Produção tentasse impedir a estreia do filme. Ciente de que muitos de seus colegas haviam sofrido com alcoolismo e problemas emocionais durante o serviço militar e depois de voltarem para casa, ele fez Homer exibir surtos súbitos de raiva, e Al e Fred tentarem se anestesiar bebendo demais. Mesmo o orgulho ferido que ele e outros diretores haviam sentido ao retornarem a uma Hollywood que prosperara sem eles serviu de alimento para o filme, em uma cena em que Fred é rejeitado de forma grosseira pela farmácia onde trabalhava antes e precisa aceitar um rebaixamento de cargo e um salário menor, um trecho que critica diretamente as empresas americanas sólidas pela indiferença com que tratavam os veteranos. E Wyler estava perfeitamente atento ao ânimo nacional quando tratou de capturar algo que sentia desde que perdera a audição e voltara para casa — uma sensação de desorientação em relação à velocidade com que o mundo havia mudado. "No ano passado, era para matar japas, e neste, é para ganhar dinheiro", diz Al. "Por que eles não dão um tempo para o camarada se adaptar?"

Faltando apenas poucas semanas para acabarem as filmagens, ainda não havia solução para a última cena de Fred. No final de *Os melhores anos de nossas vidas*, Wyler queria que seus protagonistas tivessem superado suas dificuldades com sucesso o bastante para que pudessem seguir em frente no pós-guerra. Al voltaria a seu emprego no banco, mas descontaria sua frustração pela forma como os militares recém-chegados eram tratados em um cargo novo no qual poderia conceder empréstimos para pequenas empresas dos veteranos. Homer contaria com o apoio dos pais e da namorada compreensiva, e a cerimônia de casamento seria a cena de alegria e reconciliação do final do filme. Mas a história de Fred continuava problemática. Seu casamento se desintegrara; seus pais não se importavam; ele fora um herói bem-sucedido na Força Aérea, mas em casa não tinha rumo nem qualquer perspectiva profissional. A história que Wyler e Sherwood queriam contar em *Os melhores anos de nossas vidas* não era sobre o fim da guerra, mas sobre o fim de suas consequências imediatas — o momento em que, às vezes com resignação, às vezes com esperança renovada, e muitas vezes com incerteza, os homens da Segunda Guerra Mundial começavam a viver em um mundo que não se definia mais pelo serviço militar. Eles precisariam escrever o próprio futuro.

E Wyler precisaria escrever o de Fred. Embora contasse com o apoio de Sherwood, o dramaturgo disse que não conseguiria terminar a cena em

"MAIS PERTO DO QUE ESTÁ ACONTECENDO NO MUNDO"

que Fred encontra um bombardeiro B-17 e começa a se livrar da lembrança que o atormenta sobre os anos na guerra, até se dar conta de que precisará começar do zero e construir uma vida nova. "Eu sei exatamente o que queremos dizer", explicou a Wyler, "mas isso não pode ser dito com palavras — tem que ser dito com a câmera, e isso é da sua alçada". Sherwood tivera a ideia de colocar Fred em meio a inúmeros aviões abandonados e destinados a virar sucata, o que para Wyler era "uma manifestação externa dos sentimentos [de Fred] a respeito de si mesmo". Mas, para além disso, Wyler precisava descobrir um jeito de demonstrar que, "para vencer suas batalhas como civil, era necessário investir a mesma coragem e força de caráter que ele e outros 12 milhões de pessoas tinham investido para vencer a guerra".[41]

Wyler pensou em sua própria experiência no ar, sobrevoando a Alemanha no *Memphis Belle*, e também em sua experiência nos estúdios de Hollywood, recriando o zumbido do rádio no avião e o rugido dos motores para seu documentário; pensou também nas imagens aéreas que filmou na Itália, o último momento em sua vida em que pôde ouvir. O que ele obteve não foram imagens, mas sons. Ele nunca escreveu a cena do clímax que acabou rodando; em vez disso, foi com Toland, Andrews e a equipe até uma pista de voo que haviam alugado em Ontario, na Califórnia, e começaram a filmar. Wyler pediu para Andrews perambular pelo que parecia um cemitério sobrenatural de aviões cujos motores haviam sido removidos e montar na cabine de um dos bombardeiros. Ele queria que Fred "se perdesse no sonho, ou na alucinação".[42] Toland filmou enquanto Fred, suando e com um aspecto péssimo, se sentava no avião e se mexia como se lançasse bombas. A câmera ficava cada vez mais intensa, avançando na direção de Andrews até chegar ao acrílico arranhado e sujo do para-brisa, e então passando por baixo do avião desativado como se tentasse capturá-lo em voo, e então voltando a se aproximar do ator por trás enquanto ele se agachava no nariz do B-17. Mas foi só depois do fim das filmagens que Wyler "escreveu" o restante da cena. Na sala de edição, ele preencheu a trilha sonora primeiro com uma melodia urgente e quase ameaçadora, e então com o murmúrio de um único motor de avião dando partida — um ruído que George Bailey, em uma cena do roteiro de *A felicidade não se compra*, de Capra, descreve como "um dos sons mais empolgantes do mundo". Wyler acrescentou outro motor, e mais um, criando um rugido assustador e vibrante de aviões se preparando para suas missões de bombardeio, e elevando o crescendo que era não apenas enlouquecedor, mas deliberadamente ensurdecedor.

E então ele desligou tudo. Para Wyler, a empolgação, a adrenalina e os traumas físicos e emocionais dos anos de guerra terminariam com uma conversa breve entre Fred, em pânico, e um mecânico tranquilo do aeroporto que o aborda e lhe diz para sair do avião.

"Revivendo lembranças antigas?", pergunta ele.

"Talvez me livrando de algumas delas", responde Fred.

Foi por um acaso de programação que, no final de 1946, as visões diametralmente opostas de Capra e Wyler para o que um filme hollywoodiano no pós-guerra devia ser acabaram em concorrência direta pelo público, pela crítica e pelos prêmios. *Os melhores anos de nossas vidas* estava com o lançamento agendado inicialmente para meados de 1947; a primeira versão de Wyler para o filme tinha 172 minutos, e Goldwyn receava que o público não ficaria sentado até o fim. Após uma exibição-teste extremamente bem-sucedida em Long Beach,[43] Wyler o convenceu a estrear o filme antes de 31 de dezembro para que ele pudesse disputar o Oscar daquele ano. Goldwyn agendou sessões exclusivas com ingressos vendidos com antecedência em Nova York no Dia de Ação de Graças e começou a vender o filme como uma história "com algo importante a dizer [...] que reflete essa época perturbadora em que vivemos".[44]

Goldwyn achou que não precisaria disputar espaço com ninguém; a RKO sempre pretendera lançar *A felicidade não se compra* em janeiro, logo após o prazo-limite para o Oscar. Mas, quando um de seus filmes natalinos importantes atrasou, o estúdio decidiu lançar o filme de Capra em dezembro. Os espectadores se encontraram diante de uma decisão clara e incomum: o novo realismo de Wyler ou a emotividade tradicional de Capra; uma visão de mundo em que a guerra enfim poderia ser deixada para trás ou um mundo de fantasia em que a guerra talvez não tenha passado de um pesadelo horrível. Mais do que nunca até então, os dois diretores haviam lançado suas próprias vidas na tela.

"MAIS PERTO DO QUE ESTÁ ACONTECENDO NO MUNDO"

Para a crítica, não era uma grande disputa. *Os melhores anos de nossas vidas* foi aclamado com fervor e unanimidade, e muitos declararam a chegada de um nível de maturidade e seriedade na obra de Wyler que, acreditavam, prenunciava exatamente a nova era que Capra prometera para o cinema americano. "William Wyler sempre me pareceu um diretor extremamente sincero e bom; ele agora parece ser um dos poucos grandes", escreveu James Agee. "Ele voltou da guerra com um estilo de grande pureza, objetividade e afetuosidade, mais livre de maneirismos, afobação, movimentos supérfluos e exageros estéticos ou emocionais do que qualquer um que eu conheça."[45] O *New York Times* disse que era o melhor filme do ano, "não apenas [...] como excelente entretenimento, mas [...] como convite a um pensamento discreto e humano" que "captura o drama dos veteranos que voltam para casa [...] de tal forma que nenhum outro filme, peça ou romance de que temos notícia até hoje jamais conseguiu".[46] Os elogios encontravam eco em parlamentares e generais, em colunas de opinião e em outros cineastas — Billy Wilder, o vencedor do Oscar de Melhor Diretor do ano anterior, disse que era "o filme mais bem-dirigido que eu já vi na vida".[47]

A felicidade não se compra teve uma recepção mais contida. Enquanto alguns críticos ficaram maravilhados e comovidos — o *Hollywood Reporter* o chamou de "o maior de todos os filmes de Capra, e, ao dizer isso, deve-se deixar claro que se trata de um dos melhores filmes deste ou de qualquer outro ano"[48] —, outros não se abalaram. A *New Republic* reclamou do "tom histérico" de sua "moralização",[49] o *New York Times* chamou o filme de singular e sentimental,[50] a *Variety* observou que, apesar da "velha habilidade", Capra não "dera o salto adiante em técnica cinematográfica" que muitos de seus colegas haviam dado.[51]

Quando foram anunciadas as indicações ao Oscar, os dois filmes estavam concorrendo: *Os melhores anos de nossas vidas* disputava oito estatuetas, e *A felicidade não se compra*, cinco. Mas havia pouco suspense quanto ao resultado. Em uma cerimônia no Shrine Auditorium em 13 de março de 1947, o filme de Wyler foi o grande vencedor, superando Capra em Melhor Filme, Diretor e Ator. O roteiro de Robert Sherwood também ganhou, e Russell levou para casa o prêmio de Melhor Ator Coadjuvante, bem como um Oscar honorário.

A felicidade não se compra saiu de mãos abanando, uma decepção que só foi ressaltada pelo veredicto rápido e nítido do público. Conforme *Os melhores anos* seguia em exibição por todo o país, os cinemas estavam lotados; o filme se tornou obrigatório e proporcionou um novo destaque nacional às obrigações dos Estados Unidos para com os homens que haviam servido na Segunda Guerra. Quando saiu de cartaz, já era o segundo maior faturamento da história. Mas o público do pós-guerra não teve muita simpatia por *A felicidade não se compra*. "Frank, estou preocupado", disse Briskin, sócio de Capra, em um telegrama. "Que azar se a moleza acabar agora."[52]

O fracasso de bilheteria do filme se mostrou fatal para a Liberty Films. Capra estourara em quase 50% o orçamento de 2 milhões de dólares e apostara uma parcela excessiva do capital da empresa incipiente no sucesso de *A felicidade não se compra*. Na noite do Oscar, ele, Stevens e Wyler já encontravam dificuldade para refinanciar a empresa, aceitando reduzir em dois terços seus salários semanais e se comprometendo a fazer, cada um, cinco filmes para a Liberty, em vez de três. A estratégia não deu certo; em um ano, Capra cederia e venderia a Liberty para a Paramount Pictures, com quem os três diretores a partir de então estariam vinculados no tipo de contrato de longo prazo que esperaram nunca mais ter de assinar.[53] A Liberty, disse Capra, acabou sendo "a forma mais cavalheiresca de se falir, e a mais rápida, jamais concebida".[54]

Capra ficou arrasado pelo colapso da Liberty e, com ela, de um sonho de independência que ele nutria desde antes da guerra. Mas Stevens, que ainda não estava pronto para fazer um filme, ficou feliz de não estar mais submetido ao que vinha se tornando uma pressão financeira considerável, e a decepção de Wyler era só ligeira. "Era uma boa ideia", disse. "Não deu certo." Wyler passou pouco tempo de luto; na verdade, pela primeira vez em muitos anos, ele olhava para o futuro. Com o sucesso de *Os melhores anos de nossas vidas*, sua guerra, e seu retorno, haviam acabado. Ele nunca reclamou sobre o que os anos de combate lhe custaram; falava apenas de como se sentia enriquecido. Wyler fora à guerra como um perfeccionista técnico respeitado, e voltara interessado apenas em fazer filmes que refletissem sua compreensão mais profunda dos desejos e da vulnerabilidade humana. "Esse é o tipo de filme que eu jamais teria conseguido fazer com convicção se não tivesse ido à guerra", afirmou, pouco antes da estreia. Ele foi honesto ao dizer o quanto a produção havia sido difícil, mas explicou com grande entusiasmo uma crença que manteria pelo restante de sua carreira — a de que, sem esforços sérios, não havia sentido no cinema.

"Se a pessoa não se empolga com um filme, então ele não deveria ser feito. Se a pessoa não sente aquele algo a mais, o milagre nunca acontece", disse.[55] "O problema de Hollywood é que tem muita gente confortável demais no topo, que não dá a mínima para o que acontece na tela, desde que o filme se sustente na bilheteria. Como esperar que pessoas com esse tipo de pensamento façam os filmes que o mundo vai querer ver?"[56]

Epílogo

rank Capra nunca se perdoou pela decisão de vender a Liberty Films e acreditava que jamais se recuperaria. "Fiquei com medo", disse, "e acho que isso provavelmente afetou para sempre minha produção. Quando sua ousadia acaba [...] você não vai mais fazer filmes decentes. Quer dizer, eu não conseguia. Quando me vendi por dinheiro [...] acho que minha consciência me disse que para mim já era.[1] Só precisávamos segurar as pontas, aceitar muito menos dinheiro e fazer apenas filmes de qualidade. Era o que meus sócios queriam, e o que devíamos ter feito. [...] Como o apóstolo covarde liderando a cruzada, desisti da minha própria ideia, depois de perder meu brio e minha coragem.[2] Foi o começo do meu fim como força social no cinema."[3]

A recepção ruim de *A felicidade não se compra* abalou Capra profundamente. Para ele, a indiferença do público em relação a seu filme parecia provar que, durante os anos da guerra, ele perdera seu maior talento, a capacidade de prever o que o americano típico gostaria de ver e dar isso a ele. Capra dera quatro anos de sua vida a serviço do país, mas não participara da mesma luta que seus colegas. Eles haviam ido à guerra; ele fora a Washington. Eles haviam buscado a verdade com suas câmeras, embora às vezes não conseguissem transmiti-la; a tarefa de Capra fora embrulhá-la e vendê-la. A diferença entre os deveres não parecera importante no período que ele passou na capital, quando, apesar de tanto reclamar, adorava estar no comando. Toda decisão fora de grande risco, e todo filme de propaganda parecera um ato decisivo de patriotismo. Mas, após a guerra, Capra estava perdido. Por mais alienado, inseguro e confuso que Wyler estivesse ao voltar para casa, seu instinto de seguir o próprio rumo o ajudou a redescobrir seu lugar nos novos Estados Unidos. Capra não conseguiu encontrar esse lugar; ele mal saíra do país, mas já não o reconhecia.

Stevens, Huston e Ford seguiram caminhos próprios e pareceram não se preocupar se o público os acompanharia. Suas experiências durante a guerra haviam fortalecido sua determinação de não permitir que nada comprometesse seu trabalho, nem mesmo o gosto do público. Assim como Wyler, ao longo dos anos seguintes eles infundiriam em seus filmes suas próprias personalidades — Huston extravasou seu cinismo sardônico em *O tesouro de Sierra Madre*, Stevens sondou os recônditos mais terríveis da natureza humana e da ambição pessoal em *Um lugar ao sol*, e Ford, sempre iconoclasta, decidiu fugir ao prestígio de filmes como *Vinhas da ira* e se entregou ao gênero degradado que ele mais adorava, formando sua própria visão sobre o país por meio dos faroestes majestosos, elegíacos e moralmente complexos que, embora não fossem lhe render nenhum prêmio, acabariam por estabelecer seu legado mais duradouro. Se Capra não conseguia acompanhá-los — se não conseguia sequer dar um jeito de seguir o próprio coração —, em parte isso se devia ao fato de que, ao contrário dos colegas, ele nunca imaginara que a guerra o mudaria, ou ao mundo. Sempre supusera que seria uma interrupção — um intervalo longo e pavoroso, após o qual tudo voltaria à normalidade que, na verdade, ele percebeu que havia desaparecido.

O realismo social que o público buscava após a Segunda Guerra — os dramas sobre alcoolismo, doenças mentais, antissemitismo e racismo que lançariam uma nova geração de diretores como Billy Wilder e Elia Kazan à dianteira da cinematografia de Hollywood — não era um caminho viável para Capra nem se ele quisesse. Capra passara anos demais tentando convencer os americanos e a si mesmo de que não havia problema que não pudesse ser resolvido com muito trabalho, bom humor e um surto de re-

EPÍLOGO

tórica determinada. Com o tempo, sua crença de que os filmes deviam ser otimistas se enrijeceu em didatismo. Ele nunca tratou outros cineastas com ressentimento ou agressividade, mas não sabia fazer o que eles estavam fazendo, o que parecia ser a única coisa que o público queria ver. Depois de *A felicidade não se compra*, ele mal trabalhou. Dirigiu apenas mais cinco filmes. Nenhum fez grande sucesso. Em 1961, depois de refilmar *Dama por um dia*, uma comédia dramática dele próprio, de 1933, decidiu se aposentar.

Nos anos do pós-guerra, Wyler, Huston e Stevens eram ousados não apenas na vida profissional, mas como cidadãos que tinham o poder de inflamar a atenção do público; embora agora não usassem mais o uniforme, nenhum deles perdera a disposição de encarar uma boa briga. No final da década de 1940, eles passaram a atuar ativamente na principal causa política da indústria cinematográfica do pós-guerra, o embate com o ressurgente Comitê de Atividades Antiamericanas, e se uniram em oposição pública contra o boicote a supostos comunistas que havia começado em Hollywood. Poucos meses após a estreia de *Os melhores anos de nossas vidas*, Wyler fez um discurso em rádio nacional no qual afirmou que, no clima atual de desconfiança e paranoia, jamais teria conseguido fazer o filme que acabara de lhe render o Oscar. O comitê, disse, estava "deixando pessoas decentes com medo de expressar suas opiniões. Estão criando medo em Hollywood. Medo resultará em autocensura. Autocensura paralisará as telas. Em última instância, vocês sofrerão. Serão privados do entretenimento que os estimula e receberão uma dieta de filmes que atenderá aos padrões arbitrários de algumas pessoas sobre americanismo".[4] Pouco após o discurso, ele e Huston, que também acreditava que uma "doença [havia permeado] o país",[5] uniram forças para liderar a Comissão para a Primeira Emenda de Hollywood, um grupo que defendia a liberdade de expressão e o fim da perseguição. Capra não se juntou a eles; jamais conseguiria se livrar do medo de ser rotulado como simpatizante do comunismo, e seus raros comentários públicos sobre política se haviam limitado a declarações nervosas de que ele se opunha rigorosamente ao comunismo e jamais sequer votara em Roosevelt.[6]

Como Capra, Ford se recusou a se colocar no meio de polêmicas ou ativismo político nos anos após a guerra. Tirando uma ocasião memorável em 1950, quando todos os cinco uniram forças para anular a tentativa de Cecil B. DeMille de instituir um juramento de lealdade anticomunista para os membros da Associação de Diretores, Ford guardou suas opiniões para si, sempre tratando de evitar a companhia de outros cineastas. Em 1952, ganhou um quarto Oscar de Melhor Direção — um recorde que ainda se mantém — por *Depois do vendaval*. A vida militar esteve presente em mais da metade dos filmes que ele fez nos vinte anos desde que saiu da Marinha, mas, exceto pela comédia leve *Mister Roberts*, Ford evitou retomar como tema as agruras do combate na Segunda Guerra.

Capra e Ford nunca foram especialmente próximos. Ambos eram católicos, e, quando se viam, em geral era aos domingos, quando suas esposas os convenciam a ir à missa. Mas, dez anos após Capra se aposentar, quando decidiu escrever sua autobiografia, foi a Ford que ele recorreu com um pedido para escrever a introdução. Na época, Ford estava com setenta e poucos anos, também aposentado, debilitado e, na maior parte do tempo, de cama. Ele surpreendeu e comoveu Capra ao entregar um prefácio em que chamava o colega de "um grande homem e um grande americano [...] uma inspiração àqueles que acreditam no sonho americano", e "o maior diretor de cinema do mundo".[7] Depois de uma série de derrames que o incapacitaram em seus últimos anos, Capra faleceu aos 94, em 1991.

Ford fez seu último filme em 1966, mas, até o fim da vida, falava com entusiasmo sobre tentar dirigir mais um filme — um drama sobre a guerra no Pacífico, ou um filme sobre o OSS que ele prometera a Bill Donovan pouco antes da morte deste, em 1959. Ford morreu em 1973, aos 79 anos. Uma bandeira esfarrapada da batalha de Midway foi estendida sobre seu caixão e depois entregue à sua esposa.[8]

Huston e Wyler continuaram bons amigos pelo resto da vida, e, quando Wyler morreu em 1981, aos 75 anos, Huston prestou tributo no funeral, sendo dominado pela tristeza e saindo do púlpito sem conseguir terminar. Depois de *Os melhores anos de nossas vidas*, Wyler dirigiu mais uma dúzia de filmes, entre eles *Tarde demais*, *Chaga de fogo*, *Ben-Hur* — pelo qual ganhou um terceiro Oscar — e *Funny Girl: a garota genial*. Aposentou-se em 1970, quando problemas de saúde o obrigaram a desistir de dirigir a "história de guerra incomum, diferente da maioria das que já foram feitas", que ele desenvolvera e havia muito desejara filmar: *Patton*. Seu

EPÍLOGO

funeral foi realizado no auditório da Associação dos Diretores, onde centenas de colegas compareceram para prestar homenagem. Bette Davis e Roddy McDowall se sentaram lado a lado. "A cidade inteira devia estar a meio mastro", Davis disse a McDowall. "Quando o rei morre, todas as bandeiras ficam a meio mastro." Até os últimos anos, Wyler manteve contato com a tripulação do *Memphis Belle*, sempre respondendo às cartas deles e perguntando sobre suas vidas e famílias.[9]

Huston ganhou o Oscar de Melhor Direção e Melhor Roteiro por *O tesouro de Sierra Madre*, seu primeiro filme após a guerra, lançado em 1947. Depois, dirigiu mais de trinta filmes, tornando-se o cineasta mais prolífico a sair da Segunda Guerra Mundial. Ao contrário de muitos colegas do Corpo de Sinaleiros, ele não manifestou desejo algum de fazer um filme de combate, mas, nos quarenta anos que se seguiram, explorou com frequência o tema da bravura e da covardia sob pressão em filmes como *A glória de um covarde*, *Uma aventura na África* e *O homem que queria ser rei*. Huston trabalhou com regularidade até morrer, aos 81 anos, em 1987. Nunca parou de solicitar que o governo permitisse o lançamento de *Let There Be Light*. O Pentágono rejeitou a solicitação formal que ele apresentara em 1952, reiterando que o documentário violava a privacidade dos participantes, e o rechaçou outra vez em 1971.[10] Enfim, após a intervenção do vice-presidente Walter Mondale, o Exército aceitou não impedir uma exibição não autorizada de uma cópia antiga em 1980. O filme estreou no ano seguinte em Nova York e hoje encontra-se preservado, junto com o restante da obra de Huston durante a guerra, no National Archives e na Biblioteca do Congresso.

Em 1948, George Stevens finalmente voltou à cadeira de diretor com a delicada e bem-recebida comédia *A vida de um sonho*. Dois anos depois, ganhou o primeiro de seus dois Oscars pela direção de *Um lugar ao sol*, sua adaptação havia muito planejada de *Uma tragédia americana*. "Ao longo do tempo", disse ele, "eu tinha a sensação de que devia fazer um filme sobre a guerra. Todos os outros tinham feito ou estavam fazendo filmes sobre suas experiências — Ford, Wyler e por aí vai. E lá estava eu, evitando a experiência."[11] Com o passar dos anos, Stevens passou a se preocupar com a popularidade cada vez maior dos faroestes violentos em meio às crianças, algo que percebera pela primeira vez na Alemanha logo após a guerra, quando viu meninos com chapéu de caubói brincando com pistolas de brinquedo. Em 1953, respondeu com *Os brutos também amam*, um drama sério sobre o efeito de um pistoleiro errante na vida isolada de uma família de fronteira. Ele disse que o filme era "um faroeste, mas na verdade era meu filme de guerra. [...] Em *Os brutos também amam*, um tiro, para nós, é um holocausto. E quando um ser vivo é baleado, uma vida se acaba".[12]

Em 1975, Stevens, aos setenta anos, ajudou a organizar uma reunião dos membros ainda vivos da SPECOU, que haviam vindo de todo o país para comemorar com ele. Logo antes da reunião, ele morreu de repente de um ataque cardíaco. Muitos dos veteranos que tinham viajado para a Califórnia a fim de vê-lo compareceram ao funeral, assim como dezenas de colegas. "Eu o adorava e sei que ele me adorava", disse Capra após a morte de Stevens. "E, quando eu morrer, [...] com certeza vou procurá-lo. [...] Acho que vamos começar outra Liberty Films lá em cima. E talvez a gente consiga sair do céu de vez em quando e ir para algum daqueles outros lugares, do mesmo jeito que George foi ao inferno no Exército quando esteve na Europa."[13]

Pouco após a guerra, Stevens juntou todos os filmes coloridos que rodara no exterior, desde o Norte da África até o Dia D e Dachau, e levou tudo para um depósito em North Hollywood. O material nunca foi exibido ao público. Ele etiquetou cuidadosamente cada lata com títulos como "Testemunha ocular em Dachau" ou apenas "Atrocidade".[14] Apenas uma vez buscou os rolos, em 1959, quando estava se preparando para dirigir *O diário de Anne Frank*. Sozinho na sala de exibição, ele começou a ver o que havia filmado, mas desligou o projetor depois de um minuto, voltou com as latas até North Hollywood e guardou tudo de novo. Só seu filho e alguns colegas próximos sabiam da existência do material, que continuou no depósito até a morte de Stevens.

NOTA SOBRE AS FONTES E AGRADECIMENTOS

Esta é uma obra de história e de biografia coletiva. Em um esforço para recriar a vida de Frank Capra, John Ford, John Huston, George Stevens e William Wyler durante os anos da Segunda Guerra Mundial, recorri sempre que possível a fontes de arquivo, incluindo cartas, diários pessoais, memorandos, telegramas, contratos, roteiros, bilhetes manuscritos, diários de viagem, extratos financeiros, orçamentos, notas fiscais e documentos do Exército e da Marinha dos Estados Unidos, assim como relatos contemporâneos e entrevistas em jornais, revistas e periódicos especializados. Usei especialmente a George Stevens Collection, a Filmmaker's Journey Collection, a John Huston Collection, o William Wyler Archives e a Samuel Goldwyn Collection, todos abrigados na Margaret Herrick Library da Academia, no Fairbanks Center for Motion Picture Study em Los Angeles; uma outra coleção de documentos de William Wyler na Charles E. Young Research Library na UCLA; a Frank Capra Collection no Wesleyan Cinema Archives do Center for Film Study na Wesleyan University; e a John Ford Collection na Lilly Library, na Universidade de Indiana, em Bloomington. O acesso às coleções de Goldwyn e Ford exigiram permissão especial de seus herdeiros; sou grato ao espólio de Samuel Goldwyn e a Dan Ford, neto de John Ford e autor de uma biografia instigante do diretor, por concederem essas permissões. Tanto Catherine Wyler quanto George Stevens Jr. produziram documentários sobre a vida de seus pais; às coleções de Wyler, Stevens e da Filmmaker's Journey, eles tiveram a generosidade de acrescentar seu próprio material de pesquisa, incluindo transcrições não editadas de entrevistas e de história oral. Este livro não teria sido possível sem a preservação escrupulosa das palavras e da obra de seus pais.

Agradeço especialmente a Barbara Hall, por me dar acesso a materiais não catalogados da coleção de Stevens, incluindo correspondências entre o diretor e a esposa e o filho durante a guerra. Sou grato também a Jenny Romero, Kristine Krueger e à equipe da Margaret Herrick Library, a Amy Wong da UCLA, a Jeanine Basinger e Joan Miller da Wesleyan, e às equipes da New York Public Library, da New York Public Library for the Performing Arts, da Lilly Library na Universidade de Indiana em Bloomington, da Butler Library na Universidade Columbia, da Beinecke Rare Book & Manuscript Library em Yale, do Naval Historical Center e do Mémorial de la Shoah, Musée, Centre de Documentation Juive Contemporaine de Paris. Pelo acesso a todos os materiais documentais que George Stevens filmou durante e após a Segunda Guerra Mundial, agradeço a Rosemary C. Hanes e à equipe da Motion Picture & Television Reading Room na Biblioteca do Congresso, e pelo acesso aos rolos não editados das filmagens encenadas de John Huston na batalha de San Pietro, assim como à vastidão de materiais arquivados pelo Departamento de Guerra, pelo Escritório de Informação de Guerra e por muitos outros órgãos e entidades governamentais, agradeço à equipe do National Archives em College Park, Maryland.

Uma lista completa dos livros que utilizei em minha pesquisa aparece na bibliografia. Mas eu gostaria de manifestar um apreço especial pela obra de vários escritores cujo conhecimento sobre esses cinco homens informaram e desafiaram minha escrita e meu raciocínio. São eles: Scott Eyman, cuja biografia de John Ford, *Print the Legend* [Publique-se a lenda], é tão rica e cuidadosa quanto seria de esperar; Joseph McBride, cujas biografias impressionantes *Searching for John Ford* [Procurando John Ford] e *Frank Capra: The Catastrophe of Success* [Frank Capra: a catástrofe do sucesso] são essenciais para qualquer interessado em entender a vida desses homens; Jan Herman e o finado Axel Madsen, cujos livros são as biografias mais profundas e bem-pesquisadas de William Wyler; Lawrence Grobel, autor da fascinante biografia familiar *The Hustons* [Os Huston]; e Marilyn Ann Moss, cujo *Giant* [Gigante] é, até o momento em que escrevo estas linhas, a única biografia completa de George Stevens. A série *Conversations with*

NOTA SOBRE AS FONTES E AGRADECIMENTOS

Filmmakers [Conversas com cineastas], da University Press of Mississippi, que inclui volumes de entrevistas com cada um dos cinco diretores abordados neste livro, também foi de grande valor. Dos muitos estudos sobre filmes e a política em Hollywood durante a Segunda Guerra, voltei inúmeras vezes a *Projections of War* [Projeções da guerra], de Thomas Doherty; *The Star-Spangled Screen* [Os Estados Unidos na tela], de Bernard F. Dick; *Hollywood Goes to War* [Hollywood vai à guerra], de Clayton R. Koppes e Gregory D. Black; e ao guia *Hollywood War Films, 1937-1943* [Filmes de guerra de Hollywood, 1937-1943], de Michael S. Shull e David Edward Wilt. Além disso, todo escritor que pretenda compreender a cultura e a política desse período na indústria cinematográfica tem uma dívida com *A cidade das redes: Hollywood nos anos 40*, de Otto Friedrich, e *The Inquisition of Hollywood* [A inquisição de Hollywood], de Larry Ceplair e Steven Englund. As autobiografias *The Name Above the Title*, de Frank Capra, e *Um livro aberto*, de John Huston, são, como toda autobiografia, ao mesmo tempo vitais e pouco confiáveis, e tentei citar delas apenas os trechos mais iluminadores do que incendiários.

Tenho muita sorte de contar com Andrew Wylie como agente, conselheiro e mão condutora de incrível consideração e paciência. Agradeço também a Jess Cagle, Dan Fierman, Jeff Giles, Henry Goldblatt, Adam Moss e David Wallace-Wells, os grandes editores que, com suas palavras de incentivo e emprego gratificante, me ajudaram a manter um pé no século XXI durante os anos em que trabalhei neste livro; a Michele Romero, pelo encarte de fotos e por muito mais; e a Scott Brown, Kate Clinton, Elly Eisenberg, Linda Emond, Oskar e Laurie Eustis, Betsy Gleick, Michael Mayer, Jeremy McCarter, Eric Price, Lisa Schwarzbaum, Mary Kaye Schilling, Brian Siberell, Alisa Solomon, Urvashi Vaid e Roger Waltzman por todas as suas reservas de camaradagem e apoio.

Sou imensamente grato a Scott Moyers, que desempenhou uma quantidade extraordinária de papéis cruciais durante a evolução deste livro, sempre com típica elegância, generosidade e sabedoria. Foi um privilégio trabalhar com ele, Ann Godoff e o pessoal maravilhoso da Penguin Press, especialmente Mally Anderson e Yamil Anglada.

À minha família constante — aqueles que estão entre nós e os que se foram —, minha gratidão e meu amor. São muitas pessoas para listar, mas, enquanto trabalhei em *Cinco voltaram*, o serviço militar de meu falecido pai, Lewis Harris, e de meus tios Edward, Chet e Ray Wisniewski durante a guerra jamais se afastou de meus pensamentos.

Por fim, a Tony: sim, eu sei o tamanho da minha sorte. Obrigado por um milhão de coisas, inclusive o fato de que você jamais faria aquela pergunta. Meu amor a você e minha gratidão pelo seu amor preencheriam um livro; espero que você saiba que eles preenchem este.

NOTAS

Lista de abreviações utilizadas

EKP: Documentos de Eric Knight, Beinecke Rare Book e Manuscript Library, Yale University

FCA: Frank Capra Archives, Wesleyan University

FJC: Filmmaker's Journey Collection, Margaret Herrick Library, Beverly Hills

GSC: George Stevens Collection, Margaret Herrick Library

JFC: John Ford Collection, Lilly Library, Indiana University

JHC: John Huston Collection, Margaret Herrick Library

NA: National Archives, College Park, Maryland

SGC: Samuel Goldwyn Collection, Margaret Herrick Library

WWA: William Wyler Archives, Margaret Herrick Library

WWUCLA: William Wyler Collection, Charles E. Young Research Library, UCLA

PRÓLOGO: PEARL HARBOR [pp. 11-23]

1. Joseph McBride, *Searching for John Ford: A Life*. Nova York: St. Martin's, 2001, p. 347.
2. Tag Gallagher, *John Ford: The Man and His Films*. Berkeley; Los Angeles: University of California Press, 1986, pp. 202-3. Para esta história, Gallagher credita uma entrevista inédita com Mary Ford conduzida por Anthony Slide e June Banker.
3. Dan Ford, *Pappy: The Life of John Ford*. Englewood Cliffs, NJ: Prentice Hall, 1979, p. 165.
4. Tag Gallagher, op. cit., pp. 202-3.
5. Scott Eyman, *Print the Legend: The Life and Times of John Ford*. Nova York: Simon & Schuster, 1999, p. 245.

490 CINCO VOLTARAM

6. Joseph McBride, op. cit., p. 67.
7. Frank Farrell, "John Ford Dons Naval Uniform Because 'It's the Thing to Do'". *New York World-Telegram*, 1º nov. 1941.
8. Carta de John Ford para Mary Ford, 2 out. 1941, JFC.
9. Joseph McBride, op. cit., p. 346.
10. Frank Farrell, op. cit.
11. Carta de John Ford para Mary Ford, 30 set. 1941, JFC.
12. Joseph McBride, op. cit., p. 347.
13. Andrew Sinclair, "John Ford's War". *Sight and Sound*, primavera de 1979.
14. Jan Herman, *A Talent for Trouble: The Life of Hollywood's Most Acclaimed Director, William Wyler*. Nova York: Da Capo, 1997, pp. 232-33.
15. Lawrence Grobel, *The Hustons: The Life and Times of a Hollywood Dynasty*. Ed. atual. Nova York: Cooper Square, 2000, p. 101.
16. Jan Herman, op. cit., pp. 16-17.
17. Sarah Kozloff, "Wyler's Wars". *Film History*, v. 20, n. 4, 2008.
18. "A Man of Unsartorial Splendor". *New York Times*, 25 jan. 1942.
19. John Huston, *An Open Book*. Nova York: Alfred A. Knopf, 1980, p. 85.
20. Kenneth L. Geist, *Pictures Will Talk: The Life and Films of Joseph L. Mankiewicz*. Nova York: Da Capo, 1978, pp. 106-7.
21. Marilyn Ann Moss, *Giant: George Stevens, a Life on Film*. Madison: University of Wisconsin Press, 2004, p. 83.
22. Joseph McBride, *Frank Capra: The Catastrophe of Success*. Nova York: Simon & Schuster, 1992; ed. rev. de 2000, p. 455.
23. Stewart Alsop, "Wanted: A Faith to Fight For". *Atlantic Monthly*, maio 1941.
24. Joseph McBride, *Frank Capra...*, op. cit., pp. 88-89.
25. Ibid., p. 261.
26. Richard Schickel, *The Men Who Made the Movies: Interviews with Frank Capra, George Cukor, Howard Hawks, Alfred Hitchcock, Vincente Minnelli, King Vidor, Raoul Wallace, and William E. Wellman*. Nova York: Atheneum, 1975, p. 81.
27. Frank Capra, *The Name Above the Title: An Autobiography*. Nova York: Da Capo, 1997; publicado originalmente em 1971, p. 316.
28. Thomas Doherty, *Projections of War: Hollywood, American Culture, and World War II*. Nova York: Columbia University Press, 1993, p. 60.
29. Há uma lista exaustiva de filmes americanos com conteúdo relacionado à Segunda Guerra Mundial feitos durante o conflito no guia de referência inestimável de Michael S. Shull e David Edward Wilt (*Hollywood War Films, 1937-1945*. Jefferson, NC: McFarland, 1996).

1. "SÓ ASSIM EU PODERIA SOBREVIVER" [pp. 27-49]

1. Michael E. Birdwell, *Celluloid Soldiers: Warner Bros.'s Campaign Against Nazism*. Nova York: New York University Press, 1999, pp. 27-28.
2. "Jack Warner's Dinner to Exiled Thom. Mann May Touch Off a Militant Anti-Hitler Campaign in Hollywood". *Variety*, 23 mar. 1938.
3. Michael E. Birdwell, op. cit., pp. 30-31.
4. Memorando de John Ford para Darryl Zanuck, 1º mar. 1938; e resposta, 2 mar. 1938, JFC.
5. Joseph McBride, *Searching for John Ford: A Life*. Nova York: St. Martin's, 2001, p. 228.
6. "Hollywood Anti-Nazi League". Spartacus Educational, <http://www.spartacus.schoolnet.co.uk/USAdies.htm>.

NOTAS

7. Scott Eyman, *Print the Legend: The Life and Times of John Ford*. Nova York: Simon & Schuster, 1999, p. 186.

8. Joseph McBride, op. cit., p. 193.

9. Larry Ceplair; Steven Englund, *The Inquisition in Hollywood: Politics in the Film Community, 1930-1960*. Berkeley: University of California Press, 1979, p. 115.

10. Ibid., p. 118.

11. "Anti-Nazis Hear Warning: Audience of 4000 Cheers Assaults on German Propaganda". *Los Angeles Times*, 30 jan. 1938.

12. "War Films Round Out Long Cycle". *New York Times*, 11 nov. 1938.

13. O relato de Stevens sobre sua discussão com Berman vem de uma transcrição não editada de sua entrevista com Robert Hughes em 1967, arquivo 3677, GSC.

14. Marilyn Ann Moss, *Giant: George Stevens, a Life on Film*. Madison: University of Wisconsin Press, 2004, p. 61.

15. George Stevens Jr., *Conversations with the Great Moviemakers of Hollywood's Golden Age at the American Film Institute*. Nova York: Alfred A. Knopf, 2006, p. 228.

16. "Columbia's Gem". *Time*, 8 ago. 1938.

17. Brooks Atkinson, "The Play: Philip Merivale in 'Valley Forge'". *New York Times*, 11 dez. 1934.

18. Joseph McBride, *Frank Capra: The Catastrophe of Success*. Nova York: Simon & Schuster, 1992; ed. rev. de 2000, p. 327.

19. Ibid., p. 242.

20. John Stuart, "Fine Italian Hand". *Collier's*, 17 ago. 1935.

21. Joseph McBride, *Frank Capra...*, op. cit., pp. 256-57.

22. Exceto quando indicado, esta e todas as citações subsequentes de diálogos foram transcritas dos próprios filmes.

23. Joseph McBride, *Frank Capra...*, op. cit., pp. 375-76.

24. "Stenographic Notes from the Cinema Section of the U.S.S.R. Society for Cultural Relations with Foreign Countries", FCA.

25. Resenha publicada originalmente em *Spectator*, 11 nov. 1938. Reeditada em John Russell Taylor (org.), *Graham Greene on Film: Collected Film Criticism, 1935-1940* (Nova York: Simon & Schuster, 1972), pp. 203-4.

26. Frank Capra, *The Name Above the Title: An Autobiography*. Nova York: Da Capo, 1997; publicado originalmente em 1971, pp. 250-52. Capra escreveu que seu filho tinha um coágulo enorme no cérebro; McBride registra que uma autópsia realizada no menino revelou um tumor cerebral não diagnosticado.

27. Entrevista publicada originalmente em *Christian Science Monitor*, 9 nov. 1938. Reeditada em Leland Poague (org.), *Frank Capra Interviews* (Jackson: University Press of Mississippi, 2004), pp. 20-21.

28. Alva Johnston, "Capra Shoots as He Pleases". *Saturday Evening Post*, 14 maio 1938.

29. Frank Capra, op. cit., p. 259.

30. Thomas Doherty, *Hollywood's Censor: Joseph I. Breen and the Production Code Administration*. Nova York: Columbia University Press, 2007, p. 210.

31. Id., *Hollywood and Hitler, 1933-1939*. Nova York: Columbia University Press, 2013, pp. 289-90.

32. Jan Herman, *A Talent for Trouble: The Life of Hollywood's Most Acclaimed Director, William Wyler*. Nova York: Da Capo, 1997, pp. 96-98.

33. Carta da secretária de William Wyler para a secretária de Jack Warner, 15 mar. 1938, arquivo 743, WWA.

34. Jan Herman, op. cit., p. 186.

35. Ibid., p. 200.

36. Axel Madsen, *William Wyler: The Authorized Biography*. Nova York: Thomas Y. Crowell, 1973, p. 174.
37. "Snapshots of a Movie Maker". Coluna de Dorothy Kilgallen, sem data [c. 1946], arquivo 38, WWA.
38. "A Man of Unsartorial Splendor". *New York Times*, 25 jan. 1942.
39. "New Picture". *Time*, 29 jun. 1942.
40. Jan Herman, op. cit., pp. 25-27, 32-33.
41. Ibid., pp. 103-4.
42. Ibid., p. 125.
43. Lawrence Grobel, *The Hustons: The Life and Times of a Hollywood Dynasty*. Ed. atual. Nova York: Cooper Square, 2000, p. 147. O filme para o qual Wyler e Huston estavam pesquisando, *Idade perigosa*, foi feito por William Wellman em 1933 para a Warner Bros.
44. Ibid., pp. 155-61.
45. John Huston, *An Open Book*. Nova York: Alfred A. Knopf, 1980, pp. 63-64.
46. John Huston em entrevista com Bill Moyers na série televisiva *Creativity with Bill Moyers*, 1982, disponível na edição em DVD da Criterion Collecion de *Sangue selvagem*.
47. James Agee, "Undirectable Director". *Life*, 19 set. 1950.
48. William Wyler em entrevista com Ronald L. Davis, projeto de história oral da Southern Methodist University, 1979, republicada em Gabriel Miller (org.), *William Wyler Interviews* (Jackson: University Press of Mississippi, 2009), p. 82.
49. Rudy Behlmer, *Inside Warner Bros. (1935-1951)*. Nova York: Viking, 1985, p. 41.
50. Paul J. Vanderwood (org.), *Juárez*. Madison: University of Wisconsin Press, 1983, p. 20.
51. John Huston, op. cit., p. 73.
52. Roteiro com anotações à mão, JHC.
53. Bernard Drew, "John Huston: At 74 No Formulas". *American Film*, set. 1980.
54. Lawrence Grobel, op. cit., p. 201.
55. Ethan Mordden, *The Hollywood Studios: House Style in the Golden Age of the Movies*. Nova York: Alfred A. Knopf, 1988, p. 191.
56. Bernard F. Dick, *Hal Wallis: Producer to the Stars*. Lexington: University Press of Kentucky, 2004, p. 51.
57. Frank S. Nugent, "The Screen in Review: The Warners Look Through the Past to the Present in 'Juarez,' Screened Last Night at the Hollywood". *New York Times*, 26 abr. 1939.
58. Bernard Drew, op. cit.
59. Bernard F. Dick, *The Star-Spangled Screen: The American World War II Film*. Lexington: University Press of Kentucky, 1993, pp. 51-60.

2. "O QUE ME DIZ O CORAÇÃO E O SANGUE" [pp. 50-72]

1. Clayton R. Koppes; Gregory D. Black, *Hollywood Goes to War: How Politics, Profits, and Propaganda Shaped World War II Movies*. Nova York: Free Press, 1987, pp. 27-30.
2. Rudy Behlmer, *Inside Warner Bros. (1935-1951)*. Nova York: Viking, 1985, p. 82.
3. "Little Caesar Waits His Chance". *New York Times*, 22 jan. 1939.
4. Frank S. Nugent, "The Screen in Review: The Warners Make Faces at Hitler in 'Confessions of a Nazi Spy'". *New York Times*, 29 abr. 1939.
5. Resenha na *Variety*, assinada por "Land.", 5 maio 1939.
6. "Cinema: Totem and Taboo". *Time*, 15 maio 1939.
7. Marilyn Ann Moss, *Giant: George Stevens, a Life on Film*. Madison: University of Wisconsin Press, 2004, pp. 62-63.

NOTAS

8. Ibid., pp. 63-64.
9. Mason Wiley; Damien Bona, *Inside Oscar: The Unofficial History of the Academy Awards*. Ed. comem. de 10 anos. Nova York: Ballantine, 1996, pp. 88-90.
10. Douglas W. Churchill, "Hollywood Jitters Jitters: The War Jeopardizes $6,000,000 Worth of New Films". *New York Times*, 26 maio 1940.
11. Joseph McBride, *Frank Capra: The Catastrophe of Success*. Nova York: Simon & Schuster, 1992; ed. rev. de 2000, p. 412.
12. Ibid., p. 414.
13. Ibid., p. 415.
14. Ibid., p. 256.
15. Frank Capra, *The Name Above the Title: An Autobiography*. Nova York: Da Capo, 1997; publicado originalmente em 1971, pp. 281-83.
16. *New York Times*, 24 out. 1939.
17. "Mr. Smith Riles Washington". *Time*, 30 out. 1939.
18. Ibid.
19. David Nasaw, *The Patriarch: The Remarkable Life and Turbulent Times of Joseph P. Kennedy*. Nova York: Penguin, 2012, p. 421.
20. Frank Capra, op. cit., p. 292.
21. Joseph McBride, op. cit., p. 422.
22. Frank S. Nugent, "The Screen in Review: Frank Capra's 'Mr. Smith Goes to Washington' at the Music Hall Sets a Seasonal High in Comedy". *New York Times*, 20 out. 1939.
23. Otis Ferguson, "Mr. Capra Goes Someplace". *New Republic*, 1º nov. 1939. Reeditada em *The Film Criticism of Otis Ferguson* (Filadélfia: Temple University Press, 1971), pp. 273-74.
24. Geoffrey T. Hellman, "Thinker in Hollywood". *New Yorker*, 20 fev. 1940.
25. Cartas de Lionel Robinson para Frank Capra, 2 out. 1939 e 31 out. 1939, FCA.
26. Carta de Frank Capra para Lionel Robinson, 21 nov. 1939, FCA.
27. Geoffrey Hellman, op. cit.
28. Joseph McBride, *Frank Capra: The Catastrophe of Success*. Nova York: Simon & Schuster, 1992; ed. rev. de 2000, p. 439.
29. Michael S. Shull; David Edward Wilt, *Hollywood War Films, 1937-1945*. Jefferson, NC: McFarland, 1996, p. 120.
30. Transcrição não editada de entrevista de George Stevens com Robert Hughes, 1967, arquivo 3677, GSC.
31. *Variety*, 7 fev. 1940.
32. Marilyn Ann Moss, op. cit., p. 67.
33. *New York Times*, 5 mar. 1940.
34. Entrevista de George Stevens com Robert Hughes, 1967, arquivo 3677, GSC.
35. Carta de William B. Dover para George Stevens, arquivo 3550, GSC.
36. Jan Herman, *A Talent for Trouble: The Life of Hollywood's Most Acclaimed Director, William Wyler*. Nova York: Da Capo, 1997, p. 204.
37. Carta de Harry Warner para William Wyler, 19 jan. 1940, arquivo 743, WWA.
38. Senador Gerald Nye, discurso publicado em *Vital Speeches of the Day* 8, n. 23, 15 set. 1941.
39. Jimmie Fidler, "Fidler in Hollywood: Hollywood's Community Chest Drive Has Caused Trouble". *St. Petersburg Times*, 15 jan. 1940.
40. Carta de Willam Wyler para Harry Warner, 26 jan. 1940, arquivo 743, WWA.
41. Carta de Harry Warner para William Wyler, 29 jan. 1940, arquivo 743, WWA.
42. Arquivo de produção sobre *A carta*, Warner Bros. Archives, University of Southern California.
43. Sarah Kozloff, "Wyler's Wars". *Film History*, v. 20, n. 4, 2008.

494   **CINCO VOLTARAM**

44. Jan Herman, op. cit., p. 208.
45. Ibid., p. 209.
46. "Cinema: New Westerns". *Time*, 13 mar. 1939.
47. Cartas de Joseph I. Breen para Walter Wanger, 29 out. 1939 e 8 nov. 1938, JFC.
48. Scott Eyman, *Print the Legend: The Life and Times of John Ford*. Nova York: Simon & Schuster, 1999, p. 200.
49. Matthew Bernstein, *Walter Wanger: Hollywood Independent*. Minneapolis: University of Minnesota Press, 2000, p. 140.
50. John Russell Taylor (org.), *Graham Greene on Film: Collected Film Criticism, 1935-1940*. Nova York: Simon & Schuster, 1972, pp. 241-32.
51. Carta de John Ford para Darryl Zanuck, 17 jul. 1939, JFC.
52. Joseph McBride, *Searching for John Ford: A Life*. Nova York: St. Martin's, 2001, p. 313.
53. Scott Eyman, op. cit., p. 224.
54. "The New Pictures". *Time*, 12 fev. 1940.
55. Frank S. Nugent, "The Screen in Review: Twentieth Century-Fox Shows a Flawless Film Edition of John Steinbeck's 'The Grapes of Wrath,' with Henry Fonda and Jane Darwell, at the Rivoli". *New York Times*, 25 jan. 1940.
56. *Variety*, 31 jan. 1940.
57. *The Film Criticism of Otis Ferguson*. Filadélfia: Temple University Press, 1971, pp. 282-85.
58. "The New Pictures". *Time*, 12 fev. 1940.
59. Peter Bogdanovich, *John Ford*. Ed. rev. e ampl. Berkeley; Los Angeles: University of California Press, 1978, p. 23.
60. Joseph McBride, *Searching...*, op. cit., pp. 200-201.
61. Dan Ford, *Pappy: The Life of John Ford*. Englewood Cliffs, NJ: Prentice Hall, 1979, pp. 112-19.
62. Relatório de John Ford para o capitão de mar e guerra Elias Zacharias, 30 dez. 1939, e resposta de J. R. Defrees, 16 jan. 1940, JFC.
63. Dan Ford, op. cit., p. 151.
64. Carta de Lord Killanin para John Ford, 12 jan. 1940, JFC.
65. Scott Eyman, op. cit., p. 251.
66. Joseph McBride, *Searching...*, op. cit., pp. 320-22.
67. Memorando do chefe do Bureau of Navigation para o comandante do 11º Distrito Naval, 7 set. 1940, JFC.
68. Arquivo de alistamento da Fotografia de Campanha, caixa 10, pasta 30, JFC.
69. Ibid.
70. Dan Ford, op. cit., pp. 151-52.

3. "VOCÊ PROVAVELMENTE NÃO PERCEBEU QUE O MUNDO ESTÁ EM GUERRA" [pp. 73-84]

1. Thomas Brady, "Films for Defense". *New York Times*, 1º dez. 1940.
2. Warner Bros. Archives, University of Southern California, e WWA.
3. Michael E. Birdwell, *Celluloid Soldiers: Warner Bros.'s Campaign Against Nazism*. Nova York: New York University Press, 1999, p. 83.
4. A. Scott Berg, *Goldwyn*. Nova York: Alfred A. Knopf, 1989, pp. 357-58.
5. Ed Sikov, *Dark Victory: The Life of Bette Davis*. Nova York: Henry Holt, 2007, p. 167.
6. Whitney Stine, *"I'd Love to Kiss You...": Conversations with Bette Davis*. Nova York: Pocket, 1991, p. 126.
7. Bette Davis, *The Lonely Life*. Nova York: G. P. Putnam's Sons, 1962, p. 204.

NOTAS

8. Relatório diário de produção da Warner Bros., 26 jun. 1940, e carta de Jack Warner para William Wyler, 27 jun. 1940, arquivo 252, wwa.
9. Sarah Kozloff, "Wyler's Wars". *Film History*, v. 20, n. 4, 2008.
10. Rascunhos escritos à mão da resposta de William Wyler a Jack Warner, arquivo 252, wwa.
11. "Reply of Dies to President" (*New York Times*, 28 out. 1938) e "Ex-Rep. Martin Dies Is Dead" (*New York Times*, 15 nov. 1927).
12. "Film Stars Named in 'Red' Inquiry". *New York Times*, 18 jul. 1940.
13. A. M. Sperber; Eric Lax, *Bogart*. Nova York: William Morrow, 1997, pp. 131-33.
14. Testamento de John Ford, 30 out. 1940, jfc.
15. Matthew Bernstein, *Walter Wanger: Hollywood Independent*. Minneapolis: University of Minnesota Press, 2000, p. 167.
16. Carta de Dudley Nichols para John Ford, c. abr. 1940, jfc.
17. "Cinema: Unpulled Punches". *Time*, 28 out. 1940.
18. *Variety*, 9 out. 1940.
19. Joseph McBride, *Frank Capra: The Catastrophe of Success*. Nova York: Simon & Schuster, 1992; ed. rev. de 2000, p. 430.
20. Esta e todas as citações subsequentes de Capra neste capítulo são de Frank Capra, *The Name Above the Title: An Autobiography* (Nova York: Da Capo, 1997; publicado originalmente em 1971), pp. 297-303.
21. Andrew Sarris, *The American Cinema: Directors and Directions, 1929-1968*. Nova York: Dutton, 1968, p. 87.
22. *Variety*, 12 jun. 1940.
23. John Mosher, "The Current Cinema: A German Story". *New Yorker*, 22 jun. 1940.
24. Kevin Lally, *Wilder Times: The Life of Billy Wilder*. Nova York: Henry Holt, 1996, p. 94.
25. Bosley Crowther, "Propaganda—Be Prepared: 'The Ramparts We Watch,' 'Pastor Hall,' and Other Current Films Provoke Thought upon an Inevitable Trend". *New York Times*, 22 set. 1940.

4. "DE QUE ADIANTA MANDAR UMA MENSAGEM?" [pp. 85-99]

1. Mason Wiley; Damien Bona, *Inside Oscar: The Unofficial History of the Academy Awards*. Ed. comem. de 10 anos. Nova York: Ballantine, 1996, pp. 109-11.
2. Jan Herman, *A Talent for Trouble: The Life of Hollywood's Most Acclaimed Director, William Wyler*. Nova York: Da Capo, 1997, p. 216.
3. Mason Wiley; Damien Bona, op. cit., p. 111.
4. *Brooklyn Citizen*, 22 mar. 1941.
5. Ford em entrevista com Claudine Tavernier, 1966, republicada em Gerald Peary; Jenny Lefcourt (orgs.), *John Ford Interviews* (Jackson: University Press of Mississippi, 2001), p. 101.
6. Dan Ford, *Pappy: The Life of John Ford*. Englewood Cliffs, nj: Prentice Hall, 1979, p. 97.
7. Peter Bogdanovich, *John Ford*. Ed. rev. e ampl. Berkeley; Los Angeles: University of California Press, 1978.
8. Carta de John Ford para Merian C. Cooper, 24 jan. 1941, jfc.
9. Joseph McBride, *Searching for John Ford: A Life*. Nova York: St. Martin's, 2001, p. 274.
10. A. Scott Berg, *Goldwyn*. Nova York: Alfred A. Knopf, 1989, p. 289.
11. Ibid., p. 269.
12. Carta de intenção da 20th Century Fox para William Wyler, 26 set. 1940, arquivo 221, wwa.
13. Memorando de reunião de roteiro por Zanuck, 22 maio 1940, republicado em Rudy Behlmer (org.), *Memo from Darryl F. Zanuck: The Golden Years at Twentieth Century-Fox*. Nova York: Grove, 1993, p. 40.

14. Exemplar pessoal de Wyler do romance *Como era verde meu vale*, com anotações à mão, arquivo 202, wwa.
15. Memorando da 20th Century Fox de Lew Schreiber para William Wyler e anotações à mão de Wyler, arquivo 217, wwa.
16. Rascunhos dos roteiros de Philip Dunne, 23 ago. 1940, e 11 nov. 1940, arquivo 207, wwa.
17. Philip Dunne, *Take Two: A Life in Movies and Politics*. Nova York: McGraw-Hill, 1980, p. 93.
18. Memorando de Darryl Zanuck para William Wyler, 14 nov. 1940, arquivo 222, wwa.
19. Memorando de Freda Rosenblatt para William Wyler, 18 nov. 1940, arquivo 210, wwa.
20. Memorando de Freda Rosenblatt para William Wyler, 28 dez. 1940, arquivo 214, wwa.
21. Carta de Darryl Zanuck para Philip Dunne e William Wyler, 6 dez. 1940, arquivo 222, wwa.
22. Rascunho manuscrito de carta de William Wyler para Darryl Zanuck, dez. 1940 (sem data), arquivo 221, wwa.
23. Memorando de William Wyler para Darryl Zanuck, 20 dez. 1940, arquivo 222, wwa.
24. Philip Dunne, op. cit., p. 97.
25. Mason Wiley; Damien Bona, op. cit., pp. 109-11.
26. Andrew Moor, "'Arabian' Fantasies". Suplemento à edição em dvd da Criterion de *O ladrão de Bagdá*.
27. Frank Capra, *The Name Above the Title: An Autobiography*. Nova York: Da Capo, 1997; publicado originalmente em 1971, p. 304.
28. Capra em entrevista com Richard Glatzer, 1973, republicada em Leland Poague (org.), *Frank Capra Interviews* (Jackson: University Press of Mississippi, 2004), p. 119.
29. Frank Capra, op. cit., p. 299.
30. *Variety*, 19 mar. 1941.
31. *New Republic*, 24 mar. 1941.
32. Bosley Crowther, "'Meet John Doe,' an Inspiring Lesson in Americanism, Opens at the Rivoli and Hollywood Theatres". *New York Times*, 13 mar. 1941.
33. "Cinema: Coop". *Time*, 3 mar. 1941.
34. Frank Capra, op. cit., p. 304.
35. Joseph McBride, *Frank Capra: The Catastrophe of Success*. Nova York: Simon & Schuster, 1992; ed. rev. de 2000, p. 437.
36. Margaret Case Harriman, "Mr. and Mrs. Frank Capra". *Ladies' Home Journal*, abr. 1941.
37. Joseph McBride, *Frank Capra: The Catastrophe of Success*. Nova York: Simon & Schuster, 1992; ed. rev. de 2000, p. 438.
38. Ibid., p. 444.
39. Frank Capra, op. cit., p. 202.
40. Marilyn Ann Moss, *Giant: George Stevens, a Life on Film*. Madison: University of Wisconsin Press, 2004, p. 71.
41. Irwin Shaw em entrevista com Susan Winslow, 14 out. 1981, fjc.
42. Joseph L. Mankiewicz em entrevista no documentário "George Stevens: Filmmakers Who Knew Him" [George Stevens: cineastas que o conheciam], disponível como suplemento na edição em dvd da Warner Home Video de *Assim caminha a humanidade*.
43. "The New Pictures". *Time*, 16 fev. 1942.
44. Transcrição não editada de entrevista de George Stevens com Robert Hughes, 1967, arquivo 3677, gsc.
45. Marc Eliot, *Cary Grant: A Biography*. Nova York: Harmony, 2004, p. 222.
46. Bosley Crowther, "Cary Grant and Irene Dunne Play a 'Penny Serenade' at the Music Hall". *New York Times*, 23 maio 1941.
47. Douglas W. Churchill, "The Hollywood Round-Up". *New York Times*, 18 maio 1941.

NOTAS

5. "A QUINTA-COLUNA MAIS PERIGOSA DO NOSSO PAÍS" [pp. 100-116]

1. "Cinema: Sergeant York Surrenders". *Time*, 1º abr. 1940.
2. Michael E. Birdwell, *Celluloid Soldiers: Warner Bros.'s Campaign Against Nazism*. Nova York: New York University Press, 1999, p. 105.
3. "Sergeant York Surrenders".
4. Todd McCarthy, *Howard Hawks: The Grey Fox of Hollywood*. Nova York: Grove, 1997, p. 303.
5. "Sergeant York: Of God and Country". Documentário suplementar da edição em DVD da Warner Home Video de *Sargento York*.
6. Lawrence Grobel, *The Hustons: The Life and Times of a Hollywood Dynasty*. Ed. atual. Nova York: Cooper Square, 2000, p. 206.
7. Memorando de John Huston para Hal Wallis, 21 mar. 1940, Warner Bros. Archives, University of Southern California.
8. Memorando de S. Charles Einfeld para Martin Weiser, 17 jul. 1940, Warner Bros. Archives, University of Southern California.
9. Lawrence Grobel, op. cit., p. 213.
10. Thomas Brady, "Mr. Goldwyn Bows Out". *New York Times*, 6 fev. 1941.
11. Todd McCarthy, op. cit., p. 305.
12. Ibid., p. 307.
13. Michael S. Shull; David Edward Wilt, *Hollywood War Films, 1937-1945*. Jefferson, NC: McFarland, 1996, p. 134.
14. Clayton R. Koppes; Gregory D. Black, *Hollywood Goes to War: How Politics, Profits, and Propaganda Shaped World War II Movies*. Nova York: Free Press, 1987, p. 39.
15. Hal Wallis; Charles Higham, *Starmaker: The Autobiography of Hal Wallis*. Nova York: MacMillan, 1980.
16. Mason Wiley; Damien Bona, *Inside Oscar: The Unofficial History of the Academy Awards*. Ed. comem. de 10 anos. Nova York: Ballantine, 1996, p. 114.
17. Bosley Crowther, "'Sergeant York,' a Sincere Biography of the World War Hero, Makes Its Appearance at the Astor". *New York Times*, 3 jul. 1941.
18. *New Republic*, 29 set. 1941.
19. "New Picture". *Time*, 4 ago. 1941.
20. *Variety*, 2 jul. 1941.
21. Clayton R. Koppes; Gregory D. Black, op. cit., pp. 17-20.
22. Thomas Doherty, *Hollywood's Censor: Joseph I. Breen and the Production Code Administration*. Nova York: Columbia University Press, 2007, pp. 198, 206-7.
23. Telegrama para William Wyler, 1º abr. 1941, arquivo 743, WWA.
24. *Vital Speeches of the Day* 7, n. 23, 15 set. 1941.
25. Wayne S. Cole, *Senator Gerald P. Nye and American Foreign Relations*. Minneapolis: University of Minnesota Press, 1962, pp. 190-91.
26. *Propaganda in Motion Pictures: Hearings Before a Subcommittee of the Committee on Interstate Commerce, United States Senate, Seventy-Seventh Congress, First Session on S. Res. 152, a Resolution Authorizing an Investigation of War Propaganda Disseminated by the Motion-Picture Industry and of Any Monopoly in the Production, Distribution, or Exhibition of Motion Pictures, September 9 to 26, 1941*. Washington, D.C.: Government Printing Office, 1942. Todas as citações subsequentes das audiências neste capítulo são dessa transcrição.
27. Clayton R. Koppes; Gregory D. Black, op. cit., p. 42.
28. Steve Neal, *Dark Horse: A Biography of Wendell Willkie*. Nova York: Doubleday, 1984, pp. 210-12.
29. Neal Gabler, *An Empire of Their Own: How the Jews Invented Hollywood*. Nova York: Crown, 1988, p. 346.
30. Clayton R. Koppes; Gregory D. Black, op. cit., pp. 20-22.

498   **CINCO VOLTARAM**

31. Joseph Barnes, *Willkie: The Events He Was Part Of — The Ideas He Fought For*. Nova York: Simon & Schuster, 1952, pp. 269-70.
32. Larry Ceplair; Steven Englund, *The Inquisition in Hollywood: Politics in the Film Community, 1930-1960*. Berkeley: University of California Press, 1979, pp. 160-61.
33. Michael S. Shull; David Edward Wilt, *Hollywood War Films, 1937-1945*. Jefferson, NC: McFarland, 1996, p. 17.
34. A. Scott Berg, *Lindbergh*. Nova York: Putnam, 1998, pp. 420-22.
35. Anne Morrow Lindbergh, *War Within and Without: Diaries and Letters of Anne Morrow Lindbergh, 1939-1944*. Nova York: Harcourt Brace Jovanovich, 1980. Registros de 11 set. 1941 e 14 set. 1941.
36. A. Scott Berg, op. cit., pp. 401-2.
37. Anne Morrow Lindbergh, op. cit., registro de 15 set. 1941.
38. Michael E. Birdwell, op. cit., pp. 145-46.

6. "EU TENHO QUE ESPERAR AS ORDENS?" **[pp. 119-135]**

1. W. R. Wilkerson, "Trade Views". *Hollywood Reporter*, 8 dez. 1941.
2. "War Wallops Boxoffice". *Hollywood Reporter*. 8 dez. 1941.
3. "Nation's Boxoffice Booming". *Hollywood Reporter*, 30 dez. 1941.
4. "War's Effect on Hollywood". *Hollywood Reporter*, 9 dez. 1941.
5. "Annual Poll of Nation's Kids Puts 'York' on Top as Best Pix". *Hollywood Reporter*, 15 dez. 1941.
6. Michael E. Birdwell, *Celluloid Soldiers: Warner Bros.'s Campaign Against Nazism*. Nova York: New York University Press, 1999, pp. 145-46.
7. "Hollywood Works 8 to 5 Daily" (*Hollywood Reporter*, 12 dez. 1941) e "The Rambling Reporter" (*Hollywood Reporter*, 11 dez. 1941).
8. "Mellett Likely H'Wood Boss" (*Hollywood Reporter*, 11 dez. 1941) e "Mellett Boss for Hollywood" (*Hollywood Reporter*, 23 dez. 1941).
9. "President Says No Censorship". *Hollywood Reporter*, 24 dez. 1941.
10. Clayton R. Koppes; Gregory D. Black, *Hollywood Goes to War: How Politics, Profits, and Propaganda Shaped World War II Movies*. Nova York: Free Press, 1987, p. 57.
11. Scott Eyman, *Print the Legend: The Life and Times of John Ford*. Nova York: Simon & Schuster, 1999, p. 245.
12. Telegrama de Darryl Zanuck para John Ford, 11 out. 1941, JFC.
13. Joseph McBride, *Searching for John Ford: A Life*. Nova York: St. Martin's, 2001, pp. 336-39.
14. Scott Eyman, op. cit., p. 235.
15. John Ford para Dan Ford, JFC.
16. Dan Ford, *Pappy: The Life of John Ford*. Englewood Cliffs, NJ: Prentice Hall, 1979, p. 162.
17. Memorando de Darryl Zanuck para John Ford, 13 jun. 1941, JFC.
18. Formulário de alistamento preenchido por John Ford [c. ago. 1941], JFC.
19. Carta da sra. J. M. Helm, secretária da primeira-dama, para John Ford, 27 out. 1941, JFC.
20. Lista da Unidade Fotográfica Especial V-6, 24 jul. 1941, JFC.
21. Carta de A. Jack Bolton para o capitão de fragata Calvin T. Durgin, 13 ago. 1941, JFC.
22. Frank Farrell, "John Ford Dons Naval Uniform Because 'It's the Thing to Do'". *New York World-Telegram*, 1º nov. 1941.
23. Kathleen Parrish em entrevista em *John Ford Goes to War* (transmitida originalmente em 2002 na Starz), produção e direção de Tom Thurman, roteiro de Tom Marksbury.
24. Joseph McBride, op. cit., pp. 339-43.
25. Ford em entrevista com Philip Jenkinson, 1968, BBC.

NOTAS

499

26. Memorando do chefe do Bureau of Navigation para John Ford, 12 dez. 1941, JFC.

27. Memorando do chefe do Bureau of Navigation para John Ford, 20 dez. 1941, JFC.

28. Joseph McBride, op. cit., pp. 353.

29. Memorando de Frank Knox para o secretário da Marinha [c. jan. 1942], JFC, e (para a referência a Engel) Robert Parrish, *Hollywood Doesn't Live Here Anymore* (Boston: Little, Brown, 1988), pp. 18-21; carta de Henry Stimson para William J. Donovan, 3 fev. 1942, JFC.

30. História oral de John Ford, Naval Historical Center.

31. Robert Parrish, op. cit., p. 16.

32. Joseph McBride, op. cit., pp. 356.

33. Carta de Gregg Toland para Samuel Goldwyn, 22 mar. 1942, arquivo 3902, SGC.

34. Ibid.

35. Carta de John Ford para Mary Ford, 24 fev. 1942, JFC.

36. Carta de John Ford para Mary Ford [c. mar. 1942], JFC.

37. Joseph McBride, op. cit., pp. 343.

38. Robert Parrish, op. cit., pp. 18-21.

39. Ibid.

40. General James H. "Jimmy" Doolittle; Carroll V. Glines, *I Could Never Be So Lucky Again*. Nova York: Bantam, 1991, p. 2.

41. Joseph McBride, *Frank Capra: The Catastrophe of Success*. Nova York: Simon & Schuster, 1992; ed. rev. de 2000, p. 450.

42. Arquivos de *Este mundo é um hospício*, FCA e Warner Bros. Archives, University of Southern California.

43. Joseph McBride, *Frank Capra: The Catastrophe of Success*. Nova York: Simon & Schuster, 1992; ed. rev. de 2000, pp. 448, 451.

44. Carta do capitão S. S. Bartlett, Depto. de Guerra, para Frank Capra, 20 dez. 1941, FCA.

45. David Culbert, "Why We Fight: Social Engineering for a Democratic Society at War". In: Short, K. R. M. (org.). *Film and Radio Propaganda in World War II*. Kent, Inglaterra: Croom Helm Ltd., 1983.

46. Carta de Bartlett para Frank Capra, 20 dez. 1941, FCA.

47. Telegrama do general Frederick Osborn para Frank Capra, 8 jan. 1942, FCA.

48. Frank Capra, *The Name Above the Title: An Autobiography*. Nova York: Da Capo, 1997; publicado originalmente em 1971, pp. 315-16.

49. Telegrama de Frank Capra para Richard Schlossberg, 4 fev. 1942, FCA.

50. O relato de Capra sobre a declaração de Schlossberg aparece com ligeiras variações em *The Name Above the Title* (op. cit.), p. 318, e em Jan Herman, *A Talent for Trouble: The Life of Hollywood's Most Acclaimed Director, William Wyler* (Nova York: Da Capo, 1997), pp. 239-41.

51. David Culbert, op. cit.

52. Michael Birdwell, "Technical Fairy First Class". *Historical Journal of Film, Radio and Television*, v. 25, n. 2, jun. 2005.

53. Ibid.

54. Leland Poague (org.), *Frank Capra Interviews*. Jackson: University Press of Mississippi, 2004, p. 127.

55. Ibid., pp. 57-61.

56. Frank Capra, "A Proposed Address by the President", 24 dez. 24, 1942, documentos de Mellett, Arquivo do Office of War Information, caixa 1432, NA.

57. Memorando de Mellett para o presidente Roosevelt, 25 fev. 1942, documentos de Mellett files, Arquivo do Office of War Information, caixa 1432, NA.

58. Carta de Roosevelt para Mellett, 26 fev. 1942, documentos de Mellett, Arquivo do Office of War Information, caixa 1432, NA.

59. Várias cartas de Frank Capra para Lucille Capra, sem data, mas todas de fev. 1942, FCA.

500 CINCO VOLTARAM

7. "SÓ TENHO UM ALEMÃO" [pp. 136-149]

1. Mason Wiley; Damien Bona, *Inside Oscar: The Unofficial History of the Academy Awards*. Ed. comem. de 10 anos. Nova York: Ballantine, 1996, pp. 115-16.
2. Ibid., p. 119.
3. Ed Sikov, *Dark Victory: The Life of Bette Davis*. Nova York: Henry Holt, 2007, p. 180.
4. Thomas Brady, "Peace Comes to 'The Little Foxes'". *New York Times*, 22 jun. 1941.
5. Bette Davis, *The Lonely Life*. Nova York: G. P. Putnam's Sons, 1962, p. 207.
6. Wyler no *New York World-Telegram*, 9 set. 1941, citado em Barbara Leaming, *Bette Davis* (Nova York: Cooper Square, 1992), p. 181.
7. Michael Troyan, *A Rose for Mrs. Miniver: The Life of Greer Garson*. Lexington: University Press of Kentucky, 1999, p. 129.
8. William Wyler em entrevista com Catherine Wyler, 1981, republicada em Gabriel Miller (org.), *William Wyler Interviews* (Jackson: University Press of Mississippi, 2009), p. 112.
9. Versões dessa história, com ligeiras variações, aparecem em Jan Herman, *A Talent for Trouble: The Life of Hollywood's Most Acclaimed Director, William Wyler* (Nova York: Da Capo, 1997); Michael Anderegg, *William Wyler* (Boston: Twayne, 1979); e na entrevista de Wyler em 1979 com Ron Davis em Gabriel Miller (org.), op. cit., pp. 96-97.
10. Roteiro de *Rosa de esperança*, 18 out. 1941, caixa 7, pasta 13, WWUCLA.
11. Michael Troyan, op. cit., p. 134.
12. Talli Wyler em entrevista em "Directed by William Wyler" (episódio de *American Masters*, transmitido originalmente em 1986 na PBS), produção de Catherine Wyler, narração e entrevistas de A. Scott Berg, direção de Aviva Slesin.
13. Telegrama de William Wyler para Richard Schlossberg, 12 fev. 1942, NA.
14. John Huston em entrevista em "Directed by William Wyler".
15. Lawrence Grobel, *The Hustons: The Life and Times of a Hollywood Dynasty*. Ed. atual. Nova York: Cooper Square, 2000, p. 229.
16. Ibid., p. 217.
17. Ibid., pp. 212, 221.
18. Stuart Kaminsky, *John Huston: Maker of Magic*. Boston: Houghton Mifflin, 1978, pp. 26, 48.
19. Rudy Behlmer, *Inside Warner Bros. (1935-1951)*. Nova York: Viking, 1985, pp. 151-52.
20. Bosley Crowther, "'The Maltese Falcon,' a Fast Mystery-Thriller with Quality and Charm, at the Strand". *New York Times*, 4 out. 1941.
21. "The New Pictures". *Time*, 20 out. 1941.
22. *New York Herald Tribune*, 4 out. 1941.
23. Lawrence Grobel, op. cit., p. 223.
24. Jack L. Warner; Dean Jennings, *My First Hundred Years in Hollywood*. Nova York: Random House, 1964, p. 255.
25. John Huston, *An Open Book*. Nova York: Alfred A. Knopf, 1980, p. 81.
26. Bette Davis em *The Dick Cavett Show*, 1971, citada em Ed Sikov, op. cit., p. 188.
27. Imagens de Richard Schickel, *The Men Who Made the Movies*, série de documentários, 1973.
28. Carta de John Ford para Mary Ford, 4 abr. 1942, JFC.
29. Axel Madsen, *William Wyler: The Authorized Biography*. Nova York: Thomas Y. Crowell, 1973, p. 223.
30. Jan Herman, op. cit., p. 239.
31. A. Scott Berg, *Goldwyn*. Nova York: Alfred A. Knopf, 1989, p. 369.
32. Rudy Behlmer, op. cit., p. 276.
33. Arquivo 1719, JHC.

NOTAS

34. Vincent Sherman, *Studio Affairs: My Life as a Film Director*. Lexington: University Press of Kentucky, 1996, pp. 189-91.

35. Ficha militar de John Huston, 29 abr. 1942, arquivo 1719, JHC.

8. "VAI SER UM PROBLEMA E UMA BATALHA" [pp. 150-166]

1. A. M. Sperber; Eric Lax, *Bogart*. Nova York: William Morrow, 1997, p. 187.

2. Otto Friedrich, *City of Nets: A Portrait of Hollywood in the 1940's*. Nova York: Harper & Row, 1986, p. 136.

3. John Sanford, *A Very Good Fall to Land With: Scenes from the Life of an American Jew*. V. 3. Santa Rosa, CA: Black Sparrow, 1987, pp. 210-16.

4. Ibid.

5. Frank Capra, *The Name Above the Title: An Autobiography*. Nova York: Da Capo, 1997; publicado originalmente em 1971, p. 335.

6. Frank Capra em entrevista com George Bailey, 1975, reunida em Leland Poague (org.), *Frank Capra Interviews* (Jackson: University Press of Mississippi, 2004), p. 127.

7. John Sanford, op. cit., pp. 210-216.

8. Joseph McBride, *Frank Capra: The Catastrophe of Success*. Nova York: Simon & Schuster, 1992; ed. rev. de 2000, pp. 458-60.

9. Carta de Frank Capra para Ralph Block, Screen Writers Guild, 4 mar. 1942, FCA.

10. Carta de Frank Capra para Lucille Capra, 1º mar. 1942, FCA.

11. Carta de Frank Capra para Lucille Capra, início de mar. 1942, FCA.

12. Frank Capra, op. cit., p. 338.

13. Joseph McBride, op. cit., pp. 458-60.

14. Carta de Frank Capra para John Sanford, maio 1942, FCA.

15. Memorando do general Frederick Osborn, 4 mar. 1942, documentos de Mellett, Arquivo do Office of War Information, caixa 1432, NA.

16. Cartas de Frank Capra para Lucille Capra, 22 fev. 1942 e 1º mar. 1942, FCA.

17. Memorando do general Frederick Osborn, 4 mar. 1942, documentos de Mellett, Arquivo do Office of War Information, caixa 1432, NA.

18. Otis Ferguson, "The Man in the Movies". *New Republic*, 1º set. 1941.

19. Clayton R. Koppes; Gregory D. Black, *Hollywood Goes to War: How Politics, Profits, and Propaganda Shaped World War II Movies*. Nova York: Free Press, 1987, p. 86.

20. John W. Dower, *War Without Mercy: Race and Power in the Pacific War*. Nova York: Pantheon, 1986, p. 174.

21. Carl Rollyson, *Lillian Hellman: Her Legend and Her Legacy*. Nova York: St. Martin's, 1988, pp. 192-93.

22. Jan Herman, *A Talent for Trouble: The Life of Hollywood's Most Acclaimed Director, William Wyler*. Nova York: Da Capo, 1997, pp. 241-42.

23. Axel Madsen, *William Wyler: The Authorized Biography*. Nova York: Thomas Y. Crowell, 1973, p. 226.

24. Thomas Cripps; David Culbert. "The Negro Soldier (1944): Film Propaganda in Black and White". *American Quarterly*, inverno 1979.

25. Stephen E. Ambrose, *D-Day—June 6, 1944: The Climactic Battle of World War II*. Nova York: Simon & Schuster, 1994, p. 147.

26. Herb Golden, "Capital Gives Victory Caravan Rousing Welcome". *Daily Variety*, 1º maio 1942; também *New York Times*, 13 abr. 1942; Theodore Strauss, "That Sandrich Man". *New York Times*, 12 jul. 1942.

27. John Huston, *An Open Book*. Nova York: Alfred A. Knopf, 1980, p. 88.
28. Jeffrey Meyers, *John Huston: Courage and Art*. Nova York: Crown Archetype, 2011, p. 47.
29. Lawrence Grobel, *The Hustons: The Life and Times of a Hollywood Dynasty*. Ed. atual. Nova York: Cooper Square, 2000, pp. 234-35.
30. Lillian Hellman em entrevista em "Directed by William Wyler" (episódio de *American Masters*, transmitido originalmente em 1986 na PBS), produção de Catherine Wyler, narração e entrevistas de A. Scott Berg, direção de Aviva Slesin.
31. Bosley Crowther, resenha (título indisponível), *New York Times*, 5 jun. 1942.
32. "New Picture". *Time*, 29 jun. 1942.
33. *New York Post*, 5 jun. 1942.
34. *Variety*, 13 maio 1942.
35. *Nation*, 26 dez. 1942 e 15 abr. 1944.
36. Jan Herman, op. cit., p. 235.
37. Coleção do Office of War Information, discurso de Nelson Poynter de 13 jun. 1942, arquivo 1556, NA.
38. Jan Herman, op. cit., p. 250.
39. Material de publicidade da MGM, ago. 1942, WWUCLA.
40. *Time*, 29 jun. 1942.
41. *Catholic World*, set. 1942.
42. William Wyler em entrevista com Catherine Wyler, 1981, republicada em Gabriel Miller (org.), *William Wyler Interviews* (Jackson: University Press of Mississippi, 2009), pp. 130-31.
43. Carta de Frank Capra para Lucille Capra, 3 maio 1942, FCA.
44. Ibid.
45. Carta de S. Charles Einfeld para Frank Capra, 24 abr. 1942, FCA.
46. "First Capra Documentary Service Pic Due May 1". *Daily Variety*, 15 mar. 1942.
47. Thomas Doherty, *Projections of War: Hollywood, American Culture, and World War II*. Nova York: Columbia University Press, 1993, pp. 20, 23.
48. Capra contou muitas vezes a história de quando assistiu a *Triunfo da vontade*; esta citação foi composta a partir de comentários em Richard Schickel, *The Men Who Made the Movies: Interviews with Frank Capra, George Cukor, Howard Hawks, Alfred Hitchcock, Vincente Minnelli, King Vidor, Raoul Wallace, and William E. Wellman* (Nova York: Atheneum, 1975), p. 82; John W. Dower, op. cit., p. 16; e "WWII: the Propaganda Battle" (in: *A Walk Through the 20th Century with Bill Moyers*, série de documentários).
49. John W. Dower, op. cit., p. 16.
50. Memorando do general Frederick Osborn, 4 mar. 1942, documentos de Mellett, Arquivo do Office of War Information, caixa 1432, NA.
51. Telegrama de Frank Capra para Eric Knight, 16 abr. 1942, documentos de Eric Knight, EKP.
52. Frank Capra, op. cit., p. 331.
53. Carta de Eric Knight para Frank Capra, 15 abr. 1942, FCA.
54. Carta de Frank Capra para Lowell Mellett, maio 1942, citada em Matthew C. Gunter, *The Capra Touch: A Study of the Director's Hollywood Classics and War Documentaries, 1934-1945* (Jefferson, NC: McFarland, 2011).
55. Joseph McBride, op. cit., p. 457.

9. "SÓ SEI QUE NÃO SOU CORAJOSO" [pp. 167-181]

1. História oral de John Ford, Naval Historical Center.

NOTAS

2. Scott Eyman, *Print the Legend: The Life and Times of John Ford*. Nova York: Simon & Schuster, 1999, p. 257.
3. Joseph McBride, *Searching for John Ford: A Life*. Nova York: St. Martin's, 2001, pp. 345-46.
4. História oral de John Ford, Naval Historical Center.
5. Carta de John Ford para Mary Ford, 1º jun. 1942, JFC.
6. Ibid. Exceto quando indicado, todas as citações de Ford sobre Midway e todos os relatos sobre sua atitude nesta seção vêm de sua história oral pelo Naval History Center.
7. Jack Mackenzie Jr., relatado para Alvin Wyckoff, "Fighting Cameramen" (*American Cinematographer*, fev. 1944).
8. Entre os filmes de drama mais destacados sobre o início da guerra no Pacífico estão *Nossos mortos serão vingados*, *A patrulha de Bataan*, *Corregidor* e *Aurora sangrenta*.
9. David M. Kennedy, *Freedom from Fear: The American People in Depression and War, 1929-1945*, Oxford History of the United States. Nova York: Oxford University Press, 1999, p. 543.
10. Jack Mackenzie Jr., op. cit.
11. História oral de George Gay, Naval History Center.
12. John Ford em entrevista com Philip Jenkinson, BBC, 1968 (transcrita pelo autor a partir de exposição em vídeo no Mémorial de la Shoah, Musée, Centre de Documentation Juive Contemporaine, Paris).
13. Histórico médico em relatório H-8, 4 jun. 1942, JFC.
14. Scott Eyman, op. cit., p. 259.
15. Histórico médico em relatório H-8, 4 jun. 1942, JFC.
16. Joseph McBride, op. cit., p. 366.
17. Telegrama de George Stevens para John Ford, 18 jun. 1942, JFC.
18. Peter Bogdanovich, *John Ford*. Ed. rev. e ampl. Berkeley; Los Angeles: University of California Press, 1978.
19. Dan Ford, *Pappy: The Life of John Ford*. Englewood Cliffs, NJ: Prentice Hall, 1979, p. 170.
20. John Ford em entrevista com Philip Jenkinson, BBC, 1968 (transcrita pelo autor a partir de exposição em vídeo no Mémorial de la Shoah, Musée, Centre de Documentation Juive Contemporaine, Paris).
21. Jack Mackenzie Jr., op. cit.
22. Robert Parrish, *Growing Up in Hollywood*. Nova York: Little, Brown, 1976. Parrish, morto em 1995, era um autor competente de memórias e bom anedotista, e contou a história sobre a edição e gravação de *The Battle of Midway* muitas vezes, em geral com variações e ornamentos. Nesta seção, tentei me ater às versões menos extremas, e, embora as conversas que ele relatasse possam soar estranhamente planejadas, não há motivo para duvidar dos traços gerais de seu registro.
23. Ibid., p. 145.
24. Ibid.
25. Optei pelo relato de Joseph McBride em *Searching for John Ford*, p. 362, visto que parece ser a resposta mais provável e característica que Ford teria dado. Contudo, cabe observar que Parrish descreveu versões muito diversas desta conversa ao longo dos anos. Em uma delas, em entrevista para o programa de TV *Omnibus*, ele parafraseou a resposta de Ford da seguinte forma: "Esse filme é para as mães americanas. Os pais sabem da guerra. As mães não sabem que seus filhos estão morrendo".
26. Robert Parrish, op. cit., p. 146.
27. Ibid.
28. Carta de A. Jack Bolton para John Ford, 2 nov. 1942, JFC.
29. Robert Parrish, *Hollywood Doesn't Live Here Anymore*. Boston: Little, Brown, 1988, p. 19.
30. Ibid.

504   **CINCO VOLTARAM**

10. "TEM LUGAR PARA MIM?" [pp. 182-194]

1. *Variety*, 20 maio 1942, citado em John W. Dower, *War Without Mercy: Race and Power in the Pacific War* (Nova York: Pantheon, 1986), p. 322.
2. Frank Capra, *The Name Above the Title: An Autobiography*. Nova York: Da Capo, 1997; publicado originalmente em 1971, p. 339.
3. Carta de Osborn para Frank Capra, 16 jul. 1942, FCA.
4. Joseph McBride, *Frank Capra: The Catastrophe of Success*. Nova York: Simon & Schuster, 1992; ed. rev. de 2000, p. 474.
5. "Screen News Here and in Hollywood". *New York Times*, 25 jun. 1942.
6. Clayton R. Koppes; Gregory D. Black, *Hollywood Goes to War: How Politics, Profits, and Propaganda Shaped World War II Movies*. Nova York: Free Press, 1987, p. 75-76.
7. *Government Information Manual for the Motion Picture Industry*. Washington, D.C.: Office of War Information, 1942.
8. William J. Blakefield, "A War Within: The Making of Know Your Enemy—Japan". *Sight and Sound*, primavera 1983.
9. Carta do National Film Board do Canadá para Frank Capra, 21 ago. 1942, FCA.
10. Memorando de Frank Capra, fev. 1943, FCA.
11. Carta de Frank Capra para o coronel Herman Beukema, 26 ago. 1942, FCA.
12. Carta de Leonard Spigelgass para Frank Capra, 22 set. 1942, FCA.
13. Frank Capra, op. cit., p. 339.
14. "The New Pictures". *Time*, 16 fev. 1942.
15. Scott Eyman, *Lion of Hollywood: The Life and Legend of Louis B. Mayer*. Nova York: Simon & Schuster, 2005, p. 342.
16. Russell Maloney, "The Current Cinema: A Good Movie". *New Yorker*, 7 fev. 1942.
17. George Stevens em entrevista de 1973, republicada em Paul Cronin (org.), *George Stevens Interviews* (Jackson: University Press of Mississippi, 2004), p. 87.
18. Carta de "Bill" para George Stevens, 1º mar. 1942, arquivo 3196, GSC.
19. Bruce Humleker Petri, "A Theory of American Film: The Films and Techniques of George Stevens". Harvard University, maio 1974; copyright 1987. Tese (doutorado).
20. John Oller, *Jean Arthur: The Actress Nobody Knew*. Nova York: Limelight Editions, 1997, pp. 136-44.
21. Marilyn Ann Moss, *Giant: George Stevens, a Life on Film*. Madison: University of Wisconsin Press, 2004, p. 95.
22. Ibid., p. 96.
23. Transcrição não editada de entrevista de George Stevens com Robert Hughes, 1967, arquivo 3677, GSC.
24. Paul Cronin (org.), *George Stevens Interviews*, p. 112.
25. Carta de "Mimi" para John Ford, aparentemente de 5 dez. 1938, JFC.
26. Carta de John Ford para Mary Ford, 10 jan. 1942, JFC.
27. Carta de John Ford para o capitão de fragata W. J. Morcott, 29 jul. 1942, JFC.
28. Carta de Pat Ford para John Ford, 20 jul. 1943, JFC.
29. Jan Herman, *A Talent for Trouble: The Life of Hollywood's Most Acclaimed Director, William Wyler*. Nova York: Da Capo, 1997, p. 245.
30. Carta de Samuel Goldwyn para William Wyler, 25 ago. 1943, em referência à suspensão com data de 15 jun. 1942, WWA.
31. Telegrama de Irwin Shaw para William Wyler (pontuado aqui em favor da clareza), 10 jul. 1942, WWA.
32. Lawrence Grobel, *The Hustons: The Life and Times of a Hollywood Dynasty*. Ed. atual. Nova York: Cooper Square, 2000, p. 235.

NOTAS

33. Memorando, 6 nov. 1942, arquivo 1719, JHC.
34. Lawrence Grobel, op. cit., p. 235.
35. Jeffrey Meyers, *John Huston: Courage and Art*. Nova York: Crown Archetype, 2011, pp. 96-97.

11. "UM BOM PARCEIRO PARA OS MOMENTOS DE CRISE" [pp. 195-209]

1. "Film of 'Midway' Released by Navy". *New York Times*, 15 set. 1942.
2. "The New Pictures". *Time*, 28 set. 1942.
3. "The Current Cinema: Epidemic". *New Yorker*, 19 set. 1942.
4. John T. McManus, "America Cheers Midway Battle". *PM*, 15 set. 1942.
5. "The New Pictures". *Time*, 28 set. 1842.
6. Thomas Doherty, *Projections of War: Hollywood, American Culture, and World War II*. Nova York: Columbia University Press, 1993, p. 253.
7. Robert Parrish, *Hollywood Doesn't Live Here Anymore*. Boston: Little, Brown, 1988, pp. 19-20.
8. Carta de Sam Spewack para Lowell Mellett, 4 set. 1942, documentos de Mellett, caixa 1446, Arquivo do Office of War Information, NA.
9. Robert Parrish, op. cit.
10. *Instructions for American Servicemen in Britain*. Washington, D.C.: War Department, 1942.
11. Carta de John Ford para Mary Ford [c. ago. 1942], JFC.
12. Rudy Behlmer, *Memo from Darryl F. Zanuck: The Golden Years at Twentieth Century-Fox*. Nova York: Grove, 1993, p. 63.
13. Jan Herman, *A Talent for Trouble: The Life of Hollywood's Most Acclaimed Director, William Wyler*. Nova York: Da Capo, 1997, p. 247.
14. Ibid., p. 248.
15. Axel Madsen, *William Wyler: The Authorized Biography*. Nova York: Thomas Y. Crowell, 1973, p. 231.
16. Transcrição inédita de entrevista com William Clothier por Dan Ford, JFC.
17. Jan Herman, op. cit., p. 246.
18. Michael Troyan, *A Rose for Mrs. Miniver: The Life of Greer Garson*. Lexington: University Press of Kentucky, 1999, pp. 149-50.
19. Clayton R. Koppes; Gregory D. Black, *Hollywood Goes to War: How Politics, Profits, and Propaganda Shaped World War II Movies*. Nova York: Free Press, 1987, p. 230.
20. Michael Troyan, op. cit., p. 150.
21. John Douglas Eames, *The MGM Story*. 2. ed. rev. Nova York: Crown, 1982, p. 176.
22. Telegrama de Lord Halifax para William Wyler, 3 jul. 1942, WWUCLA.
23. Donald Spoto, *Laurence Olivier: A Biography*. Nova York: HarperCollins, 1992, p. 165.
24. Jan Herman, op. cit., pp. 237, 253.
25. Donald Spoto, op. cit., 165.
26. História oral de John Ford, Naval Historical Center.
27. Darryl F. Zanuck, *Tunis Expedition*. Nova York: Random House, 1943, pp. 63-65.
28. Dan Ford, *Pappy: The Life of John Ford*. Englewood Cliffs, NJ: Prentice Hall, 1979, p. 177.
29. História oral de John Ford, Naval Historical Center.
30. Ibid.
31. Darryl F. Zanuck, op. cit., pp. 125-26.
32. Carta de John Ford para James Roosevelt, 20 mar. 1943, JFC.
33. Ibid., p. 377.

34. Bosley Crowther, "'The World at War,' a Powerful Documentary Survey of the Past Decade, at Rialto". *New York Times*, 4 set. 1942.
35. Carta de Eric Knight para Frank Capra, 15 abr. 1942, FCA.
36. Forrest C. Pogue, *George C. Marshall: Organizer of Victory*. Nova York: Viking, 1973, p. 473.
37. Carta de Frederick Osborn para Lucille Capra, 23 out. 1942, FCA.
38. Carta de Frank Capra para Lucille Capra, 25 out. 1942. FCA.
39. Carta de Lowell Mellett para Franklin Delano Roosevelt, 9 nov. 1942, documentos de Mellett, Arquivo do Office of War Information, NA.
40. Telegrama de Lowell Mellett para a Academy of Motion Picture Arts and Sciences, 9 nov. 1942, documentos de Mellett, Arquivo do Office of War Information, NA.
41. Clayton R. Koppes; Gregory D. Black, op. cit., pp. 122-23.
42. Joseph McBride, *Frank Capra: The Catastrophe of Success*. Nova York: Simon & Schuster, 1992; ed. rev. de 2000, p. 476.
43. Carta de Frederick Osborn para Frank Capra, 26 nov. 1942, FCA.
44. Tony Aldgate, "Mr. Capra Goes to War: Frank Capra, the British Army Film Unit, and Anglo--American Travails in the Production of 'Tunisian Victory'". *Historical Journal of Film, Radio and Television*, v. 11, n. 1, 1991.
45. Carta de Eric Knight para Frank Capra, 21 nov. 1942, FCA.
46. Charles Hurd, "Eric Knight Victim; Author Among Group of 26 Specialists and 9 in Crew to Die". *New York Times*, 22 jan. 1943.

12. "TANTO FAZ CAIR DENTRO OU CAIR FORA" [pp. 210-223]

1. Cadernos, desenhos, anotações e memorandos sem data do arquivo 478, JHC.
2. Exceto quando indicado, todas as citações e reminiscências de Huston sobre suas experiências em Adak nesta seção são de sua autobiografia *An Open Book* (Nova York: Alfred A. Knopf, 1980), pp. 88-96.
3. Memorando do Departamento de Guerra para John Huston, 11 mar. 1943, anexado a roteiro, arquivo 477, JHC.
4. Scott Eyman, *Print the Legend: The Life and Times of John Ford*. Nova York: Simon & Schuster, 1999, pp. 252-53.
5. Memorando de John Huston para o general James Landrum, 9 nov. 1942, arquivo 478, JHC.
6. John Huston em entrevista com Peter S. Greenberg, *Rolling Stone*, 9 fev. 1981, republicada em Robert Emmet Long (org.), *John Huston Interviews* (Jackson: University Press of Mississippi, 2001), pp. 115-16.
7. Scott Hammen, "At War with the Army". *Film Comment*, mar./abr. 1980.
8. John Huston em entrevista com Peter S. Greenberg, em Robert Emmet Long (org.), op. cit., pp. 115-16.
9. John Huston, op. cit., pp. 89-90, 92.
10. Huston em entrevista em *The Men Who Made the Movies*, série de documentários, 1973.
11. Lawrence Grobel, *The Hustons: The Life and Times of a Hollywood Dynasty*. Ed. atual. Nova York: Cooper Square, 2000, p. 236.
12. Jeffrey Meyers, *John Huston: Courage and Art*. Nova York: Crown Archetype, 2011, pp. 96-97.
13. Ibid.
14. Lawrence Grobel, op. cit., p. 238.
15. John Huston, op. cit., p. 96.
16. Ibid., p. 102.

NOTAS

17. Marilyn Ann Moss, *Giant: George Stevens, a Life on Film*. Madison: University of Wisconsin Press, 2004, p. 103.
18. Entrevista com Irwin Shaw, arquivo 67, Filmmaker's Journey Collection, Margaret Herrick Library.
19. Transcrição não editada de entrevista de George Stevens com Robert Hughes, 1967, arquivo 3677, GSC.
20. Memorando de George Stevens para Harry Cohn, 10 nov. 1942, arquivo 2723, GSC.
21. Carta de Joseph Breen para Harry Cohn, 10 set. 1942, arquivo 2723, GSC.
22. Carta de Hoover para Harry Cohn, 18 set. 1942, arquivo 2723, GSC.
23. Memorando de Duncan Cassell, 16 out. 1942, e relatório do Audience Research Institute, 30 nov. 1942, arquivo 2721, GSC.
24. Paul Cronin (org.), *George Stevens Interviews*. Jackson: University Press of Mississippi, 2004, p. 112.
25. Marilyn Ann Moss, op. cit., p. 100.
26. George Stevens Jr. em entrevista no documentário "George Stevens in World War II". Suplemento do DVD de cinquenta anos da 20th Century Fox de *O diário de Anne Frank*.
27. Carta de Frank Capra para Local Board N. 179, North Hollywood, 6 jan. 1943, FCA.
28. George Stevens em entrevista de 1964, em Paul Cronin (org.), op. cit., pp. 39-40.
29. Termo de procuração, 22 fev. 1943, arquivo 3806, GSC.
30. Caderno n. 15 de George Stevens, 22 fev. 1943, GSC.
31. O caderno de Stevens desse período, de número 15 na George Stevens Collection, mostra que ele voltou à cidade de Nova York em 25 de fevereiro de 1943, ficou doente no começo de março, foi internado em 11 de março de 1943, recebeu alta de Fort Jay em 28 de março de 1943 e viajou para Washington, D.C. com a família em 6 de abril de 1943.
32. Caderno n. 15 de George Stevens, entradas com data de 7 abr. 1943, 20 abr. 1943 e 25 abr. 1943, GSC.
33. Caderno n. 1 de George Stevens, 5 maio 1943, GSC.
34. Ibid., 7 maio 1943.
35. Paul Cronin (org.), op. cit., pp. 112-13.
36. Folha solta de um dos diários de Stevens com data de 10 maio 1943, GSC.
37. "Current & Choice: New Picture". *Time*, 17 maio 1943.
38. Entrada em diário de George Stevens, citada em "George Stevens: A Filmmaker's Journey" (transcrição inédita, arquivo 13, FJC).
39. Caderno n. 1 de George Stevens, 12 maio 1943, GSC.

13. "ERA O SUFICIENTE PARA FAZER TUDO PARECER UM POUCO IRREAL" [pp. 224-238]

1. Axel Madsen, *William Wyler: The Authorized Biography*. Nova York: Thomas Y. Crowell, 1973, p. 232.
2. Memorando do QG da VIII Força Aérea assinado pelo tenente-coronel Beirne Lay Jr., 20 dez. 1942, arquivo 777, WWA.
3. Jan Herman, *A Talent for Trouble: The Life of Hollywood's Most Acclaimed Director, William Wyler*. Nova York: Da Capo, 1997, pp. 249-50.
4. Axel Madsen, op. cit., p. 230.
5. Thomas M. Pryor, "Filming Our Bombers over Germany". *New York Times*, 26 mar. 1944.
6. Memorando de Beirne Lay, 20 dez. 1942, arquivo 777, WWA.
7. William Wyler em entrevista com Catherine Wyler, 1981, republicada em Gabriel Miller (org.), *William Wyler Interviews* (Jackson: University Press of Mississippi, 2009), pp. 131-32.

508   **CINCO VOLTARAM**

8. Jan Herman, op. cit., p. 250.
9. Patrick Healy, "Robert Morgan, 85, World War II Pilot of Memphis Belle". *New York Times*, 17 maio 2004.
10. "Working for Uncle Sam". <http://www.91stbombgroup.com/mary_ruth/Chapter_3.htm>.
11. Jan Herman, op. cit., p. 251.
12. Axel Madsen, op. cit., p. 233.
13. Ibid.
14. Walter Cronkite, "'Hell' Pictured as Flying Forts Raid Germany". *Los Angeles Times*, 27 fev. 1943.
15. Axel Madsen, op. cit., p. 232.
16. William Wyler em entrevista em *Theatre Arts*, v. 31, n. 2, fev. 1947.
17. William Wyler em entrevisa em *Action!*, v. 8, n. 5, set./out. 1973.
18. Mason Wiley; Damien Bona, *Inside Oscar: The Unofficial History of the Academy Awards*. Ed. comem. de 10 anos. Nova York: Ballantine, 1996, pp. 128-29.
19. Carta de Franklin Delano Roosevelt para Walter Wanger, republicada em *Hollywood Reporter*, 5 mar. 1943.
20. Mason Wiley; Damien Bona, op. cit., p. 131.
21. Jan Herman, op. cit., p. 254.
22. William Wyler em entrevista com Ronald L. Davis, projeto de história oral da Southern Methodist University, 1979, republicado em Gabriel Miller (org.), *William Wyler Interviews* (Jackson: University Press of Mississippi, 2009), p. 98.
23. *Los Angeles Herald Express*, 5 mar. 1943.
24. Telegramas para William Wyler de Samuel Goldwyn, John Huston e Talli Wyler; telegramas de William Wyler para Talli Wyler e Mack Millar, todos no arquivo 329, WWA.
25. Gallagher levantou essa questão em um texto polêmico intitulado "Two Big Missing John Ford Stories" [Duas grandes histórias perdidas de John Ford], que apareceu originalmente na edição 12 de uma publicação on-line chamada *Film Journal* em 2005, mas depois foi retirado do ar pelos editores após Joseph McBride reclamar que ele se equivocava em relação à sua obra (o texto aparece na seção de comentários de *O ataque a Pearl Harbor* em IMBD.com). A ideia de Gallagher de que Toland talvez estivesse tentando justificar as políticas de internação americanas não foi contestada por McBride e, portanto, foi incluída aqui.
26. Carta de James Kevin McGuinness para John Ford, 24 mar. 1943, JFC.
27. John Morton Blum, *V Was for Victory: Politics and Propaganda During World War II*. Nova York: Harcourt Brace Jovanovich, 1977, p. 39.
28. Thomas Doherty, *Projections of War: Hollywood, American Culture, and World War II*. Nova York: Columbia University Press, 1993, p. 70.
29. "Mellett, War Dept. Clash over Prelude to War Film Release to Public". *Hollywood Reporter*, 11 fev. 1943.
30. Leo Mishkin em *New York Morning Telegraph*, 11 jan. 1943.

14. "VINDO COM A GENTE SÓ PELAS FOTOS?" [pp. 239-254]

1. "Billion-Dollar Watchdog". *Time*, 8 mar. 1943.
2. Darryl F. Zanuck, *Tunis Expedition*. Nova York: Random House, 1943.
3. John K. Hutchens, "War Front Diary". *New York Times Book Review*, 1º abr. 1943.
4. Darryl F. Zanuck, op. cit.
5. Mel Gussow, *Darryl F. Zanuck: Don't Say Yes Until I Finish Talking*. Nova York: Doubleday, 1971, pp. 105-10.

NOTAS

6. "New Picture". *Time*, 15 mar. 1943.
7. George F. Custen, *Twentieth Century's Fox: Darryl F. Zanuck and the Culture of Hollywood*. Nova York: Basic Books, 1997, pp. 258-59.
8. Ibid., citando uma matéria de David Robb intitulada "Zanuck Caught in D.C. Gunsights", *Variety*, sem data.
9. Dan Ford, *Pappy: The Life of John Ford*. Englewood Cliffs, NJ: Prentice Hall, 1979, pp. 178-80.
10. Scott Eyman, *Print the Legend: The Life and Times of John Ford*. Nova York: Simon & Schuster, 1999, p. 269.
11. Carta de Frank Capra para o colonel K. B. Lawton, 20 fev. 1943, FCA.
12. Joseph McBride, *Frank Capra: The Catastrophe of Success*. Nova York: Simon & Schuster, 1992; ed. rev. de 2000, p. 477.
13. Clayton R. Koppes; Gregory D. Black, *Hollywood Goes to War: How Politics, Profits, and Propaganda Shaped World War II Movies*. Nova York: Free Press, 1987, pp. 123-24.
14. Carta de Stanley Grogan para Alexander Surles, 22 abr. 1943, FCA.
15. Bosley Crowther, "'Prelude to War' Shown to Public". *New York Times*, 14 maio 1943.
16. *Nation*, 12 jun. 1943.
17. "The New Pictures". *Time*, 31 maio 1943.
18. Bosley Crowther, op. cit.
19. Thomas Doherty, *Projections of War: Hollywood, American Culture, and World War II*. Nova York: Columbia University Press, 1993, p. 79.
20. John W. Dower, *War Without Mercy: Race and Power in the Pacific War*. Nova York: Pantheon, 1986, p. 17.
21. Clayton R. Koppes; Gregory D. Black, op. cit., pp. 124-25.
22. Jan Herman, *A Talent for Trouble: The Life of Hollywood's Most Acclaimed Director, William Wyler*. Nova York: Da Capo, 1997, pp. 255-56.
23. William Wyler em entrevista no American Film Institute em 1975, republicada em George Stevens Jr., *Conversations with the Great Moviemakers of Hollywood's Golden Age at the American Film Institute*. Nova York: Alfred A. Knopf, 2006.
24. Jan Herman, op. cit., pp. 256-57.
25. William Wyler em seu diário, 25 maio 1943, citado em Axel Madsen, *William Wyler: The Authorized Biography* (Nova York: Thomas Y. Crowell, 1973), p. 236.
26. William Wyler em seu diário, 19 maio 1943, citado em ibid., p. 235.
27. As datas e os destinos de todas as incursões de que Wyler participou foram obtidas em um memorando do 324º Esquadrão de Bombardeio, 29 maio 1943, arquivo 777, WWA.
28. "Major Wyler Wins Medal". *New York Times*, 12 jun. 1943.
29. William Wyler para Talli Wyler, 4 jun. 1943, citado em Jan Herman, op. cit., p. 259.
30. Carta de Lowell Mellett para Sam Spewack, 15 jan. 1943, documentos de Lowell Mellett, Arquivo do Office of War Information, caixa 1446, NA.
31. Memorando de Lowell Mellett para Elmer Davis e Gardner Cowles Jr., 18 maio 1943, documentos de Mellett, Arquivo do Office of War Information, caixa 1431, NA.
32. Memorando de Lowell Mellett para Alexander Surles, 22 jun. 1943, documentos de Mellett, Arquivo do Office of War Information, caixa 1431, NA.
33. Memorando de Alexander Surles para Lowell Mellett, 23 jun. 1943, documentos de Mellett, Arquivo do Office of War Information, caixa 1431, NA.
34. *Variety*, 14 jul. 1943.
35. Theodore Strauss, "A Delayed Report—The Signal Corps' Fine Film on Aleutians Was Held up by Lamentable Argument". *New York Times*, 8 ago. 1943.

510 CINCO VOLTARAM

36. Thomas F. Brady, "Government Film Chief on Hollywood Tour; Lowell Mellett Finds Opposition to His Anti-Double Bill Stand — Other Matters". *New York Times*, 29 nov. 1942.
37. Allan M. Winkler, *The Politics of Propaganda: The Office of War Information, 1942-1945*. New Haven, CT: Yale University Press, 1978, pp. 70-71.
38. Memorando de Lowell Mellett para Elmer Davis, 9 jul. 1943, documentos de Mellett, Arquivo do Office of War Information, caixa 1431, NA; também "Mellett Drops out as OWI Film Head". *New York Times*, 10 jul. 1943.
39. Thomas Doherty, op. cit., pp. 113-15.

15. "COMO VIVER NO EXÉRCITO" [pp. 257-270]

1. Diário mantido por Darryl Zanuck, 17 nov. 1942, republicado em Darryl F. Zanuck, *Tunis Expedition* (Nova York: Random House, 1943), p. 70.
2. John Huston conta esta história em *An Open Book* (Nova York: Alfred A. Knopf, 1980), assim como o general H. Harrison em Joseph McBride, *Frank Capra: The Catastrophe of Success* (Nova York: Simon & Schuster, 1992; ed. rev. de 2000), p. 483.
3. "The New Pictures". *Time*, 12 abr. 1943.
4. *Nation*, 1º maio 1943.
5. David Lardner, "The Current Cinema: Westward Ho!". *New Yorker*, 17 abr. 1943.
6. *Variety*, 31 mar. 1943.
7. Judith Morgan; Neil Morgan, *Dr. Seuss and Mr. Geisel: A Biography*. Nova York: Random House, 1995.
8. Carta de Leonard Spigelgass para Frank Capra, 4 jan. 1943, FCA.
9. Joseph McBride, op. cit., pp. 474-75.
10. Documentário suplementar no vídeo *Frank Capra's the War Years: Two Down and One to Go* (RCA/Columbia Pictures Home Video, 1990).
11. Philip Nel, "Children's Literature Goes to War: Dr. Seuss, P. D. Eastman, Munro Leaf, and the *Private SNAFU* Films (1943-46)". *Journal of Popular Culture*, v. 40, n. 3, 2007.
12. Michael Birdwell, "Technical Fairy First Class". *Historical Journal of Film, Radio and Television*, v. 25, n. 2, jun. 2005.
13. Judith Morgan; Neil Morgan, op. cit.
14. Carta de Bob Heller para Frank Capra, 1º abr. 1943, FCA.
15. Entrada em diário de George Stevens, caderno n. 2, 1º jun. 1943, GSC.
16. Entrada em diário de George Stevens, caderno n. 2, 4 jun. 1943, GSC.
17. George Stevens em entrevista de 1974, em Paul Cronin (org.), *George Stevens Interviews* (Jackson: University Press of Mississippi, 2004), p. 113.
18. Transcrição não editada de entrevista de George Stevens com Robert Hughes, 1967, arquivo 3677, GSC.
19. Filmagem não editada de George Stevens na Segunda Guerra Mundial, rolo 6, Biblioteca do Congresso.
20. Entrada em diário de George Stevens, caderno n. 15, 14 jun. 1943, GSC.
21. Ver a nota de rodapé na página 309 para maiores explicações sobre a missão de Stevens no Irã.
22. Entrada em diário de George Stevens, caderno n. 15, 16 jun. 1943, GSC.
23. Entrada em diário de George Stevens, sem número, 8 jul. 1943, GSC.
24. Ibid.
25. Entrada em diário de George Stevens, caderno n. 15, 5 jul. 1943, GSC.
26. Entrada em diário de George Stevens, sem número e sem data, mas aparentemente jul. 1943, GSC.

NOTAS

511

27. Ibid.
28. Rascunho de carta de George Stevens para o general Osborn, diário sem número e sem data, GSC.
29. Rascunho de carta de George Stevens para Lyman Munson, diário sem número e sem data, GSC.
30. John Huston, op. cit., pp. 102-3.
31. Ibid.
32. Carta de Frank Capra para Lucille Capra, 17 jul. 1943, FCA.
33. John Huston, op. cit., pp. 102-3.
34. Joseph McBride, op. cit., p. 484.
35. Carta de Frank Capra para Lucille Capra, 16 ago. 1943, FCA.
36. Joseph McBride, op. cit., p. 484.

16. "SOU A PESSOA ERRADA PARA ISSO" [pp. 271-284]

1. "Big Bomber Flies Home from Europe; Scarred Veteran Still Has Original Crew". Associated Press, 16 jun. 1943 (republicado no *New York Times*).
2. "Greets Memphis Belle". *New York Times*, 19 jun. 1943.
3. "Major Morgan to Wed Texas Girl". *New York Times*, 12 ago. 1943.
4. Memorando intitulado "Corrected Schedule for Memphis Belle Tour", caixa 20, arquivo 13, WWUCLA.
5. Diário de Wyler, 20-23 maio 1943, citado em Axel Madsen, *William Wyler: The Authorized Biography* (Nova York: Thomas Y. Crowell, 1973), p. 237.
6. História oral de Talli Wyler, arquivo 751, WWA.
7. William Wyler em entrevista com Catherine Wyler, 1981, republicada em Gabriel Miller (org.), *William Wyler Interviews* (Jackson: University Press of Mississippi, 2009), p. 136.
8. Transcrição de entrevista de William Wyler com *Army Hour*, final de jun. 1943, caixa 20, arquivo 14, WWUCLA.
9. Ibid.
10. Carta do capitão Richard G. Elliott para William Wyler, 19 jul. 1943, arquivo 326, WWA.
11. Thomas M. Pryor, "Filming Our Bombers over Germany". *New York Times*, 6 mar. 1944.
12. Jan Herman, *A Talent for Trouble: The Life of Hollywood's Most Acclaimed Director, William Wyler*. Nova York: Da Capo, 1997, pp. 261, 263.
13. Carta de Frank Capra para Lucille Capra, 27 jul. 1943, FCA.
14. Carta de Frank Capra para Lucille Capra, 12 ago. 1943, FCA.
15. Carta de Frank Capra para Lucille Capra, 16 ago. 1943, FCA.
16. Entrada em diário sem data, de algum momento entre 5 ago. e 16 ago. 1943, GSC.
17. Lawrence Grobel, *The Hustons: The Life and Times of a Hollywood Dynasty*. Ed. atual. Nova York: Cooper Square, 2000, p. 241.
18. Observações sobre uma reunião por Jack Beddington, chefe da divisão de cinematografia, Ministério da Informação, 20 jul. 1943, citado em Tony Aldgate, "Mr. Capra Goes to War: Frank Capra, the British Army Film Unit, and Anglo-American Travails in the production of 'Tunisian Victory'" (*Historical Journal of Film, Radio and Television*, v. 11, n. 1, 1991).
19. Telegrama de Samuel Spewack para o general Surles, 2 ago. 1943, arquivos do Escritório de Relações Públicas do Departamento de Guerra, NA.
20. Esta e todas as citações subsequentes neste capítulo do diário de James Hodson foram obtidas em Tony Aldgate, op. cit.
21. Diário com etiqueta "Itinerary" mantido por Capra, 16 ago. 1943, FCA.

512   CINCO VOLTARAM

22. "Itinerary", 17 ago. 1943 e 18 ago. 1943, FCA.
23. Lawrence Grobel, op. cit., p. 241.
24. Ibid., pp. 242-43.
25. Joseph McBride, *Frank Capra: The Catastrophe of Success*. Nova York: Simon & Schuster, 1992; ed. rev. de 2000, p. 485.
26. "Itinerary", 29 ago. 1943, FCA.
27. "Itinerary", 30 ago. 1943, FCA.
28. "Itinerary", 31 ago. 1943 e 1º set. 1943, FCA.
29. "Itinerary", 3 set. 1943, FCA.
30. Carta de Frank Capra para Lucille Capra, 22 ago. 1943, FCA.
31. "Itinerary", 29 ago. 1943, FCA.
32. Diário de James Hodson, 21 set. 1943.
33. Diário de James Hodson, 15 set. 1943.
34. Carta de Frank Capra para Lucille Capra, 16 set. 1943, FCA.
35. "Itinerary", 16 set. 1943, FCA.
36. Frank Capra em entrevista com Richard Glatzer, 1973, republicada em Leland Poague (org.), *Frank Capra Interviews* (Jackson: University Press of Mississippi, 2004), p. 122.
37. "Itinerary", 26 set. 1943 e 27 set. 1943, FCA.
38. Carta de Frank Capra para Lucille Capra, 6 out. 1943, FCA.
39. "Itinerary", 7 out. 1943, FCA.
40. "Itinerary", 8 out. 1943, FCA.
41. Carta de Frank Capra para Lucille Capra, 3 out. 1943, FCA.
42. Carta de M. Carsans, Gabinete de Guerra, 27 out. 1943, JHC.
43. Eric Ambler, *Here Lies: An Autobiography*. Londres: Weidenfeld & Nicolson, 1985, pp. 190-91.
44. Memorando do general Osborn, 27 set. 1943, FCA.
45. Eric Ambler, op. cit., pp. 190-91.
46. Diário de James Hodson, 4 nov. 1943.
47. Carta de Frank Capra para Lucille Capra, 19 out. 1943.
48. Carta de Frank Capra para Lucille Capra, 17 jan. 1944.
49. Diário de James Hodson, dez. 1943.

17. "PRECISO FAZER UM BOM TRABALHO" [pp. 285-299]

1. Jan Herman, *A Talent for Trouble: The Life of Hollywood's Most Acclaimed Director, William Wyler*. Nova York: Da Capo, 1997, p. 263.
2. "Report on CU-12 Activities", 15 dez. 1943, arquivo 326, WWA.
3. Jan Herman, op. cit., p. 262.
4. "Daily Reports of Activities", 17 ago.-22 ago. 1943, arquivo 326, WWA.
5. Adendo contratual entre Samuel Goldwyn e William Wyler, 25 ago. 1943, arquivo 170, SGC.
6. Jan Herman, op. cit., p. 263.
7. "Report on CU-12 Activities", 6 out.-15 dez. 1943, arquivo 326, WWA.
8. Carta do major George Groves, OIC Sound Dept., para o tenente-coronel Paul Mantz, comandante, 1ª Unidade de Cinematografia da Força Aérea do Exército, 9 dez. 1943, arquivo 326, WWA.
9. Resposta por escrito de William Wyler, 13 dez. 1943, arquivo 326, WWA.
10. Rascunho completo de roteiro de Maxwell Anderson, caixa 20, arquivo 14, WWUCLA.
11. Ibid.

NOTAS

12. Caderno n. 15 de George Stevens, entradas de 12 set. 1943 a 23 out. 1943, GSC.
13. Entrada em diário de George Stevens, sem data, final de 1943, GSC.
14. Transcrição não editada de entrevista de Bruce Petri com George Stevens, 1973, GSC.
15. Entrada em diário de George Stevens, 5 nov. 1943, GSC.
16. Ivan Moffat em entrevista com Susan Winslow, 1982, arquivo 52, FJC.
17. Gavin Lambert (org.), *The Ivan Moffat File: Life Among the Beautiful and Damned in London, Paris, New York, and Hollywood*. Nova York: Pantheon, 2004, pp. 217-19.
18. Carta de George Stevens para Frank Capra, 18 fev. 1944, GSC.
19. Carta de Frank Capra para George Stevens, 14 jan. 1944, citada em Joseph McBride, *Frank Capra: The Catastrophe of Success* (Nova York: Simon & Schuster, 1992; ed. rev. de 2000), p. 490.
20. "'Watch on Rhine' Voted Best Film". *New York Times*, 29 dez. 1943.
21. Transcrição do discurso de aceitação de Sidney Buchman, 21 jan. 1944, arquivo 2721, GSC.
22. Telegrama de George Stevens para Yvonne Stevens, 7 fev. 1944, GSC.
23. Carta de Eric Knight para Frank Capra, 15 abr. 1942, FCA.
24. David Lardner, "The Current Cinema: Pro Bono Publico". *New Yorker*, 20 nov. 1943.
25. "The New Pictures". *Time*, 29 nov. 1943.
26. *Nation*, 30 out. 1943.
27. Memorando da Seção de Cinema da Sociedade de Relações Culturais com Países Estrangeiros, 25 mar. 1944, FCA.
28. Alfred Kazin, *New York Jew*. Syracuse, NY: Syracuse University Press, 1996; publicado originalmente em 1978, pp. 85-86.
29. Lawrence Grobel, *The Hustons: The Life and Times of a Hollywood Dynasty*. Ed. atual. Nova York: Cooper Square, 2000, p. 236.
30. John Huston, *An Open Book*. Nova York: Alfred A. Knopf, 1980, p. 107.
31. Exceto quando indicado, esta e todas as citações subsequentes de Eric Ambler neste capítulo, assim como os detalhes sobre o período dele e de Huston em Nápoles, Venafro e San Pietro, vêm de sua autobiografia *Here Lies*, pp. 198-209, 211 e 249-51; o relato de Ambler é o mais completo e detalhado da primeira fase do trabalho de Huston em *San Pietro*.
32. John Huston, op. cit., p. 113.
33. Ibid.
34. Lance Bertelsen, "San Pietro and the 'Art' of War". *Southwest Review*, primavera 1989.
35. A. M. Sperber; Eric Lax, *Bogart*. Nova York: William Morrow, 1997, p. 232.

18. A GENTE NÃO FAZ IDEIA DO QUE ACONTECE SOB A SUPERFÍCIE" **[pp. 300-315]**

1. John Huston em entrevista com Peter S. Greenberg, *Rolling Stone*, 19 fev. 1981, republicada em Robert Emmet Long (org.), *John Huston Interviews* (Jackson: University Press of Mississippi, 2001).
2. "Screen News Here and in Hollywood". *New York Times*, 20 maio 1943.
3. Garry Wills, *John Wayne's America: The Politics of Celebrity*. Nova York: Simon & Schuster, 1997, p. 332.
4. Proposta de telegrama de Eddie Mannix para o capitão de mar e guerra L. P. Lovette, e carta de Frank Wead para John Ford, ambas de 9 mar. 1943, JFC.
5. Carta de John Ford para Mary Ford, 19 jul. 1943, JFC.
6. Carta de John Ford para Mary Ford, 26 jun. 1943, JFC.
7. Scott Eyman, *Print the Legend: The Life and Times of John Ford*. Nova York: Simon & Schuster, 1999, pp. 270-71.

8. Cartas de John Wayne para John Ford [c. maio 1942], JFC.
9. Randy Roberts; James S. Olson, *John Wayne, American*. Nova York: Free Press, 1995.
10. Andrew Sinclair, *John Ford*. Nova York: Dial, 1979, p. 115.
11. Tom Moon, *This Grim and Savage Game: The OSS and U.S. Covert Operations in World War II*. Nova York: Da Capo, 2000; publicado originalmente em 1991, pp. 165-66.
12. Joseph McBride, *Searching for John Ford: A Life*. Nova York: St. Martin's, 2001, p. 389.
13. Dan Ford, *Pappy: The Life of John Ford*. Englewood Cliffs, NJ: Prentice Hall, 1979, p. 185.
14. Carta de Mary Ford para John Ford, 8 dez. 1943, JFC.
15. Carta de Patrick Ford para John Ford ("esse Gueto chamado de Relações Públicas [...] está muito cheio de meninos judeus e filhos de gente rica"), 12 fev. 1944, JFC.
16. Joseph McBride, op. cit., p. 374 ("O Hebreu"), pp. 370-71 (Mary Ford), p. 369 (Patrick Ford); carta de John Ford para Harry Wurtzel, 12 jan. 1942, JFC.
17. Scott Eyman, op. cit., p. 261.
18. Larry Ceplair; Steven Englund, *The Inquisition in Hollywood: Politics in the Film Community, 1930-1960*. Berkeley: University of California Press, 1979, p. 209.
19. Ibid., pp. 210-11.
20. Joseph McBride, op. cit., p. 371.
21. William Blakefield, "A War Within: The Making of Know Your Enemy—Japan". *Sight and Sound*, primavera 1983.
22. Hans Schoots, *Living Dangerously: A Biography of Joris Ivens*. Trad. David Colmer. Amsterdã: Amsterdam University Press, 2000, pp. 174-76.
23. Ibid.
24. Thomas Doherty, *Projections of War: Hollywood, American Culture, and World War II*. Nova York: Columbia University Press, 1993, pp. 135-36.
25. Joseph McBride, *Frank Capra: The Catastrophe of Success*. Nova York: Simon & Schuster, 1992; ed. rev. de 2000, p. 498.
26. William Blakefield, op. cit.
27. Carta de Frank Capra para Alexander Surles, 14 dez. 1943, FCA.
28. Frank Capra, *The Name Above the Title: An Autobiography*. Nova York: Da Capo, 1997; publicada originalmente em 1971, pp. 357-58.
29. Ibid., p. 353.
30. Carta de Harry Warner para Frank Capra, 11 jan. 1944, FCA.
31. Ernie Pyle, "This One Is Captain Waskow". Cópia do telegrama de Scripps Howard, 19 jan. 1944. Republicado em *Reporting World War II, Part One: American Journalism, 1938-1944* (Nova York: Library of America, 1995), pp. 735-37.
32. John Huston, *An Open Book*. Nova York: Alfred A. Knopf, 1980, pp. 110-13.
33. John Huston em entrevista em "The Triumph of the Good Egg", de Ezra Goodman, recorte de jornal sem data e sem identificação [c. final dos anos 1940], pasta de *clipping* de *San Pietro*, New York Public Library for the Performing Arts.
34. "Operations in Italy December 1943, 143rd Infantry Regiment", reunido por William H. Martin, 143º de Infantaria, comandante, arquivo 504, JHC.
35. "Notes on San Pietro", memorando manuscrito aparentemente de John Huston, sem data, arquivo 501, JHC.
36. Todos os comentários sobre o material não aproveitado de Huston derivam do acesso do autor aos rolos não editados do diretor com data de 3 jan. 1944 a 22 fev. 1944, National Archives, College Park, Maryland.
37. John Huston, op. cit., p. 120.
38. Memorando para o coronel Curtis Mitchell do segundo-tenente James B. Faichney, "Subject: North African Reenactments", 28 jan. 1944, arquivo 1443, JHC.

NOTAS

39. Memorandos de John Huston para o coronel Kirke B. Lawson, chefe, Serviço Pictórico do Exército, 4 mar. e 26 mar. 1944, arquivo 1443, JHC.
40. Memorando de Faichney para Mitchell, 4 mar. 1944, arquivo 1443, JHC.
41. Ficha militar de John Huston, histórico de promoções com data de 14 abr. 1944, arquivo 1719, JHC.
42. Lawrence Grobel, *The Hustons: The Life and Times of a Hollywood Dynasty*. Ed. atual. Nova York: Cooper Square, 2000, pp. 258-59.
43. Ibid., p. 254.
44. John Huston, op. cit., pp. 187-88.
45. Telegrama de Frank Capra para John Huston, arquivo 1443, JHC.
46. Lawrence Grobel, op. cit., p. 255.

19. "SE VOCÊS ACREDITAREM NISSO, OBRIGADO" [pp. 316-329]

1. James Agee, "So Proudly We Fail". *Nation*, 30 out. 1943.
2. Memorando do OWI, 8 out. 1943, documentos de correspondência Ulric Bell/W. S. Cunningham, Arquivo do Office of War Information, NA.
3. Mildred Martin, "Hollywood Producers Have Jitters About War Films". *Philadelphia Inquirer*, 30 abr. 1944.
4. Mason Wiley; Damien Bona, *Inside Oscar: The Unofficial History of the Academy Awards*. Ed. comem. de 10 anos. Nova York: Ballantine, 1996, p. 138.
5. Bosley Crowther, "'Tunisian Victory,' Picture of the Allies' Cooperation, at the Rialto". *New York Times*, 24 mar. 1944.
6. "The Current Cinema: Chapter Two". *New Yorker*, 25 mar. 1944.
7. "The New Pictures". *Time*, 17 abr. 1944.
8. *New Republic*, 3 abr. 1944.
9. *Nation*, 25 abr. 1944.
10. Bosley Crowther, "Element of Time: Observations on War Documentaries as Inspired by 'Tunisian Victory". *New York Times*, 2 abr. 1944.
11. Carta de Geoge Stevens para Yvonne Stevens, 21 mar. 1944, GSC.
12. Carta de George Stevens para George Stevens Jr., 6 abr. 1944, GSC.
13. Carta de George Stevens para George Stevens Jr., 14 abr. 1944, GSC.
14. Carta de George Stevens para George Stevens Jr., 14 fev. 1944, GSC.
15. Carta de George Stevens para George Stevens Jr., 26 mar. 1944, GSC.
16. Carta de George Stevens para George Stevens Jr., 3 abr. 1944, GSC.
17. Carta de George Stevens para George Stevens Jr., 14 abr. 1944, GSC.
18. Marilyn Ann Moss, *Giant: George Stevens, a Life on Film*. Madison: University of Wisconsin Press, 2004, p. 108.
19. Ibid.
20. Carta de George Stevens para Yvonne Stevens, 13 fev. 1944, GSC.
21. Entrada em diário de George Stevens, 6 jan. 1944, GSC.
22. Carta de Charles Feldman para George Stevens, 27 maio 1944, citada em Marilyn Ann Moss, op. cit., p. 113.
23. Ibid.
24. Entrada em diário de George Stevens, 18 abr. 1944, GSC.
25. Introdução não usada de *The Memphis Belle*, caixa 20, arquivo 12, WWUCLA.
26. Memorando do general L. S. Kuter para o chefe do estado-maior da aviação, 2 fev. 1944, arquivo 326, WWA.

516   **CINCO VOLTARAM**

27. Carta de Francis Harmon, vice-relator do War Activities Committee, para Henry Stimson, 18 fev. 1944, arquivo 326, wwa.
28. Thomas Doherty, *Hollywood's Censor: Joseph I. Breen and the Production Code Administration*. Nova York: Columbia University Press, 2007, pp. 157-58.
29. Carta de Francis Harmon to Henry Stimson, 18 fev. 1944, arquivo 326, wwa.
30. O relato de Wyler sobre este incidente, com ligeiras variações, aparece em Axel Madsen, *William Wyler: The Authorized Biography* (Nova York: Thomas Y. Crowell, 1973), pp. 240-42, e Jan Herman, *A Talent for Trouble: The Life of Hollywood's Most Acclaimed Director, William Wyler* (Nova York: Da Capo, 1997), pp. 266-68.
31. Bosley Crowther, "Vivid Film of Daylight Bomb Raid Depicts Daring of Our Armed Forces", 14 abr. 1944, e Bosley Crowther, "The Real Thing", 16 abr. 1944, *New York Times*.
32. "The Memphis Belle — A Life Story". *Cue*, 1º abr. 1944.
33. David Lardner, "The Current Cinema: More of the Same". *New Yorker*, 15 abr. 1944.
34. *Nation*, 15 abr. 1944.
35. "The New Pictures". *Time*, 17 abr. 1944.
36. *Nation*, 15 abr. 1944.
37. "The Memphis Belle — A Life Story". *Cue*, 1º abr. 1944.
38. Telegrama de William Wyler para Moss Hart, 20 fev. 1944, citado em Jan Herman, op. cit., p. 265.

20. "UMA ESPÉCIE DE ATAQUE ESPORÁDICO NO CONTINENTE" [pp. 330-341]

1. W. L. White, *They Were Expendable*. Nova York: Harcourt, Brace & Company, 1942, p. vii.
2. Ibid., pp. 3-4.
3. Joseph McBride, *Searching for John Ford: A Life*. Nova York: St. Martin's, 2001, pp. 381-82.
4. Ibid., pp. 403-4.
5. Memorando do oss, 6 abr. 1944, jfc.
6. Memorando do oss, 24 mar. 1944, jfc.
7. Joseph McBride, op. cit., p. 392.
8. Scott Eyman, *Print the Legend: The Life and Times of John Ford*. Nova York: Simon & Schuster, 1999, p. 274.
9. Joseph McBride, op. cit., pp. 393-94.
10. Thomas Cripps; David Culbert, "The Negro Soldier (1944): Film Propaganda in Black and White". *American Quarterly*, inverno 1979.
11. Carta de Frederick Osborn para Frank Capra, 2 set. 1942, fca.
12. Carta de Frederick Osborn para Frank Capra, 23 set. 1942, fca.
13. Thomas Cripps; David Culbert, op. cit.
14. Carta de Sam Spewack para Lowell Mellett, 4 set. 1942, documentos de Mellett, caixa 1446, Arquivo do Office of War Information, na.
15. Clayton R. Koppes; Gregory D. Black, *Hollywood Goes to War: How Politics, Profits, and Propaganda Shaped World War II Movies*. Nova York: Free Press, 1987, p. 179.
16. "Operational Guidance on owi Documentary Film", 21 nov. 1944, reiteração da diretriz de 21 de abril de 1944, Documentos Ulric Bell/W. S. Cunningham, Arquivo do Office of War Information, na.
17. Joseph McBride, *Frank Capra: The Catastrophe of Success*. Nova York: Simon & Schuster, 1992; ed. rev. de 2000, pp. 492-93.
18. Memorando de Lyman T. Munson para Anatole Litvak, out. 1943, citado em Thomas Cripps; David Culbert, op. cit.

NOTAS

19. Convite para exibição à imprensa pelo general de divisão A. D. Surles, 14 fev. 1944, em arquivo de coleção especial sobre *The Negro Soldier*, New York Public Library for the Performing Arts.
20. Thomas Cripps; David Culbert, op. cit.
21. "Negro Film Pleases Novelist". *Brooklyn Eagle*, mar. 1944 (sem data exata).
22. Frank Capra, *The Name Above the Title: An Autobiography*. Nova York: Da Capo, 1997; publicado originalmente em 1971, pp. 359, 262.
23. Joseph McBride, *Frank Capra...*, op. cit., p. 492.
24. Dorothy Norman, "A World to Live In". *New York Post*, 6 mar. 1944.
25. "The New Pictures". *Time*, 27 mar. 1944.
26. Material promocional, arquivo de coleção especial sobre *The Negro Soldier*, New York Public Library for the Performing Arts.
27. John McManus, "McManus Speaking of Movies". *PM*, 12 jul. 1944.
28. Carlton Moss em entrevista com Joseph McBride (*Frank Capra...*, op. cit., p. 494).
29. Frank Capra, op. cit., p. 358.
30. William Blakefield, "A War Within: The Making of Know Your Enemy—Japan". *Sight and Sound*, primavera 1983.
31. Judith Morgan; Neil Morgan, *Dr. Seuss and Mr. Geisel: A Biography*. Nova York: Random House, 1995.
32. Carta de Frank Capra para o general Osborn, 25 fev. 1944, FCA.
33. Memorando de Frank Capra para Alexander Surles, 9 jun. 1944, FCA.
34. Entrada em diário de George Stevens, 1º maio 1944, GSC.

21. "SE VOCÊ VIR, DISPARE" [pp. 342-356]

1. "Esta é a primeira vez que falo sobre isso." John Ford em Pete Martin, "We Shot D-Day on Omaha Beach (an Interview with John Ford)". *American Legion Magazine*, jun. 1964. Exceto quando indicado, todas as citações diretas de Ford e descrições sobre sua experiência no Dia D neste capítulo são dessa entrevista.
2. Caderno n. 12 de George Stevens, GSC.
3. John Ford para Mary Ford, 8 jun. 1944, JFC.
4. Relatório do OSS citado em Joseph McBride, *Searching for John Ford: A Life* (Nova York: St. Martin's, 2001), p. 395.
5. Thomas Doherty, *Projections of War: Hollywood, American Culture, and World War II*. Nova York: Columbia University Press, 1993, p. 242.
6. Ibid.
7. John Ford para Walter Wagner, em Walter Wanger, *You Must Remember This* (Nova York: Putnam, 1975).
8. Joseph McBride, op. cit., p. 179.
9. Pete Martin, op. cit.
10. Andrew Sinclair, "John Ford's War". *Sight and Sound*, primavera 1979.
11. George Stevens Jr., em *George Stevens: D-Day to Berlin* (1994), roteiro e produção de George Stevens Jr.
12. Imagens não editadas da Segunda Guerra Mundial a cores e em preto e branco de George Stevens. Exceto quando indicado, todas as descrições subsequentes sobre o que Stevens e sua unidade SPECOU filmaram deriva do acesso do autor a essas imagens na Biblioteca do Congresso, Washington, D.C.
13. Stephen E. Ambrose, *D-Day: June 6, 1944; The Climactic Battle of World War II*. Nova York: Simon & Schuster, 1994.

518   CINCO VOLTARAM

14. Ibid.
15. Thomas Doherty, op. cit., p. 242.
16. Scott Eyman, *Print the Legend: The Life and Times of John Ford*. Nova York: Simon & Schuster, 1999, pp. 274-75.
17. Irwin Shaw em entrevista com Susan Winslow, 14 out. 1981, arquivo 66, FJC.
18. John Ford para Axel Madsen, 1966, republicado em Gerald Peary; Jenny Lefcourt (orgs.), *John Ford Interviews* (Jackson: University Press of Mississippi, 2001), p. 90.
19. *John Ford Goes to War* (transmitido originalmente em 2002 na Starz), produção e direção de Tom Thurman, roteiro de Tom Marksbury.
20. Pete Martin, op. cit.
21. As imagens são exibidas no documentário britânico *D-Day in Colour* (2004), produção de Kim Hogg.
22. Somente com a recriação ficcional do Dia D no início de *O resgate do soldado Ryan*, de 1998, do qual algumas imagens eram reproduções virtuais de imagens havia muito censuradas, o público viu em aproximação o que o Dia D tinha sido para alguns dos homens que o filmaram.
23. Thomas Doherty, op. cit., pp. 242-44.
24. *Variety*, 5 jul. 1944.
25. Versões deste incidente foram relatadas por William Clothier e Mark Armistead em transcrições não publicadas de entrevista com Dan Ford, JFC.
26. Joseph McBride, op. cit., pp. 399-403.
27. Pete Martin, op. cit.
28. Carta de John Ford para Mary Ford, 23 jun. 1944, JFC.
29. Memorando do OSS para John Ford, 1º set. 1944, JFC.
30. George Stevens em caderno n. 12, 22 jun. 1944, GSC.
31. Entrevista inédita com Ivan Moffat, arquivo 52, FJC.
32. Ibid.
33. Irwin Shaw em entrevista com Susan Winslow, 14 out. 1981, arquivo 66, FJC.
34. George Stevens em caderno n. 12, 23 jun. 1944, GSC.
35. Gavin Lambert (org.), *The Ivan Moffat File: Life Among the Beautiful and Damned in London, Paris, New York, and Hollywood*. Nova York: Pantheon, 2004, pp. 149-150.
36. Ibid., pp. 219-21.
37. *George Stevens: D-Day to Berlin.*.
38. Irwin Shaw em entrevista com George Stevens Jr., 3 nov. 1982, arquivo 67, FJC.

22. "SE HITLER CONSEGUE RESISTIR, EU TAMBÉM CONSIGO" [pp. 357-370]

1. Carta do capitão de fragata W. J. Morcott para Mary Ford, 15 jan. 1942; declaração de John Ford, 19 jan. 1942, JFC; e Carta de Fretamento para Veleiro Auxiliar "Araner" entre John Ford e os Estados Unidos da América, 29 ago. 1942, documento jurídico n. 15, JFC; também Mary Ford em entrevista com Dan Ford, JFC.
2. Andrew Sinclair, *John Ford*. Nova York: Dial, 1979.
3. Memorando de John Ford para comandante, Comando Naval, OSS, 12 set. 1944, JFC.
4. Dan Ford, *Pappy: The Life of John Ford*. Englewood Cliffs, NJ: Prentice Hall, 1979, p. 207.
5. Pete Martin, "We Shot D-Day on Omaha Beach (an Interview with John Ford)". *American Legion Magazine*, jun. 1964.
6. Dan Ford, op. cit., p. 207.

NOTAS

519

7. Carta de John Ford para Albert Wedemeyer, 30 out. 1944, JFC.

8. Joseph McBride, *Searching for John Ford: A Life*. Nova York: St. Martin's, 2001, p. 405.

9. Scott Eyman, *Print the Legend: The Life and Times of John Ford*. Nova York: Simon & Schuster, 1999, pp. 283-84.

10. Fred Stanley, "The Hollywood Agenda". *New York Times*, 4 fev. 1945.

11. Robert Parrish, *Growing Up in Hollywood*. Nova York: Little, Brown, 1976, p. 159.

12. Carta de George Wasson para John Ford, 4 out., 1944, JFC, e cartas de Darryl Zanuck para George Wasson, 11 out. 1944, e de Wasson para Zanuck, 11 out. 1944, dos arquivos da 20th Century Fox, UCLA, citadas em Gary Wills, *John Wayne's America: The Politics of Celebrity* (Nova York: Simon & Schuster, 1997), p. 332, e carta do gerente executivo da 20th Century Fox para John Ford, 23 out. 1944, JFC.

13. Carta de Frank Capra para Phil Berg, 13 jun. 1942, FCA.

14. Joseph McBride, *Frank Capra: The Catastrophe of Success*. Nova York: Simon & Schuster, 1992; ed. rev. de 2000, p. 506.

15. Carta de Frank Capra, 2 set. 1944, FCA.

16. Carta de Frank Capra para Robert Riskin com anexo, 15 jul. 1944, FCA.

17. Carta de Frank Capra Jr. para Frank Capra, 2 jun. 1944, FCA.

18. Carta de Osborn para o chefe do Estado-Maior do Exército, 1º nov. 1944, FCA.

19. Carta de Frank Capra para Frederick Osborn, 21 nov. 1944, FCA.

20. Memorando de Frank Capra, 9 jun. 1944, FCA.

21. Lawrence Grobel, *The Hustons: The Life and Times of a Hollywood Dynasty*. Ed. atual. Nova York: Cooper Square, 2000, p. 261.

22. Ibid., p. 264.

23. Memorando de John Huston para Frank Capra, 5 ago. 1944, arquivo 501, JHC.

24. John Huston, *An Open Book*. Nova York: Alfred A. Knopf, 1980, p. 119.

25. Kaminsky, *John Huston: Maker of Magic*. Boston: Houghton Mifflin, 1978, p. 41.

26. Midge Mackenzie, "Film: An Antiwar Message from the Army's Messenger". *New York Times*, 16 abr. 2000.

27. Memorando do coronel Curtis Mitchell, 3 nov. 1944, arquivo 495, JHC.

28. Carta do coronel Melvin E. Gillette para John Huston, 28 out. 1944, arquivo 499, JHC.

29. Memorando de Lyman T. Munson para Frank Capra com bilhete de Frank Capra anexado e enviado para John Huston, 22 dez. 1944, arquivo 501, JHC.

30. Memorandos para John Huston, 31 maio 1944, arquivos 665 e 666, JHC.

31. Bilhete manuscrito de Doris Lilly para John Huston no verso da página 70 do rascunho do roteiro de *Know Your Enemy — Japan*, com data de 11 set. 1944, arquivo 222, JHC.

32. Bilhete manuscrito de John Huston na margem do roteiro de *Know Your Enemy — Japan*, com data de 11 set. 1944, arquivo 222, JHC.

33. Ibid.

34. Memorando da Intendência do Exército do primeiro-tenente Lehman Katz para John Huston, 15 nov. 1944, arquivo 226, JHC.

35. Arquivo de produção de *Um punhado de bravos*, Warner Bros. Archives, University of Southern California, citado em Bernard F. Dick, *The Star-Spangled Screen: The American World War II Film* (Lexington: University Press of Kentucky, 1993), p. 228.

36. Rascunho de *Know Your Enemy — Japan* com data de 4 jan. 1945, arquivo 223, JHC.

37. Rascunho de *Know Your Enemy — Japan* com data de 11 set. 1944, arquivo 222, JHC.

38. John W. Dower, *War Without Mercy: Race and Power in the Pacific War*. Nova York: Pantheon, 1986, p. 19.

39. William Blakefield, "A War Within: The Making of Know Your Enemy — Japan". *Sight and Sound*, primavera 1983.

520 CINCO VOLTARAM

23. "NÓS E O TEMPO SEGUIMOS EM FRENTE" [pp. 371-385]

1. Gavin Lambert (org.), *The Ivan Moffat File: Life Among the Beautiful and Damned in London, Paris, New York, and Hollywood*. Nova York: Pantheon, 2004, p. 150.
2. *George Stevens: D-Day to Berlin* (1994), roteiro e produção de George Stevens Jr.
3. Esta e todas as descrições subsequentes neste capítulo sobre o material filmado por Stevens e sua unidade vêm do acesso do autor às imagens não editadas da guerra obtidas por Stevens disponíveis na Biblioteca do Congresso, Washington, D.C.
4. Carta de George Stevens para Yvonne Stevens, 1º set. 1944, GSC.
5. Gavin Lambert (org.), op. cit., p. 215.
6. Entrevista não editada com Ivan Moffat, arquivo 52, FJC.
7. Este incidente foi relatado em inúmeras ocasiões, inclusive em *George Stevens: D-Day to Berlin*.
8. Gavin Lambert (org.), op. cit., p. 155.
9. *George Stevens: D-Day to Berlin*.
10. Carta de George Stevens para Yvonne Stevens, 1º set. 1944, GSC.
11. Entrada em diário de George Stevens, 7 out. 1944, GSC.
12. Entrada em diário de George Stevens, 12 out. 1944, GSC.
13. Ibid.
14. Paul Cronin (org.), *George Stevens Interviews*. Jackson: University Press of Mississippi, 2004, p. 59.
15. Carta de Charles Feldman para George Stevens, out. 1944, citada em Marilyn Ann Moss, *Giant: George Stevens, a Life on Film* (Madison: University of Wisconsin Press, 2004), pp. 113-14.
16. Carta de George Stevens para George Stevens Jr., final de out. 1944, GSC.
17. Carta de Frank Capra para George Stevens, 7 nov. 1944, FCA.
18. Carta de George Stevens para Frank Capra, 17 dez. 1944, GSC.
19. Joseph McBride, *Frank Capra: The Catastrophe of Success*. Nova York: Simon & Schuster, 1992; ed. rev. de 2000, p. 508.
20. Entrada em diário de George Stevens, 5 dez. 1944, GSC.
21. Entrada em diário de George Stevens, 18 dez. 1944, GSC.
22. Entrevista não editada com Ivan Moffat, arquivo 52, FJC.
23. Jan Herman, *A Talent for Trouble: The Life of Hollywood's Most Acclaimed Director, William Wyler*. Nova York: Da Capo, 1997, p. 271.
24. Ibid., p. 273.
25. Carta de William Wyler para o coronel William Keighley, 22 nov. 1944, arquivo 418, WWA.
26. Axel Madsen, *William Wyler: The Authorized Biography*. Nova York: Thomas Y. Crowell, 1973, pp. 249-51. O relato subsequente sobre a viagem de Wyler a Mulhouse foi extraído de sua própria versão para os fatos conforme descritos para Madsen.
27. Observação em Jan Herman, op. cit., p. 490.

24. "PARA QUEM VOCÊ ESTÁ TRABALHANDO? PARA SI MESMO?" [pp. 386-400]

1. Peter Bogdanovich, *John Ford*. Ed. rev. e ampl. Berkeley; Los Angeles: University of California Press, 1978.
2. Fred Stanley, "The Hollywood Agenda". *New York Times*, 4 fev. 1945.
3. James Forrestal para Charles Cheston (diretor interino do OSS), 12 set. 1944, JFC.

NOTAS

4. Discurso do general Douglas MacArthur após a assinatura do Instrumento de Rendição do Japão, 2 set. 1945.
5. Nota à Medalha de Honra do Congresso para John L. Bulkeley.
6. Dan Ford, *Pappy: The Life of John Ford*. Englewood Cliffs, NJ: Prentice Hall, 1979, pp. 196-97.
7. Peter Bogdanovich, op. cit.
8. "Notes for Jim McGuinness on 'Expendable'", sem data, arquivo de produção de *Fomos os sacrificados*, JFC.
9. Joseph McBride, *Searching for John Ford: A Life*. Nova York: St. Martin's, 2001, p. 410.
10. Carta de Dudley Nichols para Lindsay Anderson, 22 abr. 1953, citada em Lindsay Anderson, *About John Ford* (Nova York: McGraw-Hill, 1981).
11. Andrew Sinclair, *John Ford*. Nova York: Dial, 1979, p. 120.
12. Carta de John Ford para Gregg Toland, 16 set. 1944, e resposta, 29 set. 1944, JFC.
13. Relatório de roteiro do OWI por Peggy Gould, 21 nov. 1944, citado em Randy Roberts; James S. Olson, *John Wayne, American* (Nova York: Free Press, 1995), p. 270.
14. Joseph McBride, op. cit., p. 406.
15. Dan Ford, op. cit., p. 197.
16. "Screen News". *New York Times*, 8 nov. 1944.
17. "Screen News". *New York Times*, 31 jan. 1945.
18. Carta de Patrick Ford para John Ford, 4 fev. 1944, JFC.
19. John Wayne em entrevista com Dan Ford, JFC.
20. Robert Montgomery para Lindsay Anderson, *About John Ford* (Nova York: McGraw-Hill, 1981), pp. 226-28. Todas as citações subsequentes de Montgomery neste capítulo são dessa entrevista.
21. Dan Ford, op. cit., pp. 200-201.
22. Ibid.
23. Montgomery em Lindsay Anderson, op. cit., pp. 226-28.
24. Dan Ford, op. cit., p. 199.
25. Memorando para Cheston de James McGuinness, 22 maio 1945, JFC.
26. Montgomery em Lindsay Anderson, op. cit., pp. 226-28.
27. Ibid.
28. Anotação escrita à mão anexada ao "rascunho inicial revisto" de *Thunderbolt*, 14 fev. 1945, arquivo 414, WWA. A anotação parece ter a letra de Wyler, o que sugere que era endereçada a Koenig e/ou Sturges, mas não está assinada.
29. Axel Madsen, *William Wyler: The Authorized Biography*. Nova York: Thomas Y. Crowell, 1973, p. 244.
30. Ibid., p. 254. Exceto quando indicado, o relato a seguir neste capítulo vem da versão de Wyler para os eventos, conforme descrito para Madsen em sua biografia autorizada.
31. Jan Herman, *A Talent for Trouble: The Life of Hollywood's Most Acclaimed Director, William Wyler*. Nova York: Da Capo, 1997, p. 275.
32. Ibid.
33. Axel Madsen, op. cit., p. 255.
34. Ibid.
35. A. Scott Berg, *Goldwyn*. Nova York: Alfred A. Knopf, 1989, p. 405.
36. Mary Morris, "Stubborn Willy Wyler". *PM*, 2 fev. 1947.
37. Carta do major Monroe W. Greenthal para John Huston, 26 abr. 1945, arquivo 499, JHC.
38. Lester Koenig, versão de *Thunderbolt*, 15 maio 1945, arquivo 415, WWA.
39. Jan Herman, op. cit., p. 276.

522   **CINCO VOLTARAM**

40. Axel Madsen, op. cit., p. 256.
41. Ibid.

25. "ONDE EU APRENDI SOBRE A VIDA" [pp. 401-412]

1. *George Stevens: D-Day to Berlin* (1994), roteiro e produção de George Stevens Jr.
2. Carta de George Stevens junto a material filmado em Nordhausen, 15 abr. 1945, GSC.
3. Ibid.
4. Carta do comandante da unidade de cinematografia em Belsen para Frank Capra, 19 abr. 1945, FCA.
5. Gavin Lambert (org.), *The Ivan Moffat File: Life Among the Beautiful and Damned in London, Paris, New York, and Hollywood*. Nova York: Pantheon, 2004, p. 226.
6. Esta e todas as descrições subsequentes neste capítulo das imagens de guerra que a unidade de Stevens filmou se baseiam no acesso do autor aos rolos não editados na Biblioteca do Congresso, Washington, D.C.
7. Anotações à mão de Moffat junto ao guia do material filmado de Stevens, Biblioteca do Congresso.
8. Entrevista com George Stevens por William Kirschner, *Jewish War Veterans Review*, ago. 1963, republicada em Paul Cronin (org.), *George Stevens Interviews* (Jackson: University Press of Mississippi, 2004), pp. 18-19.
9. Ibid.
10. Transcrição não editada de entrevista de George Stevens com Robert Hughes, 1967, arquivo 3677, GSC.
11. George Stevens em William Kirschner, op. cit.
12. Transcrição não editada de entrevista de George Stevens com Robert Hughes, 1967, arquivo 3677, GSC.
13. Ibid.
14. Ibid.
15. George Stevens para Kevin Brownlow, transcrição completa inédita da entrevista, 22 abr. 1969, arquivo 3671, GSC.
16. Transcrição não editada de entrevista de George Stevens com Robert Hughes, 1967, arquivo 3677, GSC.
17. Dennis Hevesi, "Abraham Klausner, 92, Dies; Aided Holocaust Survivors". *New York Times*, 30 jun. 2007.
18. George Stevens para Kevin Brownlow, transcrição completa inédita da entrevista, 22 abr. 1969, arquivo 3671, GSC.
19. George Stevens in William Kirschner, op. cit.
20. Transcrição inédita de entrevista com Ivan Moffat, arquivo 51, FJC.
21. Thomas Doherty, *Projections of War: Hollywood, American Culture, and World War II*. Nova York: Columbia University Press, 1993, p. 59.
22. Transcrição não editada de entrevista de George Stevens com Robert Hughes, 1967, arquivo 3677, GSC.
23. Relatório oficial da SPECOU por George Stevens, 20 jun. 1945, em exibição no Mémorial de la Shoah, Musée, Centre de Documentation Juive Contemporaine, Paris.
24. *George Stevens: D-Day to Berlin.*
25. Gavin Lambert (org.), op. cit., p. 219.
26. *George Stevens: D-Day to Berlin.*
27. Transcrição inédita de entrevista com Ivan Moffat, arquivo 52, FJC.

NOTAS

26. "ESSE FILME É PARA QUÊ?" [pp. 413-426]

1. Judith Morgan; Neil Morgan, *Dr. Seuss and Mr. Geisel: A Biography*. Nova York: Random House, 1995.
2. Ibid., e James C. Humes, *Eisenhower and Churchill: The Partnership That Saved the World* (Nova York: Prima, 2001).
3. Carta de Darryl F. Zanuck para Frank Capra, 21 abr. 1945, FCA.
4. Carta de Frank Capra para o coronel Lyman T. Munson, 27 abr. 1945, FCA.
5. Carta de Frank Capra para o coronel Lyman T. Munson, 30 jan. 1945, FCA.
6. Joseph McBride, *Frank Capra: The Catastrophe of Success*. Nova York: Simon & Schuster, 1992; ed. rev. de 2000, pp. 506-7.
7. Carta do coronel Lyman T. Munson para Frank Capra, 8 fev. 1945, FCA.
8. Formulário de Baixa do Exército dos Estados Unidos por Frank Capra, 18 maio 1945, FCA.
9. "Itinerary" por Frank Capra, entradas com data de 8-11 jun. 1945 e 12 jun. 1945, FCA.
10. Frank Capra, *The Name Above the Title: An Autobiography*. Nova York: Da Capo, 1997; publicado originalmente em 1971, p., 367.
11. "Itinerary" por Frank Capra, entrada com data de 14 jun. 1945, FCA.
12. Carta do general Frederick Osborn para Frank Capra, 21 out. 1944, FCA.
13. Segundo Michael S. Shull e David Edward Wilt, *Hollywood War Films, 1937-1945* (Jefferson, NC: McFarland, 1996), pp. 334-410, os oito maiores estúdios lançaram 198 filmes com pelo menos algum conteúdo relacionado à guerra em 1943; em 1945, lançaram apenas 78.
14. Thomas M. Pryor, "Back to Work". *New York Times*, 15 set. 1945.
15. "Itinerary" por Frank Capra, 25 mar. 1945, FCA.
16. Ibid.
17. Material de imprensa do Exército dos Estados Unidos para *San Pietro*, sem data, arquivo 503, JHC.
18. "The New Pictures" (sem assinatura, mas escrito por James Agee), *Time*, 21 maio 1945.
19. Bosley Crowther, "Army Film at 55th Street 'San Pietro'". *New York Times*, 12 jul. 1945.
20. Manny Farber, "War Without Glamour". *New Republic*, 30 jul. 1945.
21. John McCarten, "The Current Cinema: Brief Masterwork". *New Yorker*, 21 jul. 1945.
22. Carta de John Huston para Darryl F. Zanuck, 14 mar. 1945, arquivo 499, JHC.
23. A. M. Sperber; Eric Lax, *Bogart*. Nova York: William Morrow, 1997, pp. 302-3. O pedido de divórcio de Lesley Black Huston foi registrado em 6 abr. 1945.
24. Otto Friedrich, *City of Nets: A Portrait of Hollywood in the 1940s*. Nova York: Harper & Row, 1986, pp. 177-78.
25. John Huston, *An Open Book*. Nova York: Alfred A. Knopf, 1980, pp. 97-98. Em sua autobiografia, Huston se engana ao situar a briga com Flynn em 1942.
26. Carta de John Huston para o coronel Roland Barrett, 5 fev. 1945, arquivo 1443, JHC.
27. Cartas do coronel Roland Barrett e do coronel Emanuel Cohen para John Huston, fev. 1945, arquivo 1443, JHC.
28. Gary Edgerton, "Revisiting the Recording of Wars Past: Remembering the Documentary Trilogy of John Huston". *Journal of Popular Film and Television*, primavera 1987, republicado em John Huston; Gaylyn Studlar; David Desser, *Reflections in a Male Eye: John Huston and the American Experience*, Smithsonian Studies in the History of Film and Television (Washington, D.C.: Smithsonian Institution, 1993).
29. William Blakefield, "A War Within: The Making of Know Your Enemy — Japan". *Sight and Sound*, primavera 1983.
30. Joseph McBride, op. cit., p. 499.
31. Carta de William Wyler para o major Monroe W. Greenthal, 11 jul. 1945, caixa 23, arquivo 3, WWUCLA.

524   **CINCO VOLTARAM**

32. Jan Herman, *A Talent for Trouble: The Life of Hollywood's Most Acclaimed Director, William Wyler*. Nova York: Da Capo, 1997, pp. 276-77.
33. Thomas M. Pryor, "Back to Work". *New York Times*, 16 set. 1945.
34. Lista de convidados para sessão de *Thunderbolt*, 12 out. 1945, caixa 23, arquivo 8, wwucla.
35. Ficha de Qualificação de Baixa do Exército, 31 out. 1945, arquivo 777, wwa.
36. Cartas de Samuel Goldwyn e Francis Harmon e telegrama de Ned E. Depinet da rko para William Wyler, com anotações à mão de Wyler; cartas de William Wyler para Harmon e o general Ira Eaker, todas de nov./dez. 1945, caixa 23, arquivo 3, wwucla.
37. *Collier's*, 4 fev. 1950, citado em Jan Herman, op. cit., p. 295.
38. A. Scott Berg, *Goldwyn*. Nova York: Alfred A. Knopf, 1989, p. 393.
39. Axel Madsen, *William Wyler: The Authorized Biography*. Nova York: Thomas Y. Crowell, 1973, pp. 260-61.
40. William Wyler em entrevista com Catherine Wyler, 1981, republicada em Gabriel Miller (org.), *William Wyler Interviews* (Jackson: University Press of Mississippi, 2009), p. 119.
41. William Wyler para Thomas M. Pryor, set. 1945, publicado originalmente por Pryor em "William Wyler and His Screen Philosophy". *New York Times*, 17 nov. 1946.
42. Thomas M. Pryor, "Back to Work". *New York Times*, 16 set. 1945.
43. Gabriel Miller (org.), op. cit., p. 131.
44. Bernard Kantor; Irwin Blacker; Anne Kramer (orgs.), *Directors at Work*. Nova York: Funk & Wagnall's, 1970.

27. "UM PASSADO FURIOSO MISTURADO A UM FUTURO TEMPESTUOSO" **[pp. 427-441]**

1. "The Way Home" (sem assinatura), *Time*, 7 ago. 1944.
2. Harriet Hyman Alonso, *Robert E. Sherwood: The Playwright in Peace and War*. Amherst and Boston: University of Massachusetts Press, 2007, p. 281.
3. Carta de MacKinlay Kantor para Samuel Goldwyn, 6 out. 1944, arquivo 177, sgc.
4. MacKinlay Kantor, *Glory for Me*. Nova York: Coward-McCann, 1945.
5. Telegrama de Miriam Howell para Samuel Goldwyn, 4 abr. 1945, arquivo 177, sgc.
6. Memorando interdepartamental de Pat Duggan para Samuel Goldwyn, 31 maio 1945, arquivo 177, sgc.
7. Telegrama de Samuel Goldwyn para Pat Duggan, 13 jun. 1945, arquivo 177, sgc.
8. Memorando interdepartamental de Pat Duggan para Samuel Goldwyn, 15 jun. 1945, arquivo 177, sgc.
9. Carta de Samuel Goldwyn para John Ford, 14 jul. 1945, arquivo 177, sgc.
10. Carta de Robert E. Sherwood para Samuel Goldwyn, 27 ago. 1945, arquivo 177, sgc.
11. Telegrama de Samuel Goldwyn para Robert E. Sherwood, 4 set. 1945, arquivo 177, sgc.
12. Robert E. Sherwood para Samuel Goldwyn, 27 ago. 1945, arquivo 177, sgc.
13. Harriet Hyman Alonso, op. cit., p. 283.
14. Thomas M. Pryor, "William Wyler and His Screen Philosophy". *New York Times*, 17 nov. 1946.
15. A. Scott Berg, *Goldwyn*. Nova York: Alfred A. Knopf, 1989, pp. 409-10.
16. Gary Edgerton, "Revisiting the Recording of Wars Past: Remembering the Documentary Trilogy of John Huston". *Journal of Popular Film and Television*, primavera 1987, republicado em John Huston; Gaylyn Studlar; David Desser, *Reflections in a Male Eye: John Huston and the American Experience*, Smithsonian Studies in the History of Film and Television (Washington, D.C.: Smithsonian Institution, 1993).
17. Joseph C. Goulden, *The Best Years: 1945-1950*. Nova York: Atheneum, 1976, citado em Gary Edgerton, op. cit.

NOTAS

18. John Huston, *An Open Book*. Nova York: Alfred A. Knopf, 1980, p. 120.
19. Frances McFadden, "Let There Be Light". *Harper's Bazaar*, maio 1946.
20. Dr. Herbert Spiegel, citado em Ben Shephard, "Here Is Human Salvage". *London Times Literary Supplement*, 6 nov. 1998.
21. Frances McFadden, op. cit.
22. John Huston em entrevista com Peter S. Greenberg, *Rolling Stone*, 19 fev. 1981, republicada em Robert Emmet Long (org.), *John Huston Interviews* (Jackson: University Press of Mississippi, 2001), p. 117.
23. Stuart Kaminsky, *John Huston: Maker of Magic*. Boston: Houghton Mifflin, 1978, pp. 43-44.
24. Gene D. Phillips, "Talking with John Huston". *Film Comment*, maio/jun. 1973.
25. Centro de Baixa de Pessoal da Marinha dos Estados Unidos, Washington D.C., formulário, 29 set. 1945, JFC.
26. Endosso anexado ao documento acima, 18 out. 1945, JFC.
27. Robert Parrish, *Hollywood Doesn't Live Here Anymore*. Boston: Little, Brown, 1988, pp. 66-68.
28. Joseph McBride, *Searching for John Ford: A Life*. Nova York: St. Martin's, 2001, p. 421.
29. Carta de Harry Wurtzel para John Ford, 10 nov. 1941, JFC.
30. Andrew Sinclair, *John Ford*. Nova York: Dial, 1979, p. 124.
31. Marilyn Ann Moss, *Giant: George Stevens, a Life on Film*. Madison: University of Wisconsin Press, 2004, p. 142.
32. Transcrição não editada de entrevista de George Stevens com Bruce Petri, arquivo 3692, GSC.
33. George Stevens em entrevista com Patrick McGilligan e Joseph McBride, em Paul Cronin (org.), *George Stevens Interviews* (Jackson: University Press of Mississippi, 2004), p. 115.
34. Victor H. Bernstein; Max Lerner, *Final Judgment: The Story of Nuremberg* (publicado originalmente em 1947; republicado por Kessinger Publishing Inc., 2010), citado em Ann Tusa; John Tusa, *The Nuremberg Trial* (Londres: Macmillan, 1983), p. 160.
35. Ann Tusa; John Tusa, op. cit., p. 160, com base em relatos de testemunhas oculares contemporâneas conforme registrado pelo *Daily Mail*, pelo *Daily Telegraph* e pelo *New York Times*.
36. Telford Taylor, *The Anatomy of the Nuremberg Trials: A Personal Memoir*. Nova York: Alfred A. Knopf, 1992, pp. 186-87.
37. Joseph E. Persico, *Nuremberg: Infamy on Trial*. Nova York: Viking, 1994, p. 158.
38. Telegrama de George Stevens para Yvonne Stevens, 6 out. 1945, GSC. A viagem de Stevens no *Queen Mary* deveria começar em Southampton, Inglaterra, em 4 de novembro, e terminar em Nova York cinco dias depois, mas ele ainda trabalhava no filme quando enviou o telegrama e talvez tenha deixado a Europa na travessia seguinte do *Queen Mary* (22-27 de novembro).
39. John Huston em entrevista em "George Stevens: A Filmmaker's Journey," transcrição inédita, arquivo 13, FJC.

28. "UMA EXPRESSÃO GRAVE E UMA MENTALIDADE EM DOLOROSO PROCESSO DE AMADURECIMENTO" [pp. 442-456]

1. Lindsay Anderson, *About John Ford*. Nova York: McGraw-Hill, 1981, pp. 20-21.
2. Joseph McBride, *Searching for John Ford: A Life*. Nova York: St. Martin's, 2001, p. 444.
3. Andrew Sinclair, *John Ford*. Nova York: Dial, 1979, p. 121.
4. Ibid., pp. 121-22.
5. Lindsay Anderson, op. cit., p. 21.
6. Anúncio publicitário, dez. 1945, publicação desconhecida, arquivo de *Fomos os sacrificados*, New York Public Library for the Performing Arts.
7. Material de imprensa de *Fomos os sacrificados*, New York Public Library for the Performing Arts.

526   CINCO VOLTARAM

8. Bosley Crowther, "The Screen: 'They Were Expendable,' Seen [at] Capitol, Called Stirring Picture of Small but Vital Aspect of War Just Ended". *New York Times*, 21 dez. 1945.

9. "The New Pictures". *Time*, 24 dez. 1945.

10. *Variety*, 21 nov. 1945.

11. James Agee, *Nation*, 5 jan. 1946, e em "Best of 1945", *Nation*, 19 jan. 1946, ambos republicados em Michael Sragow (org.), *Film Writing and Selected Journalism* (Nova York: Library of America, 2005).

12. Joseph McBride, op. cit., p. 386.

13. Robert Parrish, *Growing Up in Hollywood*. Nova York: Little, Brown, 1976, p. 158.

14. Carta de John Ford para o chefe do Office of the Bureau of Archives, 6 dez. 1946, JFC.

15. Questionário de Qualificações Anual preenchido por John Ford, 1945, JFC.

16. Memorando do Centro de Baixa, Ficha Militar e Relatório de Baixa, 13 fev. 1946, arquivo 1719, JHC.

17. John Huston, *An Open Book*. Nova York: Alfred A. Knopf, 1980, p. 126.

18. "Documentary Films on View at Museum". *New York Times*, 3 jan. 1946.

19. Gary Edgerton, "Revisiting the Recording of Wars Past: Remembering the Documentary Trilogy of John Huston". *Journal of Popular Film and Television*, primavera 1987, republicado em John Huston; Gaylyn Studlar; David Desser, *Reflections in a Male Eye: John Huston and the American Experience*, Smithsonian Studies in the History of Film and Television (Washington, D.C.: Smithsonian Institution, 1993), p. 52.

20. Ibid., p. 51.

21. Memorando ao chefe do Serviço Pictórico do Exército do advogado de plantão (nome tachado), 11 mar. 1946, arquivo 251, JHC.

22. Memorando ao chefe do Serviço Pictórico do Exército do advogado de plantão (nome tachado), 22 mar. 1946, arquivo 251, JHC.

23. Carta de John Huston para Walter Karri-Davies, 21 mar. 1946, arquivo 252, JHC.

24. Carta do general William C. Menninger para John Huston, 28 mar. 1946, arquivo 252, JHC.

25. Carta do chefe do Serviço Pictórico do Exército para John Huston, 2 abr. 1946, JHC.

26. Gary Edgerton, op. cit.

27. Carta de John Huston para Menninger, 15 abr. 1946, arquivo 252, JHC.

28. Carta de Menninger para o secretário-adjunto de Guerra, 24 abr. 1946, arquivo 252, JHC.

29. "Co-Featured Role for Ruth Warrick". *New York Times*, 28 abr. 1946, e *release* do Museum of Modern Art, JHC.

30. Telegrama de John Huston para Archer Winsten, final de abr. 1945, arquivo 252, JHC.

31. Archer Winsten, "Movie Talk: Lest You Forget a Film Everyone Ought to View". *New York Post*, 2 jul. 1946.

32. Archer Winsten, "Movie Talk: Huston's 'Let There Be Light' Hidden Under Army Bushel". *New York Post*, 6 maio 1946.

33. James Agee, *Nation*, 11 maio 1946 e 25 jan. 1947.

34. Carta de Arthur Mayer para John Huston, 14 ago. 1946, arquivo 252, JHC.

35. Lawrence Grobel, *The Hustons: The Life and Times of a Hollywood Dynasty*. Ed. atual. Nova York: Cooper Square, 2000, p. 299.

36. John Huston, op. cit., pp. 125-26.

37. Stuart Kaminsky, *John Huston: Maker of Magic*. Boston: Houghton Mifflin, 1978, pp. 43-44.

38. Todos os detalhes da atividade de Stevens durante suas primeiras semanas de volta aos Estados Unidos vêm, exceto quando indicado, de seu diário de 1946, entradas com data de 1-23 jan., arquivo 3602, GSC.

39. Yvonne Stevens em entrevista com Irene Kahn Atkins, transcrição inédita, arquivo 3696, GSC.

NOTAS

40. Frank Capra em entrevista para "George Stevens: A Filmmaker's Journey", transcrição inédita, arquivo 13, FJC.
41. Yvonne Stevens em entrevista com Irene Kahn Atkins, transcrição inédita, arquivo 3696, GSC. Stevens, em uma entrevista com Bruce Petri (arquivo 3692, GSC), alegou que seus problemas para andar eram resultado de uma ulceração que sofrera em Luxemburgo, quando seus coturnos congelaram e foi preciso removê-los com uma tesoura.
42. Transcrição inédita de entrevista de George Stevens com Robert Hughes, 1967, arquivo 3677, GSC.
43. Gavin Lambert (org.), *The Ivan Moffat File: Life Among the Beautiful and Damned in London, Paris, New York, and Hollywood*. Nova York: Pantheon, 2004, pp. 175-76.
44. Marilyn Ann Moss, *Giant: George Stevens, a Life on Film*. Madison: University of Wisconsin Press, 2004, p. 123.
45. Yvonne Stevens em entrevista com Irene Kahn Atkins, transcrição inédita, arquivo 3696, GSC.
46. George Stevens para Hal Boyle, 1953, republicado em Paul Cronin (org.), *George Stevens Interviews* (Jackson: University Press of Mississippi, 2004), p. 14.
47. George Stevens, descrevendo seu estado de espírito após a guerra em transcrição não editada de entrevista com Robert Hughes, 1967, arquivo 3677, GSC.
48. George Stevens para James Silke, *Cinema*, dez. 1964/jan. 1965, republicado em Paul Cronin (org.), op. cit., p. 40.
49. Herbert G. Luft, "George Stevens: The War Gave the Academy's New President a Social Conscience". *Films in Review*, nov. 1958.
50. George Stevens para James Silke, *Cinema*, dez. 1964/jan. 1965, republicado em Paul Cronin (org.), op. cit.
51. Marilyn Ann Moss, op. cit., p. 27.
52. George Stevens em entrevista com Patrick McGilligan e Joseph McBride, em Paul Cronin (org.), op. cit.
53. Frank Capra, em entrevista para "George Stevens: A Filmmaker's Journey", transcrição inédita, arquivo 13, FJC.
54. Yvonne Stevens em entrevista com Irene Kahn Atkins, transcrição inédita, arquivo 3696, GSC.

29. "MAIS PERTO DO QUE ESTÁ ACONTECENDO NO MUNDO" [pp. 457-477]

1. Frank Capra, "Breaking Hollywood's 'Pattern of Sameness'". *New York Times Magazine*, 5 maio 1946.
2. Ibid.
3. "New Picture: It's a Wonderful Life". *Time*, 23 dez. 1946.
4. *Los Angeles Times*, 3 mar. 1946.
5. Mary Morris, "Stubborn Willy Wyler". *PM*, 2 fev. 1947.
6. Carta de Jean Hersholt para Frank Capra, 17 maio 1946, FCA.
7. Thomas M. Pryor, "Mr. Capra Comes to Town". *New York Times*, 18 nov. 1945.
8. William Wyler, "No Magic Wand". *Screen Writer*, fev. 1947.
9. Thomas M. Pryor, op. cit.
10. *Los Angeles Times*, 3 mar. 1946.
11. Thomas M. Pryor, op. cit.
12. Joseph McBride, *Frank Capra: The Catastrophe of Success*. Nova York: Simon & Schuster, 1992; ed. rev. de 2000, pp. 508-9.
13. Thomas M. Pryor, op. cit.
14. Jeanine Basinger, *The It's a Wonderful Life Book*. Nova York: Knopf, 1986, pp. 77-78.

528   CINCO VOLTARAM

15. Ibid.
16. Frances Goodrich e Albert Hackett em entrevista com Mark Rowland em Pat McGilligan (org.), *Backstory: Interviews with Screenwriters of Hollywood's Golden Age* (Berkeley: University of California Press, 1986), p. 210.
17. Demonstração financeira da Liberty Films, 30 jun. 1946, arquivo 3753, GSC.
18. Transcrição não editada de entrevista de George Stevens com Bruce Petri, arquivo 3692, GSC.
19. Lista de elenco, arquivo 4111, SGC.
20. Axel Madsen, *William Wyler: The Authorized Biography*. Nova York: Thomas Y. Crowell, 1973, p. 90.
21. Jan Herman, *A Talent for Trouble: The Life of Hollywood's Most Acclaimed Director, William Wyler*. Nova York: Da Capo, 1997, p. 282.
22. *Diary of a Sergeant* (1945).
23. Thomas M. Pryor, "William Wyler and His Screen Philosophy—And They All Had Big Heads the Next Morning". *New York Times*, 17 nov. 1946.
24. William Wyler para Kantor, Blacker e Kramer, republicado em Gabriel Miller (org.), *William Wyler Interviews* (Jackson: University Press of Mississippi, 2009), p. 41.
25. William Wyler para Ronald L. Davis, republicado em ibid.
26. Jan Herman, op. cit., p. 283.
27. William Wyler, op. cit.
28. Leonard J. Leff; Jerold L. Simmons, *The Dame in the Kimono: Hollywood, Censorship, and the Production Code*. Lexington: University Press of Kentucky, 2001, pp. 140, 155.
29. Jan Herman, op. cit., pp. 228-29.
30. Ibid., p. 288.
31. A. Scott Berg, *Goldwyn*. Nova York: Alfred A. Knopf, 1989, p. 411.
32. Ibid.
33. William Wyler em George Stevens Jr., *Conversations with the Great Moviemakers of Hollywood's Golden Age at the American Film Institute* (Nova York: Alfred A. Knopf, 2006), p. 208.
34. Carta de Samuel Goldwyn para William Wyler, 29 maio 1946, arquivo 177, SGC.
35. Telegrama de William Wyler para Robert Sherwood, 6 jun. 1946, arquivo 177, SGC.
36. Lester Koenig, "Gregg Toland, Film-Maker". *Screen Writer*, dez. 1947.
37. Thomas M. Pryor, "William Wyler and His Screen Philosophy—And They All Had Big Heads the Next Morning". *New York Times*, 17 nov. 1946.
38. Hermine Rich Isaacs, "William Wyler: Director with a Passion and a Craft". *Theatre Arts*, fev. 1947.
39. William Wyler, op. cit.
40. Joseph McBride, "AFI Salutes William Wyler Who Can Say 'Auteur' Like a Native". *Variety*, 17 mar. 1976.
41. William Wyler, op. cit.
42. William Wyler em *Conversations with the Great Moviemakers of Hollywood's Golden Age*.
43. A. Scott Berg, op. cit., p. 417.
44. Mason Wiley; Damien Bona, *Inside Oscar: The Unofficial History of the Academy Awards*. Ed. comem. de 10 anos. Nova York: Ballantine, 1996, p. 160.
45. James Agee, "What Hollywood Can Do, Parts 1 and 2". *Nation*, 7 dez. 1946 e 14 dez. 1946.
46. Bosley Crowther, "The Screen in Review". *New York Times*, 22 nov. 1946.
47. Mason Wiley; Damien Bona, op. cit., p. 167.
48. *Hollywood Reporter*, 11 dez. 1946.
49. Manny Farber, "Mugging Main Street". *New Republic*, 6 jan. 1947.
50. Bosley Crowther, "'It's a Wonderful Life,' with James Stewart, at Globe". *New York Times*, 23 dez. 1946.

NOTAS

51. *Variety*, 25 dez. 1946.
52. Frank Capra, *The Name Above the Title: An Autobiography*. Nova York: Da Capo, 1997; publicado originalmente em 1971, p. 384.
53. Documentos da Liberty Liberty em GSC e WWA.
54. Richard Schickel, *The Men Who Made the Movies: Interviews with Frank Capra, George Cukor, Howard Hawks, Alfred Hitchcock, Vincente Minnelli, King Vidor, Raoul Wallace, and William E. Wellman*. Nova York: Atheneum, 1975, p. 85.
55. Dorothy Kilgallen, "Snapshots of a Movie Maker", sem data, arquivo 38, WWA.
56. Thomas M. Pryor, "William Wyler and His Screen Philosophy — And They All Had Big Heads the Next Morning". *New York Times*, 17 nov. 1946.

EPÍLOGO [pp. 479-484]

1. Richard Schickel, *The Men Who Made the Movies: Interviews with Frank Capra, George Cukor, Howard Hawks, Alfred Hitchcock, Vincente Minnelli, King Vidor, Raoul Wallace, and William E. Wellman*. Nova York: Atheneum, 1975, p. 85.
2. Frank Capra em George Stevens Jr., *Conversations with the Great Moviemakers of Hollywood's Golden Age at the American Film Institute*. Nova York: Alfred A. Knopf, 2006, pp. 82-84.
3. Frank Capra, *The Name Above the Title: An Autobiography*. Nova York: Da Capo, 1997; publicado originalmente em 1971, p. 402.
4. Transcrição de discurso no rádio por William Wyler, 26 out. 1947, arquivo 596, WWA.
5. John Huston, *An Open Book*. Nova York: Alfred A. Knopf, 1980, p. 135.
6. Lee Mortimer, "Hollywood in Gotham". Vários veículos, 26 abr. 1948.
7. Introdução de Frank Capra, op. cit., pp. xvii-xviii.
8. Joseph McBride, *Searching for John Ford: A Life*. Nova York: St. Martin's, 2001, pp. 682, 719.
9. Jan Herman, *A Talent for Trouble: The Life of Hollywood's Most Acclaimed Director, William Wyler*. Nova York: Da Capo, 1997, p. 467.
10. Memorandos de John Huston, arquivo 251, JHC.
11. Marilyn Ann Moss, *Giant: George Stevens, a Life on Film*. Madison: University of Wisconsin Press, 2004, p. 180.
12. Joe Hyams, "Making 'Shane'". *New York Herald Tribune*, 19 abr. 1953, republicado em Paul Cronin (org.), *George Stevens Interviews* (Jackson: University Press of Mississippi, 2004).
13. Transcrição não editada de entrevista com Frank Capra, arquivo 13, FJC.
14. Correspondência e memorandos de George Stevens Jr., 10 mar. 1961 e 21 mar. 1961, arquivo 3629, GSC.

BIBLIOGRAFIA

Livros

AGEE, James. *Film Writing and Selected Journalism*. Org. Michael Sragow. Nova York: Library of America. 2005.

ALONSO, Harriet Hyman. *Robert E. Sherwood: The Playwright in Peace and War*. Amherst; Boston: University of Massachusetts Press, 2007.

AMBLER, Eric. *Here Lies: An Autobiography*. Londres: Weidenfeld & Nicolson, 1985.

AMBROSE, Stephen E. *D-Day—June 6, 1944: The Climactic Battle of World War II*. Nova York: Simon & Schuster, 1994. [Ed. bras.: *O dia D: 6 de junho de 1944: A batalha culminante da Segunda Grande Guerra*. Trad. Múcio Bezerra. Rio de Janeiro: Bertrand Brasil, 2003.]

ANDEREGG, Michael A. *William Wyler*. Boston: Twayne, 1979.

ANDERSON, Lindsay. *About John Ford*. Nova York: McGraw-Hill, 1981.

ARMES, Roy. *A Critical History of the British Cinema*. Nova York: Oxford University Press, 1978.

BACH, Steven. *Marlene Dietrich: Life and Legend*. Nova York: William Morrow, 1992.

BAKER, Nicholson. *Human Smoke: The Beginnings of World War II, the End of Civilization*. Nova York: Simon & Schuster, 2008. [Ed. bras.: *Fumaça humana: O início da segunda guerra, o fim da civilização*. Trad. Luis A. de Araújo. São Paulo: Companhia das Letras, 2010.]

BARNES, Joseph. *Willkie: The Events He Was Part Of—The Ideas He Fought For*. Nova York: Simon & Schuster, 2008.

BASINGER, Jeanine. *The It's a Wonderful Life Book*. Nova York: Alfred A. Knopf, 1986.

_____. *The Star Machine*. Nova York: Knopf, 2007.

BAZIN, André. *Jean Renoir*. Trad. W. W. Halsey II e William H. Simon. Ed. François Truffaut. Nova York: Simon & Schuster, 1973.

BEHLMER, Rudy. *Inside Warner Bros. (1935-1951)*. Nova York: Viking, 1985.

_____. *Memo from Darryl F. Zanuck: The Golden Years at Twentieth Cebtury-Fox*. Nova York: Grove, 1993.

_____ (org.). *Memo from David O. Selznick*. Nova York: Modern Library, 2000.

BERG, A. Scott. *Goldwyn*. Nova York: Alfred A. Knopf, 1989.

_____. *Lindbergh*. Nova York: Putnam, 1998. [Ed. bras.: *Lindberg: Uma biografia*. Trad. Carlos Eduardo Lins da Silva, Maria Cecília de Sá Porto. São Paulo: Companhia das Letras, 2000.]

BERGAN, Ronald. *The United Artists Story*. Nova York: Crown, 1986.

BERNSTEIN, Matthew. *Walter Wanger: Hollywood Independent*. Minneapolis: University of Minnesota Press, 2000.

532 CINCO VOLTARAM

BIRDWELL, Michael E. *Celluloid Soldiers: Warner Bros.'s Campaign Agains Nazism*. Nova York: New York University Press, 1999.

BLOTNER, Joseph. *Faulkner: A Biography*. Ed. rev. de volume único de obra de 1974. Jackson: University Press of Mississippi, 1999.

BOGDANOVICH, Peter. *John Ford*. Ed. rev. e ampl. Berkeley; Los Angeles: University of California Press, 1978.

BREUER, William B. *The Air-Raid Warden Was a Spy: And Other Tales from Home-Front America in World War II*. Hoboken, NJ: John Wiley & Sons, 2003.

BROWN, John Mason. *The Ordeal of a Playwright: Robert E. Sherwood and the Challenge of War*. Nova York: Harper & Row, 1970.

_____. *The Worlds of Robert E. Sherwood: Mirror to His Times*. Nova York: Harper & Row, 1962.

CALLOW, Simon. *Orson Welles. Vol. 2, Hello Americans*. Nova York: Viking Penguin, 2006.

CAPRA, Frank. *The Name Above the Title: An Autobiography*. Nova York: Da Capo, 1997. Publicado originalmente em 1971.

CEPLAIR, Larry; ENGLUND, Steven. *The Inquisition in Hollywood: Politics in the Film Community, 1930-1960*. Berkeley: University of California Press, 1979.

COLE, Wayne S. *Senator Gerald P. Nye and American Foreign Relations*. Minneapolis: University of Minnesota Press, 1962.

CORNFIELD, Robert (org.). *Kazan on Directing*. Nova York: Alfred A. Knopf, 2009.

CRONIN, Paul (org.). *George Stevens Interviews*. Jackson: University Press of Mississippi, 2004.

CUSTEN, George F. *Twentieth Century's Fox: Darryl F. Zanuck and the Culture of Hollywood*. Nova York: Basic Books, 1997.

DAVIS, Bette. *The Lonely Life*. Nova York: G. P. Putnam's Sons, 1962.

DAVIS, Bette; HERSKOWITZ, Michael. *This 'N That*. Nova York: Putnam, 1987.

DICK, Bernard F. (org.). *Dark Victory*. Madison: University of Wisconsin Press, 1981.

_____. *Hal Wallis: Producer to the Stars*. Lexington: University Press of Kentucky, 1985.

_____. *The Merchant Prince of Poverty Row: Harry Cohn of Columbia Pictures*. Lexington: University Press of Kentucky, 1993.

_____. *The Star-Spangled Screen: The American World War II Film*. Lexington: University Press of Kentucky, 1985.

_____. *Hollywood's Censor: Joseph I. Breen and the Production Code Administration*. Nova York: Columbia University Press, 2007.

DOHERTY, Thomas. *Hollywood and Hitler, 1933-1939*. Nova York: Columbua University Press, 2013.

_____. *Projections of War: Hollywood, American Culture, and World War II*. Nova York: Columbia University Press, 1993.

DOWER, John W. *Embracing Defeat: Japan in the Wake of World War II*. Nova York: New Press/W. W. Norton, 1999.

_____. *War Without Mercy: Race and Power in the Pacific War*. Nova York: Pantheon, 1986.

DUMONT, Hervé. *Frank Borzage: The Life and Films of a Hollywood Romantic*. Trad. Jonathan Kaplansky. Jefferson, NC: McFarland, 2006. Publicado originalmente em francês em 1993.

EAMES, John Douglas. *The MGM Story*. 2. ed. rev. Nova York: Crown, 1982.

_____., com texto adicional de Robert Abele. *The Paramount Story*. Nova York: Simon & Schuster, 2002.

EDWARDS, Anne. *A Remarkable Woman: A Biography of Katharine Hepburn*. Nova York: William Morrow, 1985. [Ed. bras.: *Uma mulher fabulosa: Katharine Hepburn*. Trad. Roberto de Cleto. Rio de Janeiro: F. Alves, 1987.]

ELIOT, Marc. *Cary Grant: A Biography*. Nova York: Harmony, 2004.

_____. *Jimmy Stewart: A Biography*. Nova York: Three Rivers, 2006.

BIBLIOGRAFIA

533

EYMAN, Scott. *Lion of Hollywood: The Life and Legend of Louis B. Mayer*. Nova York: Simon & Schuster, 2005.

_____. *Print the Legend: The Life and Times of John Ford*. Nova York: Simon & Schuster, 1999.

FITZGERALD, Michael G. *The Universal Story: A Panoramic History in Words, Pictures and Filmographies*. New Rochelle, NY: Arlington House, 1977.

FONDA, Henry; TEICHMANN, Howard. *Fonda: My Life*. Nova York: New American Library, 1981.

FORD, Dan. *Pappy: The Life of John Ford*. Englewood Cliffs, NJ: Prentice Hall, 1979.

FRIEDRICH, Otto. *City of Nets: A Portrait of Hollywood in the 1940's*. Nova York: Harper & Row, 1986. [Ed. bras.: *A cidade das redes: Hollywood nos anos 40*. Trad. Angela Melin. São Paulo: Companhia das Letras, 1988.]

GABLER, Neal. *An Empire of Their Own: How the Tews Invented Hollywood*. Nova York: Crown, 1978.

GALLAGHER, Tag. *John Ford: The Man and His Films*. Berkeley; Los Angeles: University of Califonia Press, 1986.

GEIST, Kenneth L. *Pictures Will Talk: The Life and Films of Joseph L. Mankiewicz*. Nova York: Da Capo, 1978.

GROBEL, Lawrence. *The Hustons: The Life and Times of a Hollywood Dinasty*. Ed. atual. Nova York: Cooper Square, 2000.

GUNTER, Matthew C. *The Capra Touch: A Study of the Director's Hollywood Classics and War Documentaries, 1934-1945*. Jefferson, NC: McFarland, 2011.

GUSSOW, Mel. *Darryl F. Zanuck: Don't Say Yes Until I Finish Talking*. Nova York: Doubleday, 1971.

HAMILTON, Ian. *Writers in Hollywood, 1915-1951*. Nova York: Carroll & Graf, 1991.

HARMETZ, Aljean. *The Making of "The Wizard of Oz": Movie Magic and Studio Power in the Prime of MGM—and the Miracle of Production #1060*. Nova York: Alfred A. Knopf, 1977.

HARRIS, Warren G. *Clark Gable: A Biography*. Nova York: Harmony, 2002.

HARRISON, Rex. *Rex: An Autobiography*. Nova York: William Morrow, 1975.

HERMAN, Jan. *A Talent for Trouble: The Life of Hollywood's Most Acclaimed Director, William Wyler*. Nova York: Da Capo, 1997.

HIRSCHHORN, Clive. *The Columbia Story*. Londres: Hamlyn, 1999.

_____. *The Warner Bros. Story*. Nova York: Crown, 1979.

HUSTON, John. *An Open Book*. Nova York: Alfred A. Knopf, 1980. [Ed. bras.: *Um livro aberto*. Trad. Milton Persson. Porto Alegre: L&PM, 1987.]

INSDORF, Annette. *Indelible Shadows: Film and the Holocaust*. 3. ed. Cambridge: Cambridge University Press, 2002.

JACOBS, Diane. *Christmas in July: The Life and Art of Preston Sturges*. Berkeley; Los Angeles: University of California Press, 1992.

JEWELL, Richard N.; HARBIN, Vernon. *The RKO Story*. Nova York: Arlington House, 1982.

KAEL, Pauline. *5001 Nights at the Movies*. Nova York: Holt, Rinehart and Winston, 1982. [Ed. bras.: *1001 noites no cinema*. Trad. Marcos Santarrita e Alda Porto. São Paulo: Companhia das Letras, 1994.]

_____. *Kiss Kiss Bang Bang*. Boston: Atlantic Monthly Press, 1965.

KAMINSKY, Stuart. *John Huson: Maker of Magic*. Boston: Houghton Mifflin, 1978.

KANTOR, MacKinlay. *Glory for Me*. Nova York: Coward-McCann, 1945.

KARL, Frederick R. *William Faulkner: American Writer*. Nova York: Ballantine, 1989.

KAZIN, Alfred. *New York Jew*. Syracuse, NY: Syracuse University Press, 1996. Publicado originalmente por Alfred A. Knopf em 1978.

KELLY, Andrew. *"All Quiet on the Western Front": The Story of a Film*. Londres: I. B. Tauris, 1998.

KENNEDY, David M. *Freedom from Fear: The American People in Depression and War, 1929-1945*. The Oxford History of the United States, v. 9. Nova York: Oxford University Press, 1999.

534   CINCO VOLTARAM

KOCH, Howard. *As Time Goes By*. Nova York: Harcourt Brace Jovanovich, 1979.

KOPPES, Clayton R.; BLACK, Gregory D. *Hollywood Goes to War: How Politics, Profits, and Propaganda Shaped World War II Movies*. Nova York: Free Press, 1987.

KRACAUER, Siegfried. *From Caligari to Hitler: A Psychological History of the German Film*. Princeton, NJ: Princeton University Press, 1947. [Ed. bras.: *De Caligari a Hitler: uma história psicológica do cinema alemão*. Trad. Tereza Ottoni. Rio de Janeiro: Zahar, 1988.]

KULIK, Karol. *Alexander Korda: The Man Who Could Work Miracles*. New Rochelle, NY: Arlington House, 1975.

LALLY, Kevin. *Wilder Times: The Life of Billy Wilder*. Nova York: Henry Holt, 1996.

LAMBERT, Gavin (org.). *The Ivan Moffat File: Life Among the Beautiful and Damned in London, Paris, New York, and Hollywood*. Nova York: Pantheon, 2004.

LEAMER, Laurence. *As Time Goes By: The Life of Ingrid Bergman*. Nova York: Harper & Row, 1986. [Ed. bras.:*Faltou dizer: a vida de Ingrid Bergman*. Trad. Myriam Campello. Rio de Janeiro: Nórdica, 1990.]

LEAMING, Barbara. *Bette Davis: A Biography*. Nova York: Simon & Schuster, 1992.

_____. *Katharine Hepburn*. Nova York: Crown, 1995. [Ed. bras.: *Katharine Hepburn*. Trad. Claudia Costa Guimarães. Rio de Janeiro: Record, 1997.]

LEFF, Leonard J.; SIMMONS, Jerold L. *The Dame in the Kimono: Hollywood, Censorship, and the Production Code*. Lexington: University of Kentucky Press, 2001. Publicado originalmente em 1989.

LINDBERGH, Anne Morrow. *War Within and Without: Diaries and Letters of Anne Morrow Lindbergh, 1939-1944*. Nova York: Harcourt Brace Jovanovich, 1980.

LONG, Robert Emmet (org.). *John Huston Interviews*. Jackson: University Press of Mississippi, 2001.

LOUVISH, Simon. *Chaplin: The Tramp's Odyssey*. Nova York: Thomas Dunne; St. Martin's, 2009.

MCBRIDE, Joseph. *Frank Capra: The Catastrophe of Success*. Versão rev. de edição de 1992. Nova York: St. Martin's Griffin, 2000.

_____. *Searching for John Ford: A Life*. Nova York: St. Martin's, 2001.

MCCARTHY, Todd. *Howard Hawks: The Grey Fox of Hollywood*. Nova York: Grove, 1997.

MCGILLIGAN, Patrick. *Backstory: Interviews with Screenwriters of Hollywood's Golden Age*. Berkeley: University of California Press, 1986.

_____. *Fritz Lang: The Nature of the Beast*. Nova York: St. Martin's, 1997.

MADSEN, Axel. *William Wyler: The Authorized Biography*. Nova York: Thomas Y. Crowell, 1973.

MANN, William J. *Kate: The Woman Who Was Hepburn*. Nova York: Henry Holt, 2006.

MESERVE, Walter J. *Robert E. Sherwood: Reluctant Moralist*. Nova York: Pegasus, 1970.

MEYERS, Jeffrey. *John Huston: Courage and Art*. Nova York: Crown Archetype, 2011.

MILLER, Gabriel (org.). *William Wyler Interviews*. Jackson: University Press of Mississippi, 1994.

MILLER, Frank. *Censored Hollywood: Sex, Sin, and Violence on Screen*. Atlanta: Turner Publishing, 1994.

MILLICHAP, Joseph R. *Lewis Milestone*. Boston: Twayne, 1981.

MILTON, Joyce. *Tramp: The Life of Charlie Chaplin*. Nova York: HarperCollins, 1996. [Ed. bras.: *Chaplin: contraditório vagabundo*. Trad. Marcos Bagno. São Paulo: Ática, 1997.]

MOON, Tom. *This Grim and Savage Game: OSS and the Beginning of U.S. Covert Operations in World War II*. Nova York: Da Capo, 2000.

MORDDEN, Ethan. *The Hollywood Studios: House Style in the Golden Age of the Movies*. Nova York: Simon & Schuster, 1988.

MORGAN, Judith; MORGAN, Neil. *Dr. Seuss and Mr. Geisel: A Biography*. Nova York: Random House, 1995.

MOSS, Marilyn Ann. *Giant: George Stevens, a Life on Film*. Madison: Terrace Books; University of Wisconsin Press, 2004.

BIBLIOGRAFIA

NEAL, Steve. *Dark Horse: A Biography of Wendell Willkie*. Nova York: Doubleday, 1984.

OLLER, John. *Jean Arthur: The Actress Nobody Knew*. Nova York: Limelight Editions, 1997.

PARRISH, Robert. *Growing Up in Hollywood*. Boston: Little, Brown, 1976.

————. *Hollywood Doesn't Live Here Anymore*. Boston: Little, Brown, 1988.

PEARY, Gerald (org.). *John Ford Interviews*. Jackson: University Press of Mississippi, 2001.

PERSICO, Joseph E. *Nuremberg: Infamy on Trial*. Nova York: Viking, 1994.

PIZZITOLA, Louis. *Hearst over Hollywood: Power, Passion, and Propaganda in the Movies*. Nova York: Columbia University Press, 2002.

POAGUE, Leland (org.). *Frank Capra Interviews*. Jackson: University Press of Mississippi, 2004.

POGUE, Forrest C. *George C. Marshall: Organizer of Victory*, v. 3. Nova York: The Viking Press, 1973.

POLITO, Robert (org.). *Farber on Film: The Complete Film Writings of Manny Farber*. Nova York: Library of America, 2009.

REPORTING World War II, Part One: American Journalism, 1938-1944. Nova York: Library of America, 1995.

RICHIE, Donald. *George Stevens: An American Romantic* Nova York: Museum of Modern Art, 1970.

RIDING, Alan. *And the Show Went On: Cultural Life in Nazi-Occupied Paris*. Nova York: Alfred A. Knopf, 2010. [Ed. bras.: *Paris, a festa continuou: a vida cultural durante a ocupação nazista, 1940-4*. Trad. Celso Nogueira, Rejane Rubino. São Paulo: Companhia das Letras, 2012.]

ROBERTS, Randy; OLSON, James S. *John Wayne, American*. Nova York: Free Press, 1995.

ROBINSON, David. *Chaplin: His Life and Art*. Nova York: McGraw-Hill, 1985. [Ed. bras.: *Chaplin: uma biografia definitiva*. Trad. Andrea Mariz. Osasco, SP: Novo Século, 2011.]

ROGERS, Ginger. *Ginger: My Story*. Nova York: HarperCollins, 1991.

ROSS, Lillian. *Picture*. Cambridge, MA: Da Capo, 2002. Publicado originalmente em 1952. [Ed. bras.: *Filme: um retrato de Hollywood*. Trad. Pedro Maia Soares. São Paulo: Companhia das Letras, 2005.]

RUKEYSER, Muriel. *Willkie: One Life*. Nova York: Simon & Schuster, 1957.

SANFORD, John. *A Very Good Fall to Land With: Scenes from the Life of an American Jew*, v. 3. Santa Rosa, CA: Black Sparrow, 1987.

SARRIS, Andrew. *The John Ford Movie Mystery*. Bloomington: Indiana University Press, 1975.

SCHATZ, Thomas. *The Genius of the System: Hollywood Filmmaking in the Studio Era*. Nova York: Pantheon, 1988. [Ed. bras.: *O gênio do sistema: a era dos estúdios em Hollywood*. Trad. Marcelo Dias Almada. São Paulo: Companhia das Letras, 1991.]

SCHICKEL, Ricard. *The Men Who Made the Movies*. Nova York: Atheneum, 1975.

SCHOOTS, Hans. *Living Dangerously: A Biography of Joris Ivens*. Trad. David Colmer. Amsterdã: Amsterdam University Press, 2000.

SEEBOHM, Caroline. *No Regrets: The Life of Marietta Tree*. Nova York: Simon & Schuster, 1997.

SHERMAN, Vincent. *Studio Affairs: My Life as a Film Director*. Lexington: University Press of Kentucky, 1996.

SHERWOOD, Robert E. *Idiot's Delight*. Copyright 1935. Republicado por Dramatists Play Service Inc.

SHORT, K. R. M. (org.). *Film and Radio Propaganda in World War II*. Beckenham; Kent, Inglaterra. Croom Helm Ltd., 1983.

SHULL, Michael S.; WILT, David Edward. *Hollywood War Films, 1937-1945: An Exhaustive Filmography of American Feature-Length Motion Pictures Relating to World War II*. Jefferson, NC: McFarland, 1996.

SIKOV, Ed. *Dark Victory: The Life of Bette Davis*. Nova York: Henry Holt, 2007.

————. *On Sunset Boulevard: The Life and Times of Billy Wilder*. Nova York: Hyperion, 1998.

SINCLAIR, Andrew. *John Ford: A Biography*. Nova York: Dial, 1979.

SPADA, James. *More Than a Woman: An Intimate Biography of Bette Davis*. Nova York: Bantam, 1993.

SPERBER, A. M.; LAX, Eric. *Bogart*. Nova York: William Morrow, 1997.

SPOTO, Donald. *The Art of Alfred Hitchcock: Fifty Years of His Motion Pictures*. Garden City, NY: Doubleday, 1976.

———. *The Dark Side of Genius: The Life of Alfred Hitchcock*. Boston: Little, Brown, 1983

———. *Laurence Olivier: A Biography*. Nova York: HarperCollins, 1992.

———. *Madcap: The Life of Preston Sturges*. Boston: Little, Brown, 1990.

SRAGOW, Michael. *Victor Fleming: An American Movie Master*. Nova York: Pantheon, 2008.

STEINBERG, Cobbett. *Reel Facts: The Movie Book of Records*. Ed. atual. Nova York: Vintage, 1982.

STEVENS JR., George. *Conversations with the Great Moviemakers of Hollywood's Golden Age at the American Film Institute*. Nova York: Alfred A. Knopf, 2006.

STINE, Whitney. *"I'd Love to Kiss You...": Conversations with Bette Davis*. Nova York: Pocket, 1991.

STINE, Whitney; DAVIS, Bette. *Mother Goddam*. Nova York: Berkley Medallion, 1975.

STUDLAR, Gaylyn; DESSER, David (orgs.). *Reflections in a Male Eye: John Huston and the American Experience*. Washington, D.C.; Londres: Smithsonian Institution Press, 1993.

STURGES, Sandy (org.). *Preston Sturges by Preston Sturges: His Life in His Words*. Nova York: Simon & Schuster, 1990.

TAYLOR, John Russell (org.). *Graham Greene on Film: Collected Film Criticism, 1935-1940*. Nova York: Simon & Schuster, 1972.

TAYLOR, Telford. *The Anatomy of the Nuremberg Trials: A Personal Memoir*. Nova York: Alfred A. Knopf, 1992.

THOMAS, Bob. *Clown Prince of Hollywood: The Antic Life and Times of Lack L. Warner*. Nova York: McGraw-Hill, 1990.

THOMAS, Tony; SOLOMON, Aubrey. *The Films of 20th Century-Fox: A Pictorial History*. Secaucus, NJ: Citadel, 1979.

THOMSON, David. *"Have you Seen...?": A Personal Introduction to 1,000 Films*. Nova York: Alfred A. Knopf, 2008.

———. *The New Biographical Dictionary of Film*. 4. ed. Nova York: Alfred A. Knopf, 2002.

———. *Showman: The Life of David O. Selznick*. Nova York: Alfred A. Knopf, 1992.

TORNABENE, Lyn. *Long Live the King: A Biography of Clark Gable*. Nova York: Putnam, 1976.

TROYAN, Michael. *A Rose for Mrs. Miniver: The Life of Greer Garson*. Lexington: University Press of Kentucky, 1999.

TURROU, Leon G.; WITTELS, David G. *Nazi Spies in America*. Nova York: Random House, 1938, 1939.

TUSA, Ann; TUSA, John. *The Nuremberg Trial*. Londres: Macmillan, 1983.

VANDERWOOD, Paul J. (org.). *Juarez*. Madison: University of Wisconsin Press, 1983.

VARIETY Film Reviews, v. 6, *1938-1942*, e v. 7, *1943-1948*. Nova York: R. R. Bowker, 1983.

WALKER, Alexander. *Fatal Charm: The Life of Rex Harrison*. Londres: Weidenfeld & Nicolson, 1992.

WALLIS, Hall; HIGHAM, Charles. *Starmaker: The Autobiography of Hal Wallis*. Nova York: Macmillan, 1980.

WALTERS, Ben. *Orson Welles*. Londres: Haus Publishing, 2004.

WHITE, W. L. *They Were Expendable*. Nova York: Harcourt, Brace and Company, 1942.

WILEY, Mason; BONA, Damien. *Inside Oscar: The Unoficcial History of the Academy Awards*. Ed. comem. de 10 anos. Nova York: Ballantine, 1996.

WILLS, Garry. *John Wayne's America: The Politics of Celebrity*. Nova York: Simon & Schuster, 1997.

WILSON, Robert. *The Film Criticism of Otis Ferguson*. Filadélfia: Temple University Press, 1971.

WINKLER, Allan M. *The Politics of Propaganda: The Office of War Information, 1942-1945*. New Haven, CT: Yale University Press, 1978.

ZANUCK, Darryl F. *Tunis Expedition*. Nova York: Random House, 1943.

BIBLIOGRAFIA

DOCUMENTÁRIOS E VÍDEOS SUPLEMENTARES

(Esta lista não inclui os longas-metragens de Hollywood, documentários de guerra ou filmes de propaganda abordados no livro.)
Becoming John Ford. Direção: Nick Redman. Produção: Nick Redman e Jamie Willett. Roteiro: Julie Kirgo. 2007.
"John Ford: An American Vision". In: *Biography.* Direção e produção: Kerry Jensen-Iszak. Roteiro: Douglas Green e Lucy Chase Williams. Transmitido originalmente em 1998 na A&E.
D-day in Colour. Produção: Kim Hogg. 2004.
Directed by John Ford. Produção: Frank Marshall. Direção e roteiro: Peter Bogdanovich. Transmitido originalmente na Turner Classic Movies, 2006.
"Directed by William Wyler". In: *American Masters.* Produção: Catherine Wyler. Direção: Aviva Slesin. Narração e entrevistas: A. Scott Berg. Transmitido originalmente em 1986 na PBS.
Frank Capra's American Dream. Produção: Charles A. Duncumbe Jr. e Kenneth Bowser. Direção e roteiro: Kenneth Bowser. Transmitido originalmente em 1997 na American Movie Classics.
John Ford Goes to War. Produção e direção: Tom Thurman. Coprodução: Joseph McBride. Roteiro: Tom Marksbury. Transmitido originalmente em 2002 na Starz.
"John Ford/John Wayne: The Filmmaker and the Legend". In: *American Masters.* Produção e roteiro: Kenneth Bowser. Direção: Sam Pollard. Transmitido originalmente em 10 maio 2006 na PBS. Disponível na edição dupla em DVD de *No tempo das diligências*, da Warner Video.
"John Ford, Part 1". In: *Omnibus.* Produção e direção: Andrew Eaton. Roteiro: Lindsay Anderson. Transmitido originalmente em 1º dez. 1992 na BBC. Disponível na edição dupla em DVD de *A mocidade de Lincoln*, da Criterion.
John Ford Goes to War. Produção e direção: Tom Thurman. Roteiro: Tom Marksbury. Transmitido originalmente em 2002 na Starz.
John Huston: The Man, The Movies, The Maverick [no Brasil, *John Huston: homem, diretor, inovador*]. Produção: Joni Levin. Direção: Frank Martin. Roteiro: Frank Martin e Charles Degelman. 1989.
"Meet Henry Fonda". In: *Parkinson.* Transmitido originalmente em 1975 na BBC. Disponível na edição dupla em DVD de *A mocidade de Lincoln*, da Criterion.
Shooting War. Produção, roteiro e direção: Richard Schickel. 1998.
"WWII: The Propaganda Battle". In: *A Walk Through the 20th Century with Bill Moyers.* Produção e direção: David Grubin. Roteiro: Ronald Blumer, Bill Moyers e Bernard A. Weisberger. Transmitido originalmente em 1982.

MATÉRIAS, ARTIGOS, E DISCURSOS

ALDGATE, Tony. "Mr. Capra Goes to War: Frank Capra, the British Army Film Unit, and Anglo--American Travails in the Production of 'Tunisian Victory'". *Historical Journal of Film, Radio and Television*, v.11, n. 1, 1991.
BERTELSEN, Lance. "San Pietro and the 'Art' of War". *Southwest Review*, primavera 1989.
BLAKEFIELD, William. "A War Within: The Making of Know Your Enemy — Japan". *Sight and Sound*, primavera 1983.
CRIPPS, Thomas; CULBERT, David. "The Negro Soldier (1944): Film Propaganda in Black and White". *American Quarterly*, inverno 1979.
CULBERT, David. "'Why We Fight': Social Engineering for a Democratic Society at War". In: SHORT, K. R. M. (org.). *Film and Radio Propaganda in World War II.* Beckenham; Kent, Inglaterra. Croom Helm Ltd., 1983.

DOHERTY, Thomas. "Cold Case from the Film Archives: Film Historian Thomas Doherty Does Some Detective Work on a Mystery from the 1930s, When the Hollywood Studios Had to Deal with the Upsurge of Racism in Hitler's Germany". *History Today*, jan. 2006.

EDGERTON, Gary. "Revisiting the Recording if Wars Past: Remembering the Documentary Trilogy of John Huston". *Journal of Popular Film and Television*, primavera 1987. Republicado em STUDLAR, Gaylyn; DESSER, David (orgs.). *Reflections in a Male Eye: John Huston and the American Experience*. Washington, D.C.; Londres: Smithsonian Institution Press, 1993.

KOZLOFF, Sarah. "Wyler's Wars". *Film History*, v. 20, n. 4, 2006.

LEDES, Richard. "Let There Be Light: John Huston's Film and the Concept of Trauma in the United States After WWII". Artigo apresentado em Après-Coup Psychoanalytic Association, 13 nov. 1998.

MARCUS, Daniel. "William Wyler's World War II Films and the Bombing of Civilian Populations". *Historical Journal of Film, Radio and Television*, v. 29, n. 1, 2009.

PETRI, Bruce Humleker. "A Theory of American Film: The Films and Techquiques of George Stevens". Harvard University, 1974 (copyright 1987). Tese (Doutorado).

CRÉDITOS DAS IMAGENS

Primeiro encarte

P. 1:   Photofest
P. 2:   ACIMA E EMBAIXO: Photofest
P. 3:   Everett Collection
P. 4:   AP Photo
P. 6:   ACIMA: Mary Evans/Ronald Grant/Everett Collection
        EMBAIXO: Com permissão de ZumaPress.com
P. 7:   © Bettmann/CORBIS
P. 8:   AP Photo
P. 9:   Ministry of Information Photo Division/IWM/Getty Images
P. 11: AP Photo
P. 12: Everett Collection
P. 13: Hulton Archives/Fox Photos/Getty Images
P. 14: ACIMA E EMBAIXO: Thomas D. McAvoy/Time & Life Pictures/Getty Images
P. 15: Archive Photos/Photoquest/Getty Images

Segundo encarte

P. 1:   Everett Collection
P. 2:   The Kobal Collection at Art Resource, NY
P. 3:   © Bettmann/CORBIS
P. 4:   ACIMA: John Florea/Time & Life Picures/Getty Images
P. 6:   Everett Collection
P. 7:   ACIMA: Margaret Herrick Library/Academy of Motion Pictures Arts and Sciences
        EMBAIXO: Collection Capa/Magnum Photos
P. 8:   ACIMA E EMBAIXO: Margaret Herrick Library/Academy of Motion Pictures Arts and Sciences
P. 9:   Archive Photos/U.S. Army/Getty Images
P. 10: Mark Kauffman/Time & Life Pictures/Getty Images
P. 11: ACIMA: National Archives/Time & Life Pictures/Getty Images
        EMBAIXO: © Bettmann/CORBIS

P. 12: ACIMA: Thomas D. McAvoy/Time & Life Pictures/Getty Images
P. 13: ACIMA: Everett Collection
       EMBAIXO: © CinemaPhoto/CORBIS
P. 14: ACIMA: Everett Collection
       EMBAIXO: AP Images
P. 15: Everett Collection
P. 16: Everett Collection

ÍNDICE REMISSIVO

1ª Divisão de Fuzileiros Navais, 427
2 aviadores avariados, 236n
20th Century Fox, 30-1, 36, 42, 67, 86, 89, 91, 110, 123, 130, 149, 164, 178, 181, 183-4, 222-3, 359, 369, 415; Zanuck e, 240, 242, 359
25 Missions, 273-4
8ª Esquadrilha de Torpedeiros, 172, 181
91º Grupo de Bombardeiros, 227-8, 245, 273
IX Força Aérea, 383

A meia-luz, 455
Aachen, Alemanha, 377
Abbott, Bud, 121
Academia de Artes e Ciências Cinematográficas (Academia), 53, 197, 208-9, 292, 459; Capra e, 18, 53, 59, 129; Conselho de Pesquisa da, 59, 87, 242-3
Aconteceu naquela noite, 36, 151
Adak, 193, 211-5, 217, 249, 268
Adeus, Mr. Chips, 304
Africa Freed!, 270, 275-6
África, *ver* Norte da África
afro-americanos: como personagens no cinema, 335; Ford e, 346n; racismo e, 155-6, 334; soldados, 335; *The Negro Soldier*, 156, 260, 334, 336, 338-9
Agee, James, 46, 144, 159, 196, 244, 259, 293, 317, 319, 328, 419, 444, 450, 475
Águias americanas, 149
Aherne, Brian, 48
Alasca, 193

Alemanha, 42, 75, 83, 110, 115, 162, 183, 186, 206, 208; Aachen, 377; Áustria e, 27, 42, 186; Berlim, 42, 401, 412; Checoslováquia e, 47, 74, 186; cidadãos da, 414; França e, 71-2, 74, 186; Grã-Bretanha e, 59, 74, 84, 93, 98, 110, 115, 123, 140, 275, 279; *Here Is Germany*, 415; Itália e, 296; *Know Your Enemy — Germany*, 340, 363, 369, 415; na Batalha das Ardenas, 379; Noite dos Cristais e, 42-3; Nordhausen, 402; Norte da África e, 204; Noruega e, 79; ocupação da, após a guerra, 414; Polônia e, 50, 56, 74, 186; *Prelúdio de uma guerra* e, 206-7; Rússia e, 105, 293; Stevens na, 375-7, 379-80, 401-12, 437-8; *The Nazi Plan*, 412, 437, 440; *The Nazis Strike*, 186; Torgau, 403-4; Tribunal de Nuremberg e, 412, 437, 439; Wilhelmshaven, 227, 230, 245, 247, 328; Wyler em missão de bombardeio na, 225-6, 246-8, 273, 469, 473; *Your Job in Germany*, 413-4; *ver também* campos de concentração
Alexander Nevsky, 293
Aliança do Cinema pela Preservação dos Ideais Americanos (MPA), 305
Allgood, Sara, 123
"Aloha Means Goodbye" (Carson), 147
Alsop, Stewart, 18
Alvo para esta noite, 205
Ambler, Eric, 193, 280-1, 294-7, 299, 309
America First (grupo político), 106, 108, 111-2
American Cinematographer, 174

Amsterdam News, 338
Anderson, Marian, 337
Anderson, Maxwell, 287-9, 324; *Valley Forge*, 37, 41
Andrews, Dana, 127, 235, 466, 468, 473
anexação da Áustria, 27
Animeshk, Irã, 266
anjo caiu do céu, Um, 426
Anjos de cara suja, 185
Ao rufar dos tambores, 67, 174
Araner (veleiro) 70, 88, 191, 301, 357
Ardenas, batalha das, 379
Argel, 202-3, 222, 241, 263-4, 266
Argélia, 197, 222-3, 240, 257-8, 264, 269
Arizona, uss, 233
Armistead, Mark, 351
Army Hour, 272
Army-Navy Screen Magazine, 260
Arnim, Hans-Jürgen von, 290
Arnold, H. H., 271, 424
Arsenal da Reserva da Marinha, 88
Arthur, Jean, 55, 189, 218-9, 453
asa e uma prece, Uma, 172n
Asas, 192, 444
assassinos, Os, 365
Associação Americana de Produtores e Distribuidores de Cinema, 58, 108
Associação de Atores de Hollywood, 390
Associação dos Diretores de Cinema (sdg), 18, 32, 39, 53, 96, 129, 173, 446, 482-3; Capra e, 39, 53, 96, 129, 446; Stevens e, 96, 99, 188
Associação dos Produtores de Cinema, 54
Associação dos Roteiristas de Cinema, 74, 90, 109
Astor, Mary, 143, 147
At the Front in North Africa, 241, 258, 260
ataque a Pearl Harbor, O, 126-8, 145, 169, 178, 216, 232-3, 235-6, 242, 300, 318, 337, 358, 390, 445-6
Atlantic Monthly, revista, 18
Attu, Alasca 193, 212, 215, 250, 252, 254
audiências do Senado sobre propaganda, 107-9, 111-4, 116, 139
August, Joseph, 391
Augusta, uss, 346, 348, 351
Áustria, 42, 186; anexação da, 27
aventura em Paris, Uma, 391
aventura na África, Uma, 483

B-17 (Fortalezas Voadoras), 200, 212, 225-8, 246-7, 273, 294, 469, 473; *Jersey Bounce*, 227, 246; *ver também Memphis Belle*
B-24, 212-3, 247
B-25, 129, 158
Bairro japonês, 184, 232
Balaban, Barney, 107
bandoleira, A, 34
Bankhead, Tallulah, 137
Baptism of Fire, 318
Barkley, Alben, 57
Bartlett, Sy, 130, 142, 146, 160
Barton, uss, 390
Bastogne, Bélgica 383
Bataan, Filipinas, 163, 171, 330, 386
batalha da Rússia, A, 186, 292-3, 307, 318
Battle of Britain, The, 186
Battle of China, The, 186, 340, 363
Battle of Midway, The, 166-71, 173, 175, 177-80, 182, 193, 195-8, 203-4, 206, 208, 231, 235, 249, 251, 305, 312, 332
Battle of San Pietro, The, 309-13, 356, 364, 366-7, 418-20, 436, 444, 448
Beco sem saída, 46, 465
Belfast, hms, 344
Bélgica, 375, 377, 379, 383, 403
Ben-Hur, 482
Bergen-Belsen (campo de concentração), 403
Bergman, Ingrid, 454
Berlim, 42, 401, 404, 412
Berlin, Irving, 272
Berman, Pandro, 35, 52
Bernds, Edward, 38, 56
Birmânia, 249, 302-3, 359
Blanc, Mel, 262
Blanke, Henry, 46
Bogart, Humphrey, 77, 103, 143, 147-8, 210, 298, 421
Bogdanovich, Peter, 88, 174
Bohnen, Eli, 410
Bolton, Jack, 177
bom pastor, O, 361, 416
Bond, Ward, 128
Bône, Argélia, 203
Borzage, Frank, 62, 128
Boyer, Charles, 74, 158
Bradley, Omar, 282, 346, 355, 373
Braun, Eva, 412
Breen, Joseph I., 29, 106, 466

ÍNDICE REMISSIVO

Bremen, 227
Bridges, Lloyd, 424
Briskin, Sam, 416, 418, 425, 454, 462, 476
Brooklyn Eagle, 338
brutos também amam, Os, 484
Buchman, Sidney, 54-5, 189, 292
Buck, Jules, 294-7, 309
Bulkeley, John, 330-1, 333, 351, 386-8, 390
Bureau of Motion Pictures (BMP), 161, 184, 189, 197, 232, 237, 252-3, 369
Burnett, W. R., 102, 193n
Bury the Dead, 192

Cachorro vira-lata, 334
Cagney, James, 77, 158, 185, 306
Cagney, William, 424
Cairo, 221
Califórnia, 268, 270, 319
Caminho áspero, 86
Campanha de Emergência para a Paz, 102
Campanha Nacional Beneficente em Assistência à Rússia, 215
campos de concentração, 408, 437; Bergen--Belsen, 403; Dachau, 36, 404-8, 410-2, 452, 460, 484; Dora, 402; *Nazi Concentration and Prison Camps*, 437, 439; Stevens e, 36, 402-10, 437, 439, 440, 456, 460, 484
canal do Panamá, 126, 147
canção de Bernadette, A, 316
Canutt, Yakima, 375
Capa, Robert, 294, 321
Capra, Ann, 129
Capra, Frank, 17-8, 20-1, 30, 36-8, 40, 53-4, 58-9, 69, 75, 80, 85-6, 93-4, 99, 129-34, 139, 149-52, 157, 159, 161-5, 167, 181, 183, 185, 189, 192, 205, 216-7, 231, 234, 242, 244, 260, 290-1, 305, 307, 314, 319, 343, 358-9, 361, 363, 365, 377, 383, 401, 403, 413, 438-9, 452-4, 456-9, 461, 466-7, 479-82; *A felicidade não se compra*, 452, 454, 457, 460-2, 473, 475, 479, 481; *A mulher faz o homem*, 54-8, 60, 66, 80, 94, 112, 129, 152, 189, 207, 461; Academia de Artes e Ciências Cinematográficas e, 18, 53, 59, 129; *Aconteceu naquela noite*, 36, 151; *Africa Freed!* e, 270; Associação dos Diretores de Cinema e, 39, 53, 96, 129, 446; baixa do serviço militar, 415-6; Comissão Truman e, 243; comunismo e, 303, 305, 481; desembarque dos Aliados na França e, 333; dificuldades financeiras de, 93, 130, 308, 362; discurso de Roosevelt redigido por, 133-4; *Do mundo nada se leva*, 37, 40, 54; em Londres, 274-6, 278-9, 281-2, 285, 291-2, 307, 323; *Este mundo é um hospício*, 19, 129-31, 243, 308, 362; *Eve of Battle*, 350; filme sobre bombardeiro B-25 e, 158; Ford e, 481; Frank Capra Productions, 60, 81; *Here Is Germany*, 415; *Hey, Soldier!* e, 260; *Horizonte perdido*, 184; ingresso no Exército, 18, 129-31; Knight e, 163-5, 186; Lend-Lease Act e, 340; Liberty Films, 378, 416, 418, 425, 439, 452, 454-5, 457-60, 462, 484; Liberty Films vendida por, 476, 479; Marshall e, 132-3, 151, 415; Medalha por Distinção em Serviço concedida a, 416; Mellett e, 133-4, 165, 205, 208, 231, 236, 243, 292; *Meu adorável vagabundo*, 60, 80-5, 93, 95, 207, 238, 243, 461; missão de Huston na Itália e, 281; morte de, 482; Moss e, 335, 339; Mussolini e, 38, 82; no comício da Liga Antinazista, 42; *O galante Mr. Deeds*, 36, 39, 41, 80; *On to Tokyo*, 415; Oscar e, 36, 54, 66, 85, 230-1, 318, 474-5; política de, 18, 303, 307, 460; Roosevelt e, 41, 481; saiu da Columbia, 60, 63, 96, 189; Schlossberg e, 130-2, 154; série animada Soldado SNAFU, 261-2, 340; Stevens e, 187, 190, 220, 378, 381, 455; *The Flying Irishman* e, 361; *The Negro Soldier*, 154-6, 260, 334-6, 338-9; *Tunisian Victory* e, 263-70, 274, 276-8, 280, 282-3, 307, 313, 318-9, 328, 336, 416; *Two Down and One to Go!*, 415; *Your Job in Germany*, 413-4; *ver também Know Your Allies; Know Your Enemies; Why We Fight*
Capra, John, 40
Capra, Lucille, 37, 41, 131, 134, 152, 154, 160-1, 207, 269, 274, 278-80, 282-3, 362
Capra, Tommy, 274
Capra Jr., Frank, 363
Capri, 382
Caravana da Vitória de Hollywood, 157
Carey, Harry, 57
Carlota do México, 47-8
Carson, Robert, 147
Carta de Londres, 412
carta, A, 65, 85, 138
Carver, George Washington, 337

Casablanca, 150, 257-8, 263, 316, 320, 454
Caserta, Itália, 295, 381
Catholic World, revista, 159
ceia dos acusados, A, 340
Centro de Fotografia do Exército, 217
Centro de Treinamento no Deserto, 268
Cerf, Bennett, 289
Chaga de fogo, 482
Chamberlain, Neville, 61-2, 74
Chaplin, Charlie, 51, 83, 107, 111
Chayefsky, Paddy, 381
Checoslováquia, 47, 74, 186
Chennault, Claire, 268n
Chennault, Jack, 268-9
Chiang Kai-shek, 308
Children's Hour, The, 46
China, 206, 249, 302-3, 359; Japão e, 184, 213; *Know Your Ally — China*, 334; *The Battle of China*, 186, 340, 363
Chodorov, Jerome, 192, 225
Choltitz, Dietrich von, 374
Churchill, Winston, 74-5, 141, 201, 209, 282, 308, 349, 411
Cidadão Kane, 94, 291, 470
cidadela, A, 60
cinejornais, 16, 19, 21, 42, 49, 73, 106, 109, 162, 254, 317
Clampett, Bob, 262
Claridge's, 199, 202, 224-5, 276-7, 352
Clark, Bennett, 108, 111-2
Clark, D. Worth, 115-6
Clothier, William, 192, 200, 224, 246, 248, 273, 324, 350
Cobb, Humphrey, 35
Coburn, Charles, 218
Código de Produção, 29-30, 50, 66-7, 106, 219, 262, 327, 466, 471
Cohn, Harry, 37, 41, 58, 63, 96, 177, 184, 190, 219, 463
Colbert, Claudette, 74, 84, 151
Collier's, revista, 38, 108, 371
Colman, Ronald, 189
Columbia Pictures, 36-7, 53, 81, 98, 157, 184, 219, 379, 438; contrato de Stevens com, 63, 96, 189-90, 218; saída de Capra da, 60, 63, 96, 189
comédia dos acusados, A, 340
Comissão de Inquérito do Senado para a Defesa Nacional, *ver* Comissão Truman

Comissão Nacional de Relações Trabalhistas, 53
Comissão Nye, 109, 114, 122, 139, 238
Comissão para a Primeira Emenda de Hollywood, 481
Comissão Truman (Comissão de Inquérito do Senado para a Defesa Nacional), 239-40, 242-3; Zanuck e, 242, 251, 359
Comitê de Atividades Antiamericanas (HUAC), 29, 54, 77, 306n, 481
Comitê Democrático da Indústria Cinematográfica, 33
Comitê dos Artistas de Cinema em Apoio à Espanha, 32-3, 43
Comitê dos Profissionais do Cinema para a Cooperação pela Defesa, 74
Comitê dos Veteranos, 466
Comitê para a Defesa dos Estados Unidos pelo Auxílio aos Aliados, 74
Como era verde o meu vale, 12, 89, 91-2, 123-4, 145, 175-6
comunismo, 29-30, 32, 39-40, 54, 56, 64, 68, 75, 77, 152, 192, 253, 293, 304, 481; Capra e, 305, 481; Comitê de Atividades Antiamericanas (HUAC) e, 29, 54, 77, 306n, 481; Ford e, 303, 305; Huston e, 194, 215; macarthismo e, 304
Conferência de Casablanca, 209
Conferência de Potsdam, 411
Conferência do Cairo, 308
Conferência do Quebec, 290
Confissões de um espião nazista, 50-1, 99, 417
Connelly, Marc, 156, 461
Consciências mortas, 176
Conselho Nacional de Cinema do Canadá, 186, 305
Cooper, Gary, 37, 41, 55, 75, 80, 82, 89, 93, 101, 105, 305
Cooper, Merian C., 71, 438
coração não tem fronteiras, O, 202
Corpo de Conservação Civil, 132
Corpo de Sinaleiros, 19, 60, 87, 132, 149, 154, 161-2, 192, 203-5, 241, 243, 249-51, 254, 258, 260-1, 263, 267, 274, 281, 291, 293, 305, 307, 323-4, 326, 329, 340, 362, 372, 382, 413, 419, 449, 483; desembarque dos Aliados na França e, 333; ingresso de Capra no, 19, 131, 132; ingresso de Huston no, 15, 146, 148-9; ingresso de Wyler no, 15, 142, 146, 149; Itália e, 294-5, 297-8, 310,

ÍNDICE REMISSIVO

312; *Sex Hygiene*, 87-8; *The Negro Soldier* e, 339; *Tunisian Victory* e, 263-4, 266, 270, 313
Corregidor, Filipinas, 163, 171
Correspondente estrangeiro, 61
Costello, Lou, 121
Coutances, França, 371
Coward, Noel, 326
Crisp, Donald, 176
Cronin, A. J., 60
Cronkite, Walter, 228
Crowther, Bosley, 105, 244, 444
Cue, 328
Cukor, George, 86
Cupido é moleque teimoso, 96
Curtiz, Michael, 320

Dachau (campo de concentração), 36, 404-8, 410-2, 452, 456, 460, 484
Daily Telegraph, 213
Daily Worker, 68
Dama por um dia, 481
Darwell, Jane, 176, 179-80, 196
Davenport, Harry, 127, 232
Davis, Bette, 46, 48, 65, 75, 85, 89, 136-8, 144, 191; Wyler e, 44, 46, 65, 75-6, 137-8, 464, 467, 483
Davis, Elmer, 233, 244, 254
De Gaulle, Charles, 209, 373, 374
De Havilland, Olivia, 143, 286, 421; Huston e, 143, 145, 148, 158, 193-4, 216, 314, 421
De Sica, Vittorio, 460
Defensores da bandeira, 149
delator, O, 31, 66, 78
DeMille, Cecil B., 482
Demônios do céu, 331
Departamento de Estado, 306
Departamento de Guerra, 131, 153, 158, 174-5, 182, 199, 233-4, 236-7, 251-2, 254, 260, 270, 276, 282, 333, 340, 350, 354, 362, 364, 366, 370, 396, 411, 423, 451; Escritório de Relações Públicas, 244, 270, 366, 418, 424, 447-50; Ford e, 124, 126, 359; ligação entre a indústria cinematográfica e, 19, 109, 122, 243; produtoras de cinejornais e, 21
Departamento de Justiça, 54, 95, 108
Departamento de Veteranos, 447-8
Depois do vendaval, 482
Der Stürmer, jornal, 440

Desde que partiste, 465
Desire under the Elms, 45
Destinatário desconhecido (Taylor), 52-3
Dia D, 342-3, 345, 347, 349, 351-2, 354, 357, 484
Dia da Vitória na Europa, 411, 416, 421
Dia da Vitória no Japão, 423
diário de Anne Frank, O, 484
Diary of a Sergeant, 464
Dies, comissão de, 29, 32, 77, 153
Dies, Martin, 29, 77, 240
Dieterle, William, 48-9, 102
Disney Studios, 186, 207, 262, 306
Disney, Walt, 305
Divide and Conquer, 186
Divisão para o Moral, 130, 132, 157, 161, 243
Do mundo nada se leva, 37, 40, 54
Donovan, William "Wild Bill", 13, 123, 125-7, 167, 175, 197-8, 233, 243, 301-2, 343, 352, 360, 382, 482
Doolittle, ataque de, 128, 167-8
Doolittle, James, 129
Dora (campo de concentração), 402
Downey, Sheridan, 114
Drake, Alfred, 464
Dreiser, Theodore, *Uma tragédia americana*, 438, 483
Duas vezes meu, 119
Duelo ao sol, 453
Duff, Warren, 185
Duggan, Pat, 430
DUKWs, 346
Dunne, Irene, 96, 97
Dunne, Phillip, 74, 77, 90-2, 123, 125

... *E o vento levou*, 46, 48, 66, 90, 230-1, 418
E a vida continua, 188-9, 192, 195, 292
Eaker, Ira, 224, 247-8, 285-6, 289, 382, 425, 453
Eareckson, William, 214
"E-boats", 351
Egito, 260, 263, 289; Conferência do Cairo no, 308
Eichorn, David, 410
Eifler, Carl, 302
Eisenhower, Dwight, 290, 344, 372, 377, 381, 401, 414, 426
Eisenstein, Sergei, 293
El Alamein, Egito, 260
Elba, Itália, 403-4

Elizabeth, rainha-mãe, 247, 289
Emerald Bay Yacht Club, 360
Engel, Samuel, 126-7, 178
Epstein, Julius, 150
Epstein, Philip, 150
Escritório de Informação de Guerra (OWI):
Bureau of Motion Pictures, 184, 189, 197,
232, 237, 252-3, 369
Escritório de Realocação dos Estados Unidos,
185
Escritório de Relações Públicas, 244, 270, 366,
418, 447
Espanha, 215
"Especial Volta Para Casa", trem, 427
Espírito indomável, 391
Esquadrão Águia, 200
Este mundo é um hospício, 19, 129-31, 243,
308, 362
Estranho, O, 365, 438
estrela do norte, A, 146n
Evans, Vincent, 228
Eve of Battle, 350
Expresso Bagdad-Istambul, 193, 281

Faichney, James, 313-4
falcão maltês, O, 14, 103, 143-4, 147, 365
Farber, Manny, 319, 420
fascismo, 29, 33, 36, 39-40, 49, 54, 56, 79,
81-2, 94, 201, 303, 305, 370; *Prelúdio de
uma guerra* e, 206, 245
Faulkner, William, 193n
Fazenda (Retiro e Memorial da Fotografia de
Campanha), 359-60, 445
FBI, 219, 305
Feira Mundial (1939), 102
Feldman, Charles, 190, 323, 377, 451
felicidade não se compra, A, 452, 454, 457,
460-2, 473, 475, 479, 481
Ferguson, Otis, 58
Fetchit, Stepin, 241
Fidler, Jimmie, 64
Filho nativo (Wright), 338
Filipinas, 163, 330, 386-7, 390-1, 395, 443
filmes britânicos: *Africa Freed!*, 270, 275;
Vitória no deserto, 259, 263, 297, 318-9
filmes de guerra, pré-Segunda Guerra Mundial,
33
Filmes de Treinamento do Exército, programa,
242

FilmIndia, 36
Finkel, Abem, 104
Fitzgerald, Barry, 361
Fitzgerald, Geraldine, 91
Fitzgerald, Marietta, 216, 268, 314
Flaherty, Robert, 217
Flanner, Janet, 186
Fleming, Victor, 66, 305
Flórida, 269-70, 319
Flying Irishman, The, 361
Flying Tigers, 71
Flying Yorkshireman, The, 361
Flynn, Errol, 370, 421
Flynn, John C., 111-2
Fogo de outono, 46
Fomos os sacrificados, 330, 332, 351-2, 359,
361, 386-92, 394-6, 431, 442-4
Fonda, Henry, 67-8, 86, 91, 176, 179-80
Ford, Barbara, 124, 190, 445
Ford, Dan, 71-2
Ford, John, 11-4, 20-1, 30-4, 42, 66-8, 78,
86-8, 122-3, 125, 127, 129, 139, 145, 157,
190, 193, 195-9, 231, 236, 238, 245, 265,
300-4, 308, 318, 323, 332, 357-8, 372, 401,
431, 442-4, 458, 480-2; a Fazenda (Retiro e
Memorial da Fotografia de Campanha) criada
por, 359-60, 445; *A longa volta para casa*, 71,
78-9, 197; ataque de Doolittle filmado por,
128, 167-8; barco de (*Araner*), 70, 88, 191,
301, 357; Bulkeley e, 333, 351; Capra e,
481; Comissão Truman e, 242-3; *Como era
verde o meu vale*, 12, 89, 91-2, 123-4, 145,
175-6; comunismo e, 303, 305;
Departamento de Guerra e, 124, 126, 359; e
Aliança do Cinema pela Preservação dos
Ideais Americanos, 305; em Londres, 198,
352, 358; *Fomos os sacrificados*, 330, 332,
351-2, 359, 361, 386-92, 394-5, 431, 442-4;
honras militares desejadas por, 358, 446;
ingresso na marinha, 123; judeus e, 303-4;
Mellett e, 197-8, 231; missão no oss de, 302;
morte de, 482; no comício da Liga
Antinazista, 32-3; no desembarque dos
Aliados na França, 332, 341-6, 348-52; no
Norte da África, 203, 205, 242; *No tempo das
diligências*, 31, 63, 66-7, 78, 176, 197, 301,
391; *O ataque a Pearl Harbor* e, 126-8, 145,
169, 233, 235-6, 242, 300, 318, 358, 390,
445; Olivier e, 201-2; Oscar e, 12, 31, 66,

ÍNDICE REMISSIVO

85-6, 145, 197, 231, 318, 358, 445, 482; patente de, na Marinha, 70, 88; perna quebrada de, 395, 437; política de, 303-4; *Sex Hygiene*, 87-8; solicita transferência da reserva da Marinha para a ativa, 12; Stevens e, 343; *The Battle of Midway*, 167-71, 173, 175, 177-80, 182, 193, 195-8, 203-4, 206, 208, 231, 235, 249, 251, 305, 312, 332; Unidade Fotográfica Naval de Voluntários, 12, 14; *Vinhas da ira*, 68-70, 78, 86, 93, 95, 116, 176, 480; volta da guerra, 437; Wayne e, 67, 70, 78, 128, 301-2, 391-4; Wyler e, 199-200; Zanuck e, 359; *ver também* Unidade de Fotografia de Campanha

Ford, Mary, 11, 13, 71, 124, 128, 145, 168, 173, 190, 301, 304, 349, 352

Ford, Michael Patrick "Pat", 124, 191, 304, 391, 445

Foreman, Carl, 306-7

Forja de heróis, 336

Forrestal, James, 232, 387

Fortalezas Voadoras, *ver* B-17

Fox, *ver* 20th Century Fox

França, 71-2, 74, 76, 186, 190, 403; desembarque dos Aliados e consequências imediatas na, 290-1, 320, 332, 341-56; libertação da, 290; Mulhouse, 382-4, 396; Paris, *ver* Paris; Stevens na, 371-7; Wyler na, 381-4

Franco, Francisco, 38, 152

Frank Capra Productions, 60, 81

Freleng, Friz, 262

Frente Popular, 32

Fuga, 139

Fundo Comunitário de Hollywood, 64

Funny Girl: a garota genial, 482

Furthman, Jules, 83

Gabin, Jean, 74

Gabinete da Agência de Arquivos, 446

Gabinete de Breen, 219, 326

Gabinete de Gestão Emergencial, 122, 161

Gabinete de Guerra Britânico, 278, 282

Gabinete de Informação de Guerra (OWI), 155, 159, 161, 197, 205, 208, 233, 237, 244, 251, 253-4, 281, 306, 317, 333, 335, 365, 389-90, 426

Gabinete de Serviços Estratégicos (OSS), 123, 175, 198-9, 204, 302-3, 318, 343, 348, 357, 387, 445-6, 482

Gable, Clark, 151

galante Mr. Deeds, O, 36, 39, 41, 55, 80

Gallagher, Tag, 234

Garbo, Greta, 74, 119

Garfield, John, 191

Garras amarelas, 147-9, 210

Garson, Greer, 138, 142, 229

Gay, George, 172

Geisel, Theodor S., 261-2, 307, 340, 363, 413-4

George VI, rei, 247, 289

Gilbert, W. S., 369

Gillette, Melvin, 265, 295, 298, 367

Glazer, Benjamin, 92-3

glória de um covarde, A, 483

Glory for Me (Kantor), 428-9, 431

Goebbels, Joseph, 51, 159, 162

Goldwyn, Samuel, 48, 55, 60, 63, 74-5, 127, 146, 231, 458, 463; *Os melhores anos de nossas vidas* e, 428-32, 468, 474; Wyler e, 89, 192, 272, 286, 329, 400, 424-5

Good Housekeeping, revista, 461

Goodrich, Frances, 340, 361, 461

Gordo e o Magro, O (Laurel e Hardy), 158, 409

Göring, Hermann, 140, 323, 412, 440

Goulden, Joseph, 433

Grable, Betty, 222

Grã-Bretanha, 198-9; Alemanha e, 59, 74, 84, 93, 98, 110, 115, 123, 140, 275, 279; *Know Your Ally — Britain*, 334; Royal Air Force (RAF), 199, 247, 275, 379, 402; *Tunisian Victory* e, 270, 274, 276, 280, 282-3; *ver também* Londres

grande ditador, O, 51, 83, 107, 110

grande ilusão, A, 31

Granger, Farley, 463

Grant, Cary, 19, 36, 96-7, 189, 218

Grant, USS, 215

"Greatest Gift, The" (Stern), 461

Green Pastures, The, 156, 461

Greene, Graham, 40, 67

Greenstreet, Sidney, 147-8

Grobel, Lawrence, 216

Grogan, Stanley, 244

Grosseto, Itália, 398

Guerra Civil Espanhola, 12, 32, 38, 152, 305

Guerra da Independência Americana, 11, 37, 67, 417

548   **CINCO VOLTARAM**

Guerra Sino-Japonesa, 184
Gunga Din, 36, 52-3, 98, 291, 377
Guthrie, Woody, 68

Hackett, Albert, 340, 361, 461
Halifax, Lord, 201
Hammett, Dashiell, 143, 147
Hansen, Edmund, 72
Harper's Bazaar, 449
Hart, Moss, 40, 329
Harvey, 418
Havaí, 127-8, 145, 178, 232, 236, 330-1, 362
Havens, James, 391
Hawks, Howard, 99; *Águias americanas*, 149, 229, 325; *Sargento York*, 89, 101, 110-1, 115, 121, 143
Hays Office, 109
Hays, Will, 58
Hayward, Louis, 319
Hecht, Ben, 48
Heisler, Stuart, 334, 336-7
Heller, Bob, 263
Hellinger, Mark, 365
Hellman, Lillian, 46, 89, 137, 146, 155, 158, 399
Helm, Henriette, 384
Hemingway, Ernest, 304, 365, 371, 374
Hemingway, Leicester, 383
Henrique V (Shakespeare), 202, 344
Hepburn, Katharine, 16, 19, 34, 98, 187, 191, 456
Here Is Germany, 415
Herman, Jan, 246, 400
Hersey, John, 447
Hersholt, Jean, 459
Hess, Rudolf, 440
Hirohito, imperador, 151, 183, 306-7, 368; plano Tanaka e, 363-4; *Prelúdio de uma guerra* e, 206
Hiroshima, 423, 432
Hitchcock, Alfred, 61, 85, 144, 453
Hitler Lives, 414n
Hitler, Adolf, 27-9, 33, 35, 38, 42, 49-51, 59, 82, 95, 101, 104n, 106-7, 109, 111, 113, 115-6, 121, 140, 142, 151, 162, 183, 199, 205, 241, 261, 361, 366, 378, 384, 404, 413-5; *Juarez* e, 47, 49; Paris e, 372-3; *Prelúdio de uma guerra* e, 206; Stevens na retirada de, em Berchtesgaden, 412; suicídio

de, 411-2; Tribunal de Nuremberg e, 440; *Tunisian Victory* e, 283
Hodson, James, 276, 278, 284
Hollywood Canteen (casa noturna), 191, 304, 445
Hollywood Reporter, periódico, 109, 120, 231, 237, 385, 475
Holman, Rufus, 236-7, 243
homem que queria ser rei, O, 483
Hoover, J. Edgar, 134, 219
Hope, Bob, 137, 230, 277
Horizonte perdido, 184
Hornet, uss, 128, 169, 171-2
hotel dos acusados, O, 340
House Divided, A, 45
Howe, James Wong, 212, 249
Howell, Miriam, 430
Hughes, Francis Massie, 169
Hughes, Langston, 338
Huston, John, 14-5, 21, 30, 44-5, 47, 49-50, 89, 99, 102-3, 142-3, 146, 193, 215-6, 300, 313-4, 318, 323, 356, 372, 416, 441, 447, 458, 480-3; Ambler e, 281-2, 294-7, 309; amizade com Wyler, 44-6, 48, 482; baixa do serviço militar, 447; Capra e, 280; colapso e internação de Scott e, 314, 421; De Havilland e, 143, 145, 148, 158, 193-4, 216, 314, 421; dificuldades financeiras de, 365; divórcio de, 420; acidentes de carro, 45-6; em Londres, 274-5, 277-82, 285; em missões de bombardeio, 214; filme sobre bombardeiro B-25 e, 158; Fitzgerald e, 216, 268, 314; *Garras amarelas*, 147-9; infidelidades e romances de, 142-3, 216, 277, 314; ingresso no Corpo de Sinaleiros, 15, 146, 148; investigação de supostos laços comunistas de, 194, 215; *Juarez*, 47-9, 102; *Know Your Enemy — Japan* e, 368, 370, 423; *Let There Be Light* (antes, *The Returning Psychoneurotic*), 422, 433-6, 447-50, 483; Liberty Films e, 452; Lilly e, 314, 368; morte de, 483; na Itália, 281-2, 294-5, 297-8, 309-10, 312, 365; nas ilhas Aleutas, 193, 210-5, 294, 298; *O falcão maltês*, 14, 103, 143, 144, 147, 365; *O tesouro de Sierra Madre*, 147, 193, 323, 448, 480, 483; Oscar e, 318, 483; *Report from the Aleutians*, 216-7, 249, 251-2, 254, 268, 292, 294, 314, 318, 366, 448, 450; *Sargento York* e, 102-3, 143;

The Battle of San Pietro, 309-13, 356, 364, 366, 418-20, 436, 444, 448; *Tunisian Victory* e, 269-70, 276-7, 282, 311, 319
Huston, Lesley Black, 44, 142, 145, 193, 216, 314; divórcio de, 420
Huston, Walter, 44-6, 127, 206, 216, 232, 234, 250, 318

I'm an American, 95
Ídolo, amante e herói, 304
ilhas Aleutas, 249, 251; Huston nas, 193, 210-1, 213-5, 294, 298; *Report from the Aleutians*, 216-7, 249, 251-2, 254, 268, 292, 294, 314, 318, 366, 448, 450
In Time to Come, 16
Índia, 302
Inglaterra, *ver* Grã-Bretanha
IRA, 31
Irã, 289, 340
Islândia, 126
Isto é amor, 96
Itália, 183, 186, 222, 314; Alemanha e, 294; Huston na, 281-2, 294-5, 297-8, 309-10, 312, 365; Operação Avalanche e, 281; *Prelúdio de uma guerra* e, 206; Roma, 349; San Pietro, 296-7, 299, 309, 311-2, 356; *The Battle of San Pietro*, 309-2, 356, 364, 366-7, 418-20, 436, 444, 448; Wyler na, 329, 381, 385, 396
Ivens, Joris, 305-6

Jackson, Robert, 412
Jaffe, Sam, 36
Japão, 120, 155, 186, 206, 208; ataque de Doolittle e, 129, 167-8; Bataan e, 163, 171, 330, 386; bombas atômicas lançadas no, 423, 432; China e, 184, 213; fim da guerra no, 423, 425; *Know Your Enemy — Japan*, 183, 185, 260, 306, 339, 361, 368, 370, 415, 423; *Mais forte que a vida* e, 369; *On to Tokyo*, 415; *Prelúdio de uma guerra* e, 206; racismo contra asiáticos e, 147, 182, 184, 232, 305-6, 363, 368-70; *Um punhado de bravos*, 369; xintoísmo no, 182, 368, 423; *ver também* Pearl Harbor; Midway, Batalha de; ilhas Aleutas
Jersey Bounce, 227, 246
Jezebel, 46, 75, 138
Joan of Lorraine, 455

Johnson, Nunnally, 68
Jones, Chuck, 262
Jones, Jennifer, 453
Jornada do pavor, 281
Juarez, 47-9, 102
Juárez, Benito, 47
judeus: em Hollywood, 27-8, 50, 66, 106, 109; Ford e, 303-4; na Alemanha, 50
Juno, praia, 345
Justin, John, 93

Kachin, tribo, 303
Kanin, Garson, 381
Kantor, MacKinlay, 428; *Glory for Me*, 428-31
Kaufman, George, 40
Kazan, Elia, 480
Kazin, Alfred, 294
Keighley, William, 382
Keitel, Wilhelm, 440
Kellogg, Ray, 302, 332, 439
Kelly, Bob, 387n
Kelly, Gene, 442
Kennedy, Joseph, 58
Kiel, Alemanha, 247
Kingsley, Sidney, 46, 216
Kipling, Rudyard, 36
Kiska, Alasca, 193, 210-2, 214-5, 250, 252, 254
Kitty Foyle, 86
Knight, Eric, 163-5, 186, 201, 207, 209, 244, 292, 361
Know Your Allies, 153, 186, 334; *Know Your Ally — Britain*, 334; *Know Your Ally — China*, 334; *Know Your Ally — Russia*, 334
Know Your Enemies, 153, 183, 234, 305, 334; *Know Your Enemy — Germany*, 340, 363, 369, 415; *Know Your Enemy — Japan*, 183, 185, 260, 305-6, 339, 361, 368, 370, 415, 423
Knox, Frank, 123
Koch, Howard, 16, 103
Koenig, Lester, 289, 396, 399
Kohner, Lupita, 63
Kohner, Paul, 63
Korda, Alexander, 60, 93, 111, 199
"Kukan": The Battle Cry of China, 213
Kuter, L. S., 326

La Guardia, Fiorello, 105, 160
Ladd, Alan, 230

Ladies' Home Journal, 95
ladrão de Bagdá, O, 93
Laemmle, Carl, 45, 63
Lahr, Bert, 158
Lake, Veronica, 286
Lamarr, Hedy, 286
lanchas torpedeiras, 168, 169, 176, 351, 388, 390, 392-3, 395, 444
Landon, Alf, 39
Langford, Frances, 277
Lardner, David, 259
Lasky, Jesse, 100-1
Lay, Beirne, 225-6, 229, 247, 274, 288
Leaf, Munro, 262
Leahy, William, 181
Lean, David, 326, 460
Leclerc, Philippe, 372, 374
Leech, John, 77
Legião Nacional pela Decência, 119
Lei da Neutralidade, 74
Leighton, Charles, 246
Lend-Lease Act, 92, 108; Rússia e, 340
Let There Be Light (antes, *The Returning Psychoneurotic*), 422, 433-6, 447-50, 483
Levanta-te, meu amor, 84, 92
Levinson, Nathan, 93
Liberty Films, 378, 416, 418, 425, 439, 452, 454-5, 457-60, 462, 476, 484; vendida para a Paramount, 476, 479
Líbia, 259
Life, 294, 355, 447, 449
Liga Antinazista de Hollywood, 28, 32, 43, 106; Capra e, 42; comício "Hitler em Quarentena" de, 42; Ford e, 32-3
Liga das Nações, 16
Liga de Roteiristas Americanos, 215
Lilly, Doris, 314, 368
Lindbergh, Anne, 113
Lindbergh, Charles, 108, 112-3, 123, 261
Lippmann, Walter, 272
Litvak, Anatole, 14, 50, 157, 162, 257-8, 270, 293, 336, 340, 416
livro aberto, Um (Huston), 104
Llewellyn, Richard, 90
Lodge Jr., Henry Cabot, 57
Lombard, Carole, 97, 137
London Can Take It, 93
Londres, 274; Capra em, 275-6, 278-9, 281-2, 285, 291-2, 307, 323; Ford em, 197-9, 352,

358; Huston em, 274-5, 277-82, 285; Stevens em, 285, 289-90, 320-1, 323, 340, 381; Wyler em, 199-201, 224-7, 229, 285-6
longa volta para casa, A, 71, 78-9, 197
Look, revista, 144
Los Angeles Herald Examiner, 46
Los Angeles Herald Express, 230
Los Angeles Times, 423, 458
Louis, Joe, 155, 336-7
Loy, Myrna, 465, 471
Lubitsch, Ernst, 137
Luce, Henry, 69
lugar ao sol, Um, 480, 483
Lund, John, 414
Lupino, Ida, 91
Luxemburgo, 375-6, 379
Lynn, Leni, 277

macarthismo, 304
MacArthur, Charles, 48
MacArthur, Douglas, general, 330, 333, 387, 423
MacDonald, Jeanette, 229
Mackenzie Jr., Jack, 128, 169, 171-2, 174, 445
MacKenzie, Aeneas, 47
MacLeish, Archibald, 160
Madame Curie, 316
Madsen, Axel, 225
Mais forte que a vida, 369
Majae al Bab, Tunísia, 204
Malraux, André, 383
Manchúria, 186, 205
Mankiewicz, Joseph L., 16, 97
Mann, Thomas, 27, 29
Mannix, Eddie, 395
March of Time, The, 73, 163
March, Fredric, 77, 466, 468
Marrocos, 197, 257, 258
Marshall, George, 18, 20, 132-3, 151, 207, 243-4, 307, 318, 367, 415-6
Martin, Mildred, 317
mártir, O, 83
Marujos do amor, 442
Marx, Groucho, 158
Mason General Hospital, 422, 433-6, 448
Matar ou morrer, 306n
Maugham, W. Somerset, 65
Maurois, André, 33
Maximiliano I do México, 47-8

ÍNDICE REMISSIVO

Maxwell, Elsa, 272
Mayer, Louis B., 28, 139-40, 187, 192, 201, 301, 332
McBride, Joseph, 123, 303, 339, 340n
McCall, revista, 96
McCarey, Leo, 416, 458
McCarthy, Todd, 104
McCrea, Joel, 62, 218-9
McDowall, Roddy, 91, 123, 483
McFarland, Ernest, 110-1, 116
McGuinness, James Kevin, 176, 234, 305, 332, 389
Meia-noite, 74
melhores anos de nossas vidas, Os, 427, 429, 432-3, 454, 465, 469, 472, 474-6, 481-2
Mellett, Lowell, 109, 122, 129, 154, 159-60, 181, 184-5, 197, 205, 207, 231-2, 236-7, 243, 251-4, 262, 294, 318, 369; Capra e, 129, 133-4, 165, 208, 231, 236, 243, 292; Ford e, 197-8, 231; *Report from the Aleutians* e, 251-3; *The World at War*, 205, 208
Mellor, William, 264, 269, 291, 322, 344, 355
Memphis Belle, 227, 246, 248, 271, 285, 469, 473, 483
Memphis Belle, The: a Story of a Flying Fortress (antes, *25 Missions*), 273-4, 285-9, 324-5, 327-9, 350, 382, 396, 424
Mencken, H. L., 217
Menninger, William C., 449
Meredith, Burgess, 217, 283
Merrie Melodies, 262
Methot, Mayo, 298
Meu adorável vagabundo, 60, 80-4, 93, 95, 207, 238, 243, 461
MGM, 16, 28, 36, 53, 62, 83, 98, 119, 139, 141, 159, 191, 201, 230, 301, 330-2, 359-60, 364, 390, 392, 395, 442-3
Midway, atol de, 168
Midway, Batalha de, 193, 195, 302, 358, 389, 445, 482; *The Battle of Midway*, 167-81, 182, 195-8, 203-4, 206, 208, 231, 235, 249, 251, 305, 312, 332
Mikado, O, 369
Milestone, Lewis, 34, 146n
Milland, Ray, 84
Millar, Mack, 231
Mills, John, 277
Minha esposa favorita, 96
Ministério da Informação, 259, 276, 280

Mishkin, Leo, 238
Mister Roberts, 482
Mitchell, Curtis, 367
Mitchell, Thomas, 78-9
mocidade de Lincoln, A, 67
Moffat, Ivan, 291, 344, 352, 354-5, 373-4, 380, 402-4, 409, 412, 453
Mojave, deserto do, 268, 270, 319
MoMA (Museu de Arte Moderna de Nova Iorque), 162, 249, 447, 449
Mondale, Walter, 483
Monogram, estúdio, 425
Montgomery, Bernard, 355, 373
Montgomery, Robert, 390-4, 443
Morgan, Robert, 227, 246, 271, 274, 288-9, 325
morro dos ventos uivantes, O, 43, 48, 66, 202
morte me persegue, A, 185
Moss, Carlton, 156, 335-6, 338-9
Motion Picture Daily, 68
Mulberry, cais, 345, 352, 358
mulher do dia, A, 16, 98, 187-8
mulher faz o homem, A, 54-8, 60, 66, 80, 94, 112, 129, 152, 189, 207, 461; como continuação de *O galante Mr. Deeds*, 41, 55
mulher que soube amar, A, 34, 98, 409
Mulhouse, França, 382-4, 396
Muni, Paul, 48, 102-3
Munson, Lyman T., 133, 221, 267, 367, 415-6
Mussolini, Benito, 59, 116, 183, 381, 415; Capra e, 38, 82; *Juarez* e, 47, 49; *Prelúdio de uma guerra* e, 206

Nada de novo no front, 33-5, 80, 104, 287
Nagasaki, 432
Name Above the Title, The (Capra), 152
Napoleão III, 47, 49
Nápoles, 294, 296
Nascida para o mal, 143, 144, 147
Nash, Ogden, 45
Nazi Concentration and Prison Camps, 437, 439
Nazi Plan, The, 412, 437, 440
Nazis Strike, The, 186
Negro Soldier, The, 154-6, 260, 334-6, 338-9
New Deal, 19, 39
New Republic, revista, 58, 69, 94, 105, 154, 420, 475
New York Film Critics Circle Awards, 48, 292
New York Herald Tribune, 144

New York Morning Telegraph, 238
New York Post, 159, 338, 450
New York Times, 15, 37, 49, 57, 63, 69, 84, 94, 99, 104n, 105, 138, 144, 158, 195, 240, 244, 252, 318, 320, 328, 381, 419, 424, 444, 467, 475
New York Times Magazine, 457
New York World-Telegram, 138
New Yorker, 58, 83, 95, 186-7, 196, 259, 293, 319, 328, 420
Newman, Alfred, 177
Newsweek, 195
Nichols, Dudley, 66, 78-9, 176, 389
Nigéria, 221
Nimitz, Chester, 167, 169
Nine Lives, 200
Ninotchka, 74
nipo-americanos, 182; *Bairro japonês* e, 184, 232; campos de internação e, 147, 185, 234; *O ataque a Pearl Harbor* e, 232-6, 300
No tempo das diligências, 31, 63, 66-7, 78, 176, 197, 301, 391
Noite dos Cristais, 42, 43
Noites de vigília, 52-3, 60, 62-3, 97
Noites perigosas, 254
Nordhausen, Alemanha, 402
Norris, George, 57
Norte da África, 186, 190, 263, 266, 268; *Africa Freed!*, 270, 275-6; *At the Front in North Africa*, 241, 258, 260; Ford na, 203-4, 242; Stevens na, 221-2, 263, 265-8, 289, 295, 354, 372, 484; *Vitória no deserto*, 259, 263, 318; Zanuck na, 203, 205, 208, 238, 240-1, 257, 258; *ver também Tunisian Victory*
Noruega, 79
Nosso barco, nossa alma, 326
Nossos mortos serão vingados, 149, 266
Nugent, Frank S., 49, 69
Núpcias de escândalo, 86
Nye, Gerald P., 106-7, 109-10, 112-3, 240, 261

O'Neill, Eugene, 45, 78-9
Oberon, Merle, 91
Odets, Clifford, 217, 461
Olivier, Laurence, 91, 201-2
Omaha, praia, 342, 345-7; cais Mulberry na, 345, 352, 358

On to Tokyo, 415
One Big Happy Family, 455
Operação Avalanche, 281
Operação Overlord, 290, 346
Operação Roundup, 290
Operação Sledgehammer, 290
Operação Tocha, 190, 199, 257
Operação Varsity, 401
Original pecado, 190, 218, 222, 292, 320, 438
Orlando, Flórida, 269, 319
Osborn, Frederick, 130, 132-3, 153-4, 161, 163, 183, 206, 208, 243, 265, 267, 281, 335, 340, 341n, 363, 417
Oscars, 36, 85-6, 93, 98, 136-7, 202n, 229-31, 237, 264, 316-7, 320, 414n; Capra e, 36, 54, 66, 85, 230-1, 318, 474-5; Ford e, 12, 31, 66, 86, 145, 197, 231, 318, 358, 445, 482; Huston e, 318, 483; Stevens e, 318, 320, 483; Wyler e, 46, 66, 85-6, 137, 142, 145, 229-30, 474-5, 481
Our Gang, 247
Owens, Jesse, 337

P-47 (Thunderbolts), 329; *Thunderbolt*, 381, 385, 396-400, 423, 425, 453
Paixão de fortes, 437
Paramount Pictures, 36, 42, 50, 83-4, 101, 149, 161; Liberty Films vendida para, 476, 479
Paris, 74, 355, 371-2, 412; libertação de, 371-4; Wyler em, 381-3, 385
Parker, Dorothy, 33
Parrish, Kathleen, 125
Parrish, Robert, 125, 128, 175, 177-8, 198, 234-5, 360, 437, 445
Parsons, Louella, 173
Partido Comunista dos Estados Unidos (CPUSA), 215
Pascal, Ernest, 90
Paths of Glory, 35-6, 52
Patterson, Robert, 243, 367
Patton, 482
Patton, George S., 257-8, 355, 414
Pavlinchenko, tenente, 187
Pearl Harbor, 11, 14-7, 19, 22, 119-20, 122, 125, 129-30, 132, 136, 139-40, 145, 147, 160, 168, 171, 218, 330, 364, 368, 386, 388, 390, 443; *O ataque a Pearl Harbor*,

126-8, 145, 169, 178, 216, 232-3, 235-6, 242, 300, 318, 337, 358, 390, 445-6; *War Comes to America*, 186, 340, 415-7

Pearson, Drew, 134

Peck, Gregory, 453

Pérfida, 75, 89, 92, 137-8, 145, 154, 467, 470

Philadelphia Inquirer, jornal, 317

Phyllis Was a Fortress, 200

Pichel, Irving, 176, 179

Pickens, Andrew, 11

Pickford, Mary, 230

Pidgeon, Walter, 140

Pier, Kenneth, 169, 171, 174

Piloto de provas, 331

Pinewood Studios, 277-8, 280, 297

Pio XII, papa, 381

Planer, Franz, 64

Plunkett, USS, 345

Polk, Margaret, 271

Polônia, 50, 56, 74, 186

Por quem os sinos dobram, 304

Positif, revista, 346n

Power, Tyone, 230

Poynter, Nelson, 159, 189

Prelúdio de uma guerra, 165, 186, 206-9, 231, 236-7, 243-4, 251, 260, 293, 459

Primeira Guerra Mundial, 12, 15, 18, 31, 33, 35, 79, 100-1, 104, 132, 207, 248, 373-4; como tema de filme, 33, 104

Programa Britânico de Assistência para a Guerra, 98

Programa Emergencial de Assistência do Exército, 240, 329

Projeto Fotográfico para Documentários de Inteligência, 303

propaganda dos Estados Unidos, 17, 20, 49, 75, 99, 104-5, 121, 139, 175, 185, 198, 205, 208, 233, 236-7, 240, 243, 245, 254, 257, 281, 318; audiências do Senado sobre, 106-9, 111-4, 116, 122, 139; retórica antijaponesa, 182, 184, 233-7, 306, 363, 369-70

propaganda nazista, 162-3; *Triunfo da vontade*, 17, 162-3, 412

Psychiatry in Action!, 450

punhado de bravos, Um, 369

Pyle, Ernie, 294, 308, 368

Quando fala o coração, 434

Quartel-General Supremo da Força Expedicionária Aliada (SHAEF), 290

Quatro filhos, 33

Que papai não saiba, 34

Quem matou Vicki?, 222

Radio City Music Hall, 159, 195, 244

Raft, George, 103, 143

Rains, Claude, 49, 94

Ramparts We Watch, The, 163

Rat, ilhas, 193

Reagan, Ronald, 414

Rebecca, a mulher inesquecível, 86, 93

"Red River Valley", canção, 177

Reed, Carol, 144, 199, 381

Reed, Donna, 443

Reims, 375

Reinhardt, Wolfgang, 47

Remarque, Erich Maria, 34

Renoir, Jean, 31

Report from the Aleutians, 216-7, 249, 251-2, 254, 268, 292, 294, 314, 318, 366, 448, 450

Retiro e Memorial da Fotografia de Campanha (a Fazenda), 359-60, 445

Returning Psychoneurotic, The, ver *Let There Be Light*

revoada das águias, A, 225

Reykjavik, Islândia, 125, 272

Ribbentrop, Joachim von, 440-1

Riefenstahl, Leni, 17, 162-3, 412

Riskin, Robert, 39-40, 80-2, 93, 363, 416, 458

Ritmo louco, 34

RKO, 31, 34, 36, 52-3, 71, 365, 379, 462, 474; saída de Stevens da, 63, 96

Roach, Hal, 225, 247

Robeson, Paul, 156

Robinson, Edward G., 51, 102, 241

Robinson, Lionel, 59

Rogers, Ginger, 34, 86

Roma, 349

Romance dos sete mares, 302, 391

Rommel, Erwin, 290, 308

Roosevelt, Eleanor, 83, 105

Roosevelt, Franklin D., 19, 28, 30, 33, 38, 59, 74-5, 77, 92, 95, 106, 108-9, 112-3, 115, 122-3, 125, 129, 132, 141, 146, 161, 184, 198, 207, 209, 230, 236-7, 243, 253, 258,

283, 305, 308, 318, 349, 426; Capra e, 41, 481; esboço de discurso de Capra para, 133-4; Ford e, 303-4; morte de, 402, 411; *O ataque a Pearl Harbor* e, 233; *Rosa de esperança* e, 159; *The Battle of Midway* e, 178, 180; *The Memphis Belle* e, 327

Roosevelt, James, 54, 59, 204; *The Battle of Midway* e, 177-8, 180

Rosa de esperança, 14-6, 138-40, 142, 146, 149, 155, 158, 160, 191, 195, 201, 229, 238, 247, 328, 425, 465

Rossellini, Roberto, 460

Royal Air Force (RAF), 199, 247, 275, 379, 402

Runyon, Damon, 240

Russell, Harold, 464, 468, 471, 475

Rússia, *ver* União Soviética

Saint-Nazaire, França, 248

Saint-Tropez, França, 382

Salerno, Itália, 281

San Pietro, Itália, 296-7, 299, 309, 311-2, 356; *The Battle of San Pietro*, 309-12, 356, 364, 366-7, 418-20, 436, 444, 448

Sandrich, Mark, 157

Sanford, John, 151

Sangue sobre o sol, 306

Sargento York, 89, 101-5, 107, 110-1, 115, 121, 143

Saroyan, William, 217, 321, 344

Sarris, Andrew, 82

Saturday Evening Post, 147

Sayre, Joel, 341n

Schaeffer, George, 52, 62

Schenck, Joseph, 107, 111

Schlossberg, Richard, 130-2, 142, 145-6, 149, 154, 215

Schmeling, Max, 155, 337

Schnellboote (embarcação), 351

Schreiber, Lew, 91

Schulberg, B. P., 77

Schulberg, Budd, 331, 412, 440

Scott, Phil, 176

Scott, Rey, 213-4, 217, 252; colapso e internação de, 314, 421

Searching for John Ford (McBride), 303

Seção de Cinema da Sociedade de Relações Culturais com Países Estrangeiros da URSS, 293

Segunda Guerra Mundial: começo da, 63, 67, 121; entrada dos Estados Unidos na, 11-2, 140; na Europa, fim da, 400, 411, 419; no Japão, fim da, 425; perda do otimismo americano quanto ao resultado da, 162-3; *ver também* Pearl Harbor

Selznick, David O., 60, 90, 323, 421, 453, 458; *Desde que partiste*, 465

Selznick, Irene, 455

Ser ou não ser, 137

Serenata prateada, 96, 97, 423

Serviço Pictórico do Exército, 281, 283, 313, 343, 363, 403, 421, 447, 450, 464

Sex Hygiene, 87, 88

Shakespeare, William, 202

Shaw, Irwin, 97, 192, 217, 291, 321-2, 344, 348, 353, 356, 374

Sherman, Vincent, 148

Sherwood, Robert, 426, 430-2, 463, 465, 467-9, 472, 475

Shirley, Ann, 289

Shore, Dinah, 286

Siegel, Don, 414n

Simard, Cyril, 168

Sinatra, Frank, 289

sindicatos, 32, 39, 53-4, 109, 123

"So Proudly We Fail" (Agee), 317

Sociedade de Assistência à Marinha, 155

Soldado SNAFU, série animada 261-2, 340

Solo, Gene, 451

Spaatz, Carl, 160

Spectator, jornal, 201

Speer, Albert, 441

Spewack, Sam, 198, 251, 275, 335

Spigelgass, Leonard, 152-3, 186, 261

Stálin, Ióssif, 411

Stanwyck, Barbara, 34, 81

Stars and Stripes, jornal, 230

Stein, Jules, 191

Steinbeck, John, 68

Stern, Philip van Doren, 461

Stevens, George, 16, 21-2, 30, 34-5, 52-3, 60, 96-7, 157, 173, 187-8, 217-22, 275, 290, 318, 320-23, 340n, 371-80, 401, 451-2, 454-5, 458, 480, 483-4; *A mulher do dia*, 16, 98, 187-8; *A mulher que soube amar*, 34, 98, 409; alistamento no Exército de, 187, 190, 220; asma de, 220, 376; Associação dos Diretores e, 96, 99, 188; campos de

ÍNDICE REMISSIVO

concentração e, 36, 402-10, 437, 439-40, 456, 460, 484; Capra e, 187, 190, 220, 378, 381, 455; contrato de, com a Columbia, 63, 96, 188, 190, 218; *E a vida continua*, 188-9, 192, 292; Eisenhower e, 290; em Dachau, 36, 404-12, 460, 484; em Dora, 402; em Londres, 285, 289-90, 320-1, 323, 340, 381; em Luxemburgo, 375; equipe da SPECOU de, 290-1, 320, 341, 343, 348, 353-4, 356, 372, 376, 401, 412, 453, 484; Ford e, 342; *Gunga Din*, 36, 52-3, 98, 291, 377; Lend-Lease para a Rússia e, 340; Liberty Films e, 379, 439, 452, 454-5, 459, 463, 476; Moffat e, 291, 344, 352, 354-5, 373, 380, 402, 409, 453; morte de, 484; na Alemanha, 377, 379-80, 401-12, 437-8; na Bélgica, 375, 377; na França, 371-7; *Nazi Concentration and Prison Camps*, 437, 439; no desembarque dos Aliados na França e consequências, 290-1, 321, 341-3, 347-8, 352-5; no Norte da África, 221-2, 263, 265-8, 289, 295, 354, 372; *Noites de vigília*, 52-3, 60, 62-3, 97; *Original pecado*, 190, 218, 222, 292, 320, 438; *Os brutos também amam*, 484; Oscar e, 318, 320, 483; pneumonia contraída por, 220; *Serenata prateada*, 96-7, 423; soldados russos e, 403; *The Nazi Plan*, 412, 437, 440; *Tunisian Victory* e, 265-8, 282, 289, 319; *Um lugar ao sol*, 480, 483; *Verdadeira glória* e, 381; Wyler e, 383

Stevens, Yvonne, 220, 292, 320-2, 375, 380, 441, 451, 454, 456

Stevens Jr., George, 188, 220, 320-1, 372, 378, 380

Stevenson, Robert Louis, 394

Stewart, Jimmy, 55, 425, 461

Stimson, Henry L., 207, 234, 326

Stout, Junius, 358

Strauss, Theodore, 252

Streicher, Julius, 440

Sturges, John, 382, 396-7, 424

Sturges, Preston, 458

Sullavan, Margaret, 44

Sullivan, Arthur, 369

Surles, Alexander, 244-5, 251-2, 270, 278, 307, 340, 365-6

Swerling, Jo, 461

Szekely, Hans, 93

Também somos seres humanos, 309, 368, 444

Tanaka, plano, 363-4

Tannenbaum, Harold, 192, 224-5, 247, 273, 287

Tarde demais, 482

Tashlin, Frank, 262

Taylor, Robert, 391

Tebourba, Tunísia, 204, 241

Technicolor, 90, 174, 196, 285, 453

Teerã, 340

Tempestades d'alma, 52-3, 60, 62, 83, 99, 139

Temple, Shirley, 77

Terra dos deuses, 364

tesouro de Sierra Madre, O, 146-7, 193, 323, 448, 480, 483

The Nation, revista, 259, 319, 328, 450

They Were Expendable (White), 301, 330-1, 387

This Above All (Knight), 164

"This One Is Captain Waskow" (Pyle), 308

Thunderbolt, 329, 381, 385, 396-400, 423, 425, 453

Tigres voadores, 391

Time, 37, 45, 51, 56, 69, 94, 105, 159, 187, 196, 222, 239, 259, 319, 338, 419, 427, 444

Times (Londres), 201

Tobey, Charles, 111

Tobruk, Líbia, 259

Tojo, Hideki, 183, 307, 415

Toland, Gregg, 72, 78, 126-7, 169, 178, 216, 232, 234, 236, 318, 390, 446, 469, 471, 473

Toldy, John, 93

Torgau, Alemanha, 403-4

Torpedo Squadron 8, 181

Toscanini, Arturo, 363

Town & Country, revista, 314

Tracy, Spencer, 16, 187, 301, 351, 390

tragédia americana, Uma (Dreiser), 438, 483

Tratado de Versalhes, 162

Traven, B., 147

Tree, Marietta *ver* Fitzgerald, Marietta

Tribunal de Nuremberg, 412, 437, 439-40

Triunfo da vontade, 17, 162-3, 412

Truman, Harry, 239, 242, 408, 411

Trumbo, Dalton, 461

Túnis, 203-4

Tunis Expedition (Zanuck), 240, 258

Tunísia, 197, 222, 240, 257, 259-60

Tunisian Victory, 263-70, 289, 307, 311, 313,

318-9, 328, 336, 381, 416; ingleses e, 270, 274, 276-8, 280, 282-3
Turcomenistão, 340
Two Down and One to Go!, 415

U.S. Film Service, 305
última fronteira, A, 63, 65
último refúgio, O, 102-3, 143
União Soviética, 39, 146, 151, 193, 206, 403, 411; *A batalha da Rússia*, 186, 292-3, 307, 318; Alemanha e, 105, 293; *Know Your Ally — Russia*, 334; Lend-Lease Act e, 340
Unidade de Cinematografia do Exército Britânico, 270, 275, 291, 297, 349
Unidade de Fotografia de Campanha, 71-2, 88, 124-6, 128, 203-5, 212-3, 232, 234, 241-2, 300, 302, 305, 318, 332, 343, 357-8, 437, 439, 445; Batalha de Midway e, 167, 174-5, 177; *Fomos os sacrificados* e, 389, 391; no desembarque dos Aliados na França, 346, 348, 350, 352
Unidade Especial de Cobertura (SPECOU), 290-1, 321, 341, 343, 348, 353-4, 356, 372, 376, 401, 412, 453, 484
Unidade Fotográfica Naval de Voluntários, 12, 14
United Artists (UA), 60, 66, 83
Universal Pictures, 36, 42, 45, 121, 200, 365
USAAF (Força Aérea do Exército dos Estados Unidos), 323
USO (United Services Organization), 302

Valley Forge, 37, 41
Variety, revista, 29, 51, 69, 83, 94, 105, 122, 159, 252, 259, 444, 475
Vaticano, 381
Veiller, Anthony, 274, 277-9, 291, 293, 340, 416
Venafro, Itália, 296-9, 309
Verdadeira glória, 381
veteranos de regresso, 432-3; *Let There Be Light* (antes, *The Returning Psychoneurotic*), 422, 433-6, 447-50; *Os melhores anos de nossas vidas*, 427-33, 454, 465-77, 481-2
vida de um sonho, A, 483
vida do dr. Ehrlich, A, 102-3
Vinhas da ira, 68-70, 78, 86, 93, 95, 116, 176, 480
Vitória no deserto, 259, 263, 297, 318-9

vitória será tua, A, 460
Voice of America, 159
Von der Lippe, Victor, 440

Wake, ilha, 120, 170-1
Wallace, Irving, 307
Wallis, Hal, 46, 51, 101-3, 144, 146
Walsh, Raoul, 102, 369
Walt Disney Studios, 186, 207, 262, 306
Wanger, Walter, 59, 61, 66-7, 74, 78, 197, 230, 318, 453, 458
"Wanted: A Faith to Fight For" (Alsop), 18
War Activities Comittee, 181, 244-5, 251-2, 293, 326, 425
War Comes to America, 186, 340, 415-7
War Department Report, 318
Warner Bros., 15, 19, 27, 29, 36, 46-7, 49-51, 60, 74-5, 81, 89, 99, 103, 105, 115, 129, 143-4, 146, 149, 161-2, 193, 215, 262, 281, 308, 323, 325, 362, 365, 369, 414n, 447
Warner, Albert, 27
Warner, Harry, 27-9, 64, 74-5, 89, 114, 122, 308, 361; discurso de, 75, 77
Warner, Jack, 43, 74-6, 89, 112, 120, 122, 143-5, 147-8, 150, 377; jantar com Mann oferecido por, 27, 29
Warner, Sam, 27
Washington, Booker T., 337
Washington, George, 37
Wasserman, Lew, 461
Wayne, John, 21, 67, 78, 128, 301-2, 305; em *Fomos os sacrificados*, 391-4, 443
Wead, Frank "Spig", 71, 234, 331-2, 387-9, 391, 443
Wedemeyer, Albert, 303, 359
Wehrmacht, 379
Weizmann, Chaim, 106
Welles, Orson, 94, 143, 280, 365, 438
Wellman, William, 176, 444
What Price Glory?, 287
Wheeler, Burton K., 106, 289
White, William, *They Were Expendable*, 301, 330-1, 387
Whitty, May, 141
Why We Fight, 132-3, 151-3, 163-5, 186, 192, 205-6, 209, 244-5, 260, 263, 292, 306, 334, 363, 415, 417, 459; *A batalha da Rússia*, 186, 292-3, 307, 318; *Divide and Conquer*, 186; *Prelúdio de uma guerra*, 165, 186, 206-9,

ÍNDICE REMISSIVO

231, 236-7, 243-4, 251, 260, 293, 459; *The Battle of Britain*, 186; *The Battle of China*, 186, 340, 363; *The Nazis Strike*, 186; *War Comes to America*, 186, 340, 415-6

Wilcoxon, Henry, 141

Wilder, Billy, 84, 475, 480

Wilhelmshaven, Alemanha, 227, 230, 245, 247, 328

Willkie, Wendell, 105, 108, 109-11, 137, 272, 318

Wilson, Woodrow, 16

Winchell, Clarence, 227

Winchell, Walter, 29

Winged Victory, 329

Winsten, Archer, 450

With the Marines at Tarawa, 319, 328

Wood, Sam, 86, 304

World at War, The, 205, 208

Wright, Richard, 338

Wright, Teresa, 465

Wurtzel, Harry, 304

Wyler, Cathy, 43, 192, 231, 248, 274

Wyler, Leopold, 383

Wyler, Margaret Tallichet "Talli", 14, 43-4, 63, 65, 75, 85-6, 142, 146, 149, 191-2, 200, 226-7, 229, 231, 247-8, 272, 274, 286, 320, 381, 385, 399-400, 471

Wyler, Robert, 383

Wyler, William, 14-5, 21-2, 30, 42-6, 48, 63-4, 66, 75, 85-6, 89, 96, 106, 144-5, 156, 165, 191-2, 199-202, 217, 238, 245-6, 271-3, 291, 372, 381, 383-4, 417, 446, 458-9, 463, 465, 467-9, 471-2, 473, 480-3; *25 Missions*, 273-4; *A carta*, 75-6, 85, 138; amizade com Huston, 44-6, 48, 482; casamento de, 43-4, 75; *Como era verde o meu vale* e, 89, 91-2, 123; Davis e, 44, 46, 65, 75-6, 137-8, 464, 467, 483; documentário sobre o caça P-47 e, 329; e família e amigos na Europa, 15, 22, 42, 65, 76, 382-4; em incidente com porteiro, 327,

467; em Londres, 199-201, 224-7, 229, 285-6; em missões de bombardeio, 226-7, 229, 245-6, 248, 273, 469, 473; em Mulhouse, 382-4, 396; Ford e, 200; Goldwyn e, 89, 192, 272, 286, 329, 400, 424-5; ingresso no Corpo de Sinaleiros, 15, 142, 146, 149; Liberty Films e, 425, 439, 452, 454, 459, 463, 476; Medalha do Ar concedida a, 248; morte de, 482; na França, 381-4; na Itália, 329, 381, 385, 396-8; *O morro dos ventos uivantes*, 43, 48, 66, 202; Olivier e, 202; *Os melhores anos de nossas vidas*, 427-33; Oscar e, 46, 66, 85-6, 137, 142, 145, 229-30, 474-5, 481; perda de audição de, 398-400, 424-5, 469, 471; *Pérfida*, 75, 89, 92, 137-8, 145, 154, 467, 470; *Rosa de esperança*, 14-6, 138-40, 142, 146, 149, 155, 158, 160, 191, 195, 201, 229, 238, 247, 328, 425, 465; Stevens e, 383; *The Memphis Belle: A Story of a Flying Fortress* (antes, *25 Missions*), 271, 273, 285-9, 324-5, 327-9, 350, 381-2, 396, 424; *The Negro Soldier* e, 154-6, 334; *Thunderbolt*, 329, 381, 385, 396-400, 423, 425, 453

Wyler Jr., William, 468

xintoísmo, 182, 368, 423

York, Alvin C., 100-4, 113, 121

Your Job in Germany, 413-4

Zanuck, Darryl F., 30-1, 68, 74, 86-8, 90-2, 110, 115-6, 122-3, 131, 145, 154, 183, 199, 221, 240-1, 251, 308, 329, 377, 415, 420, 431, 437; *At the Front in North Africa*, 241, 258, 260; Comissão Truman e, 242, 251, 359; Ford e, 359; no Norte da África, 205, 208, 238, 240-1, 257-8

Zeros, 169-71, 214, 233

Zukor, Adolph, 107

SOBRE O AUTOR

Mark Harris é autor de *Cenas de uma revolução: o nascimento da nova Hollywood,* Livro Notável do Ano segundo o *New York Times* e considerado pela revista *Salon* um dos dez melhores livros de não ficção da década. Colunista da *Entertainment Weekly* e do site *Grantland,* além de editor-colaborador da revista *New York,* Harris contribuiu com textos sobre cultura pop e história do cinema em muitas outras publicações, entre as quais os jornais *New York Times* e *Washington Post* e as revistas *Time* e *GQ.* Formado pela Universidade Yale, Harris mora em Nova York com o marido, Tony Kushner.

ESTA OBRA FOI COMPOSTA PELA ABREU'S SYSTEM EM ADOBE GARAMOND
E IMPRESSA EM OFSETE PELA PROLGRÁFICA SOBRE PAPEL PÓLEN SOFT DA SUZANO
PAPEL E CELULOSE PARA A EDITORA SCHWARCZ EM FEVEREIRO DE 2016